제 12 판

글로벌경영

장세진

박영사

사랑하는 아내 경미와 딸 멜로디와 하모니에게

머리말

글로벌경제는 현재 많은 불확실성에 직면하여 있다. 2019년부터 전세계를 강타한 Covid-19 사태는 안정되어 가고 있으나, 인플레이션이 높아지고 경기가 둔화되는 스태그플레이션의 조짐을 보이고 있다. 또한 재택근무형태가 보편화되는 등 업무방식 역시 빠른 속도로 변화하고 있고 AI의 상용화에 따라 기업의 의사결정방식에도 큰 변화가 예상되고 있다. 한편, 제2차 세계대전 이후 꾸준히 진행된 세계화추세에 반발하여 미국의 2기 트럼프행정부의 자국중심적인 보호무역정책이 강화되고 있고, 러시아의 우크라이나 침공과 이스라엘과 아랍권과의 갈등, 미국과 중국의 패권다툼으로 위기감도 고조되고 있다.

과거 글로벌 경제질서가 형성되어온 과정에는 많은 부침이 있었다. 세계경제가 호황일 때에는 자유무역주의가 우세하였고, 불황일 때에는 보호무역주의가 득세하였었다. 현재 일시적으로 보호무역주의가 강화된 것은 사실이나 경제와 기업경영의 글로벌화라는 장기적인 추세는 향후에도 계속 지속되리라 전망된다.

한국기업들이 앞으로도 계속 선진국기업들의 견제를 뿌리치고 첨단산업으로 더 빨리 이전하기 위하여는 해외현지기업과의 전략적 제휴, 해외연구법인의 활용, 해외인수합병을 통한 기술 및 브랜드 획득이 필요하며, 개발도상국기업들의 추격을 따돌리고 비용경쟁력을 유지하기 위하여도 부가가치가 높은 생산활동을 한국에 남기고 나머지 생산활동은 해외생산기지로 전환하는 가치사슬의 글로벌 재배치가 필요하다. 또한 다국적기업의 공략에 대해 성공적으로 내수시장을 방어하기 위해서도 그들의 사업운용방식에 대한 이해가 필수적이다.

본서는 전세계 경영현장에서 땀흘리고 있는 경영자와 졸업 후 곧 그 역할을 수행하게 될 경영학도에게 효과적인 글로벌경영을 위한 지식을 체계적으로 전달하기 위하여 작성되었다. 본서는 경영학과의 전공필수교과목인 「국제경영론」의 교과서로 사용될 수 있으며, 현업에 종사하는 경영자에게는 실무적인 글로벌경영 지침서 역할을 할 수 있다.

효과적인 글로벌경영은 다음의 세 단계로 나누어 생각해 볼 필요가 있다. 첫 단계에서는 한국기업이 처해 있는 글로벌경영환경에 대한 철저한 이해가 선행되어야 한다. 즉 WTO로 대표되는 새로운 국제무역 및 글로벌금융환경, 각국의 상이한 정치적·문화적 환경에 대한 이해가 필요하다. 두 번째 단계에서는 이와 같은 글로벌경영환경에 대한 이해 하에 구체적인 글로벌전략을 수립한다. 이 단계에서는 전반적인 글로벌전략의 수립과 함께 수출, 계약, 해외직접투자, 국제합작투자와 전략적 제휴, 해외인수합병과 같은 다양한 해외시장진출전략을 구사하여야 한다. 세 번째 단계에서는 이러한 글로벌전략을 통해서 전세계적으로 배치된 자회사와 본사간의 효과적인 통합과 조정이 필요하다. 즉 인적자원, 마케팅, 생산, 연구개발, 재무 및 회계기능을 전세계적으로 효과적으로 통합 및 조정하는 방법을 모색하여야 한다. 본서는 글로벌경영에 필요한 의사결정을 위와 같은 세 단계로 파악하고 그것을 각각의 부와 장으로 나누어서 이들 의사결정과정을 살펴보고자 한다.

이상과 같은 본서의 구성체계는 과거 국제경영에 대한 교재가 국제무역, 국제금융, 해외직접투자, 국제경영정책, 국제마케팅 등과 같이 기능별로 구성이 되어 각 장간의 연계성이 부족한 취약점을 극복한 것이다. 본서는 국제경영학의 최신이론인 초국적기업이론을 중심으로 하여 글로벌경영의 과제를 전략과 경영관리 측면에서 글로벌화와 현지화를 동시에 추구하는 것으로 파악하였다. 본서를 집필하는 데에는 저자가 미국의 펜실베이니아대학교의 와튼경영대학과 뉴욕대학교의 스턴경영대학, 싱가포르국립대학, 고려대학교, 카이스트경영대학에서 주로 MBA수준의 국제경영론과 다국적기업론을 강의할 때 작성하였던 강의노트가 골격을 이루었다.

본서에서 다루는 사례들은 각각 서유럽과 동유럽, 동남아시아, 미국, 중국, 러시아, 일본, 싱가포르, 브라질, 호주, 북한과 같이 세계경제에서 중요한 위치를 차지하고 있는 국가 또는 지역에 초점을 맞추고 있다. 또한 본서에 소개된 사례는 전자, 소비재, 금융, 중장비, 운동화, 의류, 자동차, 가전, 중전기, 컴퓨터, 그리고 최근 각광을 받고 있는 IT산업과 엔터테인먼트 같이 글로벌경영이 중요한 산업들의 기업들로 구성되어 있다. 이와 같이 각기 다른 지역적 포커스와 여러 산업을 포괄하는 사례를 공부함으로써 우리는 글로벌기업운영의 근본적인 원리를 배울 수 있을 뿐만 아니라 세계 여러 지역의 경제적·정치적·문화적 환경에 대한 이해를 높일 수 있다.

마지막으로 그동안 12차에 걸친 개정과정 동안, 원고정리와 교정작업에 도움을 준 여러 연구조교와 박영사 편집부에게 감사의 마음을 전하고자 한다. 특히 이번 기회를 통하여 항상 일에 파묻혀 지내는 저자를 너그러운 마음으로 이해해 주는 저자의 가족에게 깊은 감사를 드리며 이 책을 바치고자 한다.

2025년 8월

저 자

Global Business Management Contents

차 례

Chapter 4 정치적 · 문화적 환경

PART 02 글로벌전략의 수립과 실행

Chapter 5 글로벌전략의 수립

Chapter 6

수출과 계약을 통한 해외사업운영

Chapter 9 해외인수합병

PART 03 글로벌기업의 경영관리

Chapter 10 글로벌기업의 조직구조와 인적자원관리

Chapter 11 글로벌제품개발과 마케팅활동의 조정

01

PART

글로벌경영환경에 대한 이해

Global Business Management

Chapter

1 글로벌경영이란

C/O/N/T/E/N/T/S

마츠시타의 국제화가 순조롭게 진행되지 못하는 것에 답답해하는 어느 중역이 창업자 마츠시타 고노스케에게 물어보았다. "회장님 언제쯤이면 마츠시타가 국제화되겠습니까?" 마츠시타 고노스케가 눈을 지긋이 감고 한동안 생각을 하다가 대답을 하였다. "아마도 백년쯤……."

사례

case

마츠시타의 고민[1]

마츠시타는 Panasonic, Technics, JVC, Quasar 등의 상표로 우리에게 잘 알려진 일본의 가전기업이다. 창업자인 마츠시타 고노스케는 1918년 오사카에서 단돈 100엔으로 회사를 설립하였다. 초창기에는 소켓을 두 개 끼울 수 있는 진구를 개발하였고 그 후 램프, 다리미, 라디오, 오디오 등을 생산하였다. 마츠시타는 주요 경쟁자인 Sony보다 월등한 판매망을 구축하여 일본시장에서 막강한 힘을 갖고 있다. Sony는 일본 내에서 마츠시타와 1대 1의 경쟁을 해서는 도저히 승산이 없음을 깨닫고 일찍이 해외시장에 적극적으로 진출함으로써 일본기업의 국제화의 선두로 나섰다.

Video

Panasonic의 역사

마츠시타 역시 내수시장이 포화상태에 이르자 1960년대부터 수출을 기반으로 한 적극적인 해외시장개척에 나섰다. 당시, 브랜드 인지도가 거의 없었던 마츠시타는 Sears와 같은 백화점에 OEMOriginal Equipment Manufacturing방식의 수출을 하기 시작하였다. 마츠시타의 초기의 수출전략은 말 그대로 덤핑전략이었다. 마츠시타는 OEM으로 백화점에 공식적으로는 정상가로 물건을 인도한 후, 수출이 이루어진 뒤에 스위스은행을 통해 비밀리에 리베이트를 주는 방식으로 미국시장을 공략하였다. 그 결과 미국의 많은 TV생산업자가 도산하게 되고, 마츠시타를 비롯한 일본가전기업들은 미국정부의 반덤핑제재를 받게 되었다. 마츠시타의 미국생산공장은 미국정부의 반덤핑규제를 피하기 위한 단순조립공장으로서 모든 부품을 일본에서 반제품 또는 완제품형태로 수입한 후 이를 조립하는 형태로 운영되었다.

마츠시타의 성장은 곧 그 한계에 직면하게 되었다. 당시 마츠시타가 느꼈던 문제점은 다음과 같이 세 가지로 요약될 수 있었다.

첫째, 1985년 플라자회담 이후 두 배 이상으로 급속히 상승하게 된 엔화는 마츠시타의 수출가격경쟁력을 급속히 약화시켰다. 이에 따라 마츠시타는 지금까지 견지해 왔던 일본위주의 해외사업 운영방식, 즉 일본에서 생산하여 수출하거나 무역장벽을 회피하기 위하여 해외에서 단순조립생산을 하는 방식으로는 이러한 환율의 급속한 변화에 대처해 지속적인 가격경쟁력을 유지할 수 없다는 사실을 깨닫기 시작하였다.

둘째, 마츠시타는 이미 성숙산업이 되어 버린 TV나 VCR 같은 제품에 지나치게 의존적이라는

그림 1-1 마츠시타의 해외자회사의 분포

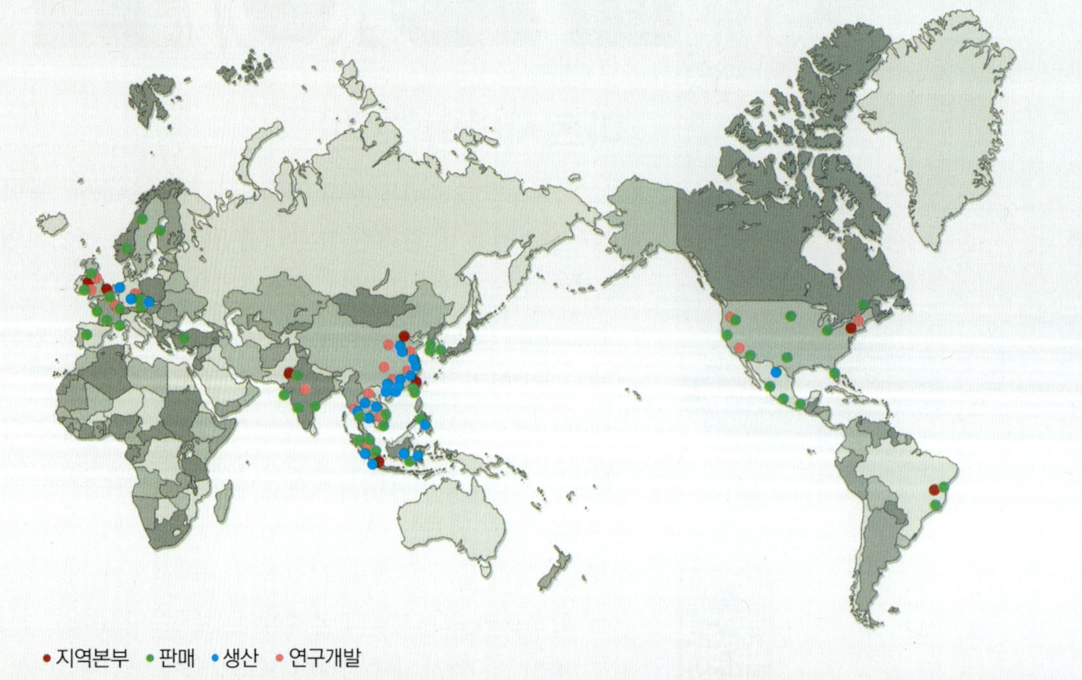

사실을 깨닫게 되었다. 마츠시타의 입장으로서는 이와 같이 성숙산업화되고 일상재가 되어가는 제품에 대한 의존에서 벗어나 신규사업분야를 개척하는 것이 필요하게 되었다.

셋째, 마츠시타는 남에게 차마 부끄러워 얘기할 수 없는 내부적인 문제점이 있었다. 마츠시타의 일본에서의 별명은 '마네시다似した', 즉 '베끼는 귀신'이었다. 이에 비해 Sony는 '마츠시타의 R&D Lab'이란 별명을 갖고 있었다. 이러한 별명을 갖게 된 배경에는 마츠시타가 지금까지 독자적인 신제품개발을 통해서 성장해 왔다기보다 Sony가 개발한 신제품을 모방하여 훨씬 싸고 질 좋은 제품으로 만들어 판매하는 방법으로 성장해 왔기 때문이다. 이는 가전산업에서 세계최고의 시장점유율을 갖고 있던 마츠시타에게는 씻을 수 없는 불명예였다.

마츠시타는 이상과 같은 문제점에 대해서 적극적인 개선책을 마련하기 시작하였다. 마츠시타는 Action프로그램을 도입하여 비가전부문의 매출을 매년 20% 이상 신장시켜 전체 그룹매출의 39%를 차지하도록 적극적인 신규사업 투자활동을 전개하였다. 이 계획의 일환으로 사무자동화기기, 액정TV와 같은 새로운 가전제품, 로봇, 에어컨과 같은 산업용제품, 그리고 전지부품 등에 적극적으로 투자하였다. 마츠시타가 추구한 또 한 가지 전략은 적극적인 현지화전략이었다. 현지화작전Operation Localization이라고 불린 이 전략은 총해외매출의 반 이상을 해외생산기지에서 생산한다는 적극적인 세계화전략이었다.

그러나 이와 같은 프로그램에도 불구하고 마츠시타의 문제점은 좀처럼 개선될 여지를 보이지 않았다. 마츠시타는 신규사업에서 큰 성공을 거두지 못하였고, 현지화노력도 계획에 훨씬 못 미치는 미진한 성과를 보였다. 그리고 마츠시타가 기대했던 종업원들의 창의력과 기업가정신은 쉽사리 창출되지 못하였다. 그 결과 마츠시타의 매출과 손익은 지속적으로 감소하는 추이를 보였다.

마츠시타의 문제점은 과거에 추구해 왔던 Action플랜이나 현지화작전과 같은 전략이 실패한 때문이 아니었다. 마츠시타의 가장 근본적인 문제점은 마츠시타가 너무나도 '일본적'인 기업이라는 점이었다. 마츠시타는 종신고용, 회사에 대한 헌신, 위계질서가 강한 조직구조, 노사간의 원만한 관계, 상명하달에 익숙한 기업문화와 같은 특징을 지닌 가장 전형적인 일본기업이었다. 마츠시타의 종업원들은 매일 아침 회사노래를 부르고 창업자가 1929년에 발표한 7개의 마츠시타정신을 합창했다. 마츠시타에 갓 들어온 신입사원은 신입

표 1-1 마츠시타의 회사강령과 7대 원칙

기업목표	우리는 산업활동을 통해서 사회의 빌전과 복리증신을 도모하고 더 나아가서 인류공영에 이바지한다.
7대원칙	사회에 공헌 / 공정과 정직 / 조화와 협동 / 끊임없는 개선 / 예의범절과 겸손함 / 적응과 순응 / 감사하는 마음

그림 1-2 마츠시타의 매출액과 영업이익의 추이 (단위: 10억 달러)

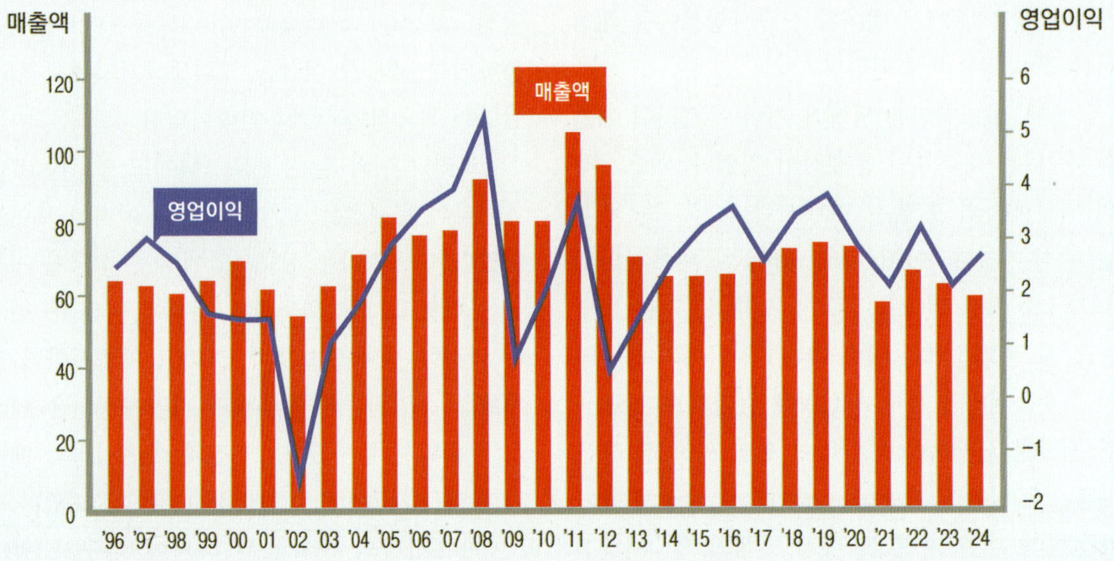

출처: Panasonic 연차보고서

사원 교육기간 동안 마츠시타 고노스케의 경영철학을 공부하고 그러한 경영철학을 바탕으로 일상업무에 종사했다. 이와 같은 마츠시타정신의 주입과 획일적인 사고방식의 강요는 사원들의 창의력을 위축시켰다.

또한 창업자 마츠시타 고노스케는 일본정신을 굳게 믿었던 인물이었다. 이는 조직구성원에게는 관대한 반면, 외국인에게는 배타적으로 작용하였다. 즉, 마츠시타가 아무리 현지화작전Operation Localization을 통해서 해외사업을 확장한다고 해도 자회사의 모든 의사결정권은 본사에서 파견된 일본인관리자가 갖고 있었다. 그 결과 마츠시타의 해외법인에는 창의력을 가지고 독자적인 의사결정을 선호하는 유능한 현지인들은 모이지 않고 일본인관리자의 지시에 순응하는 사람들만 남게 되었던 것이다.

결론적으로 앞서 살펴본 마츠시타의 문제점, 즉 마진율이 낮은 성숙된 제품에 주력하고 국제화가 다른 기업에 비해 훨씬 뒤떨어져 있으며, 일본에 모든 생산 활동이 집중되어 환율변동과 보호무역장벽에 취약하고, 신제품개발능력이 떨어지는 문제들은 근본적으로 마츠시타가 일본식경영방식에 지나치게 집착하고 있기 때문이었다.

결국 2008년 10월 마츠시타는 회사명을 창업자의 이름인 마츠시타에서 Panasonic으로 바꾸는 큰 변혁을 발표하였다. 이는 공식적으로는 '일본의 마츠시타'에서 '글로벌 Panasonic'으로, 글로벌 기업으로의 빠른 변화를 위한 것이나, 실질적으로는 창업자의 창업이념에서 독립한다는 선언을 한 것이다. 이는 마츠시타가 자신의 근본적인 문제점, 즉 너무나 일본적인 기업이기 때문에 발생하는 창의력의 부재, 신제품개발 역량의 부

그림 1-3 마츠시타의 매출액 구성

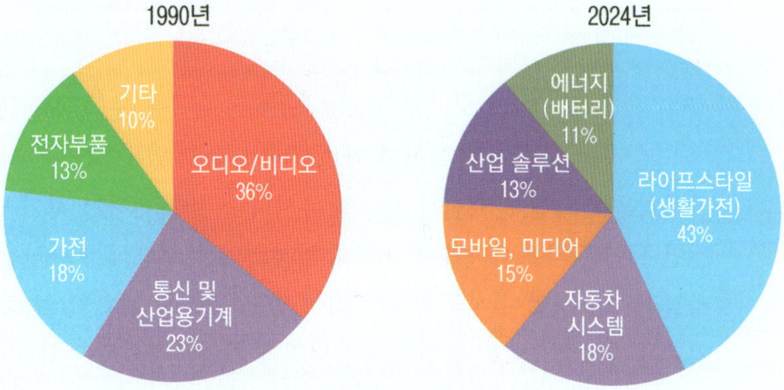

출처: Panasonic 연차보고서

족, 일본에 편중되어 있는 생산구조와 사업구조, 해외자회사의 본사의존성향을 벗어나야 지속적인 성장이 가능하다는 점을 누구보다도 잘 알고 있기 때문이었다.

이와 같은 마츠시타의 변신은 최근 들어 그 성과를 보이고 있다. 특히 마츠시타는 **그림 1-3**과 같이 최근 자동차용 전자부품과 모바일 솔루션에서 큰 성과를 보이고 있다. 2013년부터 Tesla에게 리튬 이온 배터리를 공급하면서 산업용 배터리 사업을 주도하였고, Tesla와 합작투자를 통해 배터리 생산 기가팩토리 GigaFactory를 만들어 공급해왔다. 향후 Panasonic은 2030년까지 북미 지역에 Tesla 4860 배터리 셀 생산을 위해 최소 2개의 신규 공장을 건설할 계획이다. 한편 2019년에는 일본에서 도요타와도 자동차용 배터리 합작투자를 설립하였다. 자동차와 산업용 솔루션 사업에 집중하는 반면, 반도체와 경비시스템 사업을 매각하였다. 또한 2025년에는 손실을 보고 있는 TV사업을 매각하기로 결정하고 500억엔 이상을 생활 및 산업제품 생산시설 증설에 투자할 것이라고 밝혔다. 이에 따라 생활, 산업 등의 영역에서도 높은 성장률을 보일 것으로 예측하고 있다.

이와 같은 사업구조 변화에도 불구하고 마츠시타는 아직도 일본 본사 위주의 경영에서 벗어나지 못하고 외국인 인재를 적극적으로 활용하지 못한다는 비판을 받고 있다. 일전 마츠시타의 국제화가 순조롭게 진행되지 못하는 것에 답답해하는 어느 중역이 창업자 마츠시타 고노스케에게 물어보았던 적이 있었다. "회장님 언제쯤이면 마츠시타가 국제화되겠습니까?" 마츠시타 고노스케가 눈을 지긋이 감고 한동안 생각을 하다가 대답을 하였다. "아마노 백년쯤……"

Panasonic의 홈페이지
http://panasonic.jp

Panasonic 2024 CES Press Conference — Video

Panasonic Battery Takumi Production 2019 — Video

01 〉〉 서 론

본 장의 사례에서 살펴본 마츠시타가 갖고 있는 고민은 실제로 현재 많은 한국기업들이 가진 문제점과 상당히 유사하다. 마츠시타가 겪어 왔던 어려움의 근본적인 원인은 마츠시타가 지나치게 일본적인 사고방식을 가진 기업으로서 모든 의사결정권과 사업이 본국에 편중되어 있는 구조를 갖고 있었고, 일본의 전통적 가치관을 강요함으로써 종업원의 창의력과 기업가정신을 억압함과 동시에 해외사업을 통해 현지경영의 장점을 충분히 활용하지 못하였었다는 점에서 비롯되었다. 삼성전자를 비롯한 한국기업들이 지금까지 높은 성과를 보였다는 점은 사실이나, 한국기업들 역시 지금까지 마츠시타와 마찬가지로 신제품개발보다는 성숙된 제품을 대량생산하여 저가로 수출하는 형태로 해외사업을 전개하여 왔으며, 종업원의 창의력과 유연성을 키워 주지 못하였다. 한국기업의 상명하복식의 기업문화와 개인보다는 집단을 강조하는 의사결정방식은 창의력이 요구되는 신제품개발과 소프트웨어적인 사업부문의 발전을 저해하였다. 또한 국내 생산비중이 높다 보니 환율변동과 무역장벽에 취약한 구조를 갖고 있는 점도 마츠시타와 상당히 유사하다.

마츠시타가 갖고 있는 근본적인 문제를 고치기 위해서는 기업문화의 혁신과 아울러 적극적인 글로벌경영을 필요로 한다. 여기서 기업문화의 혁신이란 좀 더 창의적이고 빠른 의사결정이 가능하도록 의사결정구조를 분권화하고 기업가정신을 북돋을 수 있는 분위기를 조성하는 것을 의미한다. 기업문화의 혁신의 중요성은 마츠시타가 창업자의 이름을 딴 사명을 Panasonic으로 바꾼 것만 보더라도 잘 알 수 있다. 이는 사명을 바꾸지 않고서는 창업자의 창업이념으로부터 자유로울 수 없고, 진정한 글로벌기업으로 재탄생하는 것이 불가능하기 때문이었다. 또한 적극적인 해외투자와 이에 수반되는 현지화전략은 생산기지를 이동함으로써 비용감소를 꾀할 수 있을 뿐만 아니라, 환율위험과 보호무역장벽을 회피하는 데에도 도움이 되고, 더 나아가서 해외투자 후 현지인을 적극적으로 활용함으로써 한국사람만으로 할 수 없는 새로운 기술개발이나 새로운 아이디어의 창출을 가능하게 한다.

더욱이 미국 트럼프 행정부가 자국의 이해를 위해 각종 관세를 남발하고 외국기업들이 미국에 현지직접투자로 미국현지생산을 독려하고 있는 현실은 더욱이 한국기업들의 보다 적극적인 글로벌화를 요구한다.

본 장은 세계경제가 글로벌화되어 온 추세를 살펴보고 이에 수반하여 기업들이 자국에서 제품을 생산하여 수출하는 형태의 단순한 국제경영활동에서 벗어나 전세계적으로 생산·판매·연구개발활동을 수행하는 다국적기업화하는 양상을 살펴본다. 이를 위하여 먼저 산업과 경쟁이 글로벌화하는 경향과 그 요인을 알아보고, 다국적기업의 정의와 다국적기업이 세계경제에서 차지하는 중요성을 살펴본다. 또한 본 장에서는 최근의 4차 산업혁명과 AI기술 등으로 글로벌화의 경향이 더욱더 심화되고 있는 현상도 살펴본다. 이어서 현재 많은 어려움을 겪고 있는 한국기업들의 국제경쟁력을 고찰해 보고 한국기업들이 국제경쟁력을 지속적으로 창출하기 위해서는 필연적으로 글로벌화된 기업이 되어야 한다는 당위성을 살펴보고자 한다. 마지막으로 본서의 전체적인 구성을 밝히고 각 장의 주요 내용을 살펴본다.

본 장에서 다룰 주요 내용은 다음과 같다.

- 세계경제가 글로벌화되는 원인을 살펴보고, 최근 강화되는 보호무역주의 경향과 변화하는 세계경영환경이 기업에 미치는 영향을 살펴본다.
- 글로벌화된 세계경제환경에서 중요한 역할을 차지하고 있는 다국적기업의 정의와 실상을 살펴보며 그 중요성을 이해한다.
- 한국기업의 경쟁우위가 역사적으로 변해 온 과정을 살펴보고, 한국기업이 현재 처해 있는 현실을 살펴본다.
- 한국기업이 점차 다국적기업화되는 현상을 알아보고, 효과적인 다국적기업 경영의 중요성을 이해한다.

02 ›› 세계경제의 글로벌화와 다국적기업경영

산업과 경쟁의 글로벌화

글로벌화globalization 또는 우리말로 세계화에 대한 정의는 학자마다 상이할

Video

Nationalism vs Globalism

수 있으나, 일반적으로 기업이 개별국가시장에 대해 각기 다른 전략을 취하기보다는 전세계시장을 하나의 시장으로 보고 통합된 전략을 수립하는 것을 의미한다.[2] 글로벌화는 국제화와도 비교가 되는데, 국제화internationalization가 종전의 국가단위로 시장이 구성되었던 상황에서 한 국가에 있던 기업이 다른 국가로 진출하는 것을 의미하는 반면, 글로벌화는 국경에 따른 시장구분의 의미 자체가 없어졌다는 것을 뜻한다. 글로벌화된 환경에서는 제품·기술·서비스가 각국으로 자유롭게 이동하며, 인적자원과 자본의 흐름도 자유롭다.

이와 같이 국경으로 나누어졌던 시장들이 전세계적으로 하나의 시장으로 통합되는 과정은 결코 최근에 발생한 현상이 아니다. 글로벌화의 근간을 이루는 각국별 시장이 통합되는 과정은 인류역사에서 끊임없이 계속되어 왔던 지극히 일반적인 추세 중의 하나이다. Marx와 Engels는 1848년에 발표한 공산당선언Communist Manifesto에서 "국가별로 존재했던 옛날의 모든 산업들이 날마다 붕괴되어 가고 있으며 과거의 내수 위주의 자급자족적인 경제는 이제 모든 면에서 국가 간의 상호의존성이 높아지는 세계경제체제로 바뀌고 있다"고 서술하고 있다. 이는 자본주의가 태동·발전하던 1848년 그 당시부터 이미 국가 간의 시장경계가 무너지고 있었으며 전세계적인 시장으로의 개편이 꾸준히 진행되어 왔음을 보여주고 있다.

인류역사를 살펴보면 자급자족적인 경제단위는 씨족사회로부터 부족사회, 부족국가, 그리고 고대국가, 중세·근대 국가에 이르기까지 계속해서 확장되어 왔다. 씨족사회에서는 몇 단위의 씨족가구가 농업과 어업에 종사하여 완전히 자급자족적인 경제단위를 이루었다. 부족사회 또는 부족국가는 여러 씨족이 통합된 형태이고, 고대국가들은 또 부족국가들을 통합한 형태로 자급자족적인 경제단위가 계속해서 확장되어 왔다. 즉, 지금 현재 우리가 경험하고 있는 바와 같이 국가 간의 시장구분이 없어지고 세계적인 시장으로 통합되는 세계화현상은 현대의 특징적인 현상이 아니라 인류의 역사를 통해 상당히 오랜 기간에 걸쳐 계속되어 왔던 추세라고 볼 수 있다.

이와 같이 시장이 통합되어 더 큰 시장으로 탄생하는 글로벌화의 가장 중요한 동인은 역사적으로 살펴볼 때 기술혁신이었다. 예를 들어, 석기를 사용하던 씨족사회에 청동기가 보급되면서 부족사회로 넘어 왔고, 부족사회에 철기가 보급되면서 고대국가가 탄생했으며, 중세사회를 거쳐 근대국가가 형성될 때도 증기기관을 비롯한 산업혁명이 큰 원동력이 되었었다. 이와 같이 청동기·철기·산업혁명으로 이어지는 기술혁신은 생산에 있어서의 '규모의 경제'를 월등히 증대시켰다. 과거의 좁은 씨족단위·부족단위 혹은 국가단위의 시장만으로는 새로운 생산기술에 의한 규모의 경제를 충분히 활용할 수가 없었으므로 생산시설의 규모의 경제를 충분히 활용하기 위해서 인근 시장을 통합하여야 하는 경제적인 필요성이 대두되었던 것이다. 현재 우리가 경험하고 있는 글로벌화 역시 가장 중요한 동기는 엄청난 속도로 진행되고 있는 기술진보와, 이러한 기술진보로 나타나는 규모의 경제성을 충분히 활용할 수 있게 해 주는 다른 부수적인 환경의 변화, 즉 소비자의 욕구가 세계적으로 동질화되고, 각국의 인위적인 무역장벽이 무너지고 있는 현상으로 이해될 수 있다.

다음 절에는 글로벌화를 촉진시키는 요인들을 자세히 살펴보기로 한다.

글로벌화를 촉진시키는 요인

규모의 경제

글로벌화를 촉진시키는 첫 번째 요인은 무엇보다도 자본집약적인 생산방식과 규모의 경제가 점점 더 중요해진다는 사실이다.[3] 전세계적으로 거의 모든 산업에서 나타나는 가장 두드러진 변화 중의 하나는 생산방식이 노동집약적인 생산방식으로부터 자본집약적인 생산방식으로 점차 전환하고 있다는 점이다. 따라서 거의 모든 산업에서 인간의 노동력이 자동화된 기계, AI, 로봇으로 대체되고 있다. 예를 들어, 자동차산업에서 전체 자동차생산비용 중에서 노동자임금이 차지하는 비중은 미미하며 이 비율은 계속 낮아지고 있다. 이와 같이 모든 산업에서 임금이 차지하는 비중은 점차 줄어들고 있으며 이러한 상황은 전자, 철강, 화학산업 등에서도 두드러지게 나타나고 있다.

이같이 노동비용은 점차 감소하는 반면에 자본비용이 차지하는 비중은 크게 증가함에 따라서 규모의 경제economies of scale도 커지게 된다. 기업은 자본재에 대한 막대한 투자를 회수하기 위해서는 대규모 생산체제를 갖춰야 한다. 따라서 이 같은 산업에 있어서 기업들은 단지 내수시장의 수요만으로는 자본재에 대한 막대한 투자를 감행하기 어렵기 때문에 전세계 시장의 수요를 목표로 삼고 자본재에 대한 투자를 한다. 자본재를 대량생산을 할 경우, 소량생산을 하는 경우보다 평균비용이 더 낮아지면서 판매 증진의 효과를 누릴 수도 있다. 1950년에 12인치 흑백 TV를 사려면 지금 물가로 2,500달러 정도를 내야 했지만, 지금은 60인치짜리 UHD 4K 평면TV를 1,000달러 이하로 살 수 있다. 기업은 글로벌화로 인하여 대규모 생산체제를 갖춰 궁극적으로는 평균비용을 낮춘 반면, 구매자는 낮아진 가격에 따라 구매할 수 있는 여력이 증가하게 되는 것이다.

기술진보

글로벌화를 촉진시키는 또 하나의 요인은 빠른 기술진보와 함께 이를 가능하게 하는 연구개발R&D투자에 있다. 예를 들어, 첨단산업이라고 할 수 있는 전자, 통신, 컴퓨터, 정밀화학, 의약품제조산업 등에서 총매출액 중 연구개발비용이 차지하는 비율은 높게는 15~30%까지 다다른다. 이와 같이 연구개발비용 투자의 비중이 큰 산업에서 내수시장의 수요만으로는 그처럼 높은 연구개발비를 충당하기가 힘들다. 이와 같은 첨단산업에서는 전세계시장을 염두에 두고 신제품개발과 판매를 하여야 지속적으로 연구개발에 투자를 할 수 있다.

예를 들어, 화학산업에서는 정밀화학분야가 각광받기 시작했다. 일반기초석유화학분야에서는 전체매출에서 연구개발비용이 차지하는 비중이 2~3%에 불과한 반면, 정밀화학분야에서의 연구개발비용은 총매출의 9~10%까지 달하고 있다. 더 나아가 의약품 산업에서의 연구개발비용은 전체 매출액의 20~30%까지 높아지게 되었다. 따라서, 화학산업 및 의약품산업에서 급속도로 글로벌화가 진행되어 많은 기업들이 해외진출을 꾀하였고, 또한 화학산업 내 기업들 간에 국제적인 인수합병이 활발히 이루어졌다. 이는 대규모의 연구개발투자를 할 수 없는 기업들은 외국의 대형다국적기업들에게 인수됨으로써 예전의 각 개별기업들로서는 수행하기 힘들었던 대규모의 자금이 소요되는 연구개발투자가 가능해졌음을 의미한다.

소비자수요의 동질화

앞서 글로벌화의 요인으로서 살펴본 자본집약적 생산방식과 기술발달, 그리고 연구개발비의 증가로 인한 '규모의 경제'의 확대는 글로벌화를 촉진시키는 필요조건은 될지 모르지만 충분조건은 되지 못한다. 글로벌화의 가장 큰 요인 중 하나는 과거 이질적이었던 각국의 소비자의 기호가 점차 동질화되어 간다는 점이다. Coca Cola와 Pepsi가 전세계적으로 각광을 받는 청량음료가 되고, McDonald's 햄버거가 인도에서도 성공하고 있는 것은 그만큼 젊은 세대를 중심으로 소비자의 수요나 구매행태가 동질화되고 있다는 것을 의미한다.[4]

Video

Coca-Cola History

이와 같은 소비자수요의 동질화를 이루게 한 것은 다름아닌 커뮤니케이션기술의 발전이다. 예를 들어, 오늘날의 젊은이들은 인터넷을 토대로 전세계적으로 실시간 소통이 가능한 TikTok, Instagram과 같은 커뮤니케이션 매체를 통해 점차 동질화된 취향을 갖게 된다. 이를 통하여 빌보드 '핫 100' 1위를 최다 보유한 방탄소년단BTS의 신곡이 미국이나 일본, 유럽 등 전 세계적으로 퍼져 나갈 수 있는 것이다. 또한 Youtube, Netflix와 같은 매체들을 통하여 전 세계적으로 열풍을 이끌었던 영화 '오징어게임'이 전 세계적으로 퍼져나갈 수 있게 되었다. 그 결과 다양한 국적의 외국인들이 할로윈 때 영화 '오징어게임'의 분장을 고르게 된 것도 결국 커뮤니케이션 기술의 발전에서 비롯된다. 이와 같은 커뮤니케이션기술의 발달은 전세계적으로 소비자수요의 동질화를 촉진시켰고, 결국 기업들은 과거와는 달리 전세계를 단일시장으로 보고 빠른 시간에 전세계소비자들의 수요에 부응할 수 있는 제품을 만들어야 성공할 수 있게 되었다.

이러한 소비자수요의 동질성은 과거의 국제화에서의 역할과 크게 다르다. 과거에는 다국적기업이 우선 선진국에서 제품을 개발한 후 이 신제품이 점차 표준화되고 가격이 하락함에 따라 저개발국가로 이동하는 제품수명주기이론product life cycle theory을 따라서 활동하였다.[5] 이러한 이론은 저개발국의 소득이 높아짐에 따라서 선진국의 수요패턴을 모방한다는 가정하에 성립되었다. 그러나 최근의 경향은 소비자의 수요가 커뮤니케이션 기술에 기반하여 전세계적으로 동시화되고 있다. 인터넷시대에 제품수명주기이론과 같이 현재의 상황에 맞지 않는 낡은 이론에 기초하여 기업의 전략을 수립할 경우 전세계에서 동시다발적으로 신제품을 내는 기업에 비해 시장진입이 늦을 뿐만 아니라, 그 결과 높은 마진도 보장받을 수 없게 된다.

수요의 동질성이 심화되는 또 하나의 이유는 전세계적인 구매력의 증가이다. 경제 개발을 이룩한 신흥공업국의 국민들은 소득수준이 향상됨에 따라 선진국에서 생산되는 제품을 소비하려는 경향이 있다. 이들은 높은 교육수준과 소득수준을 보유하게 되면서 글로벌 제품을 구매·소비할 수 있는 능력을 갖추게 되었다. 이처럼 소비자수요가 빠른 속도로 동질화되어 간다는 점은 산업과 경쟁의 글로벌화를 촉진시키는 중요한 요인이 되고 있다.

무역장벽의 감소

과거 전세계적으로 무역장벽이 낮아졌고 자본이동도 자유화되었던 것은 글로벌화를 촉진하였다.[6] 1995년 WTO 출범으로 각 회원국은 자유로운 무역과 지적재산권에 대한 보호에 대한 혜택을 누릴 수 있게 되었다. 최근 미국의 트럼프 행정부의 자국중심주의로 인해 무역분쟁과 규제가 다소 증가하는 양상을 보이나,

Video

Will Covid kill globalisation?

이는 장기적인 추세로 비추어 볼 때 예외적인 현상으로 트럼프 행정부 역시 국제무역에 기초한 글로벌 공급망을 단시일 내에 바꾸는 것이 얼마나 어려운가를 실감할 것이다. 전세계적인 무역장벽의 철폐와 글로벌한 자본시장에 대해서는 제2장과 제3장에 보다 자세히 논의되고 있다.

이상의 생산설비 면에서의 규모의 경제, 높은 R&D비용, 수요의 동질화, 무역장벽의 감소 등은 글로벌화를 촉진시키고 있다.

다국적기업

글로벌화된 산업에서는 제품, 기술, 서비스가 각국으로 자유롭게 이동하며 인적자원과 자본의 흐름도 자유롭게 이루어지고 있다. 이렇게 국제무역에 의하여 제품과 서비스가 이동할 뿐만 아니라 기술 및 자본과 인적자원 등 생산요소의 이동도 자유롭게 되는 것은 세계 각국에 직접투자 방식으로 자회사를 설립한 다국적기업들에 의해서 활발하게 이루어지고 있다. 다국적기업multinational corporation에 대한 정의는 학자마다 상이할 수 있으나 원래 의미대로 해석하면 두 개 국가 이상에서 현지법인을 운영하고 있는 기업이면 모두 다국적기업이라고 부를 수 있을 것이다. **표 1-2**는 전세계 100대 다국적기업의 현황을 보여준다.

Video

The Rise of Toyota

다국적기업은 해외직접투자foreign direct investment에 의해서 형성된다. 해외직접투자는 제7장에서 자세히 살펴보겠지만, 다른 나라에 투자를 하여 생산 또는 판매자회사를 설립하는 것을 의미한다. 다국적기업은 이와 같은 수많은 해외직접투자활동을 통해서 각국에 활동거점을 확보한 후 이들 자회사와 본사를 연결한다. **그림 1-4**에서 보는 바와 같이 해외직접투자는 전세계적으로 빠른 속도로 증가하여 왔다. 이는 세계경제가 더욱 급속히 글로벌화됨에 따라 단순한 무역에 의한 글로벌화보다는 직접투자를 통하여, 즉 기업들이 다국적기업화됨에 따라서 글로벌화되었다는 것을 의미한다. 해외직접투자의 대상국가는 과거에는 주로 선진국을 중심으로 일어났었으나, 개발도상국에 대한 다국적기업의 투자가 꾸준하게 증가하는 추세를 보이고 있다. 특히 이들 미국, 유럽, 일본을 중심으로 한 다국적기업들이 트라이아드triad 외의 지역, 특히 신흥개발국 등에 해외직접투자를 함으로써 다국적기업화의 정도가 더욱 심화되는 현상을 보여주고 있다.

이와 같이 다국적기업이 경제활동에서 차지하는 비중은 날로 커지고 있지만 다국적기업을 보는 시각이 항상 긍정적인 것은 아니었다. 과거의 다국적기업은 거대하고 무자비하며 국가에 대한 충성심도 없는 기업으로 생각되어 왔다. 이들

표 1-2 세계 100대 다국적기업

순위	기업명	매출 (백만 달러)	순이익 (백만 달러)
1	Walmart	$648,125	$15,511
2	Amazon	$574,785	$30,425
3	State Grid	$545,948	$9,204
4	Saudi Aramco	$494,890	$120,699
5	Sinopec Group	$429,700	$9,393
6	China National Petroleum	$421,714	$21,295
7	Apple	$383,285	$96,995
8	UnitedHealth Group	$371,622	$22,381
9	Berkshire Hathaway	$364,482	$96,223
10	CVS Health	$357,776	$8,344
11	Volkswagen	$348,408	$17,945
12	Exxon Mobil	$344,582	$36,010
13	Shell	$323,183	$19,359
14	China State Construction Engineering	$320,431	$4,372
15	Toyota Motor	$312,018	$34,214
16	McKesson	$308,951	$3,002
17	Alphabet	$307,394	$73,795
18	Cencora	$262,173	$1,745
19	Trafigura Group	$244,280	$7,393
20	Costco Wholesale	$242,290	$6,292
21	JPMorgan Chase	$239,425	$49,552
22	Industrial & Commercial Bank of China	$222,484	$51,417
23	TotalEnergies	$218,945	$21,384
24	Glencore	$217,829	$4,280
25	BP	$213,032	$15,239
26	Microsoft	$211,915	$72,361
27	Cardinal Health	$205,012	$261
28	Stellantis	$204,908	$20,103
29	Chevron	$200,949	$21,369
30	China Construction Bank	$199,826	$46,990
31	Samsung Electronics	$198,257	$11,082
32	Hon Hai Precision Industry	$197,876	$4,563
33	Cigna	$195,265	$5,164
34	Agricultural Bank of China	$192,398	$38,049
35	China Railway Engineering Group	$178,563	$2,153
36	Ford Motor	$176,191	$4,347
37	Bank of China	$172,328	$32,758
38	Bank of America	$171,912	$26,515
39	General Motors	$171,842	$10,127
40	Elevance Health	$171,340	$5,987
41	BMW	$168,103	$12,205
42	Mercedes-Benz Group	$165,638	$15,417
43	China Railway Construction	$160,847	$1,701
44	China Baowu Steel Group	$157,216	$2,494
45	Citigroup	$156,820	$9,228
46	Centene	$153,999	$2,702
47	JD.com	$153,217	$3,414
48	Home Depot	$152,669	$15,143
49	Electricité de France	$151,040	$10,828
50	Marathon Petroleum	$150,307	$9,681

순위	기업명	매출 (백만 달러)	순이익 (백만 달러)	순위	기업명	매출 (백만 달러)	순이익 (백만 달러)
51	Kroger	$150,039	$2,164	76	Comcast	$121,572	$15,388
52	Phillips 66	$149,890	$7,015	77	Deutsche Telekom	$121,046	$19,230
53	Ping An Insurance	$145,759	$12,101	78	China Southern Power Grid	$118,814	$2,342
54	Sinochem Holdings	$143,240	−$3,666				
55	China Mobile Communications	$142,832	$15,253	79	Uniper	$116,663	$6,819
				80	Wells Fargo	$115,340	$19,142
56	China National Offshore Oil	$141,732	$14,559	81	Hengli Group	$114,665	$981
57	Honda Motor	$141,349	$7,661	82	Allianz	$113,518	$9,233
58	Fannie Mae	$141,240	$17,408	83	China Post Group	$112,779	$5,885
59	China Life Insurance	$139,616	−$841	84	China Energy Investment	$112,049	$6,339
60	Walgreens Boots Alliance	$139,081	−$3,080	85	Xiamen C&D	$110,666	$1,058
61	Valero Energy	$139,001	$8,835	86	Reliance Industries	$108,878	$8,413
62	Banco Santander	$137,245	$11,974	87	Goldman Sachs Group	$108,418	$8,516
63	China Communications Construction	$136,671	$1,672	88	Freddie Mac	$108,050	$10,538
				89	Rosneft Oil	$107,543	$14,870
64	BNP Paribas	$136,076	$11,865	90	Target	$107,412	$4,138
65	Mitsubishi Corporation	$135,390	$6,670	91	Equinor	$107,174	$11,885
66	Meta Platforms	$134,902	$39,098	92	Humana	$106,374	$2,489
67	HSBC Holdings	$134,901	$23,533	93	SAIC Motor	$105,196	$1,993
68	Verizon Communications	$133,974	$11,614	94	State Farm Insurance	$104,199	−$6,272
69	China Minmetals	$132,020	$766	95	Life Insurance Corp. of India	$103,548	$4,944
70	Alibaba Group Holding	$131,338	$11,165				
71	CITIC Group	$131,242	$4,125	96	Nestlé	$103,505	$12,475
72	China Resources	$126,170	$3,798	97	Enel	$103,311	$3,717
73	Hyundai Motor	$124,577	$9,159	98	ENI	$102,502	$5,158
74	AT&T	$122,428	$14,400	99	Petrobras	$102,409	$24,884
75	Shandong Energy Group	$122,383	$830	100	SK	$101,969	−$595

출처: Fortune, 2024년 총매출에 따른 순위

그림 1-4 전세계적인 해외직접투자의 동향 (단위: 10억 달러)

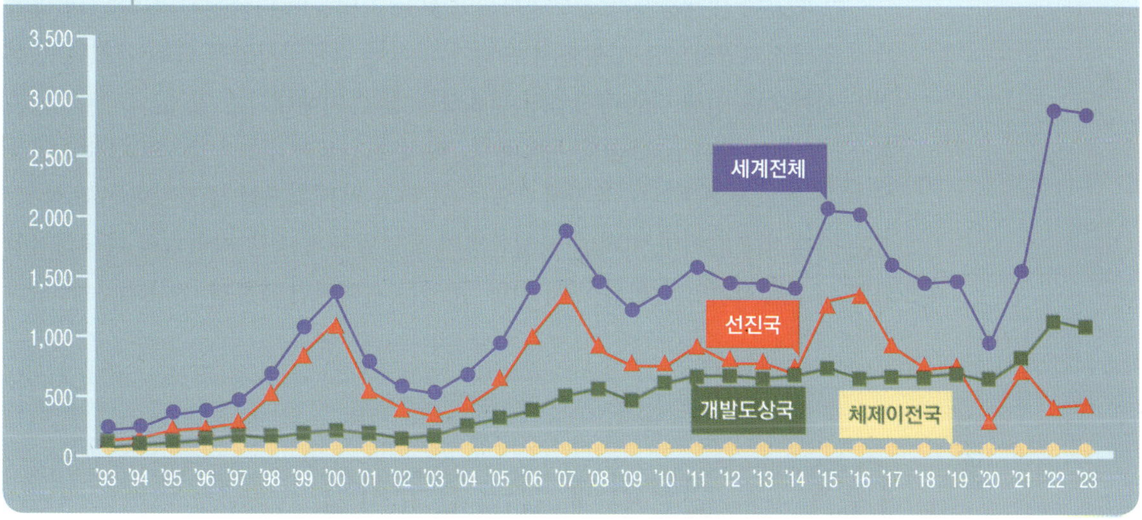

출처. UNCTAD

다국적기업은 과거 저개발국에 진출하여 자원을 탈취하고 노동력을 착취했으며 더 이상 그 나라에 투자할 가치가 없으면 미련 없이 떠났던 전례를 갖고 있다. 또한 다국적기업들이 저개발국의 정부를 매수하거나 배후에서 조정했던 것도 사실이다. 예를 들어, 서구의 주요 석유회사들은 과거 중동지역에 친미적 성향을 가진 정부가 입각하도록 쿠데타를 지원하기도 했고, 반서방노선을 취하는 국가에 대해서는 게릴라활동을 지원하기도 했다. 또한 이들 다국적기업들은 저개발국가에서 자신의 기업경영활동을 원활히 수행하기 위하여 뇌물을 주는 것을 서슴지 않았고 그에 따라 다국적기업이 제3세계의 부정 부패의 원흉이 되었다는 지적을 받았었다. Vernon은 일찍이 저서 Sovereignty at Bay에서 다국적기업들이 제3세계 국가들의 주권을 짓밟는 한편 자신의 모국에도 충실하지 않는 국적이 있는 기업의 성격을 가지고 있음을 통렬히 비판하였다.[7]

이러한 다국적기업에 대한 부정적 시각은 비단 과거의 현상으로만 볼 수는 없다. 예를 들어, 스위스의 Nestle는 총자산과 매출의 대부분이 해외에서 발생하나, 스위스에서 고용하는 종업원은 극히 일부에 불과하다. 이러한 점에서 볼 때 과연 Nestle가 스위스 기업인가 하는 점에서는 의문을 가질 수밖에 없다. 최근에는 이러한 기업을 가리켜 더 이상 순수한 의미의 다국적기업은 존재하지 않고 국가라는 경계를 초월하는 존재로서의 초국적기업 또는 무국적기업transnational corporation으로 부르기도 한다. 이는 더 이상 다국적기업이 국가라는 경계를 의식하지 않고 세계시장을 하나의 대상으로 해서 경제활동을 펼친다는 의미이다.

이와 같이 세계경제가 글로벌화되고 모든 기업들이 다국적기업 또는 더 나아가서 초국적기업화되는 상황에서 우리가 과거에 다국적기업에 대해 가졌던 부정적인 시각으로 인해 다국적기업의 필요성을 잘못 이해해서는 안 될 것이다. 물론 최근 미·중 기술패권 다툼과 무역분쟁, 러시아-우크라이나 전쟁, 코로나19 영향에 따른 보호무역주의가 부상하기도 하였으나, 세계경제의 글로벌화는 피할 수 없는 시대적 조류이며 이러한 경제환경의 글로벌화에 따른 기업들의 다국적기업화 또는 초국적기업화 현상 역시 피할 수 없는 시대적인 조류인 것이다.

03 〉〉 전환기에 있는 한국기업

본 절에서는 먼저 한국기업의 글로벌경쟁력을 평가해 보고, 한국기업이 향후 추진해야 할 과제에 대해 살펴보기로 한다.

한국기업의 글로벌경쟁력

한국의 국제경쟁력

Video

IMD World Competitiveness Ranking Results

스위스의 국제경영개발원International Management Development: IMD은 매년 각국의 국제경쟁력을 비교하여 발표하고 있다.[8] **표 1-3**과 같이 한국의 국제경쟁력은 평가대상국 중 중간 정도의 위치를 차지하고 있다.

또한 IMD는 각 부문별로 한국의 국제경쟁력을 평가하고 있다. **그림 1-5**와 같이 인프라스트럭처, 사업효율성, 정부효율성은 외환위기 이후 사회전반적인 구조조정이 전개됨에 따라 다소 개선되고 있으나, 아직도 낙후된 수준에 머물고 있다. 이와 같이 IMD가 평가한 한국의 국제경쟁력은 그다지 높지 않다. 특히 정부와 금융부분 그리고 사업효율성에서의 낙후성은 한국기업이 갖고 있는 국제경쟁력을 잠식하는 요인이 되었다고 볼 수 있다.

이 자료는 외국에서 한국기업의 글로벌경쟁력을 평가하는 시각이 한국인들

표 1-3 2024년 국제경쟁력 평가 순위

2024	국가명	2023	전년대비 변화	
1	Singapore	4	3	↑
2	Switzerland	3	1	↑
3	Denmark	1	−2	↓
4	Ireland	2	−2	↓
5	Hong Kong SAR	7	2	↑
6	Sweden	8	2	↑
7	UAE	10	3	↑
8	Taiwan(Chinese Taipei)	6	−2	↓
9	Netherlands	5	−4	↓
10	Norway	14	4	↑
11	Qatar	12	1	↑
12	USA	9	−3	↓
13	Australia	19	6	↑
14	China	21	7	↑
15	Finland	11	−4	↓
16	Saudi Arabia	17	1	↑
17	Iceland	16	−1	↓
18	Belgium	13	−5	↓
19	Canada	15	−4	↓
20	**Korea Rep.**	**28**	**8**	↑
21	Bahrain	25	4	↑
22	Israel	23	1	↑
23	Luxembourg	20	−3	↓
24	Germany	22	−2	↓
25	Thailand	30	5	↑
26	Austria	24	−2	↓
27	Indonesia	34	7	↑
28	United Kingdom	29	1	↑
29	Czech Republic	18	−11	↓
30	Lithuania	32	2	↑
31	France	33	2	↑
32	New Zealand	31	−1	↓

2024	국가명	2023	전년대비 변화	
33	Estonia	26	−7	↓
34	Malaysia	27	−7	↓
35	Kazakhstan	37	2	↑
36	Portugal	39	3	↑
37	Kuwait	38	1	↑
38	Japan	35	−3	↓
39	India	40	1	↑
40	Spain	36	−4	↓
41	Poland	43	2	↑
42	Italy	41	−1	↓
43	Cyprus	45	2	↑
44	Chile	44	–	–
45	Latvia	51	6	↑
46	Slovenia	50	4	↑
47	Greece	49	2	↓↑
48	Jordan	54	6	↑
49	Puerto Rico	49	–	–
50	Romania	48	−2	↓
51	Croatia	50	−1	↓
52	Philippines	52	–	–
53	Türkiye	47	−6	↓
54	Hungary	46	−8	↓
55	Botswana	59	4	↑
56	Mexico	56	–	–
57	Colombia	58	1	↑
58	Bulgaria	57	−1	↓
59	Slovak Republic	53	−6	↓
60	South Africa	61	1	↑
61	Mongolia	62	1	↑
62	Brazil	60	−2	↓
63	Peru	55	−8	↓

출처: IMD, 2024년 세계경쟁력평가

그림 1-5 부문별 한국의 국제경쟁력 순위

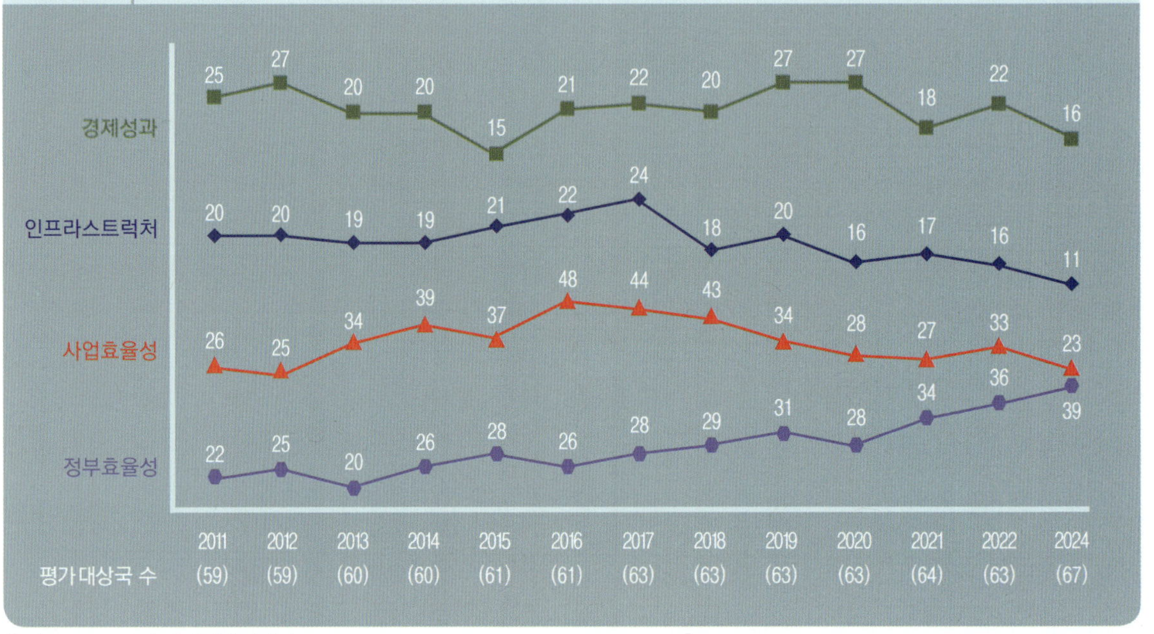

출처: IMD, 2024년 세계경쟁력평가

이 그동안 한국경제에 대해 갖고 있던 자신감과는 상당히 거리감이 있다는 것을 보여준다. 한국경제는 1960년대 경제개발추진 이후 고도성장을 이룩하였고 외국인들은 이러한 한국경제의 성장을 '한강의 기적'이라고 표현하기도 했다. 그러나 한국경제의 고도성장은 그동안 저임금과 장시간의 노동량의 투입으로 인한 양적 성장에 불과했지 생산성의 증가로 인한 질적 성장은 아니었다는 평가도 제기되었다. Krugman은 "아시아의 성장은 허구다"라는 논의를 제기하면서 한국을 비롯한 아시아의 고성장은 단순히 자본과 노동의 투입량을 높임으로써 이루어진 것이지 생산성의 증가에 의한 경제성장은 아니었다고 주장하였다.[9] 따라서 노동과 자본의 투입량이 줄어들면, 그만큼 아시아경제가 고도성장을 할 수 있는 조건은 사라진다고 예측하였다. 결국 Krugman의 예측대로 1997년 후반에는 태국, 인도네시아에서 기업들이 도산하고 금융위기가 도래하였고, 한국도 대우, 한보, 진로, 기아, 해태 등 재벌기업들이 부도를 내고 이들 기업에 대출을 해 준 은행들이 부실화됨으로써 외환위기를 겪어 결국 IMF의 구제금융을 받기에 이르렀다.

Krugman의 평가와 같이 한국경제의 고도성장의 배경에는 낮은 임금을 바탕으로 장시간의 노동을 통해 값싼 제품을 만들어 이를 수출해 온 수출드라이브정책이 주효했다고 볼 수 있다. 1960년대와 1970년대 초기에 한국기업은 풍부한 노동력과 낮은 임금을 바탕으로 노동집약적 산업인 섬유, 신발, 의류 등을 주요 수출품목으로 하여 외화를 획득하였고, 제3차 경제개발계획 이후로는 중화학공업에 대한 투자에 집중하여 TV 등이 1980년대의 주요 생산품목이 되었다. 그리고 1990년대부터는 자동차와 철강, 조선, 반도체와 같은 분야에서 세계 최고의 경쟁력을 보유하고 있다. 이러한 한국기업들의 주요 수출품목들의 변화를 보면 노동집약적인 제품의 수출에서부터 점차 자본집약적인 제품의 수출로 이전되어 가고 있음을 알 수 있다.

비교우위의 변화

이러한 한국기업의 산업별 비교우위의 이전과정은 **그림 1-6**의 비교우위의 연결고리를 통해 일목요연하게 살펴볼 수 있다. 먼저 비교우위의 연결고리란 미시경제학의 등생산량곡선isoquant curve과 등비용선isocost line을 각 산업별로 나타낸 것이다.[10] 노동과 자본을 두 축으로 표시했을 때 우측 밑에 위치하는 산업일수록 노동집약적 산업이다. 즉, 섬유, 신발, 의류 등의 산업은 가장 노동집약적인 산업이고 TV는 섬유보다는 훨씬 자본집약적이기는 하지만 자동차와 철강에 비해서는 훨씬 노동집약적인 산업이다. 자동차나 철강분야는 TV나 VCR보다는 자본집약적이면서 반도체나 통신, 생화학 같은 산업에 비해서는 훨씬 노동집약적이다. 좌상방향의 극단에 위치하는 등생산량곡선으로 나타낼 수 있는 산업들은 자본집약적이며 연구개발집약적인 산업으로 반도체나 통신, 생화학 등이 이 부류에 속한다. 한편 등비용선은 각국의 요소가격의 상대가격으로서 등비용선이 완만하다는 것은 노동이 상대적으로 풍부하고 자본이 상대적으로 희소해서 노동이 상대적으로 저렴하다는 것을 의미한다. 반대로 등비용선이 가파른 것은 자본이 상대적으로 풍부하여 노동보다 자본의 가격이 상대적으로 저렴하다는 것을 의미한다.

이와 같은 등생산곡선과 등비용선을 이용해 한국기업의 비교우위의 이전과정을 살펴보면, 과거 임금이 낮고 자본재가 희귀했을 시기에는 등비용선이 평단하게 나타나는데 이러한 상황에서는 노동집약적인 산업에 비교우위가 있다. 그러나 점차 경제개발이 진전되어 임금이 상승함에 따라 신발, 의류 같은 단순노동집약적인 산업은 경쟁력을 잃어가고 TV같이 보다 자본집약적인 산업이 점차 경쟁력을 얻었다. 반면 임금이 더욱 상승함에 따라 한국은 더 이상 저임금국가가 아니었고, 자본 역시 훨씬 더 풍요워졌다. 따라서 이 시기의 한국기업들은 섬유나 의류 등의 경공업분야에서 한국보다 노동이 훨씬 풍부하고 값싼 중국과 인도네시아와 같은 저개발국 기업들에게 비교우위를 상실하고 자동차나 철강 쪽에서 비교우

그림 1-6 비교우위의 연결고리

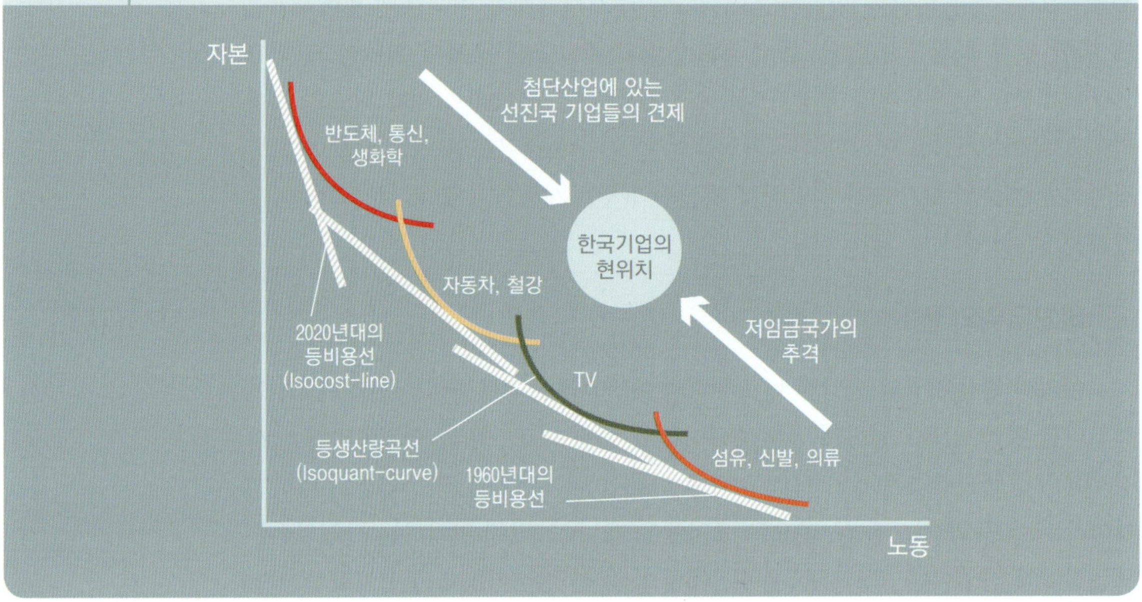

위를 갖게 되었다. 이렇게 비교우위의 변화를 바탕으로 자동차산업의 대표적인 경쟁자인 일본과 미국의 자동차생산업체와 경쟁하고, 철강분야에서는 일본의 日本製鐵보다 가격경쟁력을 훨씬 더 높이는 등 글로벌산업에서 경쟁력을 높여 왔다. 또한 최근 한국기업들은 반도체, 통신분야에서 최고의 경쟁력을 가진 기업으로 대두되고 있다. 그러나 아직도 생화학 기술분야 등에서 한국기업들이 가지는 비교우위는 미미하다. 이러한 산업에서는 기술에 대한 투자가 경쟁력을 결정하는 가장 중요한 요인이 되고, 단순히 자본재에 대한 투자만으로는, 즉 대량생산 설비체제를 갖추는 것만으로는 경쟁력을 키울 수가 없다.

표 1-4에서 보는 바와 같이 한국의 주요 수출품목 중 자동차, 반도체, 유무선 통신기기, 선박, 석유제품 등이 차지하는 비중은 매우 높다. 따라서 현재 한국기업들은 비교우위의 연결고리에서 중간 이상의 부분에서 점차 좌상향으로 이동하고 있는 것으로 파악할 수 있다. 이와 같은 현실 속에서 한국기업들이 좌상향에 있는 자본집약적이며 연구개발집약적인 산업으로 옮겨 가는 것은 순탄하지 않다. 한편으로는 한국기업들이 부상함에 따라서 선진국기업들이 지식집약적이며 자본집약적인 산업으로 진입하는 것을 견제하고 있기 때문이다. 다른 한편으로는 과거 한국기업의 수출의 주요한 원동력이었던 섬유, 신발, 의류와 같은 경공업산업들이 급속도로 경쟁력을 잃어가고 있으며, 중국과 같은 저임금국가와의 치열한

표 1-4 한국의 주요 수출품목 비중 추이 (단위: %)

순위	1990		2000		2010		2020		2024	
	품목	비중	품목	비중	품목	비중	품목	비중	품목	비중
1	의류	11.7	반도체	15.1	반도체	11.0	반도체	19.4	반도체	18.7
2	반도체	7.0	컴퓨터	8.5	선박	10.1	자동차	7.3	석유제품	6.6
3	신발	6.6	자동차	7.7	유무선 전화기	8.1	석유제품	4.7	자동차	9.3
4	영상기기	5.6	석유제품	5.3	석유제품	6.8	자동차부품	3.9	합성수지	3.1
5	선박	4.4	선박	4.9	승용자동차	6.8	디스플레이	3.7	자동차부품	3.0
6	컴퓨터	3.9	무선통신 기기	4.6	액정 디바이스	6.3	합성수지	3.6	철강판	2.7
7	음향기기	3.8	합성수지	2.9	자동차부품	4.1	선박해양 구조물	3.5	정밀화학원료	1.6
8	철강판	3.7	철강판	2.8	플라스틱 제품	3.5	철강판	3.1	선박해양 구조물 및 부품	3.4
9	인조장 섬유직물	3.6	의류	2.7	유무기 화합물	3.1	무선통신기기	2.6	무선통신기기	2.3
10	자동차	3.0	영상기기	2.1	가전제품	2.9	플라스틱 제품	2.6	평판 디스플레이 및 센서	2.5
10대 품목비중		53.3		56.6		62.8		54.5		53.3

출처: 관세청

가격경쟁이 대두되고 있다는 점이다. 따라서 한국기업은 위로부터는 첨단산업에 있는 선진국기업들의 견제를 받음과 동시에, 아래로부터는 저임금국가들로부터 가격경쟁의 추격을 받는 중간위치에서 많은 어려움을 겪고 있다.

현재 상황에서 한국기업들이 취할 수 있는 전략은 다음 두 가지로 나눌 수 있다.

첫째, 어떻게 하면 선진국기업의 견제를 물리치고 더 빨리 첨단산업으로 이전할 수 있는가 하는 문제이다. 이를 위해서는 연구개발에 대한 적극적인 투자, 핵심역량의 구축, 선진국기업들과의 전략적 제휴나 합작투자를 통한 기술이전과 같은 전략을 추구할 필요가 있다. 이를 위해서는 선진국에 해외직접투자 형태로 연구개발센터를 설립하거나, 해외인수합병이나 전략적 제휴를 통해 다국적기업화하는 것이 필요하다.

둘째, 점차 가격경쟁력을 잃어가는 노동집약적인 산업에서의 경쟁력을 유지하기 위해서는 품질을 향상시키고 제품의 브랜드를 강화시키며 유통시장의 확보를 통해서 저임금국가로부터의 가격경쟁을 극복하는 것이 필요하다. 이를 위해서는 부가가치가 높은 생산활동만 한국에 남기고 임금이 비용을 좌우하는 생산활동은 저임금국가로 이전하여 가격경쟁력을 유지해야 한다. 예를 들어, 의류산업의 경우, 디자인이나 염색과 같이 부가가치가 높은 생산부분만 한국에 남기고 봉제나 재단과 같이 비용에서 임금이 차지하는 비중이 높은 생산활동은 중국, 베트남, 인도네시아 등지로 이전시키는 것이다. 이와 같이 노동집약적 산업에서 국제경쟁력을 유지하는 방법도 궁극적으로 저임금국가에 대한 해외직접 투자를 통해 다국적기업화하는 것이 필수적이다.

지식기반 경쟁우위

앞서 살펴본 한국기업의 비교우위 변화는 주로 노동과 자본의 두 가지 생산요소만 있는 것을 가정한 것이었다.[11] 그러나 최근 학계에서는 지식기반 경영자원 knowledge-based resources이 경쟁우위의 원천이 되고 있다는 점을 지적하고 있다. 지식기반 경영자원이란 기술, 브랜드, 경영노하우 등과 같이 무형이며 많은 경우, 노동력에 체화된 경우가 많다. 예를 들어, Disney는 만화영화 캐릭터로 높은 수입을 얻고 있으며, Microsoft는 OS에서의 산업표준을 소유하고 있기 때문에 역시 독점적인 수익을 얻고 있다. 이처럼 수익 창출의 원천이 노동과 자본에서 새로운 아이디어나 기술 등으로 변하면서 기업들과 국가의 경쟁력 역시 이에 따라 변하게 되었다.

특히 한국에서 광대역 통신과 이동통신의 보급은 한국인이 지식을 획득하고 공유하여, 새로운 지식을 창조할 수 있는 최소한의 물리적 기초를 제공했다. 물론 인터넷 활용 그 자체가 지식기반 경쟁우위를 가져다 준다고 볼 수는 없으나 지식을 획득하고 활용하는 기초적인 인프라스트럭처로서의 역할을 담당하고 있다. 향후, AI와 같은 새로운 아이디어와 비즈니스 모형의 혁신을 통해 더욱 지식기반 산업에서의 경쟁력을 키워가야 할 것이다. **표 1-5**는 IMD가 측정한 디지털 기술을 활용할 수 있는 국가의 역량을 측정한 것이다.

표 1-5 세계 디지털경쟁력 지수

순위	국가명	점수	순위	국가명	점수
1	Singapore	100.0	26	Qatar	72.2
2	Switzerland	93.2	27	Saudi Arabia	71.6
3	Denmark	92.0	28	Spain	70.9
4	USA	91.3	29	Luxembourg	69.5
5	Sweden	90.4	30	Bahrain	68.9
6	**Korea Rep.**	**88.6**	31	Japan	68.1
7	Hong Kong SAR	88.1	32	Czech Republic	67.8
8	Netherlands	87.0	33	New Zealand	67.4
9	Taiwan(Chinese Taipei)	86.3	34	Kazakhstan	66.4
10	Norway	84.6	35	Portugal	66.1
11	UAE	84.1	36	Malaysia	65.5
12	Finland	83.6	37	Thailand	65.5
13	Canada	83.2	38	Latvia	63.2
14	China	82.6	39	Poland	63.0
15	Australia	81.2	40	Italy	62.1
16	Israel	80.8	41	Slovenia	61.7
17	Ireland	80.3	42	Chile	61.7
18	United Kingdom	78.2	43	Indonesia	61.4
19	Iceland	78.2	44	Puerto Rico	58.1
20	France	76.6	45	Kuwait	56.9
21	Belgium	75.6	46	Croatia	55.4
22	Lithuania	75.6	47	Romania	53.2
23	Germany	75.3	48	Cyprus	53.1
24	Estonia	73.1	49	Greece	53.1
25	Austria	72.9	50	Jordan	52.5

출처: IMD, 2024년도 기준

한국기업의 다국적기업화

앞에서 살펴본 바와 같이 한국기업들은 활발한 해외직접투자를 통해서 다국적기업화할 당위성을 갖고 있다. 즉, 노동집약적인 산업분야는 저개발국가에 직접투자를 하여 저임금을 활용하여 국제경쟁력을 갖추어야 하고, 첨단 산업분야는 첨단기술을 획득하기 위해 선진국에 진출하여야 한다. 이와 같은 배경하에 한국 기업의 해외직접투자는 **그림 1-7**과 폭발적으로 증가하고 있다. 해외직접투자는 외환위기 때 다소 주춤한 상태였다가 다시 증가추세를 보이고 있다. 이와 같은 한국 기업의 해외직접투자 누적분을 지역별로 보면 **그림 1-8**과 같다.

국가통계포털에 따르면 지역별로 아시아에 가장 많은 투자가 이루어지고 있으나, 북미와 유럽은 아시아보다 투자건수가 적지만 투자건당 투자금액이 상대적으로 높은 것을 알 수 있다. 이와 같이 투자건당 투자규모가 북미와 유럽에서 높은 이유는 북미와 유럽에 투자하는 산업이 자동차, 반도체와 같이 기술집약적이거나 자본집약적인 산업이 많기 때문이다. 또한 최근에는 미국에 연구개발시설을 위해 진출하는 경우가 많이 생기고 있다.

그러나 외국기업의 직접투자 유치규모 면에서 비교해 보면, **그림 1-9**와 같이 한국으로의 직접투자는 경제규모나 발전속도가 늦은 태국이나 말레이시아 또는 필리핀과 비슷한 수준으로 밖에 유입되지 않았다. 이는 앞서 IMD의 '국제경쟁력

그림 1-7 한국기업의 해외직접투자추이 (단위: 10억 달러, 개)

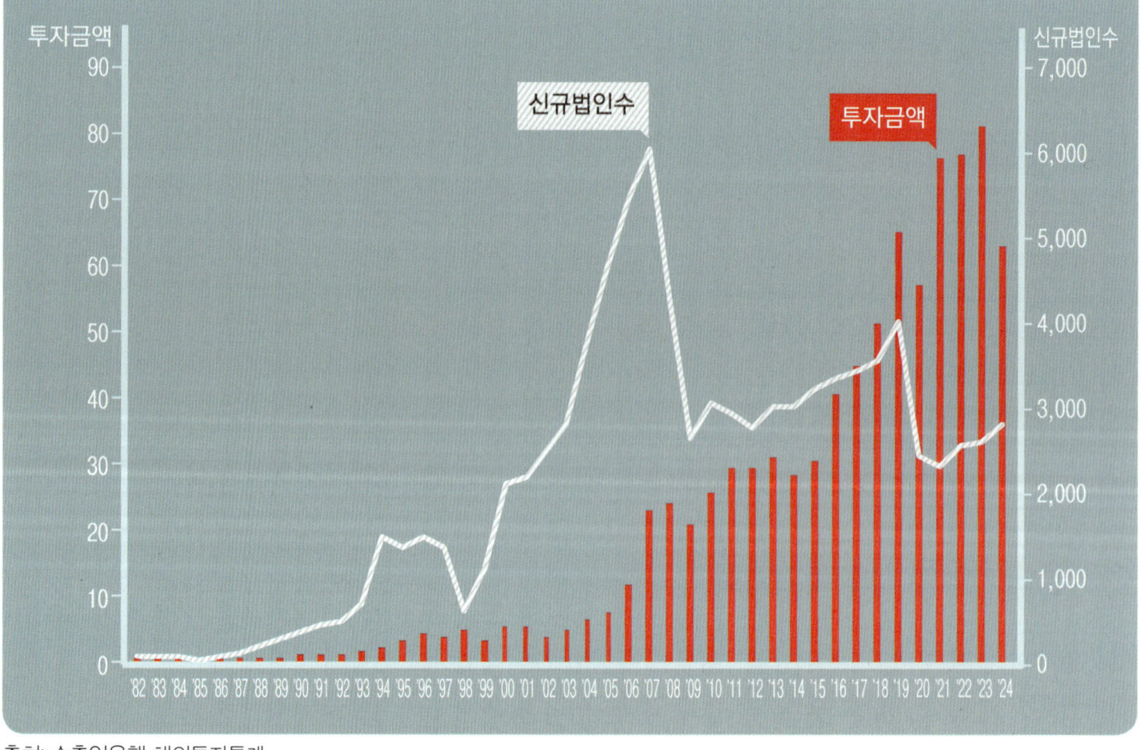

출처: 수출입은행 해외투자통계

그림 1-8 한국기업의 지역별 투자현황

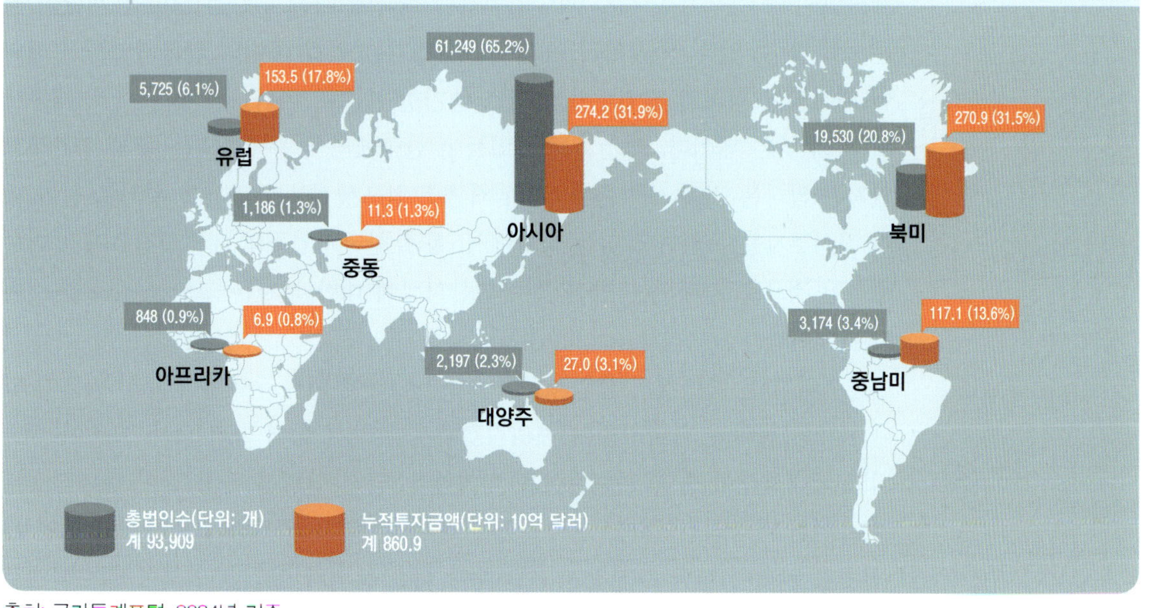

출처: 국가통계포털, 2024년 기준

그림 1-9 외국인 직접투자 유치규모 비교 (단위: 10억 달러)

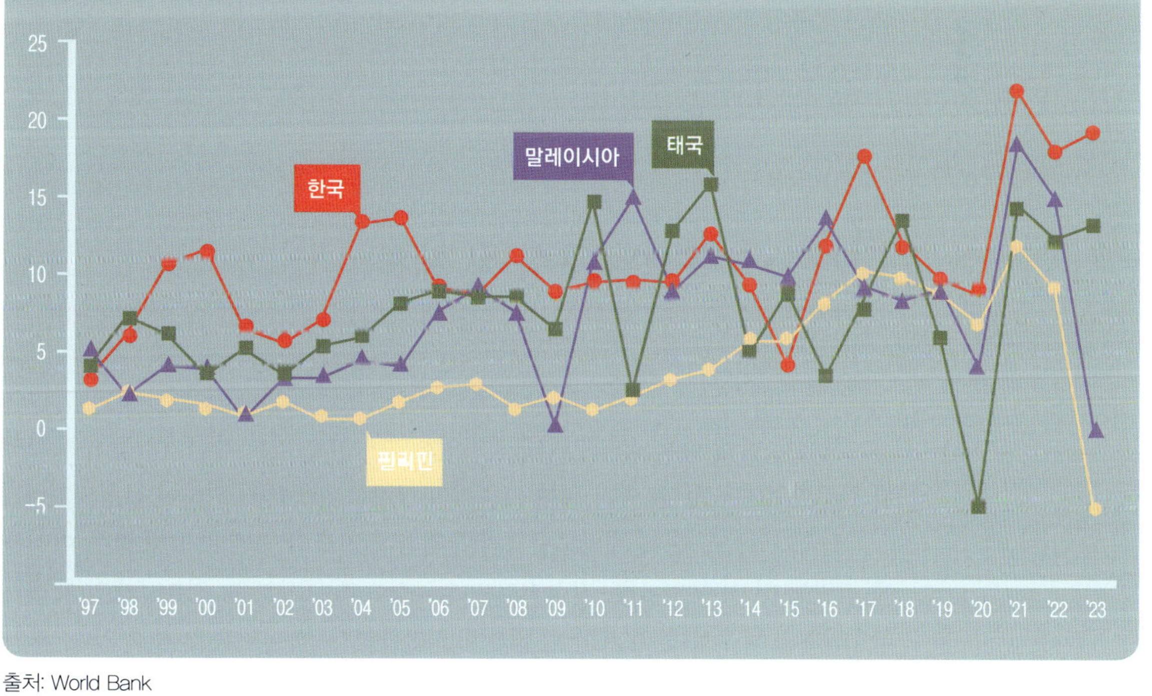

출처: World Bank

CHAPTER 1

보고서'에서 지적한 바와 같이 한국의 정부의 규제, 금융의 비효율성, 그리고 국제화의 미숙 등으로 인해서 외국기업들이 한국에 대한 투자를 그만큼 꺼렸기 때문으로 볼 수 있다. 외환위기 이후 구조조정기간 동안 다수의 한국기업들이 해외에 매각되어 외국인 직접투자가 다소 증가한 것으로 나타나고 있으나, 경제규모에 비해 낮은 편이다. 이는 외국기업들이 한국에의 투자매력도를 높게 평가하고 있지는 않다는 것을 보여준다. 특히 최근 트럼프행정부가 관세를 무기로 삼아 대미 직접투자를 독려하고 있는 상황에서, 향후 한국기업들의 해외직접투자가 더욱 증가할 것으로 기대되는 반면, 한국생산시설에 대한 투자는 그만큼 감소할 것이라 기대된다.

이와 같은 측면에서 산업공동화hollowing out에 대한 우려를 검토할 필요가 있다. 산업공동화란 한국기업이 해외직접투자를 하게 됨에 따라 국내 고용이 감소되고 국내생산이 줄어드는 현상을 의미한다. 앞서 살펴본 바와 같이 해외직접투자로 인한 다국적기업화는 한국기업의 국제경쟁력을 유지하기 위한 필수적인 전략이다. 일찍이 한국보다 앞서 공동화에 대한 논의가 있었던 일본에서는 실제로 공동화가 나타나지 않았다. 이는 일본기업이 해외로 이전한 것만큼, 외국기업이 일본에 진출하여 고용창출이 있었기 때문이었다. 만일 한국에 앞으로 공동화가 일어나더라도, 이는 각종 불합리한 규제로 외국기업의 한국에 대한 직접투자를 억제하는 정부와 노사분규를 일으키는 노조의 책임이지, 이런 문제를 피해 외국으로 진출하는 한국기업의 탓으로 볼 수 없다.

04 ›› 본서의 구성 및 체계

본서는 현재 빠른 속도로 다국적기업화되어 가고 있는 한국기업들이 효과적인 글로벌경영을 할 수 있기 위한 기초적인 정보를 제공하기 위하여 작성되었다.

한국기업들은 현재 개발도상국의 추격과 선진국의 견제로 인해 많은 어려움에 직면해 있고, 무역마찰, 갑작스러운 임금상승과 노사분규, 정부규제의 폐해와 금융산업의 낙후성 등의 제반 문제점이 드러나면서 큰 어려움을 겪고 있다. 과거 한국에서 모든 생산활동을 영위하고 해외시장에 수출하는 구태의연한 국제경영

표 1-6 본서에 소개된 사례의 주요 주제와 해당 지역 및 산업

장	사례	주요 주제	산업	지역적 포커스
1	마츠시타의 고민	글로벌화의 당위성	전자	글로벌
	삼성전자의 고민			
2	유럽통합	경제통합, 비교우위, 국제분업	일반	서유럽
	아모레퍼시픽의 글로벌전략		소비재	
3	Big Mac지수	환율의 결정요인, 구매력평가설,	일반	글로벌
	SK그룹의 국제금융거래	파생상품 거래	금융	
4	동유럽의 사유화 과정	동유럽의 경제현황, 정치적 위험	일반	동유럽
	개성공단			북한
5	Caterpillar와 Komatsu	글로벌전략	중장비	글로벌
	HD현대인프라코어의 글로벌경영			
6	Nike의 동남아 하청생산관리	하청생산, 독자브랜드개발	운동화, 의류	동남아시아
	영원무역의 하청생산과 브랜드전략			
7	Sony의 미국진출과정	해외직접투자	전자, 콘텐츠	미국
	CJ ENM의 해외직접투자			
8	Volkswagen의 중국합작투자	합작투자관리	자동차	중국
	베이징현대자동차			
9	Electrolux의 해외인수합병전략	해외인수합병	가전	글로벌
	LG전자의 Zenith 인수			
10	ABB의 글로벌조직구조	다국적기업의 조직구조	중전기	글로벌
	삼성전자의 글로벌조직구조		전자	
11	P&G의 일본진출	글로벌제품개발과 마케팅활동	소비재	일본
	라인의 일본진출		주류	
12	Hewlett Packard의 싱가포르자회사	글로벌연구개발활동과 생산활동	컴퓨터	싱가포르
	하나은행 싱가포르	의 조정	금융	아시아
13	브라질현지법인의 경영성과측정	환위험하의 성과측정, 위험관리	일반	브라질
	삼성물산의 호주 스프링베일 프로젝트		자원개발	호주
14	소프트뱅크	초국적기업화	인터넷	글로벌
	하이브		콘텐츠	

방식으로는 이와 같은 어려움을 극복할 수 없다. 이러한 상황에서 한국기업이 취할 수 있는 유일한 생존전략은 적극적인 해외투자를 통해서 다국적기업화하는 것이다. 즉, 노동집약적인 산업은 임금이 싼 저개발국에 투자를 해야 하고, 선진기술을 획득하기 위한 대선진국직접투자도 적극 늘려가야 한다.

한국기업들이 해외직접투자를 늘려감에 따라 효과적인 다국적기업경영방법에 대한 노하우가 절대적으로 필요하게 된다. 본서는 이와 같이 급작스럽게 다가 온 글로벌환경하에서 빠른 속도로 다국적기업화되어 가고 있는 한국기업들에게 효과적인 다국적기업의 운영을 위한 여러 가지 이론을 제공함과 아울러, 한국기업보다 먼저 다국적기업화된 선진국기업들의 경험을 사례를 통하여 공부함으로써 한국기업의 세계화에 실질적인 도움을 주기 위해 작성되었다.

효과적인 글로벌경영은 다음의 3단계로 나누어 생각해 볼 필요가 있다. 첫 번째 단계에서는 먼저 한국기업이 처해 있는 글로벌경영환경에 대한 이해, 즉 각 기업이 속한 산업의 특성, 국제무역과 금융환경 그리고 각국마다 상이한 정치적·문화적 차이를 이해하는 것이 필수적이다. 두 번째 단계에서는 이와 같은 글로벌경영 환경에 대한 이해하에 구체적인 글로벌전략을 수립한다. 기업은 글로벌화의 필요성과 서로 다른 정치적·문화적 환경에 위치한 각 국가의 특수성과의 조화를 통하여 적절한 해외시장진출전략을 수립한다. 세 번째 단계에서는 이러한 글로벌전략을 통해서 전세계적으로 위치하고 있는 자회사와 본사간의 효과적인 조정을 통해 생산, 재무, 마케팅, 연구개발과 같은 경영활동이 전세계적인 규모로 조직적으로 이루어지도록 하는 조정활동이 필요하다. 본서는 다국적기업경영에 필요한 의사결정을 위와 같은 3단계로 파악하고 그것을 각각 3개의 부로 나누어서 이들 의사결정과정을 살펴보고자 한다.

본서의 특징 중의 하나는 각 장마다 선진다국적기업의 사례와 한국기업의 사례를 소개하여 글로벌화하고 있는 한국기업이 이 사례들을 통해 도움을 얻을 수 있도록 하였다. 각 장에 있는 사례는 서로 다른 지역에 대한 초점과 각기 다른 산업적인 특성을 갖고 있다. 이와 같이 서로 다른 지역에 진출하여 글로벌경영하는 사례를 공부함으로써 우리는 다국적기업운영의 근본적인 원리를 배울 수 있을 뿐만 아니라 세계 여러 지역의 지역적 특색과 정치적·문화적 환경에 대한 이해를 높일 수 있다. 본서에서 다루는 사례들은 서유럽과 동유럽, 동남아시아, 미국, 멕시코, 중국, 러시아, 일본, 싱가포르, 브라질과 같이 전세계의 주요한 경제국가 또는 지역에 대한 정보를 담고 있다. 또한 본서에 소개된 기업들은 각기 다른 산업에 있는 대표적인 다국적기업이므로 각 산업의 특성 역시 본 사례를 통해서 연구할 수 있을 것이다. 이들 산업에는 신발, 전자, 중장비, 자동차, 컴퓨터, 인터넷, 금융 등과 같이 국제경영활동이 중요한 산업들로 구성되어 있다.

본서의 체계는 **그림 1-10**과 같이 크게 4부로 구성되어 있다. 앞서 밝힌 바와 같이 전체적인 구성은 한국기업들이 효과적으로 해외사업을 운영하기 위한 단계적 방법론에 입각하고 있다. Ⅰ부는 글로벌경영환경에 대한 이해로서 한국기업들이 해외시장진출에 앞서 필요한 제반 세계경영환경에 대해 철저한 이해를 제공한다. 먼저 산업과 경쟁의 글로벌화를 이해하여야 하고제1장, 기업들이 처해 있는 국제무역환경제2장 및 금융환경제3장에 대한 이해가 필수적이다. 또한 아무리 산업과 경쟁이 글로벌화되어 간다고 하더라도 각국이 처해 있는 정치적·문화적 환경은 상이하다. 따라서 해외진출을 도모하는 기업들은 자신이 처해 있는 각국의 상이한 정치적·문화적 환경에 대한 이해가 필수적일 것이다제4장. 이와 같은 글로벌경영환경에 대한 이해를 바탕으로 기업은 글로벌전략을 수립하게 된다.

Ⅱ부에는 두 번째 단계의 과제인 글로벌전략의 수립과 실행 측면에서 각국시장에 어떠한 방법으로 진출할 것인가 하는 구체적인 방법을 모색한다. 해외시

그림 1-10 | 본서의 구성 및 체계

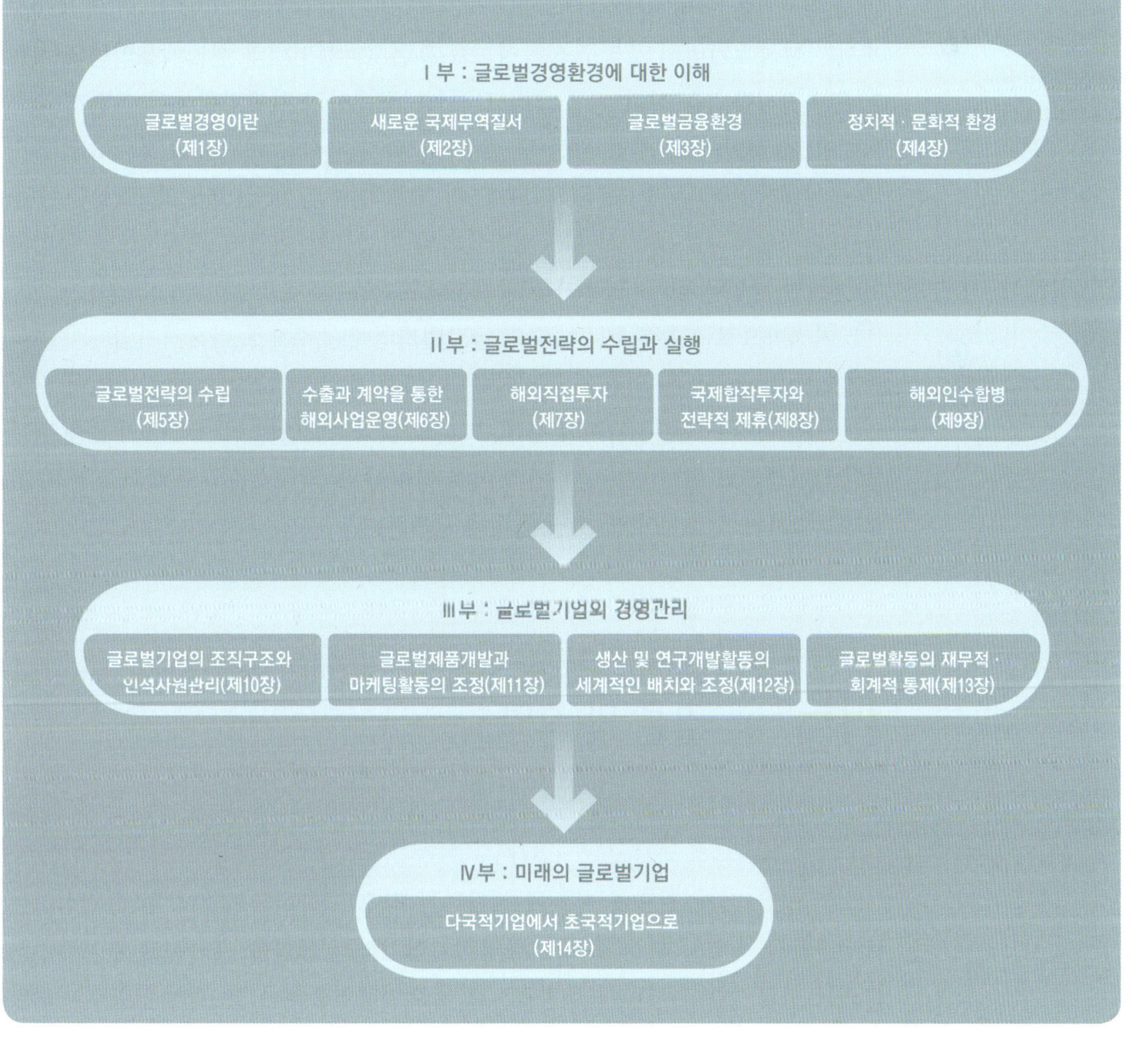

장에 진출하기 위해서는 각국이 지니고 있는 특성과 투자당사자의 축적된 기술과 핵심역량 그리고 국제화경험에 따라 여러 가지 진출방법을 모색할 수 있다. Ⅱ부에서 살펴볼 해외시장진출전략은 크게 5개의 장으로 구성되어 있다. 글로벌전략의 수립제5장, 수출과 계약을 통한 해외사업의 운영방법제6장과 해외직접투자제7장 그리고 국제합작투자와 전략적 제휴제8장, 해외인수합병제9장과 같은 다양한 해외시장진출방법을 살펴본다. 우리가 Ⅱ부에서 살펴볼 내용은 이와 같이 다양한 진출방법 중에 어떠한 진출방법이 해당 기업, 그리고 진출하려는 국가의 성격에 가장 적절한 것인가를 살펴보는 것이 핵심이 되고 있다.

Ⅲ부에서는 Ⅱ부에서 살펴본 해외시장진출로 기업들이 여러 나라에서 생산과 판매, 연구개발과 같은 활동들을 다양하게 벌인 결과로 생성된 다국적기업들의 해외사업을 어떻게 효과적으로 관리할 것인가를 살펴볼 것이다. 먼저 제10장에서는 다국적기업의 조직구조를 살펴보고 본사파견인력과 현지채용인력의 적절한 인력관리방법을 살펴본다. 그리고 해외시장에서의 마케팅활동이 어떻게 조정되어야 할 것인가제11장와 생산 및 연구개발의 효과적인 배치와 조정제12장, 그리고 전세계적인 재무 및 회계관리제13장가 Ⅲ부의 주요 내용이다. 즉, Ⅲ부는 수출과 해외직접투자를 통해서 다국적기업화된 기업들이 어떻게 효과적으로 통합되어 글로벌 경영을 할 수 있는가를 살펴본다.

마지막으로 Ⅳ부에서는 미래의 글로벌기업이란 주제로 다국적기업에서 초국적기업으로 전환하는 과정을 살펴본다. 따라서 제14장에서는 다국적기업이 갖고 있는 사회적인 책임, 윤리적인 문제, 그리고 다국적기업이 국가라는 개념을 떠나 초국적기업으로 변화하는 단계에 있어서 겪어야 될 의식수준의 변화와 미래의 글로벌경영자가 갖추어야 할 자질에 대해 살펴본다.

05 〉〉 결론 및 요약

본 장은 본서 전체의 서두에 해당하는 장으로서 한국기업이 현재 변화하는 글로벌환경 속에서 빠른 속도로 다국적기업화하는 상황을 분석하고 다국적기업화되는 한국기업이 어떻게 효과적으로 글로벌경영을 수행할 것인가를 살펴보았다. 본 장에서는 산업과 경제의 글로벌화의 동인이 무엇보다도 빠른 속도의 기술 진보에 있음을 살펴보았다. 덧붙여 커뮤니케이션 기술의 발전에 따른 소비자수요의 동질화와 무역장벽 등의 인위적인 장벽이 무너짐으로써 세계경제는 빠른 속도로 글로벌화되어 가고 있다. 이러한 세계경제의 글로벌화에 중요한 역할을 담당하는 것이 다국적기업이다. 이 다국적기업은 해외직접투자를 통해서 더 빠른 속도로 글로벌화를 주도하고 있음을 알아보았다.

또한 본 장에서는 전환기에 처해 있는 한국기업의 현실을 재검토하였다. 과거 낮은 임금과 장시간의 노동으로 값싼 제품을 만들어 수출에 의존했던 한국기업들은 이제 그 한계를 여실히 느끼고 있다. 한국기업이 처해 있는 어려움은 과거 한국기업이 갖고 있던 경쟁력을 선진국의 견제와 저임금국가의 추격으로 인해 빠른 속도로 잃어가고 있는 것에 있다. 이러한 상황에서 한국기업이 할 수 있는 유일한 선택은 해외직접투자를 통해서 빠른 속도로 다국적기업화하는 길뿐이다. 본 서는 이와 같은 과제를 안고 있는 한국기업이 효과적인 글로벌경영기법을 익힐 수 있도록 작성되었다.

사례

case

삼성전자의 고민[12]

삼성전자는 한국을 대표하는 글로벌 기업이다. 삼성전자는 모바일 기기, TV, 메모리 반도체 산업에서 세계 1위의 막강한 경쟁력을 자랑하고 있다. 2024년 삼성전자의 연결기준 매출액은 300조 원, 영업이익은 32조 원을 달성하였다. 같은 해 인터브랜드가 추정한 삼성전자의 브랜드 가치 역시 1조 80억 달러로 글로벌 상위 5위권에 진입하였다.

이와 같은 삼성전자도 30년 전까지는 열악한 품질의 제품을 대량생산하여 손실을 보며 수출하던 별 볼일 없는 기업이었다. 그 당시 세계 가전산업을 주름잡았던 Sony와 마츠시타와는 비교도 할 수 없을 정도였다. 이랬던 삼성전자가 오늘날 글로벌기업으로 도약하게 된 것은 신경영운동 덕분이었다. 이건희 전 회장은 1993년 6월 프랑크푸르트에 전 임원을 모아놓고 "이제부터는 양을 포기하고 질로 간다", "마누라와 자식을 빼놓고 다 바꿔라"라는 강력한 경영혁신 프로그램을 주문했다. 그 이후 오후 4시까지 퇴근을 하지 않는 직원은 사유서를 써야 하는 기막힌 풍경이 연출되었다. 신경영운동의 일환으로 아침 7시에 출근해서 오후 4시에 퇴근해야 했기 때문이었다.

지금 뒤돌아보면 실소를 할 수밖에 없는 해프닝이었지만, 신경영운동은 그 당시 삼성전자의 상황에서는 혁신적인 발상이었다. 다른 한국기업들이 모두 '밀어내기 식 수출'로 양적 경쟁을 하고 있을 때, 수익성을 높이고 브랜드와 기술에 투자하는 품질 위주의 경영을 하겠다는 것은 그 당시 다른 어느 경영자도 생각하지 못한 사고의 전환이었다. 이러한 신경영이 없었더라면 지금처럼 삼성전자가 최고의 글로벌기업이 될 수는 없었을 것이다.

신경영운동은 당시 전자산업에 몰아치던 기술적 변혁, 즉 아날로그에서 디지털로의 전환과 같은 변혁의 시기에 맞추어 일어났다. 전자전문지 TWICE의 편집장인 Steve Smith에 따르면, "디지털기술은 아날로그기술에서의 후발기업들이 선도기업을 따라잡을 수 있는 파괴적 기술혁신"이 있기 때문이다. 복잡한 회로기술과 정밀기계기술이 필수적이었고 축적된 경험이 품질에 미치는 영향이 큰 아날로그 기술에 있어서 후발주자인 삼성전자가 Sony와 마츠시타를 따라잡는 것은 실질적으로 불가능했다. 반면 디지털기술은 산업표준적인 부품에 모든 기술이 집약되므로 동일한 부품을 사용하는 한 품질의 차이는 거의 없었다. 오히려, 신제품을 경쟁사보다 더 빨리 개발하는 스피드가 중요한 경쟁우위의 원천이 되어 버렸다. DRAM 경쟁에서 습득한 개발속도의 단축과 과감한 투자 의사결정 능력을 TV와 같은 디지털 가전과 모바일폰 사업에 적용한 결과, 삼성전자는 항상 경쟁사보다 먼저 신제품을 내놓아 디지털산업의 새로운 강자로 등장했다. 삼성전자 윤종용 전 부회장은 "스피드는 사시미로부터 휴대폰에 이르는 일상재에서의 중요한 성공요인이다. 횟집과 디지털산업에서는 재고는 피해야 하며 스피드가 모든 것이다"라며 스피드의 중요성을 강조하였다.

삼성전자가 스피드를 갖는 데는 이른바 실행위주의 기업문화가 주요한 역할을 하였다. 기흥 반도체공장을 지을 때에도 보통 2~3년 걸리는 것을 단 6개월에 마쳤다. 일정을 맞추기 위해 밤새워 일했기 때문이었다. 또한 PSProfit Sharing와 PIProductivity Incentive로 알려진 성과 보너스는 직원들에게 강력한 인센티브를 제공했다. 또한 단순히 일을 열심히 하는 것뿐만 아니라 스마트하게 하려고도 노력하였다. 삼성전자는 여러 개발팀들이 다른 팀들이 일을 끝내는 것을 기다리지 않고 동시에 작업하면서 정보를 교환하는 동시개발팀을 운영하였다. 또한 내부의 복수 개발팀은 서로 경쟁하면서 신제품을 개발하여, 기업전반적인 스피드 향상에도 기여했다. 그 결과 삼성전자는 1999년 mp3폰과 TV폰을, 2000년에는 카메라폰을, 2005년에는 DMB폰을 세계 최초로 개발했다. 애플의 iPhone에 대항하는 Android폰을 2009년 최초로 출시하였고, 2010년에는 7인치 갤럭시 탭을 애플의 아이패드보다 먼저 내놓았다. 그 결과 삼성전자의 매출과 영업이익은 놀라운 속도로 신장되었다(그림 1-11 참조).

그러나 현재 삼성전자는 새로운 도전에 직면하고 있다. 그동안 삼성전자에게 획기적인 매출과 수익 신장을 가져다주었던 스마트폰 산업이 성숙화되면서 중국 스마트폰 업체들의 도전이 가시화되었기 때문이었다. 중국의 레노버, 쿨패드, 샤오미와 같은 현지기업들은 저렴한 원가경쟁력을 기반으로 저가이면서도 고성능인 스마트폰을 출시하면서 삼성전자를 압박하기 시작했다. 저가폰의 공세에 대해 애플처럼 혁신적인 신제품을 개발하여야 하나 그동안 개발했던 스마트워치와 같은 신제품은 시장에서 긍정적인 평가를 받지 못했다.

또한 삼성전자는 2024년도에 반도체 분야에서 거듭 부진한 실적을 기록하였다. 삼성전자가 고대역폭 메모리HBM를 개발하기 전에 과거 '만년 2위'였던 SK 하이닉스가 업계 최초로 HBM3E 8단 제품을 엔비디아NVIDIA에 공급하였으며 12단 반도체를 세계 최초로 양산하는 데에도 성공하였다. 또한, 중국산 메모리의 추격 등의 국외시장환경 또한 삼성전자의 매출액과 주가 하락에 큰 영향을 미쳤다.이에 전영현 부회장이 "시장의 기대에 미치지 못하는 성과로 근원적인 기술경쟁력과 회사의 앞날에 대해서까지 걱정을 끼쳤다"며 경영진을 대표하여 사과하기도 하였다.

삼성전자가 향후 경쟁력을 갖기 위해서는 앞으로 제2의 신경영과 같은 강력한 경영혁신 프로그램이 필요하다. 삼성전자가 한 단계 더 성장하기 위해 필요한 영역은 "소프트웨어"와 "글로벌경영" 두 단어로 집약할 수 있을 것이다. 먼저 삼성전자는 하드웨어에서는 타의 추종을 불허한다. 삼성의 스마트폰은 빠르고, 화질이 좋으며, 배터리 수명도 길고, 튼튼하지만, 운영체제는 Android에 의존한다. 또한 저가 스마트폰으로 시장을 잠식하

그림 1-11 삼성전자 연간 경영실적 (연결기준) (단위: 조 원)

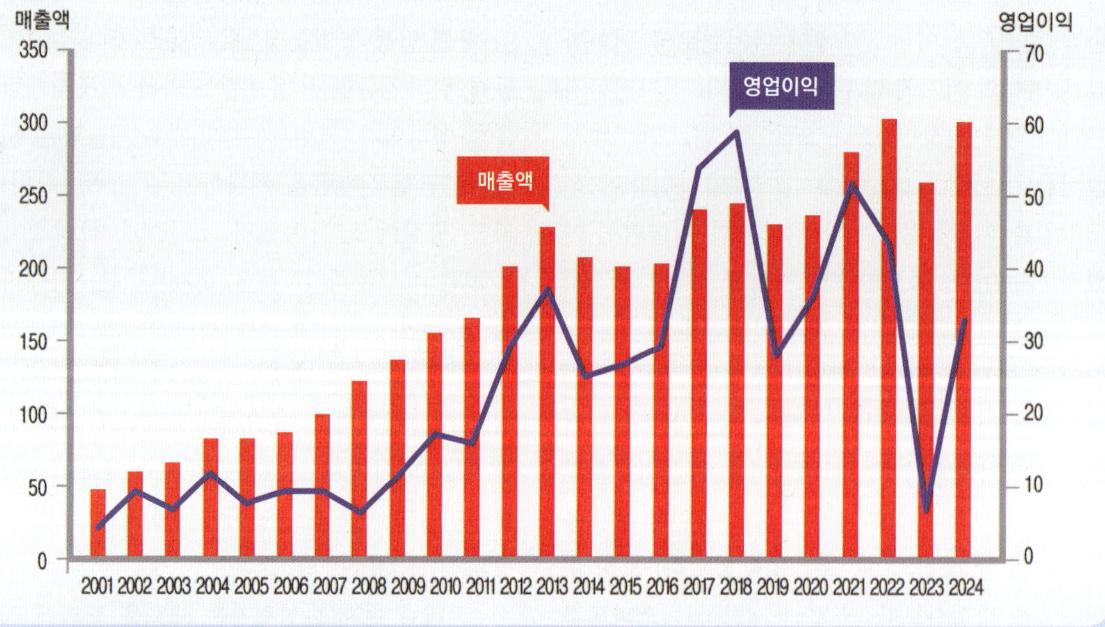

출처: 삼성전자 사업보고서

는 중국 업체들에게 경쟁력을 잃지 않으려면 하드웨어뿐만 아니라 소프트웨어에서의 경쟁력을 갖추어야 한다. TV와 백색가전의 미래 역시 가전 전체를 통합하는 홈네트워크의 경쟁력에 달려 있고, 반도체에서도 소프트웨어의 중요성이 높아지고 있다.

삼성전자도 소프트웨어의 중요성을 인식하고 최근 인력을 확충하고 있다. 그럼에도 불구하고 삼성전자의 소프트웨어의 경쟁력은 아직 선진기업에 비해 일천하다. 여기에는 암기와 시험위주의 한국 교육이 창의적인 소프트웨어 인력을 제한하는 영향도 크지만, 삼성전자의 하드웨어적인 사고방식과 경영시스템도 큰 몫을 하고 있다. 삼성전자의 DNA는 반도체 사업의 성공에서 비롯된 이른바 "스피드"와 "실행력"으로 집약할 수 있다. 경쟁자보다 신제품을 빨리 개발하기 위해서 무리한 일정이 필요했고 이를 달성하기 위해 밤샘을 두려워하지 않는 군대식 기업문화가 성행하였다. 그러나 창의적인 소프트웨어가 나오기 위해서는 기존 질서를 깨는 혁신적인 발상이 필요하다. 빠듯한 일정을 맞추려고 밤을 새는 수많은 인력보다 때로는 몇몇 대학중퇴자들이 창업한 벤처들이 더 혁신적인 소프트웨어를 만들어낸다. 신경영에서 "양에서 질로"의 사고의 전환을 요구했듯, 삼성전자

그림 1-12 삼성전자 해외 생산시설

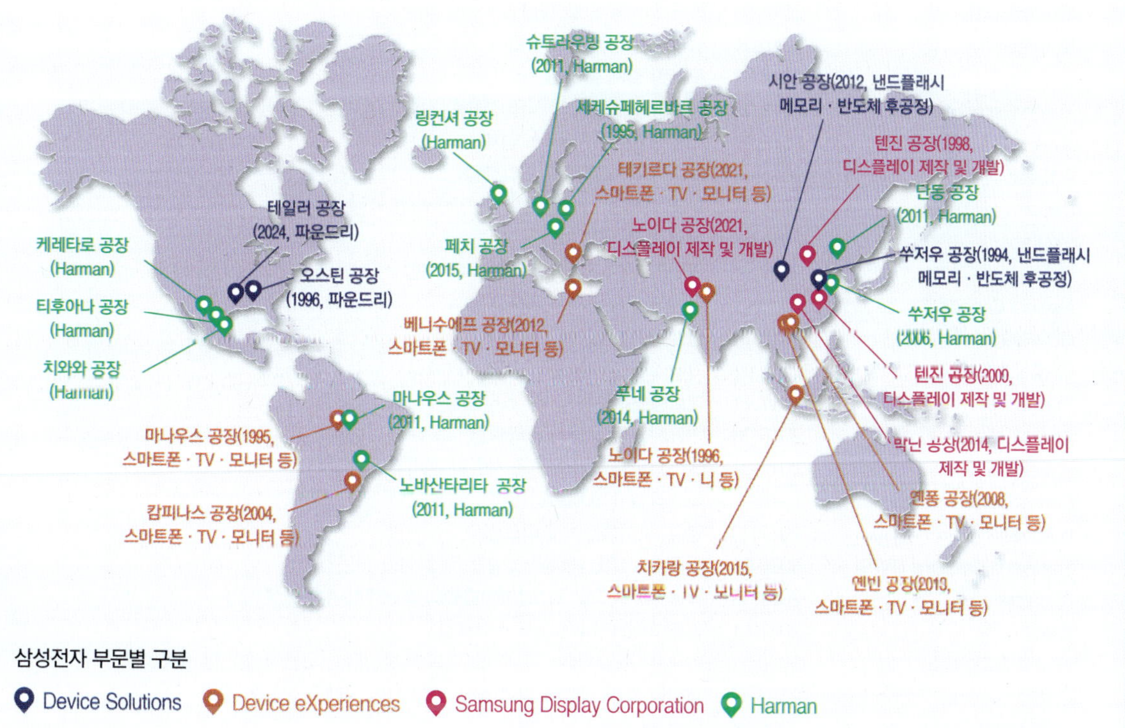

출처: 삼성전자 홈페이지, 2025년 3월 기준.

표 1-7 삼성전자 최근 M&A 현황

인수 기업	시기	사업영역
Transchip	2007.01	이스라엘 반도체 설계 전문업체
Amica	2009.12	폴란드 가전업체
Medison	2011.04	의료기기
Grandis	2011.07	차세대 메모리 반도체 M램 개발업체
Nexus	2011.11	미국 심장질환 진단 솔루션업체
mSpot	2012.05	미국 클라우드컨텐츠 서비스 업체
Nanoradio	2012.06	스웨덴의 무선 Lan 칩셋 개발업체
CSR(Cambridge Silicon Radio)	2012.07	영국 CSR 모바일 부문
Nvelo	2012.12	미국의 SSD 관련 소프트웨어 업체
ASML	2012.08	네덜란드 반도체 장비업체의 지분 3% 인수
NeuroLogica	2013.01	미국의 이동형 CT 장비전문 업체
MOVL	2013.04	미국 Multi-Screen 플랫폼 개발회사
BOXEE	2013.07	미국 비디오 스트리밍 서비스 업체
Novaled	2013.09	독일 OLED용 공통층 소재 핵심기술과 특허를 다수 보유한 소재 전문 벤처기업
SELBY	2014.05	미국 비디오 관련 앱 서비스 개발업체
SmartThings	2014.08	미국 사물인터넷 개방형 플랫폼 개발회사
Quietside	2014.08	미국 공조전문 유통회사
PrinterOn	2014.09	캐나다 모바일 클라우드 솔루션 전문업체
Proximal Data	2014.10	미국 서버용 SSD 캐싱 SW 전문업체
Simpress	2015.01	브라질 통합문서 출력관리 서비스 전문업체
LoopPay	2015.02	모바일 결제 플랫폼
Yesco Electronics	2015.03	상업용 디스플레이 사업 경쟁력 강화
Joyent	2016.06	미국 클라우드 서비스 업체
AdGear	2016.06	캐나다 디지털 광고 스타트업
Dacor	2016.09	미국 럭셔리 가전업체. 북미 B2B 사업 역량 강화
Viv Labs	2016.01	AI 플랫폼 개발 기업
Harman	2016.11	커넥티드 카 전장부문 세계 1위 기업
Newnet Canada	2016.11	차세대 문자메시지 기술 기업
QD vision	2016.11	퀀텀닷 기술업체
Innoetics	2017.07	그리스 인공지능 음성인식 스타트업
Fluenty	2017.11	대화형 인공지능 기술 스타트업
KNGINE	2018.03	인공지능 검색엔진 스타트업
ZhiLabs	2018.01	5G 대비 네트워크 운영 자동화 서비스
Corephotonics	2019.01	이스라엘 IT 스타트업
FOODIENT	2019.03	영국 AI 식품분석 스타트업
TeleWorld Solutions (TWS)	2020.01	미국 5G, LTE 네트워크 설계 및 최적화 전문업체
Apostera	2022.02	독일 AR 헤드업 디스플레이(HUD) 소프트웨어 전문 기업
ZAPR	2022.11	인도 최대 미디어 테크 스타트업
레인보우로보틱스	2023.01	한국 카이스트(KAIST) 휴머노이드 로봇센터 연구원이 설립한 로봇업체
Oxford Semantic Technologies	2024.07	데이터 처리 최적화 및 추론을 위한 지식 그래프 상용화 기업
FläktGroup	2025.05	유럽 최대 공조기기 업체

출처: 삼성전자, 연합뉴스

표 1-8 삼성전자에 대한 현지인력들의 평가

글라스도어 점수	삼성전자	애플	구글
평가 참여인원(친구 추천 비율)	11,992명(64%)	39,577명(80%)	42,629명(85%)
기업문화와 가치	3.3	4.1	4.2
다양성과 포용성	3.4	4.2	4.3
일과 삶의 균형	3.2	3.6	4.2
상사	3.1	3.6	3.8
급여 및 보수	3.7	4.2	4.4
종합 점수	3.7	4.1	4.3

출처: 글라스도어, 2025년 3월 기준

가 향후 소프트웨어부문에서의 경쟁력을 강화하기 위해서는 소프트웨어적 기업문화와 경영시스템으로의 전환이 필요하다.

이를 위해 삼성전자는 적극적인 해외직접투자와 해외인수합병을 추진하고 있다. **그림 1-12**는 삼성전자의 해외생산시설 현황을 보여주고 있다. 반도체는 중국의 시안과 쑤저우에 플래시 메모리와 후공정 시설이 있고 미국의 오스틴에 파운드리 공장이 위치하여 있고, 테일러에 추가로 건설하였고 계속 투자 중이다. 디지털 가전 및 통신 사업부는 베트남, 인도, 브라질, 인도네시아, 이집트, 튀르키예에서 스마트폰, TV, 모니터, 냉장고, 세탁기, 에어컨, 컴퓨터 등을 생산하고 있으며, 디스플레이 사업부는 인도, 베트남, 중국에 생산시설을 보유하고 있다.

2010년 이전까지 삼성전자의 해외인수합병은 가전과 반도체 등 전통적인 사업 영역에서 현지생산기지나 판매/유통망 확보에 초점을 맞추어 왔다. 그러나 최근에는 소프트웨어부문에서 경쟁력을 강화하기 위해 기술력이 검증된 기업들에 대한 인수합병을 추진하고 있다(**표 1-7** 참조). 2015년 인수한 LoopPay의 마그네틱 보안전송 특허기술은 갤럭시 S6부터 탑재된 삼성페이에 적용되었다. 삼성페이는 서비스 개시 1년 만에 국내 누적 결제금액 2조 원을 돌파하는 등 모바일 간편결제 시장에서 뚜렷한 성과를 내고 있다. 또, 2016년 80억 달러에 인수한 Harman은 커넥티드 카 전장 부문 세계 1위 기업으로, 자동차 전자장비부품이 지능화, 네트워크화되고 자율주행 기능이 강화되면서 고속 성장을 하고 있는 커넥티드 카용 전장 시장에서 글로벌 선두기업으로 도약할 수 있는 기반을 마련했다. Harman은 이미 중국, 인도, 독일, 헝가리, 영국, 브라질에서 Digital Cockpit, Telematics, 스피커 등을 생산하고 있다. 이후 삼성전자는 5G, LTE 네트워크 설계 전문업체인 TeleWorld Solutions, 인공지능 기술 스타트업인 Fluenty와 KNGINE 등을 인수하며 미래 신성장 사업에서의 경쟁력을 확보하기 위한 행보를 이어오고 있다.

미래성장사업 투자계획에 따르면 삼성전자는 미래 먹거리이자 신성장 IT 기술로 손꼽히는 팹리스 시스템반도체, 파운드리, 바이오 사업에 대거 투자할 계획을 밝혔다. 삼성전자는 성장가능성이 큰 핵심전략사업을 선택해 역량을 집중함으로써 새로운 시장을 개척하고 지속가능한 성장동력을 확보할 예정이다.

한편 삼성전자는 이미 전세계 수많은 공장에서 제품을 생산하여 전 세계 고객에게 판매하는 글로벌기업이지만 경영에서의 글로벌화는 아직 요원하다. 삼성전자의 고위 경영자는 대부분 한국인 또는 교포이며, 해외법인의 대표직을 현지인이 맡더라도 한국에서 파견된 관리자들이 실권을 갖고 있다. 미국인들이 자신들이 다니는 회사를 평가를 하는 글라스도어glassdoor.com라는 사이트에 올라온 삼성전자에 대한 평가는 혹독하다(표 1-8 참조). "사생활이란 없다", "일과 휴가와의 균형? 최악이다", "군대처럼 명령에 따라 일한다." 친구에게 이 기업을 추천하겠냐는 질문에 약 32%가 No라고 답했다. 5점 만점의 선호도로 평가할 때, 애플이 4.1점, 구글이 4.3점인 것에 비해 삼성전자는 아직 3점대에 머물러 있다. 한국인 중에서 창의적인 경영인력이 많지 않다면 유능한 해외인력을 충원하여 보충해야만 하는데, 글라스도어 평가점수에 따르면 유능한 해외경영인력이 삼성전자를 선택할 이유가 없다. 대부분 잠시 경력을 쌓고 몸값을 올려 다른 회사로 이직하기 마련이다.

이건희 전 회장의 신경영이 '양에서 질로'의 경영혁신이었다면, 향후 삼성전자는 "소프트웨어", "경영의 글로벌화"와 같은 새로운 경영혁신이 필요하다. 이러한 변화는 기존 질서 즉, 하드웨어와 한국식 경영방식에 상반되므로 이건희 전 회장이 신경영을 추진할 때와 같이 최고경영자의 꾸준한 뒷받침과 장기적인 추진력이 필요하다. 삼성전자의 새로운 최고경영자가 담당할 과제인 것이다.

Video

First Look at the Harman and Samsung Digital Cockpit

Video

Inside Samsung

SAMSUNG

삼성전자의 홈페이지
www.samsung.com/sec

토의과제

01 삼성전자가 향후 소프트웨어사업을 확대하고 글로벌화를 더욱 성공적으로 추진하기 위해 필요한 구체적인 실행방안을 찾아보자.

02 삼성전자가 소프트웨어와 글로벌화를 추진하면서 스피드와 실행력과 같은 기존의 핵심역량을 동시에 유지할 수 있는 방법을 모색해보자.

참고문헌 Reference

1 본 사례는 "Tradition be damned," *Business Week*, October 31, 1994; "Matsushita Electric New President, Same Old Problems," *Tokyo Business*, June 1993 등 *Economist*, *Business Week*, *Financial Times*, *Wall Street Journal*에 나온 기사를 참고로 작성되었다.

2 Michael Porter, *Competition in Global Industries*, Harvard Business School Press, 1986.

3 Kenichi Ohmae, *Triad Power: The Coming Shape of Global Competition*, New York: Free Press, 1985.

4 Theodore Levitt, "The Globalization of Markets," *Harvard Business Review*, May~June 1983, pp.92~102.

5 Raymond Vernon, "International Investment and International Trade in the Product Life Cycle," *Quarterly Journal of Economics*, May 1966.

6 Kenichi Ohmae, *The Borderless World*, Harper Business, 1990.

7 Raymond Vernon, *Sovereignity at Bay*, Basic Books, 1971.

8 IMD는 주요 경제인들에 대한 설문지를 토대로 그들이 주관적으로 평가한 국가경쟁력순위를 발표하고 있다. IMD의 국제경쟁력지표의 방법론의 타당성에 대해서는 논란의 여지가 있다.

9 Paul Krugman, "Myth of Asian Miracle," *Foreign Affairs*, Nov.~Dec. 1994.

10 Bruce Kogut, "Designing Global Strategies: Profiting from Operational Flexibility," *Sloan Management Review*, 1985.

11 Robert Grant, "Toward A Knowledge-based Theory of the Firm," *Strategic Management Journal*, Winter Special Issue, 1996.

12 본 사례는 저자의 Sony vs. Samsung(Wiley, 2008)에 기초하여 최근 자료까지 업데이트되어 수정 보완되었다.

Chapter

2 새로운 국제무역질서

C/O/N/T/E/N/T/S

미국이나 일본에 비해 유럽에는 작은 나라들만 존재하고 있다. 이들 중에는 자신이 소국이란 사실을 아는 나라도 있으나, 아직도 그 사실을 깨닫지 못한 나라도 많이 있는 것 같다.

– 벨기에의 수상이었던 Théo Lefèvre.

사례

case

유럽통합[1]

유럽연합European Union은 2020년 1월 영국이 탈퇴하기 이전까지 28개 국가의 연합으로 한때 인구와 국민총생산이 미국을 능가할 정도로 세계 최대의 경제규모를 자랑했다. 1957년도 로마조약에 의해서 프랑스, 룩셈부르크, 벨기에, 네덜란드, 이탈리아, 독일 6개국의 공동시장common market으로 시작한 유럽연합은 이제 경제동맹economic union의 성격을 넘어 정치동맹political union으로까지 진화하는 과정에 있다. 이들 연합에 참여하고 있는 국가의 국민들은 국경을 넘을 때 세관검사를 받지 않아도 되고 유럽연합 안에 있는 어느 국가에서도 자유롭게 일을 할 수가 있다. 기업들 역시 복잡한 통관절차와 규제를 벗어나 자유롭게 국경을 넘나들

Video

A brief summary of the history of European Union enlargement

며 기업활동을 하고 있다. 유럽연합은 1998년 5월 공동의 화폐발행과 공동의 재정·금융정책을 운영하는 경제 및 통화동맹European Economic and Monetary Union을 이루었으며 경제적인 통합과 더불어 유럽연합 자체의 의회, 행정부, 더 나아가 통합된 군대를 이루기 위한 노력을 진행 중에 있다.

이렇게 유럽 안에 존재하는 국가들이 자신의 주권을 일부 포기하고 유럽연합이라는 큰 공동체로 통합되는 현상은 과거 유럽에서 벌어졌던 수많은 전쟁의 역사를 되돌아볼 때 놀라운 일이 아닐 수 없다. 유럽은 20세기에 들어서 두 번이나 세계대전을 일으켰으며, 그 이전에도 프랑스, 독일, 영국 등은 세계의 패권을 잡기 위한 피비린내 나는 전쟁의 역사를 갖고 있기 때문이다. 이와 같이 서로 잊을 수 없는 과거의 전쟁의 상처와 아직도 서로 다른 독특한 문화가 있음에도 불구하고 유럽 안에 있는 국가들이 하나의 거대한 유럽연합으로 통합된 것은 전세계적으로 가속화되는 글로벌화에 보다 효과적으로 대응하기 위한 목적에서였다. 모든 산업이 점차 글로벌화되어 가는 것에 반해, 유럽의 각 국가별로 존재하는 좁은 시장을 기반으로는 전세계적인 규모의 경제를 활용하는 미국과 일본의 다국적기업들과 효과적으로 경쟁할 수 없었기 때문이다. 즉, 유럽의 경제통합에는 산업과 경쟁의 글로벌화에 효과적으로 대응하기 위한 경제적인 동기가 가장 크게 작용했다고 볼 수 있다.

한편, 경제적인 동기 못지않게 정치적인 동기도 유럽연합을 이끄는 데 중요한 역할을 하였다. 유럽연합의 모체는 1951년 프랑스, 독일, 이탈리아, 벨기에, 네덜란드, 룩셈부르크의 6개국이 형성한 유럽석탄·철강위원회European Coal and Steel Commission였다. 이 위원회의 목적은 일차적으로 석탄과 철강이 인접국가로 이동하는 데 있어 각종 무역장벽을 제거하는 것이었다. 그러나 프랑스의 입장에서는 제2차 세계대전 이후 독일이 석탄과 철강을 이용해서 다시금 경제력을 회복하여 군사대국으로 성장할 가능성을 사전에 방지하려는 목적이 가장 컸다. 이 유럽석탄·철강위원회를 제안했던 프랑스의 Monnet와 서독의 Shumann은 양국에 걸쳐 있는 석탄과 철강자원을 통합하여 하나의 위원회에서 이를 총괄하게 함으로써 독일과 프랑스 간에 향후 유럽의 주도권을 잡기 위한 전쟁이 일어나는 것을 사전에 방지하려 하였다. 이 계획은 독일의 패권주의에 항상 경계심을 갖고 있었던 벨기에와 네덜란드, 룩셈부르크, 그리고 이탈리아의 정부에게도 매력적인 제안이 아닐 수 없었다.

이와 같이 6개국이 시작한 유럽석탄·철강위원회는 6년 뒤인 1957년 로마조약Treaty of Rome을 체결함으로써 보다 광범위한 유럽경제공동체European Economic Community를 형성하게 되었다. 이 로마조약의 내용은 공동시장common market을 형성하는 것이었다. 로마조약의 3항은 조약체결국가 간에 무역장벽을 모두 없애고 조약체결국 외부에 대해서는 공통의 관세를 부과하며, 또한 참여국 간에는 생산요소의 자유로운 이동을 보장하기 위하여 각종 제약요소를 없애도록 규정하였다. 이와 같이 조약체결국가 간의 자유로운 재화, 서비스, 생산요소의 이동을 위해 로마조약은 각 국가의 법률을 조정하고 농업과 운수산업에 있어서 공동의 경제정책을 취할 것을 결정하였다. 이와 같이 6개국에서 시작했던 유럽연합은 1973년에 영국, 덴마크, 아일랜드가 참여하고, 1981년

그림 2-1 유럽연합의 현황

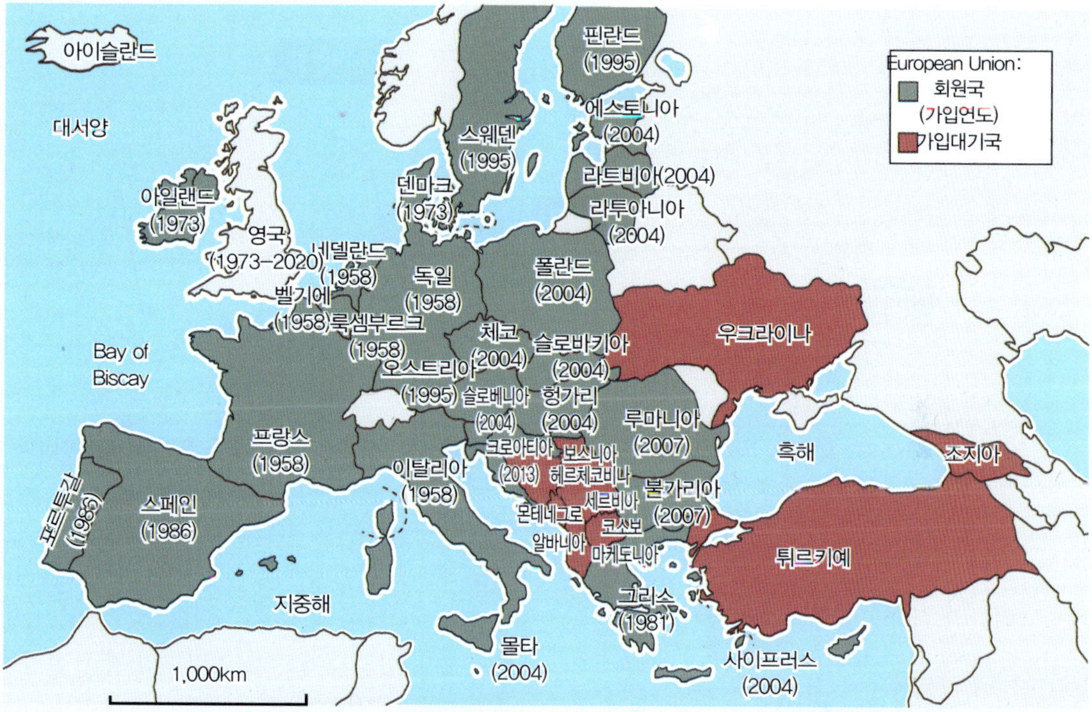

국가명	인구 (백만)	면적 (Km²)	명목 GDP (10억 달러)	1인당 명목 GDP (달러)
벨기에	11.8	30,667	664.8	56,129
프랑스	67.8	638,475	3161.6	48,012
독일	83.4	357,569	4660.7	55,521
이탈리아	59.0	302,079	2368.4	40,287
룩셈부르크	0.7	2,595	67.2	135,321
네덜란드	17.9	37,378	1226.5	67,004
덴마크	6.0	42,925	428.1	68,273
아일랜드	5.3	69,947	574.7	103,500
그리스	10.4	131,694	256.1	24,342
포르투갈	10.6	92,227	308.2	29,341
스페인	48.6	505,983	1723.5	35,789
오스트리아	9.2	83,878	521.2	58,669
핀란드	5.6	338,411	298.8	54,774
스웨덴	10.6	447,424	610.3	57,213
키프로스	0.9	9,253	36.1	37,767
체코	10.9	45,336	344.9	31,366
에스토니아	1.4	93,012	42.7	31,531
헝가리	9.6	64,586	221.8	23,881

국가명	인구 (백만)	면적 (Km²)	명목 GDP (10억 달러)	1인당 명목 GDP (달러)
라트비아	1.9	65,284	43.4	24,223
리투아니아	2.9	316	84.3	28,713
몰타	0.6	311,928	24.3	44,140
폴란드	36.6	49,035	907.8	23,563
슬로바키아	5.4	20,273	140.6	26,290
슬로베니아	2.1	110,996	72.3	34,544
불가리아	6.4	238,398	112.0	17,089
루마니아	19.1	56,594	384.0	20,089
크로아티아	3.9	78,871	92.4	23,380
알바니아	3.1	28,748	20.2	9,598
보스니아 헤르체고비나	3.8	51,197	21.3	8,221
코소보	1.9	10,887	11.2	6,334
몬테네그로	0.6	13,812	8.1	12,802
북마케도니아	2.1	25,713	15.9	8,659
세르비아	7.0	77,474	82.6	12,514
튀르키예	8.4	783,562	1312.2	15,666
조지아	3.9	69,700	25.1	8,883
우크라이나	43.9	603,550	184.1	5,505

출처 : IMF, 유럽연합, 2024년 기준

그림 2-2 유럽연합의 실업률 (단위: %)

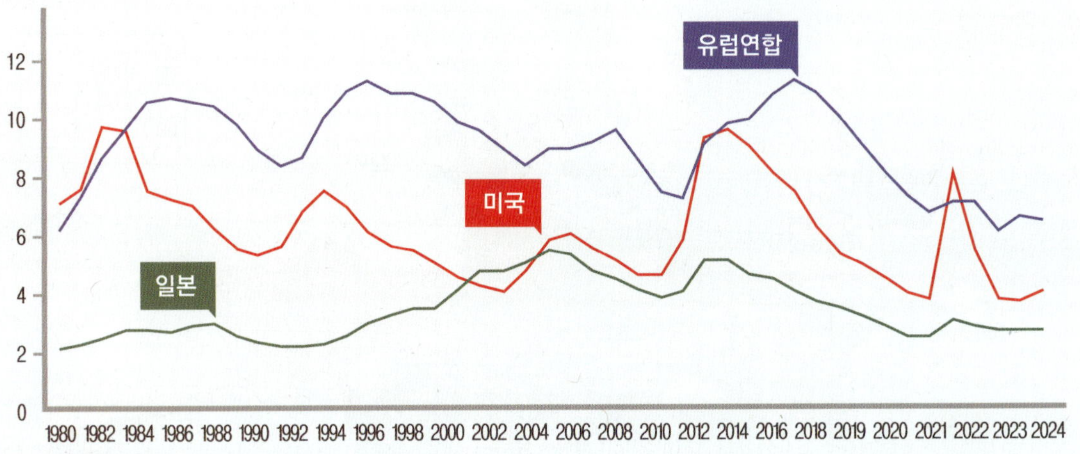

출처: OECD StatExtracts

에는 그리스가, 1986년에는 스페인과 포르투갈이, 1995년에는 오스트리아와 핀란드, 스웨덴이 참여하였고, 2004년에는 폴란드, 헝가리, 체코, 슬로바키아, 슬로베니아, 리투아니아, 라트비아, 에스토니아, 키프로스, 몰타 등 10개국이 새로 가입하였으며, 2007년에는 루마니아, 불가리아가 2013년에는 크로아티아가 참여하여 총 참여국가는 28개국이 되었다. **그림 2-1**에는 유럽연합에 현재 참여하고 있는 국가와 앞으로 단계적으로 참여를 희망하는 국가들이 제시되어 있다.

이와 같이 유럽연합의 참여국가가 상당히 오랜 기간을 걸쳐서 점진적으로 확대되었던 이유는 크게 경제적인 이유와 정치적인 이유로 나누어 볼 수 있다. 먼저 경제적인 이유로서 유럽이 제2차 세계대전 후에 경제정체 현상을 겪었고 실업률이 상당이 높았다는 점을 들 수 있다. 유럽의 실업률은 **그림 2-2**에서 보는 것과 같이 8~10%를 상회하고 있었다. 특히 유럽에는 직장을 구하고자 하는 젊은 층의 실업률이 전체 연령대의 평균 실업률보다 더욱 높은 상황이었다.

이와 같은 높은 실업률은 정치·경제적 측면에서 유럽통합을 추진하는 데 상당히 큰 장애요인이었다. 왜냐하면 경제통합으로 인해 경쟁력이 없는 기업들이 도산하게 되면 실업문제가 더욱 심화될 것으로 우려했기 때문이었다. 그 결과 역사적으로 유럽통합의 진행과정은 대체로 유럽 내 경제가 호황일 때는 통합의 진행속도가 빨랐고 불황기에는 통합의 진행속도가 상대적으로 둔화되었었다. 또한 1973년과 1979년에 일어난 두 차례의 오일쇼크는 미국과 일본보다 유럽에 상대적으로 더 큰 타격을 주었다. 1957년 로마조약으로 시작되어 1960년대와 1970년대에 큰 진전을 보지 못했던 유럽연합은 1987년 단일유럽법안Single European Act이 통과되면서 급진전을 보이기 시작

표 2-1 단일유럽법안 통과 당시 유럽에서의 주류에 대한 세금과 부가가치세

	주세(단위: ECU)			부가가치세율 (VAT)
	위스키, 브랜디, 진, 럼주 등(0.75*l*당)	와인(*l*당)	맥주(*l*당)	
벨기에	3.76	0.33	0.13	19
영국	7.45	1.54	0.68	15
덴마크	10.50	1.57	0.71	22
프랑스	3.45	0.03	0.03	18.6
그리스	0.14	0	0.10	18
네덜란드	3.89	0.34	0.23	20
아일랜드	8.17	2.79	1.13	25
이탈리아	0.69	0	0.17	18
룩셈부르크	2.53	0.13	0.06	12
포르투갈	0.74	0	0.09	16
스페인	0.93	0	0.03	12
서독	3.52	0	0.07	14

출처: *Economist*, "A Survey of European Union," 1988. 7. 9.

했다.

단일유럽법안이란 유럽공동체가 1992년 12월 31일을 하나의 목표일로 삼고 유럽공동체 안에서 재화와 인적자원, 서비스, 그리고 자본이 자유로운 이동이 안전히게 보장되는 단일 내부시장을 만들기로 합의한 것이다. 1987년 단일유럽법안이 제출되었을 때 유럽연합에 참여하는 모든 국가들은 그동안 진척되어 왔던 통합작업이 지나치게 더디었다는 점에는 공감대를 갖고 있었다. 왜냐하면 원래 유럽연합의 목적이었던 재화, 서비스, 인력, 자본의 자유로운 이동은 각국의 법적·기술적 표준의 차이로 인해서 실현되지 못했기 때문이었다. 그리고 각국마다 조세정책이 달랐기 때문에 같은 제품이라도 각국마다 큰 폭의 가격차를 보였다. 또한 자동차회사들은 국가별로 다른 유통망을 보유해야 했고, 은행업과 보험업 등의 금융산업에 있어서도 각국 정부는 서로 다른 규제를 하고 있었고, 술과 담배에 부과하는 세금 역시 달랐으며, 부가가치세마저 큰 폭의 차이가 있었다. **표 2-1**은 유럽단일법안이 통과되었던 1987년 당시의 각국의 부가가치세와 주류에 부과되는 주세의 차이를 보여준다. 이와 같은 상황에서 유럽의 소비자들은 세금이 낮아 상품 가격이 싼 국가로 쇼핑을 가는 현상이 빚어졌다.

통합 이전에는 유럽국가 간의 물류 측면에 있어서의 비효율성도 심각하였다. 유럽의 트럭운전

사들은 국경을 넘을 때 각종 수출입서류를 35건 이상 준비해야 했다. 복잡한 통관절차 때문에 같은 거리를 이동하는 미국이나 일본 내의 기업과 비교할 때 유럽 내에서는 세 배 또는 다섯 배 이상의 시간이 필요하였고, 통관수속에 필요한 서류를 준비하는 데 드는 비용도 전체 매출액의 3% 이상을 차지할 정도로 비효율적이었다. 또한 같은 제품을 대량생산하여 규모의 경제를 확보하기 위해서도 국가별로 다른 기술표준을 통일할 필요성을 느꼈다. 즉, 예전에는 각국의 기술표준이 달랐기 때문에 국가별로 서로 다른 제품을 생산했던 유럽 기업들은 유럽 전체에 통용될 수 있는 하나의 기술표준을 채택해 제품을 표준화함으로써, 생산 측면에서의 규모의 경제효과를 누릴 수 있는 장점도 있었다.

이와 같은 문제를 해결하기 위해 유럽공동체의 행정부의 수반이었던 Jacques Delors는 단일유럽법안을 통과시키면서, 먼저 국경통과 시 세관서류를 없애고, 기술표준을 상호인정하며, 각국 정부의 공공구매시 타국업자에게도 문호를 개방할 것을 촉구하였다. 또한 금융서비스에 대한 각종 제한을 철폐하고 운수산업에서의 규제 역시 철폐하였다. Delors는 이와 같이 통합의 실행을 위해 282개의 법령을 제도화하여 이들 법령이 유럽연합에 참여하고 있는 모든 국가에서 개별적으로 모두 승인하도록 요청하였고, 이러한 법령이 모두 통과되는 잠정적인 시한을 1992년 12월 31일로 잡았던 것이다.

현재 유럽연합은 크게 5개의 주요 기관이 중추적인 역할을 하고 있다. 먼저 유럽회의European Council는 유럽연합 각국의 수상들이 모이는 회의로서 주요한 정책을 결정한다. 유럽집행위원회European Commission는 유럽연합에 관련된 법률을 작성하고 이를 집행하는 행정부로서 Brussels에 본부를 두고 있다. 다음으로 유럽각료회의Council of Ministers는 각국의 장관들이 모이는 회의이다. 예를 들어, 농업 문제가 주요 이슈로 떠오를 때에는 각국의 농업담당장관들이 모여서 관련 현안을 논의한다. 유럽의회European Parliament는 인구비례에 따라 국가별로 의원 수가 배정되며 현재 프랑스의 Strasborough에 위치하고 있다. 마지막으로 유럽법원The Court of Justice은 유럽 전체의 대법원의 역할을 하며 회원국의 법률이 유럽연합의 통합법 체계 안에서 조화되는가에 대한 판결을 한다.

유럽연합의 출범 당시 우려했던 점은 유럽이 하나의 국가처럼 통합됨에 따라 내부의 장벽을 허물면서 동시에 외부에 대해서는 커다란 장벽을 세우는 것이 아닌가 하는 것이었다. 다시 말해서 '요새화된 유럽Fortress Europe'에 대한 두려움을 갖고 있었다. 그러나 유럽연합은 GATT와 WTO로 대표되는 세계무역질서를 존중할 것을 약속하였고 아직까지 특별한 외부장벽을 세우고 있지 않다. 한국과 유럽연합은 2009년 자유무역협정을 타결하여 공산품에 대한 관세를 철폐했다.

유럽연합의 발전에 힘입어 유럽의 기업들은 계속해서 국제경쟁력이 강화되고 있다. 이는 국가간에 있었던 인위적인 장벽을 없앰으로써 하나의 큰 내부시장을 창출하고 이러한 거대한 내부시장을 바탕으로 규모의 경제를 활용함으로써 미국과 일본의 경쟁기업들과 효과적으로 경쟁을 하고 있기 때문이다. 특히 유럽에서는 단일시장창출의 효과를 극대화하기 위해 유럽 기업들 간의 인수합병M&A이 활발하게 일어났었다. 이 같은 기업들의 인수합병을 통해 유럽 전체를 하나의 시장으로 사업을 전개하는 거대기업이 등장하였다. 이들 기업들은 유럽의 단일 내부시장을 확보하고 더 나아가 여기서 얻을 수 있는 경쟁력을 바탕으로 전세계시장에서 미국과 일본의 기업들에게 위협적인 존재가 되고 있다.

한편 1991년 12월 체결된 Maastricht 조약에 의해 제안된 Euro라고 불리는 단일통화는 환전비용을 없애고, 아울러 환율변동에 따른 위험을 줄이기 위해서 1999년 1월 1일부터 발행되었으며, 2002년 1월에는 Euro의 지폐와 동전이 도입되었다. 과거 유럽연합 내에서는 매년 약 8조 달러 규모의 돈이 유럽연합 내의 한 국가의 화폐에서 다른 국가의 화폐로 환전되고 있었다고 한다. 이 때문에 매년 120억 달러의 환전비용이 소요되며 또한 환율변동은 유럽에서 사업하는 기업들에게 큰 위협으로 작용하고 있었다. Euro의 도입은 이러한 환전비용과 환율변동에 따른 위험을 일소하기 위해서이다.

그러나 이러한 단일통화는 유럽연합 내의 각국이 자신의 통화금융정책을 포기하는 것을 의미한다. 왜냐하면 유럽연합에 참여하는 국가들은 더 이상 자국만의 이익을 위해 통화량을 조정하는 통화금융정책을 쓸 수 없기 때문이다. 실제로 이와 같은 단일통화를 추구하는 데 많은 어려움이 있었다. 먼저 Maastricht 조약에서 내세운 유럽의 단일통화를 위한 전제조건으로 각국 정부의 재정적자를 GDP의 3%, 인플레이션율을 3.2% 이내로 하며 정부공채의 수익률을 7.7% 이내로 맞출 것을 요구하였다. 그 결과 역사적으로 유럽통합에 대해서 회의적인 태도를 견지하고 있던 영국은 이와 같은 단일통화안에 대해서 반대를 표명하여 European Monetary Union EMU에 가입하지 않기로 하였으며 덴마크와 스웨덴도 이를 국민투표에서 부결하였다.

한편, 유럽연합에 참여한 국가 중에서 가장 큰 경제규모를 자랑하는 영국, 독일, 프랑스는 유럽통합의 속도에 대해 서로 다른 견해를 보여 왔다. 특히 영국은 유럽공동체가 출범할 때부터 상당히 회의적인 태도를 보여 왔다. 원래 영국은 유럽대륙보다는 미국과 더 긴밀한 무역 및 경제관계를 맺고 있었고, 정서적으로도 미국과 깊은 유대감을 갖고 있었다. 반면에 프랑스와 독일은 서로 국경을 맞대고 있으며 양국 간의 교역량이 크기 때문에 유럽연합의 추진에 훨씬 적극적인 자세를 보여 왔었다. 영국은 1973년 유럽연합에 가입한 이후에도 유럽연합이 Brussels에 있는 관리들에 의해 지나치게 관료주의적으로 운영되고 있다고 계속 비판하면서 지나치게 빠른 속도의 통합에는 반대 입장을 취해 왔었다. 한편, 산업이 발달한 북부유럽국가와 농업이 강한 남부유럽국가 사이에도 많은 갈등이 존재하고 있다. 특히 남부유럽의 포르투갈, 이탈리아, 그리스, 스페인 등은 유럽연합 가입 후에도 지나친 복지정책과 고평가된 Euro로 인한 경쟁력 약화의 결과, 정부재정이 극도로 부실해졌다.

최근 프랑스, 네덜란드 등 유럽연합의 핵심국가에서는 유럽연합을 유지하기 위한 분담금 부담과 규제, 이민자와 난민수용 등의 문제로 인해 유럽연합을 탈퇴하자는 극우 성향의 여론이 강해지기 시작했다. 결국 2016년 6월 영국은 국민투표 결과 유럽연합에서 탈퇴하자는 의견이 우세하여 영국은 유럽연합공동체에 합류한지 47년 만인 2020년 1월 유럽연합을 공식적으로 탈퇴했다.

브렉시트 탈퇴 이후 영국은 후유증에 남아있

그림 2-3 Euro화의 환율변동

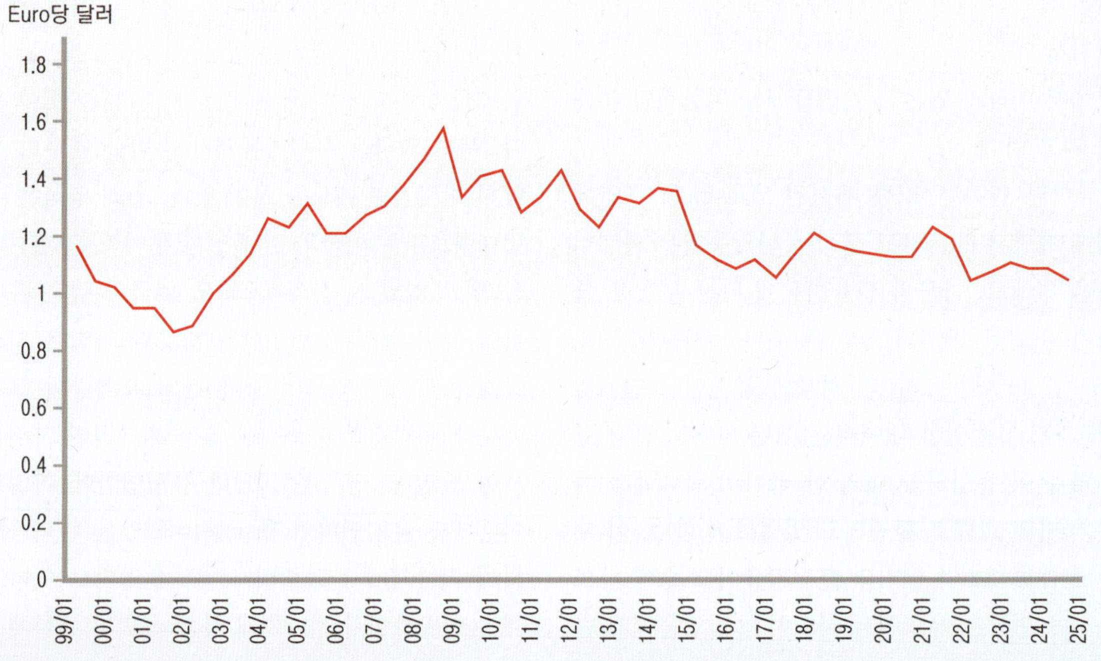

출처: IMF

다. 브렉시트 이후 복잡해진 통관절차로 인해 거래에 어려움을 겪고 있다. 이러한 무역장벽을 피해 사업체를 아예 유럽 국가로 옮기는 영국 기업들도 늘어나고, 자연스레 영국에서의 고용과 수입도 줄어들고 있다. 실제로 2023년 영국은 유럽 최대 경제대국 독일의 10대 교역국 지위에서도 탈락하였는데 이는 브렉시트 이후의 영국의 경제적 중요성이 계속 줄어들고 있다는 사실을 보여준다.

앞으로도 유럽연합이 하나의 국가처럼 통합되는 데에는 앞으로도 많은 시련과 시간이 소요될 것으로 예상된다. 그러나 유럽 국가들 사이의 평화와 안정을 추구하고, 미국, 중국과 같은 강대국에 맞서기 위하여 하나의 유럽을 지향하는 추세는 거스를 수 없을 것이다.

2025년, 유럽 국가들은 미국발 무역전쟁으로 인하여 전례없는 경제적 위기에 직면하였다. 트럼프 행정부는 철강·알루미늄 관세를 포함하여 EU에 20%, 영국에 10%의 상호관세를 부과하였다. 이에 EU 집행위원회는 미국산 제품에 대한 관세 부과를 발표하며 적극적인 대응을 선언하였다. 영국 역시 보복관세 부과를 준비하는 한편, 미국과의 무역협정을 진행하며 관세의 영향을 최소화하고자 하였다.

또한 러시아의 우크라이나 침공으로 인해 유럽연합이 공동으로 대응할 필요성이 대두되고 미국이 더 이상 유럽국가들의 안보를 책임지지 않는다는 사실이 현실화되면서 국방에 대규모 투자할 필요성도 대도되고 있다. 트럼프 행정부가 시작한 무역전쟁과 우크라이나 전쟁이 브렉시트 이후 분열된 유럽 국가들에게 다시금 통합의 장을 마련할 수 있을지 주목할 바이다.

Video
How does the EU work

Video
Brexit deal explained

유럽연합의 홈페이지
http://europa.eu.int

01 〉〉 서 론

앞에서 살펴본 유럽연합의 사례는 지역경제통합의 가장 대표적인 사례이다. 유럽연합이 어떠한 과정을 통해서 형성되어 왔는가를 살펴봄으로써, 본 장에서 다룰 주요 주제인 국제무역환경과 지역경제통합의 경제적 효과를 살펴볼 수 있게 해준다.

본 장에서는 다국적기업이 처해 있는 국제무역환경을 체계적으로 분석하기 위해 먼저 기본적인 국제무역이론을 살펴본다. 국제무역이론 중에서는 Adam Smith와 David Ricardo에 의해 발전된 절대우위론과 비교우위론을 먼저 소개하고, 이들 이론을 요소자원의 부존여부로 재해석한 Heckscher-Ohlin 이론과 최근의 전략적 무역정책의 근간이 되는 신무역이론을 살펴보고자 한다. 이와 같은 국제무역이론은 향후 무역정책, 그리고 지역경제통합을 이해하기 위한 이론적 바탕을 제공해 준다. 국제무역이론은 각국이 자신이 절대우위 또는 비교우위가 있는 산업을 전문화함으로써 생산성의 증가를 이루고 결국 무역에 참여하는 국가 모두가 유리한 결과를 얻을 수 있다는 것이다. 이러한 이론적 배경하에 전세계의 국제무역질서 역시 정부의 무역에 대한 개입을 줄이는 자유무역을 지향하며 발전하여 왔다.

본 장에서는 또한 정부의 무역개입의 경제적 효과를 분석하는 무역규제의 경제 원리를 살펴보고 국제무역체제가 어떠한 과정을 통해서 발전되어 왔는가를 살펴본다. 국제무역체제는 수출을 장려하고 수입을 억제해 왔던 중상주의적인 전통을 벗어나 점차 자유무역주의체제를 지향하며 발전하여 왔다. 본 장에서는 GATT 체제의 출범과 GATT가 수차례의 라운드에 걸쳐 무역장벽을 철폐해 온 과정, 그리고 최근의 우루과이 라운드에서 타결된 새로운 국제무역질서를 살펴본다. 또한 GATT가 결여하고 있었던 경제적 제재와 감시능력을 갖게 된 새로운 국제무역기구인 WTO의 출범과 그 활동범위에 대해 살펴본다. 또한, 보다 빠른 시간 내에 자유무역체제를 달성하기 위해서 지리적으로 근접한 국가들이 지역경제통합을 이루는 경향을 다룬다. 그러나 현재 GATT와 WTO로 대표되는 국제무역질서는 미국우선주의를 주창하는 트럼프 행정부에 의해 공격을 받고 있다.

본 장에서 살펴볼 주제는 다음과 같다.

- 국제무역이론의 기본적인 원리를 이해한다.
- 정부의 무역규제의 경제적 효과를 살펴본다.
- 국제무역체제의 역사적인 변천과정을 살펴보고, 최근에 출범한 WTO체제의 근본적인 기능을 살펴본다. 또한 최근 무역전쟁을 일으킨 트럼프 행정부의 입장도 같이 논의한다.
- 지역경제통합의 원리를 살펴보고 전세계적으로 이루어지는 지역경제통합의 현황을 알아본다.

02 ›› 무역이론의 기초

국제무역이론은 국가 간의 무역이 왜 일어나는가를 설명한다. 본 절에서는 국제무역이론의 발전에 기여한 세 가지 국제무역이론을 소개한다. 먼저 Adam Smith가 주창한 절대우위에 입각한 국제무역이론과 David Ricardo에 의해 처음으로 제기되고 Heckscher와 Ohlin이 더욱 발전시킨 비교우위이론, 그리고 제품수명주기이론을 차례로 살펴보고 국가 간의 무역이 일어나는 이유를 체계적으로 분석해 본다. 또한 최근에 많은 주목을 받고 있는 불완전경쟁을 가정한 신무역이론에 대해서도 설명한다.

절대우위론

절대우위론absolute advantage theory은 현대경제학의 아버지라고 불리는 Adam Smith에 의하여 처음 제기되었다. 그가 1776년에 국부론The Wealth of Nation을 발표하였을 때, 유럽에서는 중상주의적인 사고방식이 지배하고 있었다.[2] 중상주의Mercantilism적 사고방식이란 가능한 한 수출을 많이 하고 수입을 적게 하여 금과 은이 자국에 많이 쌓이는 것을 선호하는 것이다. 이러한 중상주의 정책하에서 정부는 관세나 쿼터를 이용해 수입을 제한했고 수출은 보조금을 지급하면서 장려하였다.

그러나 중상주의 정책의 가장 큰 오류는 한 나라가 이익을 보면 다른 나라는

그림 2-4 절대우위에 입각한 국제무역 (단위: 생산량)

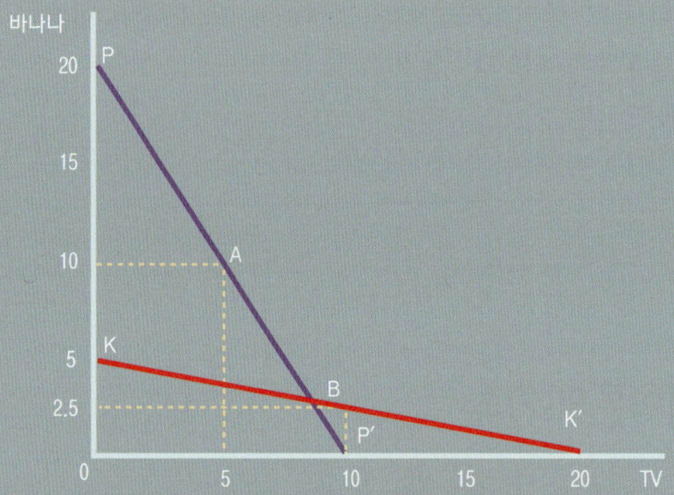

무역 전

	바나나	TV
필리핀	10.0	5.0
한 국	2.5	10.0
총생산	12.5	15.0

무역 후

	바나나	TV
필리핀	20.0	0.0
한 국	0.0	20.0
총생산	20.0	20.0

반드시 손해를 보는 제로섬게임zero-sum game으로 무역을 파악한 것이다. 즉 무역으로 발생하는 새로운 가치의 창출은 등한시한 채, 고정된 가치를 어느 나라가 더 많이 차지하는가의 경쟁관계로만 본 것이 중상주의자들의 가장 큰 오류라고 볼 수 있다. Adam Smith는 무역은 제로섬게임이라는 중상주의자들의 주장을 비판하고 각국이 생산성이 높은 재화를 집중생산하고 국제무역을 통해 교환하면 두 나라 각각의 생산량을 합한 총생산량이 증가한다는 주장을 하였다. 즉, 각국이 생산에 있어서의 절대적인 우위를 가진 제품의 생산에 특화하고 이러한 재화를 다른 나라에서 특화되어 생산된 제품과 교환함으로써 전체적인 부의 증대가 가능하다고 보았다.

예를 들어, 한국과 필리핀이 동등한 양의 생산자원을 보유하고 있고 이 자원은 TV를 생산하거나 바나나를 재배하는 데 쓸 수 있다고 하자. 각국이 200단위의 자원을 보유하고 있다고 했을 때 필리핀에서는 TV 한 단위를 생산하기 위해서 20단위의 자원이 필요하고 바나나 한 단위를 생산하기 위해서는 10단위의 자원이 필요하다. 따라서 필리핀은 20단위의 바나나를 생산하는 대신 TV를 전혀 생산하지 않을 수 있고, 10단위의 TV를 생산하는 대신 바나나를 전혀 생산하지 않을 수 있다. 필리핀이 가진 200단위의 자원을 활용해서 TV와 바나나를 생산할 수 있는 가능성은 **그림 2-4**에 있는 PP′선과 같으며, 이를 필리핀의 생산가능곡선production possibility curve이라고 한다. 마찬가지로 한국에서 한 단위의 바나나를 생산하기 위해서는 40단위의 자원이 필요하고 한 단위의 TV를 생산하기 위해서는 10단위의 자원이 필요하다. 이는 한국의 기후조건이 필리핀보다 춥기 때문에 바나나 한 단위를 생산하는데 네 배 이상의 자원이 필요한 것이다. 즉, 비닐하우스를 설치하고 난방을 해야 하는 등 필리핀에서 바나나를 상온에서 경작할 때보다 훨씬 더 많은 자원이 소요된다. 한국에서의 바나나와 TV 간의 생산가능곡선을 비교해 보면 **그림 2-4**의 KK′선과 같다.

이와 같은 상황에서 필리핀은 바나나생산에 절대우위를 가지고 있으며 한국에서는 TV생산에 절대우위를 가지고 있다. 만일 필리핀과 한국이 서로 바나나와 TV에 특화된 무역을 하지 않고, 각자 내수시장을 위해 바나나와 TV를 독자적으로 생산한다고 가정해 보자. 만일 양국이 부존생산자원을 두 재화의 생산에 균일하게 배분한다면 필리핀은 그림의 A점과 같이 10단위의 바나나와 5단위의 TV를 생산할 수 있을 것이다. 반면에 한국은 B점과 같이 10단위의 TV와 2.5단위의 바나나를 생산한다면, 무역이 없는 상황에서 양국이 생산할 수 있는 바나나는 총 12.5단위가 되고 TV는 총 15단위가 된다. 그러나 만일 한국과 필리핀이 자국의 부존생산 자원을 각자 절대우위에 있는 제품의 생산에 특화하고, 국제무역을 통해서 생산물을 교환한다면 필리핀은 20단위의 바나나를 생산할 수 있고 한국은 20단위의 TV를 생산할 수 있다. 결과적으로 각자 절대우위에 있는 제품생산에 전문하하고 국제무역을 통해서 이를 교환할 수 있다면 TV와 바나나의 생산량은 무역을 하지 않을 경우에 비해서 크게 증가한다. 두 국가를 합친 바나나의 총생산량은 무역 전에 12.5단위를 생산하던 것이 20단위로 늘었고 TV의 총생산 역시 15단위에서 20단위로 증가하였다. 이처럼 절대우위에 입각한 국제무역은 전문화로부터 발생하는 이득 덕분에 양국의 생산량을 증가시키는 효과를 가져온다.

위의 간단한 모형에 의해서 설명한 절대우위이론에 따르면 마치 마술처럼 무역 전에 각국이 생산하던 생산량보다 국제무역이 실시된 후의 생산량이 큰 폭으로 증가한다. 이는 각국이 자신이 절대우위를 가지고 있는 재화의 생산에 집중하였기 때문에 발생한 생산성 증가에 기인한다.

비교우위론

리카르도의 비교우위론

비교우위론은 David Ricardo가 Adam Smith의 이론을 한층 더 발전시킨 국제무역이론이다.[3] Adam Smith의 절대우위론은 한 나라가 다른 나라에 대하여 모든 재화의 생산에 있어서 절대적으로 우위가 있을 때에는 두 나라 간에 무역이 발생하지 않는 것처럼 설명하고 있다. 그러나 Ricardo의 비교우위론에 따르면, 설령 한 나라가 다른 나라에 대해서 모든 재화의 생산에 있어서 절대우위 또는 절대열위에 처해 있다고 할지라도 상대적인 효율성이 높은 산업에 전문화함으로써 두 국가 모두에게 무역의 이익이 발생한다.

앞서 살펴본 필리핀과 한국의 무역관계에서 이번에는 자동차산업과 조선산업의 생산량을 비교하여 보자. **그림 2-5**와 같이 한국은 자동차와 선박의 생산에 있어서 모든 제품이 필리핀에 대해서 절대적인 우위를 가지고 있다. 이 경우

그림 2-5 비교우위에 입각한 국제무역 (단위: 생산량)

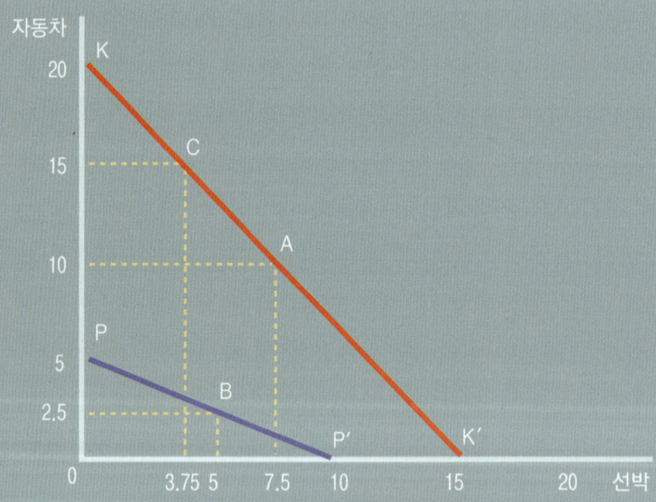

무역 전

	자동차	선박
한 국	10.0	7.5
필리핀	2.5	5.0
총생산	12.5	12.5

무역 후

	자동차	선박
한 국	15.0	3.75
필리핀	0.0	10.00
총생산	15.0	13.75

Adam Smith의 절대우위론에 따르면 조선산업과 자동차산업에 있어서 필리핀과 한국간에 무역이 일어나지 않을 것이다. 그러나 한국과 필리핀의 자동차와 조선 각각의 생산의 효율성을 비교해 보면 한국은 필리핀에 비해서 선박보다 자동차를 보다 효율적으로 생산할 수 있음을 알 수 있다.

앞서 살펴본 바와 마찬가지로 각국이 200단위의 부존생산 자원을 가지고 있다고 할 때, 한국은 자동차 1단위를 생산하는 데 10단위의 자원이 필요하므로 20단위의 자동차를 생산할 수 있고, 또한 선박 1단위를 생산하는 데 필요한 자원이 13.3단위이므로 200단위의 자원을 이용하여 15단위의 선박만을 건조할 수도 있다. 따라서 한국의 생산가능곡선은 **그림 2-5**의 KK′선과 같다. 반면에 필리핀에서는 자동차 1단위를 생산하기 위해 40단위의 자원이 필요하고, 선박 1단위를 생산하기 위해서는 20단위의 자원이 필요하므로, 필리핀은 선박을 전혀 생산하지 않는 대신 5단위의 자동차를 생산하거나 10단위의 선박만을 건조하고 자동차는 전혀 생산하지 않을 수도 있다. 따라서 필리핀의 생산가능곡선은 **그림 2-5**에서 PP′선으로 나타난다. 마찬가지로 두 국가 간의 무역이 없어서 각 나라가 부존생산 자원을 반반씩 투입하여 자동차와 선박을 생산할 때, 한국은 그림의 A점과 같이 10단위의 자동차를 생산하고 7.5단위의 선박을 생산할 수 있으며, 필리핀은 B점과 같이 2.5단위의 자동차와 5단위의 선박을 생산할 수 있다. 그러나 KK′선과 PP′선의 기울기가 다른 것처럼 한국은 자동차와 선박의 생산에 대해서 절대적인 우위를 가지고 있으나, 양 산업 간의 비교우위는 자동차가 선박보다 훨씬 더 높다. 그림과 같이 한국은 필리핀보다 자동차생산에 있어서 4배의 생산성을 가지고 있으나 선박생산에 있어서는 단지 1.5배의 생산성밖에 가지고 있지 못하다. 즉, 한국은 선박을 건조하는 것보다 자동차를 생산할 때 상대적으로 필리핀보다 훨씬 더 생산성이 높은 것이다.

만일 한국이 이러한 비교우위를 살리기 위해서 KK′선상이 C점에서 생산을 한다고 가정하여 보자. C점에서 한국은 150단위의 자원을 활용하여 15단위의 자동차를 생산하고 나머지 50단위로 3.75단위의 선박을 건조하고 있다. 즉, C점에서는 자원을 반반씩 나누어 A점에서 생산하는 것에 비해 자신의 비교우위가 훨씬 높은 자동차의 생산비중을 높인 것이다. 마찬가지로 필리핀이 모든 자원을 집중하여 상대적으로 효율적인 선박만을 건조한다고 할 때 10단위의 선박건조가 가능하다. 필리핀과 한국이 비교우위에 있는 산업에 집중하여 생산을 하면 자동차는 총 15단위, 선박은 총 13.75단위의 생산이 가능하다. 결국 양국의 생산량의 총합을 살펴보면 무역 전보다 무역 후가 훨씬 생산량이 높다는 것을 알 수 있다.

이와 같이 Ricardo는 각국이 자신이 비교우위에 있는 산업에 집중함으로써 생산의 효율성이 발생하여 두 국가를 합친 총생산량이 크게 증가한다는 점을 강조하였다. Ricardo의 이론에서 비교우위가 발생하는 근본적인 원인은 각국마다 생산활동에 있어서 서로 다른 제품 간에 생산성의 차이가 있기 때문이다.

헥셔-올린 이론

Ricardo의 비교우위론이 제기된 이후 스웨덴의 경제학자인 Heckscher와 Ohlin은 Ricardo가 설명한 비교우위의 원천이 각국마다 서로 다른 요소부존자원에서 발생한다고 주장하였다.[4] 즉, 토지, 노동, 자본에 있어서 그 부존자원의 양은 국가마다 다르며, 특정 생산요소를 더 풍부하게 보유한 국가에서는 그 생산요소의 가격이 다른 나라에 비하여 훨씬 싸다. 따라서 그 나라는 자신에게 풍부한 생산요소를 더 많이 사용하는 산업에 전문화해야 생산성이 높아져서 비교우위가 창출되며, 반면 덜 풍부한 생산자원을 집약적으로 사용하는 재화의 생산에는 비교열위에 처하게 된다. 다시 말해서 노동이 풍부한 나라는 노동집약적인 제품을 생산하는 것이 훨씬 비교우위가 있으며, 자본이 풍부한 나라 또는 토지가 풍부한 나라는 각각 자본과 토지를 더 집약적으로 사용하는 산업에 집중하는 것이 더 효과적이라는 것이다. Ricardo의 이론과 Heckscher-Ohlin 이론의 차이점은 Ricardo는 단순히 생산성의 차이에 의해 무역이 일어난다고 보고 생산성의 차이가 왜 발생하는지에 대해서는 설명하지 못한 것에 비해, Heckscher-Ohlin은 생산성의 차이가 요소부존자원의 상대적인 차이에 의해서 발생함을 밝혔다는 점이다.

이상에서 살펴본 Ricardo와 Heckscher-Ohlin의 이론으로 대표되는 비교우위론은 두 국가가 각 재화를 생산하는 데 있어서 생산성의 차이가 있을 때 생산전문화를 이루고 무역에 의해 효율성이 증가한다는 이론이다. 이들 이론은 상당히 단순한 것임에도 불구하고 자유무역을 주장하는 사람들에게 강력한 논리를 제시해주었다. 그러나 이 이론들은 현실을 상당히 단순화시킨 이론이며 많은 가정을 내포하고 있다. 대표적인 가정으로 이 이론들은 두 국가가 두 가지 재화만을 거래하며, 국가 간의 운송비용이 들지 않는다고 가정한다. 또한 한 국가 내에서 산업 간에 경영자원이 자유롭게 이동할 수 있다고 가정하며 각국이 고정된 양의 주어진 부존자원을 가지고 있으며 이들 자원을 활용하는 효율성이 무역 후에도 바뀌지 않는다는 정태적인 가정을 하고 있다. 물론 현실은 이들 모형이 묘사하는 대로 단순하지 않다. 따라서 이들 비교우위론을 검증하기 위한 많은 실증연구가 이루어져 왔다. 몇몇 실증연구는 Heckscher-Ohlin 이론의 타당성을 뒷받침하는 결과가 나타나기도 하였지만 때로는 이론에서 예측하는 방향과 반대되는 연구결과도 보고되었다.

Heckscher-Ohlin 이론과 반대되는 결과를 얻은 대표적인 연구는 Leontief의 역설이다. Leontief는 미국을 대상으로 실증검증을 한 결과 미국이 상대적으로 노동은 부족하고 자본이 더 풍부한 나라임에도 불구하고, 미국에서 수출하는 주요 품목은 대체로 노동집약적인 제품이 많고 수입재의 경우 자본집약적인 제품이 더 많다는 사실을 발견하였다.[5] Leontief의 역설에 대한 많은 실증연구의 결론은 미국이 비록 노동집약적 제품을 더 많이 수출하더라도 미국이 수출하는 재화는 숙련된 노동력이 많이 이용되는 산업에서 생산되는 것이 대부분이기 때문에, 이러한 숙련노동에 투입된 자본을 고려한다면 단순히 노동집약적 제품의 수출이 더 많은 것으로 볼 수는 없다는 것이다. 또한 미국이 노동과 자본뿐만 아니라 상대적으로 토지가 풍부한 나라이므로 이러한 토지와 함께 노동을 많이 사용하는 농업생산물의 수출이 많은 것도 Leontief의 역설의 원인으로 제시되고 있다.

제품수명주기이론과 신무역이론

제품수명주기이론

제품수명주기이론product life cycle theory은 선진국기업들이 신제품을 개발한 후 그 제품이 점차 성숙하게 됨에 따라 이들 제품의 생산을 비용이 낮은 개발도상국으로 이전하는 과정을 따라서 국제무역패턴이 나타난다는 것을 밝힌 이론이다.[6] 신제품이 처음 개발되었을 때는 그 개발국가에서 주로 생산이 이루어진다. 왜냐하면 신제품개발의 초기단계에서는 소비자들의 선호를 민첩하게 파악하여, 제품을 자주 변경해야 하므로 그 제품이 개발된 국가에 위치하여 생산하는 것이 더 유리하기 때문이다. 그러나 그 신제품이 시장에서 널리 받아들여지고 제품이 성숙기에 접어들면 점차 소비자와 밀접하게 정보를 교환할 필요가 없어지게 된다. 결국 성숙기에 이르면 이미 표준화된 제품을 어떻게 값싸게 생산할 것인가가 중요한 관심사가 된다. 즉, **그림 2-6**과 같이 제품이 도입기를 지나 성장기를 거쳐 성숙기, 쇠퇴기에 이름에 따라 생산시설이 신제품개발국이었던 미국으로부터 점차 다른 선진국으로, 다시 개발도상국으로 이전되고 미국은 해외생산시설로부터의 수입에 의존하게 되어 국제무역패턴이 제품의 도입기에서는 해외에 수출을 하지만 성숙기에는 오히려 그 제품을 수입하게 된다는 이론이다.

그림 2-6 제품수명주기이론

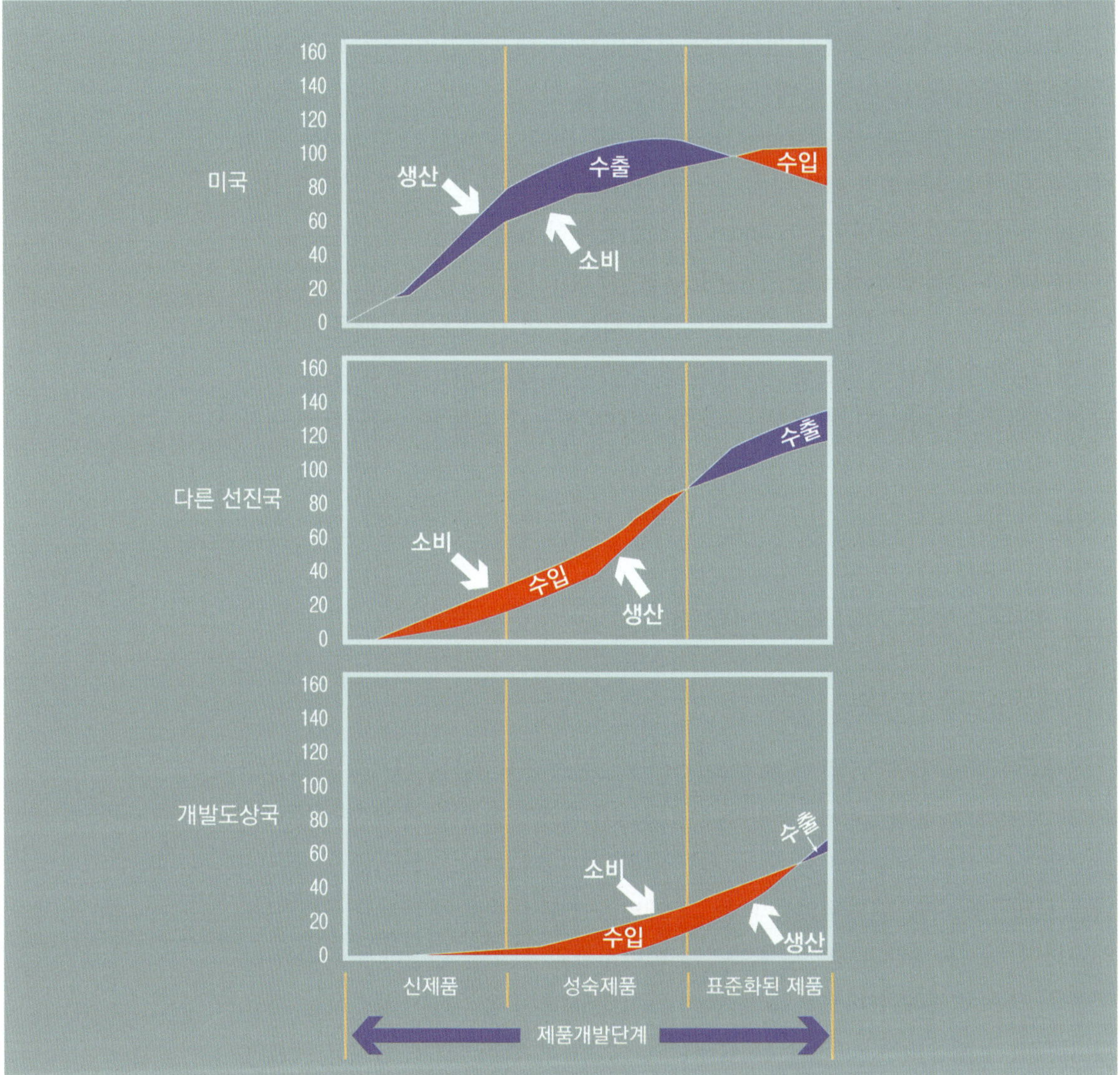

출처: R. Vernon and L. T. Wells, *The Economic Environment of International Business*, 4th ed., Englewood Cliffs, N.J.: Prentice-Hall, 1986.

이와 같은 제품수명이론은 과거 미국이 전세계에서 신제품개발을 주도할 때, 미국기업의 해외투자와 수출·수입패턴을 잘 설명했던 이론으로 평가받았었다. 그러나 글로벌경쟁이 심화되어 전세계 곳곳에서 많은 기술혁신이 일어나는 요즈음에는 그 이론의 적용가능성에 대해 많은 의문이 제기되고 있다. 최근에는 Apple이 iPhone, iPad를 전세계적으로 동시에 판매하는 것과 같이, 다국적기업에 의해 첨단제품마저도 전세계에서 동시다발적으로 생산 및 판매가 이루어질 수 있다. 특히 온라인에서 전세계가 하나의 시장으로 통합되고 있기 때문에 반드시 선진국에서 먼저 제품을 개발하고 최초 생산하여 후진국으로 이전된다는 보장이 없다. 따라서 개발초기에는 선진국에서 그리고 점차 개발도상국으로 생산기지가 이전하고 이에 따라 무역패턴이 달라진다는 제품수명주기이론은 최근의 적극적인 글로벌 판매와 아웃소싱을 설명할 수 없는 이론이 되어 버렸다.

신무역이론

신무역이론new trade theory은 경제학의 산업조직이론과 국제무역이론을 결합하여 산업의 특성이 국제무역패턴을 좌우한다고 설명한다.[7] 예를 들어, 민간항공기를 만드는 산업에서 현재 Boeing과 Airbus 두 개의 회사가 치열한 글로벌경쟁을 벌이고 있다. 이와 같은 항공기산업에서는 시장에 진출한 기존기업들이 엄청난 규모의 경제를 누리고 있으며 이러한 규모의 경제는 신규기업의 진입을 원천적으로 봉쇄하고 있다. 예를 들어, Airbus의 최신형 여객기인 A350 XWB 사업에는 연구개발 비용에만 17조가 소요되어, Airbus는 A350 XWB를 50대 이상 팔아야만 막대한 연구개발 비용을 회수할 수 있다. 따라서 이러한 항공기산업에 신규기업이 진입하려면 막대한 R&D투자가 필요할 뿐만 아니라 기존기업의 축적된 기술과 규모의 경제를 따라가기가 거의 불가능하기 때문에 후발기업의 진입이 사실상 불가능한 산업이 되어 버렸다. 이와 같이 엄청난 규모의 경제가 있는 산업에서는 전세계를 통틀어 소수의 기업만이 살아남을 수 있다. 이러한 소수의 기업들은 해당 산업에 일찍부터 진출했던 기업들로서 이들이 위치한 국가에서는 수출을 하고 그렇지 않은 국가는 수입을 한다는 것이 신무역이론에서 설명하는 국제무역패턴이다.

이들 이론은 전통적인 무역이론과 배치되는 부분이 존재한다. Heckscher-Ohlin 이론에 따르면 미국이 항공기산업에서 수출이 많은 이유는 미국이 항공기 생산에 필요한 각종 자원을 더 많이 보유하여 다른 국가에 비해 비교우위가 크기 때문이라고 하겠지만, 신무역이론에서는 어떠한 이유에서건 Boeing과 같은 기업들이 미국에서 이 산업에 일찍부터 진출했기 때문이라고 설명한다.

신무역이론은 정부의 역할에 대해서도 기존의 무역이론과 상이한 입장을 취하고 있다.[8] 항공기산업에서 Boeing과 Airbus가 높은 경쟁우위를 가지고 있는 이유는 미국정부가 Boeing의 군용기사업에 상당히 많은 연구기금을 제공하였기 때문이고, 마찬가지로 Airbus도 유럽의 각 국가가 컨소시엄 형태로 막대한 양의 보조금을 지급하기 때문이다. 이와 같이 선점효과first mover's advantage와 규모의 경제가 높은 사업에서는 정부의 전략적 무역정책strategic trade policy이 중요한 역할을 한다는 주장은 기존의 무역이론들이 정부간섭의 배제를 주장하는 것과는 큰 차이가 있다.

포터의 경쟁우위이론

Porter는 각국의 경쟁우위가 어디에서 비롯되는가를 보다 체계적으로 분석하는 분석틀을 제공하였다.[9] 다음 **그림 2-7**에서 보는 바와 같이 Porter의 국가경쟁력 모형은 경쟁우위의 원천을 크게 네 가지 요소에서 찾고 있다. 즉, 부존생산요소 factor endowment, 관련 및 보조산업related and supportive industry, 수요조건 demand condition, 기업의 전략과 구조 그리고 경쟁firm strategy, structure, and rivalry에 의하여 결정된다고 보았다. 이들 네 가지 요소는 상호간에 영향을 주는 요소로 파악되고 있다.

먼저 부존요소는 Heckscher-Ohlin 이론에서 살펴본 바와 같이 각국의 경쟁력 있는 사업을 결정하는 가장 중요한 요소이다. Porter는 이 부존자원을 보다 자세하게 나누었다. 먼저 기본요소에는 자연자원, 기후, 위치, 그리고 인구분포 등이 해당되고, 고급요소는 통신, 인프라스트럭처, 기술인력, 연구시설, 기술노하우와 같은 것을 의미한다. 그는 고급요소가 경쟁우위를 창출하는 데 더욱 중요한 역할을 한다고 보았다.

수요조건이란 경쟁우위를 더욱 개선·발전시키는 자극을 주는 국내시장의 수요가 존재하는가의 여부이다. 예를 들어, 일본소비자들의 기호는 상당히 까다로우며 고급품을 선호한다. 이와 같은 소비자들의 선호는 일본기업으로 하여금 정밀하고 결함이 없는 완벽한 제품을 만들도록 압력을 주어서 기업들의 연구개발활동을 증가시켰다. Porter는 이러한 소비자들의 존재가 기업의 경쟁력을 강화하는 데 중요한 필수요소라고 지적하였다.

관련 및 보조산업이 국제적으로 경쟁력을 가지기 위해서는 이 산업에 필요한 중간재를 공급하는 산업과 관련산업의 기술진보가 선행되어야 한다. 예를 들어, 스위스의 제약산업의 경쟁력이 큰 것은 스위스의 기초화학산업이 발달했기 때문으로 설명된다.

마지막으로 국가경쟁력의 근본 요소는 기업의 전략과 구조 그리고 경쟁이다. 그는 과거 일본기업에는 엔지니어출신의 최고경영자들이 많고, 미국기업에는 재무분야의 최고경영자가 많았는데, 이와 같은 최고경영자의 배경이 달랐기 때문에

그림 2-7 | Porter의 국가경쟁력모형

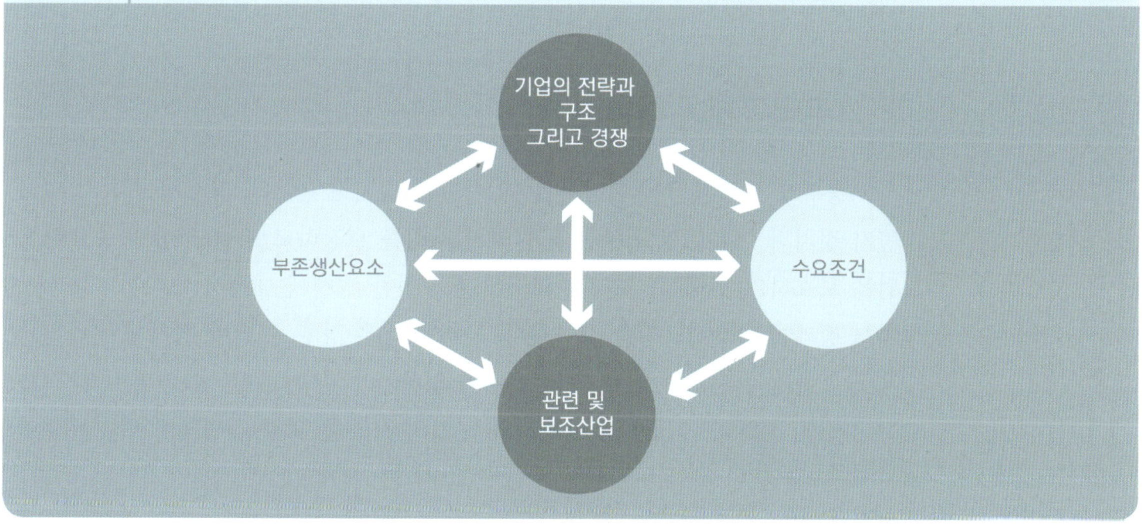

출처: Michael E. Porter, "The Competitive Advantage of Nations," *Harvard Business Review*, March–April 1990, p. 77.

일본기업들은 기술진보를 더 많이 추구했던 반면, 미국기업들은 단기적인 수익성을 확보하는 전략을 더 많이 추구했었다고 주장한다. 또, 국내에서 기업 간의 경쟁이 치열하면 치열할수록 국제경쟁력이 더 크게 증가한다고 보았다. 이와 같은 포터의 이론은 기존의 Heckscher-Ohlin 이론을 보다 구체화하였다는 평가를 받고 있다.

03 〉〉 정부의 무역규제의 논리

우리는 지금까지 전문화를 통해 국제무역에 참여하는 국가들의 전체적인 생산성이 높아진다는 것을 살펴보았다. 국제무역으로 인해서 효율성과 생산성이 증가한다는 것은 이론 및 실증적으로도 검증된 사실이다. 그러나 현실에서는 국가마다 각종 무역규제가 아직도 존재하고 있어서 완전한 자유무역체제에 이르지 못하고 있다. 본 절에서는 먼저 정부가 무역활동을 규제하는 이론적인 근거를 찾아보고 정부의 관세 및 비관세장벽의 경제적 효과를 살펴본다. 그리고 세계의 무역제도가 역사적으로 어떠한 과정을 거쳐 발전되어 왔는가를 살펴보고, 현재 다국적기업들이 직면한 국제무역환경을 조감해 본다.

무역규제에 대한 논리

정부가 무역활동에 개입하는 데는 크게 정치적 이유와 경제적 이유가 있다. 먼저 정치적 이유로서 정부는 국민의 일자리를 보장하고 또한 국방에 중요한 산업을 보호하기 위해서, 그리고 외국의 불공정한 경쟁에 대해서 보복한다는 측면에서 정부개입의 정당성을 찾아왔다. 그러나 많은 경우, 이러한 정치적 논리는 경제적 측면에서 판단해 볼 때 전혀 근거가 없다.

첫째, 정부가 자국민의 일자리와 산업의 보호를 위해 개입해야 한다는 논리는 특정 산업 내 기업들을 위하여 많은 소비자들에게 그 부담을 전가하는 문제가 도사리고 있다. 예를 들어, 농산물 수입규제 정책은 보호받는 농민에게는 도움이 되지만, 그 대신 도시에 있는 많은 근로자들이 높은 가격으로 농산물을 구입해야 한다. 정부의 이러한 정책은 일부 생산자를 위해서 많은 소비자를 희생시키는 결과를 가져온다. 한편 정부가 일부 사양산업이나 국제경쟁력이 떨어지는 산업을 보호하기 위해 보호무역장벽을 사용하는 경우, 해당 산업이 이러한 장벽을 이용하여 일시적으로 안정을 되찾고 경쟁력을 회복하기 위한 노력을 기울인다면 약간의 도움이 될 수 있으나, 많은 경우 기업들은 이러한 보호무역장벽에 의존하게 되고 생산성 향상을 위한 활동을 게을리하게 되는 부작용을 낳게 된다. 이러한 관점에서 트럼프 행정부가 시작한 무역전쟁은 타당성을 결여하고 있다. 단순히 무역상대국과의 무역적자를 근거로 상호관세를 부과하려는 정책은 미국 내 산업을 육성하기 보다 소비자에게 높은 물가를 부담하게 하는 부작용이 더 클 수 있다.

둘째, 대다수의 국가들은 국방에 관련된 특정산업을 보호해야 한다는 논리하에 군수산업을 보호·육성하는 정책을 쓰고 있다. 예를 들어, 화약, 총포류, 항공기와 같은 산업들은 국방에 필요하다는 명목으로 많은 보조금을 받고 있으며 경쟁제품의 수입이 금지되어 왔다. 이들은 국방에 필요한 제품들을 수입에 의존하다 보면 국방력 자체가 취약해질 수 있기 때문에 이를 방지하기 위하여 자국의 국방산업을 강화하고 보조한다는 논리를 바탕으로 한다. 이 역시 정치적으로는 가능한 논리이나 실제적으로 취약한 국방산업을 유지하는 데 드는 비효율성이 상당히 크다는 점을 생각해 보면, 과연 모든 국방용품을 자체적으로 조달하는 것이 국방력 강화에 도움이 되는지는 다시 생각해 볼 문제이다.

셋째, 외국기업이 불공정거래행위를 했을 경우 정부가 이에 개입하여 자국산업이 타격을 받는 것을 막아야 한다는 주장은 각국에서 일찍부터 많이 사용되었던 논리이다. 실제로 미국은 과거 자국 상법상의 조문인 슈퍼 301조를 인용하여 일본과 한국의 여러 제품들이 미국에서 덤핑을 하고 있다고 제소한 바 있다. 트럼프 대통령은 무역전쟁을 시작하면서 미국에 덤핑을 함으로써 미국기업들에게 불공정거래행위를 했고 이로 인해 미국기업들이 타격을 받는 것을 방지하기 위해 정부가 개입한다는 논리를 내세웠다. 그러나 이러한 보복 논리는 자칫하면 세계의 여러 국가들이 상대국에 대해서 연쇄보복을 하게 되어 전세계의 자유무역구조가 깨질 가능성이 존재한다. 실례로 2000년 한국 정부는 중국을 상대로 한 '중국산 마늘 협상'에 진땀을 뺐다. 국내 마늘 농가 피해를 막겠다며 그해 6월 1일 중국산 마늘에 2년간 긴급관세최고 315%를 부과하는 덤핑관세를 부과한 게 화근이었다. 당시 세계무역기구WTO에 가입하지 않았던 중국은 엿새 뒤 한국산 휴대전화와 폴리에틸렌 수입을 긴급 중단하겠다고 발표했다. 한국은 두 달간의 협상 진통 끝에 겨우 중국의 수입중단을 원상 복구한 바 있다. 최근 트럼프 행정부의 상호관세 부과에 불복한 중국은 희토류 수출을 통제하고 미국산 제품의 수입에 대해 추가적인 관세를 부과하는 보복조치를 취했다.

Video

트럼프 상호관세 발표

위에서 살펴본 정치적인 논리뿐 아니라 정부개입의 경제적 타당성을 주장하는 논거도 있다. 첫째로 유치산업보호론infant industry argument은 장기적으로는 발전가능성이 있으나 현재로서는 경쟁력이 약한 산업을 정부가 보호하여 장기적인 경쟁력을 확보해야 한다고 주장한다. 특히 개발도상국은 거의 모든 산업들이 선진국에 비해서 취약하므로 이들 산업을 발전시키기 위해서는 당분간 보호무역장벽을 설치하는 것이 필요하다는 주장이다. 이와 같은 개발도상국의 유치산업보호론은 자유무역을 위한 GATT체제에서 일부 용인되기도 하였다. 그러나 실제로 유치산업보호를 위한 보호무역장벽이 산업의 보호는 커녕 산업의 발전을 저해한 경우가 더 많다. 예를 들어, 유치산업보호를 장기간 실시하였던 브라질과 아르헨티나에서는 기업이 보호무역장벽의 그늘 아래 안주하게 되어 수 십년이 지난 후에도 국제경쟁력을 확보하지 못하고 있다.

둘째, 전략적 무역정책strategic trade policy은 앞서 살펴본 신무역이론에 입각해서 규모의 경제가 크고 최초진입기업의 우위가 존재하는 산업에서 정부가 보조금을 지급해서 육성해야 한다는 논리이다. 앞서 언급한 바와 같이, 항공기 제조산업에서 Boeing이 과거 미국 국방부의 지원을 받아 여객기를 개발한 것이나 유럽의 Airbus가 각국정부의 보조금을 받아 Boeing의 강력한 경쟁자로 부상한 점을 예로 들고 있다. 그러나 이와 같은 전략무역정책의 맹점은 정부가 이러한 목적으로 보조금을 지원하는 산업이 항상 경쟁력을 갖추는 것은 아니라는 사실이다. 예를 들어, 일본은 여러 차례에 걸쳐 산업정책을 실시하여 반도체산업과 소프트웨어산업에 보조금을 지급했었다. 그러나 일본이 보조금을 지급한 소프트웨어산업은 정부의 기대에도 불구하고 성공하지 못하였다. 이와 같이 전략적 무역정책의 근본적인 문제점은 정부가 전략적인 산업이라고 판단하여 그 산업에 보조금을 지급하더라도 그 산업이 반드시 성공한다는 보장이 없다는 것이다. 만일 성공하지 못할 경우에는 국민의 세금만 낭비할 가능성이 존재한다.

무역규제방법

정부가 국제무역에 개입을 하고자 할 때 구체적인 무역규제방법은 크게 두 가지로 나누어진다. 첫 번째 규제방법은 관세tariff에 의한 무역장벽이고 다른 하나는 관세를 제외한 그 밖의 무역장벽으로서 수입할당quota, 보조금subsidies, 자율수출규제voluntary export restraints, 현지화비율규정local content 그리고 행정절차에 의한 규제 등의 방법이 있다. 본 절에서는 이와 같은 구체적인 무역장벽에 대해서 살펴보기로 한다.

관세

관세tariff는 수입상품에 부과하는 일종의 세금으로서 수입가격에 대해서 일정한 비율의 관세가 부과된다. 관세는 수입상품의 가격을 즉각 상승시키는 역할을 한다. **그림 2-8**에서 보는 바와 같이 관세가 부과되면 수입상품의 가격이 오르고 재화의 수입량은 줄어든다. 그 결과 관세를 정부수입으로 걷어들이면 정부의 조세수입은 증가하지만 소비자들은 훨씬 적은 양의 재화를 더 높은 가격에 소비하게 되어 소비자후생의 감소를 가져온다. 소비자후생의 감소란 관세부과 전 P_1의 가격에서 구매하던 소비자가 관세부과 후 가격이 P_2로 상승하게 됨에 따라 더 이상 그 재화를 소비할 수 없게 됨으로써 발생한다. 일본의 경제학자들이 일본에 수입되는 식품과 화장품 그리고 화학제품에 부과되는 관세의 경제적 후생감소를 계산한 결과, 관세는 높은 가격의 형태로 일본소비자에게 전가되어 일본소비자 한 사람당 평균 연간 890달러의 비용을 추가로 부담한다고 한다.[10] 이와 같이 관세는 해당국가에 있는 소비자들의 후생을 감소시킬 뿐 아니라 궁극적으로는 각국에서 비교우위에 따른 생산을 저해함으로써 전세계 소비자들의 후생악화를 가져온다.

비관세장벽

비관세장벽non-tariff barriers은 수입할당제import quota, 보조금subsidies, 그리고 수출자율규제voluntary export restraints, 현지화비율규정local content, 그 밖의 행정절차에 의한 규제와 같이 다양한 방법을 사용할 수 있다.

그림 2-8 관세와 수입할당의 경제적 효과

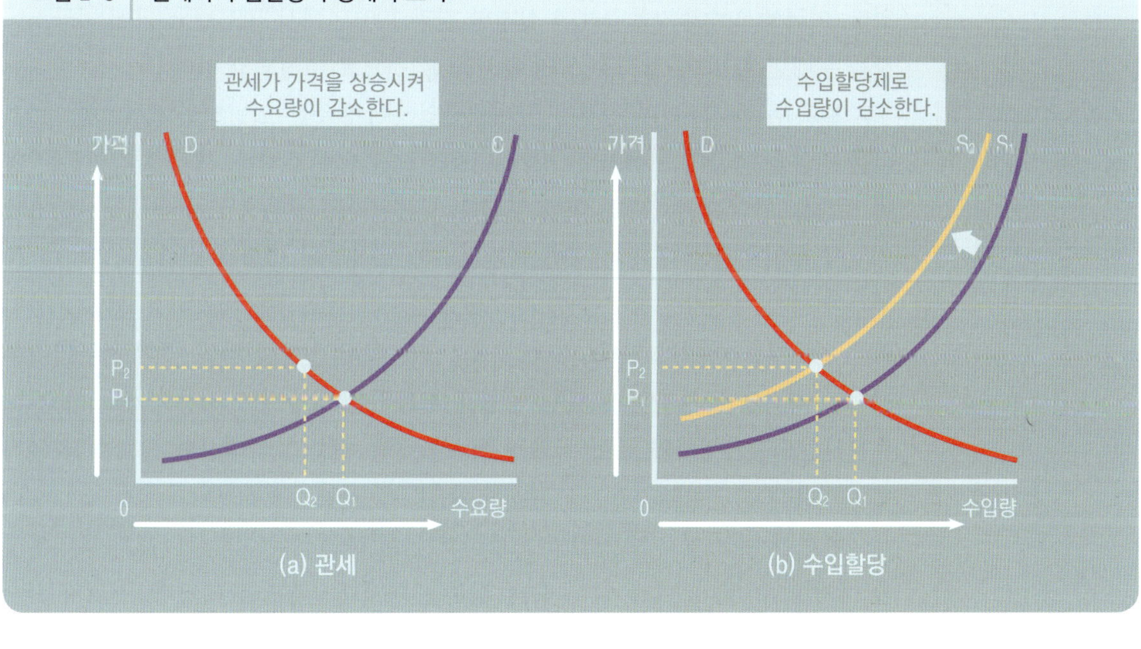

먼저 가장 흔히 사용되는 비관세장벽은 수입할당제import quota이다. 수입할당제는 어느 나라에 수입할 수 있는 재화의 양을 일률적으로 규제하는 것이다. 수입할당제는 이를 부과하는 국가가 총 수입량을 쉽게 규제할 수 있다는 행정상의 편의의 이유로 흔히 사용되고 있다. 수입할당제에 의한 규제의 효과는 앞서 살펴본 관세에 의한 규제효과와 동일하다. 즉, **그림 2-8**과 같이 수량을 직접적으로 규제를 하기 때문에 수입량은 줄어들고 그에 따라서 수입재화의 가격은 올라간다. 그러나 관세부과의 경우 규제당사국 정부가 관세를 조세수입원으로 활용할 수 있으나 수입할당제에서는 가격상승으로 인한 추가이윤이 제품수입을 허가받은 업자의 이윤으로 귀속된다는 점에서 관세와 수입할당제는 큰 차이가 있다.

또한 비관세장벽은 관세장벽보다 장기적인 효율성제고의 측면에서 뒤떨어진 것으로 평가되고 있다. 왜냐하면 관세에 의한 무역장벽은 관세를 부과받는 수출업자가 기술혁신을 통해서 생산가격을 낮추려는 유인이 작용하는 반면, 수입할당제의 제약을 받는 수출업자는 그러한 유인이 전혀 없기 때문이다. 따라서 경제학자들은 비관세장벽보다는 관세장벽이 장기적인 관점에서 훨씬 효율성이 높다는 점에서 관세를 선호하고 있다.

우리에게 비교적 잘 알려진 비관세장벽 중의 하나인 수출자율규제voluntary export restraints는 일종의 수입할당제로서 수출당사국이 수입국정부의 요청에 따라서 수출하는 물량을 자체적으로 제한하는 것이다. 예를 들어 1981년 미국은 일본자동차업계에 매년 168만 대 이상 미국으로 수출하지 못하도록 규제를 한 바 있다. 미국에서 수출자율규제를 실시한 결과 1981년에서 1985년 사이에 미국소비자들은 매년 약 10억 달러 이상의 손실을 본 것으로 추정되고 있다.[11]

보조금subsidies이란 정부가 국내생산업자에게 주는 일방적인 특혜이다. 보조금은 현금을 지급하거나, 낮은 이자로 자금을 융자해 주거나, 세금을 감면하는 방법 등으로 전달할 수 있다. 이 보조금은 생산원가를 낮춤으로써 국내생산업자가 외국의 수입제품에 대해 경쟁력을 갖추도록 도와주는 역할을 한다. 국가마다 정부가 어떠한 형태로든 보조금을 지급하고 있지만 보조금을 지급하는 정도는 산업 또는 연도별로 차이가 있다. 이러한 보조금은 앞서 설명한 바와 같이 신무역이론에서 전략적인 투자가치가 있는 산업에 투자하는 방법으로 사용되기도 하고 또 유치산업보호론에서와 같이 국제경쟁력을 갖출 때까지 국내산업을 보호할 목적으로 사용되기도 한다.

한편 국내산업 육성 목적의 보조금 지급은 불공정무역의 하나로서 무역분쟁을 야기할 수 있다. 예를 들어 중국 정부는 차세대산업으로 태양광, 전기자동차,

배터리 등을 지목하여 많을 금액의 보조금을 국내생산업자들에게 지급하였다. 이 보조금을 받은 국내생산업자들이 저마다 시설을 확충하고 제품을 출시하게 되자 산업 내 과잉생산시설이 존재하게 되었고 가격은 폭락하게 되었다. 그 와중에 이들 생산업체들이 낮은 가격으로 해외시장을 공략하자, 비슷한 보조금을 받지 않은 해외업체들은 중국기업들에 비해 원가경쟁력을 잃어 도산하게 되었다. 이미 태양광 사업에서 중국업체들의 저가공세로 유럽 및 미국의 업체들이 도산하였고 이로 인해 유럽 및 미국정부는 중국기업들의 전기차 및 배터리에 대해 각종 수입제한 조치를 시행하게 되었다.

그러나 이러한 보조금이 내포하고 있는 문제는 일반 국민들이 내는 세금이 결국은 일부 산업 또는 특정 생산업자에게 특혜로 주어진다는 사실이다. 따라서 보조금의 지급으로 인해 국가 전체에서 얻을 수 있는 후생의 증가가 이들 소비자들이 지불하는 세금으로 조달한 보조금 총액에 미치지 못한다면 보조금정책은 실패한 것이라 할 수 있다. 더 나아가 이와 같은 보조금정책은 일부 국민으로부터 다른 사람들에게 일방적인 부의 이전으로 나타나기 때문에 형평성의 측면에서도 문제가 있다.

또 다른 비관세장벽은 현지화비율local content규정이다. 현지화비율규정이란 해외생산시 그 나라에서 생산되는 부품 또는 원자재를 일정비율 이상으로 사용해야 한다는 규정이다. 이는 과거 다국적기업들이 보호무역장벽을 피하기 위하여 모든 부품을 수입하고 현지에서는 단순조립생산만을 하는 것을 규제하기 위한 목적으로 개발도상국에서 광범위하게 사용되었으나, 최근에는 선진국에서도 널리 사용되고 있다. 예를 들어, 미국은 외국자동차회사가 미국에 투자한 공장에서 생산된 자동차가 판매금액기준으로 75% 이상의 미국산부품을 사용하지 않으면 미국차로 간주하지 않고 수입차로 규정하는 정책을 취하고 있다. 이와 같은 현지화비율규정 역시 수입할당제와 마찬가지로 국내가격을 높이고 국제경쟁을 제한하는 효과가 있다. 결국 수입부품에 대한 높은 가격은 소비자가격 상승의 형태로 최종소비자에게 전가된다. 다른 비관세정책과 마찬가지로 현지화비율규정도 생산자를 위한 것이지 소비자를 위한 것이 아니다.

마지막으로 행정규제정책은 통관절차administrative trade forms를 복잡하고 많은 시간이 소요되게 함으로써 사실상 무역장벽을 세우는 정책이다. 통관할 때 오랜 기간 동안 제품을 창고에 보관해야 하고 소수의 통관요원이 천천히 모든 통관물품에 대한 검색을 실시하면 창고비용이 추가되고 통관하는 기간이 길어져서 궁극적으로는 높은 비용이 발생한다. 이와 같은 행정규제정책은 사실상 수입할 당제를 실시하는 것과 비슷한 결과를 가져다 준다.

04 ›› WTO하의 국제무역환경

GATT의 출범

앞서 살펴본 바와 같이 자유로운 국제무역은 당사국과 교역상대국의 부를 동시에 증가시킨다. 그럼에도 불구하고 국제무역에 대한 각국의 정책은 대단히 보호무역적인 성향을 띠어 왔다. 예를 들어, 제1차 세계대전이 일어난 직후, 각국의 정부는 자국산업을 보호하기 위해 경쟁적으로 수입품에 대해 보호무역장벽을 높였다. 모든 국가들이 자국산업을 위해 보호무역장벽을 높인 결과, 국가 간의 교역이 감소하여 1930년대의 전세계적인 대공황의 원인이 되었다.

이와 같은 배경에서 제2차 세계대전 이후에는 보다 자유로운 무역환경을 만

그림 2-9 GATT의 각종 라운드와 평균 관세율의 변화추이

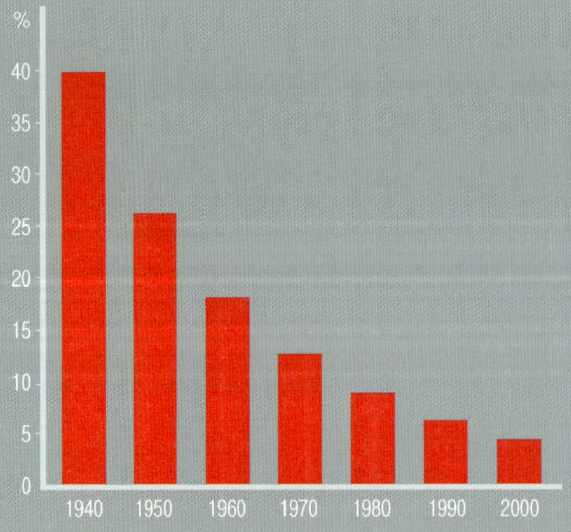

GATT 라운드	
Geneva	1947
Annecy	1948
Torquay	1950
Geneva	1956
Dillon	1960–61
Kennedy	1964–67
Tokyo	1973–79
Uruguay	1986–93
Doha Agenda	2001–

출처: Centre for International Economics: GATT

그림 2-10 미국의 슈퍼 301조의 발동과 그 성과

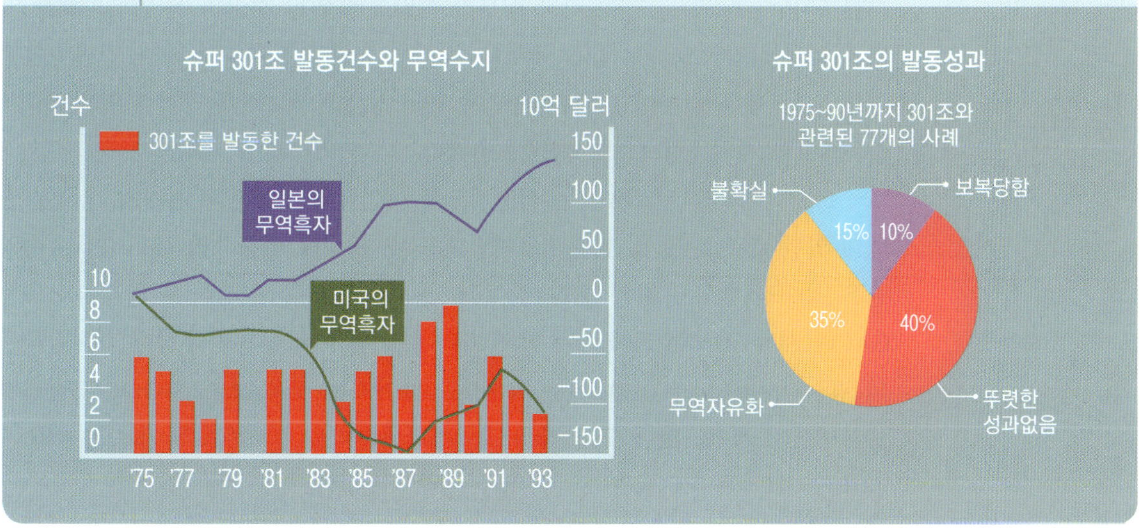

출처: *Economist*, 1994. 3. 12, p. 71.

들기 위한 국제적인 협정에 대한 논의가 시작되었다. 특히 제2차 세계대전에서 유일하게 전쟁의 피해를 받지 않은 미국은 미국상품의 자유로운 해외수출을 위하여 국제무역질서 확립의 필요성을 더욱 절실하게 느끼고 있었다. 이와 같이 미국의 주도하에 관세와 무역에 관한 일반협정General Agreement on Tariffs and Trade: GATT이라고 하는 국제무역협정이 1947년에 체결되었다. GATT는 관세, 보조금, 수입할당제나 이와 유사한 보호무역장벽을 철폐함으로써 무역을 자유화하기 위한 다자간협정이다. 1947년에 19개국으로 출발한 GATT는 1994년까지 전세계 128개국이 가입할 정도로 크게 확대되었다.

GATT의 근본정신은 최혜국원칙Most Favored Nation: MFN이다. 이 원칙은 GATT에 참여한 모든 국가에 무역에서 동등한 지위를 보장한다는 특징을 가지고 있다. 예를 들어, 한국이 호주로부터 양모를 수입하는 데 10%의 관세를 부과하다가 이를 4%로 인하한다면 이와 같은 관세인하 혜택은 GATT에 참여하고 있는 모든 다른 국가에도 동등하게 적용되어야 한다. 즉, 최혜국원칙은 GATT에 참여한 국가들이 차별을 받지 않는다는 것을 의미한다.

GATT의 두 번째 주요 원칙은 수입할당제와 다른 비관세장벽보다 관세를 선호한다는 점이다. 우리가 앞서 살펴본 바와 같이 수입할당제를 비롯한 비관세장벽은 수입물량을 규제함으로써 장기적으로 기술진보에 의한 효율성 향상의 가능성을 없애고 있다. 따라서 GATT는 이러한 비관세장벽보다 장기적인 폐해가 훨씬 적은 관세를 이용하도록 가맹국들에게 요구하고 있다. 그러나 GATT는 긴급수입제한조치safeguards를 두어 각국 정부가 수입으로 인한 자국의 산업의 피해를 막기 위하여 잠정적으로 수입을 규제할 수 있는 권한을 부여하였다. 이 긴급수입제한조치규정에 근거하여 미국은 과거에 자국 상법의 301조에 근거한 반덤핑규제를 GATT의 예외규정으로서 활용하여 왔다.

1947년에 시작된 GATT는 점진적으로 회원국의 수를 증가시켜서 각국에 만연해 있던 각종 관세 및 비관세무역장벽을 낮추는 데 성공하였다. GATT는 이와 같은 무역장벽의 철폐를 위하여 여러 협상 라운드를 실시하였다. **그림 2-9**는 GATT에서 여러 라운드가 계속됨에 따라 1940년대 40%대에 육박했던 회원국들의 평균관세율이 2000년대에는 약 4%로 떨어지는 것을 보여 준다. 1973년에서 1979년까지 계속되었던 도쿄 라운드는 비관세장벽을 현저하게 줄이는 공헌을 하였다. 2001년 이후에는 도하 라운드가 진행되고 있다.

그러나 평균 관세율이 하락함에도 불구하고 GATT의 예외규정인 긴급수입제한조치를 활용한 개별적인 무역규제는 계속되었다. 특히 미국은 일본에 대한 무역적자가 점차 늘어남에 따라 슈퍼 301조를 남용한 바 있다. **그림 2-10**에서 보는 바와 같이 미국은 일본과의 무역적자가 심해짐에 따라 이를 해소하는 방법으로 슈퍼 301조를 사용하여 반덤핑규제를 하거나 일본의 시장개방을 요구하였다. 그러나 슈퍼 301조를 활용하여 무역자유화를 이룬 사례는 35%에 불과하고, 40%는 특별한 성과를 거두지 못했으며 10%는 오히려 보복을 당하는 등 슈퍼 301조로 인한 긍정적인 효과는 상당히 적었다. 최근 트럼프행정부가 상호관세를 부과하면서 무역적자를 줄이려고 시도하고 있으나 실효를 거둘 수 있는지에 대해서도 많은 의문이 제기 되었다.

다음 절에서 살펴볼 우루과이 라운드에서는 1980년대 들어 GATT가 가진 한계가 드러나고 미국을 비롯한 강대국이 GATT의 규율을 벗어나 슈퍼 301조 등을 통한 반덤핑규제나 시장개방압력을 독자적으로 펴나감에 따라 GATT의 영향력을 한층 강화시키기 위한 새로운 국제무역시스템을 찾기 시작하였다.

우루과이 라운드와 WTO체제의 출범

우루과이 라운드

우루과이 라운드는 이상에서 본 바와 같이 1980년대 들어 위축된 GATT의 영

표 2-2 우루과이 라운드의 주요 합의안

	1993년 이전	1993년 합의	주요 영향
관세	기존 GATT의 주요 골자는 선진국 국가에서 산업관세를 1940년대 후반의 평균 40%에서 평균 5%로 인하시키는 것이었다.	선진국은 1/3 이상의 공산품에 대한 관세를 인하하며 공산품 중 40% 이상에 대해 관세를 폐기할 것이다.	공산품 수출의 전세계시장 접근이 용이해지고 소비자들은 더 낮은 가격으로 상품을 구입할 수 있게 되었다.
농업	높은 농업보조금과 미국과 유럽공동체의 다른 보호시장정책은 과잉생산과 덤핑을 야기했다.	농산품무역에 있어서 보조금과 다른 무역장벽들을 6년 이내에 삭감한다. 보조금은 20%까지 삭감하고, 모든 수입장벽은 관세로 전환되며 36%까지 삭감한다.	효율적인 농업생산자에게는 더 많은 시장에 대한 기회가 생긴다. 소비자는 낮은 가격으로 농산품 구매가 가능해지고 농업보조금 정책이 억제된다.
서비스	GATT는 서비스산업에 대해서 협의를 하지 않았다. 많은 국가들은 국제경쟁으로부터 서비스산업을 보호했다.	GATT의 협약이 공정거래의 원칙에 의해서 서비스산업까지 영향을 미치게 되었다. 금융 및 장거리통신부분은 합의에 실패하여 특별회담이 계속될 것이다.	서비스산업의 교역량이 증가할 것이다. 서비스산업의 교역에 있어 더 많은 자유화가 가능해졌다.
지적 재산권	특허권과 저작권, 상표권의 보호기준이 매우 다양하다. 자국법에 의한 규제가 무역마찰을 증가시켰다.	특허권과 저작권, 상표권에 대한 광범위한 합의가 이루어졌다. 효과적인 보호의 표준과 합의가 이루어졌다.	지적재산권에 대한 보호가 증가하여 지적재산권의 침해행위는 감소되고, 이는 지적재산권 생산자에게 유리하게 될 것이다(예: 컴퓨터 소프트웨어 회사 간 기술교류의 증가).
섬유	MFA(Multi-Fiber Arrangement)하에서는 선진국의 섬유와 의류의 쌍무적인 쿼터제도는 제한되어 왔다.	MFA의 쿼터제도는 10년에 걸쳐 점진적으로 철폐하고 관세도 삭감할 것이다. 일반적인 GATT의 협약은 10년 내내 적용될 것이다.	섬유교역의 증가는 후진국에게 유용할 것이고 전세계 소비자에게 낮은 가격으로 상품을 제공할 것이다.
GATT의 협약	비록 많은 나라들이 GATT에 가입하고 교역의 형태가 변화되었지만 GATT는 1947년에 비해 변화하지 않았다.	GATT의 많은 규칙이 수정되고 보완되었다.	무역정책에 있어서 투명성, 안전성, 예측가능성이 증가할 것이다.
WTO	본래 GATT는 국제무역기구(ITO)의 한 부분으로서 출범했다. GATT는 임시적으로 적용되었다.	GATT는 제품과 서비스, 지적재산권을 포함하는 영구적인 세계무역의 실제적인 기관이 되었다. WTO는 UR의 결과로 출범하였다.	국제무역정책이 더 효과적으로 실행될 것이다.

향력을 회복하고 보다 체계적인 국제무역질서를 확립하기 위하여 1986년부터 1993년까지 회담을 계속하여 1995년부터 효력이 발생하였다.

과거 GATT가 공산품과 원자재에만 적용되는 협정이었다면 우루과이 라운드는 여기에 서비스의 국제무역까지 그 적용범위를 넓혔다. 또한 지적재산권 이슈와 농업부문에서의 보조금삭감 문제 그리고 협정위반국에 대한 GATT의 제재능력을 확대하는 것이 주요 안건으로 상정되었다. 우루과이 라운드는 약 7년 동안 계속되면서 상당한 난항을 겪었다. 특히 미국과 유럽 간의 농업부분에서의 보조금삭감 문제는 오랜 기간 동안 이견을 좁히지 못하다가 우루과이 라운드의 종료 시한을 앞두고 극적으로 타결되었다. 그러나 OECD 국가들의 농산물보조금은 아직도 매우 높은 편이며, 미국은 이러한 농산물보조금을 없앨 것을 주장하는 반면, 유럽연합과 일본, 한국 등은 자국의 농업을 보호하기 위해 이에 반대하고 있다. **표 2-2**는 우루과이 라운드에서 합의한 주요 내용을 요약·정리하고 있다.

우루과이 라운드의 중요한 결과는 공산품에 대한 관세가 1/3 이상 감축되었고 농업부분에 대한 보조금이 상당부분 격감하였다는 점이다. 또한 서비스부분에서의 공정한 무역과 시장의 접근이 가능하도록 규정하였고 지적재산권에 대한 보호의 폭을 확대하였다. 그러나 우루과이 라운드의 가장 큰 성과는 지금까지 GATT가 위반국에 별다른 제재를 가하지 못했던 것에 비해 이러한 제재조치를 구체적으로 실행할 수 있는 세계무역기구World Trade Organization: WTO를 창설한 것이다.

WTO체제

Video

The WTO celebrates its 25th anniversary

1995년 공식출범한 세계무역기구World Trade Organization : WTO는 우루과이 라운드의 합의에 따라 GATT의 규정을 보다 효과적으로 적용하는 역할을 맡게 되었다. 총 160여 개국이 회원인 WTO는 스위스의 제네바에 본부를 두고 각국의 무역분쟁을 중재하고 GATT에 참여하는 국가의 무역정책을 감시하는 역할을 한다. WTO는 GATT와 마찬가지로 무역분쟁을 해결하는 데 있어서 전원합의제consensus방법을 채택하고 있지만 GATT와의 차이점은 거부권veto을 더 이상 행사할 수 없다는 것이다. 무역분쟁에 대한 중재보고서는 WTO에 의하여 자동으로 채택되며 중재위원회에서 GATT의 규칙을 위반한 것으로 판정된 국가는 WTO의 중재안을 받아들여야 한다. 또한 WTO의 규칙을 위반한 국가들은 불공정행위를 수정하거나 이에 대한 손해배상을 해야 한다. 만일 이러한 조치를 취하지 않는 위반국은 WTO에 의한 무역제재를 받게 된다.

이러한 WTO의 규정에는 아주 엄격한 시간제한이 있어서 무역분쟁이 장기화되는 것을 막고 신속한 분쟁해소가 가능하게 되었다. WTO의 중재권은 과거 GATT가 갖지 못했던 권한으로서 GATT의 규칙을 실질적으로 적용·감시하고 이를 실행하는 능력을 갖추게 하였다. GATT와 WTO체제는 향후 협상의 범위를 더욱 확대하여 보다 광범위한 자유무역이 이루어지도록 노력하고 있다. 실제로 WTO는 1997년 통신과 금융서비스 시장의 개방에 대한 합의를 도출하였다. 그러나 WTO의 분쟁해소 기능은 2019년 이후 미국이 신임 중재위원의 선임을 거부하고 있는 이유로 사실상 마비되었다.

현재 진행되고 있는 협상에는 Green Round로 불리는 환경라운드와 노동자의 인권문제에 관한 Blue Round, 그리고 해외직접투자를 촉진시키는 협상 등이 있다. 환경라운드는 환경에 대한 정책을 무역과 연결시켜 각국이 자연환경을 보호하는 범위 내에서 산업활동을 하도록 규제하고 있고 특히 환경보호기준이 낮은 저개발국에 공해산업을 위치하는 형태로 국제무역을 확장하는 것을 방지하는 것이 목적이다. 노동라운드는 저임금국가에서 노동자의 인권을 유린하는 국가에 무역제재를 가하는 것으로 전세계노동자의 권리에 대한 국제적인 표준을 정하는 데 노력하고 있다. 그리고 해외직접투자에 있어서도 국가별로 다른 규제를 동일화하여 현지화비율local content규정이나 합작투자에 대한 강요, 100% 자회사 설립에 대한 제한과 같은 각종 규제를 철폐하는 것을 목적으로 진행되고 있다. 1999년 미국의 시애틀에서 개최된 WTO 밀레니엄 라운드millennium round는 이와 같은 환경문제, 노동자 인권문제 등을 논의하였으나, 135개 회원국 간의 내부적인 갈등과 각종 시민단체들의 항의로 별다른 소득 없이 폐회되었다. 2005년에는 한국의 농민을 중심으로 한 시위대가 홍콩까지 원정하여 폭력적인 반WTO 시위를 벌이기도 하였다. 이러한 문제에 대해서 WTO는 향후 지속적으로 협의를 이어갈 예정이다.

이와 같이 GATT와 WTO체제가 향후 서비스와 지적재산권에 대한 보호를 더 넓히고 농업보조금을 삭감하고 현재 목표하는 바와 같이 국제적인 환경기준과 노동자의 인권보장, 그리고 해외직접투자에 대한 규제철폐 등을 합의한다면 앞으로 다국적기업이 직면하는 국제무역환경은 보다 더 자유로운 환경으로 변화할 것이다. 따라서 기업들도 인위적인 무역장벽의 규제없이 자유로운 환경에서 글로벌한 전략을 추구하는 것이 가능해질 것이다.

그러나 무역분쟁을 해결하며 국가 간의 자유로운 무역환경을 조성하는 WTO체제는 2017년 트럼프 행정부 때 압박을 받기도 했다. 트럼프 정부는 2001년 중국이 WTO 회원국이 된 것에 대해 시장경제체제가 아닌 국가와의 거래는 불가능하다는 입장을 고수하며 WTO에 비판적인 입장을 보였다. 중국이 WTO에 가입함으로 인해 영구적인 최혜국대우를 받으면서 미국의 제조업기반이 인건비가 싼 중국으로 이전되었고, 중국이 기술탈취와 차별적 보조금 지급, 환율조작, 정부규제 등

Video

America vs. China: Why the trade war won't end soon

온갖 수단으로 미국기업을 침탈하는데 WTO가 아무런 역할을 하지 못했다고 판단한다. 이와 같은 배경하에 트럼프 행정부 2기에 시작된 미국과 중국의 무역분쟁은 WTO체제로 대표되는 세계무역질서를 흔드는 위험성을 갖고 있다. 한국이 미국에 대해 많은 무역흑자를 내고 있으므로 한국도 상호관세의 대상이 되었으므로 협상을 통해 무역마찰을 줄일 방법을 모색해야 한다. 특히 중국은 한국의 국가별 수출 및 수입의 비중이 가장 높으므로 향후 중국에 대한 의존도를 줄이고 수출입 다변화를 추구하여야 한다.

05 〉〉 지역경제통합

경제통합의 유형

지역경제통합regional economic integration이란 한 지역 내의 여러 국가들이 상호간에 관세 및 비관세장벽을 철폐하여 재화 및 서비스와 생산요소가 자유롭게 이동하도록 보장하는 협정을 의미한다. 현재 전세계적으로 수많은 지역협정이 존재하고 있다. 이와 같이 다수의 지역경제통합이 이루어지는 것은 WTO체제하에서 모든 국가가 동시에 각종 무역장벽을 철폐하는 데 상당한 시간과 노력이 소요되기 때문에, 합의하기 쉬운 국가들끼리 먼저 지역경제통합을 이루어 GATT와 WTO체제에만 의존할 때보다 훨씬 빠른 속도로 무역장벽을 철폐하기 위해서이다. 지역경제통합의 가장 대표적인 사례는 본 장의 서두에서 살펴본 유럽연합이다. 유럽연합은 세계에서 가장 큰 지역경제연합이라고 볼 수 있다. 사례에서 살펴본 바와 같이 유럽연합은 경제연합을 넘어 이제는 정치연합으로까지 발전하는 과정에 있다.

또한 미국, 캐나다, 멕시코는 북미자유무역협정North America Free Trade Agreement: NAFTA을 체결하여 북미지역에서 재화와 서비스의 자유로운 이동을 꾀하고 있다. NAFTA는 2020년부터 U.S.−Mexico−Canada Agreement USMCA로 공식명칭이 변경되었다. 남미의 MERCOSURMercado Comun del Sur는 아르헨티나, 브라질, 파라과이, 우루과이가 회원국인 지역연합으로 1991년부터 실시되고 있

그림 2-11 | 지역경제통합수준

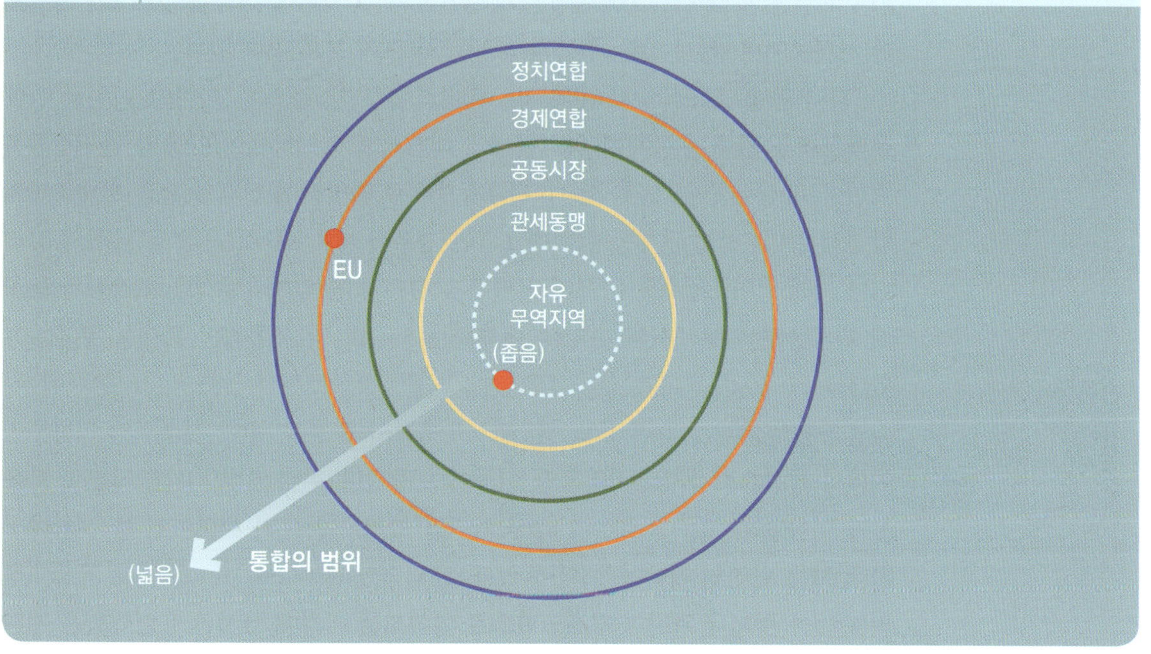

다. 아시아에서는 오래전부터 ASEAN이 동남아시아의 결속을 강화하고 있고, 현재 태평양지역의 18개 국가가 참여한 가운데 APECAsia Pacific Economic Cooperation포럼이 진행되고 있다. 또한 미국과 한국간의 자유무역협정이 많은 어려움을 극복하고 발효되었다.

이와 같이 다양한 성격의 지역경제를 이해하기 위해서는 먼저 경제통합의 유형을 살펴보아야 한다. **그림 2-11**은 지역통합의 정도가 자유무역지역에서 관세동맹, 공동시장, 경제연합 그리고 정치연합이 순으로 그 범위가 넓어지는 것으로 이해할 수 있다. 먼저 자유무역지역free trade area이란 해당 지역 내에 있는 모든 국가 간에 각종 무역장벽을 없애고 비회원국에 대해서는 각 국가마다 독자적인 무역규제를 하는 것을 의미한다. 이론적으로 자유무역지대에 참여하는 국가 간에는 모든 유형의 차별적인 관세나 수입할당, 보조금 및 행정적인 규제도 없어진다. 그러나 자유무역지역의 구성원이 아닌 다른 국가에 대해서는 각국이 개별적으로 무역정책을 실시하도록 허용한다. 따라서 이 자유무역지역에 참여하지 않은 다른 국가에 대한 관세는 회원국마다 차이가 있을 수가 있다. 이러한 자유무역지역의 대표적인 경우는 현재 유럽지역에서 아직까지 유럽연합에 가입하지 않은 노르웨이, 아이슬랜드, 스위스, 리히텐슈타인이 참여하고 있는 유럽자유무역연합

European Free Trade Association이 있다. 한국은 2004년 칠레, 2006년 싱가포르와의 FTA 체결을 시작으로 2006년에는 유럽연합과, 2007년에 미국과의 FTA가 타결되어 시행중이며, 현재 일본, 중국과의 3자간 FTA가 논의 중에 있다.

관세동맹customs union은 자유무역지역에서 한 걸음 더 나아가 회원국 간에 무역장벽을 없애는 동시에 비회원국에 대해서도 회원국들이 공통의 관세정책을 취한다. 유럽연합도 초기에는 이 관세동맹으로 출발하여 현재와 같은 형태로까지 발전해 왔다. 현재 관세동맹의 대표적인 경우는 ANDEAN 조약으로 남미의 볼리비아, 콜롬비아, 에콰도르, 그리고 페루가 참여국 간에 자유무역을 보장함과 동시에 관세동맹 외부에서의 수입에 대해서는 5~20%의 공통적인 관세를 부과하고 있다.

공동시장common market이란 관세동맹보다 좀 더 발전한 것으로서 재화뿐만 아니라 생산요소까지도 자유로운 이동이 보장된다. 따라서 노동자와 자본이 자유롭게 이동할 수 있으므로 이민과 국외취업 그리고 자본의 해외이전 등은 참여국가 간에는 완전히 자유롭게 되어 있다. 유럽연합European Union은 현재 공동시장의 단계를 벗어나 완전한 경제연합으로 발전하는 과정에 있지만 유럽연합을 제외하고는 공동시장의 단계에 이른 지역경제통합은 이루어지지 않고 있다.

경제연합Economic Union은 공동시장에서 더 나아간 형태로서 공통의 통화를 가지고 구성국가 간의 세율도 동일하게 적용하며 공통의 재정금융정책을 펼치는 경우를 말한다. 이와 같이 경제연합을 이루기 위해서는 경제연합 전체를 총괄할 수 있는 행정부가 필요하며 참여국이 자신의 주권을 어느 정도 포기해야 한다. 현재 유럽연합에서 EMUEconomic and Monetary Union를 실현하려는 것은 유럽의 공동통화 발행, 동일한 조세제도의 시행, 그리고 공동의 재정·금융정책의 실시하기 위한 것이다. 유럽연합은 완벽한 경제연합이 되기 위해 노력하고 있는 중이나, 2015년 그리스 사태와 같이 각국이 처한 상황과 회원국들의 이해가 달라 난항을 겪고 있다.

경제연합의 다음 단계는 단순히 경제 면에서만의 통합이 아니라 더 나아가 정치적인 측면도 통합하는 것이다. 유럽연합은 현재 유럽단위의 행정부를 가지고 있으며 유럽전체의 의회와 사법부 역시 가지고 있다. 이들이 단일한 행정부, 의회, 군사적인 조직체를 가지게 되면 유럽은 그야말로 하나의 국가로 재탄생하게 되는 것이다.

이와 같은 지역경제통합이 일어나는 것은 앞서 밝힌 바와 같이 지리적으로 가까운 국가들이 우선적으로 그들 간에 각종 무역장벽을 없앰으로써 자유무역의 효과를 빨리 실현하는 것이다. 물론 GATT와 WTO체제 내에서 국가 간의 무역장벽이 빠른 속도로 철폐되고 있으나 GATT와 WTO는 160여 개국이 참여하는 경제시스템이며 이들간의 합의에 도달하는 데 상당한 시일이 걸린다는 것은 그동안 GATT가 수차례의 라운드를 걸쳐서 무역장벽을 철폐해 온 역사를 보면 알 수 있다. 즉, 이들 지역경제통합은 GATT나 WTO체제보다 더 빠른 속도로 무역장벽을 철폐하여 재화와 서비스 그리고 생산요소의 자유로운 이동을 통해서 자유무역의 경제적인 효과를 극대화하는 데 그 목적이 있다.

또한 이들 지역경제의 통합은 위와 같은 경제적인 효과 이외에 정치적인 효과도 있다. 지역 내 국가 간의 경제를 통합함으로써 정치적인 유대관계도 높이고 국가 간의 정치적인 갈등이나 분쟁 등을 미연에 방지하는 역할을 하고 있다. 예를 들어, 유럽연합도 유럽 내에서 다시는 세계대전과 같은 전쟁이 일어나게 해서는 안 된다는 공감대 위에서 시작되었다. 다른 지역에서의 경제통합 역시 자유무역을 통한 경제적인 효과를 배가시킴과 동시에 그 지역의 정치적 안정을 도모한다는 정치적인 효과가 크다.

그러나 경제적·정치적 효과가 있다고 해서 지역통합으로 가는 길이 쉽다고 볼 수는 없다. 지역경제통합에는 그 나름대로 비용이 따른다. 먼저, 지역경제통합을 하면 빠른 속도로 자유무역이 실현되기 때문에 각국에 있는 일부 산업과 그 산업에 종사하던 국민들은 지역경제통합으로 인해 도산하거나 실직할 수도 있다. 예를 들어 트럼프 행정부는 NAFTA와 USMCA를 통해 캐나다와 멕시코가 이득을 본 반면 미국의 산업이 쇠퇴하게 되었다고 주장하고 있다. 따라서 자유무역의 결과로 발생하는 일부 기업 종사자들의 실직과 기업도산사태는 지역경제통합의 장애요인으로 작용하게 된다.

또한 지역경제통합이 촉진된다는 것은 그만큼 각 국가의 주권이 제한되는 것을 의미한다. 유럽통합이 진행됨에 따라 유럽의 각국은 과거 자신의 국가에서 실시하였던 보조금정책과 조세정책을 포기하고 유럽단일통화와 공동의 재정·금융정책 그리고 더 나아가서는 유럽의회와 유럽행정부 그리고 유럽군대까지 창설됨으로써 점차 주권을 상실해 가고 있다. 지역경제통합으로 얻을 수 있는 경제적·정치적인 이득이 이러한 주권의 상실과 비교해 보았을 때 과연 더 큰 가치가 있는 것인가의 문제는 각 국가의 국민이 판단해야 할 문제이다. 2016년 영국이 국민투표를 실시하여 유럽연합에서 탈퇴할 것을 결정했던 것 역시 지역경제통합의 부산물로 독자적인 경제정책을 유지하기 어려워진 것에 대한 내부반발이 원인이었다.

북미의 지역경제통합

본 절에서는 북미지역에서 일어나고 있는 경제통합의 현황을 살펴보기로 한다. 이미 유럽통합은 본 장의 서두의 사례에서 자세히 살펴보았으므로 다음 절에서는 미주 및 아시아 지역의 경제통합을 차례로 살펴보기로 한다.

USMCA

현재 U.S.-Mexico-Canada Agreement USMCA로 공식명칭이 변경된 NAFTA North America Free Trade Agreement는 1988년에 미국과 캐나다가 자유무역협정을 체결한 것을 시작으로 1994년에는 멕시코까지 포함한 북미자유무역지역이 발효되었다. 이 조약은 미국, 캐나다, 멕시코 간에 거래되는 재화의 관세를 철폐하고, 금융산업을 포함한 서비스의 자유로운 이동을 보장하며 지적재산권을 보호하고 서로간의 해외직접투자에 대한 제한을 철폐하며, 환경기준에 대한 규정을 설립하고 또한 최소임금, 미성년자의 노동에 대한 규정을 위반할 경우에 이를 제재하도록 하였다.

NAFTA는 특히 미국, 캐나다와 멕시코 간의 임금의 격차가 심한 상황에서 많은 노동집약적인 산업이 미국과 캐나다로에서 멕시코로 이동할 것이라는 우려 때

그림 2-12 NAFTA로 인한 미국과 멕시코의 국경무역의 증가

문에 미국과 캐나다 내부에서 많은 반대에 부딪혔었다. 그러나 결국 멕시코의 소득증대는 미국과 캐나다산 제품에 대한 소비를 증대시킬 것으로 기대되었고 미국과 캐나다 역시 중국과 인도 등 개발도상국들에 대하여 노동집약적 산업에서의 가격경쟁력을 확보할 수 있다는 근거에서 NAFTA가 통과되었다.

NAFTA의 발효로 인하여 미국과 멕시코의 국경지대에는 많은 공장이 들어서고 양국간의 분업화현상이 두드러지게 나타나고 있다. **그림 2-12**와 같이 멕시코와 미국의 국경 근처의 도시가 대칭적으로 발전하고 있다. 특히 멕시코의 국경도시는 Maquiladora라는 수출자유무역지구가 다수 존재하고 있다. 미국의 캘리포니아주 San Diego에는 많은 다국적기업들이 위치하여, 노동집약적인 부품삽입공정을 멕시코의 Tijuana에 위치한 현지법인에서 수행한 후, San Diego에 있는 공장에서 최종조립을 실시한다. 마찬가지로 미국의 El Paso와 멕시코의 Ciudad Juarez, Laredo와 Nuevo Laredo 등 양국의 경쟁우위를 최대한으로 활용할 목적의 국경도시가 나날이 발전하고 있다.

한편 트럼프 행정부는 캐나다와 멕시코가 NAFTA와 그에 이은 USMCA로 부터 일방적으로 이익을 본 반면, 미국은 막대한 무역적자에 시달리고 있다고 파악하고 있다. 그러나 이 무역적자는 사실 미국기업들이 원가절감을 위해 캐나다와 멕시코에서 부품을 수입하는 형태의 분업화로 인하여 발생한 것으로 만일 NAFTA나 USMCA가 없었더라도 미국내에서 생산하면서 원가를 절감할 수 없는 부품들은 제3국에서 수입해야 하므로 NAFTA나 USMCA가 미국에 이익에 반한다는 트럼프 행정부의 주장은 타당성을 결여하고 있다.

중남미의 지역경제통합

ANDEAN

ANDEAN 조약은 **그림 2-13**과 같이 1969년 볼리비아, 칠레, 에콰도르, 콜롬비아, 페루가 체결한 조약으로서 유럽연합을 모델로 삼아 경제공동체를 만든 것이다. 이들 국가들은 1969년에 자체적으로 관세를 줄이고 공동의 관세를 부과하며 공동의 산업·운수정책을 취하기로 합의하였다. 그러나 ANDEAN 조약에 참여하는 국가들은 모두 낮은 경제성장률과 높은 인플레이션, 높은 실업률, 그리고 정치적인 불안정과 외채 문제에 시달리고 있었다. 이와 같은 경제상황뿐만 아니라 이들 국가들이 대부분 사회주의에 가까운 정치구조를 가지고 있었기 때문에 경제통

그림 2-13 | 중남미의 지역경제통합

합과 같은 자유로운 무역의 효과를 정확히 이해하지 못하였으므로 결국 설립당시의 원대한 구상은 실현되지 못하였다. 한편 ANDEAN 회원국들은 1990년도에 다시금 모여 원래 시도했던 바와 같은 공동시장을 향해 재출발할 것을 결의하였고, 2005년 말까지 공동시장을 창설하기 위해 최선을 다하기로 합의하였으나, 그 실현은 아직 불투명한 상황이다. 칠레는 2006년 ANDEAN에서 탈퇴하여 준회원으로 남아있다.

MERCOSUR

MERCOSUR는 1985년에 브라질과 아르헨티나가 체결한 양자 간의 경제협약에서 출발하였다. 이 자유무역협정의 결과 양국 간의 관세와 수입할당이 없어짐에 따라 양국간의 교역량이 84%나 증가하는 성과를 올렸다. 이와 같은 성과에 힘입어 MERCOSUR는 1991년 인근에 있는 파라과이와 우루과이, 2012년 베네수엘라를 추가로 받아들여 현재는 5개 국가 간의 완전한 무역장벽의 일소를 꾀하고 있다. 이 MERCOSUR에 참여하고 있는 다섯 국가는 자유무역지역을 확대하여 남미 자유무역지역South America Free Trade Area을 설립하기 위하여 노력하고 있다.

또한 중남미에는 코스타리카와 엘살바도르, 과테말라, 온두라스, 니카라과가 1960년대 중미공동시장Central America Common Market: CACM을 설립하였으나 1969년에 온두라스와 엘살바도르 간에 전쟁이 발발함에 따라 곧 소멸되었고, 이후 1991년 중미통합시스템Central America Integration System: CAIS으로 부활하였다. 카리브해의 국가들 사이에서 1973년에 관세동맹이 체결되어 CARICOMCaribbean Community이라는 카리비안연해 공동체가 설립되었으나 아직 별다른 성과를 보이지 못하고 있다.

아시아의 지역경제통합

ASEAN

아시아에서도 유럽이나 미주지역과 유사한 경제통합이 일찍부터 시도되어

그림 2-14 ASEAN과 APEC의 현황

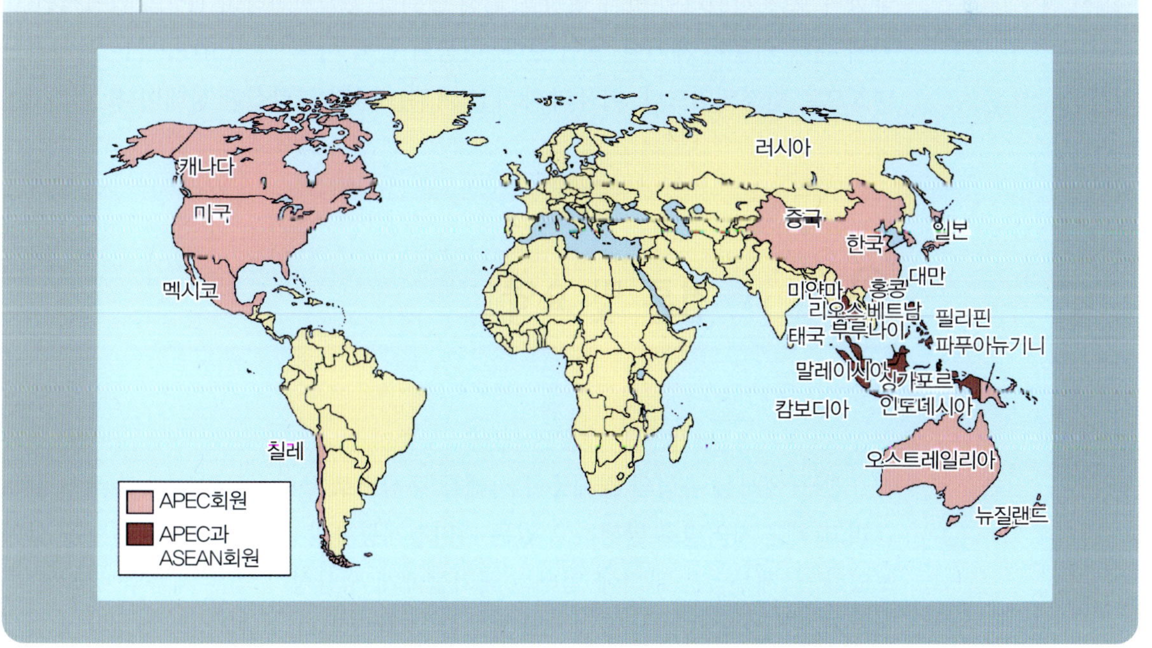

왔다. 우리에게 잘 알려진 ASEANAssociation of Southeast Asian Nations은 1967년에 설립되어 브루나이, 인도네시아, 말레이시아, 필리핀, 싱가포르, 태국, 미얀마, 캄보디아, 라오스, 베트남을 포함하고 있다(그림 2-14 참조). 이들 ASEAN 국가는 천연자원이 풍부하고 국제무역에 많이 의존하고 있다. ASEAN은 이들 구성국가 간에 자유무역을 촉진시키는 것을 목적으로 노력을 계속해 왔으나 큰 진전을 이루지 못하다가, 2004년에 2015년까지 역내관세 철폐 결의를 담고 있는 비엔티안Vientiane 행동계획을 발표하였고, 2005년에는 중국과 FTA를 체결하는 등 이전보다 활발한 움직임을 보이고 있다.

APEC

APECAsia Pacific Economic Cooperation은 1990년에 설립된 것으로서 일본, 중국 그리고 한국을 포함하여 아시아의 21국과 미국을 포함한 조직이다. APEC의 목표는 태평양연안 국가들의 경제적인 협력을 증진시키는 것으로서 지역 내에서의 상호의존성을 높이고 궁극적으로 자유무역지역을 형성하고자 노력하고 있다. 일부 APEC 국가들은 공산품 및 농산품의 관세를 철폐하고, 노동, 금융, 의료, 지적재산권 등의 비관세 장벽을 철폐하기 위해 Trans-Pacific PartnershipTPP 협정에 참여해 오기도 했다. 중국의 성장을 견제하기 위해 2015년 미국 오바마 행정부가 적극적으로 참여를 선언하면서 주목을 받기도 했으나, 2017년 트럼프 행정부가 중국과의 보다 직접적인 양자 협상을 위해 탈퇴를 공식선언하며 TPP의 실질적인 효력에 대해 의문이 제기된 적도 있다. 미국의 탈퇴 이후에는 CPTPP라는 한시적인 명칭으로 변경되었으나, 미국의 재가입 여부는 아직 불확실한 상태이다.

06 〉〉 결론 및 요약

본 장에서는 유럽의 경제통합 사례를 중심으로 무역이론의 기초와 무역정책, 그리고 최근 지역별로 발생하고 있는 지역경제통합의 이론적 배경과 현황을 살펴보았다. 국제무역은 무역에 임하는 국가들에게 생산성이 높은 제품의 생산에 특화하게끔 함으로써 생산성 증가의 효과를 가져다 준다. 이와 같은 경제적 효율성의 증가가 있음에도 불구하고 세계의 각국은 보호무역장벽을 통해 자신의 산업을 보호하려는 경향을 갖고 있다.

GATT로 대표되는 자유무역체제는 제2차 세계대전 이후 수차례에 걸친 협상을 지속하여 비관세장벽을 철폐하고 관세율을 현저하게 낮추는 데 기여하였다. 우루과이 라운드에서는 특히 지적재산권과 서비스에 대한 무역질서를 확립하고, GATT의 협약을 준수하도록 감시하는 주체로서 WTO를 설립하는 등 국제무역질서는 자유무역이 보장되는 체제로 확립되어 가는 추세이다.

이와 동시에 진행되고 있는 지역경제통합은 GATT와 WTO체제에서 무역장벽을 일소하는 데 오랜 시간이 소요되므로, 우선 인접국들끼리 무역장벽을 철폐하고, 공통의 무역정책을 수립하며, 점차 공동통화, 공동금융정책, 공동재정정책을 수립하는 것을 목적으로 진행되고 있다. 또한 본 장에서는 유럽, 북미, 중남미, 아시아 등 각 지역에서 이루어지고 있는 지역경제통합의 현황을 살펴보았다.

사례

case

아모레퍼시픽의 글로벌전략[12]

아모레퍼시픽은 한국의 대표적인 화장품 및 생활용품 전문기업이다. 1945년 태평양화학이란 사명으로 창립되어 미안수스킨로션, 구리므크림 등을 판매하기 시작하여, 이후 고급용기와 라벨을 사용한 메로디크림과 All Best Cosmetics라는 의미를 내포하고 있는 ABC 화장품 등 히트상품을 줄줄이 내놓았다. 2002년 동양과 서양을 자연스럽게 융화시킨 고급 브랜드로 아모레퍼시픽을 출시하면서 영문 사명도 Amorepacific Corporation으로 변경했다. 이후 아시아, 유럽, 미주시장에 성공적으로 진출하여 2024년에는 매출액 4조 2천억 원 중 해외비중이 43%를 차지하는 글로벌기업으로 성장했다. 현재는 헤라, 설화수, 아이오페, 라네즈, 이니

스프리, 에뛰드 등 대형 브랜드를 6개 이상 보유하고 있다.

그러나 아모레퍼시픽이 오늘의 글로벌 기업이 되기까지의 과정은 쉽지 않았다. 1964년 국산 화장품을 최초로 수출하기 시작하였고, 1979년에는 태국으로 12만 달러의 화장품을 수출하기도 하였다. 그러나 1988년에 순SOON이라는 기초화장품으로 프랑스 시장에 도전했을 때, Made in Korea라는 낯선 원산지효과로 인해 소비자로부터 냉담한 반응을 받으며 참패하였다. 이어 프랑스 현지공장에서 생산하여 명목적으로는 Made in France가 된 리리코스Lirikos를 내놓았으나, 생산만 현지에서 했을 뿐 프랑스시장에 대한 이해가 부족하여 다시 큰 실패를 거두었다. 해외사업운영에서도 한국인이 현지법인의 경영권을 독차지하고 중앙집권적으로 조직을 운영하여 현지직원들의 원성을 샀고, 기초화장품의 비중이 큰 한국과 달리 향수제품과 색조화장품의 비중이 훨씬 큰 프랑스 시장의 특성을 이해하지 못하는 잘못을 범하기도 하였다.

이와 같이 프랑스에서 두 번의 큰 실패로 얻은 교훈을 토대로 아모레퍼시픽은 원산지효과를 없애기 위해 이른바 Make-up Strategy라는 철저한 현지화 전략을 수립했다. 특히 프랑스시장을 공략하기 위해 기초화장품 대신 향수를 선택하였다. 기초화장품은 인종에 따른 피부특성 및 화장습관의 차이로 인해 내수 기업들이 강점을 갖는 반면, 향수는 기능보다 이미지의 비중이 높아 시

그림 2-15 아모레퍼시픽 매출액 (단위: 10억 원)

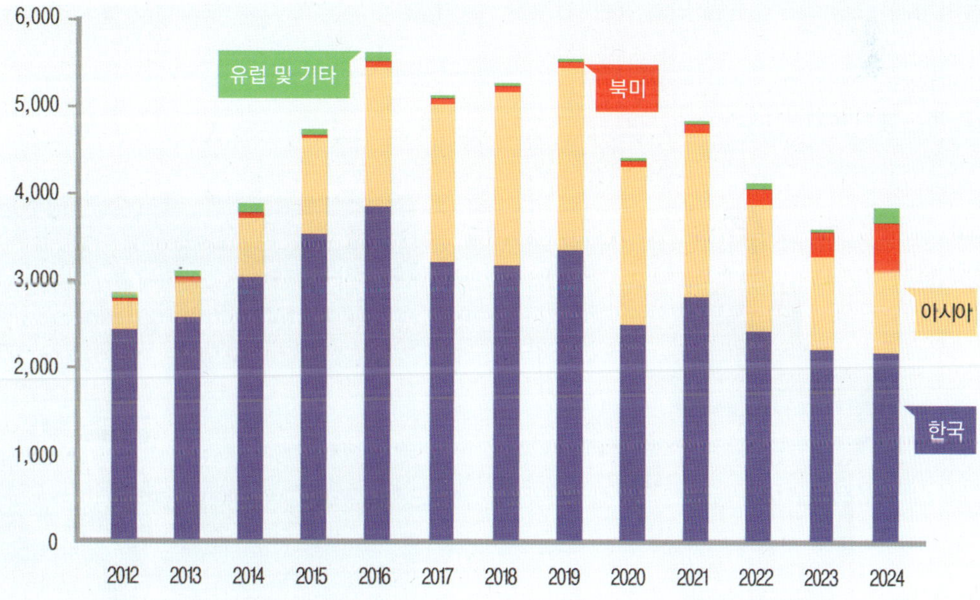

출처 : 아모레퍼시픽 사업보고서

장진입이 용이했고 프랑스 현지에서는 기초화장품에 비해 향수에 대한 수요가 더 높았기 때문이었다. 뿐만 아니라 향수의 본 고장인 프랑스에 있는 현지자원을 이용해 브랜드를 구축하고 디자인하는 것이 한국에서 똑같은 향수를 개발하는 것보다 더욱 효율적이었다. 이처럼 아모레퍼시픽은 각각 비교우위에 있는 분야에 집중하기 위해 프랑스에서는 향수 및 색조화장품을 생산하고 한국본사에서는 기초화장품을 생산에 집중하는 국제분업을 꾀하였다.

아모레퍼시픽은 프랑스의 향수시장에 진출하기 위해 디자이너 롤리타 렘피카Lolita Lempicka의 이름을 딴 브랜드를 선택하였다. 이는 일본의 Shiseido가 비슷한 시기 세계적인 디자이너와 협력하여 Jean Paul Gaultier와 Issey Miyake 등의 향수를 만들어 성공을 거둔 것에 착안한 것이었다. 롤리타 렘피카는 무늬만 Made in France가 아니라 철저하게 프랑스기업처럼 만들어서 현지자원을 획득하고 이를 통해 한국의 이미지를 숨기는 Make-up strategy를 구사하였다. 아모레퍼시픽은 오로지 자본만 제공했으며, 개발, 생산, 판매, 광고 등의 모든 과정을 현지인이 직접 도맡아 실행하였다. 이를 위해 Christian Dior의 향수 담당 마케팅 전문가였던 카트린 도팡을 현지법인의 사장으로 영입했다. 롤리타 렘피카는 유니섹스 타입의 향수가 주를 이루던 당시 분위기에서 오히려 여성의 아름다움을 강조하는 틈새전략을 취했다. 또한 Lancome의 조향사 아닉 메나르도를 영입해 달콤한 감초꽃 향과 성숙하고 관능적인 이미지를 풍기는 오리엔탈 플로랄의 조화를 이룬 향을 개발하였고, Jean Paul Gaultier, Hermes 등 유명 브랜드의 향수용기를 디자인한 알랭 드 무르그를 통해 매혹적인 금단의 사과를 형상화한 용기를 제작하였다. 기술적으로 쉽지 않았던 사과꼭지형 분사기는 시장에서 큰 화제가 되었고, 예쁜 향수병은 수집품이 될 정도로 인기를 끌었다(**그림 2-16**).

그림 2-16 롤리타 렘피카 향수

이렇게 프랑스 여성 향수로 알려진 롤리타 렘피카는 1997년부터 20년간 100개 이상의 국가에서 판매되었다. 아모레퍼시픽은 2011년 아닉 구딸Annick Goutal을 인수하며 향수 라인 보완에 힘썼고 현재 아모레퍼시픽은 아닉 구딸을 구딸 파리 Goutal Paris로 브랜드 이름을 변경하는 등 유럽 사업의 신성장 동력 확보에 집중하고 있다.

한편, 아시아시장에서는 아시아인의 피부에 맞는 기초화장품을 개발하여 제공하는 데 주력하고 있다. 아시아인들은 문화적 동질감이 강하고 화장법과 피부특성이 비슷하다. 최근 K-Pop, 한국 드라마 등으로 시작된 한류로 인해 한국식 메이크업과 헤어스타일이 유행하는 K-뷰티 열풍이 불기 시작하면서 한국산 화장품에 대한 신뢰가 급격히 증가하였다. 아모레퍼시픽은 설화수, 라네즈, 마몽드, 에뛰드, 이니스프리의 5개 메가브랜드를 중심으로 중국을 필두로 한 아시아시장에 진출하고 있다. 특히 라네즈는 아시아에 특화된 브랜드로 컨셉을 정해서 아시아 공략의 선봉에 섰다. 중국에 라네즈를 출시하기 전 3년간 중국 현지소비자 3,500명을 대상으로 중국 여성의 피부특성과 화장품 소비패턴 등을 조사한 결과 중국의 지역적 특성으로 인해 피부에 충분한 수분 제공이 필요하며 깨끗한 물에 대한 수요가 높다는 것을 발견했고 수분라인을 강화한 기초화장품을 내놓았다. 또한, 진출 당시 중화권에서 인기가 가장 많았던 송혜교를 모델로 내세워 한국브랜드임을 강조하였다.

그러나 2017년 한국의 사드배치에 대한 중국 정부의 보복에 의해 매출 급감을 경험하였다. 이후 한한령이 서서히 해제되면서 매출이 다소 회복되기 시작했지만, 언제든 다시 발생할 수 있는 위기에 준비하기 위해 설화수, 라네즈, 이니스프리, 에뛰드 등 브랜드를 중심으로 ASEAN 시장을 적극적으로 공략하며 중국 의존도를 낮추려고 노력하고 있다.

2022년 아모레퍼시픽은 타타 하퍼Tata Harper 브랜드의 운영사인 'Tata's Natural Alchemy'의 지분 100%를 인수한다고 밝혔다. 아모레퍼시픽은 이번 인수를 통해 북미시장 공략에 박차를 가하고 있다. 먼저, 타타 하퍼와의 공동 연구를 통한 제품

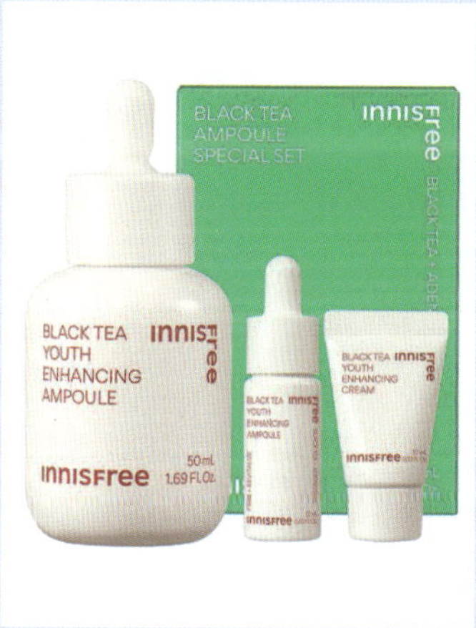

경쟁력 강화 및 신규 카테고리 확장을 시도하고, 생산물류 시설 및 프로세스 개선을 통해 타타 하퍼의 수익성을 강화하고 있다. 타타 하퍼의 북미, 유럽 비즈니스 확대와 아시아 시장 추가진입을 위한 재정비작업도 하였다. 그 결과 2024년 북미 및 유럽에서의 매출이 큰 폭으로 성장했다. 아시아 시장으로는 일본이 낙점됐다. 아모레퍼시픽은 글로벌 브랜드 라네즈를 통해 일본시장 진출을 가속화하고 있다.

Video

롤리타 렘피카의 프랑스 광고

Video

아모레퍼시픽 VISION 2025

AMOREPACIFIC CORPORATION

아모레퍼시픽의 홈페이지
www.amorepacific.com

토의과제

01 아모레퍼시픽의 롤리타 렘피카가 프랑스 향수시장에서 성공한 요인은 무엇인가? 향후 같은 요인을 바탕으로 향수시장에서 계속 성공을 거둘 수 있는가?

02 아모레퍼시픽이 향후 한국브랜드로서 더욱 경쟁력을 갖추기 위해서는 어떠한 전략이 필요할까?

참고문헌

Reference

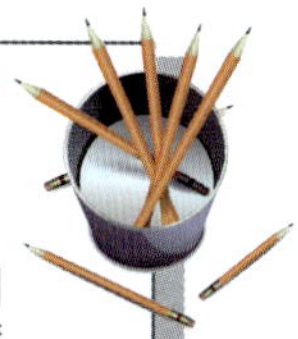

1 본 사례는 *Economist*에서 매년 발표하는 특집기사를 중심으로 작성되었다. 예를 들어, "A Survey of European Union," 2004. 9. 25; *Economist*, "A Survey of Economic Union," 1999. 10. 23; *Economist*과 같은 제목의 Survey 1997. 5. 31, 1994. 10. 22, 1993. 7. 3, 1988. 7. 9; *Economist*, "A Survey of Business in Europe," 1996. 11. 23. 등의 특집기사는 유럽연합의 초기 형성과정을 이해하는 데 도움이 된다.

2 Adam Smith, *The Wealth of Nation*, Oxford University Press, 1677(reprint).

3 David Ricardo, *The Principle of Political Economy and Taxation*, Cambridge University Press, 1817(reprint).

4 Bertil Ohlin, *Interregional and International Trade*, Harvard University Press, 1933.

5 W. Leontief, "Domestic Production and Foregin Trade: The American Capital Position Reexamined," *Proceedings of American Philosophical Society*, 1953, pp. 331~349.

6 Raymond Vernon, "International Investment and International Trade in the Product Life Cycle," *Quarterly Journal of Economics*, May 1966, pp. 190~200.

7 E. Helpman and P. Krugman, *Market Structure and Foreign Trade: Increasing Returns, Imperfect Competition and the International Economy*, MIT Press, 1985.

8 Paul Krugman, "Does the New Trade Theory Require New Trade Policy," *World Economy*, 1992, pp. 423~441.

9 Michael Porter, "The Competitive Advantage of Nations," *Harvard Business Review*, March~April 1990.

10 Y. Sazanami, S. Urata, H. Kawai, Measuring the Costs of Protection in Japan, *Institute of International Economics*, 1994.

11 P. Krugman and M. Obstfelt, *International Economics; Theory and Policy*, New York: HarperCollins, 1994.

12 본 사례는 저자의 한국기업의 글로벌경영사례집 II(박영사, 2003년)에 게재된 "태평양화학의 프랑스 향수시장진출" 사례 및 각종 기사를 통해 작성되었으며 추후 수정 · 보완되었다.

Chapter

3 글로벌금융환경

C/O/N/T/E/N/T/S

파생상품은 위험이 크므로 잘 관리할 필요성이 있습니다. 그러나 우리 회사는 이 점에서 특히 잘 하고 있다고 생각합니다.

– 1995년 28세 직원의 파생상품거래로 파산한 영국 명문 Baring증권 회장의 1993년 주주총회연설.

사례

case

Big Mac지수

McDonald's는 전세계적으로 가장 잘 알려져 있는 브랜드로 전세계 120여 개국에 점포를 갖고 있다. Big Mac은 McDonald's에서 판매하는 햄버거의 대표격으로 3단의 빵에 소고기가 곁들여진 햄버거이다. Big Mac은 전세계적으로 매일 수천만 명의 점심을 대신하고 있다. 그러나 Big Mac이 환율예측에도 큰 기여를 하고 있다는 사실은 아직도 많이 알려져 있지 않다.

영국의 유명한 경제전문지인 Economist는 매년 Big Mac지수라는 환율평가 자료를 발표하고 있다. Big Mac지수란 McDonald's가 전세계 120여 개국에서 동일한 품질의 햄버거를 판매하고 있다는 사실에 착안하여 국제금융이론의 구매력평가설을 적용한 것이다. 구매력평가설 purchasing power parity theory이란 같은 돈 $1를 가지고 전세계 어디에서나 동일한 물건을 살 수 있다는 가정에서 출발한다. 만일 동일한 재화에 대해서 각국마다 심한 가격차가 있다면, 한 곳에서 싸게 사서 다른 곳으로 비싸게 파는 재정거래에 의해 가격의 균일화가 이루어질 것이기 때문이다. 구매력평가설에 의하면 환율은 장기적으로 각국에서 동일한 재화를 구매할 수 있도록 가격을 조정하는 방향으로 움직이게 된다. Big Mac지수에 의한 환율평가는 이 동일한 재화의 예로 전세계 120여 개국에서 판매되는 Big Mac의 가격을 비교한 것이다. 즉, Big Mac지수는 동일한 햄버거를 미국이나 한국에서 같은 비용을 지불하여 구매할 수 있는 환율이다.

표 3-1은 세계 주요국가에서 판매되는 Big Mac의 가격을 보여주고 이에 입각한 구매력평가지수와 실제환율을 비교하고 있다. 이 표를 통해서 우리는 어느 통화가 과대평가되었는지 또는 과소평가되었는지를 알 수 있다. 먼저 표의 첫 번째 열은 2025년 1월 기준 각국의 화폐로 표시한 Big Mac의 가격이다. 미국에서 Big Mac의 가격은 $5.79이다.

두 번째 열은 각국의 화폐로 표시된 Big Mac 가격을 당시 환율로 나누어 달러화로 표기한 값이다. 한국에서 Big Mac의 가격은 5,500원으로 당시 환율인 1,431원/$로 나누면 $3.84와 같다. Big Mac이 가장 싼 러시아의 경우 $1.74에 불과한 한편, 가장 비싼 스위스는 $7.99에 달한다.

세 번째 열은 각국의 화폐로 표시된 Big Mac 가격을 미국의 $5.79로 나눈 구매력 평가지수다. 예를 들어 한국 원화의 구매력 평가지수는 한국의 Big Mac 가격인 5,500원을 미국의 Big Mac 가격으로 나눈 949원/$이다. 즉, 949원/$의 Big Mac 지수는 구매력 평가설에 입각한 균형환율이다. 이 구매력에 의한 환율을 2025년 1월 환율인 1,431원/$와 비교해보면, 한국의 원화는 달러와 비교해 약 33% 과소평가된 상태라는 것을 보여준다. 이는 미국이 인플레이션을 막기 위해 금리를 인상하게 됨에 따라 원화가 대폭으로 평가절하되었고 또한 2024년 12월 윤석열 대통령의 비상계엄 시도로 정치적 위험이 커졌기 때문이다. 다른 화폐의 구매력평가 지수를 보면 중국의 위안화는 약 39%나 과소평가되어 있고, 스위스의 프랑은 약 38%나 과대평가되어 있고, 일본의 엔화는 약 46% 과소평가, 유로는 약 2% 과대평가되어 있다는 사실을 보여준다.

물론 Big Mac지수 하나만으로 구매력평가설을 검증하고 각국의 환율변동을 예측하는 데 분명한 한계점이 있다. 각국의 무역장벽, 특히 소고기 수입과 관련된 각종 규제와 각국의 세금의 차이, 또한 점포임대료의 차이를 고려하지 않고 있으므로 Big Mac지수는 상당히 불완전한 지표이다. 그럼에도 불구하고, 많은 경제학자들은 이렇게 간단한 Big Mac지수가 수천 개의 방정식을 이용하고 슈퍼컴퓨터를 동원하는 고도의 경제예측모형에서 나온 환율변동 예측결과보다 더 정확하게 환율변동을 예측하고 있다는 사실을 지적하고 있다. 예를 들어, 미국 Georgetown 대학의 Robert Cumby 교수는 Big Mac지수에서 과대 또는 과소평가로 나타난 지수는 환율이 장차 어떻게 변할 것인가에 대한 매우 신뢰도가 높은 좋은 예측치라고 말한다.

만일 지금 경제연구소에 값비싼 용역비를 주

표 3-1 Big Mac지수

Country	Big Mac 가격		구매력 평가지수	실제 환율	환율의 과대/과소 평가율(%)
	자국화 표시 가격	달러화 가격			
United States	**USD 5.79**	**$5.79**	–	–	–
Argentina	ARS 7300	$6.95	1260.79	1050.00	20.07
Australia	AUD 7.75	$4.87	1.34	1.59	−15.88
Brazil	BRL 23.9	$4.03	4.13	5.94	−30.47
Britain	GBP 4.59	$5.73	0.79	0.80	−1.10
Canada	CAD 7.81	$5.43	1.35	1.44	−6.22
Chile	CLP 4490	$4.55	775.47	987.25	−21.45
China	CNY 25.5	$3.52	4.40	7.25	−39.23
Colombia	COP 21900	$5.17	3782.38	4232.22	−10.62
Costa Rica	CRC 2990	$5.90	516.41	506.63	1.93
Czech Republic	CZK 109	$4.56	18.83	23.89	−21.20
Denmark	DKK 39	$5.49	6.74	7.11	−5.23
Egypt	EGP 135	$2.69	23.32	50.25	−53.6
Euro area	EUR 5.67	$5.95	0.98	0.95	2.81
Hong Kong	HKD 24	$3.08	4.15	7.79	−46.77
Hungary	HUF 1420	$3.65	245.25	389.43	−37.02
India	INR 226	$2.62	39.03	86.34	−54.79
Indonesia	IDR 41000	$2.54	7081.17	16172.50	−56.21
Israel	ILS 17	$4.71	2.94	3.61	−18.57
Japan	JPY 480	$3.11	82.90	154.36	−46.29
Malaysia	MYR 13.15	$3.00	2.27	4.38	−48.12
Mexico	MXN 95	$4.60	16.41	20.65	−20.53
New Zealand	NZD 8.4	$4.77	1.45	1.76	−17.54
Norway	NOK 75	$6.67	12.95	11.24	15.27
Pakistan	PKR 1050	$3.77	181.35	278.85	−34.96
Peru	PEN 16.9	$4.53	2.92	3.73	−21.77
Philippines	PHP 169	$2.89	29.19	58.44	−50.05
Poland	PLN 20.9	$5.21	3.61	4.01	−10.00
Russia	RUB 135	$1.74	26.79	77.42	−65.40
Saudi Arabia	SAR 19	$5.07	3.28	3.75	−12.51
Singapore	SGD 6.95	$5.17	1.20	1.34	−10.71
South Africa	ZAR 51.9	$2.78	8.96	18.69	−52.04
South Korea	KRW 5500	$3.84	949.91	1431.20	−33.62
Sri Lanka	LKR 1340	$3.72	260.19	360.00	−27.72
Sweden	SEK 62	$5.67	10.71	10.94	−2.09
Switzerland	CHF 7.2	$7.99	1.24	0.90	38.03
Taiwan	TWD 78	$2.38	13.47	32.73	−58.83
Thailand	THB 135	$4.01	23.32	33.69	−30.79
Turkey	TRY 190	$5.32	32.82	35.74	−8.18
United Arab Emirates	AED 18	$4.90	3.11	3.67	−15.35
Ukraine	UAH 120	$2.86	20.73	42.00	−50.65
Uruguay	UYU 299	$6.91	51.64	43.27	19.34
Vietnam	VND 76000	$3.03	13126.08	25078.00	−47.65

출처: Economist, 2025년 1월 기준. 단, 러시아, 스리랑카는 2022년 1월 기준임

고 환율예측을 알아보는 비용을 절약하고 싶은 사람이 있다면, 지금 McDonald's에 가서 Big Mac을 사먹도록 하자. 그리고 Big Mac 포장지의 겉면에 간단한 계산을 해보도록 하자. 장차 한국의 원화가 절상될 것인가 아니면 절하될 것인가?

Video

Big Mac Index Explained

맥도날드의 홈페이지

http://www.mcdonalds.com

01 〉〉 서 론

본 장의 서두의 사례에서 살펴본 Big Mac지수는 구매력평가설에 입각하여 아주 간단한 방법으로 환율변동을 예측할 수 있게 도와준다. Big Mac이 전세계적으로 동일한 품질로 판매되는 것에 착안하여 각국의 Big Mac 가격을 비교하여 균형환율을 계산하고, 이를 실제환율과 비교함으로써 환율의 과대 혹은 과소평가 여부를 알아보는 것이다. 본 장에서는 이와 같이 환율의 결정과정과 국제외환시장의 성격에 대해 살펴보기로 한다.

먼저 본 장은 과거 고정환율체제로부터 발전된 국제통화시스템의 변천과정을 살펴본다. IMF체제로 대표되었던 고정환율제는 현재의 변동환율제로 바뀌어서 현재는 각 시각마다 외환의 수요와 공급에 의하여 환율이 변동하고 있다. 본 장에서는 고정환율제와 변동환율제 각각의 장점과 단점을 비교하고, 국제통화시스템의 구조를 이해한다.

또한 본 장에서는 외환시장의 구성과 외환시장에서 환율이 결정되는 과정을 살펴본다. 외환시장에서는 각국의 통화에 대한 수요와 공급에 의해 환율이 결정되며, 장기적인 환율은 구매력평가설에 의해 예측할 수 있다. 또한 국가 간의 이자율의 차이를 환율변동과 연결시키는 이자율평형설에 대해서도 살펴보기로 한다.

마지막으로 본 장에서는 글로벌시장, 즉 유로통화시장Euro Currency Market이나 유로사채시장Euro Bond Market과 같이 계속해서 글로벌화하는 자본시장의 성격과 현황에 대해서 살펴본다. 본 장에서 살펴볼 주제는 다음과 같다.

- 국제통화시스템의 변천과정과 구조에 대해서 살펴본다.
- 외환시장의 구성원리와 환율의 결정과정을 살펴본다.
- 점차 그 중요성이 가중되고 있는 글로벌자본시장의 성격과 현황에 대해서 살펴본다.

02 ›› 국제통화제도

글로벌시장을 대상으로 경영활동을 벌이고 있는 다국적기업은 국가별로 다른 통화의 변동하는 환율에 대해서 효과적인 대응을 해야 한다. 본 절에서는 먼저 국제통화시스템이 어떻게 발전되었는지 살펴보고, 현재 많은 선진국들이 사용하고 있는 변동환율체제의 역사와 환율결정요인을 살펴보기로 한다.

IMF체제

IMF체제는 제2차 세계대전이 끝난 후, 기업들에게 안정적인 국제금융환경을 제공하기 위하여 설립되었다. 제2차 세계대전 이전에는 금본위제도gold standard가 기본적인 국제통화시스템이었다.[1] 금본위제도란 각국 화폐의 금과의 교환비율을 정하고 언제든지 금으로의 태환성convertibility을 보장해 주는 제도로서, 1880년경부터 세계의 주요 무역국인 영국, 독일, 일본, 미국 등이 모두 채택하여 왔었다. 금본위제도는 국제무역수지의 흑자 또는 적자의 결과로 금이 국가 간에 실질적으로 이동하게 되므로, 각국이 국제무역수지의 균형을 유지하고 통화량 남발을 억제하게 하는 안정적인 국제통화시스템으로 정착되었다. 그러나 금본위제도는 제1차 세계대전이 발발하여 각국 정부들이 전쟁비용을 충당하기 위해서 통화량을 남발한 결과 붕괴되었다. 결국 제1차 세계대전 이후에는 각국에 인플레이션이 만연했고 환율이 급등하는 등 전세계적으로 국제통화시스템의 불안정이 계속되었다.

이에 따라 제2차 세계대전이 끝나가는 1944년, 전세계 44개국 대표들은 미국의 Bretton Woods에 모여 전쟁이 끝난 후 다시 안정적인 국제통화시스템으로 복귀하기 위한 목적의 회담을 가졌다. 그 결과 Bretton Woods시스템 또는 IMF International Monetary Fund체제라고 하는 고정환율제도fixed exchange rate system가 탄생하게 되었다. Bretton Woods시스템은 금본위제도와 유사하게 미국의 달러를 기축통화로 삼아 각국의 환율을 미국의 달러에 대한 환율로써 고정시켜 놓았다. 또한 미국의 달러는 금 1온스에 35달러로 언제든지 교환할 수 있도록 금과의 태환성을 보장하였다. Bretton Woods시스템은 고정환율제를 유지하기 위해서 각국이 자의적으로 환율인하나 통화량 남발을 못하도록 엄격하게 규정해 놓았기 때문에 각국의 통화정책은 그만큼 제한되었다. 만일 한 국가가 통화량을 남발하여 인플레이션 압력이 증가하면 Bretton Woods시스템에서 정한 고정환율을 유지할 수 없기 때문이었다. 이와 같이 고정환율시스템은 인플레이션을 통제하고 통화정책의 운영을 조심스럽게 수행하도록 회원국 정부에 압력을 주는 역할을 하였다.

IMF는 이와 같은 Bretton Woods시스템을 유지하기 위하여 회원국에게 단기적인 운영자금을 조달할 목적으로 설립되었다. 즉, 고정환율제하에서 국제무역수지가 적자가 났을 때, 이를 보전하여 주는 단기적인 자금공여가 IMF의 설립취지였다. 한편, 고정환율제도가 붕괴된 오늘날 IMF는 회원국에게 단기적으로 외환을 대여해 주고 그 나라가 구조조정을 통해서 경제위기를 극복하도록 도와주는 역할을 수행하고 있다. 예를 들어, 어떤 나라에서 국제무역수지적자가 단기간에 크게 나타나거나 기업과 은행의 연쇄도산으로 경제시스템이 붕괴 직전에 있을 때, IMF는 이 국가에게 달러를 일시적으로 공급하여 그 위기를 벗어나게 도와준다. 1995년에는 멕시코가 외환위기를 맞아 구제금융을 받았고, 1997년 아시아 외환위기 때는 태국·인도네시아·한국이, 1998년에는 러시아, 2002년에는 브라질, 2008년에는 아이슬란드도 IMF의 지원을 받았다. 2010년대 IMF의 구제금융을 받았던 국가들은 최근 상이한 결과를 보이고 있다. 2020년에 그리스가 10년만에 IMF의 지원으로부터 벗어난 반면, 아르헨티나와 파키스탄은 구제금융 확대를 요청했다. Bretton Woods시스템의 또 한 가지 주요 기관은 세계은행World Bank으로 불리는 IBRDInternational Bank for Reconstruction and Development이다. IBRD는 개발도상국에게 장기적인 투자자금을 제공하기 위해 설립되었다. 한국도 경제개발 초기에 IBRD로부터 장기저리의 차관을 공급받아 기간산업에 투자한 바 있으며, 외환위기에서도 IBRD의 자금지원을 받았다.

고정환율제도로 대표되는 Bretton Woods시스템은 1960년대까지 원활하게 운영되었으나 1970년대 초반에 이르러 점차 붕괴의 조짐을 보이기 시작하였다. 미국이 베트남전쟁에 깊숙이 개입하면서 전쟁자금을 조달하기 위하여 달러화를 지나치게 많이 발행하였기 때문이었다. 그 결과 달러화의 가치가 폭락하게 되었고, 이렇게 폭락한 달러화의 가치를 유지하기 위해 Bretton Woods시스템이 다른 회원국들의 화폐은 상대적으로 고평가되는 결과를 낳게 되었다. 결국 1971년 8월 미국의 Nixon 대통령은 달러화의 금과의 태환성을 포기하고 달러를 평가절하한다고 발표하였다. 그 이후에 계속된 달러화의 평가절하는 궁극적으로 Bretton Woods시스템의 고정환율제를 붕괴시키는 역할을 하게 되었다.

변동환율제

변동환율제floating exchange rate system란 말 그대로 환율이 그날 그 시간의 수요와 공급에 의해 자유롭게 변동하는 제도를 의미한다. 1970년대의 두 차례의 오일쇼크와 미국의 인플레이션은 환율의 급등을 부채질하였고 환율 변동에 대한 불확실성을 증대시켰다. 또한 이 시기 동안 환율은 국제수지뿐만이 아니라 각국의 통화정책에 따라 큰 폭의 변화를 보였다.

예를 들어, 미국의 달러화는 1970년대 후반에 미국의 급격한 인플레이션에 의해 평가절하되고 있었다. 하지만 1980년대에 들어서 미국 연방준비은행이 이러한 인플레이션을 막기 위해 고금리정책을 시행한 결과, 높은 금리로 인해 외국에서 각종 주식투자자금이 유입되었고, 오히려 달러화가 고평가되는 현상이 일어나기도 했다. 그러나 1980년대 후반을 지나 미국의 달러화는 다시 큰 폭으로 하락하게 되었다. 1985년 미국은 1980년대 초반에 견지했던 고달러정책을 포기하고, 특히 일본의 엔화에 대해서 큰 폭으로 평가절하하였다. 이와 같은 경향은 1980년대 후반과 1990년도 초반에도 계속되어 일본의 엔화는 달러화에 대해서 큰 강세를 보였다. 달러화는 2008년 글로벌 금융위기를 맞아 다시 하락세를 거듭했고, 엔화는 강세를 보였으며, 유로화 역시 유럽의 재정위기로 인해 약세로 돌아섰다.

한국의 원화 역시 현재 변동환율제에 따라 변하고 있으며 매일 그 순간의 국제시세에 따라 변동한다. 원화는 **그림 3–1**에서 보는 바와 같이, 1995년도에는 1달러당 744원대까지 큰 폭으로 평가절상되었다가 외환위기를 겪은 1997년에는 1,695원선까지 평가절하되었고 2004년 이후 900~1000원대에 머물러 있다가 2009년 1월에는 글로벌금융위기 여파로 한때 1,412원까지 평가절하되었다. 원화는 그 이후 안정세를 보이다가 2021년부터 인플레이션을 낮추기 위해 미국 연방준비은행이 금리를 대폭 인상하면서 다시 평가절하되었다. 이와 같은 원화의 평가절상과 절하는 한국의 주요 무역상대국인 미국의 달러화와 일본의 엔화, 중국의 위안화의 변동과 한국의 무역수지 또한 한국에 유입·유출되는 투자자금에 따라 크게 영향을 받고 있다.

위와 같은 변동환율제는 IMF체제의 고정환율제에 비해서 각국의 통화정책이 자국의 사정에 따라 독자적으로 운영될 수 있다는 장점과 국제무역수지의 흑자나 적자에 따라 이의 해소를 위해 환율이 자유롭게 변동할 수 있다는 장점을 갖고 있다. 그러나 변동환율제는 또한 고유의 단점을 가지고 있다. 변동환율제는 나날이 변동하는 환율의 예측을 어렵게 하기 때문에 환율변동에 따른 불확실성이 높다.

그림 3-1 원화의 환율변동추이

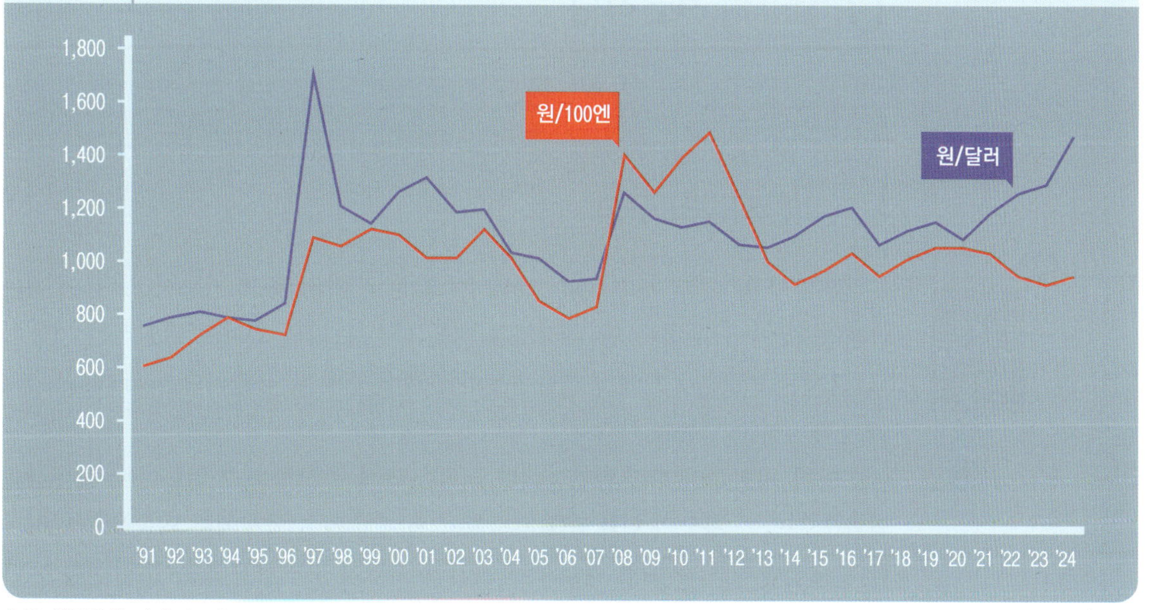

출처: 한국은행 경제시스템

특히 환율예측의 불확실성은 여러 국가 간에 부품 및 완제품을 이동시키는 다국적기업들에게는 큰 위험으로 작용한다. 예를 들어, 예상치 못했던 원화의 평가절상은 한국에서 완제품을 만들어서 수출하는 기업에게 수출품가격을 높여서 가격경쟁력을 상실하게 만든다. 또한 기계류와 같은 시설재를 외국으로부터 수입하는 경우, 예상치 못한 원화의 평가절하는 원화로 표시한 기계의 수입가격을 상승시킴으로써 그 기업에 큰 부담으로 작용하게 된다.

이와 같이 변동환율제하에서의 환율의 변동은 국제무역에 종사하고 있는 많은 기업들에게 큰 위험요소로 작용한다. 환율의 변동을 이용한 환투기exchange speculation 현상이 일어나기 때문에 환율의 불안정성은 더욱 가중될 가능성도 높다. 또한 과거 Bretton Woods시스템에서는 각국 정부들이 통화량을 조심스럽게 늘렸던 것에 반해 변동환율제하에서는 통화정책이 무분별하게 이루어질 가능성이 매우 높다. 이와 같이 변동환율제하에서 환율이 지나치게 변동하는 것을 막기 위해 일부 국가들은 환율의 변동폭을 제한하는 관리변동환율제managed floating rate system를 실시하고 있다. 이 제도하에서는 환율이 어느 정도 이상 변동하게 되면 중앙은행이 개입하여 환율을 안정시키려고 한다.

03 〉〉 외환시장

외환시장의 구성

Video

Trading Forex

외환시장foreign exchange market은 크게 두 가지 주요 기능이 있다. 첫째는 국제경영활동을 위하여 한 나라의 화폐를 다른 나라의 화폐로 교환하는 기능이고, 둘째는 변동환율제에서 환율변동의 불확실성에 따른 환위험foreign exchange risk에 대처하는 기능을 한다.

먼저 외환시장의 교환기능이란 국제무역에 종사하는 기업들이 수출대금을 외환으로 받아 자국의 화폐로 교환하고, 외국제품의 수입시에는 외환을 구입해야 할 필요성에서 시작한다. 때로 다국적기업들은 자신이 보유하고 있는 현찰을 단기간에 투자하여 시세차익을 노리거나, 보다 적극적으로 외환시장에 투자하여 단기여유자금으로부터 높은 수익을 얻으려는 투기의 목적으로 외환을 수요하기도 한다.

외환시장의 두 번째 주요 기능인 환위험의 대처는 외환시장에서 현물환율spot exchange rate과 선물환율forward exchange rate 간의 통화스왑currency swap을 통해서 환위험을 회피하는 기능을 의미한다. 현물환율이란 외환의 즉각적인 인도와 인수를 요하는 거래로서 매 순간 실제시장에서 거래되는 환율의 시세이다. 현물환율은 그 순간의 외국환에 대한 수요와 공급에 의해 결정된다. 반면에 선물환율은 미래의 특정 시기에 일정금액의 통화를 매입하거나 매도하기로 계약을 하는 것과 같이 미래의 환율에 대한 거래이다.

예를 들어, 현재 달러화의 원화에 대한 환율이 1달러당 1,000원이고, 한국의 어느 수출업자가 100만원 상당의 제품을 미국으로 수출하고 약 1,000달러의 수출대금을 결제받을 수 있다고 가정하자. 그러나 만일 한 달 후에 원화가 평가절상이 되어 1달러당 900원에 거래가 된다면, 한 달 뒤에 받을 수 있는 수출 대금 1,000달러를 원화로 환산하면 90만원으로서 원래 기대했던 100만원만큼의 수출대금보다 적은 대금을 받게 된다. 이와 같이 예상치 못한 원화의 평가절상은 수출업자에게 큰 손실을 가져다 줄 수 있다.

이때 한국의 수출업자는 선물환거래를 이용함으로써 미래의 환율변동에 따른 위험으로부터 자신을 보호할 수 있다. 만일 현재 시점에서 30일 후의 달러의 선물환이 950원에 거래되고 있다면 이 선물환거래를 활용하여 30일 후에 받을 수 있는 확정된 원화는 950원×1,000, 즉 95만원이다. 이는 물론 환율변동이 없을 경우, 즉 환율이 1,000원일 때의 100만원보다 적은 금액이지만 선물환거래를 하지 않아 환위험에 완전히 노출되었을 때의 금액인 90만원보다는 훨씬 높은 금액이다. 이와 같이 선물환거래는 미래의 일정 시점의 환율을 30일, 90일 또는 180일 등의 단위로 미리 거래함으로써 미래의 환위험을 회피hedging하는 역할을 한다.

통화스왑currency swap이란 위에서 살펴본 현물환거래와 선물환거래를 동시에 진행하는 것을 의미한다. 스왑은 주로 다국적기업과 은행, 또는 은행간, 그리고 정부 간에 사용되는 거래형태로서 일정량의 외환을 미래의 다른 시점에서 팔거나 사는 계약을 동시에 맺는 형태이다. 예를 들어, 미국의 다국적기업인 Apple이 일본으로부터 iPhone부품을 1억 2,000만 엔에 구입하고 90일 후에 일본의 현지판매 법인으로부터 컴퓨터판매대금으로 1억 2,000만 엔을 지급받는다고 가정해 보자. 이 경우 Apple은 100만 달러를 엔화로 바꿔서 부품공급업자에게 지급하고 또한 90일 후에는 Apple의 일본현지판매법인으로부터 1억 2,000만 엔을 지급받아 이 대금을 달러로 교환할 예정이다. 만일 이와 같은 상황에서, 현재 달러 대 엔화의 환율이 1달러당 120엔이고 90일 후의 선물환율이 1달러당 110엔일 때, Apple은 현재의 100만 달러를 은행에서 1억 2,000만 엔으로 교환하여 일본부품업자에게 지급하고, 동시에 90일 후의 선물환거래를 통해서 1억 2,000만 엔을 달러로 바꿀 수 있다. 엔화가 90일 후 선물환시장에서 평가절상된 가격으로 거래되고 있기 때문에 Apple은 현물환시장에서 100만 달러를 교환해서 지불하고 90일 후에 이를 다시 현물시장에서 달러로 교환하여 지불받는 거래보다 스왑을 이용함으로써, 현재 100만 달러를 지급하지만 90일 후에는 109만 달러1억 2,000만 엔/110엔를 받아 9만 달러의 추가적인 이익을 갖게 된다.

최근 들어 외환시장에는 스왑 이외에도 다양한 파생상품이 거래되고 있다. 파생상품derivatives이란 선물환거래를 제외한 외환시장을 총체적으로 부른다. 파생상품의 대표격이라고 할 수 있는 통화옵션currency option이란 일정한 기한 안에 미리 정해 놓은 특정환율로 외환을 매매할 권리를 가지는 것을 의미한다. 옵션에는 일정기간에 외환을 살 수 있는 콜옵션call option, 일정기간에 외환을 팔 수 있는 풋옵션put option으로 나누어진다. 어느 회사가 일본의 엔화를 1달러당 105엔의 가격으로 구매할 수 있는 옵션을 산다고 가정하자. 만일 3개월 뒤에 현물환율이 1달러당 115엔으로 거래된다면 그 기업은 그 옵션을 행사하지 않을 것이다. 왜냐하면 현물환시장에서 엔화를 사는 것이 이 옵션에서 정한 가격으로 사는 것보다 훨씬 싸기 때문이다. 그러나 만일 3개월 후의 현물시장에서의 환율이 1달러당 100엔으로거래되고 있다면, 그 회사는 자신이 구입한 옵션을 행사하여 현물시장 가격보다 훨씬 낮은 가격으로 엔화를 살 것이다. 이는 마치 엔화의 거래에 대해 보험을 드는 것과 같다. 이 옵션을 사는 데 소요되는 비용은 보험금을 납부하는 것과 같으며, 미래의 불확실한 상황이 자신에게 불리하게 작용할 때 옵션을 사용하여 위험을 회피하는 제도이다.

Video

키코사태

통화옵션과 같은 파생상품의 거래는 많은 위험을 내포하고 있다. 파생상품이란 기본적으로 미래의 불확실성을 시장가격으로 환산하여 상품화하는 것이다. 최근 일부 기업이나 금융기관에서는 투기의 목적으로 파생상품을 매매하다가 큰 손실을 보는 경우가 많이 발생하고 있다. 본 장의 경구에 소개된 Baring 증권은 싱가포르지점의 한 외환딜러인 Nick Leeson이 상부관리자 몰래 엄청난 금액의 자금을 파생상품에 투자하다가 결국 모기업인 은행 전체가 파산하게 되었다. Leeson의 상부관리자가 엄청난 투자금액을 사전에 감지하여 조치를 취하지 못했던 이유는 파생상품거래가 복잡하고 그 위험성이 잘 알려져 있지 않았기 때문이었다. 한편, 한국에서도 2008년 이른바 키코Knock In, Knock Out라는 파생상품을 은행에서 구매한 중소기업들이 큰 손실을 본 사례가 있다. 이는 키코가 약정된 환율안정구간을 벗어나 원화가 큰 폭으로 하락할 경우, 약정환율과의 차이를 무제한적으로 배

그림 3-2 | 외환시장거래의 변화추이

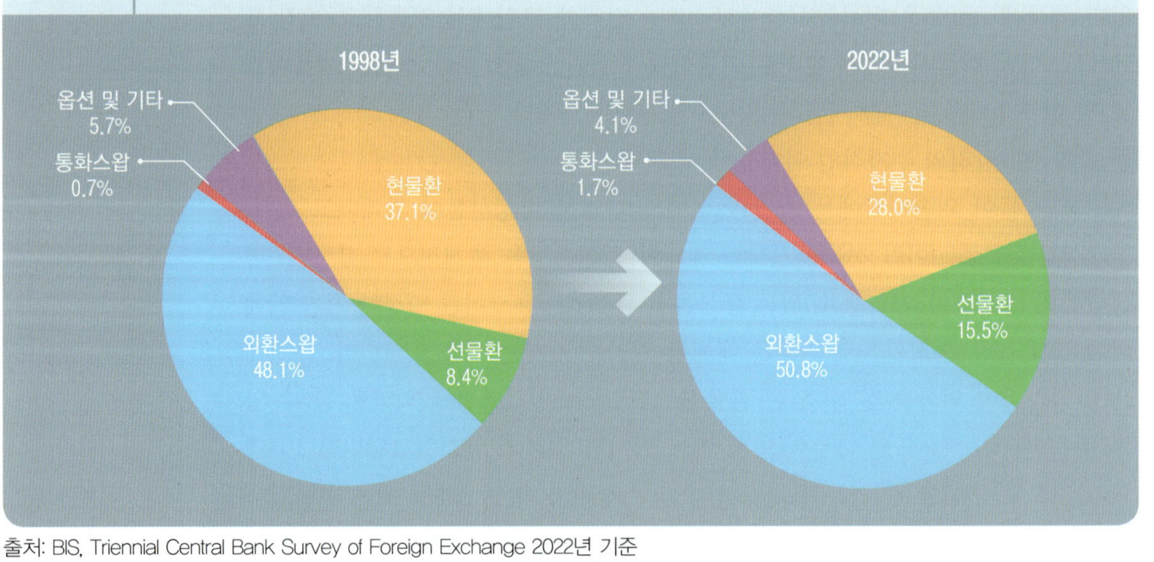

출처: BIS, Triennial Central Bank Survey of Foreign Exchange 2022년 기준

상하여야 하는 파생상품의 구조를 잘 이해하지 못한 것에 기인한다. 그러나 투기 목적으로 사용되지 않을 때 옵션과 같은 파생상품은 기업으로 하여금 환위험을 회피할 수 있게 하는 중요한 수단이 될 수 있다.

한편 선물거래future contract란 선물환거래와 유사하나 대체적으로 미래에 일정한 가격으로 외환을 큰 단위로 거래하는 은행간의 거래형태를 의미한다. **그림 3-2**는 이와 같은 외환시장거래의 변화추이를 나타내고 있다. 이 그림에서 보는 바와 같이 외환시장 거래 중 선물환거래의 비중이 과거에 비해 대폭 늘어났다.

외환시장은 한 장소에서 열리는 것이 아니라, 세계 여러 국가에 분산되어 위치하고 있다. 즉, 외환시장은 세계 각지에 흩어져 있는 은행, 외환브로커와 외환딜러들이 전자결제시스템으로 연결된 하나의 글로벌네트워크다. 전세계적으로 가장 큰 외환시장은 **그림 3-3**과 같이 런던, 뉴욕, 싱가포르, 도쿄시장이다. 그 밖에 취리히, 프랑크푸르트, 파리, 홍콩, 샌프란시스코, 시드니 시장 등이 부차적인 시장기능을 수행하고 있다. 이와 같은 외환시장은 24시간 운용되고 있는 신성한 글로벌시장이다. **그림 3-4**와 같이 도쿄시장이 폐장할 때 런던시장이 개장하며, 런던시장이 폐장되는 시각에는 뉴욕시장에서 거래가 계속되고 있다. 이와 같이 뉴욕, 런던, 도쿄의 외환시장은 하루 24시간 중에서 21시간 동안 문을 열고 있으며, 이 세 곳의 시장이 모두 문을 닫는 3시간 동안에도 부수적인 시장인 샌프란시스코와 시드니에서 거래가 계속되고 있다.

그림 3-3 | 세계외환시장의 구성

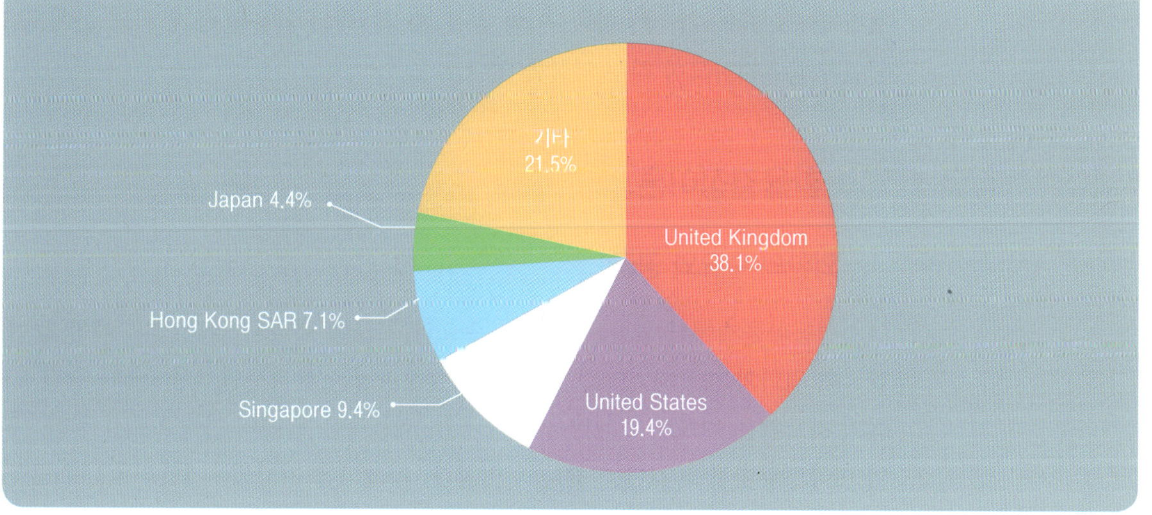

출처: BIS, Triennial Central Bank Survey of Foreign Exchange, 2022년 기준

그림 3-4 세계 주요 금융시장의 거래시간

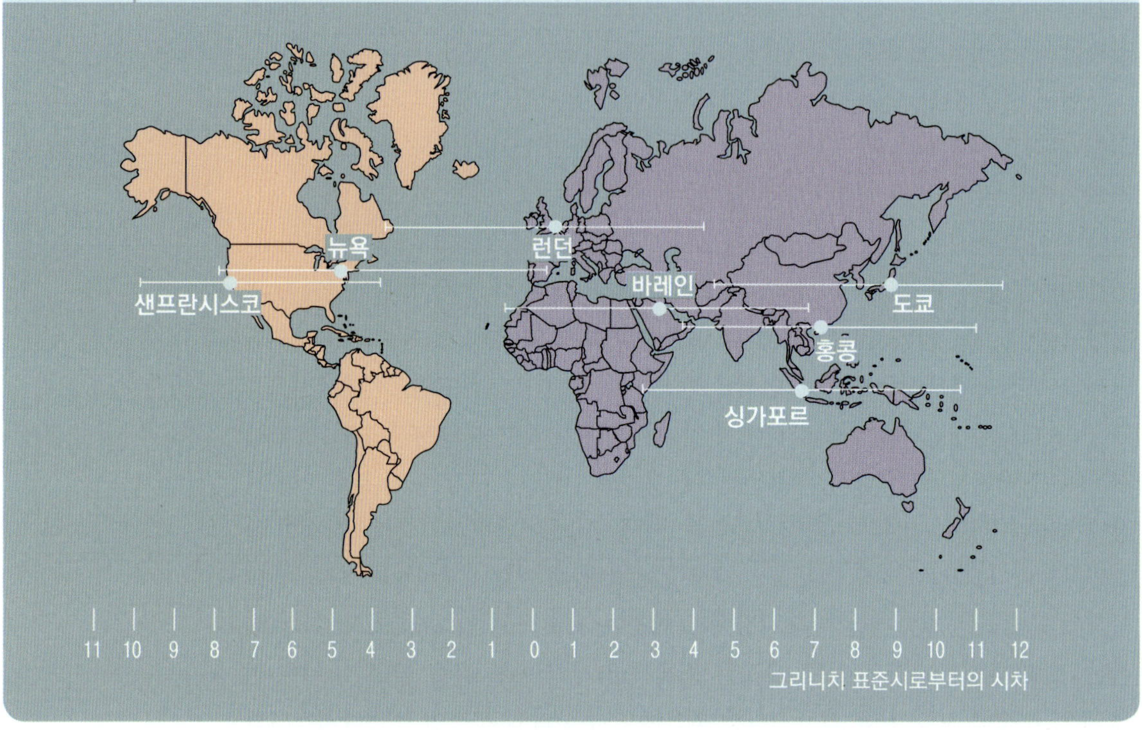

외환시장이 글로벌하게 운용됨으로써 환율은 전세계적으로 하나의 가격으로 적용된다. 만일 뉴욕의 환율과 도쿄의 환율이 다르다면 외환딜러는 양국의 환율차를 이용하여 미국에서 싸게 매입한 달러화를 도쿄에서 비싸게 매각하는 식의 재정거래arbitrage가 가능하다. 이와 같은 재정거래는 환율을 세계 어느 곳에서나 동일하게 유지하도록 하는 역할을 한다.

환율결정이론

외환의 수요와 공급

변동환율제에서 환율은 그날의 수요와 공급에 따라서 결정된다. 예를 들어, 한국의 원화와 미국의 달러화 간의 환율결정과정을 살펴보면 **그림 3-5**와 같다. 그림의 가로축은 원화의 거래량을 나타내고, 세로축은 원화의 가격으로서 원화 1원의 미국달러화로 표기한 가격을 의미한다. 환율의 표기방법은 1달러=1,000원과 같이 외국화폐 한 단위와 교환하기 위한 원화의 양으로 표기하는 직접표시direct

그림 3-5 | 환율의 결정

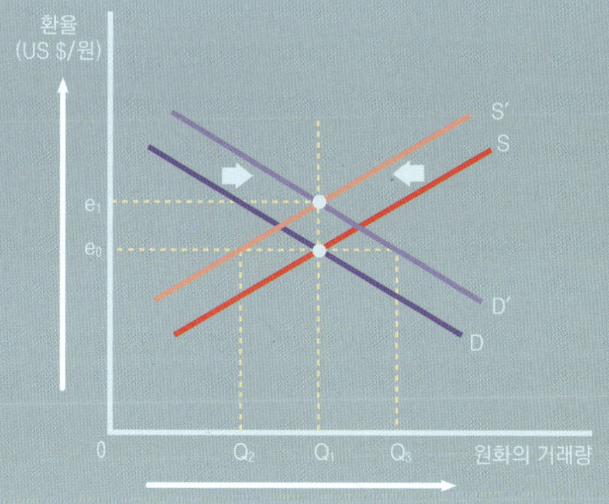

quotation 방식이 있고, 원화 한 단위에 해당하는 외국화폐의 양으로 표시하는 간접표시indirect quotation 방식이 있다. 직접표시법에 따라 원/달러 환율이 달러당 1,000원에서 1,100원으로 높아진다면 원화의 평가절하를 의미하나, 간접표시법으로 달러/원으로 표기하면 높은 환율은 원화의 평가절상을 의미한다.

그림 3-5와 같이 간접표시법을 사용한 원화에 대한 수요는 미국에서 한국의 재화와 서비스에 대한 수요, 즉 한국에서 수출하는 자동차, TV를 사기 위하여 달러화를 원화로 바꾸는 수요와 한국의 증권시장에 상장되는 한국기업의 주식을 구매하기 위한 원화의 수요의 함수이다. 원화의 수요는 국제수지를 통한 달러화의 수입을 나타내는 것으로, 원화의 가치가 높아짐에 따라 수요가 줄어드는 것과 같이 우하향하는 곡선으로 나타난다. 한편, 원화의 공급은 한국소비자들이 미국제품을 수입한 대가로 한국 원화를 지급함으로써 발생한다. **그림 3-5**에서 균형환율은 $e_0$1/1,000$/원에서 결정된다. 예를 들어, 한국소비자들의 미국제품에 대한 수요가 줄어든다면 이는 원화의 공급을 그만큼 감소시키므로 위의 공급곡선을 S에서 S′로 좌측으로 이동시킨다. 동시에 미국소비자들의 한국제품에 대한 수요가 증가한다면 수요곡선은 D에서 D′로 우측으로 이동하게 된다. 이와 같은 수요와 공급의 이동은 균형환율을 e_0에서 $e_1$1/900 $/원으로 상승시키며 이는 원화의 평가절상, 달러화의 평가절하를 의미한다.

1997년 하반기에 태국과 인도네시아를 덮친 외환위기가 한국에 닥친 것도 외

그림 3-6 한국의 환율변화와 국제수지의 변천

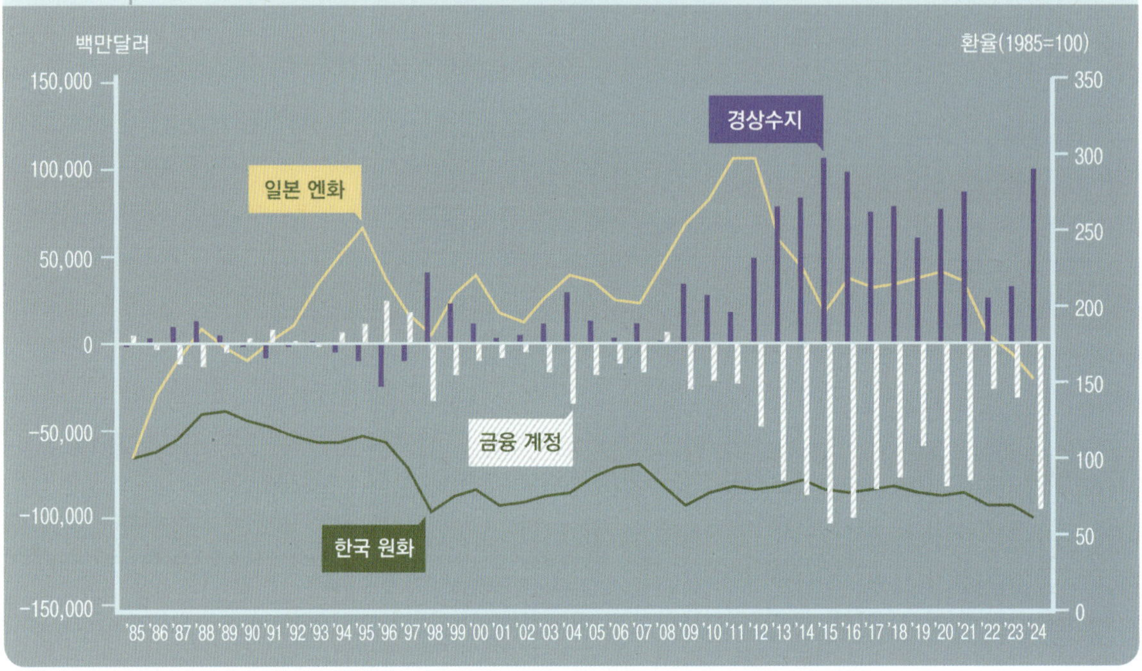

출처: 한국은행 경제통계시스템

환시장의 수급으로 설명할 수 있다. **그림 3-6**과 같이 한국은 1990년대에 들어 무역적자가 가중되는 추세에 있었다. 1980년대 후반의 저유가, 저환율, 저금리의 이른바 3저시대의 호황을 겪은 이후 점차 한국경제에는 '버블'이 낄 조짐이 보였다. 1980년대 중반부터 시작된 노사분규는 날로 계속되었으며, 노동자들이 힘든 일, 더러운 일을 회피하는 까닭에 이른바 3D업종은 심한 인력난을 겪었다. 해외여행이 자유화되자 저마다 해외여행에 나서면서 공항은 언제나 인산인해를 이루었고, 씀씀이가 큰 한국의 여행객들은 외국의 호화제품매장의 주요한 고객이 되었다. 한편, 같은 기간 한국기업의 수출은 그 상승세가 둔화되었었다. 중국과 인도네시아를 비롯한 저개발국이 저가제품시장에 공세를 취하자 한국의 시장점유율은 점차 떨어지게 되었고, 1995년을 정점으로 일본의 엔화가 평가절하됨에 따라 고가품에서의 일본기업에 대한 가격경쟁력 역시 떨어지게 되었다. 이렇게 되자 수출은 줄고, 수입이 급증하며, 해외관광으로 인한 지출이 늘어나면서 무역수지와 무역외수지를 합한 경상수지의 적자폭이 계속 커졌다. 이러한 경상수지의 적자를 상쇄하기 위한 외국으로부터의 해외자본차입이 계속되어 금융계정의 흑자폭 역시 늘어났다. 따라서 한국의 원화는 무역적자로 인해 사실상 평가절하됐어야 했음에도 불구하고, 외채로 인해 사실상 오랜 기간 고평가되어 왔던 것이 사실이었다.

이와 같이 한국경제의 기초여건은 급격히 악화되었고, 1997년 초반부터는 붕괴의 조짐을 보이기 시작하였다. 1997년 1월 한보철강이 부도를 내게 되었고, 그 밖의 여러 중소 재벌이 부도행렬에 합류하게 되었다. 1997년 7월에는 재계 7위인 기아가 부도를 냈다. 이러한 대기업집단의 연쇄부도를 유심히 지켜본 외국투자가들은 과연 한국경제의 기초여건이 지금까지 자신들이 믿어왔던 것처럼 튼튼하였는가에 대해 근본적인 회의를 갖기 시작하였다. 이들은 헐값으로 한국주식을 처분하였고, 원화를 달러로 바꾸어 한국을 떠나기 시작하였다. 외국의 금융기관 역시 처음에는 대출을 줄이더니 점차 한국의 금융기관에 대한 대출금을 회수하기 시작하였다. 그 결과 한국의 주식시장과 외환시장은 폭락하였으며, 금리는 폭등하였고, 추가적인 대규모 부도사태가 잇달아 발생하였다. 원화를 방어하려는 한국은행의 거듭된 시도는 결국 외환보유고만 고갈시켰고, 만기가 돌아온 해외부채를 상환하지 못하는 은행들에 달러를 무리하게 공급한 결과 가용외환보유고는 50억 달러에 불과하게 되었다. 결국 한국정부는 IMF의 구제금융을 신청하게 되었다.

Video

IMF 외환위기가 가져온 한국 경제의 변화

외환시장에서의 환율은 이와 같이 수출과 수입의 상대적 크기뿐만 아니라 각국의 이자율, 인플레이션, 소득수준, 향후 경제에 대한 전망 등에 의해서 결정된다. 예를 들어, 한국의 이자율이 높아진다면 높은 이자율을 노린 단기투기성자금이 한국으로 유입될 것이다. 이는 원화의 수요를 증가시키고 결국 원화를 평가절상시키는 효과를 가져온다. 실제로 1997년 한국의 외환위기 당시 IMF가 이자율을 22% 정도의 초금리로 상승시킨 것은 외화자금의 유입으로 인하여 이미 신뢰를 상실한 원화의 가치를 높이고자 한 시도였다.

구매력평가설

환율은 위와 같이 그날그날의 수요와 공급에 의해서 결정되긴 하지만, 장기적인 환율의 변화는 구매력평가설purchasing power parity theory로 설명할 수 있다. 구매력평가설은 일물일가의 법칙이 성립하고, 관세를 포함한 무역장벽이 없으며, 수송비용이 크지 않은 경쟁적인 시장을 가정한다. 이러한 가정은 모든 재화가 미국과 프랑스, 한국에서 모두 동일한 가격에 거래된다는 것을 의미한다. 만일 동일한 재화에 대하여 국가 간의 가격차이가 존재한다면 앞서 살펴본 재정거래에 의해서 가격의 균일화가 이루어질 것이기 때문이다. 본 장의 서두에서 살펴본 Big Mac지수는 같은 금액을 가지고 동일한 질의 햄버거를 구매할 수 있다는 가정 아래 균형환율을 계산한 것이다. 구매력평가설이 성립하는 상황에서 환율의 변동은 국내물가상승률과 외국물가상승률의 차이로 결정된다.

환율의 변동비율 = 국내물가상승률 − 외국물가상승률

예를 들어, 미국에는 인플레이션이 전혀 없고 한국은 매년 10%의 인플레이션이 계속된다고 가정해 보자. 현재의 환율이 1달러당 1,000원이라면 미국에서 200달러 하는 재화의 가격은 한화로 20만원이다. 그러나 1년 후에는 똑같은 재화의 가격이 미국에서는 변함 없이 200달러이지만 한국에서는 10%의 인플레이션으로 인해서 22만원에 거래된다고 가정하자. 구매력평가설은 일물일가의 법칙에 의해서 양국에서 동일한 재화가 동일한 가격으로 거래되기 위해서 한국의 환율이 10% 평가절하된 1달러당 1,100원으로 형성되어야 한다는 이론이다. 즉, 구매력평가설하의 환율은 각국의 인플레이션의 차이에 의해서 결정된다. 특정 국가의 인플레이션이 높으면 높을수록, 그 나라의 환율은 장기적으로 평가절하된다. 과거 한국에서는 경제발전자금을 조성하기 위해 통화량을 증발한 결과 1970년대에는 인플레이션율이 매년 10%를 웃돌았고 이에 따라 한국의 원화의 가치는 장기적으로 하락하여 왔다.

각국 정부가 환율의 결정에 개입하는 경우, 단기적으로는 구매력평가설이 적용되지 않는 경우도 있으나 장기적인 환율변동은 구매력평가설에서 주장하는 것처럼 각국의 인플레이션율의 차이에 의해서 변화한다는 것이 많은 실증연구를 통해서 검증되고 있다.[2]

국제피셔효과

환율의 변동은 구매력평가설에서 설명하는 인플레이션 외에도 각국의 이자율의 차이와 밀접한 관계가 있다. Fisher는 한 국가의 명목이자율nominal interest rate은 실질이자율real interest rate과 기대인플레이션율을 합친 것으로 결정된다고 보았다. 예를 들어, 한국의 실질이자율이 5%이고 매년 인플레이션율이 10%로 기대된다면 명목이자율은 15%가 될 것이다. 이와 같은 이자율의 결정요인을 환율과 결합시키면 재미있는 사실을 관찰할 수가 있다. 만일 한국의 실질이자율이 10%이고 미국의 실질이자율이 6%일 때에는 투자자들은 미국에서 자금을 빌려와 한국에 투자하는 것이 더 이익일 것이다. 그 결과 미국에서는 자금에 대한 공급이 감소하므로 실질이자율은 증가하게 되고 한국에서는 외국자본의 유입으로 인해서 실질이자율은 떨어지게 된다. 이와 같은 이자율의 차이에 의한 국가 간의 자본의 흐름은 양국 간의 실질이자율이 같아질 때까지 이동할 것이다. 만일 실질이자율이 전세계적으로 똑같아진다면, 그 명목이자율의 변화는 각국의 인플레이션율의 차이에 의해서만 발생한다. 만일 한국의 기대인플레이션율이 미국보다 훨씬 크다고 예상된다면 한국의 명목이자율은 미국의 명목이자율보다 훨씬 더 높아질 것이다.

이와 더불어 앞서 살펴본 구매력평가설이 적용된다면 기대인플레이션율과 환율변동에는 밀접한 관계가 있음을 알게 된다. 각국의 기대인플레이션율에 차이가 있게 되면 환율도 변화하게 되고 동시에 명목이자율도 변화하게 된다. 이 둘을 결합한 것이 국제피셔효과International Fisher Effect라고 불리는 이론이다.

국제피셔효과란 어느 두 국가 간의 현물환율은 두 국가 간의 명목이자율의 차이와 똑같은 양만큼 변하지만 서로 다른 방향으로 변화한다는 이론이다. 보다 엄밀하게 정리하여 T_1시점에서의 현물환율을 S_1 그리고 T_2 시점에서의 기대환율을 $E(S_2)$라고 하자. 한국에서의 이자율을 i_W 미국에서의 이자율을 $i_\$$라고 했을 때

$$\frac{E(S_2)-S_1}{S_1}=i_W-i_\$$$

로 표기된다. 만일 한국에서 높은 인플레이션이 예상되어 한국의 명목이자율이 더 높아진다면 원화의 달러화에 대한 가치는 미래의 이자율차이를 고려하여 낮아질 것이다. 예를 들어, 한국의 이자율이 10%이고 미국의 명목이자율이 6%라고 하자. 이 둘의 차이인 4%만큼 한국의 인플레이션을 기대한다면 원화의 가치를 4%만큼 달러에 대해서 평가절하 하는 효과를 기대할 수 있다. 더 나아가 이자율평가설Interest Rate Parity Theory은 양국 간의 이자율의 차이가 외국통화에 대한 선물환환율의 할인 또는 할증의 차이와 같다는 주장을 펴고 있다. 이로 인하여 선물환율은 미래의 현물환율의 불편추정치가 된다. 이들 이론은 단기적으로는 각국 간의 이자에 대한 세금, 정부의 자본시장에 대한 통제에 따라서 적용되지 않을 수도 있으나 장기적인 환율의 변동을 예견하는 좋은 지표이다.[3]

04 ›› 글로벌자본시장

과거의 자본시장은 각국의 서로 다른 규제로 인해 분리되어 운영되었다. 그러나 1980년대부터 국제자본시장이 크게 성장하여 현재는 하나의 글로벌시장을

형성하고 있다. 이와 같은 글로벌자본시장을 형성하게 된 근본적인 원인은 크게 정보통신기술의 발달과 정부의 규제완화에서 찾을 수 있다. 원래 금융서비스는 정보집약적인 산업으로서 시장에 대한 정보, 위험, 환율, 이자율, 그리고 신용도에 대한 정보가 필수적인 산업이다. 과거 정보통신기술이 발전하지 못하였을 때에는 특정 국가나 기업에 대한 정보가 고루 퍼지지 못하였으나 정보통신의 발달로 인해 이제는 전세계에 실시간으로 동일한 정보가 제공되고 있다. 예를 들어, 외환시장에서는 순간순간의 거래상황이 도쿄, 런던, 그리고 뉴욕시장의 화면에 나타나고 있으므로 세계 어느 곳에 위치하고 있더라도 동일한 정보에 의해서 외환거래가 가능하게 되었다. 또한 각국의 금융시장에 대한 규제가 완화됨에 따라서 국가의 통제를 받지 않는 외환시장 및 금융시장이 크게 성장하게 되었다.[4]

현재 글로벌자본시장은 전세계적으로 고루 분포되어 있다. 그 중에서 런던과 뉴욕, 도쿄, 싱가포르의 자본시장이 가장 크며 그 밖에 시드니, 샌프란시스코, 파리, 취리히, 프랑크푸르트에 있는 시장이 2급시장으로 분류되고 있다. 대표적인 역외시장으로는 유로통화시장Euro Currency Market과 유로사채시장Euro Bond Market이 있다. 이들은 국가의 경계를 벗어나 활동함으로써 가장 효율적으로 외환의 이동을 가능하게 한다.

유로통화시장은 역외시장 중 가장 큰 시장으로 단순히 유럽 내의 외환시장이 아니라 자국을 벗어나 있는 모든 외환시장을 총체적으로 포함한다. 즉, Euro라는 접두어가 붙었다고 하여 반드시 유럽에서 거래되는 역외시장이 아니라, 자국을 벗어나 거래되는 외환시장을 통틀어 유로통화시장이라고 부르는 것이다. 그 중에서 특히 Euro달러는 미국 역외에서 거래되고 있는 달러화 시장을 지칭하는 것으로, 유로통화시장 전체의 약 2/3를 차지하고 있다. 다른 유로통화로는 Euro엔, Euro파운드 등이 있다.

유로통화시장은 1950년대 초 뉴욕에 예치되어 있던 구소련과 동구권의 달러화표시예금이 런던으로 이전되면서부터 시작되었다. 미국과 소련간의 냉전이 시작됨에 따라 비교적 중립적인 런던으로 달러화예금이 이동되면서 유로달러화시장이 성장하기 시작한 것이다. 또한 1960년대에 미국이 국제수지의 만성적자를 겪으면 달러화공급이 풍부해졌고, 또한 미국 내의 금리규제에 의해서 미국의 금리가 유럽국가들의 금리보다 상대적으로 낮게 책정되었기 때문에 미국은행에 예치되어 있던 대규모 예금들이 유럽으로 빠져나가게 되면서 유로통화시장은 더욱 크게 성장하였다. 또한 두 차례의 오일쇼크 이후에는 산유국들의 여유자금이 유로통화시장으로 대규모 유입되었다.

이와 같은 유로통화시장이 투자가들에게 매력적인 이유는 무엇보다도 정부의 규제가 없기 때문이다. 정부의 규제가 없기 때문에 은행들은 유로통화의 예금에 대해서 더 높은 이자를 지급할 수 있게 되었고, 훨씬 낮은 이자율로 대출할 수 있게 되었다. 다시 말하면 유로통화시장의 예금이자율과 대출이자율의 차이는 미국 또는 한국시장에서의 예금이자율과 대출이자율의 차이보다 훨씬 작게 설정되어 있다. 예를 들어, 국내예금에 있어서는 각국 정부가 지급준비율을 사용하여 일정비율의 예금을 지급준비율로 보유할 것을 강제하고 있다. 그러나 유로통화시장에서는 그와 같은 정부의 일방적인 지급준비규제로부터 벗어나 있기 때문에 훨씬 자유롭게 지급준비율을 책정할 수 있다. 따라서 유로통화시장에서는 각국의 금융시장보다 더 높은 예금이자를 보장하고 더 낮은 금리로 대출이 가능하게 된다. 이러한 사실은 결국 각국 정부가 실시하고 있는 각종 금융규제활동이 규제가 없는 유로통화시장에 비해 훨씬 비효율적이라는 것을 시사한다.

그러나 유로통화시장은 나름대로의 위험도 갖고 있다. 각국 정부의 정부규제가 존재하는 상황에서 은행이 파산할 가능성은 상당히 낮다. 그러나 유로통화시장에서는 정부의 규제가 없으므로 은행이 파산하여 예금주들이 예금을 받지 못할 가능성이 훨씬 더 크다. 또한 국내에서 자금을 융통하지 않고 유로통화시장에서 자금을 융통하는 것은 기업들을 외환위험에 더 크게 노출시키기도 한다. 실제로 1997년 한국이 외환위기를 맞게 된 주요 원인 중의 하나로 은행과 종금사 그리고 개별기업들이 유로시장에서 낮은 이자율의 달러표시 단기차입금을 많이 조달하여, 이를 기업들의 시설투자자금으로 원화로 대출해 주었던 것에 기인한다. 결국 외환위기 당시 해외채권에 대한 회수가 동시에 발생하게 되자 이들 은행·종금사·기업들은 순식간에 지급불능의 상태가 되었던 것이다. 또한 이러한 유로통화시장의 일부는 이른바 '핫머니hot money'라고 부르는 단기성 투기자금으로 이들이 투자하는 국가의 증권시장과 외환시장을 교란하는 주범으로 비난받고 있다.

한편 국제사채시장은 크게 해외사채Foreign Bond와 유로사채Euro Bond로 나누어져 있다. 해외사채란 차입하는 기업이 국외에서 발행하는 사채를 말하며 발행하는 국가의 화폐단위로 표시되어 있다. 즉, 삼성전자가 미국에서 달러화로 표기된 사채를 발행하는 것은 해외사채에 속한다. 많은 해외사채들은 각각의 별명을 갖고 있다. 예를 들어, 미국에서 달러화로 발행되는 사채는 양키본드로 불리고 있으며, 일본에서 엔화로 발행되는 해외사채는 사무라이본드, 영국에서 발행되는 해외사채는 불독본드라고 불린다.

유로사채 또는 유로본드란 표시통화국 이외의 지역에서 발행되어 국제적인 인수단에 의하여 인수·판매되는 채권을 의미한다. 예를 들어, 삼성전자는 영국에서 미국의 달러화로 표기된 사채를 발행하여 국제적인 네트워크를 갖고 있는 다국적은행을 통해서 해외에 있는 투자자에게 채권을 판매할 수 있다. 이와 같은 유로본드는 흔히 다국적기업이나 정부, 또는 국제기관에서 종종 발행한다. 이 유로본드는 국제사채 시장의 큰 부분을 차지하고 있다. 유로본드시장이 최근에 이렇게 급속한 성장을 한 이유도 각국 정부가 실시하고 있는 금융산업에 대한 규제를 벗어나 자유롭게 사채를 발행하여 사채발행비용을 낮출 수 있기 때문이다. 또한 유로본드시장에서 사채를 발행하는 기업들이 공시해야 하는 정보가 국내에서 사채를 발행할 때 각국 정부가 요구하는 수준보다 훨씬 적으므로 기업이 자신의 활동에 대해서 훨씬 덜 자세한 정보를 제공해도 무방하며, 세금면에서도 우대혜택이 있기 때문에 국제사채 시장을 선호하고 있다.

05 ›› 결론 및 요약

본 장에서는 글로벌금융시장에 대한 기초적인 개관을 하였다. 먼저 본 장의 사례에서 환율변동을 예측하는 Big Mac지수를 살펴보고 구매력평가설에 의한 장기적인 환율결정이론을 이해하도록 하였다. 이어서 IMF를 중심으로 한 국제통화제도의 발전과정을 살펴보고 현재의 변동환율제의 장단점을 이해할 수 있었다. 또한 본 장에서는 외환시장의 기본적인 구성원리와 실제로 외환시장에서 환율이 결정되는 메커니즘에 대해 살펴보았다. 환율은 그 시점의 수요와 공급에 의해서 결정된다. 그러나 장기적으로는 구매력평가설과 같이 각국의 인플레이션율의 차이에 의해서 환율의 변동방향이 결정된다.

마지막으로 본 장에서는 국제금융시장의 구조와 현황을 살펴보았다. 유로통화시장과 유로사채시장으로 대표되는 국제금융시장은 각국의 규제를 벗어날 수 있기 때문에 점차 그 규모가 확대되고 있으며, 금융시장은 더욱더 글로벌화되어 가고 있다.

사례

case

SK그룹의 국제금융거래[5]

1997년 1월 SK증권을 포함한 국내 금융기관들은 미국의 거대 투자은행인 J.P. Morgan의 자회사인 Morgan Guarantee Trust로부터 동남아시아 국가의 채권에 투자할 경우 3~4% 포인트의 금리차를 얻을 수 있으며, 파생상품을 추가로 이용하면 7%의 추가수익도 기대할 수 있다는 제안을 받았다. J.P. Morgan 측은 파생상품 매입을 위한 대출금에 대한 이자도 받지 않고, 태국 바트화의 변동에 따라 대출금 상환금액을 정하며, 대출금 상환 시 원금의 1.5~3%를 감면해준다는 파격적인 조건을 제시했다. 당시 이 제안을 받은 현대증권의 한 관계자는 "계약 내용이 너무 좋았으나 J.P. Morgan 같은 세계적인 금융회사가 이러한 좋은 조건을 내거는 것이 왠지

찜찜하게 느껴져 포기하고 말았다"고 말했다. 이에 대해 한남투신 박문규 이사는 다음과 같이 말했다. "1997년 초 당시 국내의 회사채 수익률은 연 13% 정도였는데 태국과 인도네시아에서는 17%를 넘고 있었습니다. 특히 태국은 고정환율제를 채택하고 있었기 때문에 환율변동에 따른 위험도 거의 없었습니다."

SK증권은 이러한 J.P. Morgan의 제안을 받아들여 1997년 2월 자기자금 200억 원과 한남투신, LG금속 등으로부터 각각 50억 원씩을 투자받아 조세피난처인 말레이시아 라부안에 다이아몬드 펀드라는 이름의 역외펀드를 설립했다. 또한 SK증권은 Morgan Guarantee Trust로부터 추가로 400억 원을 차입하여 투자에 나섰으며, 이 과정에서 차입금 상환 조건으로 일본 엔화와 태국 바트화가 연계된 TRSTotal Return Swap라는 파생상품 계약을 체결했다. 차입금에 대한 이자는 없었고 SK증권은 J.P. Morgan 측에 다이아몬드 펀드의 주식을 담보로 제공하였다. 그리고 보람은행이 0.5%의 수수료를 대가로 지급보증을 서게 되었다. SK증권은 다이아몬드 펀드에 조달된 700억 원8,740만 달러의 자금을 National Westminster Bank와 Robert Fleming Capital이 발행한 인도네시아 루피아화 연계채권에 투자하였다.

TRS란 발행자가 기초자산을 계속 보유하면서 기초자산으로부터 발생하는 모든 현금흐름을 별도로 약정된 현금흐름과 교환하고 일정 시점에 기초자산의 변동에 따라 정산하는 계약을 말한다. 즉, 발행자J.P. Morgan가 특정 대출로부터 발생하는 이자 수입 등 모든 현금 흐름을 인수자SK증권에

그림 3-7 TRS의 운용원리

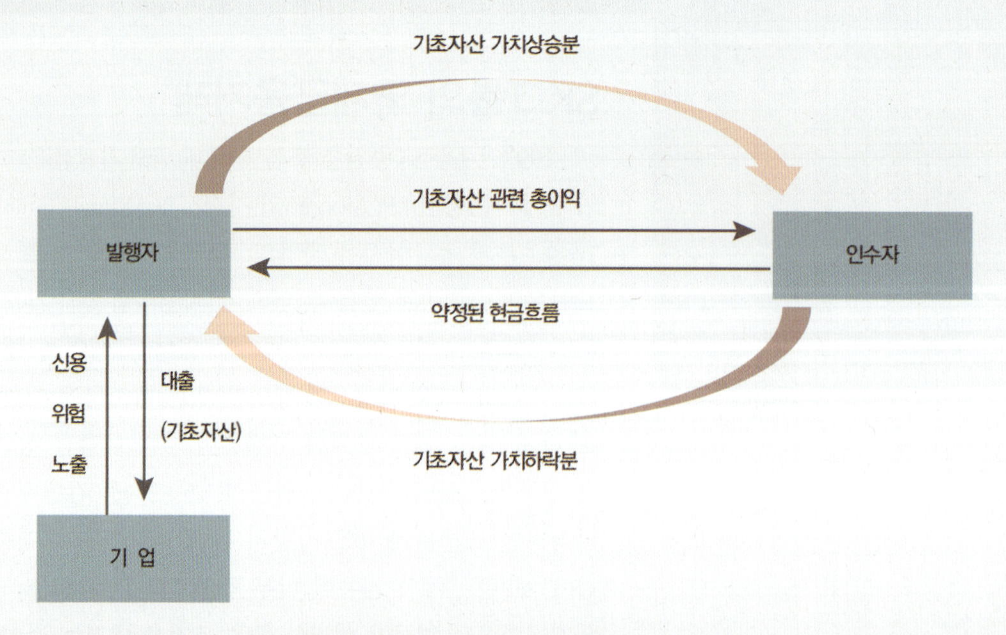

게 양도하고 대신 약정된 현금흐름을 수취하며, 이후 계약 만기시점에 기초자산의 가치가 증가한 경우 증가분은 TRS 인수자가 수취하고 감소한 경우 인수자가 감소분만큼 발행자에게 지급하는 것이다(그림 3-7 참조).

J.P. Morgan은 SK증권과의 TRS 계약 당시 이자율이 낮은 일본으로부터 5,300만 달러 상당의 엔화를 차입하여 이를 다시 다이아몬드 펀드에 대출하는 형식을 취하였고, 이 과정에서 환위험을 상쇄하기 위해 추가적으로 바트화에 대한 5배 선물환 투자와 엔화 풋옵션 계약을 체결하였다. 이는 엔화가 1% 변동할 때, 루피아화가 0.2% 변동하는, 즉 5:1의 위험을 갖는다는 과거 환율 데이터를 참고한 것이었다. 이 계약에 따르면 SK증권 측은 TRS 만기 시점의 바트화 환율이 달러당 25.88 바트보다 평가절상될 경우 이익을 보지만 그 반대 경우에는 평가절하 분만큼 무제한으로 손해가 발생하는 것이었으며, 반대로 J.P. Morgan 측은 엔화 환율이 달러당 122엔보다 평가절상 시 이익을 보지만 그 반대 경우에는 손해가 발생하는 것이었다. 결론적으로 다이아몬드 펀드는 바트화와 루피아화가 안정되어 있을 때에는 3% 내외의 순익을 올릴 수 있으나 동남아시아 통화가 평가절상평가절하되면 루피아화에서 1배, 바트화에서 5배의 이익손실을 낼 수 있는 구조였다(표 3-2 참조).

그러나 이런 일확천금의 꿈은 곧 산산히 부서지게 되었다. 단 몇 달 뒤 아시아 통화 위기가 시작되었기 때문이다. 1997년 7월 2일 그동안 환투기꾼의 공격에 시달려온 태국의 바트화는 고정환율제를 고수하지 않겠다는 태국 중앙은행의 발표

표 3-2 환율 변동에 따른 TRS 손익 예시[6]

연도	BahtSpot	BahtMat	YenSpot	YenMat	바트화 지급액	엔화 지급액	총 손익
1987	26.10	25.80	158.25	123.50	0.2033	0	0.2033
1988	24.99	25.20	122.70	125.58	−0.0417	0.0229	−0.0188
1989	25.21	25.69	123.60	142.10	−0.0934	0.1302	0.0368
1990	25.71	25.38	146.25	136.45	0.0650	0	0.0650
1991	25.23	25.42	134.60	128.80	−0.0374	0	−0.0374
1992	25.25	25.57	124.50	124.70	−0.0616	0.0016	−0.0600
1993	25.54	25.50	125.40	111.60	0.0078	0	0.0078
1994	25.58	25.13	112.50	100.33	0.0887	0	0.0887
1995	25.12	25.17	100.52	102.80	−0.0109	0.0222	0.0113
1996	25.10	25.04	103.92	116.13	−0.0878	0.1051	0.0173

BahtSpot, YenSpot: 연초의 환율　　BahtMat, YenMat: 연말의 환율.

총손익 = 엔화 지급액 + 바트화 지급액. 엔화 지급액: Max $\{0, \frac{YenMat - YenSpot}{YenMat}\}$ 바트화 지급액: Min $\{1, 5 \times \frac{BahtMat - BahtSpot}{BahtMat}\}$

출처: 오규택, 신성환 (1998)

와 함께 하루 만에 18% 포인트 하락했다. 1997년 2월 달러당 22바트 수준이었던 바트화는 같은 해 12월에는 절반 수준인 달러당 55바트까지 폭락하였다(**그림 3-8** 참조). 바트화 환율이 폭락하자 인도네시아, 말레이시아 등 주변국 역시 변동환율제로 전환했으며, 이는 동남아 지역에 투자되어 있던 달러 자금의 유출을 촉진시켰다. 바트화의 가치 폭락은 다이아몬드 펀드에도 엄청난 손실을 가져다 주었다. 선물환 계약으로 인해 다이아몬드 펀드는 250%의 손실로 총 1억 8,900만 달러 규모의 손실을 보게 된 것이다. 이는 초기 출자금 300억 원의 5배에 달하는 규모여서 SK증권과 보람은행을 부도로 몰아갈 정도였다.

1998년 2월, SK증권은 Morgan Guarantee Trust와 보람은행을 상대로 채무이행 금지 및 손해배상 청구소송을 제기했다. SK증권은 가처분 신청에서 지급보증을 섰던 보람은행이 역외 금융상품 거래로 발생한 손실에 대해 배상해서는 안 된다고 주장하였고, 서울 지방법원은 이를 받아들였다. SK증권은 J.P. Morgan이 바트화의 폭락 가능성을 사전에 알고 있었으면서도 이를 고지하지 않았기 때문에 계약의 법적 구속력을 인정할 수 없다고 주장하였다. 이에 맞서 Morgan Guarantee Trust는 SK증권과 보람은행을 상대로 뉴욕 지방법원에 2억 달러의 손해배상을 요구하는 소송을 제기했다. 양측 모두 거래의 위험성에 대해 충분히 이해하고 있었고, 중도 해지가 얼마든지 가능했으나 SK증권에서 중도 해지를 요청한 적이 없었다는 것이 J.P. Morgan 측의 반박이었다.

결국 1년 넘게 진행되던 SK증권과 J.P. Morgan의 법정분쟁은 결국 생존과 대외이미지를 감안하여 양사가 한발씩 양보하는 선에서 막을 내렸다. 특별한 성과 없이 막대한 소송비용만 지출하고 있다는 점도 두 회사에게는 큰 부담으로 작용하였다. SK증권은 1999년 9월, 모든 소송을 종결하고 J.P. Morgan 측에 5,000만 달러를 합의금

그림 3-8 인도네시아, 태국, 일본의 환율변동 추이

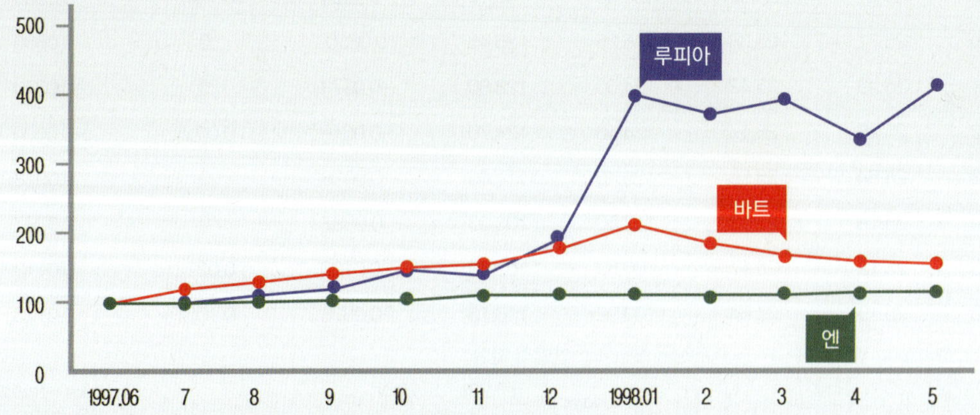

1997년 6월을 100으로 환산했을 때의 변화율

으로 지급하였다. J.P. Morgan은 이 합의금에 3,500만 달러를 추가로 출자하여 총 8,500만 달러로 SK증권의 유상증자에 참여하였다. SK증권은 이 합의를 통해 기업이미지와 재무구조를 동시에 개선하는 효과를 얻게 되었고, 부가적으로 J.P. Morgan과의 업무협력체계 구축도 약속받을 수 있었다고 자평하였다.

그러나 2002년 10월 이미 종료된 것으로 알려졌던 이 사건이 다시 새롭게 부각되었다. 시민단체인 참여연대가 SK증권과 J.P. Morgan 간의 이면계약과 이에 관련된 SK그룹의 부당내부거래 혐의를 고발하면서였다. 1999년 합의 당시 SK증권은 J.P. Morgan을 증자에 참여시키는 대신 3년 뒤 주당 6,070원4.09달러의 가격으로 계열사인 SK글로벌에게 J.P. Morgan이 취득한 주식을 되팔 권리를 보장하는 풋옵션 계약과 SK글로벌이 주식을 되살 권리를 보장하는 콜옵션 계약을 비밀리에 체결한 것이었다. SK글로벌은 이러한 비밀이면계약을 이행하기 위한 담보로써 옵션계약 이행보증 조건이 붙어있는 8,500만 달러 규모의 채권을 J.P. Morgan으로부터 매입하였다. 채권의 만기가 도래하자 SK글로벌은 이면계약의 내용이 시장에 알려지지 않도록 복잡한 이중거래를 진행하였다. 우선, SK그룹은 비상장 계열사인 워커힐과 SK캐피탈을 통해 시장가격인 주당 1,535원으로 J.P. Morgan이 보유한 SK증권 주식 2,405만 주를 369억 원에 장외 매입한다고 발표하였다. 그러나 실제로는 SK글로벌의 해외법인이 콜옵션 행사를 통해 주당 6,080원으로 이를 매입했으며 결과적으로 SK글로벌은 1,090억 원에 달하는 막대한 손실을 입게 되었다.

이러한 이면계약이 사실로 확인됨에 따라 금융감독위원회는 SK증권에 과징금을 부과하고 경고조치를 내렸다. 2002년 12월, SK증권의 최대주주였던 최태원 회장은 주주들의 반발을 막고 SK글로벌의 손실 보전을 위해 SK C&C 주식 4만 5,000주와 SK증권 주식 808만 주 등 총 400억 원 상당의 사재를 무상으로 출연하였으며 나머지 600억 원의 손실은 유상증자를 통해 조달할 것이라고 발표했다.

그러나 참여연대는 SK글로벌에 대한 배임 혐의로 최태원 회장 등을 검찰에 고발하였고, 이면계약 사건을 수사하던 검찰은 SK그룹의 추가적인 부당내부거래 혐의를 발견하였다. 최태원 회장이 SK그룹에 대한 지배권을 유지하기 위해 비상장회사인 워커힐의 주가를 과대평가하여 거래한 사실이 추가로 드러난 것이다. 2002년 4월, 출자총액제한제도가 시행되자 최태원 회장은 지주회사 ㈜SK에 대한 자신의 지분율을 높이려는 목적으로 SK C&C로부터 ㈜SK 주식 646만 주를 넘겨받아 지분을 5.2%나 확보하고, 그 대가로 자신이 보유하고 있던 워커힐 주식을 과대평가해 거래했다는 것이다. 또한 검찰은 수사과정 중 1조 5,000억 원 규모에 달하는 SK글로벌의 분식회계를 밝혀냈다.

당시 SK글로벌이 지고 있던 채무는 국내 6조 6000억 원, 국외 2조 원 등 모두 8조 6,000억 원 규모였고 이를 회생시키기 위해서는 그룹 계열사의 지원이 필요한 상황이었다. 그러나 2003년 4월, ㈜SK의 주식을 14.99%까지 매집하여 최대주주가 된 Sovereign Asset Management는 ㈜SK가 SK글로벌을 지원하는 것에 반기를 들고 경영권분쟁을 일으켰다. 공정거래위원회는 SK그룹과 J.P. Morgan 간의 이면계약이 해외법인을 통한 부당지원에 해당된다고 인정하여 SK글로벌에 41억 원의 과징금을 부과하고 시정명령을 내렸으며, 최태원 회장은 분식회계와 주식 이면거래에 따른 배임혐의 등으로 징역 3년을 선고받았다.

한편 2003년 7월, 대한생명은 J.P. Morgan을 상대로 한 3년간의 소송 끝에 일부 승소 판결을 얻어내었다. 대한생명 또한 SK증권과 마찬가지로 1997년 당시 TRS를 통해 J.P. Morgan으로부터 역외펀드에 자금을 차입한 금융기관 중 하나였다. 아시아 통화위기가 발발하고 바트화가 폭락하자 대한생명은 J.P. Morgan 측에 조기상환 의사를 밝혔다. 그러나 J.P. Morgan은 이를 거절하였고 그 결과 대한생명이 9,100만 달러 규모의 손실을 입었다고 주장했다. 대한생명은 이러한 조기상환거부를 계약 위반이라고 주장하며 뉴욕 지방법원에 부당이득금 반환청구소송을 제기했다. J.P. Morgan 측은 계약의 구조상 조기상환의 당사자는 외환은행이라고 반박했지만 법원은 J.P. Morgan이 계약의 의무를 이행하지 않았다는 점을 인정했다. 대한생명은 최종적으로 3,967만 달러를 돌려받았다. 이는 J.P. Morgan과 불법이면계약으로 그룹 전체를 붕괴위기까지 몰아넣은 SK그룹과는 너무나 대조적인 모습이었다.

Video

TRS의 원리

SK 그룹의 홈페이지
www.sk.co.kr

토의과제

01 SK증권과 J.P. Morgan이 체결했던 TRS 계약은 실제로 다이아몬드 펀드에게 유리한 조건이었다고 볼 수 있는가?

02 만일 SK증권이 J.P. Morgan과의 소송을 계속하였다고 가정할 때, SK증권은 어떠한 논거를 피력해야 하는가? 반대로 J.P. Morgan은 소송에서 이기기 위해 어떠한 주장을 할 수 있겠는가?

참고문헌

Reference

1 금본위제도의 역사에 대해서는 B. Eichengreen, ed., *The Gold Standard in Theory and in History*, London: Methuen, 1985 참조.

2 이들 연구에 대해서는 L. Officer, "The Purchasing Power Parity Theory & Exchange Rate," *IMF Staff Paper*, March 1976 참조.

3 실증연구로는 R. Cumby and M. Obstfeld, "A Note on Exchange Rate Expectations and Nominal Interest Differentials: A Test of Fisher Hypothesis," *Journal of Finance*, June 1981, pp. 697 ~703.

4 국제금융시장의 발전과정에 대해서는 T. Huertas, "US Multinational Banking, History and Reports," *Banks as Multinationals*, ed. by G. Jones, London: Routledge, 1990 참조.

5 본 사례는 저자의 한국기업의 글로벌경영사례집 II(박영사, 2003년)에 게재된 "SK 그룹의 국제금융거래"에 기초하여 작성되었다.

6 오규택, 신성한, "다이아몬드펀드의 파생상품 거래손실 사례분석", 선물연구, 1998.

Chapter

4 정치적 · 문화적 환경

C/O/N/T/E/N/T/S

러시아에 투자하는 것이 서방세계에 투자하는 것보다 매력적인 점도 있기는 하다. 서방세계의 기업을 인수하면, 그 기업의 문제점을 파악하는 데 최소한 수개월이 걸리는 것에 비해, 러시아기업은 정문을 들어서면서 문제점들이 보이기 시작한다. 따라서 그 문제를 해결함으로써 쉽게 가치를 창조할 수 있게 된다.

– 러시아의 투자가 Andrei Vodgin.

사례

case

동유럽의 사유화과정[1]

제2차 세계대전이 끝난 후 소련은 폴란드, 체코슬로바키아, 동독, 헝가리, 루마니아, 불가리아, 알바니아, 유고슬라비아 등 동유럽국가를 장악하였다. 이후 동유럽은 소련에 의해 지배되는 공산권국가로서 서방세계와 많은 갈등을 겪어왔었다. 그러나 이와 같은 동유럽과 서유럽 간의 갈등은 1985년에 Gorbachev가 소련공산당의 총서기로 선출되고 그의 페레스트로이카개혁정책이 시작되면서 해소되기 시작하였다. 1980년대 중반에는 공산주의인 동유럽과 자본주의인 서유럽국가 간의 경제력의 차이가 너무나 커져서 골수공산주의자도 공산주의로 경제를 운영하는 데에 한계가 있다는 사실을 인정하기 시작했다.

따라서 1980년대 중반부터 동유럽국가들은 Gorbachev의 묵인하에 자신의 경제문제를 타개하기 위하여 정치·경제체제를 바꿔나가기 시작하였다. 그 결과 1989년부터 동유럽의 공산정권이 하나둘씩 붕괴하기 시작하더니, 1991년에는 소련의 공산정권마저도 붕괴되기에 이르렀다. 이 시기에는 소련에서도 정치적인 자유가 상당히 이루어졌고, 1991년 Gorbachev를 실각시키기 위한 군부의 쿠데타가 실패함에 1992년 1월 1일 소련연방공화국은 그 자취를 감추게 되었고, 소련은 15개의 독자적인 공화국들로 나누어지게 되었다. 그 중에서 11개의 공화국은 CIS Commonwealth of Independent States라는 연방형태로 남아 있게 되었다.

동유럽에서는 이와 같은 정치개혁과 아울러 경제개혁 역시 빠른 속도로 진행되었다. 공산주의 계획경제하에서 이루어졌던 가격통제는 점차 없어지게 되었고, 사적 소유권이 인정되었으며, 기업 간의 경쟁이 장려되었다. 이러한 경제개혁 중에서 가장 중요한 것은 과거 공산주의 계획경제체제 하에서 국가소유였던 기업들이 민간투자가의 손으로 넘어가는 사유화과정이었다. 동유럽국가들은 저마다 빠른 속도로 국영기업을 사유화하기 시작하였으며 이러한 사유화과정은 한국기업을

그림 4-1 동유럽의 주요 국가

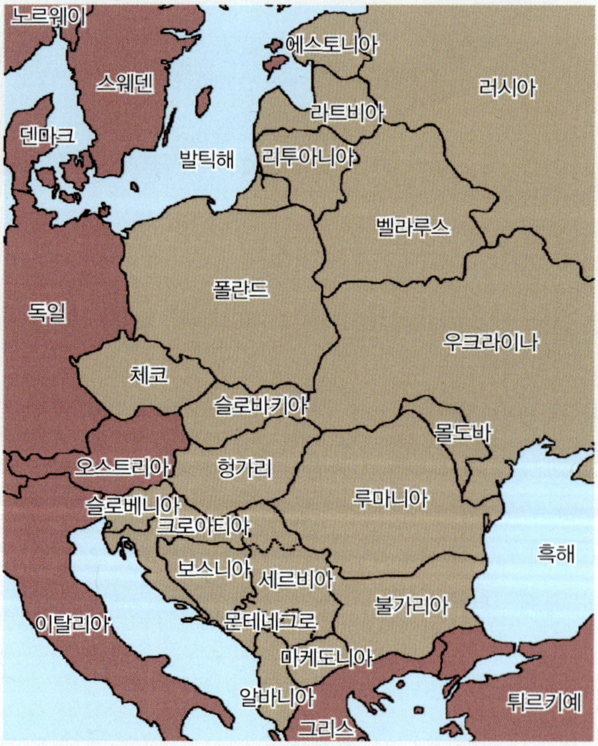

국가	면적 (km²)	인구 (백만명)	1인당 실질GDP (달러)	실질GDP (10억 달러)
러시아	17,098,242	146	14,953	2,184
폴란드	312,685	37	23,563	863
체코	78,867	11	31,366	343
루마니아	238,391	19	20,089	381
헝가리	93,028	10	23,881	229
우크라이나	603,550	33	5,505	184
슬로바키아	49,035	5	26,290	143
불가리아	110,879	6	17,069	108
슬로베니아	20,273	2	34,544	73
리투아니아	65,300	3	28,713	83
알바니아	28,748	3	9,598	26
크로아티아	56,594	4	23,931	68
벨라루스	207,600	9	8,003	61
세르비아	88,499	7	12,971	57
보스니아	51,209	3	8,639	21

출처: IMF, 2024년 기준

비롯하여 동유럽에 진출하려는 외국기업들에게 아주 낮은 비용으로 동유럽에 진출할 수 있는 기회를 제공했다. 동유럽의 사유화 과정은 각국의 정책에 따라 상당히 다른 모습으로 진행되었다. 폴란드는 점진적인 사유화를 추구한 반면, 체코에서는 짧은 기간 광범위한 사유화작업이 일어났다. 러시아는 1992년에야 국영기업의 사유화계획에 착수하였다.

러시아는 우선 소규모기업들을 즉각적인 경매에 붙여서 현찰을 받고 매각하는 것으로 사유화를 시작하였다. 주로 식당과 작은 가게 그리고 아파트와 같은 소규모기업이나 자산은 그곳에서 일하던 사람들이 경매에 응해 소유자가 되었다. 그 결과 1995년까지 러시아에 있는 소규모기업의 약 2/3 이상이 경매에 의해서 매각되었다.

그러나 러시아에서 대형기업의 매각은 좀 더 조심스럽게 이루어졌다. 러시아는 빠른 시일 내에 국영기업을 주식회사 형태의 기업으로 전환하기 위하여, 체코가 시행한 방법과 같이 이들 기업의 주식을 경매에 의해서 처분하려고 하였다. 이를 위해 러시아정부는 1992년 10월에서 1993년 1월 사이, 갓난아이에서 노인에 이르기까지 모든 러시아인들에게 한 장의 바우처voucher를 25루블약 80원에 지급하였다. 바우처란 주식을 살 수 있는 권리를 의미하는 일종의 증명서이다. 바우처의 액면가는 1만 루블약 2만 원로서, 총 1억 4,400만 개의 바우처가 모든 국민들에게 하나씩 지급되었다.

바우처를 가진 사람들에게는 다음 세 가지 옵션이 있었다. 첫째, 바우처를 시장에서 팔아 현찰을 받는 것이고, 둘째, 이 바우처를 가지고 국영기업의 매각시 그 국영기업의 주식을 매입하는 데 사용하는 것이다. 러시아정부가 실시하는 국영기업의 경매에 참가하려면 바우처를 가지고 있어야 했기 때문이다. 셋째, 바우처를 투자신탁회사에 위탁하여 이들 투자신탁으로 하여금 기업을 구입하고 경영하게 하는 방법이었다. 바우처를 사용한 민영화의 한 사례로서 1992년에 러시아의 가장 큰 과자공장이었던 볼셰비키 비스켓공장은 1993년에서 1994년까지 80%에 달하는 주식을 바우처를 통해 매각하였다. 이와 같이 수백 개의 기업이 바우처프로그램에 의해서 사유화되었으며 그 결과 1994년 6월에 이르러서는 러시아 노동자의 약 80%가 사기업에서 종사할 정도로 사유화과정이 빠르게 진행되었다. **그림 4-2**는 러시아에서 바우처에 의한 매각이 진행되었던 과정을 보여준다.

이와 같은 러시아의 국영기업의 사유화는 외국기업이 손쉽게 러시아에 진출할 수 있는 기회를 제공해 주었다. 외국기업이 바우처를 구매해서 러시아의 국영기업을 매입하는 데는 몇 가지 큰 이점이 있었다. 먼저, 국영기업들이 속해 있는 산업은 상당히 잠재력이 큰 산업분야이다. 러시아는 전세계 석유보유량의 10%에 달하는 막대한 유전을 가지고 있고, 천연가스도 전세계 생산량의 40%를 차지하고 있다. 소비재산업에 있어서도 역시 1억 5천만의 인구를 무시할 수 없다. 특히 담배나 비누 같은 일상소비재는 공산정권시절에 생산량이 부족하여 수요를 충족시키지 못했기 때문에 이들 국영기업을 인수하여 정상화시키면 거대한 시장을 확보하게 되는 것이다.

외국기업의 입장에서 볼 때 러시아 자산은 매우 저렴하게 보였다. **표 4-1**은 러시아기업의 가치를 서방세계 기업들의 가치와 비교한 것이다. 예를 들어, 원유의 경우 미국기업이 보유한 원유의 시장가치는 배럴당 7달러를 넘는 데 비해 러시아

그림 4-2 러시아의 사유화 진행과정

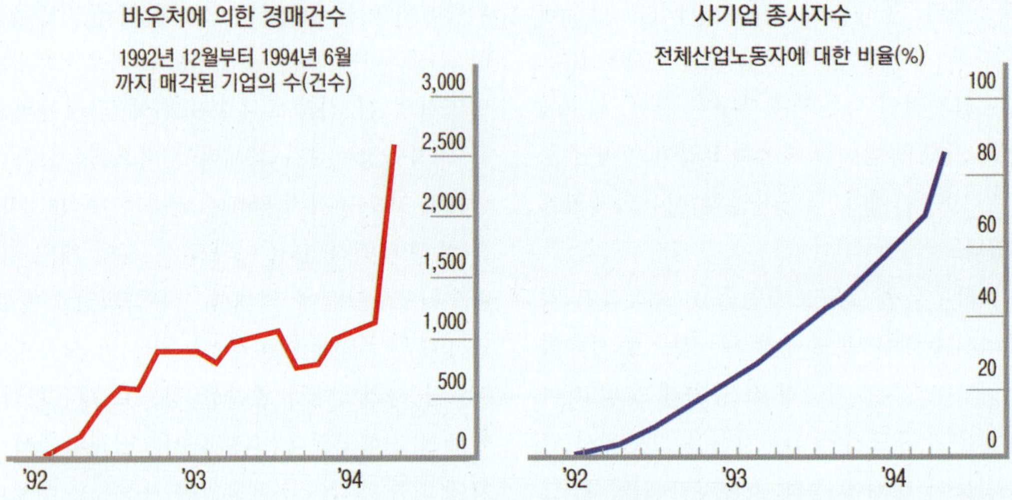

출처: Economist, 1995. 4. 8.

기업이 보유한 원유의 시장가치는 0.17달러에 불과하였다. 전화회선당 시장가치 역시 미국에서는 1,637달러인 것에 비해 러시아에서는 69달러에 불과하였다.

이처럼 러시아 국영기업의 매각이 값싸게 이루어진 것은 러시아의 정치적 상황에 기인한다. Yeltsin 전 대통령이 집권한 이후 추진된 러시아의 사유화정책은 러시아 보수공산주의자들의 완강한 저항에 부딪혔었다. 이러한 저항 때문에 사유화과정이 무산되는 것을 막기 위하여 러시아정부는 최대한 빠른 시일 내에 많은 국영기업들을 사유화하는 급진적인 정책을 추진하게 되었다. 다른 동유럽국가들이 국영기업을 매각함으로써 정부 수입을 늘리려는 것에 비해 러시아의 사유화는 가

표 4-1 러시아 기업의 시장가치와 서구기업의 시장가치의 비교 (단위: 달러)

산업	단위	북미	서유럽	러시아
통 신	회선당	1,637	848	69
전 기	메가와트	372,000	650,000	2,260
석 유	보유배럴당	7.06	3.58	0.17
담 배	한갑당	5.61	4.07	2.42
시멘트	톤 당	144	162	1.92

출처: Economist, 1994. 5. 14.

장 빠른 시일 내에 모든 기업들을 사유화하는 것이 가장 큰 목적이었다. 이를 위하여 러시아정부는 1992년 1월 당시 1만 4천여 개에 달하는 국영기업들의 장부가격을 환산한 이후 이 장부가격을 현실화하려는 노력을 하지 않았다.

1992년부터 1994년 사이 러시아의 물가가 약 10,500%나 인상될 정도로 초인플레이션이 진행된 가운데 장부가격에 입각한 국영기업의 매각가격은 지나치게 낮게 책정되었다. 또한 이들 장부가격은 해당 국영기업이 갖고 있는 자본재의 감가상각가치만을 포함했을 뿐, 기술과 같은 무형자산이나 토지는 포함하지 않았다. 따라서 사유화 직후 이들 기업의 시장가치는 급격하게 상승하는 것이 보통이었다. 앞서 예를 든 볼셰비키 비스켓공장의 가치는 1992년 말에 사유화가 된 후 2년 사이에 약 세 배 가량 상승하였다.

다른 동유럽의 대규모 기업들 역시 러시아와 비슷한 과정을 통해서 외국투자가들 손에 넘어갔다. **표 4-2**에서 보는 바와 같이 체코의 가장 큰 자동차생산기업이었던 Skoda는 독일의 Volkswagen에 매각되었으며, 헝가리의 전구제조회사인 Tungsgram은 미국의 GE에, 헝가리의 Auto-

표 4-2 동유럽의 대표적인 사유화기업

외국 투자가(소속국가)	취득물 또는 협력자(소속국가)	산 업	투자금액(백만 달러)
VOLKSWAGEN(독일)	Skoda, BAZ(체코)	자동차	6,630
CBC(프랑스)	Tourinvest(체코)	호텔	175
GE(미국)	Tungsgram(헝가리)	조명	150
GM(미국)	Raba(헝가리)	엔진, 자동차	150
PILKINGTON(영국)	HSO Sandomierz(폴란드)	유리제품	140
GUARDIAN(미국)	Hungarian Glass(폴란드)	유리제품	120
SUZUKI[1](일본)	Autokozern(헝가리)	자동차	110
LINDE(독일)	Technoplyn(체코)	가스	106
ELECTROLUX(스웨덴)	Lehel(헝가리)	가전제품	83
HAMBURGER(오스트리아)	Dunapack(헝가리)	포장업	82
FORD(미국)	헝가리정부	자동차부품	80
SANOFI(프랑스)	Chinoin(헝가리)	제약회사	80
OBEROI(인도)	Hungarhotels(헝가리)	호텔업	80
U.S. WEST[2](미국)	체코정부	선화 및 교환기	80
SARA LEE(미국)	Compack(헝가리)	음식가공업	60
ABB(스위스)	Zmech(폴란드)	터빈	50

1) 국제투자회사인 C. Itoh와 합작 2) Bell Atlantic과 합작

출처: Business Week, 1991. 4. 15.

그림 4-3 동유럽에 대한 해외직접투자 누적액(1990~2023) (단위: 10억 달러)

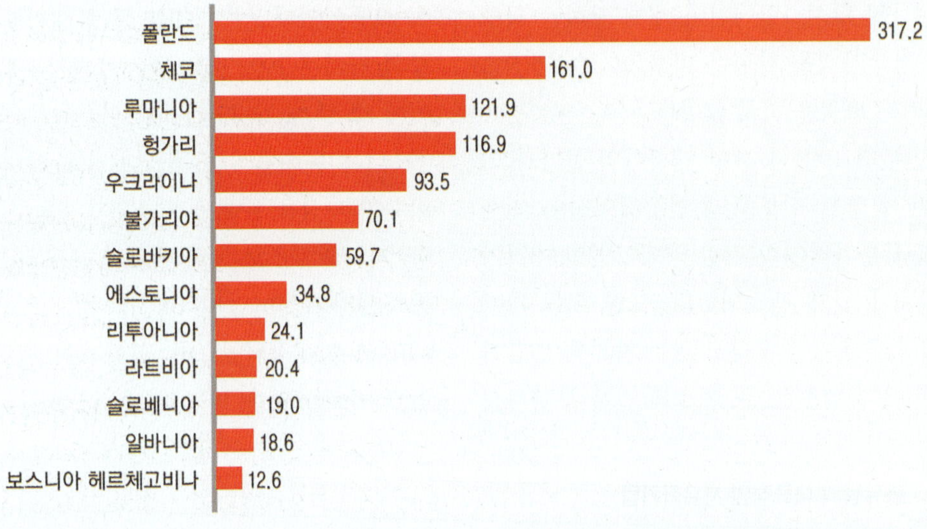

출처: UNCTAD

kozern은 일본의 Suzuki에, 그리고 폴란드의 FSO는 한국의 대우자동차에 각각 매각되었다. 이와 같은 외국기업들의 동유럽의 사유화 과정 참여는 해외직접투자의 증가로서 나타나는데, **그림 4-3**은 동유럽의 주요 국가에 대한 외국기업들의 해외직접투자 액수가 크게 증가하고 있음을 보여준다.

특히 폴란드, 체코, 헝가리는 제2차 세계대전 이전부터 중화학공업과 기초산업이 발달해 있었고 일찍부터 국영기업의 사유화와 경제규제철폐를 통한 경제개혁을 시작하였기 때문이었다. 루마니아와 불가리아는 공산정권의 독재에서 빠져나오는 데 훨씬 더디고 힘든 과정을 겪었고, 과거 유고연방공화국에 속했던 국가들은 내전에 휩싸였었다.

그러나 동유럽 국가들의 국영기업을 싼 가격에 인수한 전략이 과연 성공했는가에 대해서는 회의적인 사람이 많다. 실제로 외국투자기업들은 매입할 당시의 자산가치는 상당히 쌌지만, 인수 후 투자비용과 그 밖의 예기치 못한 추가적인 비용을 고려했을 때에도 정말로 인수가격이 싼 것이었는지에 대해서는 상당히 회의적이다. 한 예로서 프랑스의 가전기업인 Thomson은 1987년 폴란드의 TV브라운관공장 Polkollor를 인수하였다. 그러나 각종 정부규제로 인해 인수 후 실제 경영권을 행사하기까지 많은 시간이 소요되어 1991년에야 Thomson이 Polkollor의 경영에 참여하게 되었다. Polkollor를 인수한 후 Thomson은 종업원 중 약 4,500명의 임금이 수개월 동안 체불되어 있다는 것을 알게 되었고, 체불된 임금을 지불하기 위해서 추가적인 비용이 발생하게 되었다. 또한 인수한 공장은 시설이 노후되었고, 품질관리의 개념도 없었다. 최종 생산된 TV브라운관의 불량률은 12%에 달했고 브라운관의 유리를 생산하는 공정의 불량률은 33%에 달하였다. 결국 Thomson은

3,500만 달러를 추가적으로 투자하여 공장의 설비를 현대적인 시설로 바꾸었다.

또한 Polkollor의 종업원들은 그동안 공산정권하에서 아무런 인센티브 없이 일해 왔기 때문에 결근율이 높을 뿐 아니라, 책임감도 결여되어 있었다. 결국 Thomson은 막대한 시설투자 외에도 Polkollor 관리자들을 해외공장 연수를 보내서 경영관리, 품질개선, 영어 교육을 받게 하였고, 이들에게 열심히 일할 동기를 부여하기 위해 월급을 대폭 인상하였다. 그 결과 불량률은 0.5% 정도로 낮아졌고 생산성이 높아지긴 했지만 공장의 인수비용 이외에 막대한 투자자금이 소요되어 이 투자가 원래 생각했던 만큼 값싼 투자가 아니라는 사실을 깨달았다. 더욱이 Thomson은 Polkollor의 인수 당시 정부와 국영은행이 약속했던 인수조건을 더 이상 기대할 수 없음을 알게 되었다. 인수 당시 폴란드정부는 Thomson이 수입하는 부품에 대해서 수입관세를 면제해 주기로 약속했지만 폴란드 정부는 그 약속을 지키지 않았다. 또한 폴란드정부는 Polkollor가 가지고 있는 부채를 주식으로 전환해 주기로 약속했으나 이 약속 역시 지켜지지 않았다. 이처럼 초기 인수비용이 싸다는 단순한 이유로 동유럽의 국영기업들을 인수한 외국기업들은 예상치 못했던 많은 비용이 추가로 소요됨에 따라 애당초 예상했던 값싼 투자에 대한 기대가 잘못된 것이었음을 깨닫게 되었다.

또한 이들 동유럽국가들의 치안상태는 투자기업들에게 추가적인 위험을 느끼게 했다. 한국에서도 잘 알려진 것처럼 러시아는 마피아 같은 폭력 조직들이 성행하고 있었으며 경찰의 보호를 받기에는 한계가 있었다. 러시아의 마피아는 사업과 은행의 약 70% 내지 80%를 통제했다고 한다. 이 통제라는 말은 보호를 명목으로 마피아에게 돈을 주는 것이다. 갱단들은 밀수, 마약, 매춘을 주요 사업으로 하며 정당하게 사업을 운영하는 경쟁자를 대상으로 폭력을 행사해 사업을 뺏거나, 보호 명목으로 돈을 갈취한다. 따라서 러시아는 지하경제의 규모가 엄청나게 크고, 정부의 세수는 보잘것없는 형편이었다. 러시아의 기업가는 흔히 방탄차에 수 명의 보디가드의 호위를 받기도 한다. 이와 같은 경영환경하에서 러시아의 자본가들은 이익을 러시아에 재투자하기보다는 외국으로 달러를 빼돌리고 있었다.

그러나 동유럽에 투자한 외국 기업들이 가장 두려워하던 것은 러시아를 포함한 동유럽정부의 정책변화의 가능성이다. 정부는 외국소유의 기업에 대한 과세를 증가하거나 규제를 강화하고, 수입부품에 대한 관세를 높인다거나 종업원 해고를 제한함으로써, 투자의 성공 여부를 좌우할 수 있다. 더 나아가서 정치사정이 바뀌었을 때는 사유화된 기업을 다시 국유화할 가능성도 존재한다. 이러한 상황을 반영하듯, 러시아의 루블화는 소련이 붕괴한 1991년에 비해 2000년대에는 약 1/30로 가치가 하락했었고, 2014년부터 유가하락의 여파로 계속 가치가 하락하고 있다.

이와 같이 정치적 요인에 따라 기업의 흥망성쇠가 하루아침에 달라지는 사례로 러시아의 사유화기업인 Yukos를 들 수 있다. Mikhail Khodorkovsky는 러시아의 사유화과정에서 막대한 석유부존량을 갖고 있는 Yukos를 헐값에 인수하였다. Khodorkovsky는 Gorbachev 정권과의 밀접한 정치적 관계를 이용하여 Yukos의 주식을 인수하기 위한 자금을 은행으로부터 대출받았고, 인수 이후 각종 내부거래를 통해 Yukos의 대주주

그림 4-4 러시아 루블화의 가치하락

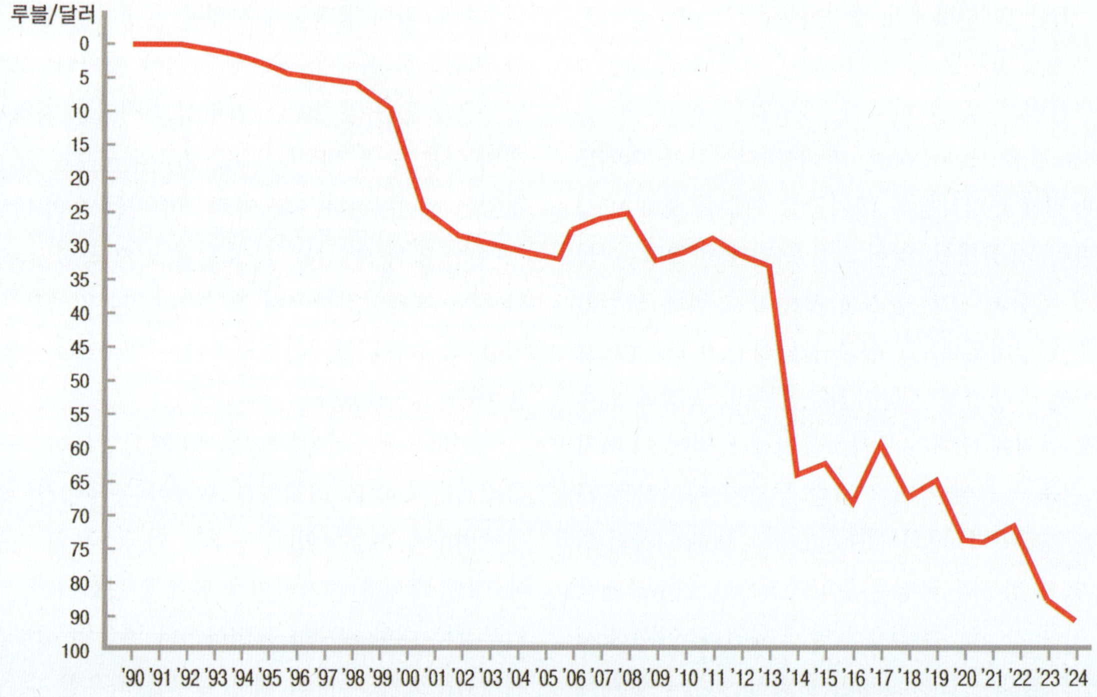

출처 : CIA The World Factbook

가 되었고, 러시아의 최고 갑부가 되었다. 이러한 Khodorkovsky를 평소에 못마땅하게 생각했던 Putin 대통령은 Yukos에 대해 전격적인 세무조사를 실시하였고, 엄청난 세금을 부과하였으며, Khodorkovsky는 탈세와 공금유용 등의 죄목으로 8년형을 언도받고 시베리아로 유형을 가게 되었다. 각종 벌금과 세금을 추징당한 Yukos는 결국 파산하게 되었고, 다시 국유화되었다. **그림 4-5**는 Yukos의 1998년부터 2005년 파산하기까지의 주가 변동을 보여주고 있다.

한편 2022년 러시아는 우크라이나를 침공하였고, 이에 대해 서방국들은 러시아에 대한 각종 경제제재를 하고 있다. 그 결과 많은 다국적기업들이 러시아시장을 포기하고 철수하고 있으며, 아직 남아 있는 기업들도 사업규모를 줄이고 있다.

하지만 이와 같은 위협이 존재함에도 불구하고 동유럽국가의 잠재적인 성장력에 대한 믿음은 아직 강하다. 특히 동유럽의 국가 중 폴란드와 헝가리, 체코는 가장 적극적이고 빠른 수준의 경제개혁을 이어 왔다. 이 국가들은 일찍이 유럽연합에 가입하여, 한국기업들이 서유럽시장에 진출하는 데 필요한 교두보 역할을 하고 있다. 예를 들어, 현대자동차와 기아자동차는 각각 체코와 슬로바키아에 생산공장을 설립하였고, LG에너지솔루션은 전기차용 배터리 공장을 폴란드에 설립하였다. 한편 러시아는 현재 우크라이나 침공 이후 경제제재

그림 4-5 Yukos의 주가변동추이

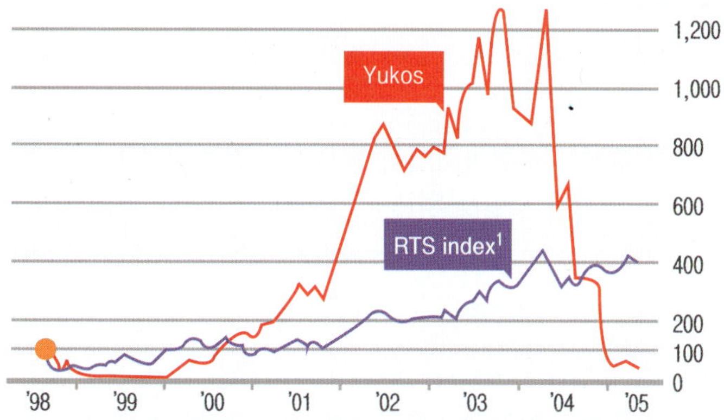

1) 러시아 증권 거래소의 50개 주거래 종목으로 구성된 지수
출처: Thomson Datastream

로 어려움을 겪고 있으나 그 자체로도 거대한 시장을 형성하고 있을 뿐만 아니라 한국기업들이 필요로 하는 첨단기술을 보유한 기업들이 많이 존재하고 있다.

한국기업들에게 러시아와 동유럽국가로의 적극적인 진출은 이들 국가의 낮은 임금을 이용함과 동시에 빠르게 성장하는 시장을 확보하고 이들 국가들의 첨단기술을 확보할 수 있다는 측면에서 큰 매력이 아닐 수 없다. 다만 투자를 할 때 단순히 싼 구매가격에 현혹되지 말고 투자 후에 따르는 위험을 검토하고 가능한 한 이러한 위험을 줄이는 방법을 강구해야 할 것이다.

Video
Russian Capitalism After Communism

Video
Russian Restructuring and the Kremlin Clans

01 ›› 서 론

본 장에서는 한국기업이 동유럽과 같은 신흥시장에 진출할 때 직면할 수 있는 각종 정치적 위험에 어떻게 대처할 것인가에 대해 살펴보기로 한다. 동유럽과 같은 신흥시장은 낮은 가격으로 사유화되는 기업을 인수하여 시장진출을 할 수 있는 가능성을 제공한다. 그러나 신흥시장으로의 진출은 많은 정치적 위험을 수반한다. 정치적 위험은 크게는 이 기업들이 다시 국유화될 가능성부터 작게는 각종 기업활동을 제한하는 정부규제, 노사분규문제 등에 이르기까지 다양하게 존재한다.

한편, 다국적기업들이 해외진출을 할 때에는 각국의 서로 다른 정치적·경제적 환경에 직면할 뿐만 아니라 이질적인 문화적 환경에도 직면하게 된다. 본 장에서는 각국의 이질적인 문화가 다국적기업경영에 미치는 영향을 살펴보고 이러한 이질적인 문화에 어떻게 효과적으로 대처할 것인가에 대해 살펴보기로 한다.

본 장에서 살펴볼 주제는 다음과 같다.

- 각국의 서로 다른 정치 · 경제시스템을 살펴보고, 이들의 변화과정을 살펴본다.
- 변혁기에 있는 국가, 특히 사회주의에서 자본주의체제로 이행하고 있는 국가의 현황과 이들 신흥시장의 중요성을 살펴본다.
- 신흥시장에 진출할 때 감수해야 될 정치적 위험을 어떻게 효과적으로 관리할 수 있는지 살펴본다.
- 다국적기업이 직면한 문화적 환경을 살펴보고 어떻게 이러한 이질적인 문화에 효과적으로 대응할 수 있을지 알아본다.

02 〉〉 각국의 정치 · 경제시스템의 차이

정치 · 경제시스템

제1장에서 살펴본 바와 같이 현대사회의 글로벌화는 점차 가속화되고 있다. 그러나 아무리 현대사회가 글로벌화하고 있더라도 다국적기업이 진출한 나라의 정치·경제체제는 각국의 역사적 발전과정과 이데올로기 그리고 문화에 따라 크게 차이가 난다. 정치체제political system란 한 국가에 있는 정부의 체제를 의미한다. 정치체제는 여러 측면에서 분석 가능하나 많은 경우에 집단주의collectivism와 개인주의individualism로 구분하거나 또는 민주주의democratism와 전체주의totalitarianism로 나누어 볼 수 있다. 일반적으로 민주주의는 개인주의에 입각한 경우가 많고 전체주의는 집단주의와 밀접한 체제이다. 한국과 일본을 비롯한 서구의 많은 국가들은 민주주의체제를 유지해 왔고, 제2차 세계대전 후 소련의 점령하에 있던 국가들은 전체주의적인 공산체제를 경험해왔다.[2]

한편 경제체제는 앞서 살펴본 정치체계와 밀접한 관련을 가지고 있으며 크게 시장경제시스템, 계획경제시스템, 그리고 혼합경제시스템의 세 가지 유형으로 구분된다. 순수한 시장경제시스템market economy에서는 한 국가가 생산하는 재화와 서비스의 종류와 양이 어느 누구에 의해서 계획되는 것이 아니라 시장의 수요와 공급에 의해서 결정된다. 그러나 계획경제시스템command economy에서는 한 국가가 생산하는 재화와 서비스의 종류와 이들이 생산되는 양까지 중앙통제기구에 의해서 계획된다. 한편 혼합경제시스템mixed economy은 일부 경제분야는 개인소유로 남겨 두고 자유시장메커니즘에 의존하나, 다른 산업분야는 정부의 소유와 정부의 계획에 의해서 운영되는 체제이다. 일부 서유럽에서는 주요 산업이 국유화되어 있어 일종의 혼합경제체제를 유지해왔다.

이와 같은 정치·경제시스템과 아울러 각국이 갖고 있는 법률시스템은 그 나라에 있는 사람들의 행동을 규제하며 그 나라의 법이 적용되는 과정을 결정한다. 한국은 성문법적 체제를 갖고 있으며, 미국과 영국은 관습법적 체제를 갖고 있다. 이와 같이 각국의 법률체제는 서로 상이하다. 특히 지적재산권 문제와 같이 개인의 소유권을 어떻게 정의하고 어떻게 보호하는가에 있어서 각국의 법률시스템은 크게 다르다.

과거 공산주의정권하의 국가들은 성장이 둔화되고 생활필수품의 부족사태가 벌어지는 등 많은 어려움을 겪었다. 이는 이들 국가들이 전체주의적인 정치성향을 가졌으며 또한 계획경제시스템하에 있었기 때문이다. 우리가 본 장의 서두에서 살펴본 바와 같이 동유럽 국가들은 1980년대 후반부터 빠른 속도로 자유민주주의 정치체제와 시장경제체제로 전환되었다. 사례에서 살펴본 동유럽의 사유화 정책과 이 사유화정책에 수반한 외국기업들의 활발한 해외직접투자는 이와 같은 정치체제의 변화에 기인한 것이다.

과거 공산주의체제에서 경제성과가 악화되었던 이유는 특히 공산주의체제가 국가단위의 계획에 의존하고 각 국민의 독자적인 의사결정을 저해했기 때문이다. 이는 궁극적으로 제품개발이나 기술개발이 뒤처지는 요인이 되었다. 경제발전에는 혁신innovation이 중요하며 이 혁신은 새로운 생산기술뿐만 아니라 새로운 기업조직, 새로운 경영제도, 그리고 기업의 전략, 새로운 시장의 개척을 의미한다. 이러한 혁신을 통한 경제성장에는 시장경제체제가 가장 효과적인 것으로 알려져 있다. 시장경제체제는 가격이 소비자의 선호와 생산자의 공급을 연결시켜 주므로 빠른 시일 안에 소비자의 수요와 공급의 균형을 이룰 수 있고 자원의 효율적인 배분을 가능하게 한다.

이러한 혁신은 개인의 소유권이 보장된 체제하에서만 가능하다. 만일 혁신을 이룬 개인이 그로 인해서 경제적인 이득을 얻지 못하면 그 사람은 혁신을 계속할 유인incentive을 잃게 될 것이기 때문이다.[3] 따라서 경제발전을 위해서는 소유권제도가 법적으로 정비되어 있어야 한다. 한편 혁신은 안정적인 자유민주주의적인 정치체제를 요구한다. 전체주의적인 체제에서는 국가 전체의 계획에 의해서 모든 의사결정이 이루어지므로 새로운 혁신이 나타나기 어렵다. 이와 같이 법률체제와 정치체제, 그리고 시장경제체제는 민주주의정치체제를 촉진시키기도 한다. 과거 한국의 경제성장은 독재체제를 벗어나 자유민주주의체제로 이전하는 데 큰 역할을 하였다.

이상과 같이 각국이 갖고 있는 서로 다른 정치·경제, 법률시스템을 살펴보는 이유는 다국적기업이 특정 국가에 진출하고자 할 때 그 투자의 타당성을 결정하는 데 중요한 고려사항이 되기 때문이다.

변혁기에 있는 국가들과 신흥시장

본 장의 서두의 사례에서 살펴본 바와 같이 1980년대 후반부터 세계의 정치·경제체제는 큰 변화를 보이고 있다.

첫째, 전세계적으로 전체주의적인 정부가 몰락하고 민주적으로 선출된 정부들이 이를 대체해 가고 있다. 따라서 사회전체적으로 민주주의에 입각한 정치시스템이 크게 발전하고 있다. 이와 같은 경향은 소련의 붕괴와 이로 인한 동유럽의 개혁에서도 강하게 나타났고 동시에 아시아와 남미, 중동 그리고 아프리카에서도 군부독재를 청산하고 자유민주주의체제로 변화하는 경향이 뚜렷하게 나타나고 있다.

둘째, 경제체제는 중앙계획에 입각한 경제운영, 또는 혼합경제체제에서 점차 자유시장경제모델로 바뀌어 가는 추세이다. 예를 들어, 러시아는 공산주의정치체제와 계획경제체제에서 점차 자유민주주의정치체제와 시장경제체제로 변화했다. 칠레는 과거부터 시장경제체제를 유지해왔으나, 정치체제는 과거의 군부독재가 종식되고 선거를 통한 민주주의정치체제로 급격하게 전환되었다. 한편 중국은 정치적으로는 사회주의체제를 계속 유지하고 있지만 아무런 제약 없이 운영될 수 있는 시장경제체제를 도입하고 있으며 사적 소유와 외국기업의 투자가 활발히 이루어지고 있다.

그림 4-6 구매력 평가에 의한 1인당 GDP

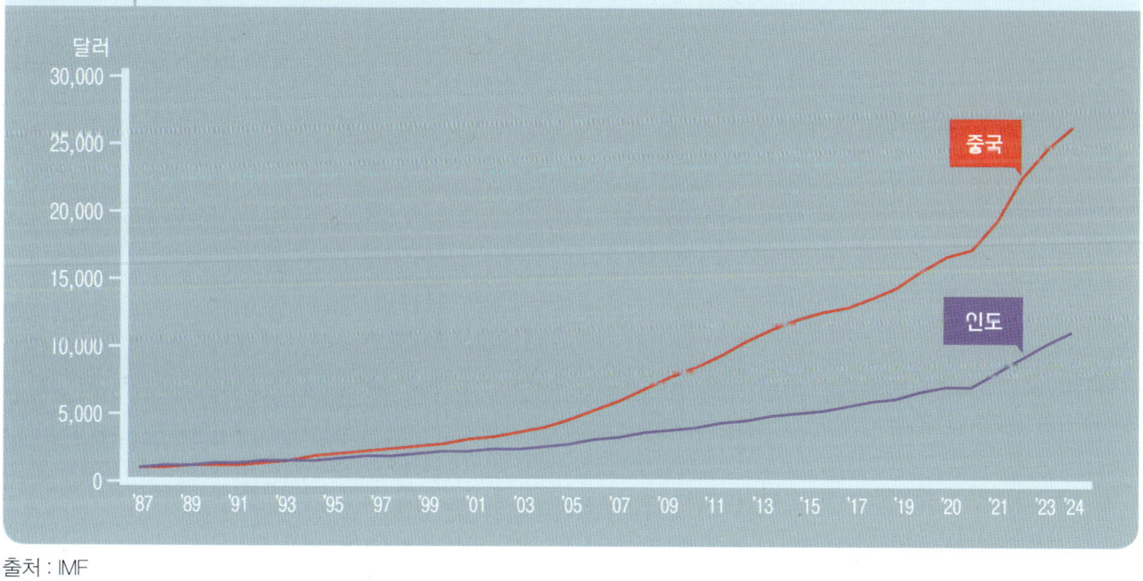

출처 : IMF

이와 같은 정치·경제체제의 변화는 특히 신흥시장에서 크게 나타난다. 이들 신흥시장은 국내에서 성숙한 산업에 있는 기업들에게 새로운 투자기회를 제공해 준다. 예를 들어, 의류산업은 한국에서는 사양산업이 될 수 있으나 방글라데시에서는 성장기에 있는 산업이라고 볼 수 있고, 한국의 가전산업도 성숙산업에 속하지만 저개발국인 인도와 방글라데시에서는 태동기 또는 성장기에 있는 산업이라고 볼 수 있다. 따라서 글로벌화 시대에 어느 산업도 완전한 사양산업은 있을 수 없다. 국제화되지 않고 내수시장만 바라보는 좁은 안목을 갖고 있는 기업은 그 산업을 사양산업으로 볼 수 있지만, 전세계를 자기 시장으로 보는 기업에게는 태동기 또는 성장기에 있는 산업이라고 볼 수 있기 때문이다.

그림 4-6은 지금 떠오르는 대표적인 시장인 중국과 인도의 1인당 GDP 성장속도를 보여준다. 우리가 흔히 생각하기에 성숙된 산업인 냉장고와 전화기, 비디오, 에어컨, 세탁기와 가전용품 제조업들은 한국에서는 성숙화된 산업으로 높은 성장을 기대할 수 없는 산업이다. 그러나 이러한 산업들은 중국이나 인도에서는 빠른 속도로 성장하는 성장산업인 것이다. 따라서 이윤이 감소하고 시장매력도가 떨어지는 성숙한 산업이라고 해서 그 산업을 포기할 것이 아니라 눈을 해외로 돌

그림 4-7 | 잠재적 시장의 성장과정

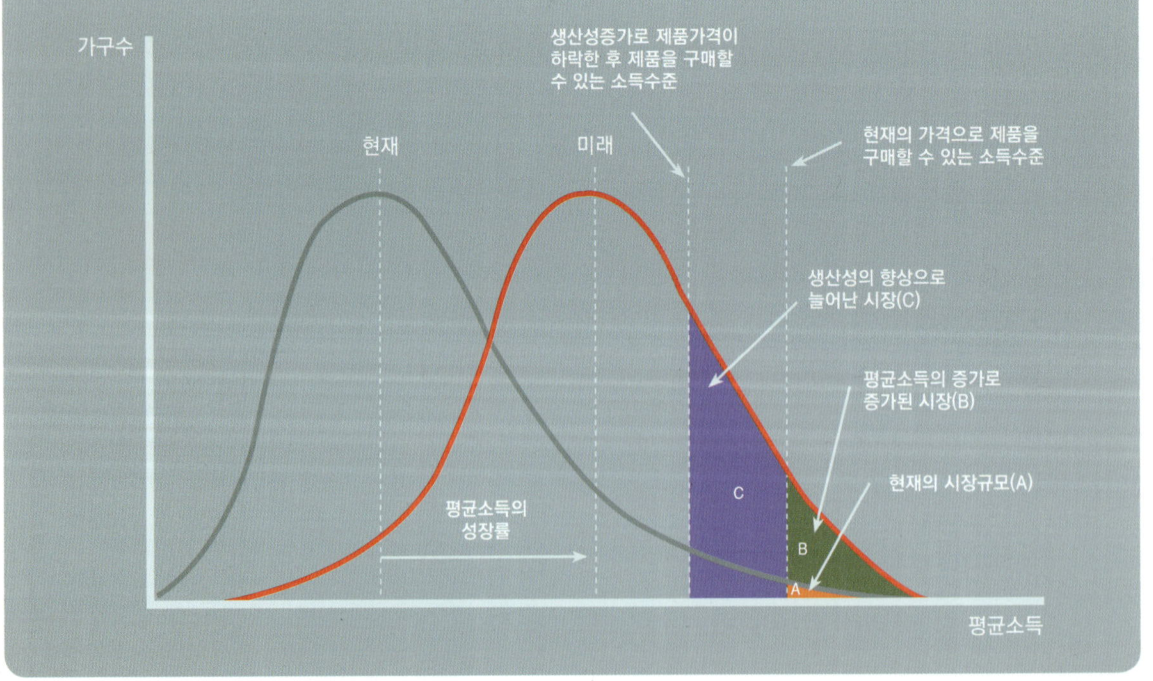

려 새로운 시장을 찾아 진출하는 것이 바람직한 전략이라고 할 수 있다. **그림 4-7**에서 현재의 중국과 인도의 시장규모는 국민소득이 낮으므로 A로 색칠한 부분에 불과할 정도로 상당히 작다고 볼 수 있지만, 시간이 지남에 따라서 그들의 평균소득이 증가하면 시장이 크게 확대되어 B부분만큼 커진다. 또한 산업의 생산성이 향상되어 제품의 가격은 더욱 낮아져, 미래의 시장규모는 C부분까지 더욱 증가할 것이다. 따라서 한국에서 사양산업 또는 성숙기의 산업이라고 여겨지는 산업들을 현재는 저개발국이지만 앞으로 빠른 성장이 기대되는 국가로 이전함으로써 새로운 시장을 개척하고 이들 산업에서의 국제경쟁력을 높일 수 있다.

03 〉〉 정치적 위험의 관리

정치적 위험

해외사업을 운영하는 데는 항상 많은 위험을 수반한다. 그 중 정치적 위험political risk이란 정치적인 힘이 그 나라의 경영환경에 큰 변화를 일으켜서 그 국가에 투자한 기업들의 성과에 부정적인 영향을 미칠 수 있는 여러 가지 환경적 요인을 말한다.[4] 정치적 위험은 사회가 불안정한 나라에서 훨씬 크기 마련이다. 사회적인 불안정은 통상 파업, 시위, 테러리즘, 그리고 폭력대결과 같은 형태로 나타날 수 있다. 이와 같은 사회적인 불안정은 흔히 나빈속국가 또는 한 국가 내에서 여러 이데올로기가 서로 정권을 잡으려고 경쟁할 때 발생한다. 이는 정부의 정책에 급격한 변화를 야기시키며 심한 경우 내전까지 초래하기도 한다. 이와 같은 사회적인 불안정은 그 국가에서 경영활동을 하는 기업에게 큰 악영향을 미친다. 실제로 1979년에 이란에서 회교혁명이 일어난 후에 이란에 투자한 많은 서방기업들의 자산은 이란의 혁명정부에 의해서 몰수당했다. 또한 과거 유고연방에 속했던 보스니아와 크로아티아, 세르비아에 투자했던 기업들도 전쟁으로 인해 자산에 큰 손실을 입었다. 콜롬비아에서는 다국적기업의 직원을 납치하여 몸값을 요구하는 일이 발생하고 있다. 따라서 이들 국가에 진출한 기업들은 예산의 상당 부분을 경호를 위한 비용으로 지출하고 있다.

Video

How China Lost Patience with Its Loudest Billionaire

이러한 사회적 불안정요소 이외에도 정부가 경제정책을 잘못 운영하여 높은 인플레이션이 발생하거나 실업률이 높아지는 것 역시 그 나라에서 사업을 운영하는 기업의 성과를 크게 악화시킨다. 이와 같은 경제정책상의 문제점은 기업이 느끼는 위험을 증가시킬 수도 있다. 또한 외국정부가 합작투자를 강요하거나 해외투자의 과실송금을 억제할 경우에도 외국투자기업의 수익성에 악영향을 미친다. 실제로 과거 인도정부는 인도에 투자하는 미국의 다국적기업들에게 인도에서 사업을 하기 위해서는 반드시 인도의 현지기업과 합작투자할 것을 강요했었다. 그러나 현지기업과 합작투자를 할 경우 지적재산이 유출될 것을 우려한 IBM은 인도정부의 이러한 요구에 응하지 않고 인도에서 철수해 버린 사례도 있다.

한편 정치적인 위험과 유사한 개념으로 국가위험country risk이라는 개념도 있다. 정치적인 위험은 주로 해외직접투자를 하는 기업들에게 포괄적으로 적용되는 데 비해 국가위험은 주로 은행들이 자금을 대출해 줄 때 노출되는 위험을 측정한 것이다. 즉, 정치적 위험은 해외직접투자를 하는 기업의 입장에서 정의한 것이나, 국가위험은 외국기업이나 정부에 자금을 대출해 주는 은행의 입장에서 정의한 것이다.

정치적 위험의 원천

정치적 위험의 원천은 많은 경우에 투자대상국의 정부이다. 최악의 경우 정부는 외국투자기업의 자산을 몰수할 수도 있다. 제2차 세계대전이 끝난 후 동유럽과 중국을 장악한 공산당정권은 모든 사기업을 국유화한 바 있다. 또한 중동에 진출했던 서방의 석유회사도 산유국들의 국유화정책에 따라 충분한 보상을 받지 못하고 자산을 몰수당한 경험이 있다. 예를 들어 베네수엘라에서는 사회주의 정부가 집권하면서 강력한 시장 통제가 이루어졌고, 정부의 가격 및 환율 통제로 생산이 어려워진 Kimberly-Clark, P&G, Clorox와 같은 글로벌 기업이 2016년에 공장 가동을 중단하자 이를 빌미로 정부는 공장을 국유화했다. 이듬해 경제난과 반정부 시위가 악화되는 가운데 베네수엘라 정부는 자국의 자동차 시장에서 점유율 1위를 차치하던 GM공장의 시설과 완성차를 몰수했던 바 있다. 본 장의 서두에서 살펴본 동유럽의 사유화과정에 투자한 해외기업들도 국유화정책에 따라 투자한 자금을 몰수당할 가능성이 존재한다. 한편 정부는 재산몰수와 같은 극단적인 정책을 취하지 않더라도 각종 산업규제와 세금부과 또는 현지화비율규제local content law를 제정하여 외국기업의 성과에 악영향을 미칠 수 있다. 또한 투자대상

그림 4-8 부패지수(100: 가장 깨끗함, 0: 가장 부패함)

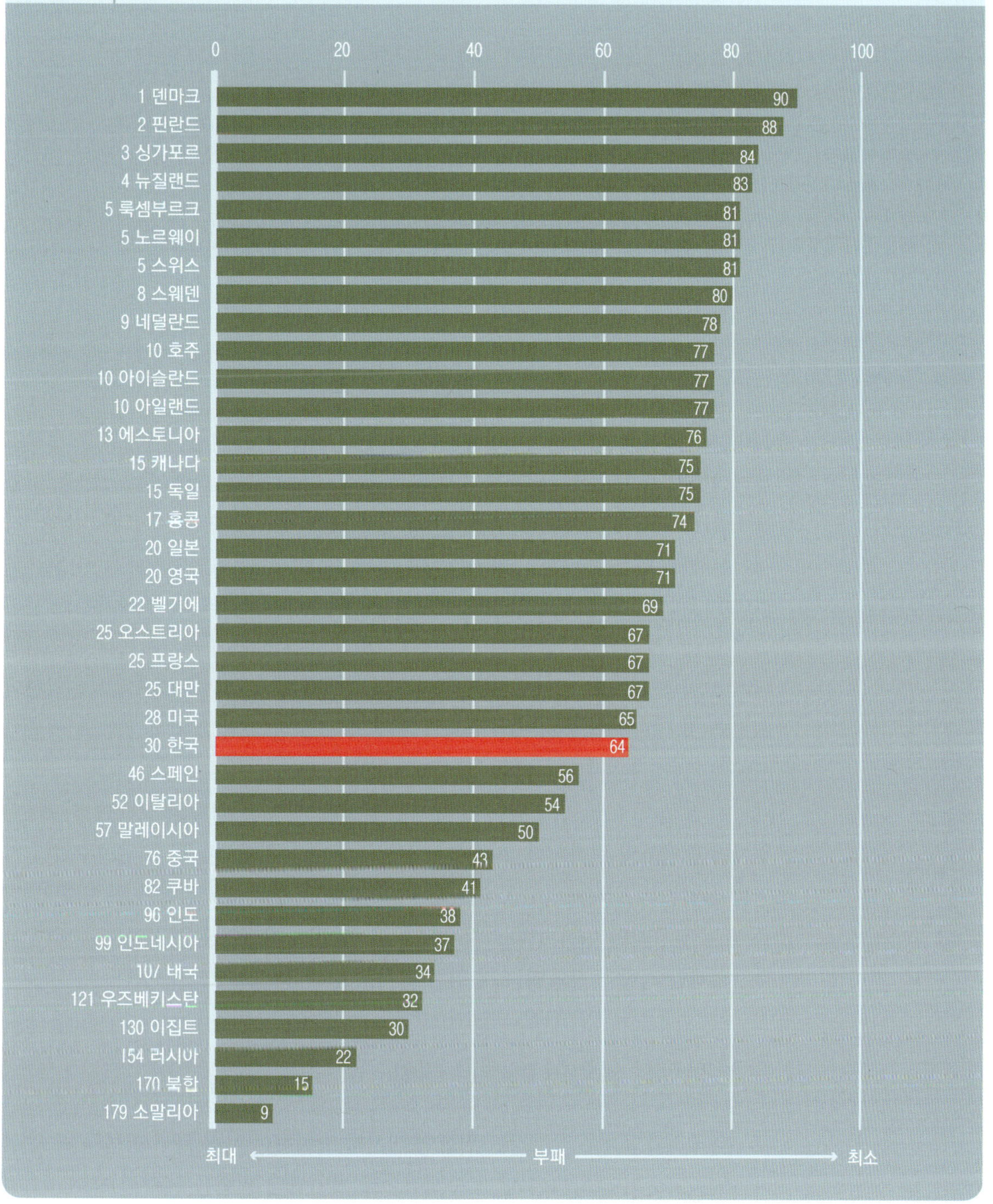

출처: Transparency International, 2024

표 4-3 정치적 위험: 원천, 주체 그리고 효과

정치적 위험의 원천	정치적 위험을 초래할 수 있는 집단	정치적 위험의 효과
• 정치철학이 다른 두 집단 간의 경쟁 • 경제상황의 변화 • 사회적 불안정 • 군사적 충돌이나 테러행위 • 민족주의의 발현 • 임박한 정치적 독립 • 지역의 이익집단 • 종교집단 간의 갈등 • 새로운 국제동맹의 탄생	• 현정부와 유관 기관들 • 실권은 없지만 정치적인 영향력이 있는 정부 내의 반대세력 • 교사, 학생, 노동자, 실업자 등 이익집단 • 테러주의자나 무정부주의자의 활동 • World Bank나 UN과 같은 국제조직 • 해당 국가와 동맹관계에 있거나 적대 관계에 있는 정부	• 자산의 몰수 • 현지화를 강요하는 법률제정 • 기업활동의 제약 • 계약의 취소 또는 수정 • 폭동이나 테러 등으로 인한 자산손실 • 과실송금 등의 금융상의 제약 • 세금의 인상이나 기타 재정상의 손실 • 뇌물 공여 요청

국의 부정부패의 만연도 큰 비용의 원천이 되기도 한다. 예를 들어, 주요 정부로부터 인허가를 받을 때 뇌물을 공여하는 것이 관례화된 나라에서는 그만큼 사업을 하기가 어렵기 때문이다. **그림 4-8**과 같이, 인도네시아, 인도, 우즈베키스탄, 러시아는 현재 매우 부패한 나라로 지목되고 있다. 그만큼 이들 나라에서 사업을 하려면 많은 정치적 위험을 감수해야 한다. 또한 그림에서 한국의 부패지수도 선진국에 비해 상대적으로 높은 편임을 알 수 있다. 이는 한국에 투자하려는 외국기업에게 그만큼 투자의 매력도를 떨어뜨리는 요인이 된다. **표 4-3**은 정치적 위험의 원천과 정치적 위험을 만드는 주체가 누구인가, 또한 이런 정치적 위험의 영향이 어떻게 나타나는가를 정리하고 있다.

이 표에서 보는 바와 같이 정치적인 위험의 가장 큰 원천은 정부를 주도하는 정치적인 철학의 변화이다. 저개발국에서 독재자가 쿠데타를 일으켜 민주적인 정권을 무너뜨리고 독재정권을 세웠을 때와 같이 국가의 정치철학에 큰 변화가 있을 때는 정치적인 위험이 따르기 마련이다. 또한 사회적인 불안정이 가중되며 국수주의적인 경향이 강화되는 것 역시 정치적인 위험을 초래할 수 있다.

정치적 위험의 예측과 대비

다국적기업들은 정치적인 위험에 대처하기 위하여 여러 가지 방법을 쓰고 있다. 가장 보편적인 방법은 먼저 구체적으로 정치적인 위험을 예측해 보고, 그 이후에 이러한 위험을 감소시키거나 없앨 방법을 강구하는 것이다.

Video

How to navigate political risk

먼저 정치적 위험을 예측하기 위해서는 투자당사국의 정치체제를 이해해야 한다. 왜냐하면 그 나라의 정치현상은 경제정책에도 영향을 미치며 결과적으로 정치적인 위험에 큰 영향을 미치기 때문이다. 또한 정치적 위험의 크기는 그 기업이 만드는 제품의 성격에 따라서 크게 달라진다. 예를 들어, 외국정부가 합작투자를 강요하는 경우, 합작투자로 인하여 자사의 기술이 유출되거나 자사 브랜드가 무단도용될 가능성이 큰 경우에는 정치적인 위험이 상대적으로 더 크게 느낄 것이다. 이와 같이 다국적기업이 느끼는 정치적 위험은 상당히 주관적이며 제품의 성격에 따라서 크게 달라진다.

그러나 일부 기업들은 객관적인 지표를 이용해서 정치적 위험 또는 국가 위험을 계산하고 그에 따라서 해외투자결정을 하기도 한다. **표 4-4**는 PRS Group에서 매년 발표하는 정치적 위험의 국가별 순위를 보여준다. 이렇게 잠재적인 위험을 측정한 후에 위험을 관리할 방법을 고민해야 한다.

우선 첫 번째 단계의 의사결정으로 기업들은 특정 시점에서 과연 그 나라에 투자를 계속해야 할 것인가를 결정해야 한다. **그림 4-9**는 정치적인 위험을 평가하는 절차를 보여준다. 만일 정치적 위험이 너무 크다고 판단될 경우에는 그 나라에 투자하는 것을 피하거나, 현재 진행되고 있는 투자에서 철수해야 한다. 반면 정치적 위험이 그다지 크지 않을 것이라고 판단될 경우에는 다음 단계의 의사결정으로서 정치적 위험을 어떻게 하면 가능한 한 줄일 수 있을까를 고려해야 할 것이다. 정치적 위험을 줄인다는 것은 기업이 주어진 정치환경이나 정부규제환경에 적응하는 방법이다. 다국적기업이 자신이 처해 있는 정치적인 환경에 적응한다면 그 기업이 실제적으로 느끼는 정치적 위험은 그렇게 크지 않을 것이기 때문이다.

현지의 정치환경에 적응하는 방법에는 다음 몇 가지가 있을 수 있다. 첫 번째는 합자투자 방법이다. 이는 다국적기업이 현지에 있는 기업이나 정부와 합작투자를 실시하여 정치적 위험을 줄이는 방법이다. 만일 현지기업과 합작투자를 하게 되면 정부는 그 투자기업을 외국기업이 아니라 국내기업으로 간주하게 되므로 국유화 같은 극단적인 위험을 피할 수도 있다. 또한 이러한 합작투자는 투자국의 정치적 환경에 보다 잘 적응할 수 있도록 도와준다. 현지파트너는 자신이 가진 네트워크를 통해 각종 규제를 피해 가거나 최소화하는 역할을 수행할 수 있다.

둘째, 다국적기업이 현지인을 자회사 경영에 적극적으로 참여시키거나 자회사의 이름이나 경영스타일 또는 경영기법들을 현지화하여 운영함으로써 정치적 위험을 감소시키는 역할을 한다. 이와 같은 현지화노력은 외국기업을 사실상 현지기업처럼 운영되도록 만들어준다. 또한 다국적기업이 투자국의 인프라스트럭

표 4-4 정치적 위험의 국가별 순위

순위	국가명	종합점수	순위	국가명	종합점수
1	Singapore	90	27	Botswana	80
2	Norway	89	28	Malaysia	79
3	Canada	89	29	Uruguay	79
4	Austria	88	30	Jamaica	78
5	Czech Republic	88	31	Spain	77
6	New Zealand	87	32	Romania	76
7	Hong Kong	87	33	Oman	76
8	Taiwan	86	34	United Kingdom	76
9	Australia	86	35	Trinidad & Tobago	76
10	United Arab Emirates	86	36	Panama	75
11	Ireland	86	37	Kuwait	75
12	Sweden	86	38	Peru	75
13	Netherlands	85	39	Thailand	75
14	Japan	85	40	Hungary	75
15	Switzerland	84	41	Azerbaijan	75
16	Bulgaria	84	42	Saudi Arabia	74
17	Finland	84	43	Portugal	74
18	Israel	84	44	Costa Rica	73
19	Germany	83	45	Paraguay	73
20	Denmark	83	46	France	73
21	United States	83	47	Mexico	72
22	Poland	83	48	Greece	72
23	Slovakia	83	49	India	72
24	**South Korea**	**82**	50	Vietnam	71
25	Chile	82	51	Guyana	71
26	Belgium	81	52	Morocco	71

순위	국가명	종합점수	순위	국가명	종합점수
53	El Salvador	70	78	Argentina	62
54	Guatemala	70	79	Guinea	62
55	Suriname	70	80	Algeria	61
56	Indonesia	70	81	Zambia	61
57	Italy	70	82	Egypt	60
58	Dominican Republic	69	83	Congo	60
59	Turkey	69	84	Tunisia	60
60	Colombia	69	85	Ukraine	57
61	Honduras	69	86	Nigeria	57
62	Philippines	69	87	Russia	56
63	Kazakhstan	68	88	Ecuador	53
64	Ghana	67	89	Pakistan	53
65	China	67	90	Sudan	53
66	South Africa	66	91	Haiti	51
67	Côte d'Ivoire	66	92	Congo DR	50
68	Bangladesh	65	93	Libya	49
69	Papua New Guinea	65	94	Myanmar	49
70	Gabon	65	95	Cuba	48
71	Angola	64	96	Iran	46
72	Brazil	64	97	Syria	45
73	Bolivia	64	98	Iraq	45
74	Nicaragua	63	99	Zimbabwe	38
75	Sri Lanka	63	100	Venezuela	37
76	Cameroon	63		전체 평균	70
77	Kenya	63			

출처: PRS Group, 2021년 9월 기준

그림 4-9 해외투자의 정치적 위험을 평가하는 의사결정과정

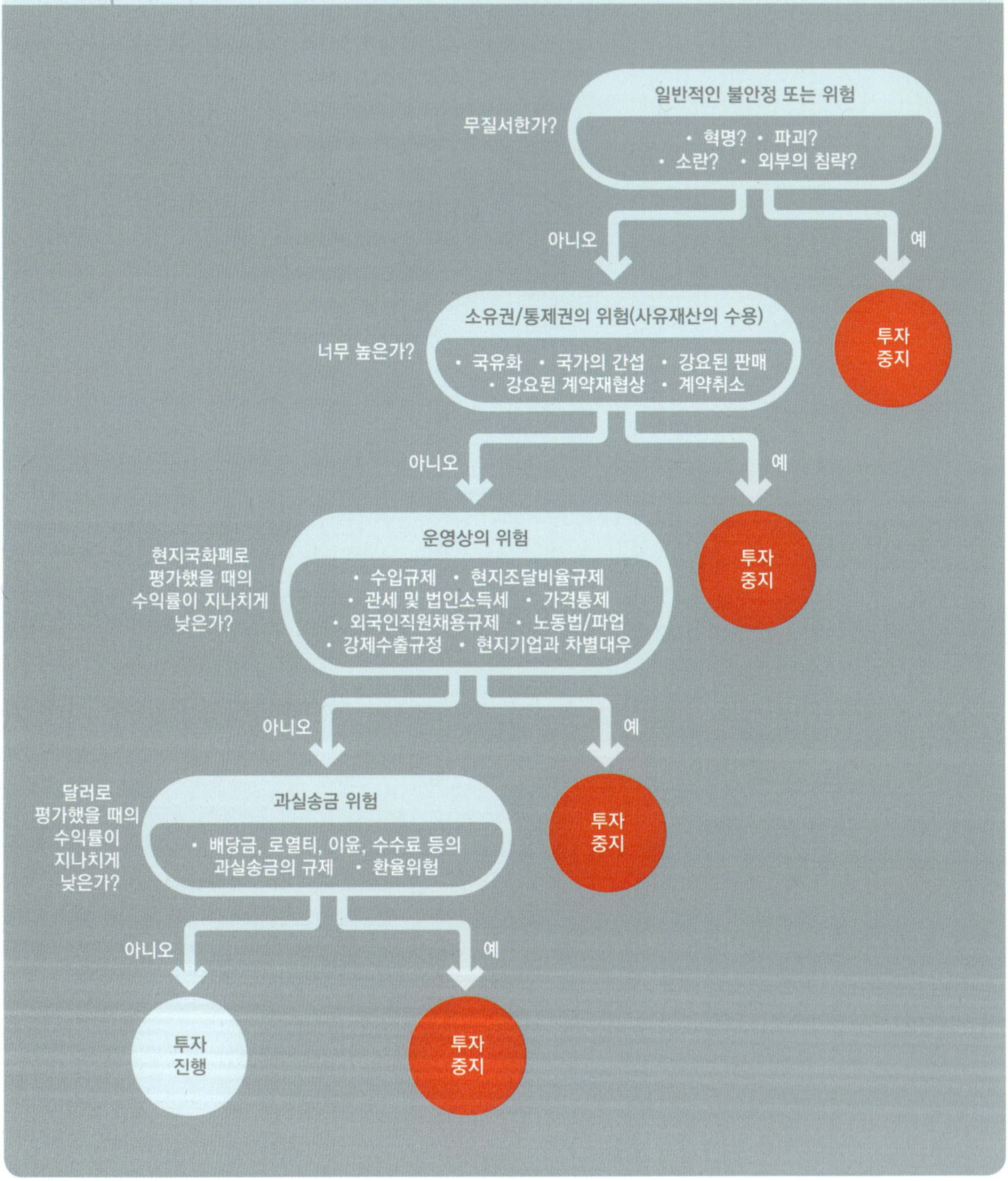

출처: F. Root, *Entry Strategies for International Markets*, Lexington, 1994, p. 155.

처에 투자하는 것은 현지에서 그 기업의 이미지를 부상시켜 준다. 예를 들어, 현지공장 근처에 다리를 건설해 주거나 병원이나 학교를 설립해 주는 것은 다국적기업이 현지국민을 위해 일한다는 인상을 심어주므로 다국적기업으로 하여금 현지시장에 적응하는 것을 도와준다.

세 번째로 투자대상국이 다국적기업에 의존하도록 만들어 정치적 위험을 줄이는 방법이 있다. 만일 다국적 기업이 생산에 필요한 주요 투입요소와 원료, 기술, 노하우 등을 독점적으로 보유하고 있다면, 현지 기업들이 다국적기업으로부터 지속적으로 원료나 기술들을 공급받지 못한다면 안정적인 조업이 어렵게 된다. 따라서 투자국정부가 다국적기업에 의존하는 관계가 형성되어 함부로 국유화나 규제강화를 시도할 수 없다.

실제로 2018년부터 2023년까지 이어진 한일무역분쟁에서 일본은 반도체 소재 등 3개 품목으로 플루오린 폴리이미드, 리지스트, 그리고 에칭가스 수출에 제동을 걸었다. 플루오린 폴리이미드는 일본이 세계시장 점유율의 90% 가까이 차지할 정도로 의존도가 큰 품목으로 한국의 삼성전자와 SK 하이닉스에 큰 타격을 미칠 수도 있는 상황이었다. 삼성전자와 SK 하이닉스는 미국 DuPont사로 거래처를 변경하거나 국내 업체를 통하여 위험을 피해갈 수 있었다.

또한 다국적기업이 생산한 제품을 해외시장에 판매할 수 있는 통제권을 갖는 것 역시 투자국정부가 다국적기업에 의존하도록 만드는 방법이다. 좀 더 교묘한 방법으로서 다국적기업이 투자대상국에 지원하는 인프라스트럭처 투자자금이나 세금수입, 고용창출과 같이 다국적기업이 투자대상국가에 기여하는 바를 점차 늘려간다면 투자대상국가는 그 기업의 기여도를 긍정적으로 평가하고, 점차 더 많은 기여를 바라면서 극단적인 정치적 위협을 가하는 것을 피하려 할 것이다.

네 번째로 다국적기업이 정치적 위험을 감소시키는 방법으로는 위험을 회피 hedging하는 방법이다. 이미 많은 신진국에서는 정치적 위험에 대한 보험을 상품화하여 판매하고 있다. 예를 들어, 미국의 Overseas Private Investment Corporation이라는 회사는 저개발국에 신규투자하는 금액에 대해서 보험을 제공해 준다. 이와 같은 보험에 가입하면 과실송금에 대한 제한이나 자산몰수, 국유화와 같은 위험으로부터 어느 정도 투자하는 기업을 보호하여 준다. 한국에서도 수출보험공사에서 상품수출, 해외건설, 해외직접투자와 같은 한국기업의 해외진출에 있어서 일반상업보험으로는 고지할 수 없는 위험에 대해서 기업들을 보호해주는 보험제도가 운영되고 있다. 또 다른 방법으로 투자기업이 본국이 아니라 투자대상국에 있는 은행으로부터 자금을 조달한다면 자신이 직접 부담하는 투자금액을 줄임으로써 정치적인 위험으로부터 발생할 수 있는 손실을 최소화할 수 있다.

다섯 번째 방법으로 다국적기업은 전략적으로 여러 나라에 투자를 분산시킴으로써 전체적인 위험을 줄일 수 있다. 만일 다국적기업이 한 국가에만 집중적으로 투자한다면 그 지역의 정치적 위험으로 인해 발생할 수 있는 피해는 상당히 클 것이다. 그러나 그 기업이 한 곳에 집중해서 투자하지 않고 여러 곳에 분산해서 투자를 한다면, 한 지역에서 정치적 위험 때문에 발생하는 피해는 훨씬 줄어들 것이다.

04 〉〉 문화적 환경에 대한 이해

본 절에서는 이질적인 문화가 다국적기업경영에 미치는 영향과 한국기업이 서로 다른 문화를 가진 나라에서 해외사업을 벌일 때 발생할 수 있는 문제와 또한 이러한 상황에서 관리자의 효과적인 행동에 대해서 살펴본다. 글로벌경쟁의 상황에서 세계각국을 무대로 활동해야 하는 경영자에게 각국의 서로 다른 문화에 대한 이해는 해외사업을 효과적으로 운영하는 데 필수 요소로 자리잡고 있다. 그럼에도 불구하고 문화적 차이와 다국적기업경영과의 관계는 확실히 이해되고 있지 않다. 어떤 사람들은 문화적 차이가 경영성과에 큰 영향을 미치지 않는다고 생각한다. 그들은 사업은 어디에서나 똑같은 사업이며 한국에서 기업을 경영하는 원리는 세계 어느 나라에서나 동일하게 적용될 것이라고 믿는다. 또 다른 극단에는 문화적 차이의 중요성을 지나치게 강조하여 각국마다 경영을 하는 방법이 모두 다르다고 주장하는 사람들이 있다. 본 절에서는 문화의 정의에 대해서 알아보고 각국의 문화가 어떻게 다른가를 살펴본다. 이와 같이 문화에 대한 올바른 이해는 우리가 문화를 유형화하려는 잘못을 막아 주고 실제 경영현장에서 문화의 역할을 보다 분명하게 이해할 수 있게 해 준다.

문화의 정의

문화는 한마디로 정의하기에는 상당히 어려운 개념이다. 보편적으로 문화란 사람들이 공유하는 가치관value이나 규범norm 등을 의미한다.[5] 여기서 가치관이란 특정 집단 내 사람들이 가지고 있는 옳다거나 또는 바람직하다고 여기는 추상적인 생각을 말한다. 규범이란 특정 상황에서 적절한 행동이라고 여겨지는 사회적인 규칙이나 지침을 의미한다. 이와 같이 문화란 우리가 평소에 암묵적으로 동의하는 가치체계나 규범이기 때문에 같은 문화권에 있는 사람들끼리는 문화적 차이를 의식하지 못하고 살아간다. 다른 가치체계나 규범을 가진 사람과 접촉할 때 비로소 우리는 자신에게 특정한 문화가 있음을 인식한다.

우리는 흔히 문화를 국가단위로 생각하기 쉬우나 한 국가에도 여러 지역의 문화가 각기 다르며 한 지역이라도 마을마다 서로 다른 문화를 갖고 있다. 또한 기업들마다도 창업자와 성장과정의 상이함으로 인해 서로 다른 문화를 형성하고 있다. 따라서 우리는 여러 개의 문화에 소속되어 있다. 우리는 한국인으로서의 문화를 공유하면서도 출신지역에 따라 서로 다른 문화적 배경을 갖고 있다. 또한 어느 기업, 어느 조직에 속해 있는지에 따라서 문화적 차이가 나타난다. 따라서 우리가 한 조직에서 다른 조직으로 이동할 경우 새로운 문화에 적응하는 데 상당한

그림 4-10 | Huntington의 문화 측면에서 살펴본 세계질서의 재정비

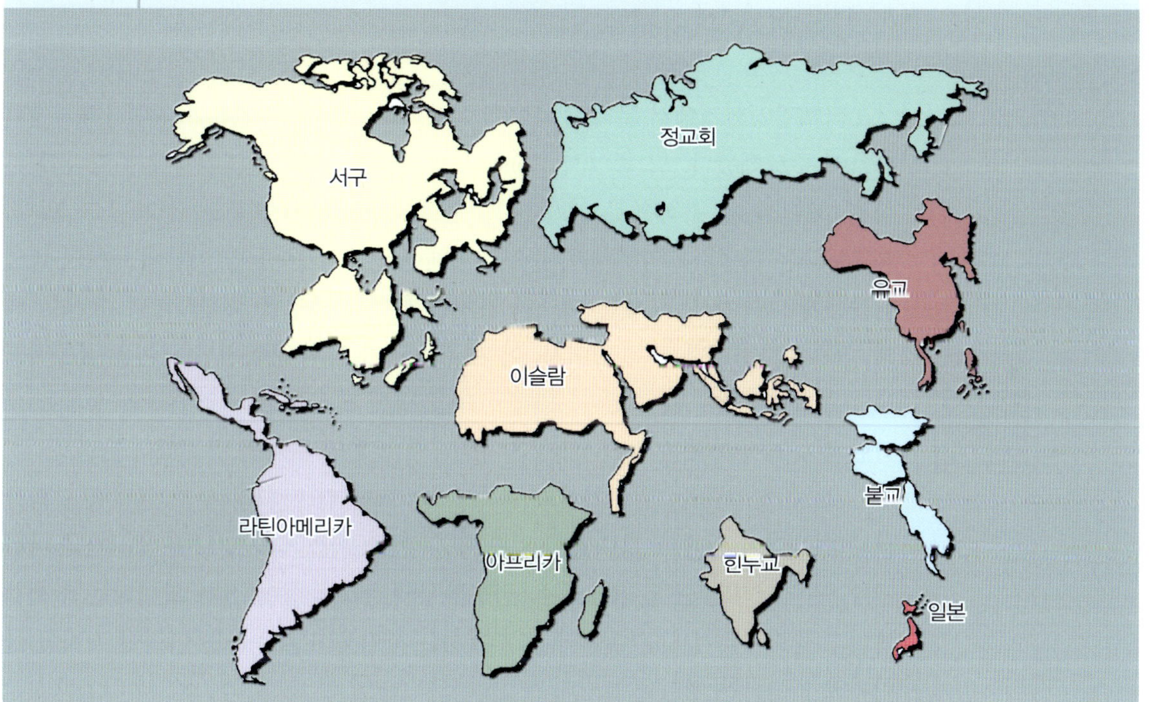

출처: Samuel Huntington, *The Clash of Civilizations and the Remaking of World Order*, Simon & Schuster, 1996.

시간이 필요하다. 이와 같이 국제경영에서 문화적 차이를 고려하는 이유는 우리가 서로 다른 문화들을 동시에 접하며 그에 따라 적절한 행동을 해야 할 필요가 있기 때문이다.

이러한 문화적 차이는 단순히 기업의 경영성과의 차이에 영향을 끼치는 것뿐만 아니라 나아가 정치적인 위험과 전쟁의 원인이 될 수 있다. Huntington은 저서 「문명의 충돌」The Clash of Civilizations에서 사회주의의 몰락 이후에는 세계적인 갈등의 근원은 이데올로기나 경제적인 것이 아니라 문화적인 차이가 될 것이라고 주장한다.[6] 그는 미래의 전쟁이 서로 다른 문화권 국가들 또는 민족들 간에 일어날 것이라고 예측하고 있다. 그는 전세계의 문화를 **그림 4-10**과 같이 서구, 유교권, 일본, 이슬람, 힌두, 그리스정교, 라틴아메리카, 아프리카, 그리고 불교문화권으로 나누었다. 그는 이러한 문화적 차이는 향후 국가들이 서로 연합하거나 분리되거나 갈등을 빚는 원인이 되며, 전세계 정치시스템은 문화권 간의 갈등에 의해서 재편될 것으로 예측하고 있다. 예를 들어, 2003년에 일어난 미국과 이라크의 전쟁은 미국의 일방적인 승리로 끝났으나, 이 전쟁의 여파로 이슬람국가에서의 반미감정은 더욱 거세지고 있다.

Video

Huntington on "The Clash of Civilizations"

문화적 차이의 측정

국제경영환경에서 문화적 차이를 이해하려는 노력은 인류학자와 국제경영학자들이 주도해왔다. 그 중에서 Hofstede의 연구는 특히 경영환경에서 각국의 문화적 차이를 실증적으로 보였다는 점에서 중요한 연구로 평가받고 있다. Hofstede는 네덜란드의 심리학자로 전세계에 분포한 10만 명 이상의 IBM의 종업원들에게 그들이 갖고 있는 태도와 가치관에 대한 자료를 수집하였다. IBM은 세계 곳곳에 자회사를 갖고 있어서, 이 자료는 국가 간의 문화적인 차이를 실증적으로 분석할 수 있게 해 주었다. 40개국 10만 명에 달하는 IBM 직원들의 성향을 분석한 결과 Hofstede는 크게 네 가지 차원에서 문화적 차이를 발견했다.

Video

Hofstede on culture

그 중 첫 번째는 권력거리power distance로서 한 사회의 부와 권력이 불평등하게 배분되어 있거나 편중되어 있을 경우 이를 어느 정도로 수용하는가를 나타낸다. 권력거리가 큰 문화에서는 권력과 부의 불균등성이 점차 확대되는 추세를 보이고 권력거리가 낮은 문화의 사회에서는 사람들이 가능하면 이러한 격차를 줄이려고 노력하는 성향을 보인다.

둘째, 개인주의와 집단주의적 성향individualism vs collectivism의 차원으로 사람들이 얼마나 개인주의적이거나 집단주의적인 성향을 보이는가를 의미한다. 개인주의적인 사회에서는 개인간의 연계가 느슨하며 개인의 성취와 자유가 높게 평가된다. 반면 집단주의적 사회에서는 개인간의 관계가 밀접하게 연계되어 있다.

셋째, 불확실성 회피uncertainty avoidance 차원은 사람들이 모호한 상황이나 불확실성을 용인하는 정도를 나타낸다. 불확실성 회피성향이 높은 문화에 있는 사람들은 직업안정성이나 직급의 승진패턴에 대해서 상당히 높은 가치를 부여하며 관리자들이 아주 분명한 지시를 내려 줄 것을 기대한다. 반면에 불확실성 회피성향이 낮은 문화에서는 사람들이 변화를 두려워하지 않으며 위험을 극복하려는 성향이 높게 나타난다.

넷째, 남성다움과 여성다움masculinity vs femininity은 성의 역할을 나타낸다. 남성중심적인 문화에서는 남녀간의 역할분담이 명확하고 성취감이나 자기주장, 물질적인 성공을 강하게 선호한다. 반면에 여성중심적인 문화에서는 관계유지를 중요시하거나 구성원을 배려하는 성향, 삶의 질을 강조하는 성향이 강하게 나타난다. 따라서 남성주의적인 성향이 강한 문화에서는 경쟁과 성취에 더 높은 가치를 두는 반면에, 여성주의적인 성향이 강한 문화에서는 복지와 화목에 더 높은 가치를 두는 경향이 있다.

Hofstede는 이와 같은 4개의 측면에서 각국의 문화가 어떠한 성격을 갖는지 0에서 100 사이로 점수화하였다. **그림 4-11**은 개인주의와 권력차이의 두 측면에서 주요 국가들의 분포를 나타낸다. 또한 **그림 4-12**는 불확실성 회피성향과 남성다움의 측면에서 주요 국가의 분포를 나타낸다. 두 그림에서 보는 것처럼 한국은 개인주의 성향이 낮고 권력간의 차이가 큰 것을 용인하는 문화로 나타나 있다. 이에 비해 미국은 권력차이가 작으며 개인주의적인 성향이 높게 나타나 있다. 일본은 개인주의적인 성향과 권력차이의 측면에서 한국과 미국의 중간 정도로 나타나 있다. 한편 남성다움과 불확실성 회피 측면에서 한국은 상대적으로 불확실성 회피성향이 높고 여성스러움을 강조하는 문화로 나타난다. 이는 관계를 중시하고 종업원의 복지후생에 높은 가치를 두는 기업문화를 반영하고 있다고 볼 수 있겠다. 한편 미국은 불확실성을 회피하는 정도가 낮고 남성다움이 훨씬 높은 문화로 나타났다.

이 같은 Hofstede의 연구는 각국의 문화차이를 계량적으로 측정하고 이를 국가 간에 비교하는 데 편리하다는 장점을 갖고 있으나 계량적인 문화의 차이가 과연 얼마나 정확한 것인가에 대해 많은 이견이 있을 수 있다. 실제로 Hofstede의 연구결과는 우리가 문화의 차이에 대해 갖고 있었던 고정관념stereotype과 일부

그림 4-11 개인주의와 권력거리에서 본 각국의 문화적 차이

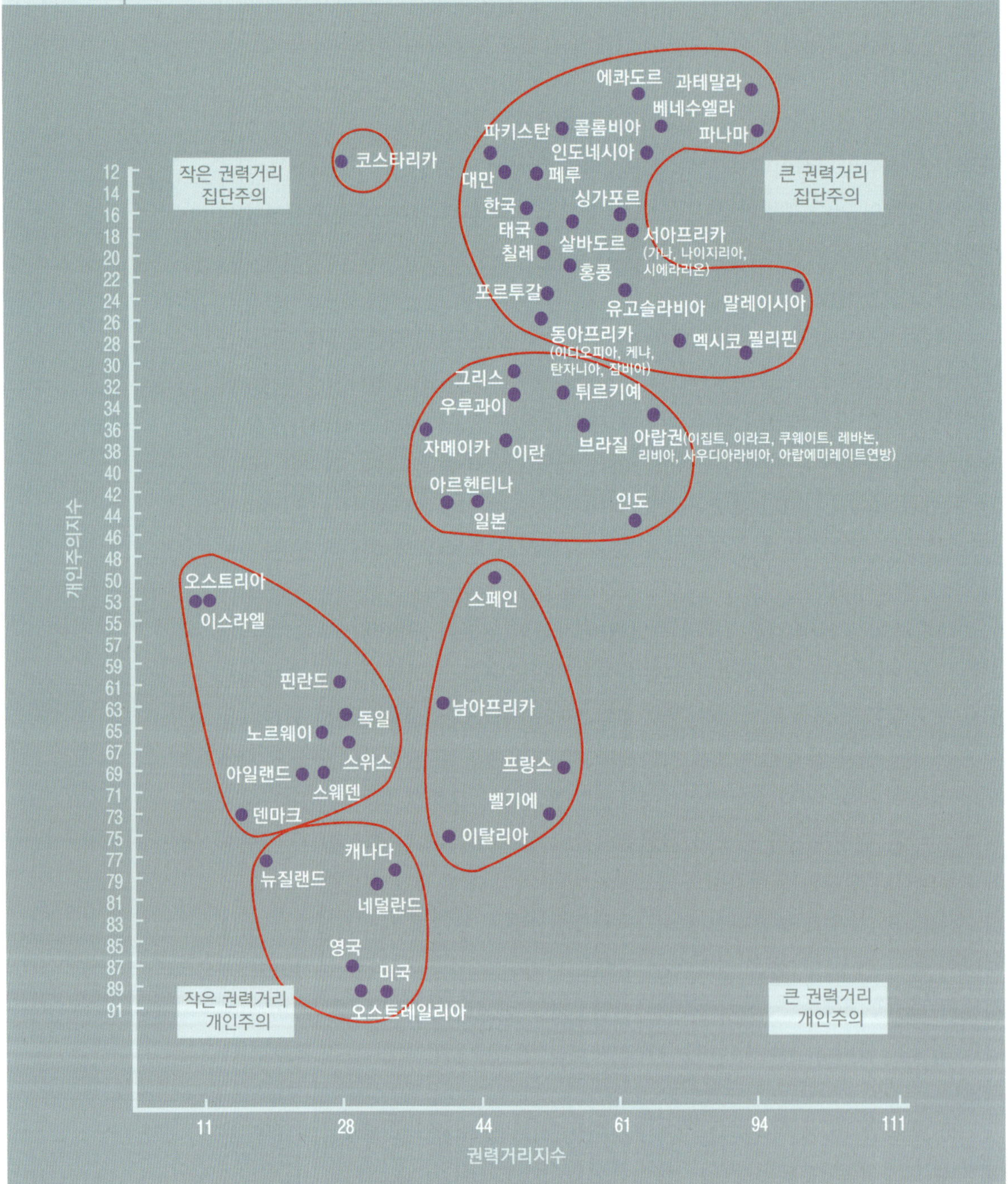

출처: G. Hofstede, "The Cultural Relativity of Organizational Practices and Theories," *Journal of International Business Studies* 14, Fall 1983, pp. 75~89.

그림 4-12 위험회피성향과 남성적 성향에서 본 각국의 문화적 차이

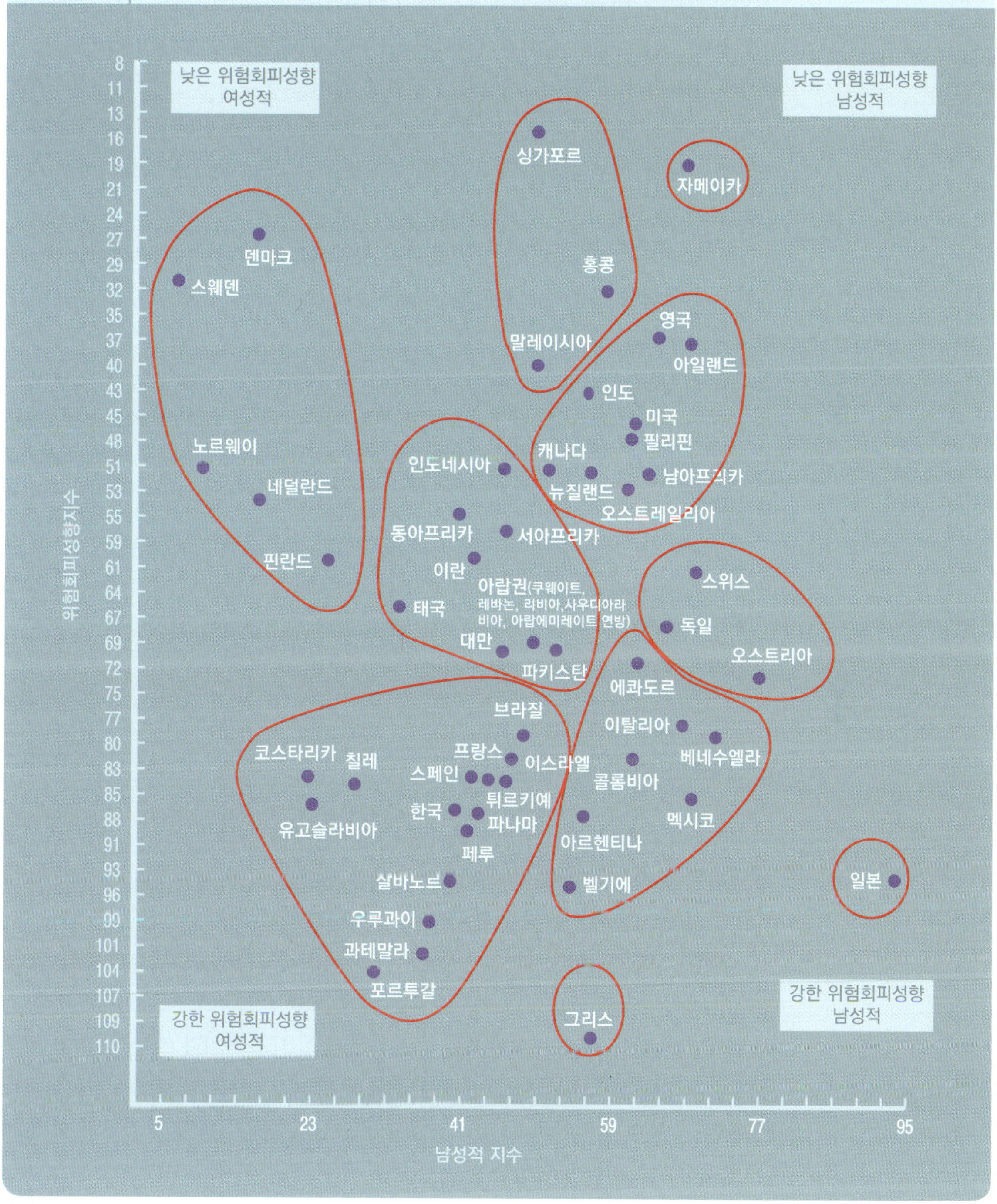

출처: Ibid.

일치하기도 하지만 반드시 일치하지는 않을 수 있다. 왜냐하면 Hofstede의 연구는 다음과 같은 여러 가지 문제점을 안고 있기 때문이다.

첫째, Hofstede의 표본은 일반화되기 어려운 문제점이 있다. Hofstede는 전적으로 IBM의 종업원들을 대상으로 문화의 차이를 연구하였다. 그러나 한국IBM의 종업원들이 한국문화를 대표할 수 없는 것처럼 각국에 있는 IBM 종업원 간의 문화적 차이를 연구했다고 해서 과연 그것이 국가 간의 문화를 비교했다고 보기는 어려울 것이다.

둘째, 한 나라에는 여러 개의 문화가 존재하므로 각국마다 하나의 문화적인 단위만 측정해서 이를 비교한다면, 상당히 이질적인 문화가 혼재하는 국가의 경우 오류가 발생할 수 있다.

셋째, Hofstede 연구는 과거의 상황을 반영한다는 비판을 받는다. 1960년대와 1970년대의 상황은 2000년대의 상황과는 많은 차이가 있고 문화도 많이 달라졌기 때문에 그의 연구결과를 현재의 해당 국가에 그대로 적용하는 것은 많은 문제가 있다.

이상과 같이 Hofstede의 연구결과는 현실과 많은 차이가 있으나, 그 밖에 문화적 차이를 체계적으로 계량화한 연구는 많지 않다. 따라서 우리는 Hofstede의 연구내용을 주요한 연구결과로서 참조하되 그의 연구결과를 해석하는 데 있어서는 상당한 주의를 기울여야 할 것이다.

문화와 다국적기업경영

각국의 문화적 차이가 다국적기업의 경영환경에 영향을 미치는 것은 기업들끼리 관계를 맺는 상황에서 상대방의 문화적 차이를 인식하는 것과 기업 내부 구성원 간의 관계에서 나타나는 문제로 나누어 생각할 수 있다.

첫째, 다국적기업은 다른 다국적기업과 빈번하게 상호교류한다. 예를 들어, 외국의 공급자와의 교섭이나 해외고객을 대하는 방법 그리고 국제합작투자와 전략적 제휴와 같은 협조적인 체제를 유지하는 것이 대표적이다. 이러한 기업 간의 관계가 국경을 넘어 이루어질 때에는 문화적 차이가 미치는 영향을 충분히 고려해야 한다. 특히 기업간의 교류 초기단계에는 상호신뢰가 아직 형성되어 있지 않다. 상호간의 신뢰를 구축하는 데는 상당히 오랜 시간이 걸리며 이를 쉽게 달성할 수는 없다. 성미가 급한 사람들은 상호신뢰를 쌓는 데 시간을 투자하기보다 즉각적으로 사업 논의를 시작하기도 한다. 그러나 이보다는 먼저 신뢰기반을 쌓은 후에 논의를 진행하는 것이 더 효과적인 경우가 많다. Hofstede의 연구결과에서 알 수 있듯이 개인주의, 남성다움의 정도, 불확실성 회피성향, 그리고 권력거리 등과 같이 교섭 상대 기업이 속한 국가의 문화에 대한 이해를 통해 보다 적절한 방법으로 상대기업과의 관계를 원만하게 형성할 수 있다.

둘째, 문화는 기업 내부 구성원 간의 상호관계에도 중요한 역할을 한다. 다국적기업에서는 서로 다른 문화적 배경을 가진 사람들이 같이 일하는 경우가 많다. 이와 같은 다국적기업에서는 서로 다른 문화적 배경을 가진 사람들이 효과적으로 협업하기 위해서 상대방의 문화를 이해할 필요가 있다. 권력간의 차이나 의사결정에 참여하는 방법, 동기부여와 성과측정, 봉급체계에 대해서도 조심스런 접근이 필요하다. 많은 다국적기업의 조직 운영에서 중요한 요소 중의 하나는 구성원 간의 권력관계를 정립하는 일이다. Hofstede의 연구에서와 같이 권력거리가 낮은 문화에 있는 사람들은 동등한 대우를 원하며 위계질서에 따른 차이도 크지 않기를 희망한다. 이에 반해서 권력거리가 근 문화에 있는 사람들은 지위에 따른 차이가 크기를 원한다. 한국기업처럼 상사가 일방적인 지시와 명령을 하는 경영방식은 상대적으로 종업원과 상사간의 권력거리가 크지 않은 미국에서는 효과적인 관리기법이 아니다. 따라서 미국현지법인에 파견된 관리자들은 그 나라의 문화적 관습에 맞게끔 행동하는 것이 중요하다. 또한 한국에서는 집단주의적인 성향이 강해서 개인 성과차에 비례하여 성과금을 지급하는 것보다 기업전체의 조화를 강조하는 측면이 강했다. 그러나 이러한 관행 역시 개인주의가 강한 미국에서는 효과적인 유인책이 아니다. 따라서 다국적기업 내의 직원들은 이와 같은 서로 다른 문화적 차이에 대한 인식이 필요하다.

한편, 서로 다른 문화적인 환경에서 사업을 하는 기업은 그 문화의 가치체계와 규범에 적응할 필요가 있다. 즉, 사업을 논의하는 방법, 판매원에 대한 인센티브제도를 정립하는 방법, 자회사의 조직구조, 제품명을 선택하는 방법, 노사관계, 광고 방법과 같은 것이 모두 문화적인 차이에 민감한 의사결정사항이다. 만일 어느 기업이 활동 대상국가의 문화적인 환경에 대한 이해가 부족하다면 현지인을 고용하여 그들로부터 적절한 적응방법을 배우거나 그들이 중요한 임무를 수행하게 하는 것도 문화적 차이를 극복하는 좋은 방법이다. 또한 본국의 직원을 해외지회사에 파견하여 그 나라의 문화를 습득시키는 방법도 장기적으로 본국에 있는 직원들을 외국문화에 민감하게 훈련시키는 좋은 방법이다.

특히 글로벌기업경영에서 가장 조심해야 할 것은 본국중심적 사고방식과 행동이다. 본국중심적 사고방식이란 한국인 직원이 외국에 가서도 한국식의 가치관과 행동방식을 그대로 적용하려는 사고방식을 말한다. 이러한 본국중심적 사고방식은 이질적인 문화환경 속에서 해외사업을 효과적으로 운영하는 데 커다란 저해요인으로 작용한다.

국제경영에 있어서 우리가 또 한 가지 관심을 가져야 할 사항은 문화가 경쟁우위를 창출하는 원천이 될 수 있다는 점이다. 많은 학자들이 그룹중심적이고, 끊임없는 개선을 추구하며, 조직에 대한 충성을 중요시하는 일본적인 기업문화가 일본의 자동차산업의 발전에 큰 역할을 했다고 평가한다. 또한 목표가 정해지면 빠른 시일 내에 그 목표를 달성하고자 하는 한국특유의 기업문화는 한국기업의 고도성장에 근본요인으로 작용하였다. 따라서 한국기업이 해외에 진출할 때에 진출하는 국가의 이질적 문화에 민감하게 반응하는 것도 중요하지만 한국기업이 갖고 있는 경쟁우위가 한국 특유의 문화에서 비롯된 것일 때는 한국적인 문화를 해외사업을 수행하는 데 어느 정도 반영하거나 이를 현지종업원에게 교육시키는 방법도 기업이 갖고 있는 경쟁우위를 충분히 살리기 위해서 필요한 작업이다.

결론적으로 말해서 다국적기업의 경영환경에는 문화적 차이가 존재하며 이 문화적 차이를 인식하고 적응하려는 노력도 필요하지만, 기업이 갖고 있는 경쟁우위가 원래 자신이 갖고 있던 특유의 기업문화에 기인한 것이라면 현지의 문화와 본국의 문화를 가능하면 조화시켜야 한다. 또한 해외진출대상국가를 선정할 때도 가능하면 문화적 차이가 적은 국가를 선택하는 것이 본국과 투자대상국의 문화적 차이에서 오는 갈등을 줄이는 데 도움이 될 것이다.

05 〉〉 결론 및 요약

본 장에서는 다국적기업이 처해 있는 정치적·문화적 환경에 대해서 살펴보았다. 먼저 다국적기업은 서로 다른 정치·경제체제에 대해 효과적으로 대응해야 하는 과제를 안고 있다. 각국의 정치·경제체제는 민주주의와 전체주의, 시장경제와 계획경제와 같이 서로 다르며 이들 정치·경제체제는 계속 변화하고 있다. 특히 과거 전체주의적이고 계획경제체제였던 국가들이 자유시장경제체제로 변화함에 따라 한국기업들도 이들 신흥시장에 진출하는 것이 가능하게 되었다. 본 장에서는 이와 같이 변혁기에 있는 신흥시장의 성격을 살펴보고 이러한 신흥시장에 진출했을 때 직면할 정치적인 위험을 효과적으로 관리하는 방법에 대해서 살펴보았다.

정치적인 위험은 정부 또는 사회적인 불안정으로 인해 해외사업의 성과에 부정적인 영향을 받는 것을 의미하며 이러한 정치적 위험에 대응하는 방법으로는 투자국 선정 단계에서부터 회피하는 방법과 현지진출 후에 적응하는 방법 등이 있다. 다국적기업은 이와 같이 정치적인 위험의 중요성을 깨닫고 이 위험을 측정하려고 노력하며 이를 최소화하려는 노력을 게을리해서는 안 되겠다.

또한 다국적기업은 이질적인 문화적 환경에 직면하고 있다. 각국은 서로 다른 가치체계와 행동규범을 갖고 있으며 다국적기업은 이러한 서로 다른 문화적 환경에 적절하게 대응해야 한다. 이를 위해서는 다국적기업 종업원들의 외국문화에 대한 이해가 필수적이다. 그러나 다국적기업의 경쟁우위가 그 기업이 속한 특유의 문화적 요인에서 비롯된 것이라면 본국의 문화와 진출하려는 지역의 문화를 적절히 조화시키는 데 많은 노력을 기울여야 할 것이다.

사례

case

개성공단[7]

해방 이후 대립과 전쟁을 지속해온 남북관계는 1998년 김대중 정부가 집권한 이후 이른바 햇볕정책으로 알려진 대북 포용정책을 통해 회복의 조짐을 보이기 시작했다. 2000년 6월 15일, 평양에서 열린 정상회담을 통해 한국의 김대중 대통령과 북한의 김정일 국방위원장은 남북공동선언에 합의하였고, 이에 따라 남·북한의 경제협력이 본격적으로 추진되었다.

사실 북한과의 경제협력은 그 이전부터 계속되고 있었다. 대북사업에 가장 적극적이었던 현대그룹은 1990년대 후반부터 서해안공단사업을 추진하여 황해도 해주를 개방해 줄 것을 요청했었다. 그러나 북측 정부는 해주가 지리적으로 평양과 인접해 있다는 이유로 거부하며 대신 신의주를 추천

했고, 현대 측은 물자수송 등의 불리함을 이유로 이를 받아들이지 않았다. 결국 평양과는 다소 거리가 있으면서도 남측과의 육로 교통이 편리한 개성이 새로운 대안으로 제시됐다.

2002년 11월, 북한은 '개성공업지구법'을 제정하여 개성공단을 경제특구로 지정하고, 남측의 한국토지공사와 현대아산을 협력사업자로 승인했다. 북측의 사업주체는 조선아시아태평양평화위원회와 민족경제협력련합회 등이었다. 공업단지 부지로 계획된 2,000만 평 중 100만 평을 우선 개발하는 1단계 사업이 2003년 6월 착공되었고, 한국토지공사가 자금조달과 설계 및 분양을, 현대아산이 시공을 담당하였다.

개성공단은 남측이 북측의 토지를 50년간 장기 임차하는 방식으로 조성되었다. 1단계 사업에 해당하는 100만 평의 토지임차료는 총 1,600만 달러약 183억 원로 타결되어 평당 분양가는 15만 원 수준으로 책정되었다. 개성공단 가동에 사용할 전기는 한국전력에서 직접 송전하고, 공업용수는 개성시 인근 월고 저수지를 이용하는 것으로 결정되었다. 또한, 남측의 KT와 북측의 조선체신회사가 직통전화 개통에 합의하면서 개성공단 입주기업의 통신 문제를 해결하였다. 또한 개성공단 노동자들의 최저임금 수준은 월 57.5달러 선으로 합의되었고, 임금인상의 상한선은 매년 5% 이내로 설정되었다. 저렴한 인건비와 토지임차료, 그리고 동일 언어 사용은 중국이나 베트남에 비해 개성공단을 매력적으로 만드는 요인이었다(**표 4-5** 참조).

마침내 2004년 6월 준공된 개성공단 시범단지 분양은 9대 1에 달하는 높은 경쟁률을 보였고, 2004년 말에는 개성공단에서 처음 생산된 냄비세트가 이틀 만에 전량 판매되는 등 국내 시장의 관심도 높았다. 2005년 18개 기업을 시작으로 개성공단이 본격적으로 가동되기 시작했고, 입주기업 수와 북측 근로자 수, 그리고 생산액은 매년 가파르게 증가했다(**그림 4-13** 참조).

한편 개성공난의 가동과 함께 내재되어 있던 문제점도 드러나기 시작했다. 우선, 원활하지 않은 통행·통관·통신을 일컫는 3통 문제가 대두되었다. 개성공단에 출입하기 위해서는 북측의 초청장이 필요한데, 이를 발급받는 데에만 열흘 이상이 소요되었다. 따라서 장비고장과 같은 문제가 발생해도 신속히 처리할 수 없었다. 또한, 전략물자로 취급된 일부 생산설비의 반출이 제한되어 입주기업들이 공장을 운영하는 데 차질을 빚었고, 통관 절차를 더욱 간소화 해달라는 요청도 꾸준히 들어왔다. 남측과 개성공단 간의 직통전화 역시 통신장비 반출 문제 때문에 1년 가까이 개설이 지연

표 4-5 개성공단과 해외공단 비교[8]

	개성공단	중국공단	베트남공단
토지 가격 (달러/m²)	41	100~200	100
토지 임차료 (달러/m²)	금액 추후 협의	연간 1.32	연간 0.84~0.9
월 최저임금 (달러)	60.8	112~135	63~71
1인당 인건비 수준 (달러)	129	368~460	151~164

그림 4-13 개성공단 가동 현황

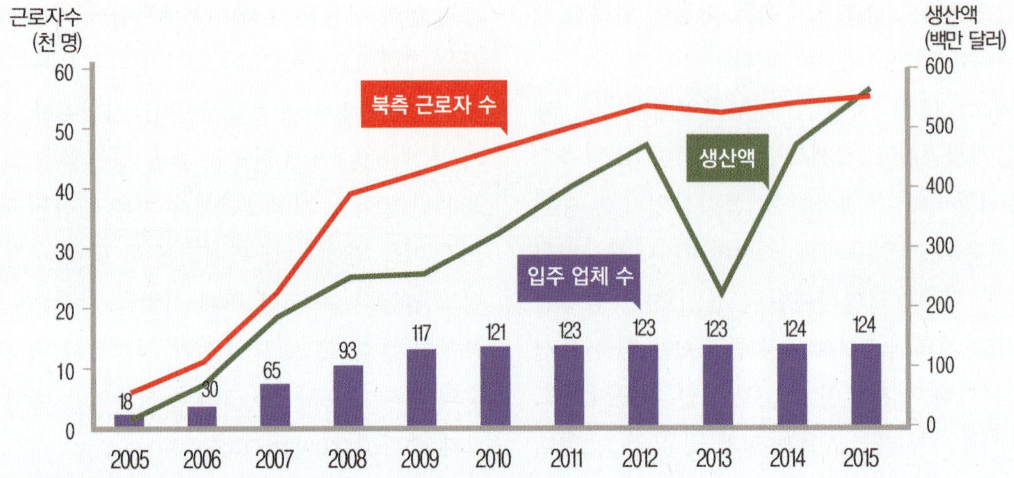

*참고: 2016년 개성공단 가동 중단으로 인하여 2015년까지의 데이터만을 표기함.
출처: 개성공업지구관리위원회

되었으며 값비싼 통신 요금, 휴대전화 사용 금지, 인터넷 미개통 등의 문제점이 여전히 남아있었다.

가장 큰 장점이었던 노동력도 예외가 아니었다. 입주기업들은 노동자에 대한 직접적인 인사권이 없었다. 개성공단 노동자들을 북측에서 관리했기 때문에 고용주는 근로열의가 부족한 직원을 관리하거나 해고할 수도 없었고, 인력공급도 부족하여 추가로 근로자를 채용하려면 3개월 이상을 기다리기 일쑤였다. 또한 북한근로자가 남한의 경제 및 정치상황에 노출될 것을 두려워한 북한 측이 숙련도가 높아진 근로자들을 신규인력으로 대체해서 생산성 향상을 기대하기 힘들었다.

또한 개성공단에서 생산한 제품의 수출 역시 불리했다. 남측에 판매하는 경우 투자지분과 직접 재료비의 비중이 60% 이상인 제품은 국산으로 인정받을 수 있었지만, 수출은 수입당사국의 원산지 규정에 따라야 했다. 따라서 개성공단 제품의 원산지 표기에 관련된 사안은 한국의 FTA 협상 때마다 주요한 쟁점으로 떠올랐다. 싱가포르, 동남아시아국가연합ASEAN, 인도, 페루 등과의 FTA 협정에서는 개성공단 제품을 한국산으로 인정받을 수 있었으나, 미국과 유럽연합EU, 호주 등은 특혜 관세를 적용할 수 없다는 입장을 고수했다.

무엇보다도 개성공단은 정치적 위험에 크게 노출되어 있었다. 2006년 북한 핵실험 강행, 2010년 천안함 피격사건과 연평도 포격 사태 등 북한의 대남 도발이 발생할 때마다 개성공단의 분위기도 싸늘하게 얼어붙었다.

특히 2010년 3월 천안함 피격 사건이 발생하자 남북관계는 파국으로 치달았다. 이명박 정부는 북한과의 교역 및 방북을 전면 금지하고 대한민국 해역에서 북한선박의 운항을 불허하는 5·24 조치를 발표했다. 개성공단은 특별히 예외로 인정되었으나 신규진출 및 투자가 제한되고 체류인원도 감축되어 입주기업들은 조업에 차질을 빚게 되었다. 북한은 이에 대해 개성공단 폐쇄 위협으로 대응했고, 결국 2013년 4월 남측 근로자의 개성공단 입경을 전면 금지하고 체류 중인 인원의 귀환만을 허용하겠다고 통보해 왔다. 이에 따라 개성공단에 상주해 있던 남측 인원이 전원 철수함에 따라 개성공단은 잠정폐쇄되었다. 같은 해 7월, 양측은 남과 북이 모두 주체가 되어 개성공단 중단 사태가 재발되지 않도록 할 것이며 어떠한 경우에도 공단의 정상적인 운영을 보장하기로 합의했다. 이와 함께 개성공단 남북공동위원회를 구성하여 3통 문제 해결을 위한 상시 통행보장, 통관절차 간소화, 인터넷 및 이동전화 통신 보장 등을 협의했다. 결국 개성공단은 2013년 9월에 들어서야 165일 만에 재가동을 시작할 수 있었다.

그러나 북한과 아슬아슬한 관계를 이어가던 박근혜 정부는 2016년 2월 개성공단 가동을 전면 중단하게 되었다. 이는 핵실험과 미사일 발사를 동원한 북한의 무력도발이 날이 갈수록 심화됨에 따라 국제사회가 대북 제재의 수위를 높이는 데 동조하기 위해서였다. 개성공단의 폐쇄와 함께 남북관계도 파국으로 치달았다.

2017년 5월 집권한 문재인 정부는 개성공단 재개를 공약으로 내걸었고 개성공단 재개를 논의했으나 2019년 북미 정상회담 합의가 결렬됨에 따라 다시 한 번 개성공단 재개의 불씨가 꺼져버렸다. 그러자 2020년 북한은 개성공단 내의 남북공동연락사무소를 폭파했다. 이어 북한이 개성공단 내 한국 자산을 무단으로 사용하는 정황이 포착되었다. 통일부가 이에 대해 강력 경고했음에도 불구하고 북한은 오히려 개성공단 내 공장 가동을 30여 곳으로 확대했다. 북한은 개성공단을 "적들이 우리에게 갖다 바친 노획물"로 규정하고 사실상 국유화한 것이었다. 결국 2023년 6월 정부는 북한을 대상으로 남북공동연락사무소 폭파에 대하여 447억 원의 손해배상 청구소송을 제기하였다.

이렇듯 개성공단은 수차례 위기에도 불구하고 10년 이상 꾸준히 유지되어 온 남북한 경제협력의 상징이었지만, 끝내 정치적 위험을 극복하지 못했다.

토의과제

01 개성공단의 장점과 단점을 비교해 보고 한국 기업들이 왜 개성공단에 입주하였으며, 그러한 결정이 효과적인 의사결정이었는가에 대해 토의해 보시오.

02 개성공단 폐쇄와 같은 정치적 위험에 대해 입주기업은 어떠한 방식으로 위험을 최소화할 수 있을지 논의해 보시오.

03 만일 향후 개성공단과 같은 남북협력체를 추가로 설립한다면 어디에 어떤 방식으로 투자하고 운영할 것인가에 대해 논의하시오.

Video

개성공단 남북공동연락사무소 폭파영상

Video

개성공단 폐쇄 5년

참고문헌

Reference

1 본 사례는 "A Survey of Finance in Central Europe," *Economist*, 2002. 9. 14; "Central Europe's Best Companies," *Business Week*, 1997. 6. 30; "Russia," *Business Week*, 1999. 4. 26; "A Survey of Eastern Europe," *Economist*, 1993. 3. 13; "Putin's Russia," *Economist*, 2000. 4. 1; "A Survey of Russia," *Economist*, 2001. 7. 21; Kerin McDonald, "Why Privatization is not enough?" *Harvard Business Review*, May~June 1993 및 기타 관련자료 에 기초하여 작성되었다.

2 정치경제체제에 대한 보다 자세한 논의는 H. W. Spiegel, *The Growth of Economic Thought*, Duke University Press, 1991; M. Friedman and R. Friedman, *Free to Choose*, Penguin Books, 1980을 참조.

3 Douglas North, *Institutions, Institutional Change and Economic Performance*, Cambridge University Press, 1991; Gary Grossman and Edward Helpman, "Endogenous Innovation in the Theory of Growth," *Journal of Economic Perspectives*, 1994. 8, pp. 23~44 참조.

4 Political Risk에 관해서는 S. Robock, "Political Risk: Identification and Assessment," *Columbia Journal of World Business*, July~August 1971 참조.

5 문화에 대한 정의는 Geert Hofstede, *Culture's Consequence: International Differences in Work Related Values*, Sage, 1984 참조.

6 Samuel Huntington, *The Clash of Civilization and the Remaking of World Order*, Simon & Schuster, 1996.

7 본 사례는 저자의 지도하에 카이스트 경영대학원 문성길이 작성하였다.

8 조명철, 김지연, 홍익표, 개성공단과 주요 해외공단과의 경쟁력 비교연구, 지식경제부 · 한국무역협회, 2010과 홍익표, 개성공단의 경쟁력 분석 및 활성화 방안, KDI 북한경제리뷰, 2011 참조.

메모

Memo

02

PART

글로벌전략의 수립과 실행

Global Business Management

Chapter

5 글로벌전략의 수립

C/O/N/T/E/N/T/S

Caterpillar의 쇠퇴에서 얻을 수 있는 중요한 교훈은 오늘의 성공이 반드시 내일의 성공을 의미하지는 않는다는 사실이다.

– Komatsu의 카와이 사장.

사례

case

Video
Komatsu History

Video
Caterpillar Overview

Caterpillar와 Komatsu[1]

Caterpillar와 Komatsu는 전 세계 중장비 시장에서 수위를 다투는 기업이다. 중장비란 주로 건설용 또는 광산용 장비로서 우리가 건설현장에서 흔히 볼 수 있는 불도저, 굴착기 등을 말한다. 제2차 세계대전 이후 Caterpillar는 미군이 진주하는 모든 국가에 진출하여 전후복구를 도왔으며 이를 바탕으로 전세계적으로 강력한 딜러망을 구축해 놓았다. Caterpillar는 이와 같은 강력한 딜러망에 부품재고를 충분히 갖추어 놓고 48시간 이내에 그 부품을 교체해 줄 수 있을 정도로 안정된 서비스를 제공하는 것으로 정평이 나 있었다. 이와 같은 안정된 서비스는 Caterpillar의 제품을 사용하는 건설업자에게는 상당히 중요한 요소였다. 왜냐하면 중장비를 가동하지 못하면 모든 공사계획이 차질을 빚게 되기 때문이다. 공사를 기일 내에 마치고 인부들을 효율적으로 활용하기 위해서는 건설장비가 안정적으로 투입되어야 하며 이것이 건설업의 성패를 결정하는 중요한 요인이다. 안정된 서비스를 제공한 대가로 Caterpillar는 경쟁업체에 비해서 상당히 높은 마진을 누리고 있었다.

1980년대 초기만 하더라도 Caterpillar는 전세계 중장비산업에서 50% 이상의 시장점유율을 기록하고 있었다. 당시 가장 강력한 경쟁자였던 일본의 Komatsu의 시장점유율은 15%에 불과하였다. Komatsu는 1921년 일본에서 광산용기계와 농업용트랙터를 만드는 작은 회사로 출발하였다. 제2차 세계대전이 끝난 후 Komatsu는 수출시장확대를 시도하였으나 Caterpillar의 강력한 유통망 때문에 상당히 고전하였다. 더구나 당시 Komatsu의 기계들은 Caterpillar에 비해서 고장도 잦고 품질도 현저히 떨어졌다. 그러나 1960년대부터 Komatsu는 품질개선을 추구함과 동시에 해외시장진출을 적극적으로 펼치기 시작하였다.

Komatsu는 Caterpillar가 선점한 선진국시장에 진출하기보다는 Caterpillar의 유통망이 확립되어 있지 않거나 Caterpillar가 진출하기 꺼리는 지역부터 진출하기 시작하였다. Komatsu가 최초로 진출한 국가는 아르헨티나와 동구권국가들이었다. 아르헨티나는 경제위기로 인하여 미국기업들이 투자를 꺼리고 있었고 동구권국가는 미국정부가 공산권국가에 대해서 중장비의 수출을 규제하였기 때문에 Caterpillar의 진출이 제한되어 있었다. Komatsu는 동구권과 중남미시장에 활발한 수

그림 5-1 Caterpillar와 Komatsu의 주요 생산거점

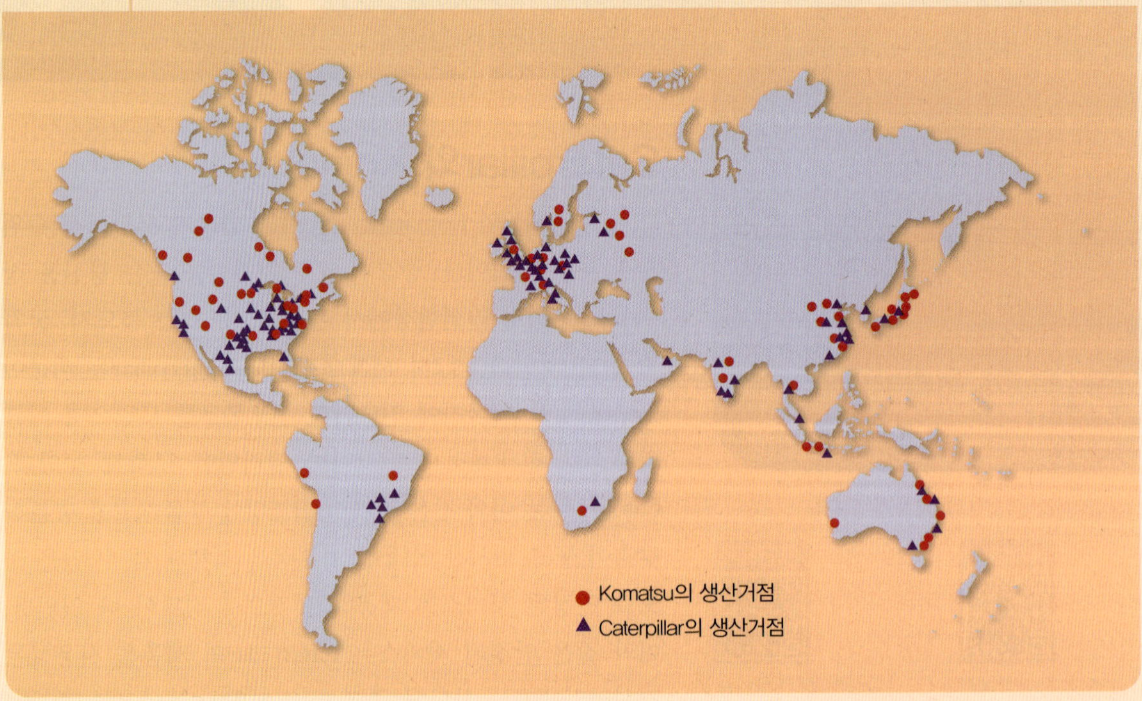

출처: Caterpillar, Komatsu 홈페이지

출활동을 벌임과 동시에 Komatsu 내부적으로는 자사 제품의 품질을 높이기 위한 적극적인 활동을 벌였다. 해외시장진출 초기에 위험도가 높은 동구권과 아르헨티나를 중심으로 저품질, 저가의 제품을 만들어 판매하였던 Komatsu는 품질이 점차 향상되고 각종 비용절감활동을 통해 비용을 낮추면서 차츰 유럽과 미국시장으로 진출하기 시작하였다. 유럽과 미국시장에 진출한 Komatsu는 제품을 다양화하기 위해 연구개발에도 주력하여 중대형 건설장비와 수중작업용건설장비, 그리고 초대형 장비를 개발하였다.

이와 같은 각고의 노력 끝에 Komatsu는 Caterpillar에 필적하는 품질을 유지하면서도 제품을 10% 이상 싸게 팔 수 있는 가격경쟁력을 갖추게 되었다. 1980년도까지 Komatsu는 전세계시장 점유율을 15%까지 높이는 데 성공하였으나 Caterpillar의 점유율은 감히 넘볼 수 없는 미약한 경쟁자였다.

Caterpillar와 Komatsu 간의 경쟁력 차이에 큰 변동이 오게 된 가장 큰 이유는 1980년대 초반에 미국의 달러화가 고평가되었기 때문이었다. 1980년에 미국의 Paul Volker가 연방준비은행Federal Reserve Board이 이사장이 된 후 인플레이션을 억제하기 위한 통화신축정책과 고금리정책을 시행함에 따라 미국의 금리는 급격히 상승하였고, 외국의 투자가들은 미국의 높은 금리를 따라 미국에 대한 자본투자를 대폭 증가하였다. 그 결과 미국의 달러화는 구매력평가에 의한 균형환율보다 상당히 높은 수준으로 과대평가되는 기현상이 발생하였다. 이와 같은 달러화의 급격한 평가절상은 달러화로 표시된 Caterpillar의 수출가격을 인상하는 결과를 낳게 되었고, 상대적으로 경쟁자인 Komatsu가 미국과 유럽시장에서 판매하는 달러화 표시가격을 인하하는 결과를 낳았다. 따라서 이 시기에 Komatsu는 Caterpillar보다 약 40%나 더 싼 가격으로 제품을 팔 수 있었다.

동시에 전세계 중장비시장은 커다란 지각변동을 겪고 있었다. 과거 건설현장의 중심이었던 선진국시장은 정체상태를 보이기 시작하였고, 제3세계와 중동지방을 중심으로 건설붐이 일어나기 시작하였다. 이러한 신흥시장들은 Caterpillar의 경쟁우위였던 품질과 안정적인 서비스보다는 Komatsu의 경쟁우위인 가격에 훨씬 민감하였다. 결국 Caterpillar는 1980년부터 1985년 사이에 약 10억 달러의 커나란 누석적자를 기록하였으며 전세계시장점유율이 40%까지 큰 폭으로 하락하게 되었다. 반면 Komatsu의 시장점유율은 같은 기간에 15%에서 25%로 상승하였다.

이와 같이 Caterpillar가 달러화의 평가절상에 효과적으로 대응하지 못했던 것은 Caterpillar의 생산기지가 주로 미국에 집중되어 있었기 때문이었다. Caterpillar는 일찍부터 해외진출에 나섰으나 해외에 있는 생산거점들은 주로 단순 조립공장에 불과하였고 엔진, 트랜스미션과 같은 주요 부품들의 생산은 Caterpillar의 본사가 있는 미국 Illionis주의 Peoria에 집중되어 있었다. 아무리 전세계적으로 많은 조립생산기점을 갖고 있다고 하더라도 생산원가의 대부분을 차지하는 주요 부품들이 미국에서 집중적으로 생산되고 있었으므로 Caterpillar가 환율의 변동에 취약할 수밖에 없었다. Caterpillar는 이와 같은 문제점을 인식하고 즉각적인 대책을 강구하기 시작하였다.

Caterpillar는 1982년에서 1985년 사이 미국 내 9개의 공장을 폐쇄하고 생산인력을 40%나 감

그림 5-2 환율변동과 Caterpillar와 Komatsu의 수익의 변동

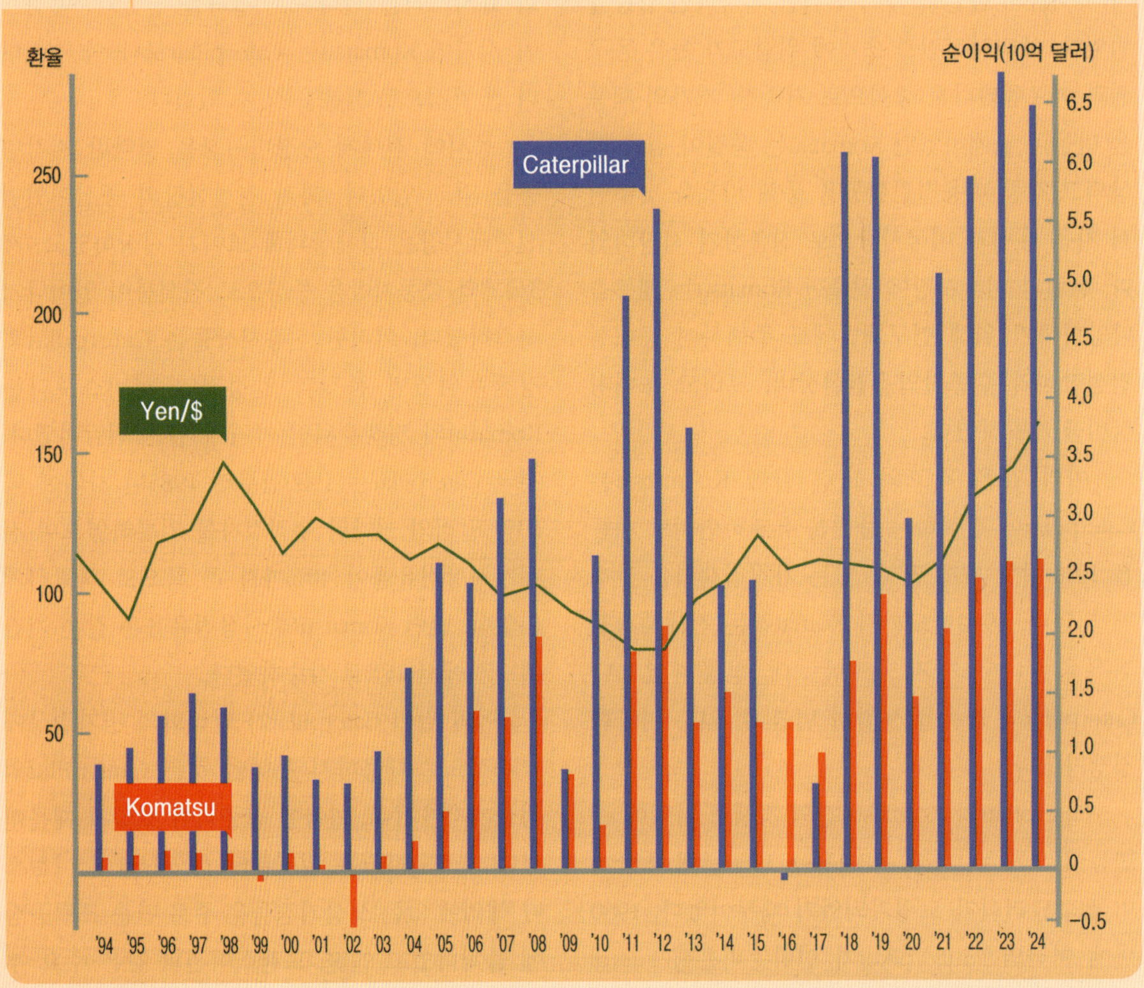

출처: 각사 연차보고서

축하였다. 또한 부품을 미국본사에 의존하여 조달하는 체제에서 벗어나 해외의 하청업자로부터 조달하는 비율을 지속적으로 높여 나갔다. 1986년에는 유연생산시스템flexible manufacturing system의 도입을 위해 10억 달러를 투자하여 품질을 높이고 비용은 낮추는 생산시설을 갖추었다. 드디어 역전의 시기가 왔다.

1985년 미국행정부는 일본, 독일, 프랑스, 영국의 대표들과 미국 뉴욕의 플라자호텔에 모여 달러화를 평가절하시키는 데 합의하였다. 달러화가 평가절하되자 큰 충격을 받은 것은 일본의 Komatsu였다. 1985년 플라자회담으로 일본의 엔화는 하루에 41%나 평가절상되었고, 그 이후로도 엔화는 지속적으로 평가절상되었다. 그 결과 1989년 Caterpillar는 전세계시장점유율을 47%까지 회복하는 데 성공하였고 Komatsu의 시장점유율은 다

시 20% 이하로 감소했다.

Komatsu 역시 환율변동에 따른 위험을 줄이기 위해 보다 적극적인 글로벌전략을 추진하기 시작하였다. Komatsu는 1975년 최초의 해외생산기지를 브라질에 설립하고, 1976년에는 멕시코에도 생산시설을 설립하였으나 이는 단순한 조립생산기지에 불과하였다. 하지만 1985년 미국의 Tennessee주에 대규모생산공장을 설립하였고 영국에서는 생산공장을 인수하여 현지생산체제를 가속화하기 시작하였다. 또한 한국의 삼성중공업, 중국의 China National Technology, 그리고 독일의 ABG와 파트너관계를 수립하였다. 또한 Caterpillar의 본고장인 미국에서 Caterpillar가 갖고 있는 유통망과 기술력을 견제하기 위해 미국에서 Caterpillar에 눌려 지내던 군소업체인 Dresser와 합작투자를 벌여 적극적인 현지생산을 통해 미국시장을 공략하였다. 이후 1988년에는 독일의 Holloway를 인수하여 유럽에도 생산기지를 설립하였다. 1993년에는 중장비의 가장 핵심적인 부품이라고 할 수 있는 디젤엔진을 미국 현지에서 연구개발 및 생산하기 위해 미국의 Cummins Engines사와 합작투자를 실시하였다. 또한 1995년에는 중국과 브라질에 공장을 신설했고, 1998년에는 인도에 합작투자로 공장을 설립하였다. 그러나 일본에서는 대규모 구조조정을 단행하여 공장 3곳을 폐쇄하였다.

Caterpillar 역시 해외진출을 가속화하였다. Caterpillar는 1986년에 중국에 라이센스 방식으로 진출하였고 한국의 대우중공업과 말레이시아의 기업들과 OEM생산방식의 라이센스 계약을 체결하였다. 또한 Komatsu가 Caterpillar의 안마당인 미국에서 Dresser와 Cummins Engines와의 합작투자로 Caterpillar에 도전해 오자, 일본의 미츠비시중공업과 합작투자를 확대하여 일본내수시장에서 Komatsu를 공략하는 데 주력하였다. 미츠비시중공업은 일본에서 Komatsu에 계속 눌려지내왔던 일본에서 중장비산업 2위의 기업이었다. Caterpillar가 미츠비시중공업과 합작투자로 일본내수시장에서 Komatsu를 압박하자 Komatsu는 더 이상 내수시장에서 얻은 이익으로 해외시장에서의 손해를 보전하는 덤핑전략을 구사할 수 없게 되었다. 따라서 Komatsu 역시 Dresser와 Cummins Engines와의 합작투자를 통해 미국내수시장에서 Caterpillar를 압박하는 전략을 추구하였다.

Caterpillar는 2000년 이후부터 인터넷망을 구축하여 고객에게 부품과 애프터서비스를 실시간으로 제공하여 자신의 장점인 서비스를 더욱 강화하고 있으며, 이에 질세라 Komatsu 역시 모든 제품에 GPS를 설치한 후 이른바 Komtrax라는 시스템을 통해 딜러들이 자사 제품들이 정확히 어디에서 얼만큼 사용되고 있는지 알 수 있게 하였다. 또한 2004년 이후 양사는 모두 신흥 해외시장에서의 지위를 공고히 하기 위해 로지스틱스, 공장설립 등에 파트너십을 경쟁적으로 이용하고 있다.

한편 2025년 트럼프 행정부가 추진 중인 자국우선주의 무역정책과 관세정책은 그동안 환율 및 정치적 위험을 줄이기 위해 전세계로 부품 및 완제품 생산기지를 이전했던 Caterpillar와 Komatsu에게 새로운 도전을 제공하고 있다. 트럼프 행정부가 전세계 모든 교역국에 상호관세를 부과하자 부품 및 일부 완제품을 해외자회사에서 조달하던 Caterpillar의 매출은 2025년 1분기 전년대비 10억 달러만큼 감소했다고 발표했다. 그리고 관세가 부과되면 그만큼 원가상승이 되고 향후 매출과 이익이 추가적으로 감소하리라 예측한다고 발표했다. Komatsu 역시 미국에 생산공장이 있음에도 불구하고 많은 부품이 전세계 공급망으로 조달되므로 관세부과 시 그만큼 가격상승과 매출감소를 피할 수 없으리라 발표했다.

이와 같이 전세계 중장비시장에서 Caterpillar와 Komatsu의 경쟁 양상은 글로벌기업들의 경쟁방식을 뚜렷하게 보여준다. Caterpillar와 Komatsu의 전략은 상당히 유사한 점이 많다. 두 회사 모두 본국에 생산기지를 두고 해외시장으로의 수출에 주력하였던 기업이다. 그리고 서로 다른 시기에 자국화폐가 급격히 평가절상됨에 따라 가격경쟁력에서 큰 타격을 입은 경험이 있다. 그 결과 두 기업 모두 적극적인 글로벌전략을 추진하여 세계 여러 지역에 생산기지를 두고 각 지역별로 부품을 현지에서 조달하는 글로벌생산체제로의 변화를 시도하고 있다. 이를 통해 미국시장에서는 미국에서 부품을 조달하여 제품을 조립·생산하여 판매하고, 일본시장은 일본에서, 유럽시장은 유럽에서 부품조달 및 생산·판매를 각각 병행함으로써 환율변동에 따른 타격을 줄일 수 있었다.

Caterpillar와 Komatsu의 사례를 통해서 배울 수 있는 또 한 가지 흥미로운 사실은 글로벌경쟁자를 공격하는 최선의 방법은 그 경쟁자의 내수시장을 공략하는 데 있다는 점이다. Caterpillar는 미츠비시중공업과의 합작투자로 Komatsu의 내수시장을 공략하여 Komatsu가 내수시장의 이익을 바탕으로 해외시장에서 덤핑하는 것을 사전에 막을 수 있었고, Komatsu 역시 Dresser와 Cummins Engines와의 합작투자를 통해 Caterpillar의 내수시장을 적극적으로 공략하는 전략을 추구하였다. 2008년 Caterpillar는 미쓰비시중공업과의 합작사를 100% 지분소유의 법인으로 전환하였다. 특히, Caterpillar의 일본법인은 Caterpillar가 약세인 중국, 인도, 인도네시아의 생산기지에 투자하고, 아시아시장에 맞는 신제품을 공동으로 개발하는 역할을 주도하고 있다. 한편 Komatsu 역시 중국 산동성에 대규모 공장을 신설하였고 스웨덴의 산림용 장비기업을 인수하였다. 현재 Komatsu는 친환경 중장비와 무인주행장비, 그 밖에 소프트웨어로 건설장비를 통제하는 신제품개발에 주력하고 있다.

이와 같이 두 기업은 전세계시장을 무대로 경쟁하면서 상대방의 장점을 배우고 자신의 약점을 보완하게 되었고, 그 결과 서로 유사한 전략을 펼치게 되어서 두 기업이 서로 비슷해지는 현상은 다른 글로벌기업들에게도 큰 함의를 주고 있다.

CATERPILLAR® Caterpillar의 홈페이지
http://www.caterpillar.com

KOMATSU® Komatsu의 홈페이지
https://www.komatsu.jp/en

01 〉〉 서 론

본 장의 서두에서 살펴본 Caterpillar와 Komatsu의 사례는 두 글로벌기업이 전세계시장을 상대로 치열하게 경쟁을 벌이고 있는 양상을 보여준다. 이 두 기업 간의 경쟁에서 나타나는 특징은 두 기업 모두 과거에는 본국에 생산기지를 집중하는 전략을 추구하다가 예상치 못했던 환율의 급격한 변동으로 인해 큰 시련을 겪었다는 점이다. 이후 두 기업은 전세계로 생산기지를 옮기기 위한 노력을 적극적으로 전개하였다. Komatsu는 브라질, 아르헨티나, 독일, 영국, 미국 등에 현지공장을 설립하였고 Caterpillar 역시 중국, 일본, 한국 등에 신규합작투자를 맺는 한편, 세계전역에 분포하고 있던 자사의 공장에 대해 부품의 현지조달비율을 높이도록 독려하였다. 반면 이러한 글로벌 공급망으로 인해 이 두 기업들은 트럼프 행정부의 관세부과로 인해 타격을 받는 점도 유사하다. 또한 Caterpillar와 Komatsu의 사례는 양 기업이 상대편기업의 본국시장을 적극적으로 공략하는 것을 비롯하여 모든 시장에서 밀접한 상호견제와 대응을 하는 것을 보여준다.

본 장에서는 Caterpillar와 Komatsu와 같은 글로벌기업들이 추구하는 글로벌전략의 기본적인 과제를 살펴보기로 한다. 글로벌기업들은 전략을 수립하는 데 있어 다음 두 가지 상반된 요구 사이의 균형을 이루어야 한다. 우리가 앞서 살펴본 제2장과 제3장의 세계무역 및 금융질서는 전세계적인 통합의 중요성을 강조하고 있다. 즉, 전세계시장에서 규모의 경제를 활용하여 낮은 비용으로 생산을 하고, 전세계고객을 상대로 하는 마케팅활동을 강조하는 것이다. 반면 제4장에서는 세계각국이 아직도 서로 다른 정치적·문화적 환경을 갖고 있으며, 다국적기업들이 이러한 정치적·문화적 환경에 대응하기 위해 현지국환경의 특성에 적응해야 할 필요성을 살펴보았다. 트럼프 행정부의 자국우선주의와 관세정책은 정치적 위험에 대한 대응의 중요성을 다시 한 번 강조해 준다.

이와 같이 전세계적인 통합에 대한 압력과 동시에 각 지역별로 현지화해야 하는 당위성이 바로 다국적기업이 직면하고 있는 경영환경이다. 통합과 현지화는 서로 상반되고 모순되는 힘이기에 다국적기업은 어떻게 이들 상반된 두 압력 간의 조화를 이룰 것인가를 고려하지 않으면 안 된다. 따라서 본 장에서는 글로벌전략의 기본과제를 살펴본 후, 글로벌전략의 두 가지 큰 핵심과제인 기업활동을 어떻게 전세계적으로 배치할 것인가의 문제와 전세계적으로 배치한 기업활동을 어떻게 관리할 것인가라는 과제를 설명한다. 본 장에서 살펴볼 주제는 다음과 같다.

- 글로벌전략을 수립할 때 기업이 기본적으로 고려해야 할 사항이 무엇인가를 살펴본다.
- 기업활동을 전세계적으로 배치하는 데 필요한 기본적인 전략개념을 살펴본다. 특히 본 장에서는 경영전략의 주요개념을 도입하여 핵심역량과 가치사슬을 전세계적으로 배치하는 문제와 해외시장 진입방법에 대해서 살펴보기로 한다.
- 글로벌전략의 일환으로 전세계적으로 투자한 후 각국에 위치하고 있는 여러 생산활동을 어떻게 효과적으로 통합하고 조정할 수 있을지 설명한다.

02 〉〉 글로벌전략의 기본과제

글로벌화와 현지화 간의 조화

앞서 살펴본 바와 같이 전세계시장을 무대로 경쟁하고 있는 글로벌기업들은 서로 상반된 압력에 직면하고 있다. 글로벌기업들은 한편으로는 비용 측면에서의 경쟁우위를 갖기 위하여 한 곳에 생산시설을 집중하고 규모의 경제를 이용한 대량생산을 통해 낮은 비용으로 전세계시장에 제품을 수출하는 전략을 추구할 필요성을 느낀다. 이를 위해서는 세계에서 가장 낮은 비용으로 생산할 수 있는 입지에 위치하여야 하고, 규모의 경제를 활용하기 위하여 전세계 소비자들의 수요가 동질적인 것으로 가정하고 표준화된 제품을 생산하여 판매할 필요성을 느낀다. 한편, 글로벌기업들은 각국의 서로 다른 지역적·문화적 특성에 맞추어 차별화된 제품을 생산할 필요성도 느낀다. 또한 생산시설을 한 지역에 집중하게 되면 환율의 변동에 취약하기 때문에 생산기지를 세계 여러 곳으로 분산시킴으로써 환율변동에도 대비하고 보호무역장벽을 우회할 필요성도 크게 느낀다.

이와 같이 글로벌기업들에게는 글로벌화와 동시에 현지화를 달성해야 하는 상반된 목표가 동시에 존재한다. Prahalad와 Doz는 글로벌화와 동시에 현지화해

그림 5-3 글로벌화와 현지화의 압력

야 하는 필요가 공존하는 것이 다국적기업이 갖는 근본적인 갈등이라고 지적하였다.[2] 본 절에서는 이와 같이 글로벌기업이 직면하고 있는 글로벌화와 현지화라는 상반된 압력이 어디서부터 비롯되는가를 살펴본다. **그림 5-3**은 다국적기업이 처해 있는 글로벌화와 현지화 간의 상반된 힘을 보여주고 있으며 다국적기업은 이들 간의 적절한 조화를 이루어야 한다는 것을 보여준다.

글로벌화에 대한 압력

다국적기업이 글로벌화의 압력을 느끼는 이유는 우리가 제1장에서 살펴본 바와 같이 산업과 경쟁이 글로벌화하는 추세 때문이다. 우리는 제1장에서 산업과 경쟁의 글로벌화 요인으로서 연구개발과 생산에 있어서 규모의 경제가 점차 중요해지고 있으며, 전세계적으로 소비자의 수요가 점차 동질화되어 가는 추세에 있고, 또한 2장에서 GATT와 WTO체제하에서 무역장벽이 그동안 감소해 왔던 과정을 살펴보았다.

글로벌화의 필요성이 더욱 강조되는 산업은 표준화된 제품을 대량생산하는 산업이다. 예를 들어, 메모리 반도체는 전세계에서 동일한 제품을 소비하는 글로벌제품이다. 자동차도 과거에는 각국별로 소비자의 기호에 큰 차이가 있었으나 점차 전세계적으로 소비자의 기호가 동질화됨에 따라 표준화된 제품이 되어 가고 있다. 이와 같이 각국마다 소비자의 기호가 동질화됨에 따라 기업들은 표준화된 제품들을 대량생산하여 규모의 경제를 활용할 수 있기를 기대한다.

이처럼 표준화된 상품을 중심으로 대량생산체제를 통하여 낮은 가격으로 경쟁하는 산업에서는 기업들이 치열한 경쟁을 벌인 결과, 많은 군소기업들은 도산하고 소수의 글로벌기업들만 살아남기 쉽다. 특히 일상재화된 산업에서는 이러한 경향이 더욱 두드러지게 나타난다. 메모리형 반도체산업은 전형적인 글로벌산업으로서 전세계적으로 소수의 기업들이 치열한 가격경쟁을 벌이고 있다. 한국의 삼성전자와 SK하이닉스에 비해 경쟁력이 떨어진 일본의 메모리생산업체들은 대부분 도태되었다. 또한 이들 산업은 경기변동에 취약하여 때로는 공급과잉이 발생하고 기업들이 막대한 손실을 입기도 한다. 타이어산업에서도 역시 차별화되지 않은 일상재의 성격 때문에 전세계적으로 많은 기업들이 도산하거나 합병·인수되어 이제는 소수의 기업들만 살아남아 극심한 가격경쟁을 벌이고 있다.

또한 생산과 연구개발에서 규모의 경제가 큰 산업일수록 글로벌화해야 하는 필요성이 더욱 크다. 자동차산업에서는 신제품을 개발하는 데 막대한 연구개발비가 들고 생산설비를 갖추는 데도 엄청난 투자자금이 소요된다. 이와 같은 산업에서는 한 곳에 대형공장을 만들고 대량생산을 통한 규모의 경제를 활용하여 비용을 낮춰야 한다. 저비용생산기지에서 생산된 제품을 세계각국에 수출함으로써 규모의 경제를 최대한도로 활용할 수 있는 것이다.

또한 우리가 제2장에서 살펴본 바와 같이 GATT와 WTO체제하에서 각종 관세 및 비관세장벽이 무너지고, 지역 내 경제통합현상이 가속화됨에 따라 표준화된 상품의 대량생산을 통하여 비용우위를 확보하려는 글로벌화의 압력은 더욱더 가중되고 있다. 더욱이, 폭발적인 성장을 보이는 온라인시장은 전세계의 경쟁자, 공급업체, 딜러, 소비자와 실시간으로 정보를 공유하게 해준다. 이와 같은 IT기술의 발전은 궁극적으로 소비자수요를 동질화하고 경쟁을 보다 글로벌하게 만든다.

현지화에 대한 압력

다국적기업이 현지화해야 하는 필요성 중 첫째는 환율변동으로 인해 국제경쟁력이 약해지는 것을 피하기 위해서이다. Caterpillar와 Komatsu의 사례에서 살펴본 바와 같이 환율변동은 한 지역에 생산시설을 집중하는 글로벌기업들에게 커다란 위험요소로서 작용한다. Caterpillar는 1980년대 초반에 미국의 달러화가 고평가됨에 따라 상당한 어려움을 겪었고 Komatsu 역시 1980년대 후반 엔화가 고평가됨에 따라 상당한 어려움을 겪었다. 아무리 소비자수요가 동질화되고 무역장벽이 철폐되며 규모의 경제가 중요하다고 해도, 환율이 급변할 경우에는 한 지역에 생산시설을 집중하여 규모의 경제를 활용하는 단순한 글로벌경영방식은 위험한 전략일 수밖에 없다. 따라서 다국적기업들은 이러한 환위험을 회피하기 위해서 적극적인 현지화전략을 펴야 할 필요성을 느낀다.

또한 우리가 제2장에서 살펴보았듯이, 국제무역장벽이 계속적으로 낮아지는 추세에 있지만 국가 간에 무역분쟁이 발생할 가능성이 아직도 상당히 크다. 특히 수출활동으로 해외사업을 운영하는 기업들에게는 각종 무역분쟁이 큰 어려움으로 작용할 수 있다. 예를 들어, 최근 유럽연합과 미국 등 주요 선진국에서는 국가마다 상이한 기술 및 인증 조건을 적용하는 비관세장벽의 일종인 무역기술장벽 Technical Barriers to Trade; TBT를 세울 조짐을 보이고, Covid-19 사태로 침체된 내수시장과 산업을 보호하기 위해 보호무역주의 경향이 나타나고 있다. KOTRA에 따르면 한국을 대상으로 한 수입규제는 2024년 24개국 216건을 기록했고 이 중 69.9%는 반덤핑규제였다. 앞으로도 유럽연합을 비롯한 선진국들은 탄소국경세, 공급망 실사 제도 등 ESGEnvironment·Social·Governance 기준에 충족하지 못하는 외국기업들의 활동을 제한할 계획이다. 또한 트럼프 행정부의 보호무역주의 정책은 관세부과를 통해 미국에서의 생산을 독려하고 있다. 이와 같은 보호무역주의에 대한 근본적인 대책은 해외 각지에 생산기지를 두어 현지화하는 방법이다.

더욱이 우리가 제4장에서 살펴본 바와 같이 국가 간의 정치적·문화적 환경의 차이는 다국적기업들이 현지화의 필요성을 더욱 절실하게 느끼게 한다. 제4장에서 살펴본 바와 같이 다국적 기업들은 각종 행정·법률의 불확실성, 뇌물요구와 개인적인 신변위협에 이르기까지 크고 작은 정치적 위험을 안고 있다. 이와 같은 정치적 위험을 피하는 방법은 적극적으로 현지화를 하는 것이다. 또한 국가 간의 문화적 차이는 다양한 현지 소비자의 수요를 만족시키기를 요구하고 있으며 이 같은 소비자의 요구를 충족시키기 위해서 기업들은 적극적인 현지화전략을 취해야 할 필요성이 더 커진다. 앞서, 인터넷이 소비자수요의 동질화와 경쟁의 글로벌화를 촉진한다고 설명하였으나, 국가 간 문화적 차이는 쉽게 해소되지 않을 것이다.

문화적 차이는 구체적으로 국가 간에 서로 다른 유통망으로 나타날 수 있다. 국가마다 오랜 역사적 배경하에 발달된 유통채널은 그 시장에 진출하려는 다국적 기업에게 새로운 접근방법을 요구한다. 또한 국가별로 서로 다른 산업표준으로 인해 국가별로 생산을 조절할 필요성을 느낀다. 예를 들어, 미국은 보는 가전제품의 전압이 110V이지만 유럽에서는 220V가 표준이다. 따라서 미국과 유럽에 동일한 제품을 수출하려는 기업은 미국과 유럽에 각각에 맞는 전원공급장치를 장착해야 한다. 그리고 영국과 일본에서는 자동차의 핸들이 오른쪽에 달려 있고, 그 밖의 나라에서는 왼쪽에 달려 있기 때문에 이를 반영해 차량 구조를 설계해야 한다. 이상에서 살펴본 바와 같이 다국적기업은 글로벌화와 현지화라는 서로 상반된 요구 사이에서 적절한 조화를 이루어야 하는 필요성을 느낀다.

글로벌전략의 주요 요소

Caterpillar와 Komatsu의 사례는 한국기업이 향후 어떻게 글로벌전략을 수립할 것인가에 대해 많은 시사점을 준다. 본 절에서는 Caterpillar와 Komatsu의 사례를 중심으로 글로벌전략을 수립할 때 고려해야 할 중요한 요소들을 살펴보기로 한다. 글로벌기업들은 다음 다섯 가지 주요한 기준으로 자신의 글로벌전략을 수립하여야 할 것이다.

첫째, 자사의 경영자원이 국제적으로 이전 가능한가를 고려하여야 한다. Caterpillar와 Komatsu의 사례에서 살펴본 바와 같이 기업들이 해외진출을 하기 위해서는 그들에게 경쟁우위를 가져다주는 경영자원을 갖고 있어야만 한다. Caterpillar가 전세계 중장비산업에서 경쟁우위를 가질 수 있었던 이유는 높은 품질과 강력한 딜러망을 바탕으로 신뢰할 수 있는 애프터서비스를 빠르게 제공할 수 있기 때문이었다. 덕분에 Caterpillar의 제품은 고가임에도 불구하고 전세계적으로 높은 시장점유율을 유지할 수 있었다. 반면 Komatsu는 품질에 비해 낮은 가격으로 Caterpillar와 경쟁하여 왔다. Komatsu가 갖고 있는 가장 중요한 경영자원은 TQCTotal Quality Control활동을 통해 품질을 높이는 능력과 각종 프로그램을 통해 비용을 절감하는 능력이다. 즉, Caterpillar와 Komatsu는 각자 자신이 갖고 있는 경영자원을 적극적으로 활용하여 전세계적인 경쟁우위를 확보할 수 있었던 것이다.

Video

Komatsu way of manufacturing

이와 마찬가지로 해외로 진출하려는 기업들은 자신이 어떤 경영자원을 갖고 있는지, 자사가 가진 경영자원이 과연 국제적으로 이전 가능한가, 다시 말해 자신이 가진 경영자원을 해외시장에서 활용할 수 있는가에 대해서 살펴보아야 할 것이다. 만일 어느 기업이 한국 내에서는 품질과 가격 측면의 경쟁우위가 있지만 전세계적인 경쟁자와 비교하였을 때 그 우위가 크지 않다면 이 한국기업이 해외시장에 진출해서 성공할 확률은 희박하다고 볼 수 있다. 따라서 기업들은 자신이 갖고 있는 경영자원을 국제적으로도 이전하여 경쟁우위를 유지할 수 있는가를 냉철하게 검토해 보아야 할 것이다.

둘째, 글로벌전략을 수립할 때는 생산시설을 어디에 배치해야 할 것인지를 고려해야 한다. 예를 들어, 전세계 중장비시장에서 Caterpillar와 Komatsu는 중장비의 주요 부품인 엔진, 트랜스미션, 철판을 조달하여 용접·조립하고 서비스하는 기업활동을 한 국가 내에 집중시키거나 세계 여러 곳에 분산시킬 수도 있다. 글로벌전략을 수립하기 위해서는 각각의 생산활동을 어느 지역, 어느 국가에 배치할 것인가를 고려해야 할 것이다. 예를 들어, Komatsu는 미국의 Cummins Engines와 합작투자를 통해 대형엔진을 조달하고, Caterpillar는 중장비 제조에 필요한 철판을 자체적으로 생산하고 있다. 이와 같이 글로벌전략의 수립에는 생산활동을 여러 단계로 구분하고 개별생산활동을 전세계적으로 가장 잘 수행할 수 있는 국가에 재배치하는 과정이 필요하다.

셋째, 글로벌전략을 수립하는 기업에게는 두 번째 고려요인인 기업활동의 배치와 관련하여 구체적인 진입시장의 선택이 중요하다. Komatsu의 사례에서 Komatsu는 해외시장진출 초기 Caterpillar에 비해 품질이 열악하였으므로, Caterpillar가 상대적으로 작은 비중을 두고 있는 제3세계와 동구권을 중심으로 진출한 뒤, 품질과 가격경쟁력을 강화한 후에야 미국과 유럽시장에 진출하는 전략을 수립했다. 이와 같이 다국적기업이 해외시장 진출을 고려할 때에는 먼저 자신의 핵심역량을 기준으로 진출 후 해외자회사가 경쟁력을 가질 수 있는가 여부를 고려하여 진입시장을 선택해야 한다.

넷째, 개별생산활동을 국가별로 분산하기로 결정한 이후의 고려 요인은 그 국가에 어떠한 형태로 진입할 것인가를 결정하는 진입방법의 선택이다. 해외시장에 진출하는 데는 여러 가지 방법이 있을 수 있다. 수출이나 라이센스 형태로 진입할 수 있으며 독자법인을 설립하거나 합작투자 또는 인수합병을 통해 진출할 수도 있다. 이와 같이 각국에 진출할 때에 적절한 진입방법을 결정하는 것은 기업들이 글로벌전략을 추구하는 데 필수적인 중요한 의사결정이다. Komatsu의 경우, 브라질과 아르헨티나에는 신설법인, 미국에는 Dresser와 Cummins Engines와의 합작투자, 독일에는 ABG와 인수합병의 형태로 진출하였다. 기업들은 파트너십, 합작투자, 신설법인, 기업인수합병 등 각국의 경영환경과 전략적 필요성에 따라서 다양한 해외진출전략을 고려할 수 있다.

다섯째, 해외시장에 진출한 후에는 전세계에 퍼져 있는 자회사들에 대한 통제와 조정을 어떻게 효과적으로 할 것인가가 글로벌전략의 주요한 과제이다. 만일 전세계적으로 분산되어 있는 생산활동을 효과적으로 통제하지 못한다면 기업은 좋은 경영성과를 내지 못할 것이다. 다음 절에서는 이와 같이 기업활동의 세계적인 배치와 조정에 대해 살펴보고, 다국적기업이 어떠한 방법으로 생산활동을 조정하는가에 대해서 살펴보기로 한다.

03 〉〉 기업활동의 전세계적인 배치

본 절에서는 우리가 앞에서 살펴본 글로벌전략의 주요 요소 중 처음 네 가지 요소, 즉 자사의 경영자원이 국제적으로 이전 가능한가의 문제, 생산활동의 세계적인 배치문제, 진입시장의 선택문제, 각국에 진출할 때의 진입방법문제를 경영전략에서 발전한 개념을 사용하여 보다 구체적으로 고찰해 보기로 한다.

핵심역량의 해외이전

경영전략분야에서 핵심역량core competence이란 경쟁기업에 비해서 훨씬 우월한 능력, 즉 경쟁우위를 창출하는 기업의 능력이라고 정의하고 있다. 이와 같은 핵심역량은 기업이 갖고 있는 경영자원 중 경쟁자가 쉽게 모방할 수 없는 기업 특유의 능력을 말한다. 기업들은 저마다 서로 다른 핵심역량을 갖고 있으며 이러한 핵심역량은 기업의 경쟁우위의 근본적인 원천이 된다. 따라서 해외에 진출할 때 자신의 핵심역량이 무엇인가를 파악하는 것은 기업들이 수행해야 할 가장 중요한 전략적 과제이기도 하다. 핵심역량은 글로벌기업들이 전세계적인 경쟁자에 비해서 비용 측면에서 경쟁우위를 갖는 원인이 되기도 하며, 차별화우위를 통해 가격프리미엄을 얻을 수 있는 원천이기도 하다.

예를 들어, 일본의 Toyota는 자동차생산에 있어서 독보적인 비용상의 경쟁우위를 점하고 있다. 우리에게 잘 알려진 JITjust-in-time시스템은 Toyota가 최초로 개발한 기법으로 혁신적으로 재고비용을 낮추고 품질을 높임으로써 Toyota에 큰 경쟁우위를 제공해 주었다. 일본의 다른 자동차회사인 Nissan이나 Honda도 Toyota가 가지고 있는 자동차생산에서의 효율성을 쉽게 모방할 수 없을 정도로 Toyota의 JIT는 Toyota가 전세계적으로 강력한 경쟁력을 갖는 근본적인 원천이 되었다.

전세계 패스트푸드산업에서 선두를 달리는 기업인 McDonald's의 핵심역량은 세계 어디에서나 같은 품질의 햄버거를 저가에 공급하는 능력이다. 이를 위해 McDonald's는 햄버거를 굽는 장비를 전세계 McDonald's 점포에 독점적으로 생산·공급하고, McDonald's가 미리 지정한 양의 소고기와 McDonald's가 정한 규격

표 5-1 기능별로 살펴본 기업의 핵심역량의 예

경영기능	핵심역량	대표 기업 (혹은 대표적인 기업)
경영관리	효과적인 재무관리 시스템	Exxon Mobil
	다각화된 기업의 전략적 통제에 필요한 전문지식	General Electric
	효과적인 부문 및 사업부 단위의 경영조정과 동기부여	Shell
	인수합병 관리능력	Electrolux
	강력한 리더십	Wal-Mart, Federal Express
경영정보	중앙에서 강력하게 조정하는 효율적인 IT네트워크	Google, Amazon
연구개발	혁신적인 신제품을 개발할 수 있는 기초 연구능력	Merck, 3M
	신제품개발의 속도	Canon, Honda
생 산	생산의 효율성	Toyota
	제조공정의 지속적인 향상능력	POSCO, 삼성전자
	유연성과 민첩한 반응속도	Benetton
제품디자인과 마케팅	디자인 능력	Apple
	브랜드 관리 및 판촉	Procter & Gamble, Pepsi Co.
판매와 유통	고품질의 명성을 널리 활용하는 판촉	American Express Mercedes Benz
	시장의 흐름에 대한 빠른 반응속도	Zara
	판매량의 증대	Microsoft Glaxosmithklein
	신속, 효율적인 물류	Federal Express
	대고객 서비스의 품질과 효율성	Walt Disney

의 빵을 사용함으로써 전세계적으로 같은 품질을 유지할 수 있다. McDonald's는 또한 일괄구매를 통해 저렴한 가격으로 원료를 구매하여 지속적으로 햄버거의 가격을 낮추고 있다. McDonald's의 품질관리능력과 비용에서의 경쟁우위는 다른 패스트푸드 기업이 쉽게 모방할 수 없는 기업특유의 핵심역량이다.

Video
McDonalds in China

한편 한국의 삼성전자는 메모리 반도체를 가장 효율적으로 생산할 수 있는 기업이다. 메모리 반도체를 생산하는 기업의 수익률은 전적으로 그 기업이 얼마나 수율yield을 높이는가에 달려 있다. 공정기술의 개선과 각종 기계장비를 숙련되게 조작하는 능력이 수율을 결정하므로, 삼성전자가 보유하고 있는 생산프로세스기술 역시 삼성전자가 보유하고 있는 핵심역량이라고 볼 수 있다. **표 5-1**에는 기업이 가지고 있는 다양한 핵심역량을 기능별로 분류하여 보여주고 있다.

기업들이 글로벌전략을 수립하기 위해서는 가장 먼저 자신이 갖고 있는 핵심역량이 무엇이며 그것이 전세계적인 경쟁자에 비해서 경쟁우위를 창출할 수 있는가를 검토해야 할 것이다. 왜냐하면 기업들이 글로벌전략을 추구해서 해외로 진출하는 것은 자신의 핵심역량을 해외시장에서 활용하는 것과 같기 때문이다. 아무런 경쟁우위가 없는 기업이 무모하게 해외시장 진출전략을 추구한다면 그 기업은 해외시장진출에 실패할 수밖에 없다.

그러나 이와 같이 해외진출을 목적으로 기업이 갖고 있는 특유의 핵심역량을 해외시장에서 활용하는 것도 중요하지만 해외진출을 통해 자신에게 결여된 경영자원을 보완하는 것도 해외진출을 통해 기업이 얻을 수 있는 주요한 수확 중의 하나이다. 예를 들어, 비메모리 반도체산업에서 경쟁기업에 비해 디자인능력이 뒤떨어지는 기업은 경쟁기업이 밀집해 있는 미국의 실리콘밸리에 연구법인을 설립하여 미국인과학자와 엔지니어를 고용하여 비메모리 반도체의 디자인을 전담시킴으로써 부족한 핵심역량을 보완할 수 있을 것이다. 즉, 해외진출은 부족한 핵심역량을 보충해 주며 동시에 이러한 진출을 통해서 기업 특유의 핵심역량을 쌓을 수 있는 기회도 제공해 주는 것이다. 또, 핵심역량에 입각한 글로벌전략은 기업으로 하여금 자신이 갖고 있는 핵심역량을 냉철하게 검토하는 기회를 제공하여 준다. 냉철한 검토 후에 자신이 보유한 핵심역량은 최대한 활용하고 부족한 핵심역량을 보충하기 위하여 적극적인 글로벌전략을 꾀할 수도 있다.

가치사슬의 전세계적인 배치

가치사슬value chain이란 컨설팅회사인 McKinsey가 개발한 Business System을 Porter가 정교한 분석틀로 발전시킨 것으로, 기업의 전반적인 경영활동을 주활동부문과 보조활동부문으로 나누어서 기업의 구매활동부터 생산, 물류, 판매, 재고관리, 고객서비스에 이르기까지 각각의 부문에서 비용이 얼마나 들고 소비자들에게 얼마나 부가가치를 창출할 수 있는가를 정교하게 분석할 수 있게 해준다.[3] **그림 5-4**는 Porter의 가치사슬을 보여준다. 가치사슬에 따라 기업의 경영활동을 나눠 보면 부문별로 기업의 경쟁우위를 결정하는 요인이 다르다는 것을 알 수 있다. 따라서 각각의 가치사슬활동을 전세계 중 어디에 배치할 때 가장 효율적으로 생산할 수 있을 것인지 분석할 수 있다.

먼저 가치사슬 하단의 주활동부문primary activity은 부품구매와 원자재, 재고보유, 생산, 입고 및 물류, 판매와 마케팅, 고객서비스와 같은 활동들로 구성되어 있다. 상단의 보조활동부문supporting activity은 기업의 기획, 재무, 법률서비스, 연구개발, 디자인, 그리고 인적자원의 관리처럼 주활동을 보조해 주는 부문을 말한다. 다국적기업들은 각각의 활동을 전세계 중 어디에 배치할 것인가를 결정해야 한다. 이러한 가치사슬활동의 전세계적인 배치에 가장 중요한 판단기준을 제공하는 것이 우리가 앞서 살펴본 핵심역량에 기반한 관점이다. 즉, 다국적기업은 자신이 핵심역량을 보유하고 있는 활동만 본국에 남겨 두고 다른 활동은 전세계를 통틀어 그 활동을 가장 잘 수행할 수 있는 국가에 효과적으로 배치함으로써 효율을 최대화할 수 있다.

예를 들어, 본 장의 서두에서 살펴본 Komatsu는 원자재와 부품을 구매하는데 있어서, 가장 중요한 핵심부품인 엔진은 Cummins Engines과의 합작투자를 통해 조달하고 그 밖의 부품들은 자체적으로 생산하고 있다. 그리고 일본에 십중되어 있던 생산시설을 분산해 미국의 Tennessee주에 공장을 신설하고, 영국과 독일의 기업을 인수하며, 중국, 인도, 브라질과 아르헨티나에 공장을 배치함으로써 북미, 유럽, 남미, 중국 등에 각각 주요 생산거점을 확보하고 있다. 이와 같이

그림 5-4 Porter의 가치사슬

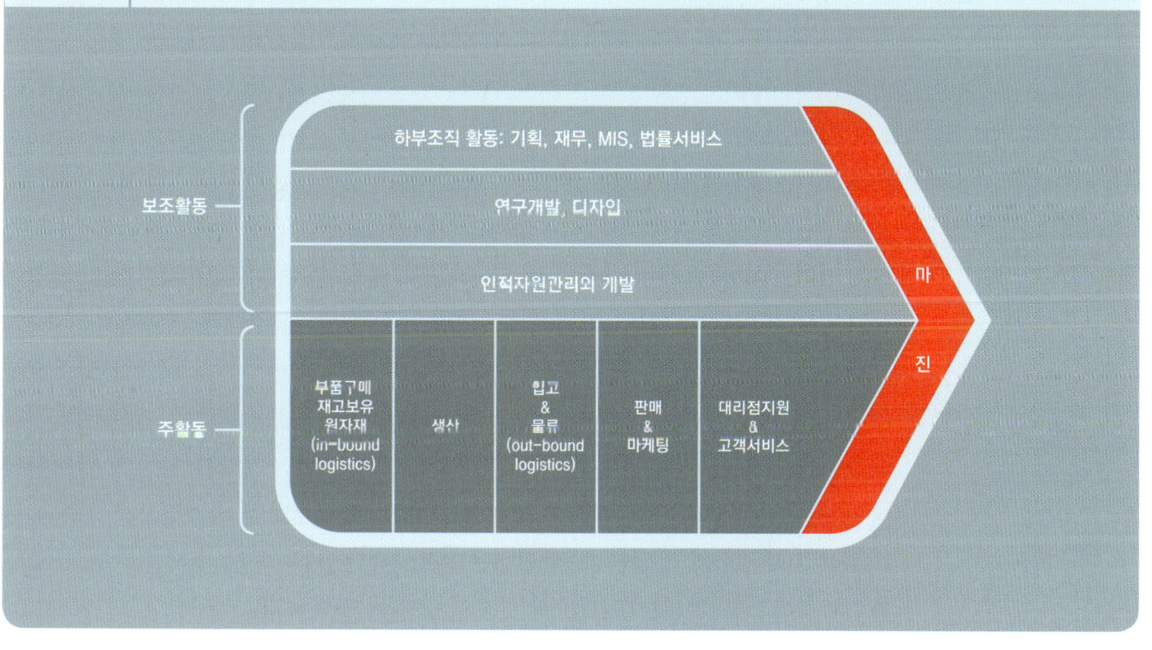

Komatsu가 각국에 생산거점을 확보하는 이유는 현지생산을 통해 각국의 실정에 맞는 제품을 설계·생산할 수 있고 동시에 환율변동에 따른 위험을 줄이고 보호무역장벽을 회피할 수 있기 때문이다.

반면 입고, 물류, 판매, 마케팅, 대리점지원 그리고 고객서비스분야는 Komatsu가 중장비를 판매하는 모든 국가에 공통적으로 필요하다. 즉, Komatsu가 중장비를 판매하는 모든 국가에 판매 및 마케팅조직이 필요하며 고객과 대리점을 지원하기 위한 서비스조직도 필요하다. 그 밖에 Komatsu는 기획, 재무, MIS, 법률서비스와 같은 기능별 하부조직과 인적자원개발 및 연구개발 활동까지 전세계 주요 국가에 분산하여 주활동부문을 보조하고 있다. Caterpillar 역시 환율변동에 대한 취약성을 깨닫고 단순히 생산활동만 여러 지역에 분산시키는 것뿐만 아니라 주요 부품의 구매를 해외로 전환하는 데 큰 노력을 기울이고 있다. 한편 트럼프 행정부의 보호무역주의 정책은 생산기지를 다시 미국으로 회귀하라는 주문을 강력하게 하고 있다. 그러나 이미 글로벌하게 분산된 생산기지를 단기간에 조정하기 어려울 뿐더러 미국이 장기적으로도 현재와 같은 보호무역주의를 유지하는 것에 대한 불확실성이 있으므로 다국적기업들은 당분간 관망하는 자세를 취하고 있다.

이와 같이 가치사슬을 이용해 기업의 활동을 분석하면 개별활동분야를 어느 국가에 위치시키는 것이 최적인가를 결정할 수 있다. 예를 들어, 노동집약적인 활동은 임금이 낮은 개발도상국에 배치하는 것이 효과적이며, 자본집약적이거나 연구개발집약적인 활동은 미국, 일본, 유럽 등 선진국에 배치하는 것이 더욱 효과적일 것이다. 따라서 핵심역량에 기반한 관점은 다국적기업들이 개별활동의 입지를 선정할 때 가장 중요한 판단기준이 된다.

진입시장의 선택

기업들이 새롭게 진출할 시장을 선정할 때는 특정 국가만 고려하는 편협한 시각에서 벗어나 그 기업이 글로벌전략을 추구하는 데 차지하는 위상과 영향을 고려하는 것이 필요하다. 글로벌전략을 추구하는 기업들이 일부 국가에만 집중하는 전략은 바람직하지 못하며 시장의 중요도에 따라 전세계적으로 골고루 퍼져서 매출액의 균형을 이루는 것이 바람직하다. 이와 같이 균형있게 시장에 참여하게 되면 전세계시장에서 소비될 수 있는 글로벌제품의 개발과 마케팅프로그램의 전세계적인 표준화가 가능하다. 한편 부품조달, 생산, 제품개발, 국제물류 등 글로벌 가치사슬활동을 위해서도 지리적 시장의 균형이 필요하다.

이와 같은 고려하에 해외에 있는 각 시장에 진출을 검토할 때 기업들은 크게 두 가지 요소를 평가해야 한다. 첫째, 기업은 현지시장의 전략적인 중요성을 평가해야 한다. 이는 그 기업이 추구하는 글로벌전략의 성패에 현지시장이 중요한 영향을 미치는지를 파악하는 것이다. 둘째, 현지시장에서 그 다국적기업이 활용할 수 있는 경쟁우위를 객관적으로 평가해야 한다. 이는 앞서 글로벌전략의 수립을 위한 첫 번째 요소로서 논의한 핵심역량의 관점에서 그 기업의 상대적 경쟁우위를 살펴보는 것을 의미한다.

전략적으로 중요성을 갖고 있는 시장은 다음과 같은 측면에서 평가될 수 있다. 첫째, 전략적 시장이란 시장규모가 크고 그 시장에서 이익을 얻을 가능성이 높은 시장이다. 주요 시장에서 성공하면 그만큼 규모의 경제를 활용할 가능성이 높아지고, 또한 신규시장진출을 위한 재원마련에도 크게 도움이 된다. 따라서 우리가 흔히 큰 시장으로 알고 있는 미국, 일본, 그리고 유럽시장과 같은 주요 시장에서 성공하는 것이 글로벌전략을 추구하는 데 큰 도움을 준다. 반면, 규모가 큰 시장을 확보하지 못한 기업은 이 시장을 확보한 기업에 비해 비용 면에서 불리함을 감수해야 한다. 또한 전략적 시장을 기존에 차지하고 있던 기업도 그 시장에서 얻은 재원을 활용하여 다른 시장에서 덤핑전략을 활용할 수 있기 때문에 전략적 시장을 사전에 효과적으로 공략해야 한다. 예를 들어, 일본기업들이 과거 각종 무역장벽으로 철저하게 보호된 일본 내수시장에서 해외시장개척에 필요한 엄청난 재원을 확보할 수 있었던 것에 비해, 미국기업들은 엄청나게 큰 미국 내수시장에 만족하여 해외시장개척을 게을리하였다. 그 결과 일본기업들이 일본 내수시장에서 얻은 수익을 바탕으로 미국시장에 덤핑공세를 가할 때 미국기업들은 속수무책으로 당했던 경험이 있다. 또한 지리적 측면에서 특정지역 내에서 시장규모가 상대적으로 큰 국가도 전략적 시장으로 보아야 한다. 예를 들어, 남미시장에서 가장 규모가 크고 천연자원이 풍부한 브라질은 남미시장진출에 교두보가 되는 전략적 시장이다.

둘째, 글로벌고객을 상대하는 기업은 전세계적으로 사업활동을 하는 고객에게 효과적인 서비스를 제공하기 위해서 고객의 모국과 그 고객이 활동하는 주요 국가에 진출해 있어야 한다. 따라서 글로벌고객의 모국이 전략적 시장이 된다. 예를 들어, Citi Bank는 주요 고객들인 다국적기업이 전세계적으로 운영되므로 이들을 위하여 많은 점포를 해외에 두고 있다. 또한 다국적기업들은 글로벌 고객을 통해서 상품개발의 아이디어를 얻는 경우가 많기 때문에 그들이 진출한 나라에 연구개발법인을 설립할 필요가 있다. 한 예로 2023년 BMW는 한국 송도에 BMW

CHAPTER5

R&D 센터를 착공하였다. 이는 독일 본사와 함께 자율주행, 커넥티비티 Connectivity, 전기화 기술 등 독일과 한국의 기술 교류를 통해 다양한 미래 모빌리티 분야의 연구를 수행하게 되어 한국 우수인력 활용은 물론 다양한 상품개발의 아이디어를 창출하는 것이 목적이었다.

셋째, 경쟁기업의 내수시장은 가장 중요한 전략적 시장이다. 경쟁기업을 가장 효과적으로 견제할 수 있는 방법은 그 경쟁기업의 가장 중요한 시장을 공략하는 것이다. 앞 사례에서 살펴본 바와 같이 Caterpillar는 Komatsu의 모국 일본시장에서 미츠비시중공업과 합작투자를 하여 Komatsu를 견제하였다. 만일 Caterpillar가 일본시장에서 Komatsu를 견제하지 않았다면 Komatsu는 일본시장에서 얻은 수익을 바탕으로 미국 내수시장에 덤핑을 가할 수 있기 때문에, Caterpillar가 Komatsu를 가장 효과적으로 견제하는 방법은 Komatsu의 모국인 일본시장에 진출하는 것이었다. 또한 경쟁기업의 본국만이 아니라 이들 글로벌경쟁기업이 주력하고 있는 시장에 진출하여 이들을 견제하는 것도 효과적인 경쟁수단이 될 수 있다.

Video

Caterpillar Japan

넷째, 기술혁신이 많이 일어나는 시장은 전략적 시장의 역할을 한다. 기술혁신의 본거지에 위치하는 것은 뛰어난 기술력을 확보함과 동시에 경쟁기업의 움직임을 포착하는 데 크게 도움이 된다. 제11장에서 살펴볼 P&G의 일본진출사례에서, P&G는 일본시장에서 신제품도입이 가장 활발하게 일어난다는 점에 착안하여 일본에 R&D센터를 설립하고 기술혁신의 본거지로 삼았다. 이와 같은 전략적 시장으로의 진출은 기업의 기술혁신과 경쟁력확보에 큰 도움을 주고 있다.

글로벌전략의 중요한 과제 중의 하나는 그 기업이 갖고 있는 제한된 경영자원을 어떻게 효율적으로 배분하여 글로벌시장 전체에 효율성을 증가시킬지의 문제이다. 성공적인 글로벌전략을 수립하기 위해서는 앞서 살펴본 것처럼 개별시장의 전략적 중요성을 평가하고 이 결과에 입각한 포트폴리오관리가 필요하다. **그림 5-5**는 세계시장의 전략적 중요성과 현지에서의 경쟁력에 입각한 포트폴리오 매트릭스를 나타낸 것이다. 포트폴리오관리란 일찍이 Boston Consulting Group이 개발한 전략기법으로서, 개별시장을 전략적 중요성과 경쟁력 정도에 따라 그림과 같이 크게 네 가지 범주로 구분하고 그 글로벌기업의 여러 해외자회사를 배치시킨 것이다. 자금젖소cash cow인 시장은 현지에서 기업의 경쟁력은 높으나 전략적 중요성 또는 성장가능성이 낮은 시장을 의미한다. 이러한 시장에서 활동하는 자회사는 기존 제품을 활용하여 매출액을 증대시키고 수익을 증가하는 것이 최선의 방법이다. 이에 비해 전략적 중요도 강력한 경쟁 우위도 갖고 있는 시장은 이른바 스타star로서 이 시장에는 지속적으로 투자하여 경쟁력을 유지하는 것이 필요하

그림 5-5 세계시장의 포트폴리오 매트릭스

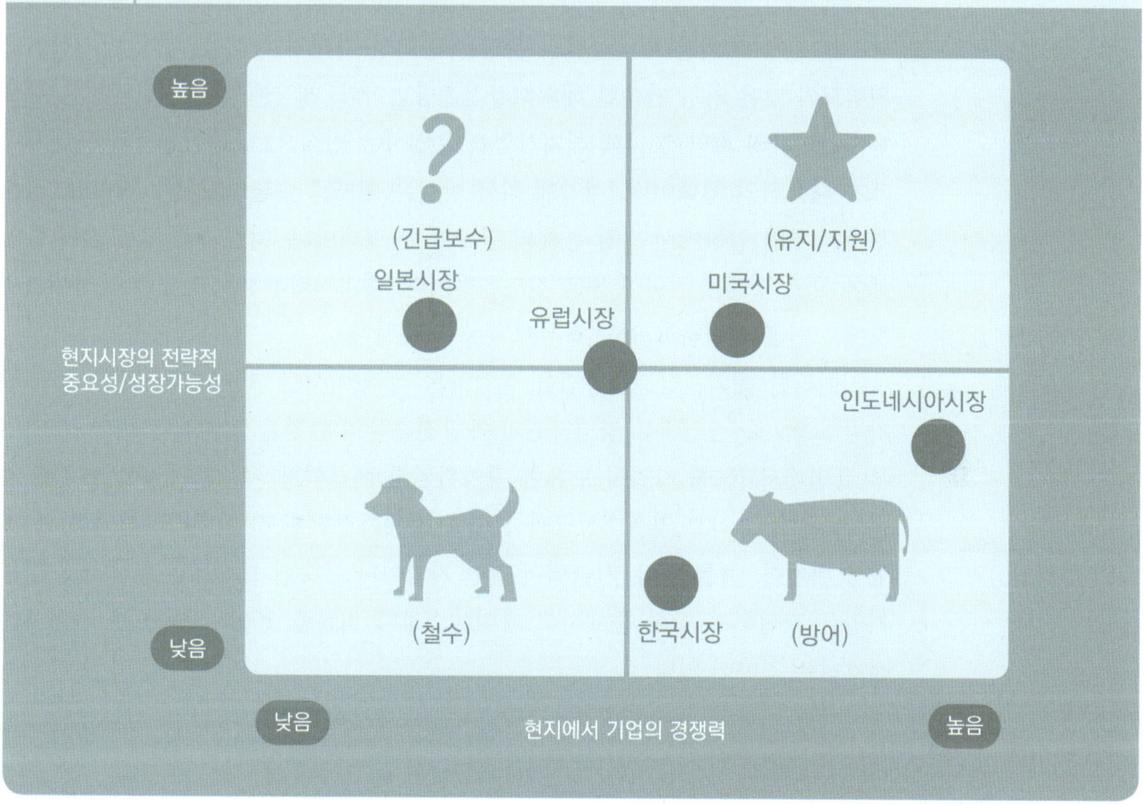

다. 반면 경쟁력과 전략적 중요성이 모두 낮은 시장은 개dog로서 이 시장에서는 철수를 검토하여야 한다. 또한 전략적 중요성이 높은 시장이지만 현지에서 경쟁우위가 없는 물음표?의 경우에는 적극적인 투자로 경쟁우위를 높이는 방법을 모색해야 한다.

위와 같이 각 시장의 중요성과 현지에서 해당 기업의 경쟁력에 따라 글로벌기업들은 각 시장에 적절한 경영자원을 배분하고, 이들 해당 시장에 진출할 때는 적절한 진입방법을 선택해야 한다. 나아가 진입 후 현지자회사를 관리하는 데도 기존과 다른 접근방법이 필요하다. 해외시장진출 후의 해외자회사를 관리하는 방법은 Ⅲ부에서 보다 자세히 논의하기로 한다.

진입방법의 선택

일반적으로 기업의 해외시장진출방법에는 다음 **그림 5-6**과 같이 수출, 계약,

직접투자의 세 가지 유형이 존재한다. 단순수출이나 계약보다는 직접투자가 해외사업에 대한 투자 규모와 통제의 필요성을 키우는 반면 그에 따른 위험도 높아진다. 즉, 수출에 의한 해외사업의 운영은 일회성 거래의 형태를 띠며, 단기적이고 위험도가 낮은 가장 단순한 해외시장진출방법이다. 계약에 의한 진출방법은 주로 현지기업과의 계약에 의해 해외사업을 운영하는 방식으로, 라이센스와 프랜차이즈가 대표적인 형태이다. 계약에 의한 방식은 대체로 수출보다 장기적이다. 직접투자는 기업 입장에서 가장 통제의 강도가 큰 형태이나, 자금과 인력을 많이 투입해야 하고 그만큼 위험이 높은 진입유형이다. 해외직접투자는 기업이 특정해외시장에 그만큼 전력하고 있는 경우에 주로 사용된다.

이러한 해외시장진출방법을 결정하는 데 있어서는 **그림 5-7**과 같이 크게 두 가지 요인, 즉 기업내부 경영자원과 해당진출국의 환경을 고려해야 한다. 기업내부 측면에서 볼 때 기업이 보유한 경영자원과 핵심역량, 즉 그 기업이 보유한 기술, 브랜드, 그리고 진출대상국과 관련된 국제화경험은 진입방법의 선택에 큰 영향을 미친다. 예를 들어, 기술력이 강한 기업이나 우수한 브랜드를 보유하고 있는 기업은 직접투자 방식 중에서도 라이센스보다 지분을 100% 소유하는 자회사를 선호하는 경향이 있다.

그림 5-6 | 해외시장진출방법의 분류

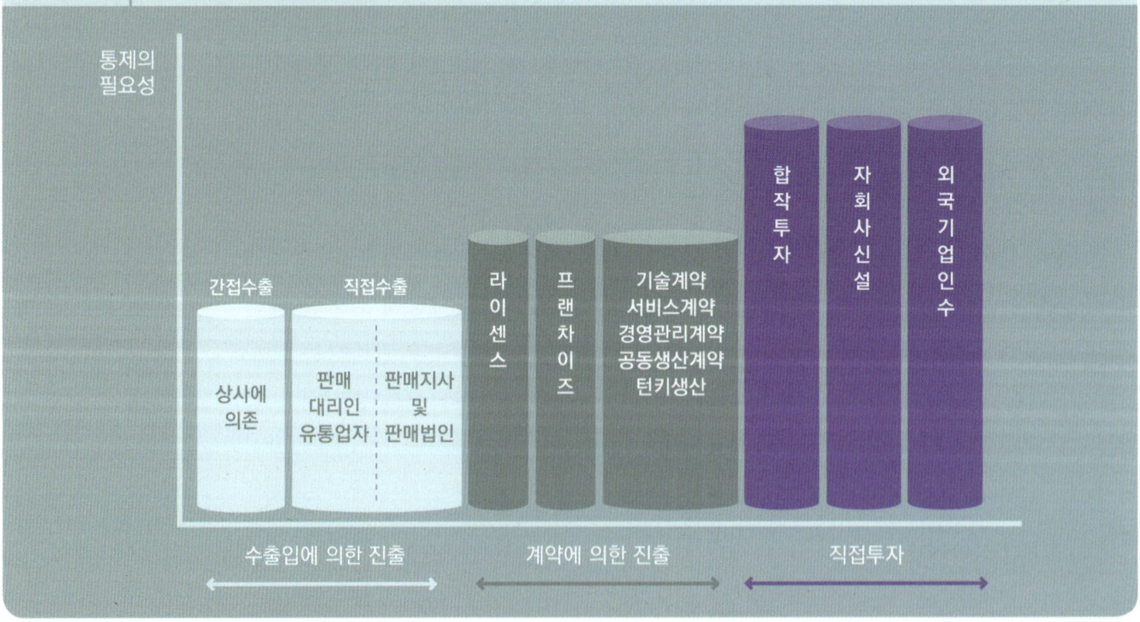

출처: Franklin Root, *Entry Strategies for International Markets*, Lexington, 1994의 내용을 변형하여 작성

그림 5-7 해외시장진출방법의 고려요인

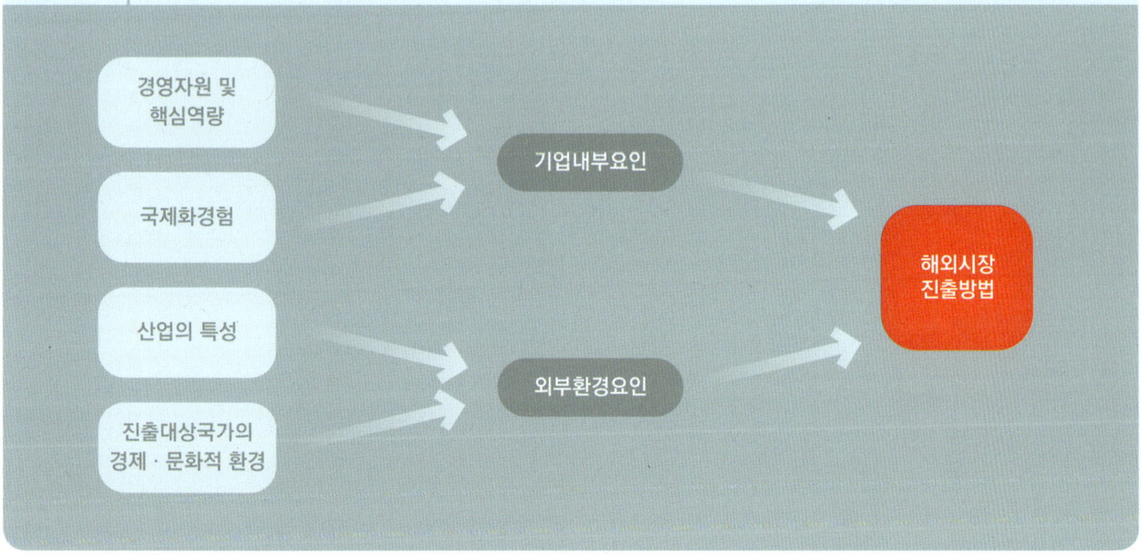

동시에 기업은 외부환경요인을 파악해야 한다. 여기에는 해당 산업의 구조적인 특성과 진출하고자 하는 국가의 정치·경제·문화적인 환경이 있다. 예를 들어, 규모의 경제가 큰 자동차산업의 경우, 국가마다 공장을 배치할 수 없으므로 현대/기아자동차는 미국, 체코, 슬로바키아에서 생산하여 미주와 유럽에 판매하는 등 각 지역별 생산거점을 구축하는 전략을 구사하고 있다. 한편 진출국가의 정치·문화·경제적 환경도 기업의 진출방식에 큰 영향을 미친다. 많은 경우 투자국의 환경은 기업이 통제할 수 없는 외생변수로 작용한다. 예를 들어, 러시아에 최초로 진출했던 한국기업들은 빈번한 도난 사건과 합작파트너의 사기행각, 수출대금의 지급불능 또는 광금석과 같은 현물지급 등 각종 불확실성에 직면하였다. 또한 해당 진출국가의 소득수준은 생산시설의 입지나 해외자회사의 위치에 영향을 준다.

이와 같이 국경을 넘어 기업의 경영활동을 해외로 확장하는 경우, 기업의 핵심역량과 산업의 구조적 특성뿐만 아니라 기업의 국제화경험과 해외시장에 대한 구체적인 지식이 필요하다. 예를 들어, 미국에 TV를 판매하려면 미국 시장의 소비자들이 어떤 유형의 TV를 선호하고, 가격은 어느 정도가 적정한가에 대한 정보가 필요하다. 또한 TV와 오디오를 전문으로 하는 Best Buy와 같은 대형할인판매점에 기반한 미국의 가전제품 산업의 유통구조에 대한 지식이 필요하다.

흔히 기업의 국제화과정은 몇 단계의 과정을 거치면서 해외시장에의 몰입 정도를 점차 높여 가는 진화론적 관점으로 설명할 수 있다. 일반적으로 **그림 5-8**과

그림 5-8 | 해외시장진출방법의 발전과정

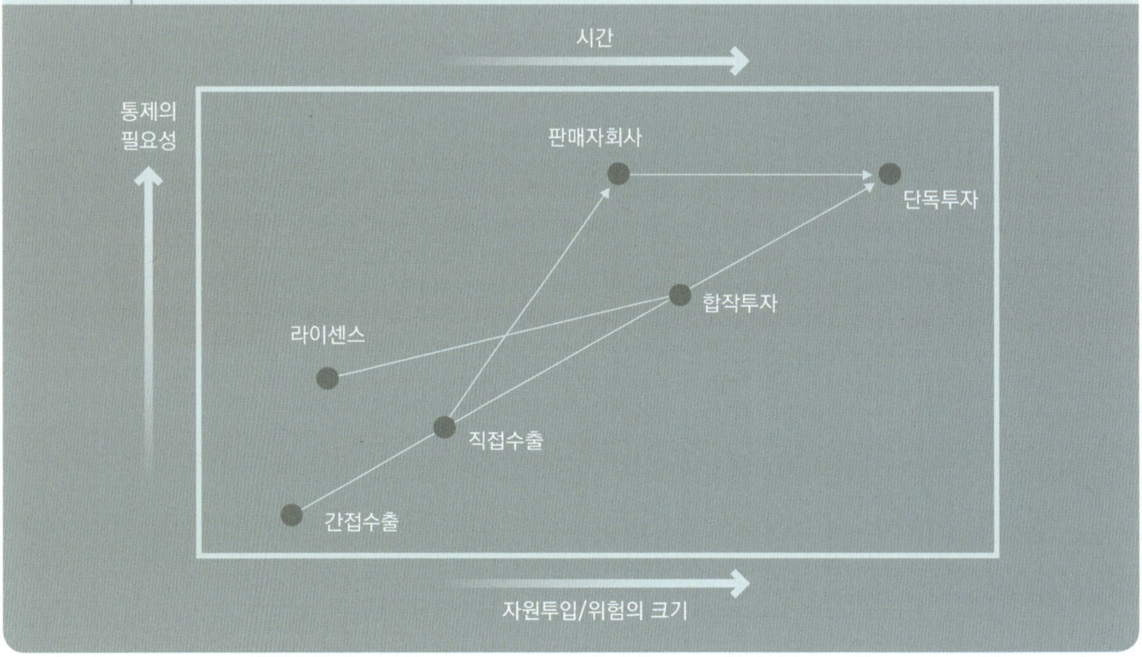

출처: Franklin Root, *Entry Strategies for International Markets*, Lexington, 1994, p. 39.

같이 기업의 국제경영활동이 확대되어 감에 따라 기업의 시장진출방식은 간접수출, 직접수출, 라이센스, 판매법인, 합작투자, 단독투자의 순으로 그 투자규모와 몰입도가 점진적으로 확대된다. 예를 들어, 삼성전자는 미국진출 초기에 그룹 내 종합무역상사인 삼성물산을 통해 간접수출을 하다가 수출물량이 증대됨에 따라 직접수출로 전환하였다. 즉, 수요가 점차 늘어나자 삼성전자는 미국 내 판매지사를 설립하여 수출입업무를 담당시켰고, 수출규모가 더욱 커지고 유통망을 장악할 필요성이 대두됨에 따라 판매법인을 설립하게 되었다. 삼성전자는 Texas주 Austin에 반도체 생산공장을 설립하여 운영하고 있다.

이와 같이 기업의 국제화과정은 하나의 점진적인 과정으로서 해외시장에 몰입하는 정도가 높은 진출방법으로 계속해서 발전시킬 수 있다.[4] 그러나 기업이 갖고 있는 경영자원, 국제화경험, 산업의 특성, 투자국의 환경에 따라 특정단계에서 머무르거나, 단계를 건너뛰기도 한다. 또한, 기업들은 다양한 진출방식을 동시에 병행할 수 있다. 예를 들어, 직접투자와 동시에 프랜차이즈도 하거나 판매법인도 설립할 수 있다.

04 >> 기업활동의 세계적인 조정

글로벌전략과 국가별전략

우리는 앞서 글로벌기업이 전세계시장을 확보하기 위하여 기업활동을 어떤 국가에 배치해야 하는가의 문제를 살펴보았다. 본 절에서는 이렇게 각국에 배치한 연구개발, 생산, 판매활동 등을 조정하고 통합할 능력을 어떻게 확보할 것인지를 생각해 보고자 한다.

Porter는 이상의 두 가지 측면, 즉 기업활동을 어떻게 전세계에 배치configuration할 것인가와 전세계에 배치된 활동을 어떻게 조정coordination할 것인가의 문제로 글로벌전략을 정의하였다.[5] 조정이란 정보의 공유, 책임 및 권한의 할당 등을 뜻한다. 만일 삼성전자의 중국자회사에서 생산방식을 획기적으로 개선할 수 있는 방법을 개발했다면 그 개발한 기술을 한국의 본사나 베트남에 있는 자회사에 이전시킴으로써 삼성전자 전체의 생산성을 높일 수 있다. 세계 여러 나라에서 축적되는 단순한 제조기술뿐만 아니라 생산에서의 공정기술이나 마케팅기술 등도 중요한 지식 중의 하나이다. 이렇게 글로벌전략에서 각국의 자회사와 본사 간에 또는 자회사끼리 지식을 더 많이 공유할수록 산업 내의 큰 변화의 추세를 미리 감지하고 대응할 수 있게 된다.

또한 글로벌전략을 통한 전세계 생산활동의 조정은 기업의 차별화에 도움을 줄 수 있다. 글로벌기업의 조정은 경쟁기업들의 활동에 유연하게 대처할 수 있는 힘을 길러 준다. 이런 글로벌한 기업은 경쟁기업과 경쟁할 시장과 대응 방법을 선택할 수 있다. 우리가 앞의 사례에서 살펴본 것처럼 Caterpillar는 Komatsu를 견제하기 위하여 일본의 미츠비시중공업과 합작회사를 설립한 바 있다. 이로써 Caterpillar는 경쟁자인 Komatsu에게 가장 큰 타격을 줄 수 있는 시장, 즉 Komatsu의 안마당인 일본시장에서 Komatsu를 견제할 수 있었던 것이다.

그림 5-9는 국제전략의 유형을 기업활동의 배치와 조정의 두 가지 측면에서 나타낸 것이다. 이를 통해 우리는 기업들이 추구하는 국제전략의 유형을 알 수 있다. 먼저 수평축을 비교하면, 오른쪽은 기업활동의 세계적인 배치가 지역적으로 한 곳에 집중된 특성을 보이고, 왼쪽은 기업활동이 전세계적으로 여러 국가에 넓

그림 5-9 국제전략의 비교

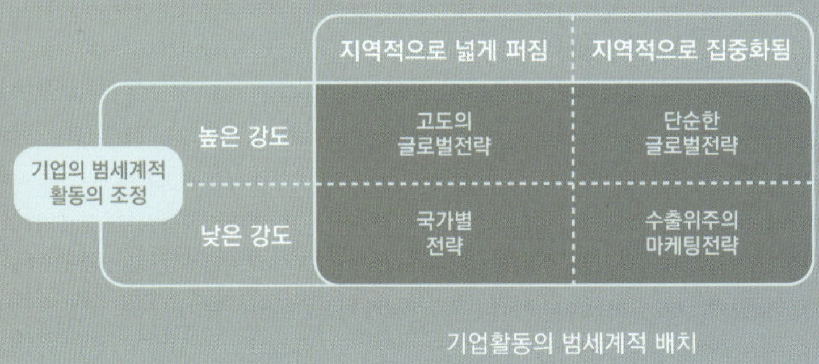

게 퍼져 있는 상태를 나타낸다. 수직축은 기업이 전세계적인 활동을 얼마만큼 조정할 수 있는가를 나타낸 것으로, 위쪽은 조정 강도가 높고, 아래쪽은 조정 강도가 낮다.

따라서 우하향에 위치하는 기업은 지역적으로 집중화되어 있고 기업활동을 조정하는 강도는 약한 수출위주의 마케팅전략을 사용한다. 이러한 전략을 추구하는 기업의 예는 과거의 수출지향적인 한국기업이라고 볼 수 있다. 과거의 한국기업은 한국에서 제품을 생산한 후 자신의 브랜드 없이 주로 주문자상표부착 방식 OEM으로 수출하는 형태로 해외진출을 했었다.

우상향에 위치한 기업은 기업활동배치가 지역적으로는 집중화되어 있고 본사에서 전세계에 분포한 자회사의 활동을 강하게 통제하는 전략을 구사한다. 이는 전세계 주요 지역에 소수의 자회사를 설치해 두고 본국의 본사가 이들을 강하게 조정·통제하는 것을 말한다. 일본이나 한국기업들은 미국과 유럽을 중심으로 주요 국가에 자회사를 설립해 두고 이런 소수의 자회사들의 활동을 본사가 강력하게 통제하는 방식으로 조정하고 있다.

좌하향에 위치한 기업은 국가별전략multidomestic strategy을 추구한다. 대표적으로 유럽이나 미국의 전통적인 다국적기업이 여기에 해당한다. 이 전략을 추구하는 기업들은 대체적으로 각국에 자회사를 설치해 두고 자회사의 운영은 해당 자회사에 일임하는 식으로, 본사와 자회사 간의 긴밀한 협조관계가 없는 형태이다. 일찍이 다국적기업화된 다수의 미국계와 유럽계 기업은 종종 이런 국가별전략을 추구하여 왔다.

좌상향의 기업들은 세계 여러 지역에 직접투자를 통하여 자회사를 설립한 후 강력한 통제로써 이들을 하나의 기업으로 묶는 방법을 취하고 있다. 이런 기업은 초국적기업transnational corporation이라고 볼 수 있다.

그러나 이러한 여러 가지 국제전략의 유형을 분류할 때 주의해야 할 것은 글로벌전략이 국가별전략보다 항상 우수한 것은 아니라는 점이다. 기업이 글로벌전략을 추구할 것인지, 초국적전략을 추구할 것인지, 아니면 국가별전략을 추구할 것인지는 그 기업이 속한 산업의 특성 및 기업이 가지고 있는 능력 등에 따라 좌우된다. 예를 들어, 자동차오일산업은 국가마다 운전기준, 기후, 법률상황 등이 다르기 때문에 윤활유의 기본적인 합성비율과 첨가된 혼합물이 상이하다. 또한 국가별로 소매 또는 유통경로도 상이하기 때문에 대부분의 경우 자동차오일산업 내 기업은 국가별전략을 추구하는 경우가 많다. 이에 비해 선박용오일산업은 글로벌 산업의 성격을 띠고 있다. 왜냐하면 선박은 세계 어느 곳이든 자유롭게 다닐 수 있으며, 정박하는 곳 어디서든지 같은 기름을 구할 수 있어야 하기 때문이다. 그래서 Shell이나 Exxon 등과 같이 선박용오일산업에서 성공한 기업은 글로벌전략global strategy을 추구하고 있다.

또 다른 예로 호텔산업은 각 국가마다 소득수준이 다르고 문화적 차이가 존재하기 때문에 국가별전략을 추구하는 기업들이 많다. 그러나 특급호텔의 경우는 주요 고객들이 전세계적으로 활동하는 기업의 경영자들이기 때문에 전세계 어디를 가더라도 이들에게 동일한 수준의 서비스와 만족감을 줄 수 있어야 한다. Hilton, Sheraton, InterContinental 등과 같은 특급호텔들은 전세계적인 예약시스템을 가지고 있으며 세계 어디서나 같은 수준의 서비스를 제공할 수 있는 전세계적인 체인망을 갖춘 호텔들이다. 따라서 이런 특급호텔산업 내 기업들은 글로벌전략을 취한다고 할 수 있다.

산업 간의 차이에도 불구하고 여러 산업에서 공통적으로 나타나는 현상은 산업이 글로벌화됨에 따라 기업들도 점차 국가별전략에서 글로벌전략으로 경쟁전략을 바꿔간다는 사실이다. 예를 들어, Toyota와 Honda 같은 일본의 자동차기업들과 한국의 현대, 기아자동차는 적극적인 해외직접투자를 통해 미국과 유럽을 비롯한 전세계로 생산공장을 늘려가고 있다. 이에 반해 Ford와 GM으로 대표되는 미국의 자동차기업들은 전통적으로 국가별전략을 추구해 왔으나, 최근 가격경쟁력이 없는 불필요한 공장들을 점차 폐쇄하고 해외공장의 수를 축소하는 한편, 각국에 있는 생산공장들을 통합해서 운영할 수 있는 효과적인 조정능력을 배양하고 있다. 즉, Toyota, Honda, Ford, GM, 현대·기아자동차는 고도의 글로벌전략을 추구하며 초국적기업을 목표하고 있다.[6]

CHAPTER5

다국적기업의 유형

일찍이 Perlmutter는 다국적기업의 본사와 자회사 간의 관계, 더 나아가 다국적기업 구성원들의 마음가짐에 따라 다국적기업의 유형을 다음 세 가지로 구분하였다.[7]

Video

다국적기업의 세 가지 유형

첫째, 본국중심주의ethnocentrism는 다국적기업의 출신국가에 위치한 본사가 주요 의사결정권을 장악하고, 본국의 가치관과 경영시스템을 해외자회사에게 강요하는 체제이다. **표 5-2**에 잘 나타나 있는 바와 같이, 의사결정권은 본사에 집중되어 있으며, 본국의 인사정책과 성과평가기준이 획일적으로 해외자회사에 적용된다. 또한 본국의 본사에서 파견 나온 직원이 의사결정권을 주도하며, 이들이 주로 승진하게 된다. 이러한 본국중심적인 사업방식은 특히 한국과 일본기업에게 강하게 나타나는데, 자회사의 자율성을 박탈함으로써 핵심역량의 창조와 유지가 불가능하다는 것이 취약점이다.

둘째, 현지중심주의polycentrism는 세계 각국의 문화와 경제환경이 서로 다르므로 현지를 가장 잘 아는 현지인이 현지에 맞는 방법으로 자회사를 운영해야 한다는 가정에서 비롯된다. 다국적기업의 본사는 대부분의 의사결정을 현지의 경영자에게 위임하고, 금융부문만 통제한다. 그 결과, 본사는 큰 권한이 없으며 본사와 자회사 사이, 또한 자회사들 간의 의사소통 및 정보교환이 거의 일어나지 않는다. 현지중심주의는 자회사가 독립적으로 운영되므로 전세계적인 제품전략의 수립과 실행이 어렵다는 단점도 있다. 또한 자회사별로 제품기획, 생산, 판매를 달리하므로 규모의 경제를 활용할 수 없고 궁극적으로 비용이 높아지는 단점이 있다. 이러한 현지중심주의에는 일찍부터 국제화된 유럽과 미국의 많은 다국적기업들이 해당된다.

그러나 Perlmutter가 생각한 가장 이상적인 다국적기업은 본국중심주의적인 기업도 현지국중심주의적인 기업도 아니었다. Perlmutter는 세계중심주의geocentrism가 진정한 의미의 다국적기업이라고 정의하였다. 세계중심주의의 기업은 **표 5-2**와 같이 본사와 자회사 간의 쌍방향의 정보교환과 협력적인 의사결정이 빈번하고, 상호의존적인 구조를 갖는다. 세계중심주의의 다국적기업에는 본사와 자회사라는 개념이 없어진다. 해외의 자회사가 일부 사업분야에서 전세계시장을 주도할 수 있으며, 특정업무를 가장 잘 수행할 수 있는 사람은 국적을 불문하고 채용한다. 즉, 다국적기업은 세계를 하나의 단위로 파악하고 수립된 전략을 각 국가에서 수행하기 위하여 각 국가의 환경에 알맞은 현지화전략을 수립한다. 최

표 5-2 Perlmutter의 다국적기업 유형

	본국중심주의	현지중심주의	세계중심주의
조직구조	본국의 조직은 복잡하게 분화된 반면 자회사는 단순한 구조	다양하고 서로 독립적인 조직	상호연관성이 높고 복잡하게 연결되어 있음
의사결정권	본국 본사로 집중	본사의 권한이 적음	본사와 자회사 간의 긴밀한 협력체제
경영성과의 평가와 통제	본국의 평가기준을 외국인과 자회사에게 적용	현지의 기준을 적용	전세계적으로 적용가능하고 현지사정에도 맞는 기준을 적용
포상이나 징계와 같은 인센티브 제도	본사에 집중되며 자회사에는 없음	자회사에 따라 다름	다국적기업의 전사적 성과와 개별자회사의 목표에 맞는 인센티브를 개발하고 적용함
정보전달과 의사소통	본사에서 자회사로의 일방적인 명령과 지시	본사와 자회사 간 또는 자회사끼리의 정보전달이 적음	쌍방향으로 활발한 정보전달이 이루어짐
국가에 대한 개념	본국과 동일시	개별자회사는 현지국과 동일시	국경을 초월함
인사관리	본국출신의 직원을 주로 승진시킴	현지인이 각 자회사를 운영함	국적을 초월하여 개별업무의 최적임자를 선발하여 직책을 부여하고 승진시킴

출처: H. Perlmutter, "The Tortuous Evolution of the Multinational Corporations," *Columbia Journal of World Business*, January–February 1969, p.12.

근에는 이러한 세계중심주의적 사고를 가진 다국적기업을 초국적기업이라 부르고 있다. 과거 본국중심적인 사고나 현지국중심적인 사고를 가진 기업들은 현재 세계중심주의적인 사고로 급격히 전환하고 있다. Toyota와 한국의 현대·기아자동차 역시 본국중심주의에서 탈피하여 해외생산기지를 확충하고, 자회사의 자율권을 보장하려고 노력하고 있다. 또한 과거 현지국중심주의 사고하에 국가별전략을 추구하던 Ford와 GM 역시 본사와 자회사 간의 통제와 조정의 강도를 높이면서 글로벌전략을 추구하고 있다.

Sony의 국제화에는 창업자 모리타 아키오 회장의 선견과 지도력이 큰 역할을 하였다. 모리타 회장의 세계중심주의적인 사고방식은 자신의 회사를 창립할 때 회사명을 영문 Sony로 지은 것에서부터 알 수 있다. 전세계의 소비자를 대상으로 제품을 만들어 파는데, 그들이 친근하게 느낄 수 있는 이름이 되어야 한다는 것이 그의 주장이었다. 모리타 회장은 스스로 Sony 최초의 해외파견근무자로 미

Video

Sony 모리타 아키오 회장 인터뷰

국에 부임하였다. 그는 일본인들이 모여 사는 지역을 피해서 뉴욕시내 중심가에 아파트를 구했고 그의 아내에게도 미국에 있는 동안 다른 일본인들과 만나는 것을 되도록 피하고 미국인과 어울릴 것을 당부하였다. 미국에 있는 동안 철저히 미국인처럼 행동하라는 뜻이었다. Sony는 한때 다른 일본 TV생산업자와 함께 반덤핑제소되었을 때, 미국인 변호사를 선임해서 법원에 불복신청을 냈었다. 측근들은 "어떻게 미국인 변호사를 믿고 미국 정부에 대해 반덤핑제소에 불복신청을 하느냐"며 말렸다. 모리타 회장은 이에 대해 "나는 미국인을 신뢰해서가 아니라 미국인이지만 변호사로서 고객의 이익을 위해 일하는 전문가를 고용하는 것이다"라고 대답했다. 그는 채용에 있어서도 전문경영인력을 일찍이 등용하여 현지화를 달성하였고 외국인직원들을 본사에 파견근무를 보내서, 본사에 있는 직원들의 마음가짐을 세계중심주의로 바꾸는 데 큰 역할을 했다.

이에 반해 1장에서 살펴본 마츠시타의 문제는 지나치게 일본식 경영방식을 고수하는 데에서 발생했다. 마츠시타는 Sony와 달리 신제품 개발능력이 떨어졌었다. 이는 품질향상과 비용절감에 강한 일본식경영만 강요하다가 빨리 변화하는 전세계 소비자들의 수요변화를 따라가지 못했기 때문이다. 마츠시타가 사명을 창업자의 이름에서 Panasonic으로 바꾸게 된 것은 본격적인 글로벌 경영을 위해서 본국 출신 창업자로부터 독립이 필요하다고 느꼈기 때문이었다.

이와 같이, 현재 빠른 속도의 국제화를 추진하고 있는 한국기업들은 하루빨리 본국중심주의 사고방식에서 탈피하는 것이 중요하다. 한국기업들은 상당히 본국 위주의 중앙집권적인 경영방식에 익숙하고, 해외자회사를 본사와 같은 방식으로 운영하려는 경향이 있다. 또한 한국기업들은 국제화의 초기단계에 있으므로 외국의 문화와 경영방식에 익숙지 않다. 성공적인 해외자회사 운영을 위해서는 충분한 자율권을 보장해야 현지경영인과 기술인력을 보다 효과적으로 활용할 수 있다는 사실을 잊어서는 안 될 것이다.

05 〉〉 결론 및 요약

본 장에서는 Caterpillar와 Komatsu의 사례를 중심으로 글로벌기업들이 전세계시장을 무대로 경쟁하는 양상을 살펴보고 기업들이 글로벌전략을 수립할 때 고려해야 할 주요 요소들을 살펴보았다.

다국적기업들이 글로벌전략을 수립하기 위해서는 무엇보다도 먼저 다국적기업이 처해 있는 환경에 대한 이해가 선행되어야 한다. 본 장에서 살펴본 바와 같이 다국적기업은 글로벌화와 현지화에 대한 상반된 압력을 받고 있다. 규모의 경제의 증대, 소비자수요의 동질화, 그리고 무역장벽의 붕괴는 전세계를 하나의 시장으로 묶고 제품을 표준화하고 생산시설을 한 곳에 집중하여 규모의 경제를 최대한 활용한 경쟁우위를 갖출 것을 요구한다. 동시에 환율의 변동에 따른 위험, 보호무역장벽, 각국의 정치적 위험과 문화적 차이는 다국적 기업에게 현지화의 필요성을 크게 부각하고 있다. 다국적기업들은 이와 같이 글로벌화와 동시에 현지화라는 서로 상반된 세력 간에 균형을 이루면서 글로벌경영전략을 수립해야 한다.

본 장에서는 글로벌전략 수립에 다섯 가지 주요 요소가 있음을 살펴보았다. 첫째, 자신이 갖고 있는 경영자원이 국제적으로 이전가능한가 하는 문제, 둘째, 생산시설의 배치를 비롯한 수행하는 여러 활동분야를 전세계적으로 배치하는 방법, 셋째, 다국적기업의 순차적 진출과정을 고려한 진입시장의 선택문제, 넷째, 활동분야를 각국에 배치할 때 어떻게 진출할 것인가라는 진입방법의 선택문제, 마지막으로 앞선 요소들에 대한 결정을 토대로 각국에 분산된 생산활동을 어떻게 효율적으로 조정하고 통제할 것인가의 문제이다.

본 장에서는 기업활동의 세계적인 배치와 관련하여 최근 경영전략분야에서 각광을 받고 있는 핵심역량이론에 대해 알아보았다. 핵심역량이론에 따르면 다국적기업은 핵심역량이 있는 활동부분만을 본국에 위치시키고, 핵심역량이 없는 부분은 해외직접 투자로 그 기업활동을 가장 잘 할 수 있는 국가에 진출시켜서 효율적인 생산활동을 영위할 수 있다. 이와 같이 기업활동의 세계적인 배치를 위해서 우리는 가치사슬의 분석기법을 이용하여 기업이 수행하는 여러 가지 활동을 세부단계로 나누어 분석하고 각각의 생산활동 중 핵심역량을 갖고 있는 자회사나 국가를 찾아야 한다. 또한 여러 가지 진입방법을 살펴봄으로써 기업들이 효과적으로 기업활동을 전세계에 배치하는 방법을 모색하여 보았다.

마지막으로 기업활동의 세계적인 조정은 기업의 전략적인 선택과 기업이 갖고 있는 사고방식, 가치와 기업문화에 따라 크게 다르다는 것을 살펴보았다. Perlmutter가 다국적기업 구성원들의 마음가짐으로 구분한 세 가지 다국적기업의 유형을 살펴보고 다국적기업들이 세계중심적인 사고방식으로 전환하는 추세를 살펴보았다. 앞으로 본서의 Ⅱ부에서는 해외시장진출전략을 보다 구체적으로 설명한다. 수출과 계약을 통한 해외사업운영제6장, 해외직접투자제7장, 국제합작투자와 전략적 제휴제8장, 그리고 해외인수합병제9장 등의 다양한 진출방법에 대해서 보다 자세히 살펴보기로 한다. 그리고 본서의 Ⅲ부에서는 기업활동 조정의 구체적인 방법으로 다국적기업의 조직구조와 인적자원관리제10장, 글로벌제품개발과 마케팅활동의 조정제11장, 그리고 생산 및 연구개발활동의 세계적 배치와 조정제12장, 글로벌 경영활동의 재무적·회계적 통제제13장를 살펴보기로 한다.

사례

case

HD현대인프라코어의 글로벌경영[8]

HD현대인프라코어는 건설 및 공작기계, 엔진 등을 생산하는 종합기계 회사이다. 1937년 설립된 조선기계제작소가 모태가 된 한국기계공업이 1976년 대우그룹에 인수되어 대우중공업으로 명칭이 바뀌었고, 여기서 분리된 대우종합기계가 2005년 두산그룹에 인수되면서 두산인프라코어가 출범하였다. 이를 2021년 HD현대그룹이 두산그룹에서 인수하였다. 이와 같이 HD현대인프라코어는 그 탄생 자체가 수차례의 인수합병에 의해 이루어졌을 뿐만 아니라 세계 주요 경쟁사들을 적극적으로 인수함으로써 글로벌기업으로 성장하였다는 점이 특이하다.

두산현대인프라코어의 모그룹이었던 두산그룹은 적극

적인 인수합병을 통해 사업구조를 성공적으로 재편한 대표적인 기업으로 꼽힌다. 두산그룹은 1996년부터 맥주 및 음료사업과 Coca-Cola, Nestle, 3M, Kodak 등 다국적기업들과의 합작투자 자산을 매각하여 재무구조를 개선하였다. 이러한 선제적 구조조정은 결과적으로 이듬해인 1997년에 찾아온 외환위기를 극복하는 계기를 마련해 주었다.

2000년 이후 두산 그룹은 새로운 성장동력을 탐색하는 데 주력했다. 두산은 인프라 지원 산업Infrastructure Supporting Business; ISB에서 가능성을 발견하였다. 사회간접시설, 에너지, 국방, 물류설비까지 망라하는 ISB는 그 규모가 연간 수천조 원에 달하는 거대한 산업이었고, 산업의 수명주기도 상대적으로 길었기 때문에 새로운 성장동력이 되기에 충분했다. ISB에 진출하기 위한 첫 걸음으로 두산은 민영화 대상으로 지정되었던 한국중공업의 지분 36%를 3,057억 원에 인수하여 2001년 두산중공업을 출범했다.

2005년에는 1조 8,973억 원을 들여 당시 최대 매물이었던 대우종합기계를 인수하였다. 대우종합기계는 건설기계, 공작기계, 산업차량 등의 부문에서 국내 시장점유율 1위를 차지하고 있었다. 대우종합기계는 2005년 4월부터 두산인프라코어로 사명을 변경하고 ISB에 특화된 두산의 핵심계열사로 자리 잡게 되었다.

두산인프라코어는 출범 직후부터 적극적인 인수합병을 통해 단기간에 글로벌경쟁력을 확보하는 전략을 구사했다. 건설 및 중장비산업은 빠른 시일 내에 일정 규모에 도달하지 못하면 연구·개발 및 생산에서의 규모의 경제를 획득하지 못하고 장기적으로는 도태될 수밖에 없기 때문이었다. 이러한 노력의 일환으로 2006년에는 기계리스금융에 특화되어 있던 연합캐피탈현 두산캐피탈을 인수하여 글로벌 판매역량을 구축하였고, 두산메카텍의 공작기계 부문을 잇달아 인수하여 공급능력을 확대하였다. 2007년은 두산인프라코어의 인수합병이 가장 활발했던 시기였다. 중대형 굴삭기에 치중되어 있던 제품라인업을 확대하기 위해 중국의 휠로더 생산업체인 연대유화기계를 인수하였고, 이는 중국의 굴삭기시장에서 시장점유율 1위를 차지하고 있던 두산의 위치를 더욱 공고히 만들어 주었다. 또한 친환경 엔진에 대한 원천기술을 갖고 있던 미국 CTI를 인수하여 상대적으로 취약했던 엔진 부문을 강화했다. 2008년에는 노르웨이의 Moxy Engineering을 인수하여 광산장비 시장으로의 진출을 꾀하였다.

두산인프라코어의 인수활동은 2007년 미국 Ingersoll Rand로부터 건설장비 제조업체인 Bobcat을 비롯한 3개 사업부문을 인수하며 정점을 찍었다. Bobcat은 Skid Steer Loader와 Compact Track Loader로 대표되는 소형건설장비 시장에서 전세계 시장점유율 1위를 달리고 있던 내실 있는 기업이었다. Bobcat의 인수비용은 총 49억 달러로 이는 당시 한국기업이 해외에서 추진한 최대 규모의 인수합병으로 기록되었다. 전체 인수금액 중 두산인프라코어가 직접적으로 부담한 것은 7억 달러 정도였으며 나머지는 두산의 그룹 내 자체 자금 및 산업은행의 주관하에 차입매수Leveraged Buyouts 방식으로 협조융자Syndicated Loan를 통해 조달되었다.

두산인프라코어는 두산인프라코어 인터내셔널Doosan Infracore International; DII이라는 자회사를 설립하고 Bobcat을 비롯해 새로 인수한 사업부문

그림 5-10 HD현대인프라코어의 권역별 건기사업 매출 (단위: 10억 원)

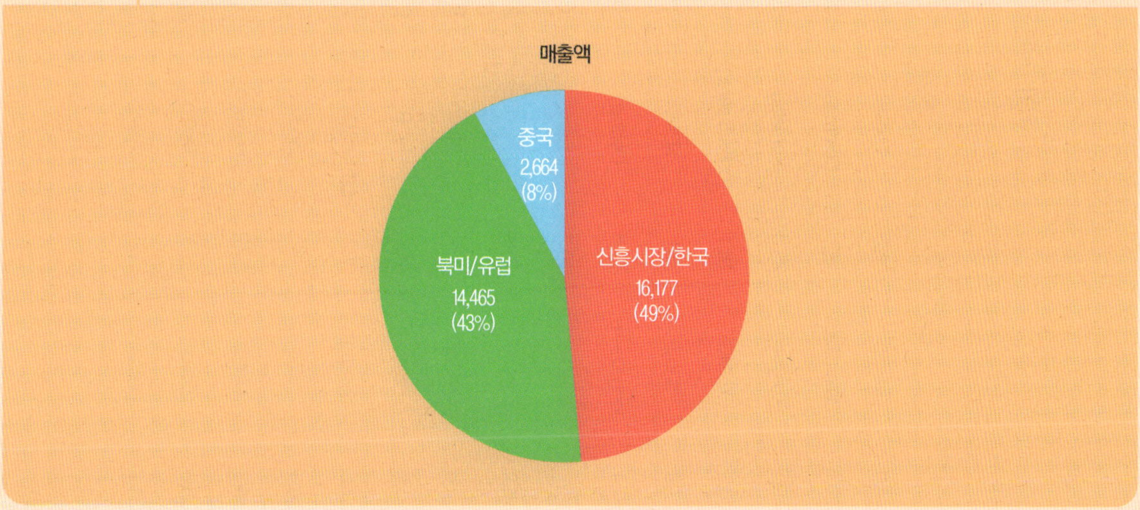

출처: HD현대인프라코어 사업보고서, 2024년 기준

을 모두 DII에 편입했다. 이는 두산인프라코어가 경영이 부실한 기업을 인수하는 것이 아니라, 피인수기업들의 핵심역량확보를 목적으로 인수합병을 했기 때문이었다. 그 결과 Bobcat의 기존 경영진은 모두 DII의 경영진으로 유임되었으며 임원진 또한 한국인과 외국인의 비율이 1:1 정도로 구성되었다.

Bobcat의 인수 효과는 곧바로 나타났다. 중대형건설장비 시장에서 경쟁력을 갖고 있던 두산인프라코어는 글로벌 브랜드 Bobcat을 가짐으로써 소형건설장비 시장에서도 경쟁력을 가지게 되었다. 실제로 2006년 두산인프라코어는 전세계 건설기계 시장점유율 17위에 불과하였으나, 2014년에는 10위로 도약했다. 또한 Bobcat이 보유한 글로벌 판매네트워크는 중국시장에 편중되어 있던 두산인프라코어의 수출활동을 지역적으로 다변화하는 기반이 되었다. 2007년 기준으로 두산인프라코어가 북미와 유럽·중동·아프리카 지역에 각각 83개, 176개의 딜러만을 보유하고 있었던 반면, Bobcat은 각각 605개와 335개의 딜러를 보유하고 있었다. 두산인프라코어는 Bobcat의 판매네트워크를 이용함으로써 미국과 유럽을 비롯한 선진국 시장에서의 입지를 강화할 수 있었다(**그림 5-10 참조**).

그럼에도 불구하고 두산인프라코어의 세계시장에서의 지위는 많은 도전을 받고 있었다. 2018년 전세계 시장점유율 7위를 차지하였으나 2022년에는 10위 이하로 하락하였다(**표 5-3 참조**). 이에 반해 Sany와 Zoomlion 같은 중국업체들이 중국 내수시장을 중심으로 매출을 확대하고 있다. 이와 같은 배경하에 2021년 유동성위기를 겪고 있던 두산그룹은 알짜배기 회사인 두산인프라코어를 현대중공업에게 매각하기로 결정했다. 단, 두산중공업이 보유한 Bobcat 지분은 매각에서 제외됐다. 인수후 HD현대인프라코어는 2024년 기준 전세계 시장점유율 10위의 지위를 탈환하였다.

표 5-3 글로벌 중장비 제조업체 순위 및 매출액 (단위: 10억 달러)

연도	2006		2010		2014		2018		2022		2024	
순위	회사명	매출	회사명	매출	회사명	매출	회사명	매출	회사명	매출	회사명	매출
1	Caterpillar	26.1	Caterpillar	18.1	Caterpillar	31.1	Caterpillar	26.6	Caterpillar	32	Caterpillar	41
2	Komatsu	11.1	Komatsu	12.5	Komatsu	17.6	Komatsu	19.2	Komatsu	25.3	Komatsu	25.3
3	Terex	7.6	Hitachi	5.8	Volvo	8.1	Hitachi	8.3	XCMG	18.1	John Deere	14.8
4	John Deere	5.8	Liebherr	5.7	Hitachi	7.9	Volvo	7.8	Sany	16	XCMG	13
5	Volvo	5.5	Volvo	4.7	Liebherr	7.5	Liebherr	7.4	John Deere	11.3	Liebherr	10.3
6	Hitachi	5.4	Sandvik	4.3	Terex	7.1	XCMG	7	Volvo CE	10.7	Sany	10.2
7	Liebherr	4.9	Terex	4	Zoomlion	6.1	Doosan	6.2	Zoomlion	10.4	Volvo CE	9.9
8	CNH	4.3	Atlas	3.4	Sany	6.1	Sany	5.9	Liebherr	9.4	Hitachi	9.1
9	Ingersoll Rand	4	Metso	2.9	John Deere	5.9	John Deere	5.7	Hitachi	8.8	JCB	8.1
10	JCB	3.2	XCMG	2.8	Doosan	5.3	JCB	4.6	Sandvik	7.2	HD현대인프라코어	7.5
11	Sandvik	3	Sany	2.8	XCMG	4.6	Terex	4.4	JCB	6	Sandvik	7.3
12	Atlas	2.8	Zoomlion	2.8	JCB	4.2	Sandvik	4.3	Metso	5.32	Zoomlion	5.8
13	Metso	2.7	Kobelco	2.7	Metso	4.1	Zoomlion	3.8	Epiroc	5.3	Metso	5.7
14	XCMG	2.5	John Deere	2.6	Kobelco	3.6	Wirtgen	3.7	Doosan	4.6	Epiroc	5.6

출처: KHL Group. 두산인프라코어는 2006년, 2010년 각각 19위(1.5), 15위(2.4)를 기록. 괄호 안은 매출액.

현재 현대중공업은 그룹의 계열사인 현대건설기계와 두산인프라코어를 인수하여 만든 HD현대인프라코어의 두 개의 기업체제를 유지하고 있다. 2023년 자체 건설기계 브랜드의 명칭을 디벨론DEVELON으로 선정한 HD현대인프라코어는 광범위한 제품 라인업을 중심으로 전 세계 각지에 생산, 판매 및 유통망을 확보하여 Caterpillar와 Komatsu에 견줄수 있는 세계 수위의 건설장비 회사로 도약하기 위한 전략을 추구하고 있다.

Video

두산인프라 품은
현대중공업

토 의 과 제

01 HD현대(구 두산)인프라코어가 추구한 인수합병을 통한 성장전략의 타당성에 대해 논의해보시오.

02 향후 HD현대인프라코어가 전통적인 경쟁자인 Caterpillar와 Komatsu와 부상하는 중국기업과 보다 효과적으로 경쟁하기 위해 주력해야 할 사업분야와 시장에 대해 토의하시오.

HD현대인프라코어

HD현대인프라코어의 홈페이지
https://www.hd-infracore.com

참고문헌

Reference

1 본 사례는 Steve Allen, "Caterpillar and Komatsu in 1977," in *Managing Multinational Corporation*, by Jose de la Torre, McGraw-Hill, 1991; "This Cat keeps on Punning," *Business Week*, 1997. 1. 20; "Komatsu Digs Global Bases into Local Culture," *The Japan Economic Journal*, 1990. 11. 24 등 Economist, Wall Street Journal, Financial Times 및 각사의 연차보고서를 참조로 하여 작성하였다.

2 C. K. Prahalad and Y. Doz, *Multinational Mission*, Free Press, 1987.

3 장세진, 경영전략, 제11판 2020, 제4장 참조.

4 J. Johanson and J. Vahlne, "The Internationalization Process of the Firm," *Journal of International Business Studies*, 1977.

5 M. Porter, *Competition in the Global Industries*, Harvard Business School Press, 1986.

6 C. Bartlett and S. Ghoshal, *Managing Across Borders*, Harvard Business School Press, 1989.

7 H. Perlmutter, "The Tortuous Evolution of the Multinational Corporations," *Columbia Journal of World Business*, January~February 1969.

8 본 사례는 저자의 지도하에 카이스트 경영대학원 문성길이 작성하였다.

메모

Memo

Chapter

6 수출과 계약을 통한 해외사업 운영

C/O/N/T/E/N/T/S

우리 회사는 생산에 관해서는 전혀 알지 못한다. 우리는 마케팅과 디자인 전문회사일 뿐이다. 생산하청업체에서의 노동자인권 문제는 우리 회사가 관여할 문제가 전혀 아니다.

– Nike의 아시아담당 부사장 Neal Lauridsen.

사례

case

Nike의 동남아 하청생산관리[1]

Nike는 우리에게도 잘 알려진 스포츠용품 전문생산기업이다. 전세계 운동화시장에서 Nike의 매출액은 2024년 기준 514억 달러이며, 2위인 Adidas 매출액의 2배에 달하고 있다. 한편 Nike는 세계에서 가장 수이성이 높은 회사로도 유명하다. Nike 브랜드는 소비자에게 강력하게 각인되어 있다. 미국기업인 Nike가 가장 노동집약적인 산업 중이 하나인 운동화시장에서 전세계에서 가장 높은 시장점유율을 갖고 있으며 큰 수익을 얻고 있는 이유는 다름 아닌 Nike의 국제하청생산 관리능력 때문이다.

Nike는 1964년 회계사이며 아마추어 육상선수였던 Philip Knight에 의하여 설립되었다. Knight는 그 당시 운동

그림 6-1 | 동아시아의 주요 국가

국가명	인구(백만명)	1인당 GDP(달러, PPP기준)	월평균 임금(달러, 2023년)
싱가포르	5.92	141,553.50	5,883
마카오	0.68	116,491.10	3,830
홍콩	7.54	71,549.00	4,598
일본	124.52	49,793.90	3,279
한국	51.71	52,204	2,958
대만	23.2	74,420	2,780
중국	1410.71	24,569	1,116
말레이시아	35.13	36,417	698
태국	71.70	23,465	600
인도네시아	281.19	15,416	401
스리랑카	22.04	14,461	137
필리핀	114.89	10,989	360
베트남	100.35	14,974	343
라오스	7.66	9,292	178
인도	1438.07	10,166	212
방글라데시	171.47	9,148	240
캄보디아	17.42	7,426	199
미얀마	54.13	5,953	125
파키스탄	247.50	6,037	122
북한	26.42	1,700 (2015)	–

출처: ILO Global Wage Database, CIA The World Factbook, IMF, 2025년 4월 기준

화시장이 Adidas와 Puma와 같은 고가의 독일 브랜드에 지배되는 모습을 보면서 1950년대에 저가이면서도 고품질이었던 일제 카메라가 고가의 독일제 카메라를 대체하였던 전략이 동일하게 적용될 수 있다고 생각하였다. Nike는 처음에 미국의 New Hampshire주와 Maine주에서 작은 공장을 운영하였으나 미국에서 생산해서는 도저히 가격경쟁력을 확보할 수 없다는 사실을 인식하게 되었다. 결국 Nike는 대만과 한국에 있는 하청업체로부터 신발을 납품받아 판매하기 시작하였다.

OEMoriginal equipment manufacturing 하청생산이란 한국에 있는 생산업자가 공장과 기계설비에 스스로의 자본을 투자하고 Nike의 주문사양에 따라 운동화를 제작하여 전량을 Nike에 공급하는 제도이다. 이와 같은 하청생산시스템을 사용함으로써 Nike는 자신이 직접 공장을 운영할 필요 없이 현지의 싼 노동력을 손쉽게 활용할 수 있다는 장점을 마음껏 누릴 수 있었다. 그러나 Nike가 모든 생산공정을 하청업자에게 맡긴 것은 아니다. Nike는 한국과 대만의 하청공장에 관리직원을 파견하여 과연 하청업자들이 품질기준을 준수하는지를 생산 초기 단계부터 면밀히 점검하였다.

Nike는 미국 Oregon주에 위치한 디자인센터에서 내넌 수백여 개의 새로운 스타일과 색상을 결정하여 인공위성을 통해 대만에 있는 CAD/CAM 시스템으로 전송하였다. 새로운 기술개발과 독창적인 디자인은 Nike가 가장 중요시하는 분야 중 하나이다. Nike는 막대한 비용을 연구개발에 투자하고 있으며 인체공학과 산업디자인 등 관련 분야의 많은 전문가들이 신제품개발에 전력하고 있다. Nike는 대만에서 시제품을 개발하고 테스트를 한 후 한국의 하청공장에 자세한 생산사양을 전송하였다. 반면 Nike는 마케팅과 광고활동은 모두 자체적으로 수행하였다. 예를 들어 Michael Jordan이나 Tiger Woods와 같은 유명 스포츠스타를 동원한 광고와 전세계 주요 시장의 유통망관리는 스스로 담당하여 Nike에 대한 브랜드 이미지를 높였고, 새로운 경쟁자들이 진입하는 것을 방지하였다.

이와 같이 Nike의 성공은 노동집약적인 생산부분은 하청업체에게 일임하고 디자인과 품질관리, 마케팅활동만을 직접 수행하는 국제분업체제에 기초하고 있다. 즉, 운동화산업의 가치사슬 중 부가가치가 가장 높고 가장 핵심적인 활동인 디자인과 판매, 품질관리만을 자신이 담당하며 그 밖의 생산활동은 하청업자에게 맡김으로써 Nike는 높은 품질의 제품을 생산함과 동시에 생산비용은 현저히 낮출 수 있었던 것이다.

그러나 Nike의 한국 하청생산업체의 운명은 급격히 내리막을 걷기 시작하였다. 한국과 대만 모두 1980년대에 고도성장을 경험하였으며 그에 따라 두 나라에서 모두 임금이 급속히 상승하기 시작하였다. **그림 6-1**은 한국과 대만을 비롯한 동남아 주요 국가의 임금을 비교하고 있다. 이와 같이 한국의 임금이 급격히 상승함에 따라 Nike는 하청생산기지를 점차 한국에서 다른 동남아국가들로 이전하기 시작하였다.

Nike는 초기에 태국에서의 생산도 고려하였으나, 인도네시아와 중국이 더욱 매력적인 생산기지로 대두되었다. Nike는 직접 인도네시아나 중국에 진출하여 한국과 대만에서 했던 것과 마찬가지로 하청업자를 선발하고 이들에게 운동화를 만드는 기술과 품질관리기술을 전수하는 등 신규로 하청생산기업을 선발할 수도 있었으나, 그보다 더

손쉬운 방법이 있다는 사실을 발견하였다. Nike는 한국과 대만의 하청업체에게 향후 Nike는 노동력이 싼 동남아와 중국으로 하청생산기지를 옮길 것이라고 통보하고, 만일 한국과 대만의 하청업체가 인도네시아와 중국에 투자하여 공장을 운영해서 Nike에 계속 납품을 한다면 이들에게 일정한 구매물량을 확보해 주겠다는 약속을 하였다. 높은 임금수준 때문에 더 이상 가격경쟁력을 유지할 수 없다고 판단한 한국의 하청생산업체들은 이와 같은 Nike의 유도에 따라 자발적으로 한국에 있는 공장들의 문을 닫고 기계설비를 인도네시아와 베트남으로 이전하기 시작하였다. 한국기업들이 주로 인도네시아와 베트남으로 생산기지를 이동한 것에 비하여 대만의 하청업체는 중국진출을 선호하였다.

이와 같이 한국의 하청업체가 하나 둘씩 부산의 공장문을 닫고 인도네시아로 떠나감에 따라 한국에서의 생산비중은 급격히 감소하였고, 그 대신 인도네시아와 중국은 꾸준히 상승하였다. 그 후 베트남이 새로운 하청생산기지로 부상하였다. 그 결과, Nike의 한국 하청생산업체의 대부분은 문을 닫고 인도네시아와 베트남 등으로 이전하였으며 아주 고급품을 생산하는 몇 개의 업체만이 간신히 그 명맥을 유지하게 되었다. 이들 하청업체들은 인도네시아와 베트남에서 현지인을 고용해서 생산한 운동화의 전량을 Nike에 OEM 방식으로 수출하는 형태로 사업장을 운영하고 있다.

이와 같이 한국기업들이 무더운 기후조건에서 조업하고 있음에도 불구하고 현지에서 한국기업을 보는 시각이 곱지만은 않다. 예를 들어 이들 Nike의 하청업체들의 임금수준이 인도네시아정부가 정한 최저임금보다 훨씬 낮다는 점이 종종 New York Times와 같은 미국의 권위 있는 언론에 지적되어 왔다. 인도네시아에서 최저임금규정

그림 6-2 나이키의 매출 및 영업이익 (단위: 10억 달러)

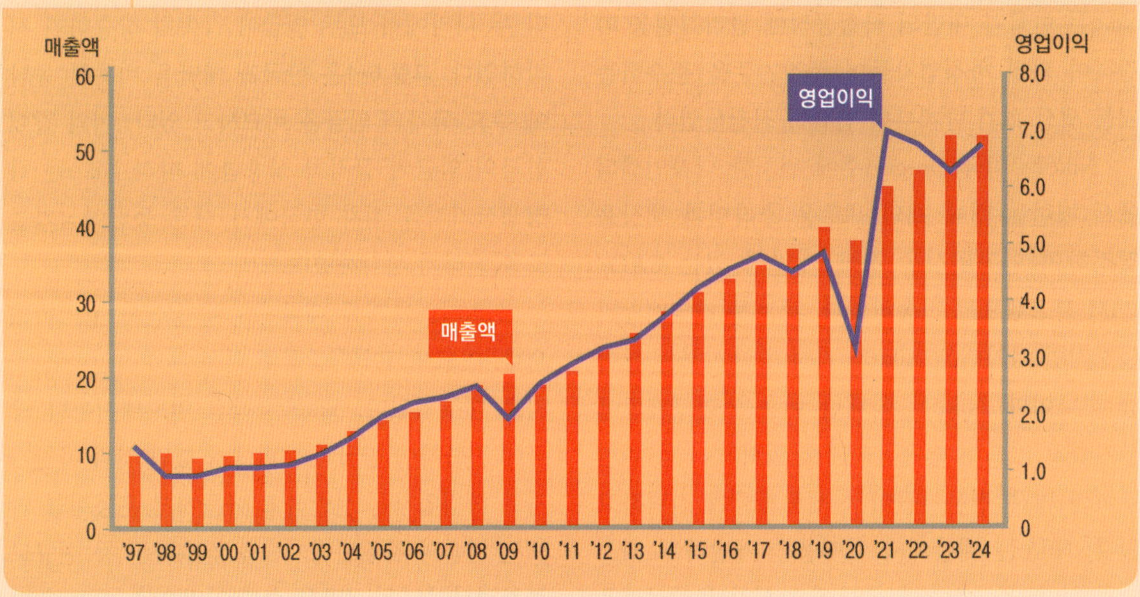

출처: NIKE 연차보고서

은 강제규정이기보다는 일종의 가이드라인의 성격을 갖고 있었다. 많은 Nike의 하청업체는 자신이 기본급에 각종 수당을 지급하고 있으므로 지불임금 총액은 최저임금을 상회한다고 주장하여 왔다. 그러나 진출초기의 한국계 Nike 하청공장들은 인도네시아 종업원들에게 고함을 지르고 잔업을 강요하는 등 낮은 임금 외에 다른 이유로도 잦은 노사분규를 경험하였다. 1997년에는 인도네시아의 Tangrang 산업공단에 위치한 Nike의 하청공장에서 10,000여 명의 노동자들이 참여한 데모가 있었고, Nike는 하청업체를 통해 임금을 인상시켜 줄 것에 합의하였다. 또한 베트남에 진출한 삼양통상의 공장에서도 역시 임금인상과 작업조건의 개선을 요구하는 파업이 일어나기도 했다.[2]

이와 같은 Nike의 동남아시아 하청업체의 임금수준과 잦은 노사분규에 대해 현지언론들은 한국의 하청업체보다 Nike에게 보다 근본적인 책임이 있다고 주장하고 있다. Nike가 하청업체에게 계속적인 비용절감과 생산물량의 납기를 엄수할 것을 요구하기 때문에 이러한 압력을 받는 하청업체으로서는 종업원들에게 보다 좋은 작업조건을 제공할 수 없기 때문이었다. 이와 같은 비판에 대해서 과거 Nike는 자신이 마케팅과 디자인을 담당하는 회사일 뿐이고 생산과는 전혀 무관하다고 발뺌하여 왔다. 그리고 이들 생산업체는 Nike의 하청업체에 불과하며 그 하청업체의 종업원들이 어떠한 노동조건에서 일하는가 역시 Nike 본사와는 관계가 없다는 말로써 변명하여 왔었다. 결국 Nike는 이와 같은 언론과 소비자단체의 압력에 굴복하여, 앞으로는 18세 미만의 미성년 노동자를 고용하지 않으며, 현지국이 정하는 최저임금을 준수하며, 주당 60시간이 넘지 않도록 잔업을 규제할 것을 약속하는 행동강령code of conduct을 제정하게 되었다. Nike는 현재 외부 감사법인을 고용하여 자신의 하청업자들이 위의 행동강령을 준수하는가에 대해 감사를 벌이고 있다.

그러나 Nike의 모든 하청업체가 노사분규를 겪어 왔던 것은 아니다. 인도네시아에서 한국인이 경영하는 프라타마아바디라는 하청생산공장은 성공적인 현지경영으로 원만한 노사관계를 유지하고 있다. 이 공장은 회교도가 대부분인 현지근로자를 위하여 회교사원을 세워 주었고, 깨끗하고 안전한 작업환경을 위해 많은 노력을 기울이고 있다. 프라타마아바디의 서영율 사장은 "성공적인 현지경영을 하기 위해서는 무엇보다도 현지인과 똑같이 먹고 생활하는 것이 중요합니다. 내가 그들과 똑같이 생활하면 그들도 우리를 이해하리라 생각합니다"라고 말한다.

인도네시아에 있는 Nike의 하청업체에게 가장 두려운 일은 인도네시아의 임금수준이 점차 상승함에 따라 Nike가 언제 인도네시아를 떠나 다른 저임금국가로 이동할지 모른다는 사실이다. Nike가 한국과 대만을 떠나 인도네시아와 중국으로 이동하였듯이 언젠가는 이들 지역에서 다른 지역으로 이동할 수 있기 때문이다. 프라타마아바디 역시 Nike가 인도네시아를 떠나는 것에 대비하여 연구개발과 부가가치가 높은 생산활동을 인도네시아 현지로 옮겨왔다.

Nike처럼 제품생산을 하청업체에 맡기다 보면 자칫 핵심기술이 경쟁사에게 누출될 가능성이 존재한다. 이러한 위험을 막기 위해 Nike는 생산을 하청에 의존하되 핵심기술은 철저하게 자신이 보유한다는 원칙을 고수하고 있다. 예를 들어, 고급운동화의 핵심부품인 Air Sole은 미국 내의 자사소유 공장에서 생산하고 있다. 이와 같이 Nike는 핵심부품은 하청업체들에게 맡기지 않음으로써, 하청업체들이 기술을 익혀 자신의 잠재적인 경쟁자로 대두하는 것을 사전에 차단하고 있다. 이처럼 핵심사업부분인 디자인, 핵심부품의 생산, 판매와 광고부분만을 자사가 담당하고 노동집약적인 생산부분은 전세계적인 하청에 의존함으로써, Nike는 비용을 최대한으로 낮추면서 동시에 높은 품질을 유지하고 있으며, 생산시설을 자사가 소유할 때 감수해야 하는 각종 임금상승, 환율변동에 의한 위험으로부터 자신을 철저하게 보호하는 정책을 펴고 있다. 이와 같은 Nike의 효과적인 해외사업운영은 특히 신발, 의류, 섬유와 같은 노동집약적인 산업에서 우리에게 많은 시사점을 주고 있다.

한편 트럼프 행정부의 보호무역주의적인 관세부과는 Nike의 글로벌소싱 전략의 향후 지속가능성에 의문을 제기하고 있다. 만일 베트남, 인도네시아, 중국에서 대부분 생산되는 Nike 제품에 관세부과가 현실화된다면 그만큼 제품가격 인상과 매출감소로 이어질 것이기 때문이다. 2025년 4월 트럼프 대통령이 베트남, 인도네시아, 중국에 대한 상계관세를 부과하자 Nike주가는 연초 대비 30%나 하락하였다.

나이키제품을 만드는 소년

Video
How much will a pair of shoes now cost in the U.S.

Video
Inside Nike empire with founder Phil Knight

Nike의 홈페이지
http://www.nike.com

01 〉〉 서 론

본 장의 서두에서는 운동화산업에서 세계적으로 수위를 차지하고 있는 Nike가 디자인과 마케팅과 같은 주요 활동부분만을 자신이 수행하고 노동집약적인 생산분야는 동남아시아의 여러 하청업자에게 일임하는 국제하청생산관리시스템을 살펴보았다. 이와 같은 Nike와 하청생산업체 간의 관계는 Nike의 입장에서는 운동화를 OEM 생산계약에 의하여 조달하는 해외사업운영방식이고, 동시에 동남아시아의 하청생산업자는 Nike에게 OEM 방식으로 납품함으로써 간접수출하는 방식으로 해외사업을 운영하는 체제이다.

본 장에서는 이와 같이 계약과 간접수출을 통한 해외사업운영을 중심으로 구체적인 수출전략과 수출을 통해 국제사업을 운영할 때에 있어서의 여러 가지 방법, 즉 간접수출, 직접수출, 구상무역counter trade 그리고 이러한 간접수출을 대행하는 종합무역상사의 역할을 살펴보기로 한다. 또한 기업들이 직접수출 방식을 채택할 때 해외의 유통업자나 판매대리인을 관리하는 방법에 대해서도 추가적으로 살펴보기로 한다.

또한 본 장에서는 실제적인 재화의 이동 없이 기술, 브랜드, 경영노하우 등을 계약에 의해 이전하는 라이센싱과 프랜차이즈에 의한 해외사업운영 방법에 대해서 살펴보기로 한다. 본 장에서 살펴볼 주요한 주제는 다음과 같다.

- 수출전략의 여러 가지 유형을 살펴본다. 즉, 직접수출, 간접수출, 구상무역 각각의 유형에 따른 장단점을 살펴본다.
- 직접수출 방식으로 해외사업을 운영할 때 현지유통업자를 활용하거나 현지 판매자회사를 운영하는 방법을 구체적으로 살펴보기로 한다.
- 한국의 수출과 수입에 주요한 역할을 하여 온 종합무역상사의 기능과 역할에 대해서 살펴보기로 한다.
- 라이센스와 프랜차이즈와 같이 계약에 의한 해외사업운영의 장점과 이들 방식에 소요되는 위험에 대해서 논의하기로 한다.

02 〉〉 수출전략

수출경로의 여러 유형

국제화의 초기단계에 있는 기업들이 해외시장으로 진출하는 데에는 많은 위험이 존재한다. 기업들은 해외시장에 대한 지식이 부족하고, 해외에 있는 고객의 수요에 대해서도 잘 알지 못하며, 정치적 위험과 문화적 차이를 관리하는 능력이 결여되어 있기 때문이다. 이와 같은 경우 수출을 이용한 해외사업운영은 기업들에게 해외시장에 대한 지식을 얻을 수 있는 기회를 제공하는 역할을 하며 해외시장에서의 경쟁능력을 길러 준다.

수출은 기업들이 좀 더 복잡한 해외사업운영을 위한 전초적인 단계로서 특히 국제적인 경험축적과 학습활동에 중요한 역할을 담당한다. **그림 6-3**과 같이 해외경험이 증가함에 따라 기업들이 해외사업운영에 있어서 느끼는 위험은 점차 감소한다. 해외진출의 초기에는 기업이 해외시장에 대한 아무런 경험이나 지식이 없기 때문에 경영자들은 해외사업에 대한 위험도를 국내사업에 대한 위험도보다 훨

그림 6-3 | 수출과 학습효과

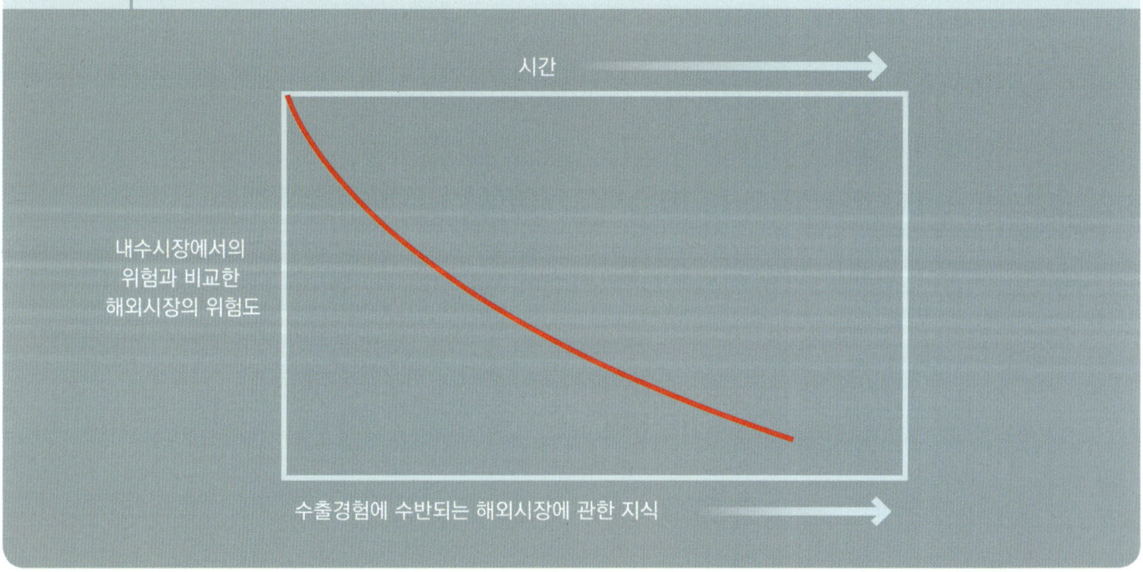

그림 6-4 중요한 직접 및 간접수출경로

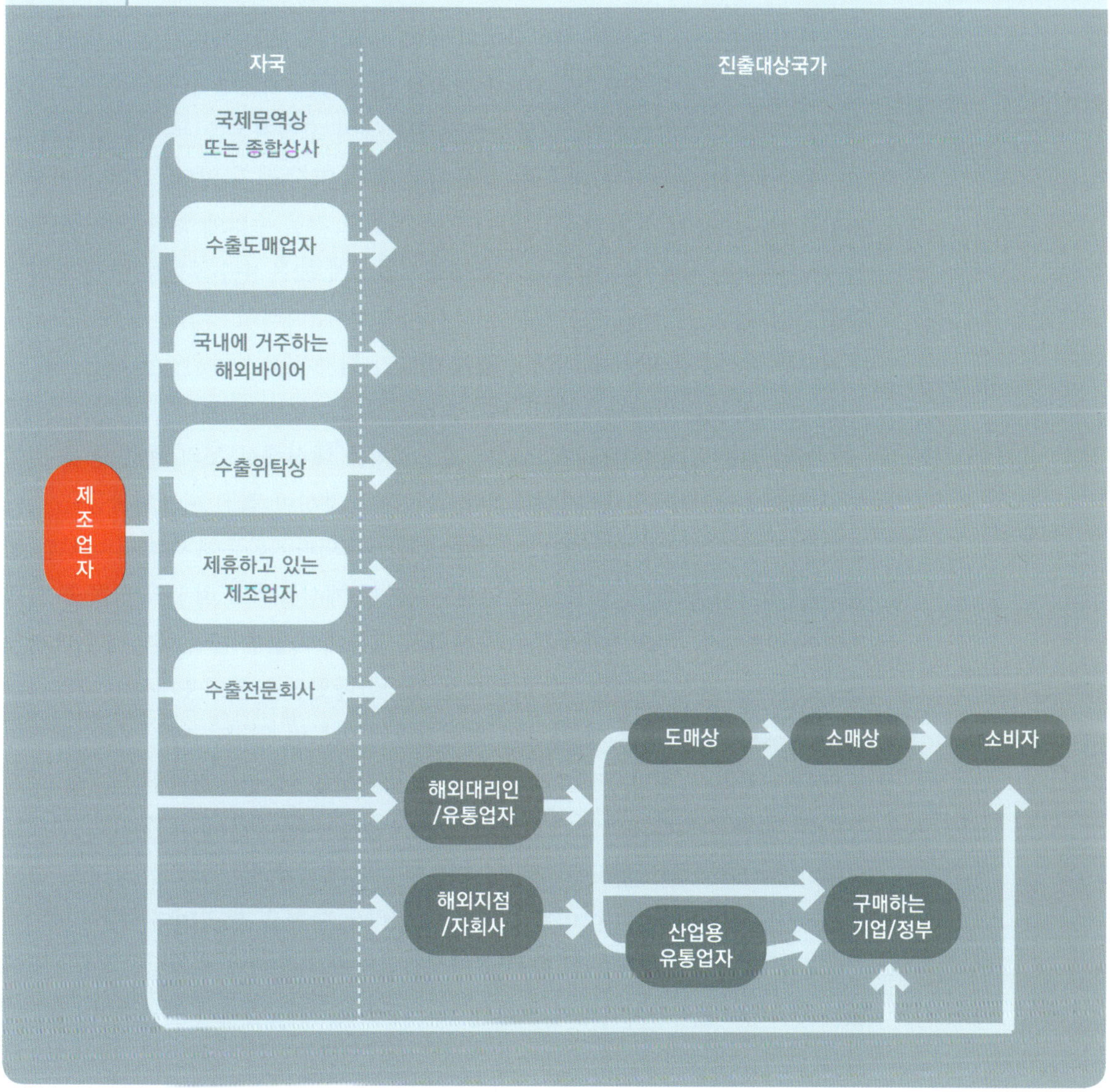

출처: F. Root, *Entry Strategies for International Markets*, Lexington, 1994, p. 77.

씬 더 높게 평가하는 경향이 있다. 그러나 수출활동을 통해서 경험과 자신감을 얻은 후에는 기업이 느끼는 위험은 국내에서와 같은 수준으로 하락한다.

이와 같은 상황에서 수출에 의한 해외시장진출은 보다 더 큰 투자를 필요로 하는 해외직접투자의 방법에 비해 훨씬 위험을 줄이는 방법이다. 해외시장에 수출로 참여하는 방법은 간접수출에 의한 방법과 직접수출에 의한 방법이 있다.

간접수출

간접수출indirect export이란 국내의 종합무역상사, 또는 우리가 흔히 오퍼상이라고 알고 있는 무역대리인, 그리고 한국을 방문하는 해외바이어와 같은 수출중개인을 통한 수출방법이다. 간접수출은 기업들이 고정자본을 투자할 필요가 없고, 해외사업을 운영하는 데 드는 비용이나 위험 역시 크지 않다. 그러나 이렇게 위험과 투자비용이 적은 대신 기업이 얻는 이익도 적을 수밖에 없다. 왜냐하면 이들 간접수출을 이용하는 방식은 수출대행기업에게 높은 수수료를 지불해야 하거나 또는 그들이 큰 폭의 중간마진을 얻기 때문이다. 따라서 기업들은 해외진출의 초기에는 간접수출 방식에 의해 수출을 하다가 점차 해외사업운영에 자신감을 갖게 되면 직접수출 방식으로 전환하는 경향이 있다.

이와 같은 간접수출 방식으로서 제조업체를 대신해서 해외판매활동을 벌이는 종합무역상사, 무역대리인, 해외바이어 등은 자신이 직접 마케팅활동을 벌이므로 이들에게 해외판매를 맡기는 제조업체는 해외판매활동에 대해서 아무런 영향력을 미치지 못한다. 이들 제조업체는 무역중개상들에게 자신의 상품을 일정가격에 인도하고, 무역중개상들은 자신의 구입가에 마진을 붙여 해외에 판매하게 된다. 이처럼 간접수출 방식에서는 모든 해외판매활동을 무역중개상이 대신하기 때문에 제조업체가 자신의 제품의 판매전략에 아무런 영향을 미칠 수도 없으며 또한 제조업체가 해외시장에 대한 지식을 축적하는 데에도 커다란 도움을 주지 못한다. 또한 수출대행기업이 해외시장개척, 제품기획, 제품에 대한 판촉·판매를 담당하게 되므로 제조업체는 자신의 제품이 해외에서 어떻게 팔리는지도 알 수도 없고 자사제품의 브랜드 이미지를 높일 수 없다는 단점을 갖고 있다.

간접수출 방식은 Nike의 한국 하청생산업자가 사용했던 해외시장진출전략이었다. Nike는 해외바이어의 입장에서 한국에 있는 여러 업체에 접근하여 매년 일정 물량의 운동화를 일정 가격에 구매할 것을 계약하였다. 한국의 운동화생산업체들은 자신들이 해외시장에 대한 마케팅지식을 축적하지 못했기 때문에 Nike와 같은 대형바이어에 의존해서 OEM 방식으로 생산하여 간접수출하는 형태의 해외사업운영을 하였던 것이다. 이와 같은 전략은 국제화경험이 없었던 한국의 하청생산업체에게는 Nike와 같은 해외바이어에게 많은 물량을 손쉽게 판매할 수 있다는 점에서 매력적이었으나, Nike가 계속해서 가격인하 압력을 가함으로써 자신의 수출활동으로부터 큰 이익을 보지 못했던 단점도 가지고 있었다.

한편, 최근에는 이러한 간접수출 또는 OEM 방식의 조달이 운동화와 같은 경공업에서부터 첨단산업까지 확대되고 있다. 예를 들어, Apple은 iPhone의 생산을 대만의 하청생산업체인 Foxconn에 일임하고 있다. Foxconn은 Apple의 주문을 소화할 수 있는 대규모 생산공장을 중국 각지에 설립하여, 백만 명이 넘는 직원을 고용하여 생산한 제품을 Apple에게 납품하고 있다. Apple로서는 생산시설에 대한 투자와 노사관리에 필요한 노력을 절감하고, 대량생산으로 인한 원가절감의 이득을 누릴 수 있다. 하지만 Nike의 하청업체에서 여러 가지 노사분규가 있었듯이, Foxconn에서도 노동자들이 투신자살을 하는 등의 문제가 많았다. 그 결과, Apple은 구매가격을 올리고 Foxconn의 노동조건을 개선한 바 있다.

Video

Apple's iPhone Factory in China

직접수출

직접수출 방식은 간접수출 방식에 비해 제조업체에게 여러 가지 이점을 제공한다. 첫째, 직접수출은 제조업체가 해외시장에 대한 마케팅계획을 자신이 직접 수행할 수 있는 통제권을 제공해 준다. 보다 구체적으로 유통경로의 선택, 가격, 광고전략, 그리고 제품의 서비스에 대한 여러 가지 해외마케팅활동에 대해서 통제권을 제공해준다. 둘째, 직접수출 방식은 제조업체의 제품라인들에게 적합한 마케팅활동을 가능하게 해준다. 간접수출 방식에서는 수출입대행업자가 자신이 수출입활동을 대행하는 수많은 제품에 대해서 마케팅활동을 벌이기 때문에 어떤 특정제품에 특화된 광고나 통합적인 마케팅활동을 벌일 수가 없었다. 그러나 직접수출 방식에 의해서는 제조업체가 자신의 제품에 관한 마케팅활동을 집중할 수 있기 때문에 보다 전문적이고 통합된 활동을 하는 것과 같이 여러 가지 이점이 존재한다. 셋째, 직접수출 방식은 현지로부터 빠른 정보를 얻게 해준다. 따라서 제품을 현지시장의 환경에 맞게끔 수정하거나 보다 현지실정에 적합한 가격정책을 취하는 등 마케팅능력을 향상시킬 수 있다. 넷째, 직접수출 방식은 제조업체가 갖고 있는 상표권, 특허권과 같은 무형자산에 대해 보다 확실한 보호가 가능하다. 간접수출에 의하면 해외에서 자신의 제품이 어떻게 팔려 나가는가에 대해 전혀 보호를 받지 못하나 직접수출 방식은 이에 대한 통제권을 제조업체에 부여한다.

이와 같은 직접수출은 크게 두 가지 경로에 의해서 이루어진다. 첫째, 해외판매대리인이나 유통업자를 활용하는 방법이고, 또 한 가지는 제조업체가 판매자회사나 판매지사를 설립하여 운영하는 방법이다. 다음에는 각각의 방법에 대해 살펴보기로 한다.[3]

현지유통업자의 활용

해외판매대리인foreign agent이란 해외시장에서 제조업체를 대표하는 독립적인 중개상이라고 정의할 수 있다. 이들 판매대리인들은 제조업체의 상품에 대한 상표권을 갖지 못하며 일정량의 샘플을 제외하고는 그 제품의 재고를 보유하거나 소비자들에게 신용판매를 할 수 있는 권한이 없다. 해외판매대리인의 주요한 업무는 제품을 다른 중간상인들, 즉 도매상과 소매상들에게 판매하는 일이다. 그리고 판매대리인들은 기술적인 상담에 응하거나 사후 관리에 관한 활동은 하지 않는다. 이 판매대리인은 근본적으로 세일즈맨에 불과하며 이들은 판매량에 대한 일정액의 수수료를 받는다.

Video

Amazon Global Selling

이들 판매대리인에 비해서 현지유통업자foreign distributer는 제조업체의 제품에 대한 상표권을 갖는 독립적인 상인이다. 이들은 제품을 다른 중간상인이나 최종 소비자에게 직접 판매하고, 상표권을 사용하는 권리를 갖는 대신 위험도 함께 부담하는 등 판매대리인보다 훨씬 다양한 기능을 수행한다. 예를 들어, 이들 현지 유통업자는 자신의 비용으로 재고를 보유하고, 광고활동을 전개한다. 또한 소비자에게 신용판매를 하기도 하며, 주문을 받고 실제로 제품을 배달하고 애프터서비스까지 수행한다. 이들 현지 유통업자는 제조업체로부터 일정한 이윤마진을 보장받음으로써 위와 같은 여러 가지 활동을 수행한다.

해외판매대리인과 유통업자 간의 선택은 궁극적으로 각각의 장점과 단점에 따라 달라진다. 현지유통업자들은 판매대리인에 비해서 자신들이 직접 수행하는 활동이 많기 때문에 제조업체의 입장에서는 이들 유통업자를 통제하기가 판매대리인을 상대하기보다 훨씬 더 어렵다. 많은 경우에 유통업자에게 보장해 주는 이윤마진이 판매대리인에게 제공하는 수수료보다 큰 것이 보통이다.

한편 제조업자는 해외판매대리인과 해외유통업체를 동시에 활용할 수 있다. 즉, 각 시장상황을 따르거나 지역별 시장으로 나누어 하나 이상의 유통경로를 활용하기도 한다. 실제로 한국기업이 해외로 진출해서 해외의 유통업자 또는 판매대리인을 선정할 때는 다음과 같은 기준에 의해서 판매대리인을 물색해 보아야 할 것이다.

- 판매대리인이나 유통업자가 통제할 수 있는 지역
- 몇 개의 제품라인을 통제할 수 있는가
- 이들 회사의 크기
- 과거 비슷한 제품을 다룬 경험이 있는가의 여부

- 판매조직과 세일즈맨들의 자질
- 설비와 재고의 부담 여부
- 사후관리 수행 여부
- 광고와 같은 판매촉진활동을 할 수 있는가의 여부
- 고객에게 얼마나 신용도를 갖고 있는가
- 과거의 판매성과
- 판매활동의 비용
- 현지정부와의 관계
- 언어구사능력
- 제조업체와 협조적인 관계를 유지할 수 있는가의 여부

이와 같은 측면에서 여러 유통업체를 심사한 다음에 이들 유통업체와 개별적인 협상을 벌여서 최종선택을 하게 된다. 제조업체와 해외유통업체의 협상은 구체적인 계약내용과 상호간의 의무와 권리내용을 규정한다. 일반적으로 현지유통업자들은 다음과 같은 조건을 고려하여 계약을 체결하기를 기대한다.

- 과연 이들 제조업체의 제품이 잘 팔릴 수 있는 좋은 제품인가
- 이윤마진이 얼마나 높은가
- 제조업체가 독점판매권을 주는가
- 제조업체와 얼마나 오랜 기간 동안 계약기간을 유지할 수 있는가
- 제조업체가 이 계약을 파기할 때 어떠한 손해보상을 받을 수 있는가
- 상대방에게 손해배상을 하지 않고 자신이 이 계약을 파기할 수 있는가
- 제조업체의 방해를 받지 않고 독자적으로 마케팅활동을 할 수 있는 권리가 주어져 있는가
- 신용판매의 여부
- 제조업체가 재고보유나 갑작스런 주문에 대한 서비스, 기술적인 훈련, 광고와 같은 활동에 대해 얼마나 지원을 해 줄 수 있는가
- 제조업체와 경쟁관계에 있는 제품을 취급할 수 있는 자유가 보장이 되는가
- 어느 정도의 판매정보를 제조업체에게 제공해야 하는가의 의무사항

현지유통업자는 이와 같은 여러 가지 측면에서 제조업체를 평가한다.

결국 제조업체가 바라는 것과 해외유통업자가 원하는 것이 서로 다르기 때문에 구체적인 계약의 내용은 양자 간의 협상에 의하여 결정된다. 대부분의 계약에

서 가장 중요한 협상 내역은 주로 다음 세 가지에 집중되고 있다. 첫째, 독점적 판매권의 부여문제, 둘째, 경쟁사 제품을 같이 취급할 수 있도록 허용하는가의 문제, 셋째, 계약을 종료하거나 취소할 때 따르는 여러 가지 법적 손해배상 문제이다. 특히 독점적 판매권을 제공하게 되면 제조업체는 계약기간 중에는 다른 판매업체로 전환하는 것이 불가능하고 자신이 직접 해외에서 마케팅활동을 하는 데에도 많은 제한을 받는다. 그리고 경쟁사 제품을 같이 취급할 수 있도록 허용하는 경우에는 자신의 제품에 대한 정보가 경쟁자에게 유출될 가능성이 있으므로 제조업체는 이를 금지하려고 노력하는 반면, 유통업자는 이를 허용해 줄 것을 주장하곤 한다.

계약의 취소와 종료문제는 협상 중 가장 중요한 항목이다. 제조업체는 유통업체의 성과가 좋지 않을 경우 쉽게 계약을 종료하기를 원하지만 유통업체는 계약의 종료시점까지 자신의 판매대행권을 유지하기를 원하고 손쉽게 계약을 종료하지 못하도록 제도적인 장치를 만들려고 노력한다. 대부분의 경우 계약은 1년 정도의 시험기간을 거친 후에 상호간에 이해득실을 따져 본 후 1년 또는 3년 단위의 형태로 갱신해 나가고 있다. 특히 이와 같은 계약에 있어서 현지국의 법률은 중요한 역할을 하고 있다. 만일 현지국의 법률이 현지 유통업체가 아무런 판매실적이 없더라도 제조업체가 계약을 쉽게 파기하지 못하도록 하고 있다면, 그 기업은 현지유통업체의 활용 여부를 보다 신중하게 고려하여야 할 것이다. 실제로 많은 국가에서는 유통업자와 판매대리점을 보호하기 위한 특별법을 제정하고 있으며 제조업체가 계약을 파기하는 데 많은 비용이 들도록 규정하고 있는 실정이다.

판매자회사의 설립

판매자회사sales subsidiary는 제조업체가 해외유통회사에 의존하지 않고 독자적인 판매 및 마케팅 전담조직을 설립하는 것으로서, 제7장에서 설명할 해외 직접투자의 초기형태에 해당된다. 제조업체가 판매자회사를 설립할 것인가 또는 해외유통업자를 선택할 것인가의 문제는 궁극적으로 그 나라에서의 매출의 규모에 따라 달라진다. 해외유통업자의 활용은 대부분 그 유지비용이 판매량에 달려 있으므로 가변비용의 성격을 갖는다. 즉, 판매량이 커지면 그만큼 제조업체가 지불하는 수수료가 커지고, 매출규모가 작을수록 수수료는 작아진다. 그러나 판매자회사는 궁극적으로 고정비용의 성격을 갖는다. 판매자회사를 설립하려면 사무실비용과 창고유지비용, 마케팅활동 및 일반관리를 위한 자금, 판매원조직 등에 많은 비용이 소모된다. 따라서 판매자회사가 유지되려면 이처럼 많이 소요되는 고정비용을 충당할 수 있는 규모 이상의 매출이 달성되어야 한다. 만일 어느 특정 시장의 규모가 커서 판매법인의 설치비용이 해외유통업자를 활용할 때 소요되는 비용보다 작을 수 있다면, 그 기업은 판매자회사를 설립할 것이다. 그러나 만일 진출 초기에 매출 규모가 작다면, 그 기업은 처음에는 해외유통업자를 활용하다가 일정 규모 이상 매출이 커질 때 비로소 판매법인을 설립할 수 있다.

구상무역

구상무역counter trade이란 수출대금을 현물로 지급하는 것으로 특히 외환 보유고가 부족하여 자국의 화폐를 외국화폐로 태환하는 것을 법적으로 금지하는 국가에서 많이 사용하고 있다. 특히 1960년대부터 소련과 동구권 국가들은 외환을 충분히 보유하지 못했고 자신의 화폐를 달러를 비롯한 서방세계의 화폐와 자유롭게 교환할 수 없었기 때문에 외국기업이 이들 국가에 수출을 하여 수출대금을 받아 내는 것은 상당히 어려운 일이었다. 따라서 동구권을 중심으로 이들 국가에 수출을 할 때 현물을 받아들이는 형태의 구상무역이 널리 이용되기 시작하였다.

Video

Problem of Counter Trade

이러한 구상무역은 비단 과거 동구권에서만 일어났던 일은 아니다. 이러한 구상무역의 예로서 사우디아라비아는 Boeing으로부터 747 여객기 10대를 구입하면서 그 대금을 국제유가보다 10% 할인된 가격의 원유로 대신 지불한 사례가 있다. 또한 Caterpillar는 베네수엘라 정부에 중장비를 판매하면서 35만 톤의 철광석을 대금으로 받았고, Philip Morris도 러시아에 담배를 판매하고 비료를 대금으로 받아 이를 재판매하였다. 외환위기의 여파로 외환부족에 시달리는 국가들도 구상무역을 활용하고 있다. 예를 들어, 1997년의 외환위기 중 태국정부는 관급공사를 하는 외국기업들에게 약 1,200만 달러 이상의 공사대금 중 30%는 내국산 농산물로 지급하였던 바가 있다.

이와 같이 구상무역은 현재 전세계적으로 활발히 이루어지고 있다. 실제로 전세계적으로 아직도 많은 국가가 자국화폐를 외환으로 태환하는 데 있어 제한을 두고 있다. 태환성을 보장받지 못한다는 것은 수출업자에게 큰 부담이 된다. 왜냐하면 자신의 제품을 수출하더라도 이 대금을 회수할 수 있는 방법이 없기 때문이다. 이와 같은 경우에 수출업자는 구상무역이라는 현물거래를 통해서 대금을 수령할 수 있다.

구상무역의 유형은 여러 가지가 있을 수 있으나 대표적으로 바터barter, 상호구매counter purchase, 오프셋offset, 스위치 트레이딩switch trading, 그리고 역구매

buy back 등의 방식이 있다.[4]

바터

바터barter는 두 당사자 간의 재화를 맞바꾸는 형태이다. 바터는 가장 단순한 형태의 구상무역이지만 서로 상대방이 원하지 않는 제품을 받기 때문에 이를 다시 적절한 가격으로 재판매할 수 있는 가능성이 없을 때는 심각한 문제를 야기하기도 한다. 따라서 바터는 가장 제한이 많은 구상무역의 유형이다. 바터는 대부분의 경우에 일회성거래와 같이 지속성이 없는 무역거래에 이용된다.

상호구매

상호구매counter purchase는 상호간에 동시구매협정을 맺는 것이다. 예를 들어, 한국기업이 아프리카의 한 국가에 일정량의 제품을 수출하면서 달러로 대금을 결제받지만 동시에 그 달러화를 가지고 그 나라로부터 일정량의 광물 원자재를 수입할 것을 합의하는 것과 같은 형태이다. 상호구매는 바터와 달리 현금으로 대금을 받고 결제를 한다. 이런 형태로 무역이 이루어지면 현지정부의 입장에서는 한국기업에게 외환을 지불하나 같은 액수만큼 자신의 물건을 다시 구입할 것이라는 확신이 있기 때문에 외환지급을 쉽게 허용해 준다. 상호구매 방식은 수출하는 기업이 일정 기간 내에 자유롭게 물건을 구매하면 되기 때문에 바터보다 훨씬 유리한 형태의 구상무역으로 이용되고 있다.

오프셋

오프셋offset은 상호구매와 유사한 형태이나, 상호구매는 판매대금 전액을 재구매해야 하는 것에 비하여 오프셋은 판매대금 중에서 일정액만을 재구매하면 된다는 점에서 차이가 난다. 오프셋에서는 한국기업이 수출한 국가로부터 어떤 종류의 상품도 구매할 수 있으면서도, 수출대금 전액을 구매할 필요가 없기 때문에 상호구매보다 훨씬 더 선호되고 있다.

스위치 트레이딩

바터, 상호구매, 오프셋이 수출기업이 직접 수출국의 다른 기업과 구상무역을 하는 것에 비해 스위치 트레이딩switch trading은 전문적인 무역상을 활용하여 구상무역을 하는 방법이다. 즉, 어느 기업이 상호구매나 오프셋 협정을 체결하였을 때 이 수출기업은 수출대금으로 그 나라에서 재구매를 해야 하는 의무를 갖고 있다. 이 경우에 상호구매의 의무를 중개무역상에게 팔아서 이를 중개무역상이 훨씬 더 유용하게 활용할 수 있다면 구상무역이 더욱 활발하게 일어날 것이다.

예를 들어, 아프리카 국가 정부와 구상무역 협정을 맺어서 일정액의 중국제품을 구매하기로 합의한 어느 한국기업이 해당 제품을 한국에서 판매할 자신이 없을 때 중개무역상에게 이러한 구매의무를 할인된 가격으로 판매할 수 있다. 이때 중개무역상들은 각국의 서로 다른 기업으로부터 발생하는 구상무역의 의무와 권리를 스왑swap함으로써 이익을 얻을 수 있다.

역구매

역구매buy back란 어느 기업이 외국에 생산설비를 지어 주었을 때 그 공장이 완성된 후 나온 생산품을 일정 부분 구매하기로 합의하는 형태의 구상무역이다. 예를 들어, Occidental Petroleum이란 회사는 과거 구 소련에 암모니아 공장을 세우고 향후 20년 동안 일정량의 암모니아를 구매하는 계약을 체결한 바 있다.

이와 같은 구상무역의 가장 큰 장점은 외환을 충분히 보유하고 있지 않은 국가들과 무역을 할 수 있다는 점이다. 외환을 충분히 보유하고 있지는 않지만 대신에 천연자원과 자국의 제품을 판매대금으로 지급하고 자사제품을 수입하려는 국가와 거래할 때에는 구상무역이 유일한 거래방법이기 때문이다.

그러나 구상무역은 상당히 큰 위험을 수반하기도 한다. 만일 구상무역의 대가로 받은 물건을 자기가 좋은 가격에 팔 수 없는 기업들은 구상무역의 결과로 큰 손해를 볼 수 있다. 이와 같은 구상무역 형태의 무역은 소규모 제조업체보다는 대규모 제조업체, 특히 다국적기업에게는 보다 현실적인 대안이 될 수가 있다. 왜냐하면 이들 다국적기업들은 세계 각지에 지회사를 갖고 있기 때문에 구상무역의 대가로 받은 현물의 구매자를 손쉽게 찾을 수 있기 때문이다. 특히 한국과 일본의 종합무역상사는 각 국가에 진출한 현지법인이나 지사가 있기 때문에 구상무역의 대가로 받은 현물들을 쉽게 처분할 수 있다. 이와 같은 종합무역상사에게는 구상무역을 통해서 이익을 얻을 수 있는 가능성이 중소수출업자에 비해 훨씬 크므로 구상무역을 보다 광범위하게 사용하고 있다.

종합무역상사

종합무역상사는 한국과 일본에 존재하는 대규모 간접수출대행회사로 볼 수

Video
일본의 종합무역상사

있다. 앞서 살펴보았던 간접수출 방식에 의한 해외진출에 있어서, 제조업체가 스스로 해외판매활동을 하기보다는 무역중개상을 통해서 수출업무를 대신하는 방법을 선택하였다. 종합무역상사는 쉽게 말해 대규모 무역중개상으로서 제조업체의 간접수출 또는 수입을 대행해 주는 업체라고 볼 수 있다.

일본의 종합무역상사는 19세기 말의 메이지유신 이후 일본시장이 개방됨에 따라 미국과 유럽의 무역상들이 대거 일본에 진출하게 되자 이들에 대항하기 위한 상사로서 출발하게 되었다. 이들은 일본제품의 수출과 일본으로의 수입업무를 대신하고, 일본의 근대화과정에 필요한 자본재 및 원자재의 수입 및 거래알선, 금융, 외환, 해운업 등을 포함한 종합적인 해외유통활동을 수행하는 조직으로 성장하였다. 또한 제2차 세계대전 이후 이들 무역상사는 일본 제조업체의 수출대행창구로서 많은 기여를 하였다. 그러나 1970년대 이후 일본의 제조업체들이 직접수출 방식으로 해외사업을 운영하게 됨에 따라 일본의 종합상사들은 수출대행보다 수입과 해외직접투자, 금융, 정보와 같은 형태로 사업영역을 바꾸어 가고 있는 추세에 있다.[5]

Video
한국의 종합무역상사

한국의 종합무역상사는 일본의 종합무역상사를 모방하여 1975년에 정부에 의해 종합무역상사 지정제도가 도입되면서 설립되기 시작하였다. 한국은 그 당시 수출 100억 달러 달성을 목표로 많은 노력을 하고 있었다. 그러나 선진국들의 보호무역주의로 시장개척에 많은 어려움을 겪고 있었고 중소무역업체의 과당경쟁으로 각종 부작용이 초래되었으며 제조업체가 해외사업을 독자적으로 수행하기에는 충분한 경영자원이 갖추어지지 않았으므로 종합무역상사를 설립하여 수출을 대규모화, 그룹화, 조직화해야 할 필요성이 크게 대두되었다. 전문무역상사는 이에 따라 2009년 10월 종합무역상사 제도의 폐지와 동시에 지정됐다. 전년 수출실적 100만 달러 이상, 수출대행 또는 완제품 구매수출비율이 전체 수출액의 10% 이상인 업체를 무역협회에서 선정해 해외영업 능력이 없는 중소업체의 제품수출에 도움을 주도록 하는 제도이며 300여 개사가 지정되어 있다.

이와 같은 한국의 종합무역상사는 1970년대와 1980년대에 한국기업들의 중요한 대외수출창구의 역할을 담당하였다. 이는 정부가 종합무역상사를 통한 수출의 확대를 위해 무역·금융혜택 등의 다양한 지원책을 제공하였으며 행정 면에서의 각종 우대조치, 즉 국제입찰에서의 정부의 협력, 원자재의 수입 면에서의 규제 완화, 그리고 외환관리와 세금 면에서의 우대조치 등의 특혜를 베풀었기 때문이다. 그 당시 한국의 종합무역상사의 주요 역할은 수출무역창구로 한국의 총수출 중 종합 무역상사가 차지하는 비율은 40~50% 사이로 큰 비중을 차지하고 있었다. 그러나 수입은 10% 내외로 일본의 종합무역상사에 비해 그 비중이 훨씬 낮은 편에 속했다.

현재 한국의 종합무역상사는 과거 수출에 치중해 왔던 활동을 축소하고 일본의 종합무역상사와 같이 내수와 삼국간거래, 수입의 비중을 높이려 하고 있다. 삼국간거래란 종합무역상사가 외국에서 제품을 구입한 뒤 국내에 반입을 하지 않고 제3국에 판매하는 거래의 형태로서 중개무역과 같은 거래방식이다. 한국의 종합무역상사의 매출액에서 수출이 차지하는 비중이 점차 감소하는 이유는 과거 종합무역상사를 통해서 간접수출 방식으로 해외사업을 운영하였던 제조업체들이 자신이 직접수출하는 형태로 해외사업운영방식을 변화시킴에 따라 종합무역상사의 필요성이 점차 감소하기 때문이다.

03 〉〉 라이센스, 프랜차이즈, 생산계약

국제계약에 의한 진입방식은 기업이 자신의 무형자산인 기술, 상표, 물질특허권, 저작권과 같은 지적소유권, 컴퓨터 소프트웨어와 같은 기술적 노하우, 경영관리 및 마케팅과 같은 경영적 노하우 등의 경영자산을 하나의 상품으로 취급하여 현지 기업과 일정한 계약에 의해 판매하는 방식이다. 이러한 해외사업운영의 특징은 로열티나 다른 형태의 대가로 기술적인 자산이 외국으로 이동하는 것이다. 이런 계약에 의한 해외사업운영 방법으로는 크게 라이센싱, 프랜차이즈, 생산계약 등이 있다.

라이센스

라이센스license를 통한 해외사업운영은 다음과 같은 목적으로 이루어진다. 첫째, 진출예정국에 수출이나 직접투자에 대한 무역장벽이 존재할 경우 라이센스는 유일한 진출방법이 된다. 개발도상국일수록 아직도 수출이나 100% 소유의 해외직접투자를 규제하고 합작투자나 라이센싱을 요구하는 나라가 많다. 이러한 경제환경에서 라이센싱은 정부의 규제와 무역장벽을 넘는 하나의 방법이 될 수 있다. 둘째, 수송비가 비싸거나 국가 간에 상품을 이동하는 데 많은 비용이 소요되는 경우 라이센싱은 효율적인 국제사업운영방법이 된다. 예를 들어, 국내에 판매되는 버드와이저 맥주는 미국에서 직수입한 것이 아니라 국내기업이 기술과 브랜드를 라이센스하여 생산된 것이다. 이는 맥주를 수송하는 데 많은 비용이 들기 때문이다. 셋째, 기술과 서비스와 같이 이전방법이 복잡하거나 이전비용이 많이 소요되는 무형자산의 경우, 라이센싱은 효과적인 해외사업운영 방법이 될 수 있다. 넷째, 투자국의 정치적 위험이 큰 경우, 기업들은 위험부담을 줄이기 위해 직접투자보다 라이센스를 선호하게 된다.

그러나 라이센스는 다음과 같은 단점을 갖고 있다. 첫째, 라이센스는 자사의 브랜드나 기술에 대한 보호와 통제가 힘들다. 실례로, 미국 Polo는 과거 자사 제품의 브랜드와 디자인을 한국기업에 일정 기간 사용하도록 라이센스 계약을 체결하였었다. 그러나 브랜드 도입자인 한국기업이 비싼 가격의 Polo T셔츠가 잘 팔리지 않자 가격을 턱없이 낮추어 길거리에서 판 일이 있었다. 이에 대해 미국의 Polo 본사에서는 한국에서 자사 브랜드가 저가품으로 전락했다고 판단하고 계약위반으로 라이센싱을 체결한 한국기업을 고소한 바 있었다. 둘째, 라이센싱은 자신이 직접 현지에서의 마케팅활동 또는 생산활동을 하는 경우에 비해 얻을 수 있는 이익이 작다. 라이센싱의 로얄티는 그 기업의 관행, 산업의 평균지급률, 정부규제에 의해 결정되고 대체로 5%를 넘지 않는 것이 보통이다. **그림 6-5**는 라이센스의 가격결정 메커니즘을 보여준다. 라이센스 공여자와 수여자가 각기 판단하는 예상비용의 폭과 다른 대체기술의 공여가능성, 독자개발 등의 요인에 의하여 라이센스 로얄티의 상한선과 하한선이 결정된다. 셋째, 라이센싱은 경쟁자를 만들 위험이 있다. 라이센싱은 기술이나 무형자원을 일정 기간 공여하는 것이다. 그러나 그러한 기술들은 라이센스 공여기간이 끝나더라도 계속해서 사용될 위험이 있다. 또한, 라이센스를 받은 기업이 공여된 기술을 자기 것으로 만들어 장기적으로 자신의 경쟁자로 등장할 수 있다. 넷째, 라이센싱 협정은 일정 기간 동안 라이센싱 업체에 대해 독점적인 권리를 보장해 준다. 따라서 일단 라이센스를 공여하게 되면 적어도 그 계약기간이 종료될 때까지 그 나라에서 다른 활동을 하거나 라이센싱 업자를 교체할 수 없게 된다. 이와 같이 라이센싱은 유연성 측면에서 많은 제약이 따른다.

라이센싱으로 인해 자신의 지적재산권이 침해받는 것을 막기 위해서 기업들은 자신의 지적재산권에 대한 보호책을 강구하여야 한다. 이러한 보호방법에는 크게 특허권, 상표권, 비밀유지의 방법이 있다. 먼저 특허patent란 정부가 인정하

그림 6-5 | 라이선스의 가격결정 메커니즘

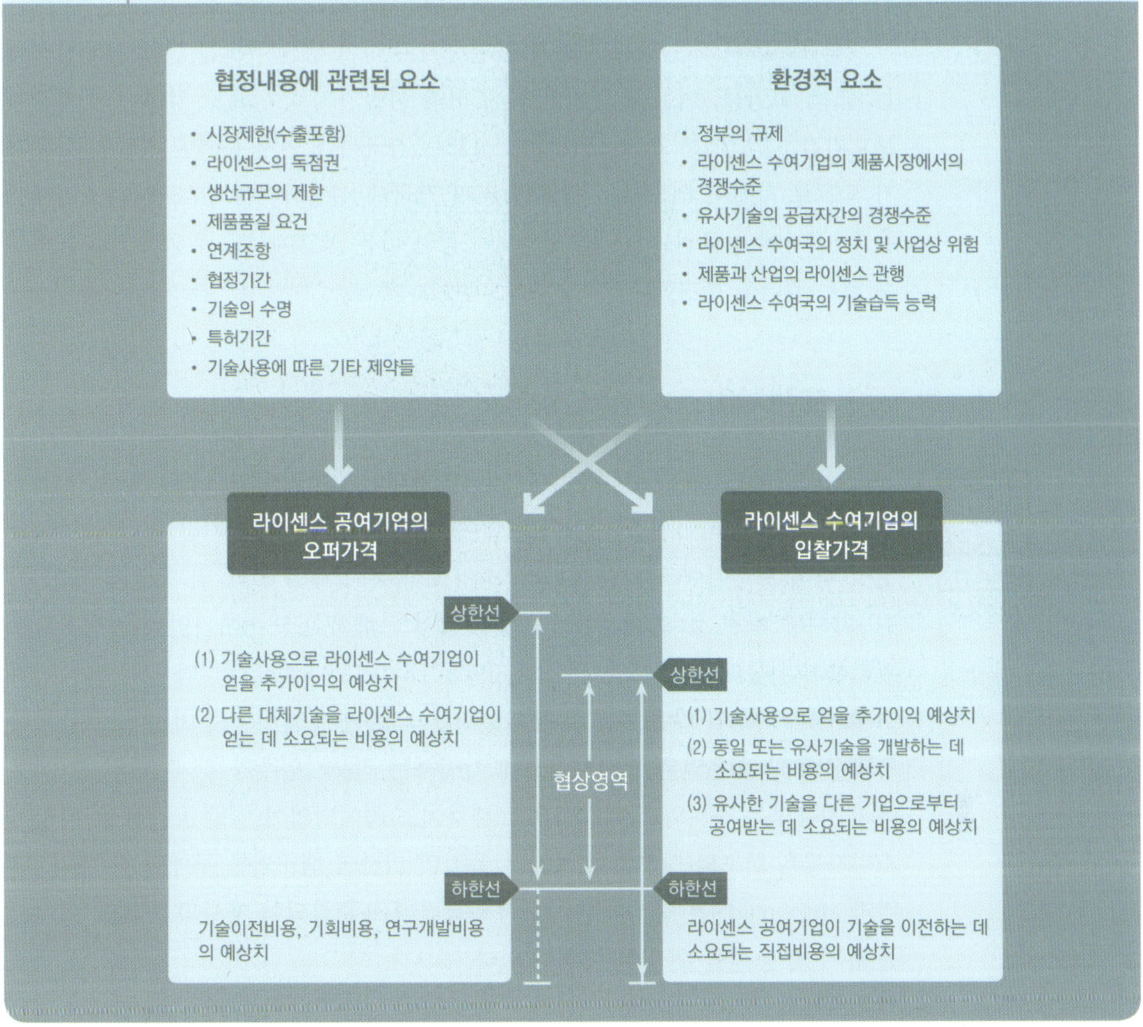

출처: F. Root, *Entry Strategies for International Markets*, 1994, p.125.

는 일정 기간 독점적인 제조, 판매의 권리이다. 특허는 각국마다 서로 다른 체계를 갖고 있으며 각국마다 개별적으로 신청하여야 한다. 현재 International Convention for the Protection of Industrial Property일명 파리조약는 세계 90여 개 국가가 가입한 조약으로 한 국가에서 특허권이 인정되면 다른 조약가입국에서도 1년 동안 우선적으로 특허권을 신청할 수 있는 권한을 부여하였다. 특허는 정해진 기간5년에서 20년 사이 동안 독점적 권리를 보장해 주지만 그 대신 특허신청기업은 특허의 신청을 위해 자신의 기술내역을 공개해야 한다. 따라서 기업은 특허를 얻는

Video

Patent Cooperation Treaty

대신 기술을 공개할 것인가, 또는 특허를 신청하지 않고 기업비밀 형태로 유지할 것인가를 고려해야 한다.

상표trademark는 다른 제품과 구별하기 위하여 생산자 또는 판매자가 사용하는 상징, 고안물, 이름을 의미한다. 특허와 마찬가지로 상표도 각국에 등록하며 보호기간은 7년에서 25년 사이이다. 상표는 각국마다 먼저 등록한 기업이 소유자가 되므로 자신이 의도하는 상표를 미리 각국에 신청하여야 한다. 파리조약에서는 한 국가에 상표권을 등록하면 6개월 동안 다른 국가에서도 우선적으로 등록할 수 있는 권한을 부여한다.

프랜차이즈

Video

SUBWAY Story

프랜차이즈franchise는 라이센스의 한 형태이지만 라이센스보다 훨씬 강한 통제가 가능하다. 라이센스 계약이 기술이나 브랜드만을 일정 기간 동안 공여하는 것에 비해 프랜차이즈는 품질관리, 경영방식, 사업체의 조직 및 운영에 대한 지원, 마케팅 지원 등 프랜차이즈 공여기업이 프랜차이즈 수여기업을 직접적으로 관리하거나 통제한다. 프랜차이즈는 Pizza Hut이나 McDonald's와 같은 음식점과 호텔, GS칼텍스와 같은 주유소 등의 서비스 업종에서 많이 이루어진다. 프랜차이즈의 점포의 소유권은 프랜차이즈에 가입하는 점포사업주가 갖게 되나, 그 점포에서 사용하는 장비와 실내장식은 프랜차이즈 공여기업이 일괄 공급한다. 따라서 소비자들은 점포와 상관없이 똑같은 품질의 피자와 햄버거를 구매할 수 있다. 그 결과 McDonald's는 전세계적으로 제품품질이 표준화되어 자사의 브랜드 이미지를 유지 및 통제할 수 있는 이점이 있다.

호텔도 프랜차이즈로 운영되는 대표적인 업종이다. InterContinental 호텔은 GS리테일이 InterContinental 체인에 가맹하여 운영하는 프랜차이즈 호텔이다. 프랜차이즈 가입의 대가로 GS리테일은 InterContinental의 상호와 전 세계 예약 시스템을 활용할 수 있다. 그 대신 InterContinental이란 브랜드에 어울리는 서비스 품질을 위하여 본사 측에서 호텔 운영을 자문 및 모니터링하면서 이에 대한 대가로 수입의 일정률을 경영관리 서비스 비용의 형태로 받아 간다.

프랜차이즈의 이점은 다음과 같다. 첫째, 적은 자본으로 해외시장 확대가 가능하다. 예를 들어, 한국에 진출하려는 외국의 패스트푸드 기업은 비싼 임대료를 지불하면서 자신이 직접 매장을 운영하는 것보다 프랜차이징 계약으로 진출하는 것이 비용 면에서 훨씬 유리하다. 둘째, 프랜차이즈는 상당히 표준화된 마케팅을 하게 된다. TV로 Pizza Hut의 광고를 하는 것은 전국의 Pizza Hut 점포를 광고하는 것과 다름없다. 즉, 광고에서 규모의 경제를 찾을 수 있다. 셋째, 각 가맹점에 동기를 부여할 수 있다. 프랜차이즈 가맹업체는 일정의 수수료만 지불하고 나머지 영업수입은 모두 자사의 수익이 되므로 각 매장이 매출을 증대하기 위해 자발적으로 노력하게 된다. 그러나 기술이나 브렌드에 대한 통제를 유지하기 힘들다는 것과 잠재적인 경쟁자를 키울 수 있다는 점은 라이센스와 같이 프랜차이즈가 갖고 있는 공통된 문제점이다.

생산계약

그 밖의 계약에 의한 해외시장진출방식으로 하청생산계약이 있다. 하청생산방식이란 Nike와 같은 회사가 한국의 하청업자에게 일정한 품질과 가격에 운동화를 납품하도록 계약을 체결하고 이러한 계약에 의해 국제경영활동을 수행하는 방식이다. 하청생산방식은 하청업자에게 생산기술과 품질관리기술을 공여한다. 하청생산계약의 장점은 자신이 직접 공장을 운영하지 않으면서도 신속하게 시장진입을 할 수 있고, 시장환경이 불리해질 때 신속히 퇴거할 수 있다는 점에 있다.

그러나 하청생산의 문제점으로는 품질을 지속적으로 관리하기 어렵고 경쟁자를 키울 수 있는 가능성이 존재한다. 본 장의 사례에서 살펴본 바와 같이 Nike는 핵심부품의 독자적인 생산, 디자인과 마케팅기능의 독자적 수행, 철저한 품질관리 등의 방법으로 하청생산계약의 잠재적인 문제점을 줄여 가고 있다.

이 밖에 국제계약 방식으로는 위탁경영이나 서비스계약, 턴키공사turn-key operation가 있다. 서비스계약은 항공사의 경우, 기내음식물의 공급과 항공기 정비를 자사가 직접 운영하지 않고 계약을 통해서 서비스를 제공받는 형태이다. 턴키공사는 생산플랜트를 일괄적으로 만들어 주는 위탁생산 방식을 말한다.

04 〉〉 결론 및 요약

본 장에서는 Nike의 동남아 하청생산관리를 중심으로 수출과 계약을 통한 해외사업운영방식을 살펴보았다. Nike는 생산계약이라는 방식을 통해 운동화를 공급받고 있고 한국의 하청업체들은 Nike에 간접수출의 방식으로 자신이 생산한 운동화를 수출하고 있다. 이와 같은 수출과 계약을 통한 해외사업운영은 나름대로의 장점과 단점을 갖고 있다. 즉, 간접수출 방식에 의존하고 있는 Nike의 하청생산업체들은 해외마케팅을 직접 수행할 필요가 없다는 장점을 갖고 있으나 하청주문업체인 Nike로부터 항상 가격인하 압력을 받고 있다.

한편 Nike의 입장에서는 생산계약의 방식으로 제품을 공급받고 있으나 이러한 방식에서 발생할 수 있는 여러 가지 문제점, 즉 자신의 기술이 유출될 수 있는 가능성과 품질관리의 어려움, 잠재적 경쟁자의 출현에 대한 위험 등을 효과적으로 통제해야 한다. 이를 위해 Nike는 디자인, 판매망, 그리고 Air Sole과 같은 핵심부품은 자신이 직접 생산함으로써 기술이 유출되는 것을 방지하며 하청생산업체에 자신의 품질관리 요원을 파견하여 제품생산의 초기 단계부터 품질을 적극적으로 관리하고 있다. 또한 잠재적 경쟁자를 막기 위해 광고와 디자인에 큰 투자를 하고 있으며 자신의 하청생산업체가 경쟁자로 부상하는 것을 막기 위해 지속적인 가격인하 압력을 가하고 있다.

본 장에서 살펴본 수출과 계약을 통한 해외사업운영은 국제화경험이 없는 제조업체에게 국제화의 초기 단계에서 손쉽게 해외사업을 운영할 수 있는 기회를 제공한다. 그러나 이들 방법의 문제는 근본적으로 큰 이익을 보기 어렵다는 점에 있다. 다음 장에서는 기업이 국제화의 경험을 쌓고 난 이후에 더 큰 위험을 감수하는 해외직접투자 형태의 해외진출을 살펴보기로 한다.

사례

case

영원무역의 하청생산과 브랜드전략[6]

1974년에 설립된 영원무역은 아웃도어 의류, 신발 및 가방을 생산하여 전세계에 수출하는 OEM 생산 전문기업이다. 영원무역은 방글라데시, 베트남, 엘살바도르 및 에티오피아 등에 위치한 생산기지에서 약 40여 개 세계 유명 바이어들의 주문을 생산하며, 생산된 제품은 북미40%, 유럽 46%, 아시아14% 등에서 소비된다. 2009년 인적분할을 통해 지주회사인 영원무역홀딩스와 사업회사인 영원무역으로 분할되었고, 2024년 12월 기준으로 영원무역홀딩스는 해외법인을 포함한 총 69개의 계열회사를 두고 있다. 영원무역은 노스페이스 등의 세계적인 브랜드를 소유한 미국 VF를 최대 바이어로 두고 있으며, 그 외에도 Nike, Puma, Ralph Lauren 등

그림 6-6 영원무역의 매출액 및 영업이익 (단위: 10억 원)

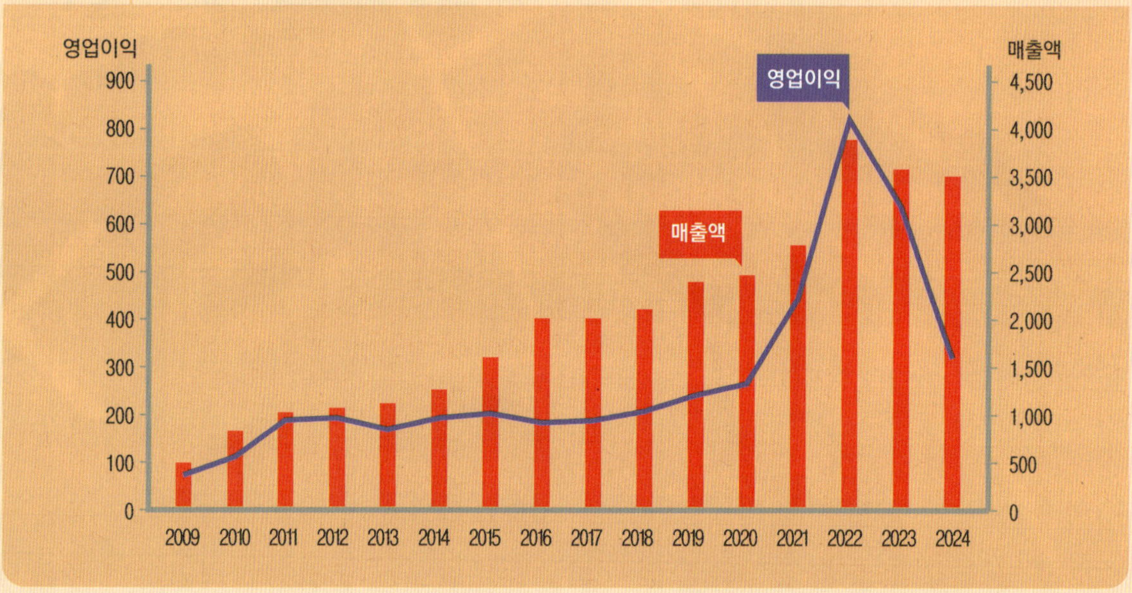

출처: 영원무역 사업보고서

의 유명 브랜드 바이어를 확보하여 아웃도어 및 스포츠 의류를 수주받고 있다. 영원무역은 세계 최대 규모의 스포츠의류 OEM 기업으로, 2024년 연결 재무제표 기준 매출액 3조 5,178억 원과 영업이익 3,156억 원을 달성했다.

영원무역의 최대 거래처는 미국 VF의 아웃도어 브랜드 노스페이스The North Face이다. 영원무역은 1997년 일본 골드윈사와 합작해 설립한 골드윈코리아현재 영원아웃도어를 통해 노스페이스를 국내에 처음으로 소개하며 국내 아웃도어 시장에 새로운 바람을 불러 일으켰다. 한때 '국민교복'으로 불리던 노스페이스는 국내 아웃도어 업계 1위 자리를 고수하고 있으며, 2014년부터 11년 연속 국가고객만족도NCSI 아웃도어의류 부문 1위 기업으로 선정됐을 정도로 소비자들의 사랑을 받고 있다.

영원무역의 글로벌 생산기지는 높은 원가경쟁력을 갖추는 데 크게 일조하고 있다. 1980년 방글라데시를 시작으로 1995년 중국, 2001년 엘살바도르, 2003년 베트남에 공장을 건설하여 적극으로 해외투자에 나섰다. 특히 방글라데시는 영원무역 생산시설의 65%가 위치한 지역으로 세계에서 임금수준이 가장 낮다. 1980년 영원무역은 15만 달러를 투자해 현지 업체인 Trexim Ltd.와 합작하여 치타공에 Youngone Bangladesh Ltd.를 설립하고 방글라데시에 진출하였다. 방글라데시는 노동력이 저렴하고 풍부할 뿐만 아니라 선진국의 수출쿼터 규제도 적용받지 않았기 때문에 수출에도 유리한 입지였다.

그러나 문화적 차이 및 의사소통의 어려움으로 인해 영원무역은 현지파트너와 잦은 갈등을 빚었다. 또한 당시 방글라데시는 쿠데타가 발생하여 정치적으로 불안정한 상황이었는데 시내에 위치한 현지공장은 시위가 발생할 때마다 조업에 차질을 빚었다. 결국 영원무역은 기존 합작법인을 철

그림 6-7 영원무역의 지역별 매출액 (단위: 10억 원)

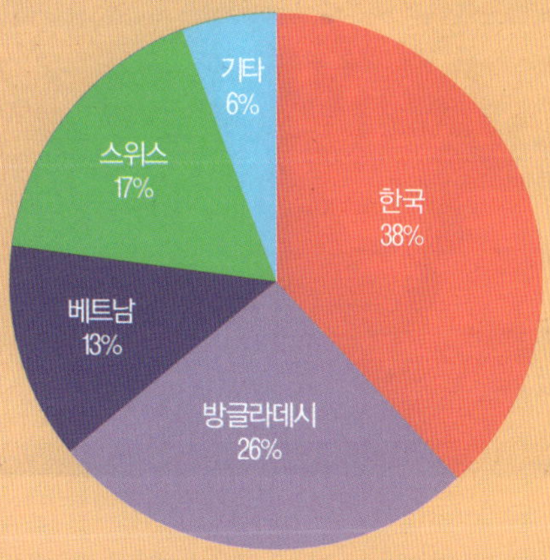

출처: 영원무역 사업보고서, 2024년 기준

수하고 1987년 50만 달러를 투자해 치타공 수출가공공단Export Processing Zone; EPZ 내에 단독법인 Youngone CEPZ Ltd.를 설립했다. 수출가공공단에 투자한 기업은 각종 세제혜택이 부여되고 수출에 대해 특혜관세도 보장받을 수 있었다. 영원무역은 작업장 근처에 기도실을 마련하여 무슬림 노동자들을 배려하는 등 공장운영에 있어 적극적인 현지화를 추구하였다. 이후 1993년 수도 다카에도 공장을 건설하는 등 영원무역은 방글라데시에서 이 투자를 늘려갔다. 현재 영원무역은 6만여 명의 종업원을 고용하고 있는 방글라데시 최대 기업으로, 방글라데시 수출의 20%를 담당하고 있다. 또한, 오는 2026년까지 방글라데시에 총 7곳의 R&D 센터를 신축하여 운영할 예정이다. 여기에 치타공 한국수출가공공단을 둘러싼 방글라데시 정부와의 토지 소유권 이전 문제가 해결될 전망이 보이면서 영원무역의 방글라데시 내 생산은 더욱 활성화될 전망이다.

이러한 이점에도 불구하고 영원무역의 방글라데시 사업은 몇 가지 문제점을 갖고 있었다. 먼저, 방글라데시의 노동자들은 교육수준이 낮고 시간관념이 희박한 비숙련공들이 대부분이었다. 따라서 인건비는 낮은 수준을 유지했지만 노동생산성 또한 인도나 베트남 등 주변 국가에 비해 크게 낮은 실정이다. 또한 방글라데시는 아직까지 전기, 상수도 등의 인프라가 잘 갖춰져 있지 않아 외국기업의 신규투자가 거의 이루어지지 않고 있다.

영원무역의 최대 약점은 OEM 업체로서 자체 브랜드를 보유하고 있지 않다는 점이었다. 자체 브랜드가 없으면 브랜드를 가진 구매자의 가격인하 압력에 취약할 수밖에 없다. 따라서 영원무역의 숙원은 향후 OEM 사업의 한계를 넘어 자체 브랜드를 갖는 것이었다. 자체 브랜드를 갖기 위해 절치부심하던 영원무역은 1981년 설립된 미국의 브랜드 Outdoor Research를 2014년에 인수해 북미시장으로의 진출을 꾀하고 있다. 또한 2015년에는 한국에서 합작투자를 하고 있던 Scott Sports를 1,085억 원에 인수하였다. Scott Sport는 스위

스 소재의 기업으로 약 50개 국가에서 자전거, 모터사이클, 동계 스포츠 의류 등을 판매하여 2024년 9,536억 원의 매출을 기록했다.

한편 2018년 영원무역은 평창동계올림픽을 후원하며 브랜드 인지도를 높였고 노스페이스 등 브랜드의 동계 아웃도어 상품들이 시장에서 호평을 받으며 실적이 큰 폭으로 증가했다. 이어 인도의 생산기지에 투자하고 국내에 대규모 지식산업센터를 건설하는 등 원자재, R&D 분야까지 사업을 확장하며 성장세를 이어가고 있다. 또한, 2011년 한국에 독점 런칭한 노스페이스의 데일리 아웃도어 라인업 '화이트라벨'을 중심으로 패딩 등 동절기 의류 업계의 유행을 선도하기도 하였다.

한편 트럼프 행정부의 보호무역주의적인 관세 부과는 방글라데시를 비롯한 동남아에 생산기지를 가진 영원무역에도 향후 부정적인 경향을 미칠 수 있다. 영원무역의 주가도 2025년 4월 미국의 상호관세부과 발표 다음날 10% 남짓 하락했다.

향후 영원무역은 자사 브랜드 확보를 통해 글로벌 시장에 진출할 뿐만 아니라, 향후 아웃도어 관련 사업과 연구개발 분야로의 사업 확장까지 기대하고 있다. 원가경쟁력과 브랜드 파워를 동시에 갖추어야 부가가치를 높이고 관세 등 무역장벽의 부정적 영향을 최소화 시킬 수 있기 때문이다.

Video

영원무역 방글라데시 노사분규

YOUNGONE CORPORATION

영원무역의 홈페이지
www.youngone.com

토의과제

01 영원무역의 OEM 업체로서의 성공요인은 무엇인가?

02 향후 만약 방글라데시 최저임금이 상승하고 공장노동자의 노사분규가 심화된다면 영원무역은 어떻게 경쟁력을 유지할 수 있을지 토의해보자.

03 영원무역이 향후 자체브랜드 사업을 강화하기 위해 필요한 전략은 무엇인가?

참고문헌

Reference

1 본 사례는 저자가 Nike의 인도네시아 하청공장을 방문하여 직접 인터뷰한 자료에 근거하여 작성되었다. 특히 자료협조와 인터뷰에 응해 주신 프라타마아바디의 서영율 사장님에게 깊은 감사를 드린다. 그 밖에 "Can Nike Just Do It?" *Business Week*, 1994. 4. 18; "Pang of Conscience," *Business Week*, 1996. 7. 29; "Nike Pledges to End Child Labor and Increase Safety," *New York Times*, 1998. 5. 13와 같은 기사를 참조하였다.

2 *Wall Street Journal*, April 27, 1997.

3 직접수출과 간접수출에 대한 보다 자세한 논의는 F. Root, *Entry Strategies for International Markets*, Lexington Books, 1994 참조.

4 구상무역에 대해서는 G. Platt, "Worldwide Cash, Credit Crunch Lifts Countertrade," *Journal of Commerce*, 1992. 4. 21; S. Neumeier, "Why Countertrade is Getting Hotter," *Fortune*, 1992. 6. 29; G. Carter and J. Gagne, "The Do's and Don'ts of International Countertrade," *Sloan Management Review*, Spring 1988, pp. 31~37; J. F. Hennart, "Some Empirical Dimensions of Countertrade," *Journal of International Business Studies*, 1990, pp. 240~260 참조.

5 조동성, 「한국의 종합무역상사」, 법문사, 1983; 온기운, 「미쓰비시 · 미쓰이상사」, 길벗출판사, 1994 참조.

6 본 사례는 저자의 지도하에 카이스트 경영대학원 문성길과 이규민이 작성하였다.

CHAPTER6

Chapter

7

해외직접투자

C/O/N/T/E/N/T/S

Sony의 국제화전략은 글로벌현지화(global localization)입니다. 왜냐하면 오늘날의 현지화는 10년 전의 그것과는 전혀 다른 개념이기 때문입니다. 오늘날의 현지화는 글로벌전략의 관점에서 잘 조정된 현지화가 되어야 합니다.

– Sony의 창립자인 아키오 모리타.

사례

case

Video

Sony group

Sony의 미국진출과정[1]

Sony는 Walkman, VAIO 등으로 우리에게 잘 알려진 세계적인 다국적기업이다. Sony는 가전뿐만 아니라, 반도체, 게임, 음악, 영화 등 다양한 사업에서 강한 경쟁우위를 갖고 있다. 1988년에는 CBS Records를 인수하여 음반산업에 진출하였고, 1989년에는 Columbia Pictures를 인수해 영화산업에서도 활발하게 사업을 전개하고 있다. 또한 방송국에서 사용하는 방송기자재와 각종 반도체 및 공장자동화에 쓰이는 로봇도 생산하였다. Sony는 미국의 Qualcomm과 합작투자를 통해 CDMA 단말기를 생산하다가, 2002년에는 스웨덴의 Ericsson과 합작투자를 하였고, 2011년에는 Ericsson의 지분을 인수하여 독자적으로 무선전화기사업을 진행하고 있다.

Sony의 해외직접투자는 특히 미국에 많이 집중되어 있었다. San Diego 공장에서는 과거 TV, 컴퓨터, 공장자동화설비 등을 생산하여 왔다. 한편 미국 실리콘밸리에 위치한 San Jose에서는 컴퓨터와 멀티미디어에 관련된 연구개발활동을 수행하고 있다.

Sony의 미국진출 초기에는 국제화의 초기단계에 있는 한국기업들처럼 그 규모가 매우 작았다. 해외진출 초기 Sony는 다른 일본기업과 마찬가지로 일본에서 TV를 생산해서 미국으로 수출하는 방식으로 국제화를 시작하였다. 하지만 1장의 마츠시타의 사례에서 살펴본 바와 같이 미국이 TV산업에서 반덤핑규제를 시작하자 Sony는 1972년 San Diego에 직접투자 형태로 최초의 현지공장을 설립하게 되었다. Sony가 San Diego를 선택한 이유는 중요 부품들을 일본에서 수입하려면 태평양연안지역이 물류 측면에서 유리했기 때문이다. 더욱이 San Diego에는 미국의 해군기지가 위치해 있어서 해군에 납품하는 전자장비 부품회사들로부터 부품을 쉽게 구할 수 있었고, Motorola와 같이 전자제품을 생산하는 기업들이 근처에 많이 포진하고 있었다.

1972년 미국에 최초로 진출할 때 Sony는 미국노동자들을 고용하여 품질이 좋은 TV를 생산할 수 있는가에 대해서 많은 의문을 갖고 있었다. 특히 미국에서 현지노동자들을 고용해 보지 않았기 때문에 일본식 품질관리가 가능할 것인가에 대해서도 자신할 수 없었다. 따라서 진출초기 Sony는 일본에서 조립과 테스트까지 마친 완벽한 TV를 다시 분해해서 미국으로 옮기면 미국노동자가 드라이버로 다시 TV를 조립하는 방식으로 생산을 개시했다. 점차 시간이 지남에 따라서 미국노동자를 고용해서도 높은 품질의 제품을 생산해 낼 수 있다는 자신감이 들면서 1974년부터는 일본에서 미리 조립하지 않은 채 부품을 들여와 미국에서 조립을 하게 되었다.

Sony가 일본에서 수입한 부품을 단순히 조립하는 수준을 넘어서, 1974년 미국에서 TV브라운관의 제조 시작과 함께 현지 부품생산을 개시했다. 브라운관은 TV부품 중에서 가장 비싸고 깨지기 쉬웠고, 특히 Sony의 Trinitron 브라운관은 다른 회사의 브라운관과 호환되지 않아서 미국에서 직접 TV브라운관을 생산할 필요성을 느꼈다. 그러나 1974년 브라운관생산의 현지화 이후 1986년까지 약 12년 동안 Sony는 추가로 현지화 노력을 하지 않았다. 왜냐하면 이 시기에는 엔화가 저평가되었고 부품을 미국 현지에서 조달하기보다 일본이나 아시아의 공급업체를 통하는 것이 훨씬 더 저렴했기 때문이었다.

그러나 1985년에 엔화가 1달러당 300엔에서 200엔으로, 그 다음 해에는 180엔으로 두 배 이상 급격히 평가절상됨에 따라 Sony는 1986년부터 다시 적극적인 현지화를 추구하기 시작하였다. 1986년에는 San Diego의 TV공장을 증설했고, 멕시코의 Tijuana에 부품조립공장을 세웠다. 1989년에는 컴퓨터모니터사업에 진출하였고, 텍사스에 있는 반도체공장을 인수해서 운영하기 시작했다. 또 1988년에는 CBS Records를 인수하여 Sony Music으로 이름을 바꾸어 음반산업에 진출하였고, 1989년에는 Columbia Pictures를 인수하며 영화산업에 뛰어들었다. 또 1991년도에는 컴퓨터주변기기사업에 진출하였고, 1994년에는 CDMA용 휴대용전화기사업에 진출했다. 1995년 이후부터는 주로 컴퓨터 소프트웨어 및 멀티미디어 관련기업을 인수하거나 이들 기업들과 제휴하고 있다. 최근에는 비틀즈, 퀸 등 유명 아티스트의 저작권을 보유하고 있는 음반사 EMI를 인수하여 컨텐츠를 강화하였고, 뿐만 아니라 Sony가 축적하는 컨텐츠를 직접 유통하기 위해 애니메이션 스트리밍 서비스 업체인 Crunchyroll을 인수했다.

Sony의 미국진출과정은 다국적기업이 해외직접투자를 계속하면서, 현지법인의 사업구성을 고도화하는 전형적인 패턴을 보여준다. Sony는 TV와 같이 자신이 강한 경쟁우위를 갖는 사업분야에 최초로 진출하여 미국현지경영에 대한 노하우를 축적하고 난 뒤, 점차 경쟁우위가 약한 사업분야인 컴퓨터, 통신, 멀티미디어분야로 진출했다. 동시에 핵심사업분야에 먼저 진출한 후 점차 다각화된 신규사업분야로 진출을 시도하였다. Sony는 일본에서 영화와 음악산업을 하지 않다가 미국에 직접투자를 함으로써 신규사업에 진출한 대표적인 사례이다. 한편, Sony는 미국시장진출 초기에 주로 신설투자greenfield investment 형태로 진출하다가 경쟁력이 없거나 새로운 사업분야에는 주로 인수합병이나 전략적 제휴, 합작투자의 형태로 진출하고 있다. 그 결과 Sony의 사업구성은 과거 Sony 매출의 대부분을 지지하던 오디오, 비디오, TV의 비중이 낮아지는 대신 게임, 통신, 영화, 음악 등의 매출 비중이 높아졌다. 이는 Sony가 하드웨어보다는 컨텐츠기업으로 무게중심을 옮기는 것을 보여준다. 또한, 지역별 매출비중도 일본, 미국, 유럽 등으로 전세계에 적절히 분산되어 있다.

다국적기업의 자회사 기능이 가장 고도화된 단계에서는 해외에 있는 자회사가 다국적기업의 전세계총괄본부 역할을 한다. Sony의 여러 개의 사업군 중 무선통신사업부가 Ericsson과의 합작법인으로 전환될 당시 영국 런던으로 사업총괄본부를 이전했었고, 연예·음악 및 영상사업부의 총괄본부는 미국의 자회사로 이전했다. 미국으로 본사를 이전하는 것은 해당사업부의 전세계적인 본사 역할을 외국의 현지법인이 수행한다는 의미이다.

Sony에서는 한때 아예 일본본사를 없애자는 논의도 있었다. 도쿄증권거래소에 등록되어 있는 Sony는 모든 매출과 수익을 엔화로 표시해야 하므로 환위험에 크게 노출되어 있다. 만약 본사를 미국으로 옮기면 매출이 달러로 들어와서 환위험이 적고, 정부규제도 적으므로, 미국으로 본사를 옮기는 것이 모든 측면에서 훨씬 유리할 수 있다. 이러한 논리로 한때 본사를 모두 미국으로 옮기려는 시도가 있었으나 결국 실현되지는 못했다. Sony는 2005년 새로운 CEO로 영국 출신의 미국인 하워드 스트링거 부회장 겸 미국법인 사장을 임명한 바 있었다.

그러나 Sony는 기존의 주력사업이었던 TV와 오디오 분야에서 경쟁력을 급속히 잃고 있었다. TV는 삼성전자와 LG전자에게 시장점유율을 빼앗기고 있고, 오디오는 Apple의 iPod, iPad, iPhone에세 역시 잠식당하게 되었다. 컴퓨터 역시 일상재화되삼에 따라 가격경쟁이 심화되었고 적자폭이 커졌다. 2012년에는 새로운 CEO로 게임사업부 출신인 히라이가 임명되었다. 히라이는 취임 이후 경쟁력이 없는 사업은 매각하고, 구조조정을 단행했다. 2014년 히라이 사장은 VAIO 컴퓨터를 매각하고 TV사업부를 분리독립시키며, 5,000명 이상의 인력을 감축할 수밖에 없었다. 반면, 2014년 헬스케어, 드론, 교육 등 다양한 분야에 진출하고 2020년에는 차량 Vision-S를 출시하는 등 전기

그림 7-1 Sony의 매출 구성

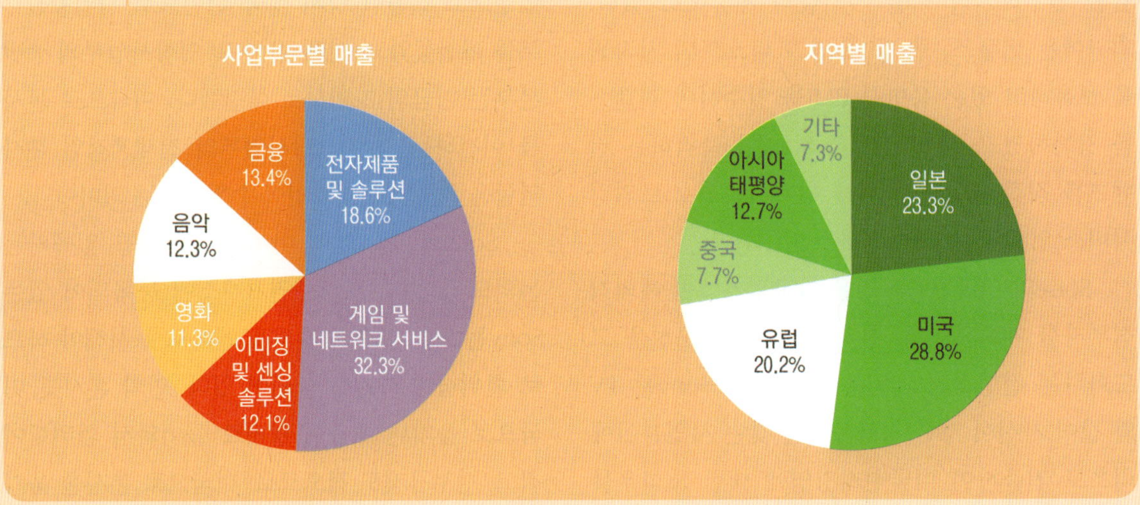

출처: Sony 연차보고서, 2023년 기준

자동차 분야로 사업을 확장하였다.

이와 같이 뼈를 깎는 구조조정과 사업재편을 통해 Sony는 부활의 기회를 마련했다. 2013년 말 출시한 플레이스테이션 4는 2018년 12월 기준 9,000만 대 이상의 판매고를 올렸고, 카메라 센서는 매년 Apple에만 1억 개를 공급할 만큼 수요가 급증하였다. 그 결과 Sony의 경영성과 역시 호전되고 있다. 현재 Sony의 주력사업은 게임, 영화, 음악, 및 부품사업으로 빠르게 재편되고 있고, 부진한던 TV사업부는 프리미엄 TV에 집중하며 수익성을 빠르게 회복하고 있다. 이는 Sony가 그동안 꾸준히 해외에서 새로운 사업기회를 발굴해왔기 때문에 가능한 것이었다. 히라이가 CEO였던 시절 Sony의 CFO였던 요시다는 2018년 히라이의 뒤를 이어 CEO로 취임했고, 2021년 4월 지배구조를 변경해 Sony Group을 출범했다. 이후 자회사인 소니 인터랙티브 엔터테인먼트를 통해 적극적으로 게임 사업을 진행하고, 2024년 플레이스테이션 5 프로를 출시함에 따라 2025년 3월말 연결 기준 매출은 13조 엔, 순이익은 1조 4천억 엔을 달성하였다.

Video

Sony CES 2024
Press Conference
Highlights

SONY

Sony Group의 홈페이지
https://www.sony.com

01 〉〉 서 론

본 장의 서두에서 살펴본 Sony의 미국진출과정은 Sony가 오랜 기간 동안 점진적으로 해외직접투자를 계속함에 따라 광범위하게 미국현지법인을 발전시켜 온 과정을 보여준다. Sony는 미국에 해외직접투자의 형태로 다양한 사업부문에 진출해 있으며 이들 사업부는 각기 다른 기능들을 수행하고 있다. 또한 본 장에서는 Sony의 해외진출과정을 중심으로 해외직접투자를 통하여 기업들이 다국적기업화되는 과정을 살펴본다. 해외직접투자는 제6장에서 살펴본 수출이나 계약에 의한 국제화에 비해서 해외사업에 대해 보다 강한 통제력을 갖는다는 장점이 있다. 한국에서는 통제를 목적으로 일반적으로 해외기업의 주식을 20% 이상 소유하는 것을 해외직접투자라고 정의하고, 20% 미만의 주식을 소유하는 것은 증권투자 같은 단순한 포트폴리오투자로 간주한다. 이와 같이 해외직접투자의 정의에 일정 지분 이상의 소유개념이 들어가는 이유는 해외직접투자가 단순한 포트폴리오투자가 아니라 투자 후 경영에 직접 관여하기 때문이다.

본 장에서는 이와 같은 해외직접투자의 동기와 유형 그리고 과정에 관한 여러 가지 이론을 살펴보기로 한다. 본 장에서 다룰 주요 주제는 다음과 같다.

- 기업들이 해외직접투자를 통해서 다국적기업화하는 동기를 살펴본다. 해외직접투자를 유발하는 요인들을 경쟁우위의 활용, 내부화 동기, 환율 및 무역장벽의 우회, 그리고 경쟁자의 모방, 제품수명주기이론을 중심으로 살펴본다
- 해외직접투자의 방법을 살펴보기로 한다. 해외직접투자의 구체적인 유형으로는 신설투자, 합작투자, 기업인수합병이 있다. 본 장에서는 이와 같이 서로 다른 해외직접투자 유형을 선택하는 기준을 살펴본다.
- 해외직접투자의 과정에 관한 여러 가지 이론을 살펴보기로 한다. 해외직접 투자는 단 한 번의 투자로 끝나는 것이 아니라 오랜 기간에 걸쳐 점진적으로 수행하는 활동이다. 본 장에서는 해외직접투자가 일어나는 구체적인 과정을 국가 간의 순차적인 진입, 사업부의 점진적인 확충, 사업부 내의 점진적인 기능 심화의 관점에서 살펴보기로 한다.

02 >> 해외직접투자의 동기

경쟁우위의 활용

기업이 기술, 브랜드, 마케팅능력과 같은 경쟁우위를 갖고 있을 때, 이를 내수시장뿐만 아니라 더 넓은 해외시장에서 활용할 수 있으면 더 큰 수익을 기대할 수 있을 것이다. 해외직접투자를 통한 국제화는 기업이 갖고 있는 경쟁우위를 해외시장에서 활용하는 것이다. 그러나 내수시장에서 경쟁우위를 갖고 있다고 해서 해외시장에서 성공한다는 보장은 없다. 왜냐하면 국제화의 경험이 부족한 기업은 외국의 현지기업에 비해 많은 불리함을 감수해야 하기 때문이다. 외국기업은 언어와 문화에 대한 이해의 측면에서 현지기업에 비해 불리하고, 현지국의 유통망, 대정부관계에 취약하다. 국제경영학에서는 이와 같이 외국기업이 갖는 불리함을 외국인비용liabilities of foreignness이라 부른다.[2] 따라서 외국의 투자기업이 현지시장에서의 불리한 점에도 불구하고 경쟁력을 갖기 위해서는 외국인비용으로 인한 불리함을 충분히 상쇄할 수 있는 경쟁우위를 가지고 있어야 한다. Hymer는 이와 같은 이유로 기업들이 독점적인 경쟁우위monopolistic advantage가 있는 경우, 이윤극대화를 위해 해외직접투자를 한다고 주장하였다.[3] Hymer가 독점적 경쟁우위를 강조한 이유는 그만큼 외국인비용이 크므로 외국인비용을 상쇄할 만큼의 경쟁우위를 보장해 줄 수 있는 기술, 브랜드, 마케팅능력이 없으면 직접투자는 성공할 수 없기 때문이다.

Hymer에 의해 주창되고 Caves에 의해 더욱 발전한 독점적 우위이론은 미국과 유럽의 직접투자 패턴을 잘 설명해 준다. 미국의 IBM과 Coca-Cola와 같은 회사는 기술력과 브랜드를 갖고 일찍부터 해외직접투자를 통해 다국적기업이 되었다. 반면에 강한 기술력과 브랜드를 갖지 못한 기업은 많은 경우 직접투자에 실패했다. 자동차산업에서 Volkswagen과 Volvo는 미국에 현지직접투자를 통하여 자동차생산을 했으나, 수년 뒤 큰 적자를 보고 철수했던 경험이 있다.

한국의 자동차생산기업들이 2005년 이전까지 미국과 유럽에 직접투자를 하지 않고 한국으로부터의 수출에 의존했던 이유도 한국의 자동차생산기업들이 갖고 있는 경쟁우위가 그 지역에서의 외국인비용을 상쇄할 수 있을 만큼 크지 않았기 때문이다. 미국시장에 진출하여 자동차공장을 운영하려면 현지고용인력을 원활히 활용하고 노동조합과 정부에 효과적으로 대응할 능력이 있어야 한다. 또한, 자동차생산기업은 현지부품공급기업과의 긴밀한 연계가 필요하다. 이는 그만큼 한국기업이 느끼는 외국인비용이 크다는 것을 의미한다. 현대자동차는 과거 1985년 캐나다에 직접투자를 했다가 큰 손실을 보고 수년 뒤 철수하였었다. 이는 현대자동차가 그 당시 외국인비용을 상쇄할 정도의 강한 경쟁우위가 없었기 때문이었다. 현대자동차는 그 이후 외국인 비용을 상쇄할 수 있는 개발도상국인 터키와 인도에 각각 1997년과 1998년에 직접투자를 하였다. 그 당시 미국과 유럽 현지의 경쟁기업보다는 경쟁우위가 열위에 있으나, 터키와 인도에서는 오히려 한국기업이 현지기업보다 강력한 경쟁우위를 가지고 있었기 때문으로 해석할 수 있다. 그 이후 2005년 미국의 알라바마에 현지생산법인을 세워 중형차와 SUV를 생산하고 있으며 2008년 체코에서도 현지생산법인을 설립하였다. 현대자동차는 2021년 미국의 알라바마공장에서 현지시장 공략을 위한 차종인 산타크루즈를 양산하기 시작했고, 전기차 역시 현지에서 생산하고 있다. 또한 트럼프 행정부의 보호무역주의적인 관세부과가 임박해 지자 2025년 3월 선제적으로 미국 루이지애나에 철강생산을 위해 58억 달러를 투자한다고 발표했다. 또한 알라바마 생산설비를 연간 120만대 규모로 확장하기 위해 90억 달러를 투자한다고 발표했다. 이는 그동안의 해외 투자경험을 토대로 미국과 유럽에서 현지생산에 대한 자신감을 얻고 향후 보호무역주의에 현지생산을 늘림으로써 적극적으로 대응하는 전략으로 해석할 수 있다.

내 부 화

기업들이 해외직접투자를 하는 또 다른 중요한 이유는 해외에서 경영활동을 하는 데 필요한 지적자산과 원자재 등의 거래 시 외부시장을 이용하는 것보다 기업내부거래를 통해 수행하는 것이 더욱 효율적이기 때문이다. 이는 다국적기업이 경영자원의 국제적인 이동을 보다 효율적으로 수행하는 조직체라는 것을 의미한다. 이와 같이 경영자원을 국가 간에 효율적으로 이전하기 위해 해외직접투자가 일어난다는 설명은 거래비용이론transactions cost theory의 관점에서 설명할 수 있다.[4] 즉, 기술이나 브랜드 같은 경영자원은 시장에서 거래하기 힘든 경영자원이며, 원자재의 해외구매 역시 가격, 품질, 납기일 측면에서 큰 불확실성이 존재한다. 해외직접투자는 이와 같은 시장거래를 기업내부의 거래로 내부화internalization

Video
거래비용이론

함으로써 시장거래비용을 줄이고 효율성을 높인다.

기업이 내부화하려는 대표적인 경영자원은 기술, 브랜드와 같은 경영자원이다. 경영자원의 내부화는 기업이 보유한 경영자원을 해외시장에서 활용하는 경우와 투자대상국 특유의 경영자원country-based advantage을 획득하는 경우에 공통적으로 나타난다. 이와 같은 무형자산은 쉽게 전달할 수 없는 지식tacit knowledge인 경우가 많으며 연구원의 두뇌, 엔지니어의 손끝에 체화되어 있는 경우가 많다. 이러한 지적 경영자원은 외국으로 이전하는 데 많은 비용이 수반된다. Sony가 미국이 강한 엔터테인먼트사업에 직접투자를 한 주된 목적은 미국기업들이 가진 핵심역량을 습득하는 것이었다. 일본에서 좋은 영화나 음반을 만드는 인재를 구하기 어려웠기 때문에 Sony는 미국기업을 인수하고, 피인수기업에 있는 직원들의 체화된 지식을 활용함으로써 연예오락사업에 진출한 것이다.

한편, 현재 한국기업들이 미국과 유럽에서 대규모 인수합병을 벌이는 것은 서구기업이 가진 기술을 직접투자를 통해 획득하려는 시도로 이해할 수 있다. 예를 들어, 삼성전자는 2015년 LoopPay를 인수하여 Samsung Pay 서비스를 제공하고 있고, 2016년에는 Harman을 인수하여 자동차 전장부품 사업에 진출하였다. 한편, 한국기업들은 이상과 같은 해외기업의 인수합병 이외에도 미국과 유럽의 기술력을 획득하고자 다투어 현지연구소를 설립하고 있다. 이는 현지의 유능한 기술자와 과학자를 고용하여 연구개발 직무에 배치함으로써 미국과 유럽의 선진기술을 획득하려는 목적에서 비롯한 것이다. 즉, 미국과 유럽에 대한 한국기업의 직접투자는 현지의 기술을 획득하기 위한 내부화 노력이라고 볼 수 있다.

예를 들어, 미국은 소프트웨어, 생화학, 반도체, 유럽은 통신과 플라스틱, 화학 그리고 일본은 소재 및 부품 산업에 경쟁우위를 가지고 있다. 이러한 산업에서, 미국계기업은 유럽의 소프트웨어와 통신산업에 직접투자를 하고 있으며, 일본에는 전기·전자부품, 반도체, 특수소재산업에 직접투자를 하고 있다. 이렇듯 국가 간 투자현황 역시 투자대상지역 특유의 경영자원을 활용하려는 내부화동기에서 비롯된 것이다.

한편, 내부화동기에 의한 직접투자는 원자재의 원활한 공급을 위해서도 활발히 이루어지고 있다. 특히, 한국의 섬유, 의류, 금속조립산업에서는 동남아, 중남미에 직접투자가 활발히 이루어지고 있다. 그 이유는 저개발국의 싼 임금을 활용하기 위해서이다. 이는 하청생산과 같은 시장거래 방식으로는 품질, 가격, 납기일에서 많은 불확실성이 존재하므로, 이러한 불확실성을 직접투자를 통해 줄이려는 시도로 볼 수 있다. 광금속물, 농산물 등의 원료를 외국에서 조달하는 경우에도 시장거래를 통한 불확실성을 줄이려는 목적의 직접투자가 활발히 이루어지고 있다.

영국의 경제학자인 Dunning은 위에서 밝힌 독점적 경쟁우위이론과 내부화이론에 입지우위론location-specific advantage을 더한 절충이론eclectic theory을 주창하였다.[5] 입지우위론은 특정지역에서만 구할 수 있는 경영자원을 활용하기 위해서는 그 나라에 직접투자의 형태로 진입해야 한다는 것을 의미한다. 예를 들어 원유, 목재와 같은 천연자원을 확보하기 위해서는 그러한 천연자원들을 구할 수 있는 지역에 현지법인을 설립하여 활용하여야 한다. 노동력 역시 쉽게 이동할 수 없으므로, 값싼 노동력을 활용하기 위해서는 저임금국가에 직접투자를 해야만 한다. Dunning의 절충이론은 기업의 해외직접투자결정이 이상과 같이 독점적 경쟁우위, 내부화, 입지우위를 종합적으로 고려해야 한다는 점을 지적하고 있다.

Video

Dunning의 eclectic theory

환율위험 및 무역장벽의 회피

해외직접투자는 보호무역장벽의 우회수단으로 종종 사용되기도 한다. 한국기업이 유럽에서 현지생산을 하는 대표적인 이유는 수출에 대한 각종 관세 및 비관세장벽 때문이다. 특히, 실업률이 높은 유럽 국가들은 해외기업의 직접투자를 유치하려고 각종 세금인하와 보조금지급을 약속하고 있다. 과거 삼성전자의 Winyard 전자복합단지 준공식은 영국의 엘리자베스 여왕이 직접 참석할 정도로 한국기업의 현지생산을 독려했었다. 최근 현대자동차의 적극적인 대미직접투자도 미국의 보호무역주의에 대한 적극적인 대응이라고 볼 수 있다.

한편, 직접투자를 통한 생산지역의 다변화는 환율변동의 위험으로부터 기업을 보호해 주는 역할을 한다. 우리는 이미 제5장의 Caterpillar와 Komatsu의 사례로부터 한 지역에서만 집중하여 생산하는 기업은 환위험에 취약하다는 사실을 살펴보았다. 수출위주의 국제화전략을 추구하던 일본기업들은 1980년대 후반부터 엔화의 급상승으로 큰 손해를 보았다. 그 이후 일본기업들은 적극적으로 해외직접투자를 하고 있다. 이는 생산기지가 일본에 집중됨으로써 나타나는 환위험을 직접투자를 통해 완화하려는 전략으로 이해할 수 있다. 이와 같은 환율변동위험과 무역장벽을 회피하기 위한 직접투자는 이론적으로 내부화목적의 투자의 일환으로 이해할 수 있다. 무역을 통한 시장거래의 불완전성의 일종인 환율위험과 무역장벽을 직접투자의 형태로 내부화함으로써 거래비용을 줄이는 것이다.

제품수명주기와 과점적 경쟁

Video

International product life cycle theory

경쟁우위의 활용, 내부화, 환율과 보호무역장벽의 위험감소 이외에도 해외직접투자의 동기를 설명하는 이론은 다음과 같다. 우리가 이미 제2장에서 살펴본 제품수명주기이론product life cycle theory은 제품이 시장에 도입되어 사라지기까지 일정한 수명주기를 가지고 있으며, 이러한 수명주기는 국가 간에 시차가 있으므로 그 과정에서 해외직접투자가 발생하여 선진국에서 개발도상국으로 생산기지가 옮겨간다는 이론이다. 즉, 제품도입 초기에는 선진국에서 제품생산이 이루어지나 제품이 표준화됨에 따라 개발도상국으로 생산기지가 이동하는 과정에서 선진국에서 개발도상국으로 해외직접투자가 발생한다는 것이다.

또한 과점적 경쟁이론은 소수의 기업들이 경쟁하는 상황에서 한 기업이 해외진출을 하면, 다른 경쟁기업들이 경쟁적으로 해외직접투자에 나서는 패턴을 설명한다. 이 과점적 경쟁이론은 Knickerbocker가 주장했는데, 과점적인 산업에 속한 기업들의 해외투자가 같은 시점에 집중된다는 것이다.[6] 이러한 기업들의 행동은 과점적인 산업에서 상대방의 전략을 모방하여 상대적인 지위를 유지하고자 하는 동기로 빈번하게 발생한다.

한국기업들의 해외직접투자도 일부는 이러한 과점적인 형태로 설명할 수 있다. 예를 들어, 삼성전자가 영국에 전자복합단지를 세운다고 공표한 후 얼마 지나지 않아 LG전자가 영국투자를 공표했듯이 한국의 과점적인 산업에서는 한 기업의 행동에 다른 기업들이 밀접한 대응을 하고 있다. 나아가 한국기업의 해외인수합병에 있어서도 미국 Maxter사의 인수를 놓고 현대전자현 SK하이닉스와 삼성전자가 치열한 경쟁을 벌였던 것과 같이 한국기업의 해외투자에는 흔히 서로의 전략을 모방하려는 동기가 강하게 작용한다. 이는 한국의 많은 산업들이 과점적인 구조를 갖고 있고 재벌기업들이 치열한 대응과 맞대응을 벌이는 사실에 기인한다.

03 〉〉 해외직접투자의 방법

직접투자의 구체적인 방법은 크게 합작투자joint venture, 신설투자greenfield

investment, 인수합병acquisition의 세 가지로 나눌 수 있다. 먼저 합작투자는 다음 장에서 자세히 살펴볼 바와 같이 합작기업과 투자자금 및 각종 위험을 분담하는 형태이다. 합작투자는 합작파트너로부터 현지상황에 대한 정보를 빨리 파악할 수 있으며, 현지의 네트워크 형성에 유리하다는 장점이 있다. 또한, 제4장에서 살펴본 바와 같이 현지파트너를 가짐으로써 지역사회에 기여한다는 평가도 받을 수 있고, 정치적 위험도 크게 줄일 수 있다. 더욱이 아직도 많은 국가들이 해외직접투자 시 현지기업과 합작투자의 형태로 진입하는 것을 선호하며 때로는 이를 강요하는 경우도 있다. 따라서 이러한 상황에서는 합작투자가 보다 효과적인 방법일 수 있다.

그러나 합작투자는 동시에 몇 가지 단점을 갖고 있다. 무엇보다도 합작투자는 합작파트너와 경영방법 및 전략상의 차이가 있을 경우, 이를 조정하는 데 큰 어려움이 발생한다. 합작파트너에게 기술이 이전되어 장차 경쟁기업을 만들게 되는 위험도 존재한다. 따라서 자신이 갖고 있는 경영자원을 보호할 필요가 있을 때에는 지분을 100% 소유하는 단독투자가 더욱 효과적이다. 지분을 100% 소유하는 단독투자는 투자기업이 완전한 통제권을 가지고, 합작파트너를 고려할 필요가 없으므로 해외자회사의 경영이 복잡하지 않다는 장점이 있다. 반면 단독투자는 투자기업이 혼자 모든 위험을 부담하게 되어 위험이 가중되고, 파트너의 도움없이 스스로 현지네트워크를 만들어야 하는 부담을 갖고 있다.

한편, 기업의 100% 단독투자 방법은 신설투자와 기존기업의 인수합병이라는 두 가지 유형으로 나뉜다. 신설투자greenfield investment는 자신이 공장을 짓는 형태로서 투자규모에 알맞게 설비규모를 정하고, 필요한 현지인력은 필요한 만큼 유연하게 고용할 수 있다는 장점이 있다. 또한 신설투자 형태의 진입은 그 다국적 기업이 갖고 있는 기술을 이전하기 쉽고, 생산라인의 배치, 생산품목의 선택, 종업원의 고용면에서 모두 자신이 원하는 대로 할 수 있다. 그러나 신설투자는 투자 결정 후 조업까지 평균 3~4년이라는 상당히 오랜 기간 동안의 준비가 필요하다. 즉, 공장을 새로 건설하는 등 기업활동의 제반 사항을 모두 신설해야 하므로 많은 시간이 소요된다.

이에 비해 인수합병은 빠른 속도의 진입을 가능하게 한다는 장점이 있다. 즉, 이미 운영중인 생산설비, 브랜드, 유통망을 한꺼번에 인수하므로 쉽고 빠르게 시장점유율을 높일 수 있다. 따라서 신속한 시장진입이 필요할 때에는 인수합병의 형태로 진입하는 것이 효과적이다. 또한 인수합병은 피인수기업이 가진 기술을 습득할 수 있는 좋은 기회를 제공해 주기도 한다. 그러나 인수합병은 많은 경우

그림 7-2 해외직접투자의 진입방법선택

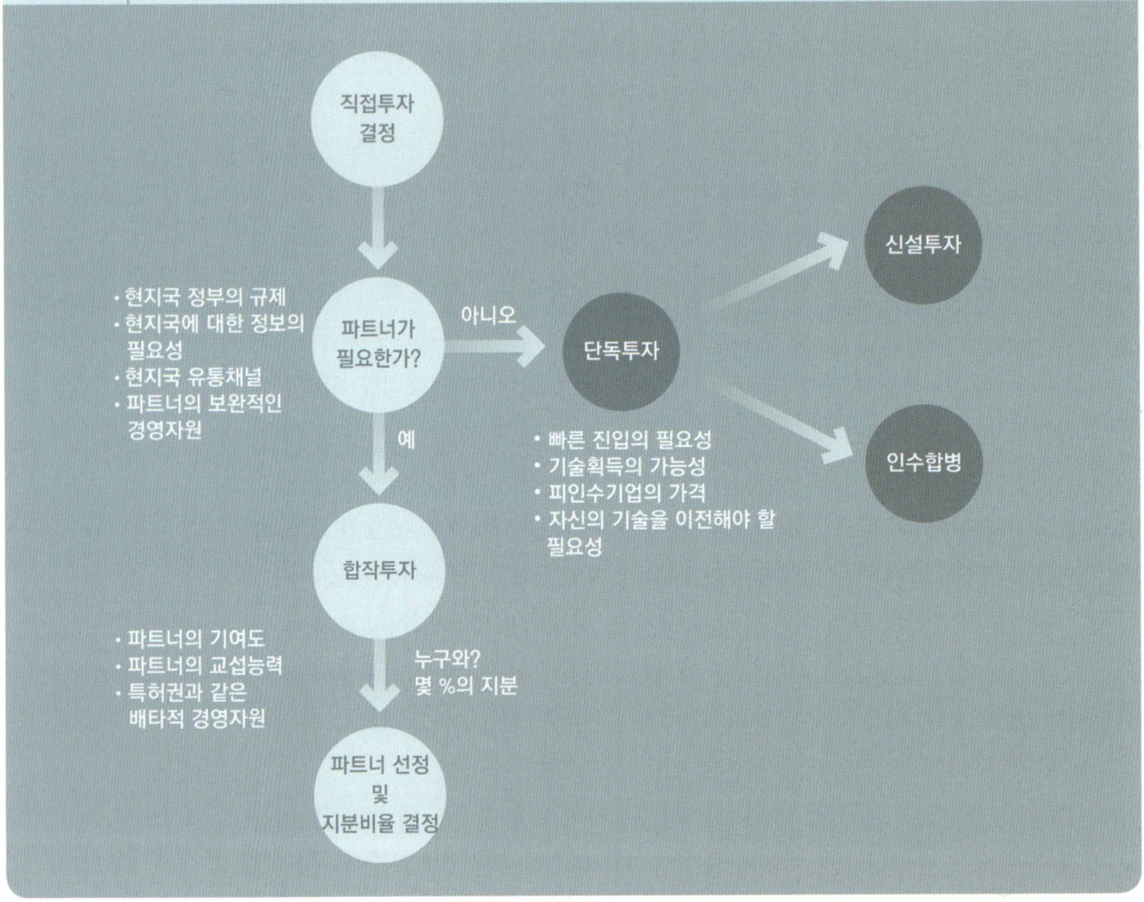

상당한 인수프리미엄을 지급해야 하는 단점이 있다. 또한 그 사업분야에서 실패한 기업을 인수해서 회생시킨다면, 인수합병 결정 시 예상하지 못했던 많은 비용을 부담하는 잠재적인 위험도 커진다. 또한 제9장에서 살펴볼 바와 같이 인수기업을 통합하는 과정은 상당히 높은 수준의 경영관리기술을 필요로 한다.

그림 7-2는 해외직접투자 시 진입방법을 선택할 때 고려할 사항을 정리한 것이다. 해외직접투자 시 가장 먼저 고려해야 할 점은 파트너를 수반하는 합작투자를 할 것인가 또는 100% 소유의 단독투자를 할 것인가의 선택문제이다. 이에는 현지국정부의 규제, 현지시장에 대한 정보가 충분히 존재하는가의 여부, 현지국 유통채널, 파트너가 갖고 있는 상호보완적인 경영자원 등을 고려해야 한다. 이상과 같은 점을 고려하여 파트너가 필요하다고 판단되면 합작투자를 결정하고, 이 외에는 단독투자를 선택한다.

합작투자를 결정했다면 파트너의 기여도, 교섭능력, 그리고 특허권과 같은 파트너가 가진 배타적 경영자원에 따라서 적절한 파트너를 선정하고 지분비율을 결정한다. 한편, 단독투자 시에는 빠른 진입의 필요성, 기술획득의 가능성, 인수가격 등을 토대로 신설투자나 인수합병 여부를 결정한다.

04 ›› 해외직접투자의 과정

해외직접투자는 단 한 번의 직접투자로 해외자회사를 설립하는 것처럼 보이기도 하지만 실제로는 일회성 투자가 아니라 장기간 지속되는 투자이다. 최근에는 이와 같이 직접투자의 순차적 과정을 강조하는 연구가 많이 이루어지고 있다.[7]

국가간의 순차적 진입

해외직접투자가 순차적으로 진행된다는 이론은 일찍이 Johanson과 Vahlne가 제기했다.[8] 이들은 기업들의 해외진출과정이 수출에서 판매법인으로, 그 다음 과정에서 생산법인을 설립하는 순차적인 과정이라고 설명했다. 즉, 그 해외시장의 중요성이 점차 높아질수록 그에 해당하는 만큼 투자를 늘린다는 이론이다. 또한 Davidson은 기업이 세계의 여러 국가에 진출할 때에 동시다발적으로 진출하기보다 문화·언어·경제적 환경이 비슷한 국가에서 상이한 국가로 순차적으로 진

그림 7-3 국가간의 순차적 진입

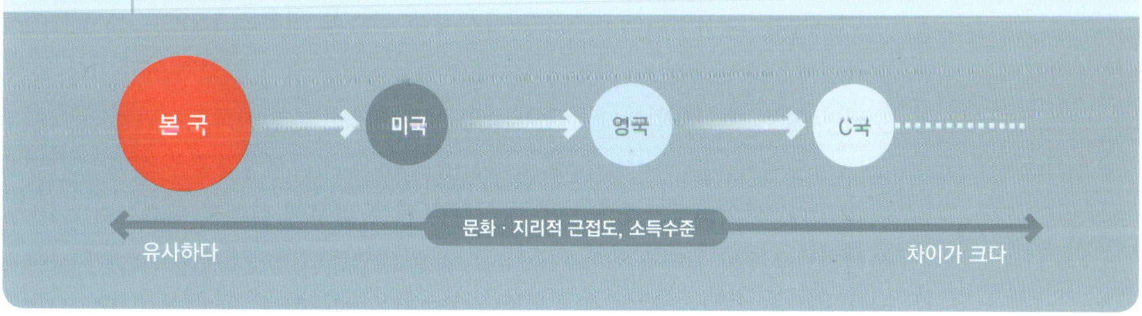

CHAPTER7

입한다고 밝혔다.[9] 즉, **그림 7-3**과 같이 국제화경험이 없는 기업은 외국인비용을 줄이기 위하여 본국과 비슷한 국가에 먼저 진입하여 국제화경험을 쌓은 다음 점차 이질적인 문화와 환경을 가진 국가로 진출한다는 것이다. 예를 들어, Sony는 1972년에 미국의 San Diego에 TV생산을 위한 해외직접투자를 한 후 2년 뒤, 영국의 Wales에 TV생산공장을 신설하였다. 영국에 직접투자를 실시할 때, Sony는 2년 전 미국에서 처음으로 직접투자하였을 때의 경험을 충분히 활용하였고, 미국의 현지법인에서 채용한 미국인직원을 영국에 파견함으로써 영국공장의 초기 설립과 운영에 큰 도움을 주었다. 이와 같은 국가간의 순차적인 진입은 해외진출에 따르는 위험을 줄이는 역할을 한다.

Video
외국인비용

사업부의 점진적 확충

저자의 연구는 기업이 여러 사업부를 갖고 있는 다각화기업일 경우 **그림 7-4**와 같이 현지기업에 비해 경쟁우위가 강한 사업부에 최초의 투자가 이루어지고 경쟁우위가 약한 사업분야에 순차적으로 진입하는 과정을 보여준다.[10] 예를 들어, Sony는 미국시장에 진출할 때, 그 당시 가장 경쟁우위가 강했던 TV사업부문부터 직접투자를 했다. Sony가 국제화초기에 직면한 외국인비용이 컸기 때문에, 이를 상쇄할 만큼 경쟁우위가 큰 사업부터 직접투자를 해야만 했기 때문이다.

외국인비용은 언어가 서로 다르고, 진출국의 문화나 상거래관습도 잘 모르기 때문에 외국기업은 현지기업에 비해 절대적으로 불리할 수밖에 없다는 사실을 말한다. 앞서 살펴본 해외직접투자에 대한 이론 중에서 독점적 경쟁우위이론monopolistic advantage theory은 이런 외국인 비용을 상쇄할 수 있을 정도로 경쟁우위가 크지 않을 경우 해외진출은 실패할 수밖에 없다는 가정에서 출발하였다. 기술력이나 가격에서 또는 브랜드의 이미지에서 경쟁우위를 갖추지 않으면 외국에 진출했을 때 실패할 수밖에 없다.

Sony가 TV사업부에서부터 미국시장에 진출한 이유는 Sony가 TV부문에서 외국인비용을 상쇄할 수 있을 만큼의 큰 경쟁우위를 갖고 있었기 때문이다. 경쟁우위가 없는 통신사업이나 컴퓨터사업으로 최초진입을 시도했다면 경쟁우위도 없는 상황에서 외국인비용이 컸기 때문에 Sony의 미국시장진출은 실패할 가능성이 높았다. 해외직접투자를 하는 기업들은 많은 경우에 실패를 경험한다. 이처럼 해외직접투자의 실패율이 높은 이유는 많은 기업들이 경쟁우위가 그렇게 강하지 않음에도 불구하고 외국인비용을 과소평가하기 때문이다. 많은 기업들이 해외직

그림 7-4 미국에서의 Sony의 사업부 간 순차적 진입과정

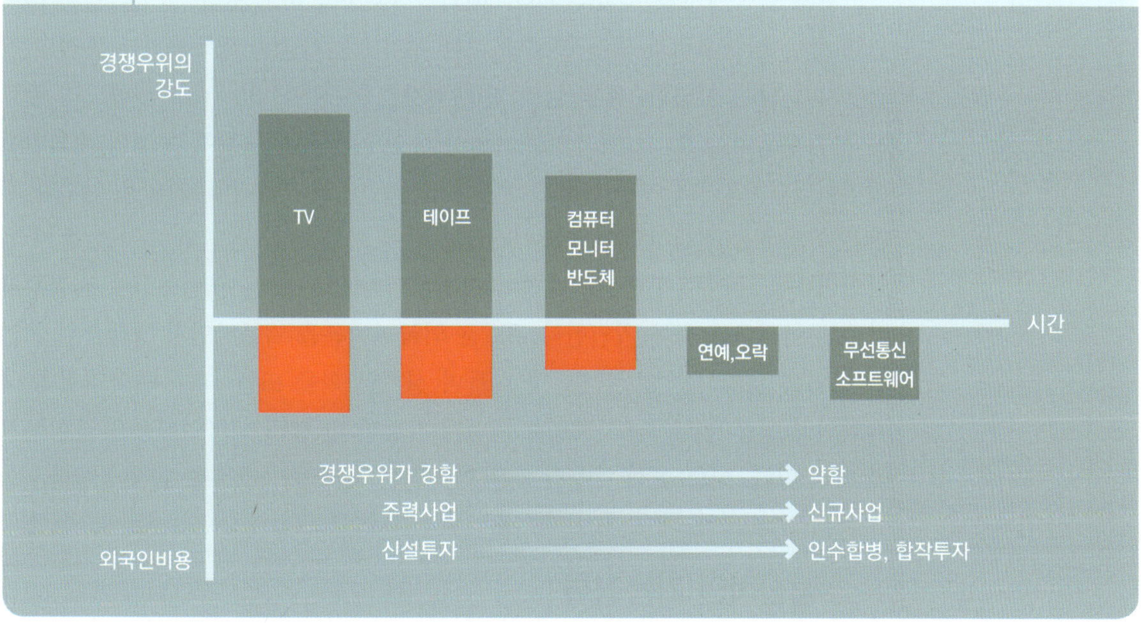

출처: Sea Jin Chang, "International Expansion Strategy of Japanese Firms," *Academy of Management Journal*, 1995.

접투자를 한 후에 실제로 운영하는 과정에서 실패를 경험했다.

Sony는 TV사업부문을 운영하면서 미국인 현지경영자를 고용하고, 현지경영에 대한 노하우를 축적함으로써 외국인비용을 점차 줄여 나갔다. 이에 따라 TV보다 경쟁우위가 낮은 테이프, 컴퓨터 모니터사업들이 미국에 진출할 수 있었던 것이다. 이와 같이 Sony는 오랜 기간 동안 여러 사업에 순차적으로 직접투자를 한 결과 외국인비용이 계속 감소하여, 현재는 외국인비용이 거의 없어지고 현지기업과 동등한 수준에서 경쟁하는 기업이라고 볼 수 있다.

최근 Sony의 미국직접투자는 미국현지기업에 비해 경쟁우위를 갖지 못한 연예, 오락, 통신, 소프트웨어분야에 중점적으로 이루어지고 있다. 이러한 사업분야에서 직접투자의 목적은 Sony가 갖고 있던 독점적 경쟁우위를 미국시장에서 활용하는 것보다 미국이 주도하고 있는 사업분야에 해외직접투자를 함으로써 미국특유의 경영자원을 획득하려는 동기, 즉 내부화동기가 주목적이라고 볼 수 있다.

한편, 해외직접투자의 진입방법도 과거 Sony가 강한 경쟁우위를 가진 사업분야에 진출할 때는 신설투자 방식을 선호하였으나 시간이 지날수록 기업인수합병과 합작투자 방식을 사용하고 있다. 이는 투자기업 자신이 강한 경쟁우위를 가진 경우에는 신설투자가 유리하나 외국의 경쟁우위를 흡수할 목적일 때는 인수합

병과 합작투자가 더 효과적일 수 있음을 보여준다.

현재 한국기업들은 적극적으로 해외직접투자를 하고 있다. 한국기업은 1990년대 중반 경쟁우위가 없는 부문에 대한 투자, 즉 기술을 획득하려는 목적의 직접투자를 많이 했었다. 예를 들어, 현대전자현 SK하이닉스의 AT&T 비메모리 반도체 사업부문의 인수, LG전자의 Zenith사의 인수 등은 기술획득 목적의 해외인수합병이었다. 그러나 이들 한국의 유수기업들은 이와 같은 미국기업을 인수한 후 많은 어려움을 경험하였다. 이는 Sony와 같이 오랜 기간 동안의 투자를 통해 외국인비용을 줄이지 못한 채, 자신이 경쟁우위가 없는 부문에 집중하여 직접투자가 이루어졌다는 점에 기인한다. 즉, 큰 외국인비용을 지불하면서 경쟁우위가 없는 사업을 운영하는 것은 대단히 힘들며 실패할 확률 또한 크다. 한국기업의 국제화전략 성공여부는 궁극적으로 어떻게 가능한 한 빨리 외국인비용을 줄이는가에 달려 있다. 이를 위해 기업의 모든 임직원은 국제적인 안목을 갖춰야 한다.

점진적인 기능심화

Sony의 사례에서 살펴본 바와 같이 Sony의 미국자회사에는 수많은 사업부들이 있고, 사업부들은 서로 다른 기능을 수행하고 있다. 즉, 일부 사업부는 판매, 조립과 생산기능만 수행하는 반면 다른 사업부는 제품개발과 디자인, 부품의 현지구매활동과 아울러 더 나아가서는 사업기획기능을 가진 독립적인 사업부로서의 기능을 수행한다. 또한 특별한 경우, 그 사업부는 미국에서의 독립적인 사업부일 뿐 아니라 전세계적으로 해당 사업을 총괄하는 사업총괄본부 역할도 한다. **그림 7-5**는 이와 같은 기능의 심화과정을 보여준다.

기업들이 직접투자를 한 후에 자회사가 기능을 추가해가는 과정을 살펴보면 다음과 같다. 자회사는 처음에는 제품을 판매하기 위한 마케팅활동만을 담당한다. 그 다음에는 주로 제품의 단순조립이나 공장을 직접 설립하는 등의 생산활동을 수행하고, 시간이 더 지나면 현지의 자회사가 현지부품구매와 제품의 디자인을 자체적으로 수행하면서 판매, 생산, 현지부품구매, 현지디자인 단계로 기능이 심화된다. 한국기업보다 먼저 다국적기업화한 미국, 유럽, 그리고 일본의 기업들이 직접투자 후에 자회사를 성장시키는 사례는 이와 유사한 패턴을 보인다.

대부분의 기업들은 현지디자인과 부품구매까지는 커다란 문제 없이 자회사의 기능을 심화시킬 수 있다. 그러나 자회사들이 기획기능을 추가할 때 본사와 자회사 간에는 많은 갈등이 일어난다. 사업기획기능business planning이 이양되기 전

그림 7-5 해외자회사의 기능심화과정

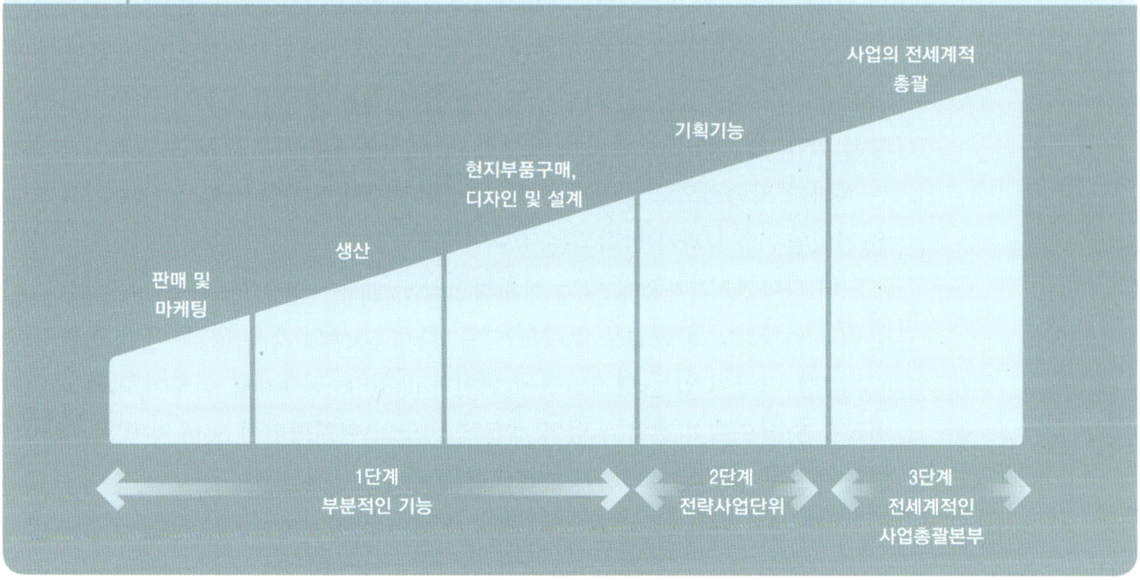

출처: Sea Jin Chang and Philip Rosenzweig, "A Knowledge-based Perspective on Multinational Evolution," *Working Paper*

까지 현지법인은 부분적인 기능partial functionality만을 수행하므로 본사의 통제를 받는 하나의 공장에 불과하다. 이들이 보다 현지화되어 충분한 역할을 수행하기 위해서는 이들 현지사업장에 R&D기능이 추가되어야 하고 마케팅과 생산활동의 연계가 필요하다. 그러나 본사에서 이러한 권한이양을 해 주지 않으면 이들 현지법인들의 경영성과가 개선되지 않는 문제가 발생할 수 있다.

특히 해외생산법인이 본사의 통제를 받는 하나의 공장으로부터 독자적인 의사결정이 가능한 전략사업단위strategic business unit로 승격할 때는 큰 갈등이 발생하기 쉽다. 만일 기획기능이 현지에 있는 자회사로 이양되면 현지자회사는 100% 독립적인 회사로 기능하게 된다. 즉, 자체적으로 제품을 기획하고 독자적으로 부품을 구입하며, 제품의 생산과 마케팅까지 자회사가 담당하게 되므로, 본사는 자회사에 대한 통제력을 잃게 된다. 따라서 본사는 자회사에 권한을 이양해 주지 않으려는 태도를 취한다. 반면 현지자회사는 권한을 이양받아 독자적인 기능을 수행하려고 노력하기 때문에, 기획기능이 본사에서 자회사로 이양되는 단계에서 본사와 자회사 간의 대립이 가장 첨예하게 나타나고 있다.

저자의 일본과 유럽의 전자산업 및 화학산업에서의 해외자회사운영에 대한 연구결과에 따르면, 많은 자회사들이 부분적 기능수행의 단계에서 독자적인 전략사업단위로 발전할 경우, 즉 단순한 판매, 조립생산, 현지디자인 활동을 수행하는 단계에서 기획기능이 추가되어 독자적인 사업부로 발전하는 단계에 가장 큰 성장의 진통을 겪는다. 이와 같이 해외사업부가 발전에 어려움을 겪는 것은 본사와 자회사 간에 권한이양에 대해 이견이 많기 때문이다. 자회사는 본사에게 많은 권한이양을 요구하나, 본사는 자회사가 충분한 능력을 갖추지 못했다고 생각하는 경향이 있다. 저자의 연구결과에 따르면 이 단계를 효과적으로 넘는 기업의 자회사는 성과가 지속적으로 좋아지는 반면 이 단계에서 본사와 자회사 간의 갈등이 많은 기업일수록 성과가 악화되는 경향이 있다.

더 나아가서, 외국에 있는 현지법인의 사업부는 **그림 7-5**의 3단계처럼 그 사업부의 세계적인 총괄권을 갖기도 한다. 특히 Sony의 경우 영화, 음반 사업의 총괄본부를 미국에 있는 현지법인에 위임하고 있다. 전세계를 통틀어 이들 산업이 미국을 중심으로 발전하고 있기 때문에 미국의 현지법인이 Sony의 영화, 음반산업을 총괄하는 것이 유리하기 때문이다.

지금까지 Sony의 미국진출과정에서 살펴본 현지화과정은 상당히 오랜 기간 동안에 점진적으로 진행되었으며 본사로부터 현지자회사로의 권한이양이 매우 중요하다는 것을 보여준다. 그러나 권한이양이 단순히 본사의 간섭을 배제하고 자회사가 독자적으로 사업을 할 수 있도록 한번에 이루어지는 것은 아니다. Sony의 권한이양과정에서도 나타나듯이 일단 본사의 경영자원 일부를 해외자회사로 이전하여, 현지자회사가 그 경영자원을 활용하여 높은 경영성과를 보일 때 본사가 그 자회사의 능력을 높이 평가해서 더 많은 권한을 이양하는 과정을 거친다. 즉, 단순히 해외현지법인에 권한을 이양하는 것만이 능사가 아니라 현지법인에게 권한을 이양해 주고, 그 결과 현지자회사의 능력이 발전해서 더 큰 권한을 이양받게 되는 진화론적 발전과정이 필요하다. 자회사의 능력개발을 위해서는 권한이양과 동시에 자회사가 독자적으로 현지경영자원을 확보하는 것도 중요하다.

많은 다국적기업들이 해외직접투자 후에 자회사를 경영하는 데 겪는 어려움은 무엇보다도 유능한 현지 경영인력을 확보하기 어렵다는 점에 기인한다. 엔지니어들은 비교적 쉽게 구할 수 있지만 유능한 현지경영인을 구하기는 매우 어렵다. Sony는 1970년대에 미국 현지경영인 Harvey Schein을 고용하여 모리타 회장을 제외하고는 가장 높은 급료를 지급하면서 미국 내 현지경영의 책임을 맡겼다. 이처럼 Harvey Schein에게 파격적인 대우를 해 줌으로써 Sony는 이후에도 미국을 비롯한 외국에서 유능한 현지경영인력들을 확보할 수 있었다. 즉, 유능한 현지경영인력의 확보만 관건이 아니라 적절한 권한을 부여해야만 유능한 인력을 지속적으로 유지할 수 있다.[11]

05 〉〉 결론 및 요약

본 장에서는 Sony의 미국진출과정에 대한 사례를 중심으로 해외직접투자의 동기와 유형, 그리고 진출과정에 대한 여러 가지 이론을 살펴보았다. 해외직접투자는 수출이나 계약에 의한 해외사업운영보다 훨씬 많은 투자를 필요로 하고 동시에 많은 위험을 수반하고 있다. 따라서 해외직접투자는 그 기업이 해외사업에 많이 몰입하는 경우에 주로 이루어진다. 해외직접투자는 자신이 갖고 있는 경쟁우위를 해외시장에서 활용하거나 원료 및 기술 등을 기업내부적으로 활용하려는 주요 동기로 작용한다. 해외직접투자는 특히 과점산업에 속한 경쟁기업들 간의 상호모방에 의해서 경쟁적으로 일어나기도 하며, 제품수명주기이론에 따라 제품이 성숙화되는 단계에서 주로 일어나기도 한다.

해외직접투자의 주요 유형은 먼저 파트너를 수반하는 합작투자 형태가 있고, 100% 지분소유의 단독법인은 신설투자와 기존기업의 인수합병으로 이루어진다. 합작투자 형태의 해외진출은 투자국이 법적으로 합작투자를 강제하는 경우에 많이 선택하며 현지국에 진출할 때 현지국의 유통, 소비자에 대한 정보가 부족할 경우에 주로 나타난다. 그러나 자신이 갖고 있는 경영자원을 보호해야 한다면 100% 지분소유의 단독투자가 효과적이다. 단독투자는 자신이 원하는 규모로 자신이 갖고 있는 기술을 충분히 활용할 수 있는 이점이 있지만 시간이 많이 소요되는 단점이 있다. 이에 반해 인수합병은 빠른 시일 내에 해외자회사를 설립할 수 있다는 장점은 있으나 기업문화와 기술, 생산방법이 이질적인 외국기업을 인수함으로써 통합에 많은 비용이 발생하기도 한다.

또한 본 장에서는 다국적기업들이 서로 다른 문화적 배경을 갖는 국가에 직접투자를 할 때 순차적으로 진입하는 패턴을 보이며, 사업부를 점진적으로 확충하고, 기능도 점진적으로 심화하는 것처럼 해외직접투자는 일순간에 이루어지는 것이 아니라 오랜 기간 동안 점진적으로 이루어지는 과정을 살펴보았다.

본 장에서 살펴본 해외직접투자의 여러 가지 이론은 현재 한국기업이 적극적인 국제화를 통해 다국적기업화하는 데 필수불가결한 내용이다. 따라서 본 장에서 살펴본 해외직접투자의 동기, 유형, 그리고 과정에 대한 이해는 해외직접투자를 성공적으로 이끄는 데 중요한 역할을 할 것이다.

사례

case

CJ ENM의 해외직접투자[12]

CJ ENM은 방송, 영화, 음악, 공연사업을 중심으로 하는 국내 최대의 엔터테인먼트/미디어 회사이다. CJ그룹의 계열사인 CJ ENM은 2010년 CJ오쇼핑 미디어사업부문의 인적 분할로 설립되었으며 2011년 그룹 내 계열사인 CJ엔터테인먼트, 온미디어, CJ미디어, 엠넷미디어 등을 흡수하고, 2013년에는 오리온시네마네트워크OCN, 온게임넷, 바둑TV 등을 합병하며 성장했다. 이어 2018년 7월, CJ 오쇼핑이 다시 CJ ENM을 흡수합병하였고 CJ ENM으로 사명을 변경하며 현재의 모습을 갖추게 되었다. 2024년 CJ ENM은 연결기준 매출액 5조 2,314억 원을 기록하였다.

CJ ENM의 영화사업부문의 전신인 CJ엔터테인먼트는

1995년 스티븐 스필버그, 제프리 캐천버그, 데이비드 게펀이 설립한 미국의 영화제작사 드림웍스에 제일제당현 CJ이 3억 달러를 출자하여 2대 주주가 되면서 시작하였다. 지분투자의 대가로 CJ는 드림웍스 콘텐츠를 일본을 제외한 아시아 전역에 배급할 독점적 권리를 갖게 되었고, 이를 담당하던 멀티미디어 사업부가 분리되어 2000년 CJ엔터테인먼트가 설립되었다. 영화산업의 급격한 성장에 힘입어 CJ엔터테인먼트는 2002년 영화보급사 최초로 코스닥에 상장한 기업이 되었고, 2011년 CJ ENM에 합병되어 영화사업부문의 모태가 되었다. CJ ENM은 영화제작의 모든 단계를 총괄하는 수직적 통합기업으로서 시장을 독·과점 하고 있으며, 헐리우드 메이저 스튜디오인 드림웍스의 작품들을 한국시장에 독점적으로 배급하고 있다.

영화를 비롯한 콘텐츠 산업은 다른 산업에 비해 정확한 수요예측이 어려워 리스크가 큰 반면, 하나의 콘텐츠가 음반, 게임, 캐릭터상품, 출판 등의 다양한 방식을 통해 유통되면서 지속적인 수익을 창출할 수 있는 특성을 갖고 있다. 영화산업은 투자, 제작, 배급, 상영의 가치사슬로 구성되며 수익은 시장의 관행과 각 경제주체의 교섭력에 따라 배분된다. CJ그룹은 영화투자를 주로 담당하는 타임와이즈인베스트먼트와 영화제작 및 배급사인 CJ ENM, 영화관 체인 CJ CGV 등을 계열사로 갖고 있으며, 특히 CJ ENM은 이러한 수직적 통합에서 중심적인 역할을 하고 있다. 타임와이즈인베스트먼트와의 후방통합backward integration은 CJ ENM이 안정적으로 새로운 영화를 공급할 수 있게 하며 CJ CGV와의 전방통합forward integration은 배급을 원활하게 할 뿐만 아니라 다른 제작사 및 영화관과의 배급계약에 있어 CJ ENM이 교섭력의

그림 7-6 | CJ ENM의 매출액 및 영업이익 추이 (단위: 10억 원)

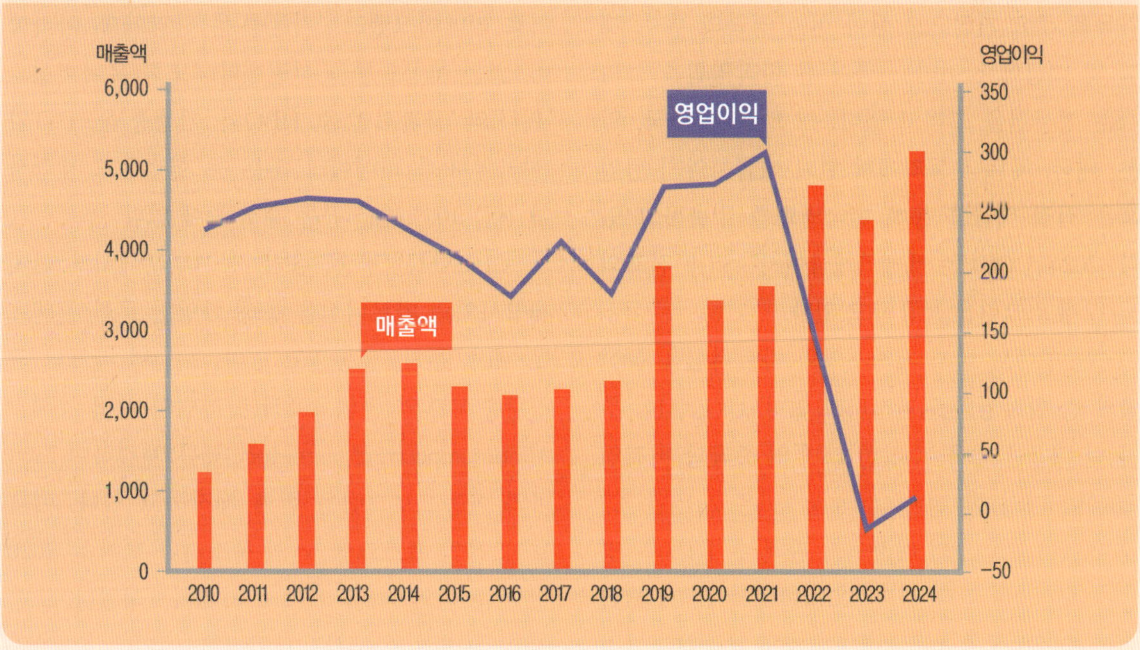

출처: CJ ENM 사업보고서

그림 7-7 주요 사업부문 매출 비중

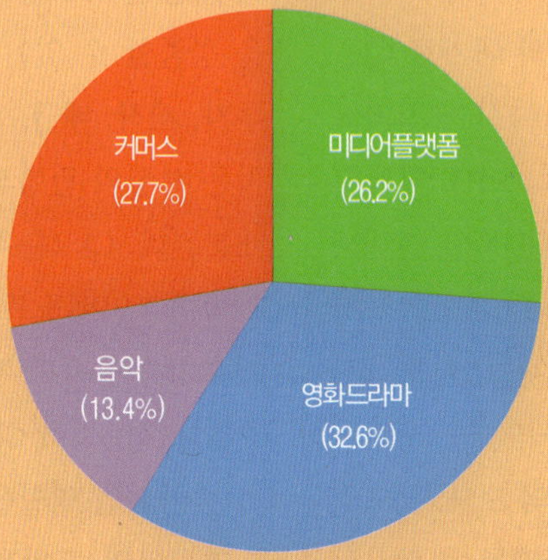

출처: CJ ENM 사업보고서, 2024년 기준

우위를 갖게 해준다.

CJ ENM은 투자, 제작, 배급, 상영의 수직계열화를 바탕으로 글로벌시장에도 진출하고 있다. 특히 중국과 베트남, 인도네시아, 태국 등 동남아 국가들을 주요 거점으로 삼아 현지 영화의 투자, 제작 및 배급에 참여하고 국가 간 합작영화를 늘려가는 청사진을 그리고 있다. CJ ENM은 중국, 일본, 태국, 베트남 등지에서 현지 배급사와의 협업 혹은 직접 배급을 통해 한국영화를 수출하고 있다. 2024년 CGV는 세계 7개국에서 455개 점포의 3,412개 스크린을 보유하고 있다.

이 밖에도 현지 제작사와의 파트너십을 통한 국가 간 합작영화를 제작하고 있다. CJ ENM이 투자 및 배급을 맡은 '수상한 그녀'의 중국판 버전인 '20세여 다시 한 번현지명: 重返20岁'은 2015년 3.7억 위안약 667억 원의 매출액과 관객 수 1,160만 명을 기록한 바 있다. 또한 2014년에는 CJ ENM이 메인 투자사이자 배급사로 참여한 한·베트남 최초의 합작영화 '마이가 결정할게2현지명: De Mai Tihn2'가 매출액 496만 달러약 51억 원를 달성하며 베트남 박스오피스 역대 1위를 경신했다. CJ ENM은 한국 영화 '수상한 그녀'를 전세계 최초 8개 언어로 리메이크했고, '기생충'은 칸영화제, 아카데미, 골든글러브 등을 석권했다. 또한 유니버셜과 '써니'와 '극한직업'을, HBO와 '기생충'을, TNT와 '설국열차'를 리메이크 하는 등 헐리우드 제작사와 작품 10여 편을 공동 제작 중에 있다.

CJ ENM은 방송, 음악, 공연부문에서도 현지 제작사와의 파트너십을 통해 다양한 문화 콘텐츠를 제작, 투자, 유통하고 있다. 2014년 베트남 국영방송 VTV와 콘텐츠제작 합작법인 설립 양해각서memorandum of understanding를 체결하여 드라마와 예능프로그램을 함께 제작하고 있다. 예를 들어, 음악 프로그램 '너의 목소리가 보여'는 2020년 기준 해외 9개 국가에서 리메이크되었다. 또한 일본 최대의 음악제작사인 빅터엔터테인먼트와의 2014년 합작법인 CJ 빅터엔터테인먼트를 설립하여 한-일 아티스트의 발굴, 육성, 매니지먼트, 공연 및 행사, 콘텐츠 유통 등에 대한 사업노하우를 쌓고 아시아와 글로벌 시장에서 통용되는 음악 콘텐츠를 창출한 통로를 모색하고 있다. 공연 부문에서도 2013년 뉴욕 브로드웨이에서 초연된 뮤지컬 킹키부츠Kinky Boots를 기획 단계에서부터 참여하여 '연극의 아카데미상'이라 불리는 토니상을 6개 부문에서 수상하는 쾌거를 거둔 바 있다.

이와 같이 CJ ENM은 국내외에서 방송, 영화, 음악 등 콘텐츠 산업에서의 제작, 투자, 유통 단계의 수직계열화를 통해 시너지를 창출하고, 분야별로 현지 제작사와의 파트너십 또는 현지법인을 설립하여 보다 현지화된 콘텐츠로 글로벌시장을 공략하고 있다. 그러나 이러한 글로벌전략은 많은 투자를 요구하였다. 2021년 CJ ENM은 미국 영화제작사인 엔데버 콘텐츠현재 피프스시즌을 인수하였으나 인수 후 적자가 누적되었고, Neflix와 경쟁하기 위한 TVING에 대한 투자도 높은 제작비와 TV광고비 하락 등으로 재정압박을 가져왔다. 결국 CJ ENM은 2023년 146억의 영업적자를 기록하였다.

CJ ENM은 최근 크게 프리미엄IP 강화 및 유통플랫폼 수익성 제고를 통한 사업경쟁력 회복이라는 목표를 중심으로 티빙 유료가입자를 확대하여 수익성 제고를 목표로 삼고 있다. 또한, 글로벌 IP 제작 및 유통을 확대하여 글로벌 매출을 40% 이상 늘리고, 국내 위주의 음반 매출에서 해외 매출로 50% 이상의 해외 시장을 점유하는 것을 목표로 삼아 CJ ENM의 글로벌화를 추진하고 있다.

2024년 CJ ENM은 드라마 콘텐츠의 성공과 TVING, 엠넷플러스 등 디지털 플랫폼의 성장에 힘입어 흑자 전환에 성공하였다. 한편, CJ ENM은 2025년 글로벌 한-미-일 스튜디오의 협업을 통해 글로벌 대형 IP 육성과 현지 콘텐츠 강화를 도모할 예정이며, 음악, 커머스, 미디어 부문의 디지털 플랫폼을 확장하여 글로벌 시장을 공략하겠다고 발표하였다.

Video
아시아 Marvel을 꿈꾸는 CJ ENM

Video
CJ ENM의 한-베트남 합작영화 "마이가 결정할게 2"

토의과제

01 영화산업의 가치사슬 구성을 고려하여 CJ ENM이 추구해온 영화산업에서의 수직 계열화의 타당성에 대해 논의해보자.

02 CJ ENM의 해외직접투자 사례들을 살펴보고 이들 해외직접투자 과정과 진입방법의 타당성에 대해 검토해보자.

CJ ENM의 홈페이지
www.cjenm.com

참고문헌

Reference

1 본 사례는 저자와 Philip Rosenzweig 교수가 수행했던 연구프로젝트에 기초하여 작성되었다. 본 사례를 작성하기 위해 인터뷰에 응해 주시고 자료를 제공한 Sony의 일본본사 및 미국현지법인의 관리자에게 감사를 드린다. 특히 Sony의 Ando Kunitake 사장에게 깊은 감사를 드린다.

2 외국인비용에 대한 체계적인 연구로 S. Zaheer, "Overcoming the Liabilities of Foreignness," *Academy of Management Journal*, 38, pp. 341~363 참조.

3 S. Hymer, *The International Operations Of National Firms, A Study Of Direct Foreign Investment*, Cambridge: MIT Press, 1960; R. Caves, "International Corporations: The Industrial Economics of Foreign Investment," *Economica*, 1971.

4 대표적인 저자로 P. Buckley and M. Casson, *The Future Of The Multinational Enterprise*, London: MacMillan, 1976; J. F. Hennart, *The Theory of the Multinational Enterprise*, Ann Arbor, University of Michigan Press, 1982 참조.

5 J. Dunning, *Explaining International Production*, Unwin Hyman, 1988.

6 F. Knickerbocker, *Oligopolistic Reaction and the Multinational Enterprises*, Harvard Business School Press, 1973.

7 해외직접투자가 순차적 성격을 갖는다는 이론은 Bruce Kogut, "Foreign Direct Investment as a Sequential Process," in C. Kindleberger and D. Audretsch(ed.), *The Multinational Corporation in the 1980s*, MIT Press, 1983 참조.

8 J. Johanson and J. Vahlne, "The Internationalization Process of the Firm,"*Journal of International Business Studies*, 1977.

9 W. Davidson, "The Location of Foreign Direct Investment Activity," *Journal of International Business Studies*, 1980.

10 Sea Jin Chang, "International Expansion Strategy of Japanese Firms," *Academy of Management Journal*, 1995.

11 반면 Sony의 지나치게 빠른 국제화는 본사가 통제력을 상실하게 되는 문제점도 있었다. Sony의 국제화 과정에 대해서는 저자의 Sony vs. Samsung(Wiley, 2008) Chapter 5 참고.

12 본 사례는 저자의 경영전략 사례집(박영사, 2003년)에 게재된 "CJ Entertainment의 수직적 통합" 사례에 기초하여 작성되어 수정 · 보완 및 최신현황까지 업데이트 되었다.

메모

Memo

Chapter

8 국제합작투자와 전략적 제휴

C/O/N/T/E/N/T/S

파리 몇 마리 날아드는 것을 감수하지 않고 창문을 열 수 없다.

– 덩샤오핑.

사례

case

Volkswagen의 중국합작투자[1]

1949년 10월 1일 마오쩌둥毛澤東은 중국의 공산화에 성공하였다. 마오쩌둥은 내전으로 황폐화된 중국경제를 회생시키기 위해서 소련을 모델로 삼아 경제개발 5개년계획을 시작하였다. 초기에는 집단농장을 중심으로 한 토지개혁을 실시하였고 은행, 산업, 무역의 전부분을 국유화하였다. 1957년에 이르러서 농업부문의 정체현상이 심각하게 대두되자 마오쩌둥은 이를 극복하기 위해 대약진운동大躍進運動을 벌이게 되었다. 대약진운동은 이데올로기적인 인센티브를 통해 농업생산성 증대를 시도하는 정책이었으나 결국 실패하고 말았다.

대약진운동의 실패 후 마오쩌둥의 정책에 반대하는 실

그림 8-1 중국의 주요 도시와 경제특구

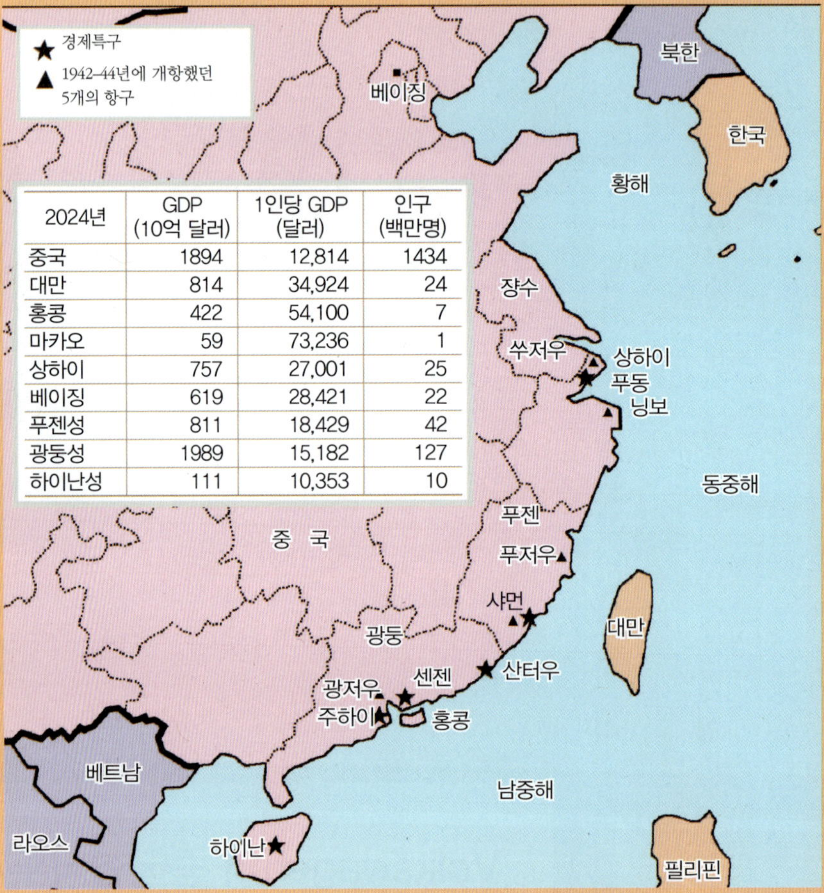

2024년	GDP (10억 달러)	1인당 GDP (달러)	인구 (백만명)
중국	1894	12,814	1434
대만	814	34,924	24
홍콩	422	54,100	7
마카오	59	73,236	1
상하이	757	27,001	25
베이징	619	28,421	22
푸젠성	811	18,429	42
광둥성	1989	15,182	127
하이난성	111	10,353	10

출처: China Statistics Yearbook, 2024

용주의자가 등장하기 시작하였고, 이로 인해 중국 공산당 내부에서는 분쟁이 발생하게 되었다. 그 당시 덩샤오핑登小平은 "흰 고양이든 검은 고양이든 쥐만 잡으면 된다"는 논리를 펴는 실용주의 노선의 대표적인 인물이었다. 실용주의자가 득세하자 정치적으로 위험을 느낀 마오쩌둥은 문화혁명을 일으켜 "인민대중들이 중국권력구조의 핵심에 있는 자본주의자들을 타파하라"는 지령을 내렸다. 이러한 문화혁명 기간 중에 젊은 학생들을 중심으로 한 홍위병들이 당과 정부 그리고 학계에 있는 많은 실용주의자들을 숙청하였다. 이 기간 동안 100만 명 이상의 사람들이 숙청되었고 그 중 40만 명이 목숨을 잃은 것으로 추정되고 있다.

이러한 문화혁명의 결과로 중국의 사회적·경제적 기반은 파괴되었고 크나큰 경제적인 손실을 보게 되었다. 이후 1976년 마오쩌둥이 사망하자, 2년 후 덩샤오핑이 이끄는 실용주의자들이 권력을 잡게 되었다. 덩샤오핑은 과거 마오시대의 철저한 공산주의 노선에서 벗어나 실용적인 경제체제를 구축하기 위한 노력을 기울였다. 덩샤오핑은 농업, 산업, 과학, 그리고 기술분야의 현대화를 강조함과 동시에 경제성장을 강력히 추진하였다. 덩샤오핑의 경제개혁은 놀라운 성과를 거두었다.

또한 덩샤오핑의 경제개혁은 외국자본에 대한 자유화까지 확대되었다. 덩샤오핑은 중국이 현대화되기 위해서는 외국의 자본과 기술, 그리고 경영기법 등을 빠른 시일 내에 습득하는 것이 필수불가결하다는 사실을 인식하였다. 따라서 그는 외국기업에게 문호를 개방하는 일련의 정책을 실시하였다. 외국과의 국제무역을 증대하고 외국기업들의 중국에 대한 해외직집두자를 증대하기 위하여 중국은 1979년 중국남부지역에 경제특구經濟特區를 지정하였고 이 경제특구에서는 외국인투자에 대해서 관세와 임대료, 그리고 소득세에 대한 우대정책이 실시되었다.

그 결과 외국기업들의 중국에 대한 해외직접투자는 꾸준히 증가하고 있다(**그림 8-2** 참조). 중국에 해외직접투자를 가장 많이 하고 있는 지역은 홍콩으로, 일본, 미국, 대만, 한국, 싱가포르 역시 주요 투자국이다.

Volkswagen의 중국합작투자는 이 시기에 중국이 외국인의 해외직접투자를 적극적으로 장려하는 분위기 속에서 1984년에 시작되었다. 중국의 자동차산업의 중요성은 과거의 5개년경제계획에서도 계속 강조되어 왔었다. 중국은 자동차산업을 타 산업과의 연관효과가 높은 중추산업으로 간

그림 8-2 중국에 대한 해외직접투자 현황

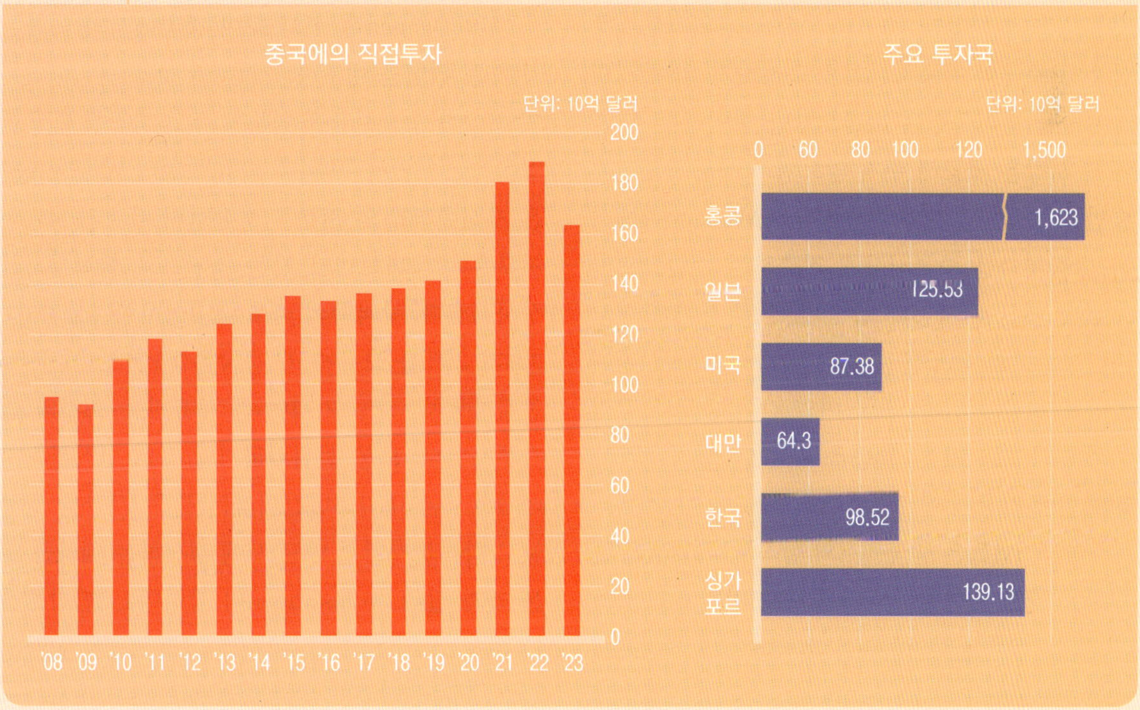

출처: China Investment Promotion Agency

주하였고 자동차산업의 육성에 많은 노력을 기울였다. 그러나 중국의 자동차생산기술이 낙후되어 있고 설비투자를 위한 자금이 필요하게 되자 중국은 외국기업의 직접투자를 장려함으로써 자동차산업을 육성하려는 계획을 세웠다. 한편 중국정부는 자신들이 중추산업이라고 판단한 산업에 대한 해외직접투자는 장려하되 100% 지분을 소유하는 투자는 금지하였다. 자동차산업 이외에도 중추산업으로 분류된 기계전자산업, 철강산업에서도 합작투자만이 허용되었다.

Volkswagen은 전세계 3위의 자동차생산업체이다. Volkswagen이 합작투자의 형태로 중국에 진출하기 이전인 1983년, 미국의 AMC-Jeep사는 중국의 베이징자동차北京汽車와 함께 베이징Jeep이라는 합작투자를 수행하였다. 그러나 이 합작투자는 파트너 간의 근본적인 의견불일치로 인해 큰 갈등을 겪고 있었다. 중국측 파트너는 합작투자를 단순히 중국의 자동차산업을 육성하기 위해서 외국기술을 받아들이는 수단으로만 파악하여 AMC에게 시장은 제공해 주지 않으면서 자동차생산기술만을 습득하려고 노력하였다. AMC-Jeep측에서는 합작투자를 중국시장에 진출하는 수단으로만 보았기 때문에 가능한 한 기술은 주지 않으면서 미국으로부터 Jeep를 수입해서 중국시장에 판매할 궁리만을 하였다. 결국 이와 같이 파트너 간의 의견불일치로 많은 갈등을 겪었던 합작투자는 1986년에 파산에 이르렀다.

외국기업들은 중국에서의 합작투자가 많은 문제점을 갖고 있다고 이구동성으로 지적하고 있었다. 먼저 중국에 투자하려는 외국기업의 관점에서 볼 때 중국이 원하는 합작투자는 대체로 기술을 습득한 후, 그 기술을 이용하여 수출을 하려는 목적을 갖고 있었다. 반면 외국기업들은 합작투자를 거대한 중국내수시장을 공략하는 발판으로 보고 있었다. 이와 같이 양 파트너 간에 목적이 달라서 많은 마찰이 일어났다. 외국기업이 보는 중국에서의 합작투자 시 두 번째 문제점은 중국의 기술이 낙후되어 제품의 품질을 높이고 기술을 이전하는데 큰 어려움이 있다는 점이었다. 셋째, 중국에서는 지적재산권이 보호되지 않기 때문에 기업이 갖고 있는 특수한 기술이나 정보가 합작투자파트너를 통해 유출될 위험이 컸다. 넷째, 외국기업들은 중국정부의 규제의 대상이었고, 이러한 규제들은 상당히 자의적이어서 중국에서 사업을 하는 데 큰 제한사항이었다. 따라서 외국기업들은 합작투자 파트너에게 원료와 전기공급, 그리고 판매망 등을 전적으로 의존할 수밖에 없는 종속적인 관계가 되기 쉬웠다.

Volkswagen은 이와 같이 중국에서의 합작투자가 큰 위험을 내포하고 있다는 것을 인식하면서도 거대한 중국시장을 염두에 두고 합작투자를 할 것을 결심하였다. 1984년 10월 독일의 Volkswagen은 자신이 50%의 지분을 보유하며 나머지 50%의 지분은 중국파트너가 갖는 조건으로 합작투자를 성사시켰다. 중국측의 파트너는 상하이자동차上海汽車가 25%를 보유하고, 중국은행中國銀行이 15%, 중국자동차中國汽車가 10%를 보유하는 조건의 합작투자였다. 보통 선진외국기업 간의 합작투자가 대체로 3년 내지 5년간이라는 짧은 기간을 정해 놓고 합작투자기간 만료 시에 갱신하는 계약을 맺은 것과 달리, Volkswagen의 상하이上海합작투자는 무려 25년이라는 장기간의 합작투자를 성사시켰다. 투자금액은 10억 위안元으로서 이 투자자금으로 Volkswagen의 브라질자회사에 있던 생산설비를 수입하여 중국파트너가 갖고 있는 생산설비를 완전히 교체하고, Volkswagen의 Santana 승용차모델을 KDKnock Down 형식으로 수입한다는 조건도 포함되었다. 2002년, Volkswagen과 중국정부는 이 합작투자의 기간을 2035년까지 연장하기로 합의하였다.

Volkswagen이 중국에 합작투자를 시작할 당시 중국정부는 Volkswagen 이외의 다른 기업들에게도 접근하여 합작투자 의사를 타진하였었다. 그러나 베이징Jeep와의 합작투자의 폐단을 경험한 중국정부는 합작투자를 허용하되 부품을 수입하여 단순조립하는 생산방식이 아니라 중국 내에서 현지부품조달 비중을 키우고 기술이선을 보장하는 형태의 합작투자를 원했다. 미국과 일본의 기업들이 기술이전을 꺼려한 반면에 Volkswagen은 기술을 이전해 주고 부품의 현지조달비율을 높인다는 파격적인 조건으로 합작투자계약을 체결하는 데 성공하였다.

Volkswagen이 중국합작투자를 적극적으로 추진하게 된 것은 경쟁자에 비해 아시아시장에서 열세라는 사실에서 비롯되었다. Toyota를 중심으로 한 일본기업들과 GM을 비롯한 미국기업들은 이미 동남아시아에 일찍부터 진출하여 아시아시장에서 유리한 고지를 점하고 있었다. 이처럼 일본과 미국기업에 비해서 상대적으로 아시아지역의 비중이 낮은 Volkswagen은 미국과 일본의 기업들보다 훨씬 더 불리한 조건으로라도 중국진출에 성공해야 한다는 부담을 갖고 있었다. Volkswagen은 엔진을 비롯한 주요 부품을 중국현지에서 직접 생산하기로 합의하고, 부품의 현지조달비중을 합작투자개시 다음해인 1985년에는 26%, 3년 뒤에는 50%, 그로부터 3년 후에는 83%, 그리고 1995년에는 95%까지 올린다는 계약을 체결하였다(그림 8-4 참조).

Volkswagen의 합작투자공장은 상하이에서 한 시간 정도 떨어진 지역에 위치하고 있다. 생산설비는 생산시설은 상하이트랙터공장을 자동차 생산공장으로 개조한 것으로서 1985년에 Santana를 KD 방식으로 생산하면서 공장가동을 시작하였다. Volkswagen이 Santana 모델을 선택한 것은 중국소비자들이 세단형 차량을 선호한다는 사실과 Santana가 아주 견고하게 만들어져서 중국의 비포장도로를 운행해도 쉽게 고장이 나지 않는다는 이유에서였다. Volkswagen이 합작투자를 개

그림 8-3 Volkswagen의 Santana

시하여 자동차를 생산하면서 가장 어려웠던 점은 현지부품업자를 쉽게 구할 수 없다는 점이었다.

자동차는 2만 개 이상의 부품을 필요로 하는 아주 복잡한 제품이다. Volkswagen은 중국의 부품공급업자들이 유럽, 일본, 미국의 부품공급업자들과 거의 30년 정도의 기술격차가 존재한다는 사실을 알게 되었다. 그리고 중국의 부품공급업자 상당수가 품질에 대한 개념이 전혀 없다는 사실을 발견하였다. 따라서 Volkswagen은 유럽의 부품공급업자들에게 중국의 부품공급업자를 소개해 주고 그들간의 합작투자를 주선해 주거나, 라이센스로 기술을 이전해 줄 것을 요구하였다. 이와 같이 부품산업을 육성하고 생산조립단계에서의 불량률을 줄이는 노력을 경주한 결과, Volkswagen의 상하이합작투자에서 생산되는 제품의 품질은 다른 나라에서 만든 제품의 품질 못지 않은 수준으로 향상되었고 중국시장에서 54%의 시장점유율을 달성하였다.

Volkswagen의 상하이합작투자의 성공에는 중국측 합작파트너의 기여도 컸었다. 중국측 파트너는 초기에 Volkswagen이 중국정부의 복잡한 규제와 간섭은 피하고, 좋은 유대관계를 맺는 데 큰 도움을 주었다. 중국에서 사업을 하려면 꽌시關係가 중요하다고 한다. 즉, 개인적인 친분관계가 사업의 성공 여부에 결정적인 영향을 주는 것이 중국의 실정이다. Volkswagen의 중국측 파트너인 상하이자동차와 중국은행은 이 합작투자가 중국관료들의 각종 규제를 피해가는 데 큰 기여를 했다. 또한 중국에서는 승용차수요의 2/3 이상이 중국정부 및 국영기업이라는 점을 고려할 때 중국측 파트너는 Volkswagen의 승용차판매에도 큰 공헌을 하였다.

그러나 Volkswagen의 합작투자파트너와의 경험이 좋은 면만 있던 것은 아니었다. Volkswagen

그림 8-4 상하이 Volkswagen의 부품현지화율 (단위: %)

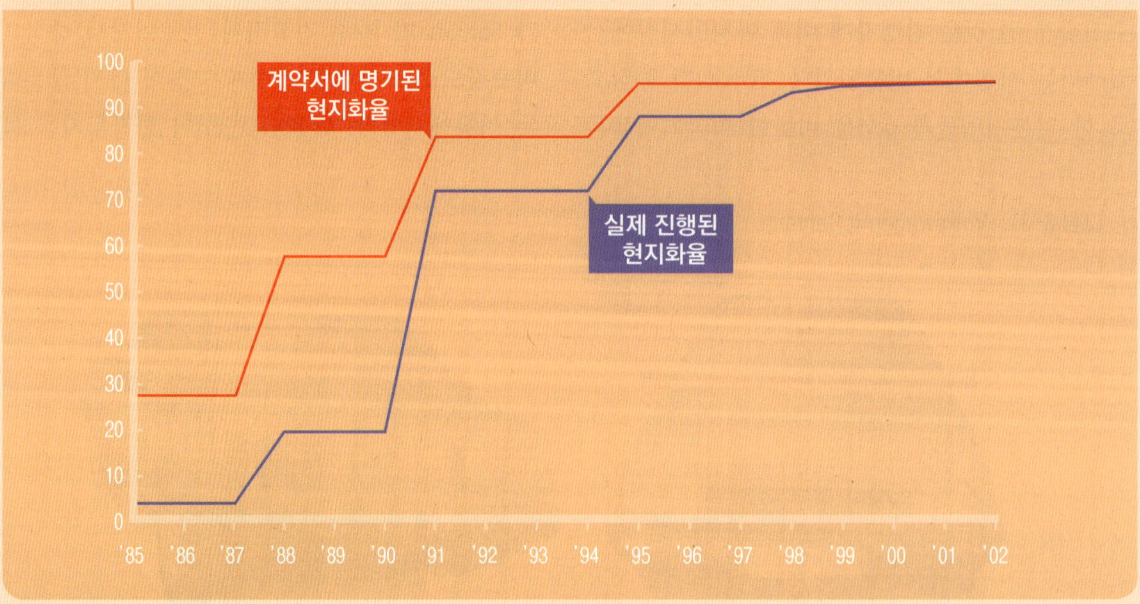

출처: Volkswagen의 내부자료

이 중국 북부의 창춘長春에서 중국자동차中國汽車와 진행했던 두 번째 합작투자는 상당히 오랜 기간 동안 큰 손해를 감수해야 했었다. 합작파트너인 중국의 지방정부는 Volkswagen에 연간 15만 대 규모의 무리한 생산시설을 요구하였으나 1995년 합작투자를 시작했을 때 실제 수요와 생산량은 그의 1/7에도 못 미치는 2만여 대에 불과하였다. 또한 중국정부는 장춘에서 생산되는 Volkswagen의 승용차 Jetta의 가격을 지나치게 낮게 책정하였다. 그 결과 Volkswagen은 1억 달러 이상의 손실을 보았다고 주장한 반면, 중국측 합작투자파트너는 자기나름대로의 회계산출방법으로 계산한 결과 합작투자로 Volkswagen이 최소한 손해는 보지 않았다고 반박하였다. 이와 같이 Volkswagen의 합작투자파트너와의 갈등이 깊어지자 "중국에서 가장 좋은 합작파트너는 회사에 나와 일에 대해 간섭하지 않고 월급만 받아가는 파트너"라는 농담이 중국에 진출한 외국기업들 사이에 회자되었다.

Volkswagen은 새로운 도전에 직면하게 되었다. 과거 중국정부는 Volkswagen 이외의 외국자동차기업의 신규 진입을 금지했고 부품생산분야에서만 중국에 대한 합작투자를 허용했었다. 그러나, 중국정부는 미국의 GM과 Volkswagen을 경쟁시켜 1995년 GM으로 하여금 16억 달러를 투자하여 자신의 첨단기술을 이전할 최첨단공장을 세우는 유리한 계약을 체결하였다. 게다가 Volkswagen의 합작투자파트너인 상하이자동차가 미국의 GM과도 합작투자를 하여, Buick 차종을 생산하면서, Volks-wagen과 갈등이 심화되었다. GM은 상하이자동차를 통해 Volkswagen에 근무하던 중국인 경영자와 기술자들을 스카우트했고, Volkswagen이 그동안 심혈을 기울여 이끌어온 부품공급업체를 마치 자신의 하청업체인 것처럼 활용하였다.

더욱이 Volkswagen은 2001년 중국이 WTO에 가입하게 됨에 따라 더 이상 정부의 해외 경쟁사의 시장진입억제를 기대하기 어려워졌다. 과거 중국은 완성차에 대해서는 80~100%의 관세를, 부품에 대해서는 30~50%의 관세를 부과했었다. 그러나 WTO에 가입 후 중국은 완성차에 대해서는 25%로, 부품에 대해서는 10%로 관세를 낮추었다. 따라서 기존에 중국에 공장을 세우지 않았던 기업들도 쉽게 자동차를 수입해서 팔 수 있게 되었다.

한국의 현대자동차는 2002년에 베이징자동차와 합작으로 중국에 진출하였다. 또한 일본의 Honda, Toyota, Nissan, Mazda, Suzuki 역시 합작투자로 진출하여 중국시장 공략을 가속화하고 있다. 이러한 외국 자동차기업들의 중국시장진출은 현지에서 치열한 경쟁을 불러왔다.

Volkswagen이 마주친 또 하나의 과제는 중국 현지기업들의 성장이다. 2000년에 처음으로 자체 모델을 선보인 중국 자동차사업의 선두주자인 체리자동차奇瑞汽車는 2006년부터 본격적으로 해외에 제품을 수출하기 시작하였다. 한편 Volkswagen과 GM의 합작투자파트너인 상하이자동차는 한국의 쌍용자동차를 인수하여 완성차 디자인 기술을 습득하였다. 질리자동차吉利汽車는 2010년 스웨덴의 Volvo를 인수하여 운영하고 있으며, Warren Buffet이 투자하여 유명해진 BYD는 전기자동차 개발에 박차를 가하고 있다.

중국에서 현지자동차 회사들의 공세는 특히 새롭게 부상하는 전기차 시장에서 강해지고 있다. 중국 정부는 일찍이 내연기관 기술로는 기존 자동차업체에 대해 경쟁우위를 가질 수 없다고 판단하고, 전기차시장을 선점함으로써 시장판도를 바꾸려고 하였다. 이미 중국에서는 BYD, CATL과 같이 전기차의 핵심부품인 배터리를 만드는 업체들이 이미 세계시장을 선도하고 있고, 중국정부의 보조금을 토대로 새롭게 진입한 수많은 전기차업체들이 치열한 경쟁을 보이고 있다. BYD는 일찍이 전기차를 양산해 시장을 선도해 왔고, GM과 우링자동차와의 합작사인 SGMW가 출시한 저가형 전기차 홍광미니는 2020년 중국과 전세계 전기차시장에서 판매량 2위를 기록했다. 같은 해 BYD는 화웨이와 협력해 차량 인터페이스기술 개발했고, 질리자동차는 Baidu와 합작사를 설립하고 자율주행 전기차 개발플랫폼 Apollo에 참여하고 있다. 가전업체의 Xiaomi도 전기자동차를 개발해서 판매하는 등 그 밖에도 지방정부의 보조금을 받는 200여 개의 전기자동차 업체들이 사활을 걸고 경쟁하고 있다.

이렇듯 점점 치열해지는 중국 자동차시장의 경쟁구도하에서 Volkswagen의 2024년 시장점유율이 9%까지 낮아진 상황에서 다시금 중국시장에 대한 투자를 확대하고 있다. 특히 Volkswagen은 최근 전기차로의 전환을 가속화하여 중국시장을 중심으로 전세계시장을 주도하려는 노력을 보이고 있다. 2023년 Volkswagen은 10억 유로한화 약 1조 4,500억 원를 투자해 중국 내 전기차 R&D 및 구매센터를 설립한다고 밝혔다. 이는 전기차 기획, R&D, 부품연구, 부품조달 등을 통합 수행할 예정이며, 신차개발 단계부터 중국현지 전기차 부품업체들을 참여시켜, 부품도 공동으로 개발한다는 계획이다. 이는 이미 경쟁이 극심해진 중국 전기차시장을 공략하기 위하여 유럽에서 생산한 차를 중

그림 8-5 Volkswagen의 중국생산기지

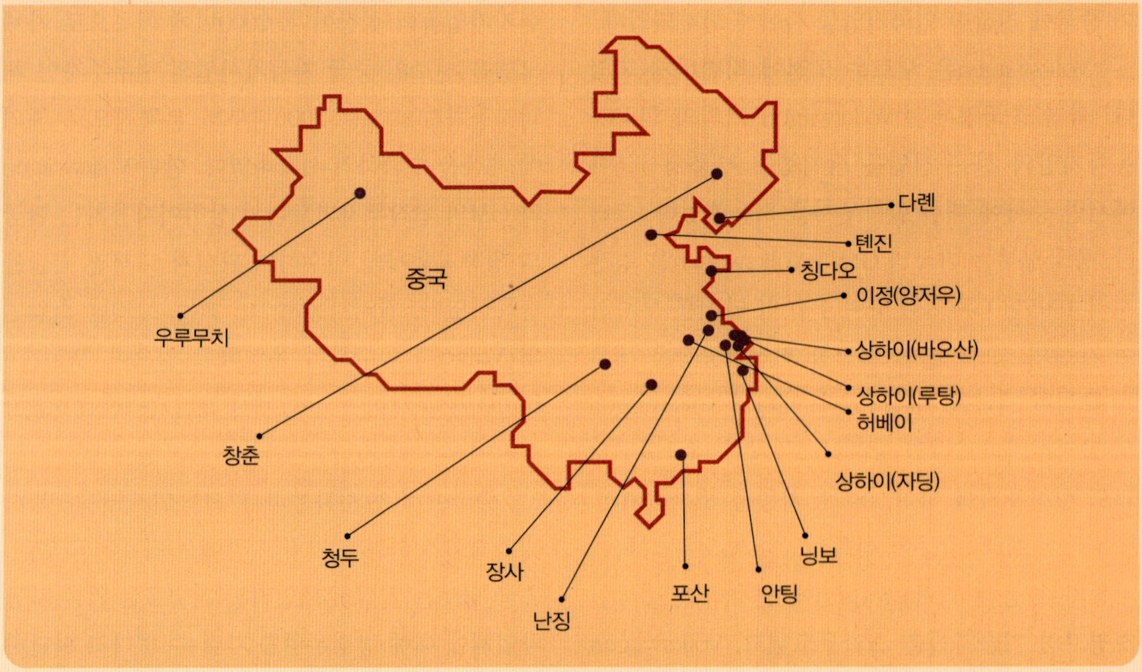

출처 : Volkswagen Group 홈페이지, 2025년 기준

그림 8-6 중국에서의 합작투자 추세

출처 : 각사 홈페이지, 2025년 3월 기준

국 시장에서 판매하는 대신 중국 시장에 부합하는 차를 처음부터 제작하기로 한 Volkswagen의 결단이었다.

Volkswagen은 중국 전용 전기차 섀시와 배터리를 개발하여 최대 40%까지 비용을 절감하고 가격경쟁력을 확보하는 것을 목표로 하고 있다. 이를 바탕으로 향후 Volkswagen은 2026년까지 10종의 전기차 신차를 중국에 출시할 계획이다.

Video
BEST OF CES 2025 - VW ID.7 자동차

Video
폭스바겐그룹 2025 Annual Media Conference

상하이Volkswagen의 홈페이지
http://www.vw.com

01 〉〉 서 론

본 장의 서두에서는 Volkswagen의 중국진출사례를 통해 국제합작투자를 통한 해외시장진출전략에 대해서 살펴보았다. Volkswagen이 중국에 합작투자의 형태로 진입한 것은 중국정부의 규제에 의한 것으로 아직도 많은 개발도상국은 흔히 시장진출의 조건으로 합작투자를 요구하곤 한다. 따라서 합작투자는 많은 경우 전략적 선택이 아니라 시장진출의 필요조건으로 강요되기도 한다. 그러나 때에 따라서 합작투자는 미국, 일본, 유럽과 같이 시장진출에 아무런 제한이 없는 경우에도 이루어진다. 이러한 국제합작투자는 정부규제에 의해서라기보다 빠른 속도의 시장진출, 산업표준의 획득, 핵심역량의 공유 등을 목적으로 이루어지는 것이다.

국제합작투자는 넓게 정의하였을 때 국제적인 성격의 전략적 제휴 중 한 유형에 속한다. 국제합작투자가 자본투자를 필요로 하고, 많은 기능분야에 걸친 협조관계인 것에 비하여 전략적 제휴는 흔히 자본투자 없이 사업의 일부분에서 일시적으로 협조하는 것을 말한다. 본 장에서는 국제합작투자와 함께 최근 각광을 받고 있는 전략적 제휴의 동기, 유형을 중심으로 성공적인 제휴경영기법을 살펴보기로 한다.

국제합작투자와 전략적 제휴는 특히 문화적 차이가 있는 기업 간의 협력관계이므로, 이러한 협력관계를 갖는 목적과 그 목적을 달성하기 위해 필요한 여러 가지 전략적 요소를 철저히 이해하는 것이 필수적이다. 본 장에서는 성공적인 전략적 제휴를 위하여 어떻게 국제적인 파트너를 선정할 것인가와 제휴 또는 합작투자 후 이 관계를 성공적으로 운영할 방법을 살펴보기로 한다.

본 장에서 살펴볼 주제는 다음과 같다.

- 국제합작투자와 전략적 제휴의 동기를 살펴본다.
- 국제합작투자와 전략적 제휴의 유형을 살펴보고 어떠한 유형의 합작투자 또는 전략적 제휴를 할 것인가를 살펴본다.
- 국제합작투자나 전략적 제휴를 고려할 때 어떻게 파트너를 선정할 것인가를 살펴본다.

• 국제합작투자 및 전략적 제휴의 성공적인 경영기법에 대하여 살펴본다.

02 〉〉 전략적 제휴의 주요 유형

우리가 흔히 말하는 전략적 제휴strategic alliance는 경쟁관계에 있는 기업이 일부 사업 또는 기능별 활동부문에서 경쟁기업과 일시적인 협조관계를 맺는 것을 의미한다. 전략적 제휴는 다음 **그림 8-7**과 같이 상당히 다양한 유형이 있다. 전략적 제휴에서 가장 단순하고 단기적 성격이 강한 형태는 연구개발컨소시엄 또는 기술제휴이다. 이에 반해 합작투자는 기업들의 지분참여도가 높고 제휴당사자들 간에 몰입commitment하는 정도가 높은 제휴의 형태이다. 따라서 합작투자도 크게 보아서 전략적 제휴의 한 유형이라고 볼 수 있다. 이와 같이 전략적 제휴는 일부 기능별 제휴보다 합작투자에서 더욱더 긴밀한 관계를 나타낸다. **그림 8-7**은 다양한 전략적 제휴의 유형과 이러한 전략적 제휴가 대체로 어떤 목적으로 나타나는지를 개괄적으로 보여주고 있다.

기능별 또는 업무별 국제제휴

기능별 국제제휴functional agreement는 대체로 지분참여 없이 그 기업이 수행하는 일부 업무에서 외국기업과 협조관계를 갖는 것이다. 이러한 제휴관계는 상당히 구체적인 기능별 분야, 즉 연구개발, 생산, 마케팅, 기술, 라이센싱, 유통 등의 분야에서 공동프로젝트를 협조하여 수행하는 것이다. 이런 기능별 제휴에서는 합작투자와 같은 새로운 조직이 창출되지 않고 제휴의 영역 역시 대단히 제한적이다. 주요한 기능별 제휴형태를 보면 다음과 같다.[2]

국제연구개발컨소시엄

연구개발컨소시엄R&D consortium은 첨단산업분야에서 흔히 볼 수 있는 제휴형태이다. 일부 컨소시엄은 정부로부터 전적으로 또는 일부를 보조받는 경우도 있다. 세계항공기산업에서 잘 알려진 Airbus는 영국, 프랑스, 독일, 스페인 등의

그림 8-7 전략적 제휴의 유형

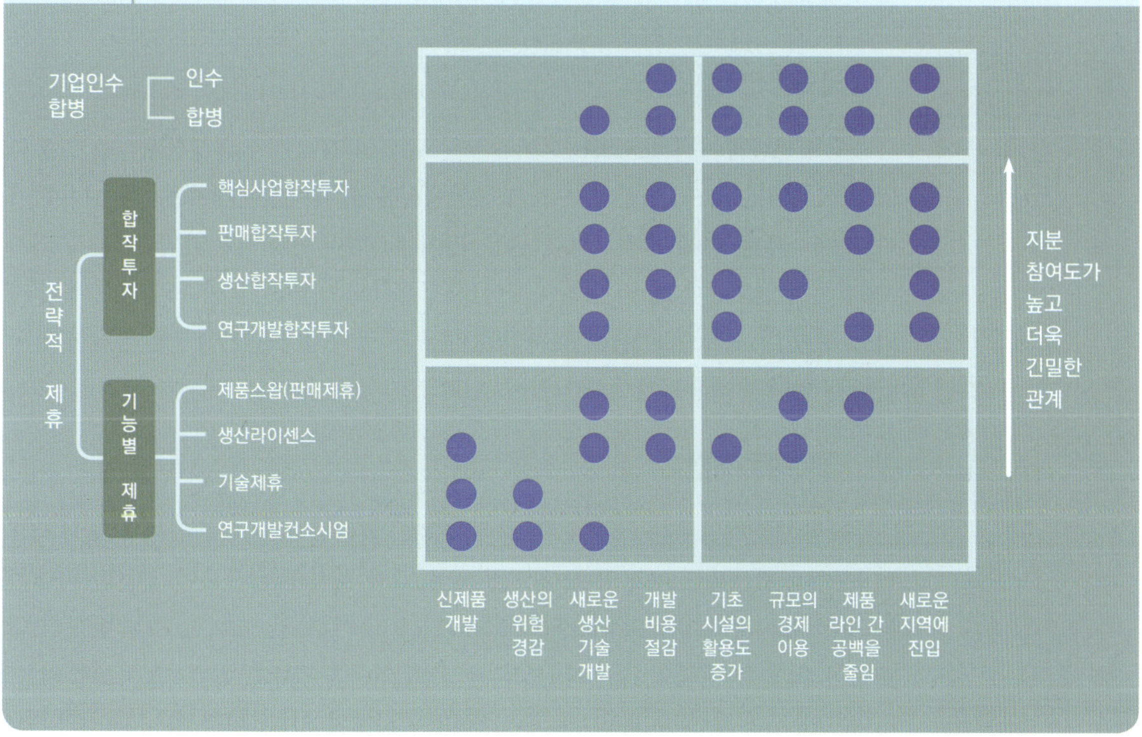

출처: J. Bleeke and D. Ernst, *Collaborating to Compete*, John Wiley & Sons, 1993, p. 60.

기업들이 공동출자한 컨소시엄 형태의 기업이다. 또한 반도체, 통신 등의 첨단산업에서도 세계 각국의 다국적기업들이 참여한 컨소시엄이 많이 나타나고 있다.

Video
Airbus History

국제기술제휴

기술제휴 또는 기술라이센싱은 대체로 한 기업이 다른 국가의 기업에 생산기술을 공여하거나 자신의 기술을 기반으로 하여 신제품을 개발할 수 있는 권리를 부여하는 것을 의미한다. 이러한 기술제휴와 제품개발 라이센스는 대체로 일정액의 로열티를 일회적으로 지불하고 추가적으로 매출의 일부분을 지속적으로 로열티로 지불한다. 이는 주로 신제품개발 및 생산의 위험과 비용을 절감하는 것이 주된 목적이라고 할 수 있다. 특히 기술제휴 또는 기술라이센싱technology licensing이 국제적인 전략적 제휴의 주요한 형태가 되는 이유 중의 하나는 교차라이센싱cross-licensing에서 살펴볼 수 있다. 교차라이센싱은 기업들끼리 서로 기술을 주고받는 형태이다. 예를 들어, 삼성전자는 과거 일본의 Sony와 LCD 합작법인을 설립하여 서로 기술을 주고받은 바 있다. 이와 같이 기업 간에 필요한 기술을 서로 주고받음으로써 제휴관계를 맺는 것은 제휴에 참여하지 않는 기업들에 대하여 더 높은 경쟁우위를 확보할 수 있는 좋은 방법이다.

국제생산라이센스

국제생산라이센스production license는 규모의 경제와 유휴생산시설을 활용하기 위한 방법으로 둘 이상의 기업이 공동생산을 할 수 있는 라이센스를 보유하거나 자체수요를 위해 직접 특허기술을 라이센스받아 생산하는 방법이다. 우리가 제6장에서 살펴본 Nike의 동남아시아 하청생산도 일종의 생산계약의 형태로 파악할 수 있다. Nike는 기술과 디자인을 제공하고, 하청업자가 생산을 전담하여 공급하는 형태의 제휴관계로 파악할 수 있다.

국제제품스왑

국제제품스왑product swap은 판매제휴를 의미한다. 제품스왑이나 판매제휴는 타사의 생산품에 자사의 브랜드를 붙여 마치 자사의 생산품인 것처럼 판매하는 방식이다. 주문자상표부착생산Original Equipment Manufacturing; OEM 방식이 대표적이다. 과거 미국의 Ford와 GM은 한국의 기아자동차와 대우자동차로부터 프라이드와 르망을 OEM방식으로 수입해 갔던 사례가 있다. 이들 차는 Ford와 GM으로부터 자동차생산에 필요한 모든 기술을 전수받고 한국에서 생산된 후 Ford와 GM의 상표가 붙어서 수출되었다. 이는 자동차산업에서 다양한 제품을 만드는 데 소요되는 비용을 절감하기 위하여 일부 차종과 부품을 OEM으로 공유하는 대신 Ford와 GM은 자신이 경쟁우위를 갖고 있는 분야에 집중투자를 하는 전략적 제휴의 한 유형이다. 또한 중전기산업에서도 Westinghouse와 미츠비시전기는 제3세계시장에 원자력발전소를 건설하는 데 공동으로 판매활동을 벌인 바 있다. 이런 공동판매활동은 과당경쟁over competition을 피하고 자신이 보유한 판매망을 잘 활용하여 두 기업 모두 비용을 줄이려는 목적으로 나타난다.

이상에서 살펴본 것처럼 기능별 제휴는 기업이 수행하는 여러 활동 중에서 극히 제한된 일부 기능에서만 일어나기 때문에 많은 경우 기업들은 지분참여를 하지 않고서도 가능하다. 그러나 이런 기능별 제휴의 일부에서는 상호 유대관계를 높이기 위해서 주식을 교환하기도 한다. 실제로 몇몇 기업들은 주식을 서로 교환함으로써 양자 간의 유대관계를 더욱 공고히 하고 있고, 이런 상호주식교환이 기능별 제휴의 성공가능성을 높일 수 있다고 믿는다. 예를 들어, 미츠비시자동차는 2005년까지 기능별 제휴를 맺은 현대자동차의 주식을 10% 가량 소유하고 있었다. 당시에 이러한 지분참여 덕분에 상호보완적으로 핵심역량을 잘 활용하고, 제휴관계를 더욱 확대할 수 있었다고 평가되고 있다. 또한 이러한 지분참여는 일부 사업분야에 국한된 제휴관계를 더 넓은 사업분야로 제휴범위를 확장할 가능성을 제시하여 주기도 한다.

국제합작투자

이상과 같이 국제연구개발컨소시엄, 국제기술제휴, 국제생산라이센스, 국제제품스왑과 같은 경우는 기업들의 지분참여 없이 기업 간의 국제적인 계약과 거래에 의하여 이루어진다. 그러나 이러한 전략적 제휴관계가 점차 기업의 전략에 중요한 역할을 하게 되고, 제휴를 통해 보다 높은 시너지를 창출하기 위해서 합작투자joint venture 방식을 선호하게 된다. 국제합작투자는 외국기업과 연구개발, 판매, 생산에서 이루어질 수 있으며 더 나아가서는 자신의 핵심사업분야 자체를 합작투자화하는 경우도 있다.

일부 기능에만 국한된 기능별 제휴와 달리 국제합작투자는 법률적으로 모기업으로부터 독립된 기업을 만드는 방법이다. 이러한 합작투자 방식은 기능별 제휴처럼 한 기능이나 한 업무분야에 국한되어 있기보다는 연구개발, 생산, 마케팅, 유통 등과 같이 여러 분야에 걸친 종합적인 협력관계가 필요할 때 선택하는 경우가 많다. 대부분의 합작투자의 경우 참여기업들이 투자 비율을 50 대 50으로 설정하는 경우가 많으나 한 기업이 51 대 49와 같이 지분을 약간 더 소유하거나 상당히 불균등하게 소유한 경우도 가능하다.

지분율은 각 파트너의 기여도 및 교섭능력에 따라 좌우된다. 예를 들어, 합작투자에 자신의 독특한 기술을 제공하는 기업은 그 대가로 많은 지분을 요구할 수도 있다. 또한 협상단계에서 뛰어난 협상력을 가진 기업의 지분율이 더욱 높아지는 경향이 있다. 이와 같이 지분율은 합작투자에 양 기업이 공여할 수 있는 핵심역량을 누가 더 많이 갖고 있는가와 더불어 궁극적으로 각 기업의 교섭능력에 따라서 결정된다. 앞서 살펴본 Volkswagen과 중국기업들의 합작투자는 50 대 50의 합작투자의 대표적인 사례이다. 그러나 50 대 50의 합작투자의 맹점은 두 회사 간에 이견이 발생했을 때 이를 신속하게 해결하여 줄 수 있는 구조적인 해결책이 없다는 것이다. 즉, 양측 기업이 동등한 의사결정권을 갖고 있기 때문에 기업 간의 갈등을 합리적으로 해소할 수 있는 방법이 원천적으로 없다. 이러한 문제점은 과거 50 대 50의 합작투자였던 대우자동차와 GM의 합작투자과정에서도 살펴볼 수

Video

GM buys Daewoo

있다. 균등한 지분율을 가졌던 대우와 GM의 합작투자는 의사결정이 신중한 GM 측과 소수의 최고경영자들이 신속하게 의사결정을 내리는 대우의 경영방식의 차이로 인해 많은 의견대립이 빈번하게 발생하였다.

03 〉〉 국제합작투자와 전략적 제휴의 동기

기업 간의 국제적인 전략적 제휴는 최근 들어 더욱 폭발적으로 늘어나고 있다. 전략적 제휴가 가장 활발히 이루어지는 산업은 대체로 우리가 첨단산업이라고 부르는 산업들이다. 예를 들어, 컴퓨터와 통신을 포괄하는 정보통신산업에서 전략적 제휴가 가장 두드러지게 나타나고 있으며, 그 다음으로 생명공학산업 biotechnology, 신소재산업, 자동차, 항공, 화학 그리고 중전기분야에서 전략적 제휴가 활발히 이루어지고 있다. 또한 시장진입, 상호보완적인 기술의 활용, 신규기술개발에 필요한 시간과 자본을 줄이는 목적의 제휴도 활발하게 이루어지고 있다. 본 장의 서두에서 살펴본 Volkswagen의 국제합작투자는 시장진입을 목적으로 한 제휴의 대표적인 사례이다. 본 절에서는 세계적인 기업들이 단독으로 사업을 하는 것보다 전략적 제휴를 선호하는 이유를 살펴보기로 한다.[3]

현지국정부의 규제

다국적기업들이 해외진출을 할 때 특히 현지기업과 합작투자를 많이 하는 이유는 현지국정부의 각종 규제가 존재하기 때문이다. 아직도 많은 개발도상국에서는 현지기업과 합작투자의 형태로만 다국적기업의 시장진출이 가능하도록 법적으로 규제하고 있다. Volkswagen의 중국진출에서도 중국정부는 자동차, 철강 등을 중추산업으로 지정하여 외국기업의 투자는 합작투자의 형태로만 허용하고 있다. 따라서 이와 같은 중추산업에 속한 다국적기업이 중국으로 진출하려면 필연적으로 합작투자를 해야만 하는 상황에 처하게 된다. 이런 경우 합작투자는 기업의 전략적인 선택이라기보다는 현지국정부에 의해서 강요된 결과이다.

그러나 아무리 합작투자가 현지국정부의 규제 따른 것이라 하더라도 다국적

그림 8-8 대중국 해외직접투자의 유형별 유입추세 (단위: 10억 달러)

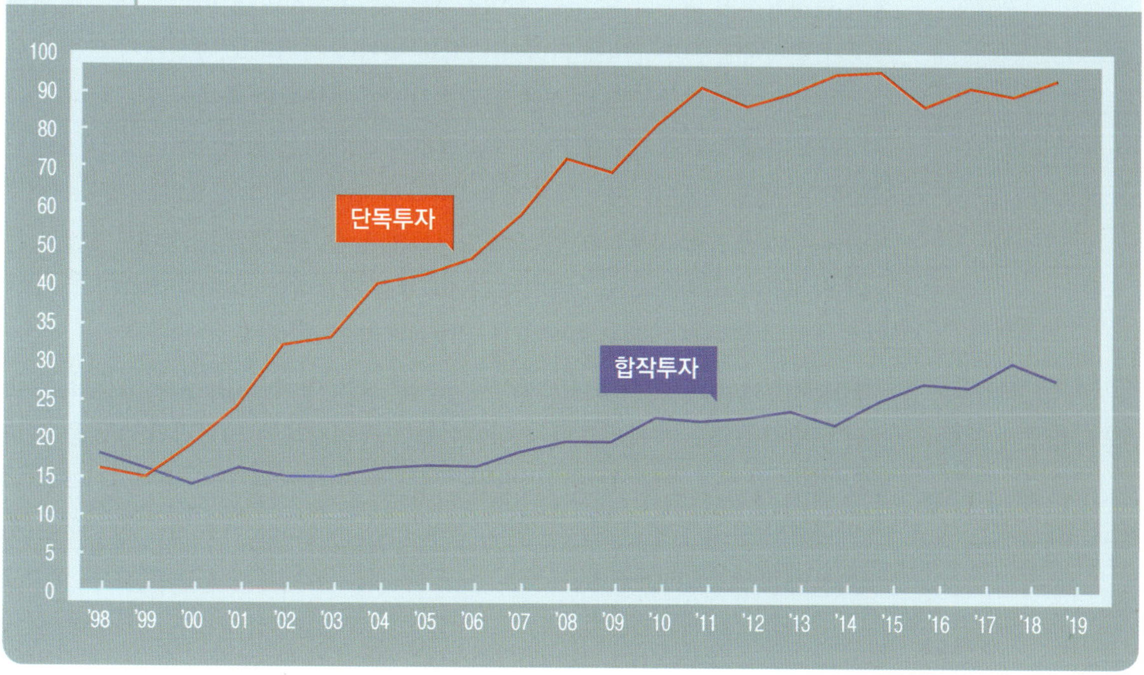

출처: China Investment Promotion Agency. 2019년 이후 중국통계청은 투자유형별 해외직접투자 정보를 제공하지 않음.

기업은 현지파트너로부터 도움을 받을 가능성이 있다. 현지파트너는 현지에서 자금을 조달함으로써 투자비용을 줄여 주고, 그만큼 외국파트너가 부담하는 위험을 감소시킨다. 또한 현지파트너가 보유한 현지국의 문화와 경영환경에 대한 이해, 개인적인 친분관계, 고객, 은행, 정부관료와의 협상능력, 또한 현지에 맞는 경영, 생산, 마케팅기술을 이용해 많은 도움을 줄 수 있다. 특히 중국에서는 꽌시關係라고 불리는 개인 간의 관계가 중요하다. 중국에서 사업을 하기 위해서는 정부의 관리, 고객들과 밀접한 관계를 맺는 것이 필요하나, 외국기업들이 이러한 관계를 스스로 창출할 수 없기 때문에 현지파드너의 도움은 중국에서 사업을 하는 데 큰 도움이 될 수 있다.

Volkswagen의 주요 파트너인 중국은행中國銀行과 상하이자동차上海汽車, 그리고 중국자동차中國汽車는 중국정부를 상대하고 현지부품입사를 활용하는 데 큰 도움을 주었다. 또한 이들 파트너는 과거 트렉터 생산공장으로 쓰이던 곳을 Volkswagen에 공장부지로 제공하여 Volkswagen으로 하여금 Santana를 생산하는 데 필요한 설비를 마련해 주었다. 이후에는 Santana를 관용차와 택시로 구매하는 등 Volkswagen이 중국시장에서 매출을 안정적으로 유지할 수 있도록 도와주었다. 이와 같이 현지파트너가 기여하는 부분은 현지국정부와의 우호적인 관계형성과 현지환경에 대응할 수 있는 지식을 제공해 주는 것이다. 따라서 아무리 합작투자가 현지국정부의 규제에 의하여 강요된 것이라 하더라도 자신에게 도움이 될 수 있는 합작파트너를 고르는 것은 글로벌경영에서 중요한 과제이기도 하다.

만일 중국정부의 강요를 따라 중국정부가 소개하는 합작파트너를 그대로 받아들이면 큰 낭패를 볼 가능성이 있다. 따라서 합작투자가 강요되는 상황에서도 자신에게 가장 도움이 될 수 있는 파트너들의 능력, 즉 정부를 상대로 교섭하는 능력과 개인적인 네트워크, 그리고 그들이 가진 기술이나 브랜드, 유통망 등에 대한 객관적인 평가를 기초로 파트너를 선정하여야 할 것이다.

Volkswagen의 경우 상하이에서의 합작투자는 비교적 성공적이었으나, 창춘에서의 합작투자는 투자파트너 선정에서부터 조업결정에 이르기까지 많은 어려움을 겪었다. 최근 중국에서는 이와 같은 합작투자의 여러 가지 문제점이 드러남에 따라 합작투자에 대한 선호가 줄고 점차 100% 지분소유의 투자가 증가하는 추세를 보이고 있다(**그림 8-8** 참고).[4]

자원공유를 통한 투자위험감소

현지국정부가 합작투자를 강요하지 않더라도, 외국기업은 현지파트너를 가짐으로써 자신이 충분히 갖지 못한 경영자원을 확보하거나 투자의 위험을 줄일 수가 있다. 다국적기업들은 해외진출을 할 때, 많은 경우 가능하면 100% 자회사의 형태로 진출하기를 원한다. 그러나 단독투자의 형태로 해외에 진출할 때 모든 시장에서 경쟁기업보다 경쟁우위를 가질 수 있을 만큼 충분한 경영자원을 가진 기업은 존재하지 않는다. 따라서 기업들은 보완적인 제품, 유통망, 그리고 생산기술을 가진 다른 경쟁기업을 찾아 전략적 제휴를 하는 경우가 많다. 특히 거의 모든 산업에서 연구개발투자가 더욱 중요해지고 생산시설이 자동화됨에 따라서 예전에 비해 연구개발투자와 생산시설투자에 소요되는 비용은 막대해졌다. 이 때문에 신제품 개발에 막대한 연구개발비와 시설 투자가 요구되는 산업에서 제휴가 활발히 이루어지고 있다. 예를 들어, 연구개발투자가 중요한 항공기산업에서 Boeing은 미츠비시중공업과 긴밀한 제휴관계에 있으며, Boeing의 가장 큰 경쟁사인 Airbus는 Boeing에 효과적으로 대응하기 위하여 영국과 프랑스, 스페인, 독일의 항공산업 기업들의 컨소시엄consortium 형태로 만들어진 기업이다. 이와 같은 연구개발투자와 생산비용이 큰 산업에서의 전략적 제휴는 고정비용과 위험을 낮추는 효과를 갖고 있다.

또한 국제간 합작투자나 전략적 제휴를 통해 얻고자 하는 경영자원은 현지국 경영관습 및 환경에 대한 지식이다. 해외에 진출하는 다국적기업의 입장에서는 마치 자신이 필요한 경영자원을 모두 보유하고 있는 듯한 생각을 할지 모른다. 그러나 해외진출시 많은 기업들이 실패하는 이유는 현지시장에 대한 정보가 부족하기 때문이다. 합작투자나 제휴 시 현지파트너는 현지국의 정보를 제공함으로써 투자위험을 감소시킨다.

특히 해외진출 시 현지기업으로부터 얻을 수 있는 주요한 경영자원으로는 현지의 유통망과 현지국소비자에 대한 마케팅지식도 있다. 예를 들어, 외국기업이 한국에 진출하려고 할 때 가장 크게 느끼는 어려움은 역시 한국의 복잡한 유통구조를 어떻게 파고들 것인가의 문제이다. 한국기업이 외국에 진출할 때에도 현지에서 유통망을 구축하는 것은 매우 어려운 과제이다. 또한, 외국에서의 가격설정, 판매점선정 및 제품진열 등 현지국시장의 성격에 따라서 각기 다른 마케팅활동을 벌여야 한다.

이와 같은 유통구조 및 현지국시장의 정보를 합작투자파트너로부터 얻을 수 있다면, 그 다국적기업의 해외진출위험을 크게 줄이고 성공가능성을 높이게 될 것이다.

시장진입의 시간단축

신제품이 개발 초기단계로부터 시장에 출시되는 데 소요되는 시간은 경쟁이 심화됨에 따라 지난 수십 년간 계속해서 단축되어 왔다. 특히 경쟁기업에 비해서 더 빠르게 제품을 출시하는 기업일수록 이로 인한 높은 수익을 보장받을 수 있고 여러 가지 조기진입자first mover's advantage의 우위를 누릴 수 있다.

이렇게 시간에 의한 경쟁우위가 중요해짐에 따라, 모든 기업들이 갖고 있는 고민은 어떻게 하면 경쟁자보다 빨리 신제품을 개발하여 시장에 먼저 출시할 수 있는가와 동시에 어떻게 하면 경쟁기업이 진입하기 전에 새로운 시장에 먼저 진입할 것인가의 문제이다. 이러한 기업들이 가진 공통적인 문제점은 시장진입의 시간단축에 필요한 모든 경영자원을 보유하고 있지 못하다는 것이다.

또한 기업들이 필요한 모든 경영자원을 보유하고 있지 못한 상태에서 신규사업에 진출하려고 할 경우, 이러한 전략적 제휴의 필요성은 더욱 높아진다. 예를 들어, 과거 미국의 통신과 컴퓨터시장에서는 그동안 상호시장에 진입을 금지해

왔던 법적 규제가 철폐되어 컴퓨터업체들과 통신업체들은 상대방 시장에 진출할 수 있게 되었다. 이 시기에 IBM과 AT&T 등의 대기업들은 기업인수의 형태로 새로운 시장에 진출하였다. IBM은 Rohm이라는 통신전문업체를 인수하였고 AT&T는 컴퓨터사업부문에서 NCR사를 인수합병하였다. 이에 비해 IBM이나 AT&T와 같이 규모가 크지 않은 기업들은 인수합병에 필요한 자금이 없으므로 전략적 제휴를 통하여 신규사업진출을 시도하였다.

그 한 가지 예로서, 스웨덴의 Ericsson사와 미국의 Honeywell사는 통신분야에서 합작투자를 하였다. 스웨덴의 Ericsson사는 전세계적으로 통신분야에서는 강한 기술력을 보유하고 있었으나 미국시장에서는 다른 기업들에 비해 상당히 열세에 놓여 있었다. 한편 미국의 Honeywell사는 컴퓨터와 자동제어 분야에 강한 기술력을 갖고 있었으나 과거 통신산업과 컴퓨터산업의 분리규제 때문에 통신산업에 대한 기술이 전혀 없었다. Ericsson과 Honeywell은 사설전자교환기Private Branch Exchange: PBX 분야에서 합작투자를 하여 미국에 공동기술개발연구소를 설립하였다. 이를 통해 Ericsson은 통신하드웨어기술을 Honeywell에 이전하고, Honeywell은 미국에서 통신장비를 판매하는 데 필요한 소프트웨어 디자인기술을 Ericsson에 제공하였다. 이 합작투자는 4년간의 공동 연구개발이 끝난 이후 소멸되었으나, Ericsson과 Honeywell은 모두 PBX 분야에서 뛰어난 능력을 보유하게 되었다. 합작투자 종료 후 Ericsson과 Honeywell은 미국시장에서 치열한 경쟁을 하였지만, AT&T나 IBM과 같이 기업인수합병을 하지 않고서도 적은 비용으로 신제품을 빠르게 개발하여 IBM과 AT&T에 대해 효과적으로 경쟁할 수 있었다.

산업표준의 선택

글로벌경쟁시대의 국제합작투자와 전략적 제휴는 다국적기업이 어느 특정 국가나 시장에 진출하는 목적으로 이루어지기도 하지만, 그 기업의 전세계적인 글로벌전략의 일환으로 이루어지기도 한다. 많은 산업에서 전략적 제휴나 국제합작투자가 일어나는 이유 중의 하나는 기술의 표준화를 이루기 위함이다. VCR산업에서 일본의 Sony와 마츠시타가 산업표준화를 위해 경쟁하다가 Sony가 실패하였던 사례는 산업표준이 얼마나 중요한가를 알려 주는 사례이다. Sony가 개발한 β방식의 기술은 마츠시타의 자회사인 JVC가 개발한 VHS기술에 비해서 화면의 색상과 품질면에서 훨씬 더 뛰어난 것으로 알려져 있었다. 그러나 Sony는 자사의 β방식이 기술적인 우위가 있다고 믿고 다른 회사들에 라이센스를 제공하는 것을 기피하였다. 이에 반해 기술적으로 열위에 있는 JVC는 VHS방식을 채택하려는 회사들에게 자유롭게 라이센스를 허용하였으며, 그 결과 가전산업의 모든 기업들이 VHS방식을 채택하게 되었다. 따라서 Sony는 자사의 β방식의 품질이 뛰어남에도 불구하고 VCR산업에서 시장점유율이 낮아지게 되었고 결국은 β방식을 포기하기에 이르렀다. 왜냐하면 비디오용 영화제작사의 입장에서는 화질도 중요하지만 시장점유율이 낮은 Sony의 β방식보다는 더 많은 비디오테이프 소비자들이 있는 VHS방식을 선호하였기 때문이다.

이와 같이 산업표준이 확립되지 못한 경우에는 기업과 소비자 모두가 혼란을 겪기 때문에 기업들은 산업표준에 맞는 신제품을 개발하기 위해서 전략적 제휴를 맺는 경우가 많다. Sony는 β방식에서 실패한 쓰라린 경험을 토대로 그 이후 CD Compact Disk기술을 개발할 때는 Philips와 교차라이센스cross-license를 함으로써 자사의 기술을 진세계표준으로 만드는 데 성공하였다. 1995년에는 CD로 영화를 볼 수 있는 DVD Digital Video Disk 개발에서 Sony와 Philips 간의 제휴그룹과 Matsushita, Hitachi, Toshiba 간 제휴그룹이 서로 자신이 개발한 기술을 산업표준으로 하기 위하여 경쟁하다가 결국 막바지에 타협을 하여 Sony와 Philips가 개발한 기술과 Matsushita, Toshiba, Hitachi가 개발한 기술을 서로 융합하여 하나의 통일된 산업표준을 만드는 데 성공하였다. 또한 삼성은 Sony가 Blu-ray 기술을 High Definition DVD의 차세대 산업표준으로 만드는 데 동참한 바 있다. 이와 같이 전략적 제휴를 통하여 산업표준을 달성하는 것은 기술개발 속도가 매우 빠르고 산업표준이 가장 중요한 역할을 하는 산업에서 기업이 취할 수 있는 핵심적인 전략적 선택이다.

기업의 유연성확보

최근에 특히 국제합작투자와 전략적 제휴가 중요해진 또 한 가지 이유는 현지국시장진출과 위험감소뿐만 아니라 기업이 기존의 사양산업에서 탈퇴하는 데에도 유용하기 때문이다. 예를 들어, 미국의 Corning은 점차 수요가 성숙화되고 국제경쟁이 심화되는 TV브라운관 제조사업을 일본의 Asahi와의 합작투자로 전환하였다. 이는 Corning이 공장문을 닫고 TV브라운관 사업에서 완전히 철수하기보다는 합작투자로 전환함으로써 사업여건이 호전되면 언제든지 합작투자를 기반으로 다시 사업을 키울 수 있다는 계산에서 나온 것이다. 마찬가지로 한국에서 경쟁력이 사라져가는 일부 사양산업을 합작투자의 형태로 개발도상국에 이전시키면 그 산업에서 완전히 철수하는 것에 비해 투자가치를 보존할 수 있으며, 그 산업의 전망이 좋아지면 언제든지 다시 진출할 수 있는 가능성을 갖게 된다.

예를 들어, 한국기업들이 중국에 진출하는 많은 사업분야, 특히 노동집약적 산업인 의류, 신발 등의 제조사업은 한국의 인건비가 상승하여 이미 경쟁력이 없어진 사업이다. 이러한 사업에서의 중국합작투자는 한국기업들이 완전히 철수하기보다, 중국으로 공장을 이전하여 중국시장을 공략하거나 중국에서 생산하여 다른 나라로 제품을 수출하는 목적의 투자이다. 합작투자 형태의 투자는 만일 그 사업전망이 나빠지거나 미국과의 무역분쟁이 심화될 때에는 중국측 파트너에게 매각을 할 수 있고, 사업전망이 호전되면 확장을 하여 100% 소유의 자회사로 탈바꿈할 수 있는 유연성을 갖고 있다.

즉, 전략적 제휴를 통하여 사양화된 사업을 합작투자로 전환하는 것은 사업의 전망이 다시 좋아지면 이 합작투자를 기반으로 하여 언제든지 사업을 확장할 수 있는 콜옵션call option을 갖는 것과 마찬가지이고, 전망이 나빠지면 합작투자 파트너에게 지분을 팔고 쉽게 철수할 수 있는 풋옵션put option을 갖는 것과 마찬가지이다. 결국 기업이 시장에서 철수할 때에도 전략적 제휴는 기업의 선택지를 넓히는 것과 같은 유연성을 준다. 또한 전략적 제휴를 통하여 기업은 핵심역량이 없는 주변활동이나 기능을 제휴 파트너들에게 외주outsourcing를 줌으로써, 기업은 설비비용을 크게 줄이고 보다 유연한 비용구조를 가질 수 있게 된다.

04 ›› 성공적인 국제합작투자와 전략적 제휴의 운영기법

파트너 선정상의 유의점

국제합작투자와 전략적 제휴에서 성공하기 위해서는 제일 먼저 좋은 파트너를 선정해야 한다. De la Sierra는 성공적인 파트너를 선정하는 데 가장 중요한 기준으로 다음의 세 가지 양립성compatibility, 능력capability, 몰입성commitment의 3C를 강조하였다. 이와 같은 3C가 존재하는 파트너들은 서로 성공할 확률이 높다는 것을 의미한다.[5]

양립성

국제합작투자나 제휴를 실제로 경험해 온 경영자들은 기업들 간의 양립성 compatibility을 가장 중요한 성공요인으로 여기고 있다. 국제합작투자나 국제적 제휴에 참가하는 기업들의 능력이 아무리 뛰어나다고 하더라도 파트너들이 서로 협력할 수 없다면 이러한 전략적 제휴는 아무 쓸모가 없기 때문이다. 이러한 양립가능성은 두 기업의 전략, 기업문화, 경영관리시스템의 측면에서 고려하여야 한다.

우리가 국제합작투자나 전략적 제휴에서 양립성을 파악할 때 가장 중요한 점은 두 기업의 전략이 서로 모순되거나 이해가 상반되지 않는가 하는 점이다. 제휴에 임하는 두 기업의 전략이 모순되거나 상반되면, 그 합작투자나 제휴는 많은 갈등을 겪고 소기의 목적을 달성할 수 없을 것이다. 본 장의 서두에 소개된 Volkswagen의 합작투자의 경우 Volkswagen은 중국시장진출을 위해서, 그리고 중국정부는 선진기술의 습득과 재원확충을 위해서 이루어진 것이다. 정리하자면 우리는 다음과 같은 관점에서 제휴파트너의 전략을 검토하여야 한다.

- 제휴파트너가 이 국제합작투자나 제휴에 참여하는 목적과 동기는 무엇인가?
- 제휴파트너가 기여할 수 있는 주요 경영자원은 무엇인가?
- 제휴파트너의 전략이 우리 기업이 추구하는 전략과 모순되지 않는가?

한편, 전략의 양립성을 검증하기 위하여는 파트너의 현존하는 제휴네트워크를 살펴보아야 한다. 즉, 제휴 또는 합작투자 대상기업이 현재 우리 회사와 경쟁하고 있는 기업과 다른 분야에서 밀접하게 관계를 갖고 있는지 확인하는 것이다. 만일 그렇다면 파트너기업이 본 합작투자나 제휴를 통하여 자사의 기술이나 정보를 얻었을 때 경쟁기업으로 흘러나갈 수 있는지를 살펴보아야 한다. 그리고 제휴가 끝났을 때 이 파트너가 자신의 경쟁자로 부각될 가능성도 고려하여야 한다.

둘째, 기업문화의 양립성도 국제간 제휴의 주요 성공요인이다. 모든 기업들은 독특한 기업문화를 가지고 있다. 더욱이, 국제적인 제휴나 합작투자에 참여하는 기업들은 국가 간의 문화적 차이 때문에 사고방식과 가치관 면에서 더욱더 큰 차이를 보인다. 따라서 제휴나 합작투자에 참여하는 기업들은 이러한 기업문화의 차이가 제휴의 목적달성에 걸림돌이 되지 않는지 또는 이런 기업문화의 차이를 극복할 수 있는지를 알아보아야 한다. 이를 위하여 파트너가 지금까지 외국기업과 합작투자나 제휴를 해 온 역사나 과정을 살펴보는 것이 많은 도움이 된다. 과거에 제휴대상기업이 어떤 전략적 제휴관계에 참여하였으며 그 제휴관계에서 성공적이었는지 또는 제휴파트너 기업과 갈등이나 문제가 일어나지는 않았는지를 살펴보아야 한다.

셋째, 경영관리시스템의 차이 역시 국제제휴의 양립성을 구성하는 요소이다. 모든 경영에 있어서 공통되는 진리지만, 기업에서 가장 중요한 요소는 사람이다. 사람들이 조직을 이루고 구성원들 간의 접촉과 정보교환에 의하여 조직이 운영되므로 제휴에 임하는 사람들이 서로를 믿지 못하고 상호간에 많은 갈등이 생기면 그 제휴는 성공적일 수가 없다. 특히 국제제휴에서는 국가 간에 상당한 문화의 차이가 존재하기 때문에 처음부터 상호신뢰에 기반한 제휴를 운영하는 것은 결코 쉽지 않다. 왜냐하면 언어와 문화의 차이가 존재하기 때문에 자신의 의사를 완벽하게 전달하기가 힘들며 경영관리시스템과 의사결정의 분권화나 집권화, 배당정책 등 여러 가지 조직구조상의 차이는 제휴당사자들에게 상호불신이나 갈등의 씨앗이 될 수 있기 때문이다.

예를 들어, 파트너기업의 조직구조가 중앙집권화되었거나 또는 분권화된 정도는 제휴에 문제가 발생하였을 때 갈등이 해소될 가능성 및 해결에 도움을 줄 조직 관계자를 파악하는 데 있어서 중요한 요인이다. 제휴파트너가 중앙집권적인 의사결정구조를 가지고 있을 때, 모든 의사결정은 최고 경영자와 상의하여야 한다. 그러나 한 기업은 중앙집권화되어 있고 다른 기업은 분권화되어 있다면 제휴파트너와 의사결정이나 의견조정을 할 때에 많은 시간이 필요하고 갈등이 발생할 소지가 많다.[6]

또한 경영관리시스템의 차이는 생산, 마케팅, 유통, 재무관리의 기능별 분야에서도 발생한다. 따라서 자신의 부품조달전략이 상대방기업의 전략과 양립가능한가를 고려하여 보아야 하고, 파트너 기업의 노동조합을 어떻게 상대할 것인가에 대한 양자의 견해를 조정하여야 한다. 그리고 마케팅 측면에서도 고객서비스를 개선하기 위해 얼마나 노력을 하고 있는가와 파트너의 제품이 소비자들에게 고가품의 이미지를 주고 있는가 또는 저가품의 이미지를 주고 있는가의 여부도 고려하여야 한다. 그리고 재무적인 측면에서도 양자 간에 얼마나 위험을 취하려고 하는지, 주식배당정책과 부채와 자기자본을 얼마나 선호하는지, 그리고 환위험을 어떻게 관리하는가도 중요한 고려 사항이다.

파트너의 능력

국제적인 합작투자나 국제적인 전략적 제휴를 고려할 때 우리는 파트너가 갖고 있는 경영자원과 핵심역량을 정확하게 파악하여야 한다. 이를 위해서 우리는 먼저 그 기업의 강점과 약점을 분석하여 보아야 한다. 파트너가 갖고 있는 핵심역량은 무엇인가, 어떤 측면에서 강점을 갖고 있는가, 즉 그 기업이 보유한 기술 그리고 생산능력과 유통망 등은 어느 정도인가, 시장에서 해당 기업의 선도자 역할을 하는지 아니면 경쟁에서 밀리는 추세인지를 고려하여야 한다.

국제적인 합작투자나 제휴에서 상대편 기업의 능력과 핵심역량을 평가하는 것은 제휴를 통해서 우리 기업이 갖고 있는 약점을 보완하고 자신의 강점을 강화하기 위해서이다.[7] 핵심역량의 관점에서 합작투자나 제휴를 본다면 두 회사가 각자가 취약한 분야에서 파트너가 강한 핵심역량을 가지고 있는 것이 바람직하다. 기술면에서도 두 기업이 비슷하고 마케팅이나 유통 면에서도 비슷하여 서로의 부족한 점을 보완하여 줄 수 없을 때, 이런 합작투자나 제휴는 무의미하다.

예를 들어, 인도네시아에 진출하고자 합작투자파트너를 찾는 한국기업은 과연 어느 파트너가 현지에서의 유통망, 유능한 현지경영인력, 정부에 대한 로비능력 등을 갖추고 있는가를 살펴보아야 할 것이다. 만일 유통망과 현지경영인력이 취약한 현지기업과 합작투자를 하는 것은 전혀 의미가 없다. 합작투자를 통해서 그 한국기업이 얻을 수 있는 혜택이 없기 때문이다. 제11장에서 살펴볼 P&G의 일본진출 사례는 P&G가 해외진출 초기에 Nippon Sunhome이라는 능력이 부족한 파트너를 선정하여 합작투자를 진행해서 크게 실패했던 결과를 보여준다.

한편 건설장비사업에서는 미국의 Clark과 스웨덴의 Volvo가 합작투자를 하여 미국의 Caterpillar와 일본의 Komatsu에 대항하려고 하였다. Volvo는 유럽과 중동지역에서 높은 시장점유율을 가지고 있었지만 Clark은 이 지역에서 시장점유율이 낮았다. 반면에 Clark은 미국시장에서 시장점유율이 높았지만 Volvo는 미국시장에 진출한 적이 없었다. 따라서 지역적으로 상호보완적인 두 기업은 자신의 약점을 보완함으로써 성공적으로 Komatsu와 Caterpillar 등과 경쟁할 능력을 갖출 수 있었다.

또한 파트너의 능력 면에서 국제적인 합작투자나 제휴에 임하는 기업들의 규모와 핵심역량은 비슷한 수준이어야 한다. 예를 들어, IBM과 같은 많은 다국적 기업들은 제휴의 성공요인으로서 기업의 능력과 규모 면에서 동등한 파트너를 선정하는 것이 중요하다는 사실을 강조한다.

제휴의 몰입성

아무리 합작투자 파트너나 국제적인 제휴파트너가 핵심역량과 경영자원을 갖고 있고 양사의 경영관리시스템과 기업문화의 양립성이 높을지라도 제휴당사자들이 합작투자나 전략적 제휴를 성공적으로 만들어 가기 위하여 시간과 에너지, 경영자원을 투입하지 않으면 합작투자나 제휴가 성공할 수 있는 가능성은 매우 희박해진다. 따라서 자신의 파트너들이 국제적인 합작투자나 제휴를 성공적으로 수행하기 위하여 얼마만큼 몰입할지를 파악하는 것이 중요하다.

이를 위하여는 해당 합작투자나 전략적 제휴가 파트너의 핵심사업분야에서의 제휴인지 주변사업부에서의 제휴인지를 고려하여야 한다. 만일 전략적 제휴가 파트너에게 중요하지 않은 주변사업분야에서 이루어진다면 그 파트너는 전략적 제휴를 성공적으로 이끌기 위하여 시간과 경영자원을 많이 쏟으려고 하지 않을 것이며, 조그마한 갈등이 있어도 합작투자나 제휴를 쉽게 포기할 가능성이 높다. 따라서 한 회사만 제휴에 많은 투자를 하고 다른 기업은 수수방관하거나 무임승차 같은 기회주의적인 행동을 하려고 한다면 이런 합작투자나 제휴는 실패할 가능성이 높게 된다. 따라서 국제적인 합작투자나 제휴는 상대편회사의 비주력사업분야에서 선택하기보다는 이 합작투자나 제휴를 위해서 혼신의 노력을 다할 수 있는 주력사업을 가진 파트너를 선택하는 것이 훨씬 바람직한 전략이다.

성공적인 국제제휴에 대한 실증연구

우리는 지금까지 3C, 즉 기업의 능력capability, 양립가능성compatibility, 기업의 몰입성commitment이 파트너선정의 기준이 된다는 것을 살펴보았다. McKinsey 컨설팅사의 Bleeke와 Ernst는 미국, 유럽, 일본기업의 국제간 전략적 제휴 사례들을 살펴보고 어떠한 형태의 국제간 전략적 제휴가 훨씬 더 성공할 확률이 높은가를 연구하였다.[8] 그들은 전략적 제휴가 그 기업이 추구하려던 초기 목표의 달성 여부와 기업이 전략적 제휴에 투자하였던 자금이나 시간 등의 비용을 회수하였는가 등의 두 가지 기준으로 제휴에서의 성공 여부를 가늠하였다. 그들의 연구결과에 따르면 표본 49개의 제휴관계 중에서 약 51%는 제휴당사자 모두에게 성공이었고, 33%는 두 기업 모두 실패를 하였으며, 나머지 16%는 두 기업 중 한 기업은 성공을, 다른 기업은 실패를 한 것으로 나타났다. 이들의 연구는 앞서 살펴본 3C에 의한 제휴파트너의 선정요인이 제휴의 성패를 가늠하는 주요 요인임을 보여준다. 연구의 주요 결과를 요약하면 다음과 같다.

첫째, 전략적 제휴는 지역적, 기술적, 제품별 중복이 적을수록 훨씬 성공할 가능성이 높다. **그림 8-9**에 따르면 지역시장의 중복이 적을 경우에 훨씬 성공할 확률이 높다. 만일 동일한 지역에서 제휴사 양측이 모두 높은 시장점유율을 갖고 있을 경우 이런 제휴에서는 종종 경쟁적인 갈등이 발생한다. 지역적, 기술적, 제품별 시장의 중복이 없을 때 제휴가 성공할 가능성이 높다는 것은 3C 중에서 첫 번째 조건인 제휴당사자들 간에 이해관계가 상충되지 않아야 한다는 양립성 compatibility의 영향력을 나타내는 것이다. 중복이 없을수록 이해관계상의 갈등을 피해 두 기업 모두 제휴의 성공을 위해 매진할 수 있다. 반면, 중복되는 부분이 많을 경우 제휴보다는 인수합병의 성공확률이 높다.

둘째, 강한 기업들 간의 제휴가 강한 기업과 약한 기업과의 제휴보다 성과가 높다. 많은 기업들이 제휴의 주도권을 확보하기 위해 종종 규모나 핵심능력이 떨어지는 약한 기업을 찾아서 제휴관계를 맺었었다. 이러한 제휴관계는 많은 경우 실패를 하였다. Bleeke과 Ernst의 연구에 따르면 제휴파트너 쌍방이 기술이나 재무구조 측면에서 건실한 경우 제휴가 성공할 확률이 67%에 달한 것에 비하여, 한쪽만 강하거나 두 기업 모두 약할 경우에 제휴가 성공할 확률은 33%에 불과하였다. 이렇게 강자들 간의 제휴가 더 성공적인 이유는 제휴의 근본적인 동기가 자신의 약점은 보완하고 자신의 강점은 더욱 강화하는 데 있기 때문이다. 시장에서 입지가 약한 기업은 그 분야에서 핵심역량을 보유하지 못하였기 때문에 약자가 된

그림 8-9 지역시장의 중복과 전략적 제휴 및 인수합병전략의 성과

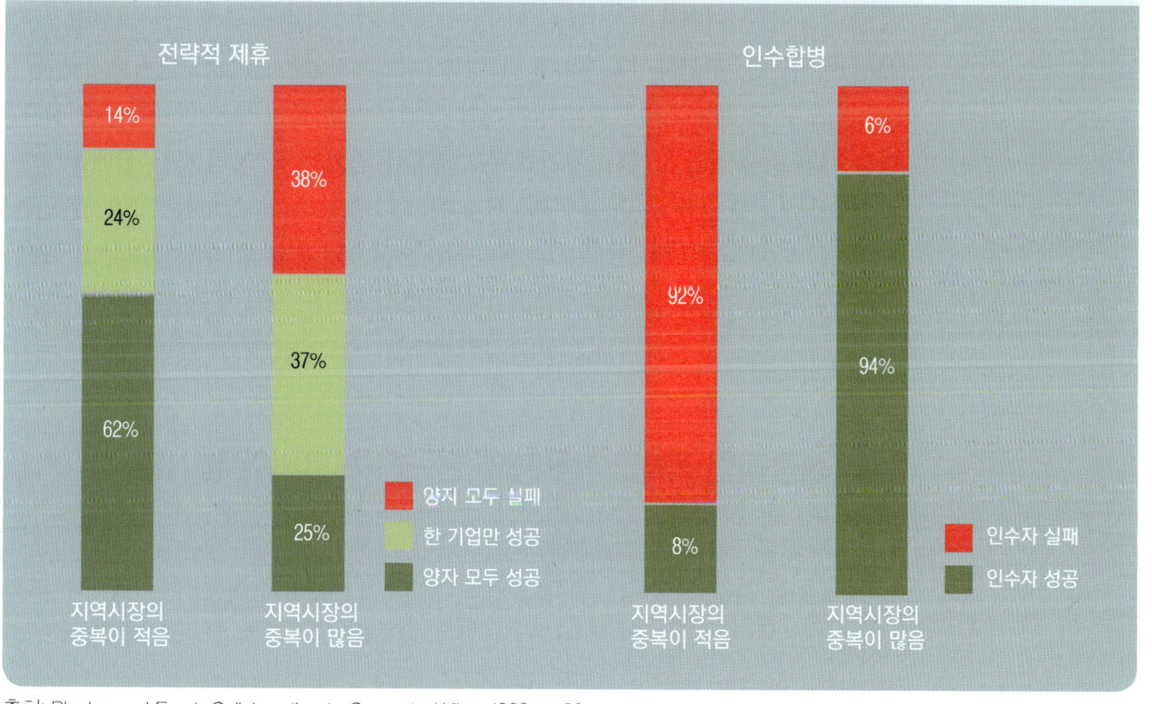

출처: Bleeke and Ernst, *Collaborating to Compete*, Wiley, 1993, p. 20.

것이다. 그 결과 약자인 기업이 제휴파트너에게 제공할 수 있는 핵심역량은 별로 없게 된다.

예를 들어, 미국의 한 유명제약회사는 일본시장에 진출하는 과정에서 상당히 작은 현지제약회사를 합작투자의 파트너로 선정하였다. 이 합작사업은 결국 실패로 끝났다. 왜냐하면 합작투자파트너인 일본기업의 판매망이 취약하여 미국에서 크게 성공한 약품조차도 일본에서는 판매실적을 높일 수 없었기 때문이었다. 또한 그 파트너기업은 일본의 후생성에서 약품을 빠르게 승인받는 교섭능력조차 없었다. 결국 우수한 제품을 보유한 미국제약회사임에도 불구하고 일본파트너의 경영자원과 핵심역량의 부족으로 인해 일본시장진출에 실패한 것이다. 이와 같이 강자와 약자 간의 제휴가 실패하기 쉬운 것은 제휴파트너를 선정할 때 두 번째 조건인 핵심역량 또는 능력과 관련되어 있다. Bleeke와 Ernst의 연구결과처럼 오히려 강자와 강자끼리 서로 자신들의 약점을 보완하여 줄 수 있는 사업분야에서의 제휴가 성공할 확률이 높다.

셋째로는 투자회사들의 지분율이 50 대 50인 제휴가 지분율이 불균등한 제휴보다 성공할 확률이 더 높다. **그림 8-10**은 소유구조와 제휴성과 간의 관계를 보여준다. 제휴파트너에 비해 지분을 더 많이 소유한 기업은 제휴에서 의사결정을 자신이 독점하려고 하거나, 상대파트너의 이익에 반해서 자신의 이익만 챙기려는 경향을 보인다. 이와 같이 지분을 더 많이 가진 기업이 의사결정권을 독점하고 자신의 이익만을 추구하려고 할 때, 상대편 파트너기업은 열심히 노력하기보다는 수동적으로 끌려다니거나 제휴가 자신에게 별다른 도움이 되지 않는다는 것을 깨닫고 제휴를 끝내려고 한다. 결과적으로 제휴에 참가한 두 기업 모두 실패를 경험하게 된다. 균등한 소유구조의 제휴가 더 성공하기 쉽다는 것은 몰입성 commitment과 관련되어 있다. 즉, 소유권이 불균등하게 배분되어 있을 경우, 소유권이 더 적은 기업은 제휴를 성공적으로 이끌어가려는 동기가 없을 것이다. 오히려 50 대 50으로 균등하게 소유권을 보유한 제휴가 더 성공하기 쉽다.

성공적인 국제합작투자와 전략적 제휴의 운영기법

Bleeke과 Ernst의 연구결과에서 보았던 것처럼 국제적 제휴를 통해서 양자 모두 성공할 확률은 약 50%에 불과하다. 또한 적절한 제휴파트너의 선정이 제휴 그 자체의 성공에 큰 영향을 준다. 그러나 적절한 파트너선정 못지 않게 제휴를 운영하는 방법이 제휴의 성공 여부에 큰 영향을 미친다. 국제합작투자와 전략적

그림 8-10 | 소유구조와 제휴의 성과

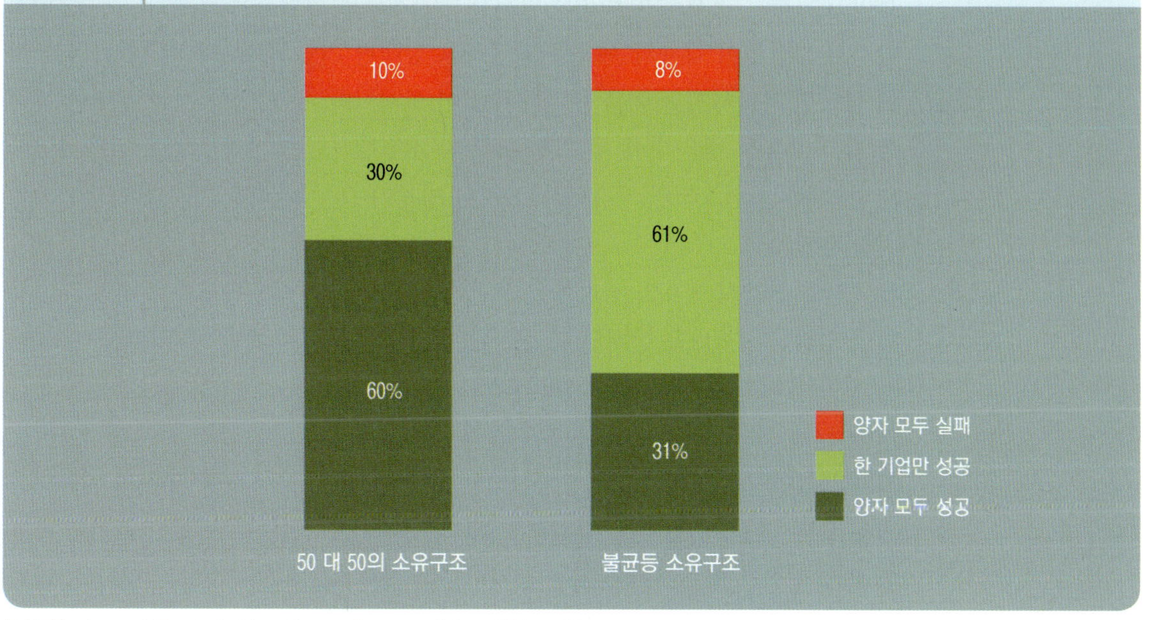

출처: Bleeke and Ernst, *Collaborating to Compete*, Wiley, 1993, p. 28.

제휴의 성공적인 경영을 위하여는 다음 사항에 유념하여야 한다.

첫째, 우리는 국제적 전략적 제휴나 국제합작투자가 본질적으로 단기적인 목표달성을 위하여 이루어진 것이란 점을 잊어서는 안 된다. 많은 기업들이 전략적 제휴에 대해 갖고 있는 오해는 제휴가 본질적으로 두 기업 간의 장기적인 협력관계라는 것이다. 그러나 이것은 상당히 위험하고 잘못된 생각이다. 전략적 제휴란 서로 경쟁적인 기업들이 구체적인 전략적 목표를 공동으로 성취하기 위해서 일시적으로 협력한 것에 불과하다. 즉, 제휴는 경쟁력을 키우는 것을 궁극적인 목표로 일시적으로 협력하는 것에 불과하다. 만일 한쪽 기업이 구체적인 전략적 목표를 갖고 제휴에 임하는 것에 비하여, 상대편 기업이 구체적인 목표도 없이 막연히 장기적인 협력관계를 유지하려는 태도로 제휴에 임한다면, 후자의 기업은 마치 짝사랑을 하고 있는 것과 같다. 성공적인 제휴는 제휴는 결코 장기간 지속되는 제휴가 아니다. 제휴의 성공 여부는 참여 기업들이 그 제휴의 목표를 달성하였는가에 달려 있다. 오히려 특정한 목표를 달성하기 위해 제휴를 오래 지속할수록 실패한 제휴에 가깝다.

전략적 제휴의 평균수명은 상호지분을 출자한 합작투자인 경우에 5년 정도이고, 지분보유 없는 단순한 라이센스나 공동연구개발 프로젝트는 그보다 훨씬 수명이 짧다. 전략적 제휴의 수명이 짧은 것은 근본적으로 경쟁관계에 있는 기업들이 분명하고 구체적인 목표를 위해서 단기적으로 협력하는 체제이기 때문이다. 따라서 기업들이 각자의 목표를 달성하고 상대편 기업으로부터 더 이상 얻을 것이 없으면 과감하게 제휴를 종료하는 것이 상책이다. 두 기업이 서로 분명한 목적을 갖고 제휴를 맺은 후에 두 기업 모두 자신이 원하던 소기의 목적을 달성하였다면 이 제휴는 성공적인 제휴이고 따라서 양자가 모두 만족한 가운데 제휴관계를 마칠 수 있다.

만일 전략적 제휴의 장기화를 고민한다면 제휴의 초기 목표를 달성하고서 두 기업이 합심하여 다음 단계의 더 큰 목표를 추구하는 경우에만 제휴관계를 유지하는 것이 유리하다. 예를 들어, 미국의 GM과 일본의 Fanuc은 자동차산업용 로봇을 개발하려는 목적으로 GMF라는 합작투자기업을 설립하였다. 그러나 이 합작투자는 점차 사업영역을 확대하여 자동차산업용 로봇 이외에 식품가공용 로봇과 컴퓨터산업용 로봇 등 비자동차산업용 로봇도 제작, 판매하고 있다. 두 기업이 초기에 목표를 달성한 이후 추가적인 목표를 설정함으로써 제휴관계를 지속하는 것이다. 반면 새로운 목표를 설정하고 사업영역을 확대하지 않는 제휴는 초기의 목표가 달성된 시점부터 더 이상 유지할 필요가 없는 것이다.

둘째, 제휴는 대부분 한쪽 제휴파트너가 상대 파트너의 지분을 인수함으로써 끝마치게 된다. **그림 8-11**은 제휴의 종료 시에 78%가 한 기업에서 지분을 인수하는 것으로, 5%는 제3자에 의한 인수, 17%는 제휴기업의 해체를 선택하는 것을 볼 수 있다. 많은 경우, 계약서상에 제휴종료 시에 어느 기업이 시설물 등의 합작투자에 대한 구매의 우선권을 갖는가를 지정하여 둔다. 즉, 제휴계약 당시 제휴종료로 인한 시설물과 합작투자기업에 대한 구매에서의 우선권을 지정하는 것은 마치 금융시장에서 콜옵션call option을 가진 것을 의미하고, 두 기업 중 팔 수 있는 권리를 지정하는 것은 풋옵션put option과 같다. 제휴계약 시 이러한 옵션을 지정하면서 옵션행사가격도 함께 책정한다. 구체적인 옵션행사가격은 양자 간의 교섭력과 전략적 비전에 의하여 결정된다. 만일 두 기업 모두 제휴종료 시 합작투자기업을 인수하려고 할 경우 그 콜옵션이나 풋옵션의 가격은 높아질 것이다. 그러나 한쪽 기업은 합작투자기업의 인수를 원하고 다른 기업은 인수를 원하지 않을 경우에는 당연히 한 기업이 콜옵션을 갖고 다른 기업은 풋옵션을 갖게 될 것이다.

셋째, 성공적인 제휴는 제휴를 통해서 자신의 약점을 지속적으로 보완할 수 있는 기술을 파트너로부터 배우고 자신의 강점을 더욱더 개발하는 제휴이다. 앞서 논의된 바와 같이 제휴의 가장 큰 목적은 자신의 취약한 분야에서 강점을 가진 제

그림 8-11 제휴 종료 시의 선택

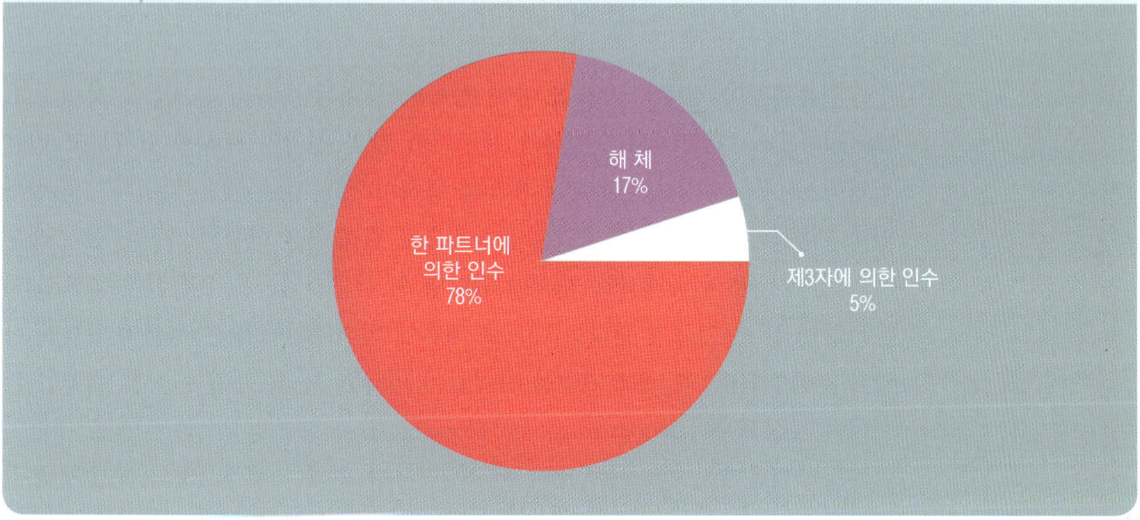

출처: Bleeke and Ernst, *Collaborating to Compete*, John Wiley & Sons, 1993, p. 31.

휴파트너로부터 핵심역량을 이전받아 자신의 것으로 만드는 것이다. 일본기업들이 강력한 경쟁우위를 갖추게 된 이유도 그들이 전략적 제휴를 잘 활용하여 파트너의 핵심역량을 획득하고 더욱 축적한 데 있다. 예를 들어, Canon은 전자계산기를 만들기 위해 Texas Instrument와 제휴관계를 통해서 관련기술을 획득하였고, Hewlett Packard와는 컴퓨터생산기술, Apple과는 소프트웨어기술, Kodak과는 의료용기기제작기술, 독일의 Siemens사와는 팩스인터페이스기술을 배웠다. 이와 같은 전략적 제휴를 통하여 Canon은 자사에 없던 기술을 파트너로부터 적극적으로 배워서 제휴기간이 끝난 이후에는 핵심역량으로 만들었다.

한편 우리가 제휴파트너로부터 배우는 것뿐만 아니라, 제휴파트너 역시 우리 기업이 갖고 있는 핵심역량을 배우고 있다는 점을 잊어서는 안 된다. 제휴를 통해서 파트너와 공유하는 기술은 더 이상 나 혼자만의 기술이 아니다. 따라서 성공적인 제휴를 위해서 공유한 기술은 이미 파트너에게 넘어갔다고 여기고 계속해서 새로운 기술을 개발하지 않으면 궁극적으로는 자신이 갖고 있는 핵심역량을 유지할 수 없게 된다.

전략적 제휴에서 가장 중요한 점은 서로가 자신의 약점을 보완하는 동시에 장점을 더욱 강화하기 위해서 지속적으로 학습해야 한다는 점이다. 제휴의 성공을 결정하는 가장 큰 요인은 어느 기업이 더 빨리 학습을 할 수 있는가, 즉 자신의 약점을 얼마나 짧은 시간 안에 만회하는 동시에 자신의 장점을 얼마나 지속적으로 강화시킬 수 있는가로 귀결된다. 학습능력이 뛰어난 기업들은 제휴에서 성공할 가능성이 더 높고, 학습능력이 떨어지는 기업들은 전략적 제휴에서 실패할 가능성이 높다.

일본기업이 전략적 제휴를 통해 성공한 사례는 학습의 중요성을 보여준다. Hamel과 Doz, Prahalad는 일본과 서구기업 간의 전략적 제휴를 살펴보고 일본기업이 구미의 기업보다 전략적 제휴를 통하여 훨씬 많은 것을 얻었다고 주장하였다.[9] 이들에 따르면 일본기업은 문화적으로 원래 좋은 학생의 기질이 있기 때문에 열심히 배우려는 태도로 제휴에 임하였고, 서구기업들은 우쭐한 마음으로 일본기업에 한 수 가르쳐 준다는 태도로 제휴에 임하였기에 좋은 선생의 역할만 하였다고 표현한다. 즉, 일본기업은 자기들이 미약한 사업분야를 시작할 때에는 흔히 주문자상표부착Original Equipment Manufacturing; OEM 방식으로 첫발을 내딛었다. 비록 처음에는 OEM방식으로 서구기업들이 원하는 제품사양과 제품의 품질관리기술, 제품디자인기술 등을 획득했지만, 제휴가 끝날 때에는 독자적인 브랜드로 더 뛰어난 제품을 판매할 수 있는 능력을 키웠다.

넷째, 제휴를 성공적으로 이끌려면 전사적으로 전략적 제휴를 성공적으로 수행할 수 있는 조직차원의 핵심역량을 개발하여야 한다. 전략적 제휴의 운영에는 최고경영자뿐만 아니라 기업의 중간관리층을 비롯해 하부에 있는 엔지니어와 기술자들 간에 활발한 정보교환과 원활한 협조체제를 구축하는 관리능력을 배양해야 한다. 이를 위하여는 **그림 8-12**와 같이 최고경영자뿐만 아니라 중간관리층, 그 이하의 실제로 기술이전과 공동개발, 판매를 담당하는 엔지니어와 영업부 직원들도 제휴의 목적이 무엇이고 현 상황에서 제휴를 성공적으로 이끌기 위해 필요한 것을 주지하고 있어야 한다.

흔히 실패하는 전략적 제휴는 최고경영자들끼리 결정을 하면 양 기업의 하부조직은 결정된 사항을 일방적으로 지시받고 수행하는 기업에서 많이 일어났다. 이러한 수직적인 의사전달구조는 제휴를 통한 학습이 일어나거나 전략목표를 달성하는 데 효과적이지 못하다. **그림 8-12**는 조직도 상에서 성공적인 제휴경영을 위하여 최고경영자와 사업부의 중간관리자 그리고 엔지니어 및 공장노동자들 간의 수평적인 의사소통이 필수적임을 보여준다. 이를 위하여는 기업의 조직구성원 모두가 전략적인 사고와 국제적인 마인드 및 협상능력을 갖춰야 할 것이다.

정리하면, 제휴의 구체적인 목표가 무엇이고 이런 제휴가 우리 회사의 전략에 얼마나 부합되는가를 이해하여야 성공적인 의사결정을 할 수 있다. 특히 국제적인 제휴를 성공시키려면 제휴당사자 모두 국제적인 안목이 있어야 한다. 제휴

그림 8-12 성공적인 제휴를 위한 조직간의 수평적 관계의 중요성

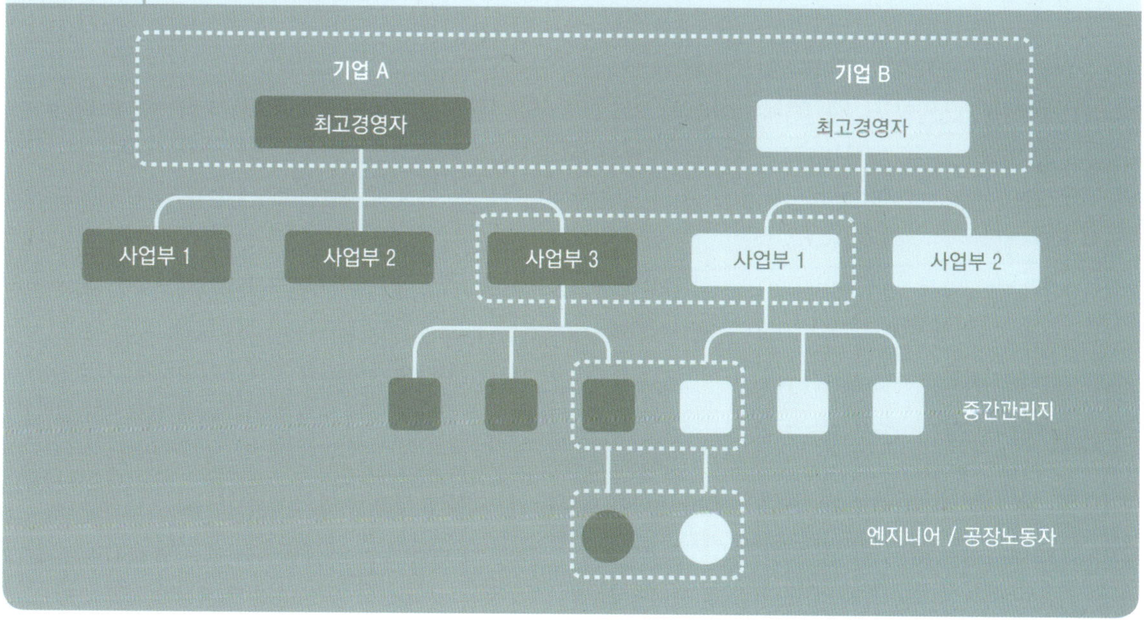

관계는 끊임없는 협상관계이다. 따라서 제휴에 수반되는 수많은 기술, 마케팅협약 등에서는 양자 간의 공동의사결정이 필요하고 이를 위해서 뛰어난 협상능력이 요구된다. 이러한 전략적 사고와 국제적인 안목과 협상능력은 단순히 최고경영자뿐만 아니라 사업부서장, 중간관리자, 엔지니어, 노동자들까지 즉 조직 전반에 걸쳐 이러한 능력을 갖추는 것이 성공적인 제휴의 필요조건이다.

많은 대기업들이 조직 전반에 걸쳐 전략적 사고와 국제적인 안목과 협상능력을 갖추기 위해서 제휴전담팀을 운영하고 있다. 예를 들어, 미츠비시전기는 기획관리부서에 약 100여 명의 제휴전문가들을 운용하고 있다. 각 사업분야에서 합작투자나 전략적 제휴의 경험이 있는 전문가들을 모아서 제휴전담팀을 구성하고 이 제휴팀을 통해서 새로운 제휴를 계획할 때부터 제휴파트너의 선성, 협상 시의 조언, 이후 실제 제휴관계의 운영상의 문제점을 해결하는 등 각종 기능을 수행한다. 이러한 제휴전문팀을 구성하는 것도 기업이 전략적 제휴에 필요한 역량을 확보하는 방안이 될 수 있다

다음의 예는 성공적으로 전략적 제휴를 수행하기 위해 제휴를 효과적으로 관리하기 위한 구체적인 실천사항을 주지시킨 사례이다. 영국의 ICLInternational Computer Limited이라는 회사는 대형컴퓨터 사업분야에서 Fujitsu와 제휴를 맺었다. 이 회사의 Bonfield 회장은 이러한 제휴에 임하는 사원들에게 지급하는 플라

예시 8-1 제휴사업을 성공으로 이끌기 위한 ICL사의 실천 12개조

1. 제휴는 개인적 임무임을 명심할 것. 파트너 관계를 원만하게 이끄는 것은 '사람'이다.
2. 제휴는 경영자의 시간을 축낸다는 사실을 각오할 것. 시간을 쪼갤 여유가 없으면 처음부터 제휴를 하지 말 것.
3. 상호존경과 상호신뢰의 마음을 잊지 말 것. 절충할 상대가 믿을 수 없는 사람이라면 제휴를 하지 않는 편이 좋다.
4. 쌍방이 제휴로 인해 무언가 얻는 것이 없으면 안 된다(최종적으로는 금전임). 어디까지나 호혜(互惠)가 중요하다. 그렇다면 자사쪽에서도 무언가를 희생하지 않으면 안 된다. 이 점을 처음부터 인식할 것.
5. 반드시 법률적으로 하자가 없도록 계약을 맺을 것. 까다로운 문제, 이론(異論)이 있는 문제라도 그 해결을 후일로 미루지 말 것. 그리고 일단 체결한 계약은 덮어둘 것. 계약에 의존하는 것은 관계에 틈이 생겼을 때이다.
6. 제휴기간 동안에 주위의 상황과 시장에 변화가 일어난다는 것을 인식할 것. 상대측의 문제를 이해하고 유연하게 대처하지 않으면 안 된다.
7. 자사측과 상대측 모두 제휴관계와 그 시간적 경과로부터 서로 이익을 기대할 수 있도록 할 것. 한쪽만 만족하고 다른 쪽은 불만인 관계는 파국의 패턴이다.
8. 조직 구조상 모든 레벨의 상대방 관계자들을 사회적으로 알도록 노력할 것. 친구가 되면, 서로 싸우고 헤어지는 일이 적다.
9. 쌍방의 문화가 지리적으로나 사내적으로나 다르다는 것을 인식할 것. 자사측과 똑같은 행동이나 반응을 상대측에게 기대하여서는 안 된다. 만일 심상치 않은 반응이 일어나면, 그 진정한 이유를 알아 낼 것.
10. 상대측의 이익과 자주성을 존중할 것.
11. 자기 눈에는 단순히 전술적으로 보이는 결정도 반드시 회사의 승인을 받을 것. 실은 자신의 전술적 행동이 전략 전체의 성패를 좌우하는 열쇠를 쥔 중요한 일부가 될지도 모른다. 그 파트너와의 관계에 대하여 회사의 승인을 받는다면, 관계를 추진하는 데 필요한 권한을 가지고 적극적으로 임할 수 있을 것이다.
12. 성과에 대해서는 두 회사가 함께 축하할 것. 그것은 공통된 기쁨일 것이고, 또 쌍방의 노력으로 얻어진 것이다.

추 기

그리고 다음과 같은 두 가지 점에 주의할 것.

1. OEM메이커와 제품계약을 맺을 때는, 반대로 자신의 상품을 팔 수 있는 기회의 존재 여부, 반드시 서로 대칭이 되는 기회를 모색하라.
2. 공동개발계약을 할 때는 반드시 공동판매의 가능성도 검토하라. 개발비용을 회수하고, 충분한 판매 수량을 확보해서 이익을 실현하기 위해서는 많이 팔 필요가 있다.

출처: 오마에, 「세계경제에는국경이없다」, 김용국역, 시사영어사, 1990, pp. 150~152.

스틱명찰의 뒷면에 **예시 8-1**과 같은 전략적 제휴를 성공적으로 이끌기 위한 실천 사항을 기록하고, 항상 참조하도록 지시했다.

05 〉〉 결론 및 요약

본 장에서는 Volkswagen의 중국합작투자 사례를 시작으로 국제합작투자와 전략적 제휴를 효과적으로 수행할 수 있는 방법을 모색해 보았다. 전략적 제휴는 경쟁관계에 있는 기업이 일부 사업부분 또는 기능별 활동부분에서 일시적인 협조관계를 갖는 것을 의미한다. 합작투자는 제휴의 일종으로 단순한 기능별, 부분별 제휴보다 광범위한 영역에서 기업간의 협조를 필요로 할 때 투자파트너와 공동으로 지분을 보유하여 새로운 기업을 만드는 제휴방법이다.

국제적인 합작투자와 전략적 제휴를 하는 주요 동기로는 가장 먼저 현지국 정부의 규제가 있다. 일부 개발도상국에 진출할 때는 현지국정부가 100%의 지분을 소유한 자회사 출자를 금지하고 있으므로 합작투자가 유일한 진입방법이 된다. 그러나 합작투자나 전략적 제휴는 현지국정부의 규제가 없는 경우에도 많이 일어난다. 다국적기업들이 해외에 진출할 때 현지국 특유의 경영환경에 대한 지식이 부족하므로 합작투자나 제휴파트너로부터 부족한 지식을 보완해야 한다. 따라서 국제합작투자나 전략적 제휴는 파트너 간의 경영자원을 공유하고 위험을 감소시키는 역할을 한다. 또한 국제합작투자나 전략적 제휴는 시장진입의 속도를 단축하는 효과도 있으며 신흥산업에서 산업표준을 이루는 데도 유용한 역할을 수행한다.

또한 본 장에서는 성공적인 국제합작투자와 전략적 제휴의 운영방법에 대해서 살펴보았다. 국제적인 합작투자나 제휴가 성공하기 위해서는 파트너 간의 양립성, 능력, 그리고 몰입성이 필요하다. 즉, 제휴파트너 간의 전략과 기업문화, 경영조직들이 서로 양립 가능하여야 하며, 제휴상대방이 제휴에 기여할 수 있는 능력을 가지고 있어야 하며, 또한 제휴에 깊게 몰입하여야만 경영자원을 공유하거나 위험을 감수할 수 있기 때문이다. 끝으로 본 장에서는 제휴의 성공적인 운영에 필요한 경영기법을 소개하였다.

사례

case

베이징현대자동차[10]

1994년 중국정부는 자동차산업정책을 발표하며 본격적으로 외국 투자자와 다국적기업들에게 시장을 개방하기 시작하였다. 현대자동차는 2002년 2월 베이징자동차北京汽车와 50 대 50 지분구조로 합작법인 베이징현대자동차北京現代汽車를 설립하고 중국 시장에 진출했다. 베이징현대자동차는 중국이 세계무역기구WTO에 가입한 이후 최초로 중앙정부의 정식 비준을 받은 자동차기업이다. 현대자동차는 중국시장 진입을 위해 오랜 기간 준비한 덕분에 중앙정부의 비준을 받자마자 곧바로 공장설립과 판매를 개시할 수 있었다.

진입 당시 중국에 진출해 있던 외국자동차업체인 Volkswagen과 GM은 중국시장에서 구형모델을 주로 판매

그림 8-13 베이징현대자동차 연도별 판매실적 (단위: 천 대)

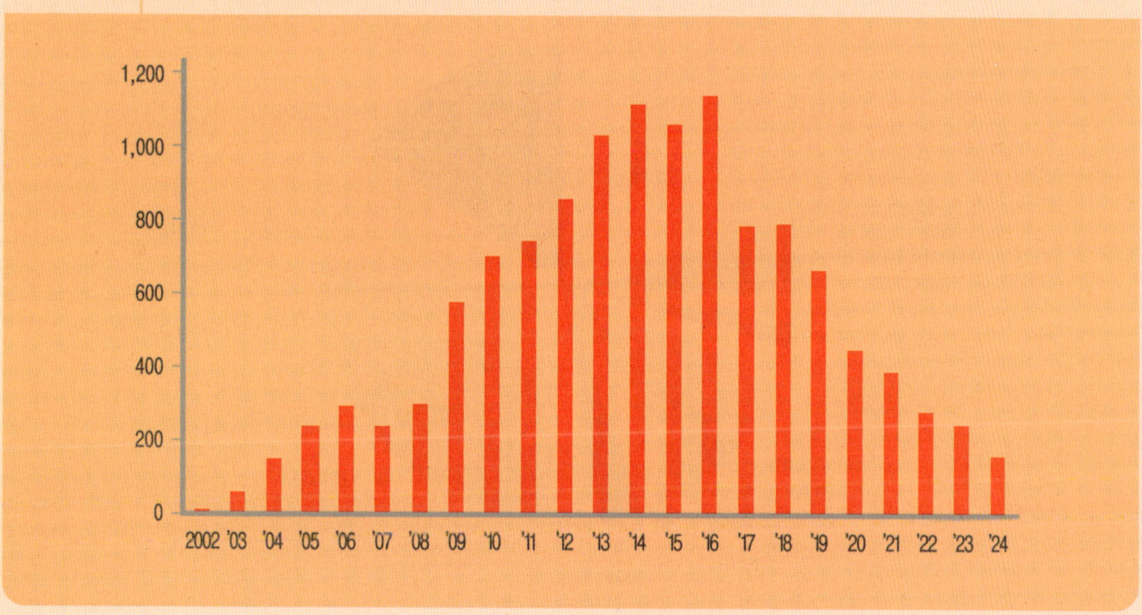

출처: 현대자동차

하였던 반면, 베이징현대자동차는 EF 소나타, 아반떼 등 신형차량을 중국 소비자의 기호에 맞게 리모델링하여 판매하였다. 그 결과 베이징현대자동차는 출범 2년 만인 2004년에 10만 대를 판매하여 시장점유율이 4위로 수직상승하는 놀라운 성장세를 기록하였다. 2013년에는 해외자동차업체 중 최단 기간인 11년 만에 연간 100만 대 판매라는 성과를 달성했다. 이러한 눈부신 양적 성장 위에도 시장조사 업체 J.D. Power가 발표한 '2013년 신차 품질조사'에서 1위를 기록하였고, '2014년 중국 판매 만족도평가'에서도 1위를 기록하는 등의 성과를 보였다. 2016년에는 주력상품 Elantra가 같은 해 중국 시장에 출시된 모든 신모델들 중 판매량 1위를 달성하였다.

후발주자로 중국시장에 입성했음에도 불구하고 현대자동차가 비약적인 발전을 거듭할 수 있었던 가장 큰 이유는 철저한 현지화전략 덕분이었다. 중국시장에 대한 면밀한 조사와 소비자 분석을 바탕으로 현대자동차의 기존 모델을 현지수요에 맞게 리모델링했다. 크고 화려한 것을 좋아하는 중국소비자를 위해 보닛과 차체를 키우고 차고를 높였으며, 차량 전면에는 대형 라디에이터그릴을 장착하고 헤드램프를 크게 디자인했다. 현대자동차는 기존의 아반떼 시리즈에 중국 현지의 도로 상황과 연료품질, 소비자 취향을 반영해 2003년 아반떼의 변형 모델인 이란트伊兰特, 2008년 위에둥悦动, 2013년 랑둥朗动을 출시했다. 이들 차종에는 화려함과 중대형 자동차 특유의 이미지를 강조하였다. 그 결과 위에둥은 출시 첫 해에만 8만 대 이상 판매되었다. 또한, 2013년에는 현대자동차 남양연구소와 베이징현대기술센터가 i40 모델을 기초로 3년간 공동개발한 첫 번째 중국전용모델

그림 8-14 중국 승용차시장 모기업 기준 시장점유율

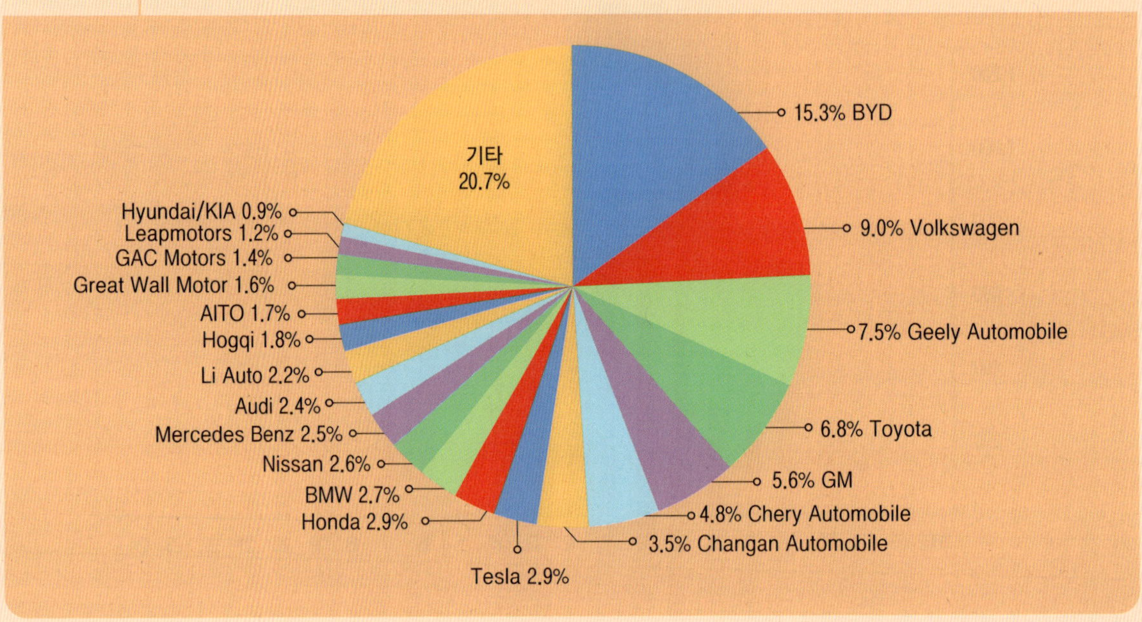

출처: China Passenger Car Association (CPCA), 2024년 기준

밍투名图를 선보였다.

베이징현대자동차의 또 다른 성공요인은 현대자동차가 합작투자파트너인 베이징자동차를 소유하는 베이징 시정부와 전략적 제휴관계를 맺고 중국에 입성한 것이었다. 지역연고가 강한 중국은 상하이와 같은 대도시를 기반으로 유수 자동차메이커들이 합자사업을 운영해왔으나, 유독 베이징 시에는 2000년대 초반까지만 하더라도 변변한 자동차 회사가 없었다. 베이징 시는 2008년 베이징 올림픽을 기점으로 자동차시장이 크게 성장할 것으로 예상하고 지역기반의 자동차산업을 활성화할 사업파트너를 유치하고자 했다. 그 당시 중국진출을 모색하던 현대자동차 역시 기왕이면 수도인 베이징에 공장을 짓는 것이 홍보와 인프라 측면에서 유리할 것이라 판단하여 베이징 시와 손을 잡게 된 것이다. 베이징은 중국 정치·경제의 중심지로서 상징성이 있었고, 특히 2008년 올림픽 개최지였기 때문에 단기간에 베이징현대자동차의 브랜드 인지도를 높여줄 수 있었다. 올림픽을 앞두고 당시 베이징 시는 베이징현대자동차의 EF 소나타와 이란트를 공식택시모델로 선정하여 베이징 택시교체사업의 표준사양으로 채택했다.

또한 '현대속도現代速度'라는 신조어를 만들어 낼 정도로 빠른 의사결정과 실행력 또한 베이징현대자동차를 승승장구하게 만든 요인이었다. 2002년 6월 기공에 들어간 베이징 제1공장은 단 5개월 만인 11월에 준공되어 12월부터 생산을 시작해 경쟁자들을 놀라게 했다. 2008년과 2012년에는 베이징에 제2공장과 제3공장을 차례로 건설해 중국진출 10년 만에 100만 대 규모의 생산능력을 갖추게 되었다. 또한 내륙지방을 공략하기 위해 제4공장과 제5공장도 설립하였다. 한편 상용차시장에서도 2010년 현대자동차는 쓰촨성의 상용차업체인 난쥔자동차南骏汽车와 합작하여 쓰촨현대자동차四川現代汽车를 설립하고 쯔양에 상용차 생산공장을 설립하였다.

한편, 베이징현대자동차 설립에 앞서 기아자동차는 1996년 합작법인 위에다기아자동차悅達起亞汽車를 통해 중국에 진출했었고, 2001년에는 중국 3대 자동차업체인 둥펑자동차東風汽車의 지분참여로 둥펑위에다기아東風悅達起亞가 설립되어 시장점유율을 늘려갔다. 둥펑위에다기아는 치엔리마千里马, 싸이라투赛拉图 등 특히 소형차 시장에서 강세를 보였고, 2014년까지 340만대 이상의 누적 판매대수를 기록했다.

그러나 이와 같이 화려했던 베이징현대자동차의 성장 신화는 점차 퇴색하고 있는 중이다. 중국시장은 글로벌업체들의 경쟁이 심화되고 있을 뿐만 아니라 현지 자동차업체들도 바짝 추격해오고 있기 때문이다. 특히 창안자동차长安汽車, 창성자동차长城汽车, 질리자동차吉利汽车, BYD比亚迪汽车 등의 현지업체들이 가격경쟁력 확보와 품질개선을 통해 성장하면서 중국시장의 경쟁구도는 기존의 글로벌 합작회사 간의 경쟁에서 현지업체들이 참여하는 다극화된 구조로 변화했다. 결국 고급차시장과 가격경쟁력을 앞세운 중저가차시장으로 양분되고 있는 중국 자동차시장에서 브랜드 가치가 애매해진 베이징현대자동차는 매출에 어려움을 겪게 되었다.

한편 한국과 중국의 정세 또한 베이징현대자

그림 8-15 현대 · 기아자동차 해외 생산시설

출처: 현대 · 기아자동차 홈페이지. 공장명 우측의 괄호는 공장 준공연도를 뜻함. 아래 숫자는 생산실적으로 2024년 기준임.

동차에 위협이 되고 있다. 2017년 사드 배치에 대한 보복으로 현대 및 기아자동차의 매출이 큰 폭으로 줄었고, 사드 보복이 끝난 2018년에도 판매량은 좀처럼 회복세를 보이지 못했다.

게다가 일찍이 중국정부는 내연기관 자동차 분야에서는 기존 선진 자동차 업체를 추격하기 쉽지 않음을 인식하고 전기차 시장을 선도하는 산업정책을 추진하고 있었다. 그 결과, 중국시장은 중국정부의 전기차 진흥정책에 힘입어 빠른 속도로 커졌고, 정부보조금을 받는 현지업체들이 빠르게 점유율을 늘려갔다(**그림 8-14** 참조). 결국 2019년 베이징현대자동차는 베이징 1공장 가동을 중단했다. 또한 2023년 6월 판매 부진에 따른 매출 감소 여파로 창저우滄州 공장 역시 정리하기로 결정하였다(**그림 8-15** 참조). 이후 2024년 충칭 공장을 처분하고, 창저우 공장의 매각 준비에 도입하며 중국 내에는 실질적으로 베이징 2·3공장 등 2곳의 현지 공장만이 남게 되었다. 결국 현대 및 기아자동차의 2024년 시장점유율은 1% 이하로 추락하게 되었다.

그러나, 이렇게 기존 내연기관차용 생산시설을 정리한다고 해서 중국시장을 포기한다는 것은 아니다. 2024년 베이징자동차는 현대자동차와 함께 베이징현대에 총 10억 달러를 증자할 것을 결정했다. 50대 50의 지분구조도 유지할 것으로 결정했다. 베이징현대는 본 증자로 유입되는 자금을 중국에서 중국소비자 수요에 맞춘 제품을 개발하기로 했다. 즉, 순수 전기차 브랜드 아이오닉을 출시해 향후 3년간 최대 5개 순수 전기차 모델을 선보일 예정이다.

한편 현대자동차는 미·중 무역갈등이 심화되고 중국 내 매출도 감소하게 됨에 따라 중국시장 이외의 지역에서의 투자활동을 강화하고 있다. 2022년에는 인도네시아에 신규공장을 설립하였고 2023년에는 전기차 전용 Smart Factory를 싱가포르에 설립하여 중국시장 이외의 시장다변화에 대비하고 있다.

Video 중국전기차기업들의 약진

Video 현대자동차그룹 중국 진출 20주년 다큐멘터리

Video 중국의 무서운 추격... '현대차'가 살아남을 방법

HYUNDAI
베이징현대자동차의 홈페이지
www.beijing-hyundai.com.cn

토 의 과 제

01 향후 중국자동차 산업의 경쟁구도가 어떻게 바뀔 것인가에 대해 논의해 보자. 그러한 추세 하에 다국적기업과 현지기업들 간의 합작투자 전망에 대해 논의해보자.

02 글로벌합작기업과 현지기업들의 경쟁에서 베이징현대자동차가 승리하기 위한 전략을 수립해보자.

참고문헌

Reference

1 본 사례는 저자의 Shanghai Volkswagen, Shanghai GM, 현대자동차, 기아자동차의 실무진과의 인터뷰에 기초하여 작성되었다.

2 보다 자세한 유형별 논의는 권영철편저, 무한경쟁시대의 전략적 제휴(김영사, 1994) 참조.

3 전략적 제휴에 대한 보다 자세한 논의는 다음을 참조하라. Joel Bleeke and David Ernst, *Collaborating to Compete*, Wiley, 1993; Peter Lorange and Johan Roos, *Strategic Alliance: Formulation, Implementation and Evolution*, Blackwell Publishers, 1992; M. Cauley de la Sierra, *Managing Global Alliance: Key Steps for Successful Collaboration*, Addison Wesley, 1995.

4 "Multinationals in China: Going it alone," *Economist*, 1997. 4. 19.

5 M. Cauley de la Sierra, *Managing Global Alliance*, Addison Wesley, 1995.

6 합작투자 파트너가 합작투자의 종료 및 성과에 미치는 다음 연구들을 참고할 것. Doz, Y. "The Evolution of Cooperation in Strategic Alliances: Initial Conditions or Learning Processes?" *Strategic Management Journal*, 1996; Franko, L. *Joint Venture Survival in Multinational Corporations*. 1971, New York: Praeger.

7 합작투자에서 파트너로부터의 학습에 대해서는 다음 논문 참조. Chi, T. & McGuire, D., "Collaborative Ventures and Value of Learning: Integrating the Transaction Cost and Strategic Option Perspectives on the Choice of Market Entry Modes." *Journal of International Business Studies*, 1996.

8 Joel Bleeke and David Ernst, *Collaborating to Compete*, Wiley, 1993.

9 Gary Hamel, Yves Doz, C. K. Prahalad, "Collaborate with Your Competitors and Win," *Harvard Business Review*, January~February 1989, pp. 133~139.

10 본 사례는 저자의 지도하에 카이스트 경영대학원 이규민이 작성하였다.

CHAPTER8

Chapter

9 해외인수합병

C/O/N/T/E/N/T/S

우리는 지금까지 인수합병을 할 때 인수대상기업이 과연 Electrolux의 경영스타일에 잘 적응할 수 있는지를 자세히 검토해 왔다. 이 요소는 인수합병의 재무적인 측면보다 더 중요한 요소이다.

– Electrolux의 Lief Johansson.

사례

case

Electrolux의 해외인수합병전략[1]

Electrolux는 스웨덴에 본부를 둔 세계적인 가전기업으로, Whirlpool과 함께 백색가전시장을 주도하고 있다. Electrolux는 우리에게도 잘 알려진 White, Frigidaire, Eureka와 같은 상표로 마이크로웨이브오븐, TV 등의 가전제품과 진공청소기, 세탁기, 각종 주방기기를 전문으로 만들고 있다

그러나 Electrolux가 1980년대 초반까지만 해도 스웨덴, 노르웨이, 덴마크 등 북유럽 시장에서 활동하던 조그만 가전회사에 불과했다는 사실을 알고 있는 사람은 많지 않다. Electrolux는 1980년부터 전세계에서 200건 이상의 인수합병을 통해 빠르게 글로벌 기업으로 재탄생하였다. 특히

그림 9-1 Electrolux Group의 지역별 매출비중

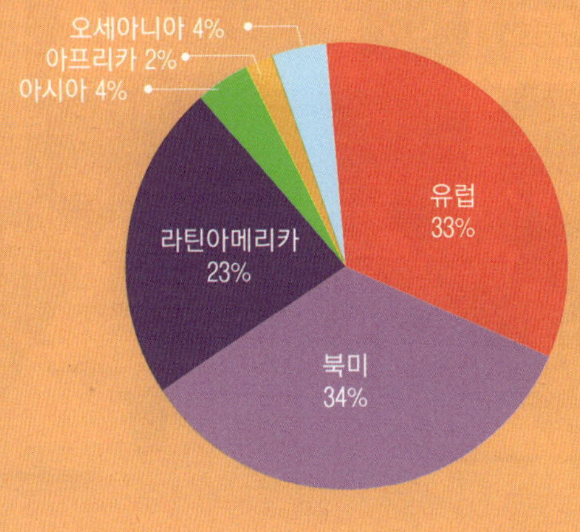

출처: Electrolux Group 연차보고서, 2024년 기준

Electrolux는 인수합병 분야에서 뛰어난 핵심역량을 갖고 있있다는 정평이 나있다.

이와 같이 Electrolux가 빠르게 글로벌기업으로 성장하게 된 배경으로는 전세계가전시장이 빠른 속도로 글로벌화된 추세에 기인한다. 가전시장, 특히 백색가전으로 불리는 냉장고, 오븐, 세탁기와 같은 제품들은 무겁고 부피가 크기 때문에 운송비용이 많이 들고, 국가별로 소비자의 취향과 전기공급규격이 달랐기 때문에 과거에는 국가별로 차별화된 제품을 생산하는 국가별산업multi-domestic industry의 성격이 매우 강하였다. 그러나 국가별전략이 주를 이루던 백색가전산업은 1980년대부터 미국과 일본기업들이 적극적으로 유럽시장에 진출하고, 점차 유럽소비자의 선호가 동질화되면서 변화를 맞이하게 되었다. 글로벌제품으로 유럽시장에 진출한 Whirlpool, GE와 같은 회사들은 과거 각국의 소비자를 상대로 소규모생산을 하였던 유럽의 백색가전기업들에 비해 규모의 경제에 입각한 비용상의 우위를 갖고 있었다. 이 시기에 Electrolux는 백색가전산업의 성격 자체가 국가별산업에서 글로벌산업으로 바뀌고 있는 추세를 일찍 깨닫고 적극적인 인수합병을 통해서 다른 기업보다 먼저 글로벌한 기업으로 성장하려는 전략을 추구하였다.

Electrolux는 먼저 유럽 내에 있는 작은 기업들의 인수합병을 시도했다. Electrolux는 우선 북유럽에 있는 기업들을 인수함으로써 점차 그 규모를 키워 갔고, 이후에는 남유럽과 중부유럽에 있는 기업들을 인수합병해서 유럽 내의 모든 국가에서 제품을 판매하는 형태의 거대기업, 즉 유럽 전체를 커버할 수 있는 범유럽Pan-European기업으로 성장했다. Electrolux는 유럽 전체를 포괄하는 범유럽기업으로 성장한 다음, 1985년에는 미국의 White를 인수하여 미국에서의 생산 및 판매 거점을 마련하였고 최근에는 점차 아시아지역까지 진출하고 있다(그림 9-2 참조).

이와 같은 Electrolux의 인수합병을 통한 글로벌전략은 산업의 성격 자체가 국가별산업에서 글

로벌한 산업으로 변화하는 추세에 기업들이 빠르고 효과적으로 대응하기 위해서는 인수합병이 최선의 전략이었다는 것을 보여준다. 그러나 어떻게 Electrolux가 200여 건의 인수합병을 성공리에 할 수 있는가에 대해서 많은 사람들이 궁금해한다.

Electrolux는 인수합병의 기회가 저절로 굴러들어 올 때까지 앉아서 기다리지 않되 적극적으로 인수대상기업을 찾아다니지도 않는다. Electrolux는 인수합병전문팀을 조직하여 어떤 기업이 매각의사를 밝히면 그 기업을 인수할 경우 어느 정도의 경제적 이득을 얻을 수 있을지를 사전에 연구한다. Electrolux는 가능성이 있는 인수합병대상기업들을 미리 선정해 두고, 그 기업에 대한 기초적인 재무조사와 운영현황, 그리고 그 기업이 추구하는 전략들을 면밀히 연구한 자료를 갖추고 있어서 언제든지 그 기업을 인수할 준비가 되어 있다. 만일 Electrolux가 사전에 인수대상기업으로 지목하여 이미 조사를 마친 기업이 경영성과가 극도로 악화되어 매각의사를 밝히면 Electrolux는 이미 축적한 자료를 바탕으로 빠른 시일 내에 인수협상에 들어간다. Electrolux는 이미 인수대상기업에 대한 기초조사를 마친 상태이므로 단기간에 인수가격을 결정하고 인수조건을 분명하게 매듭지을 수 있다. 또한 Electrolux는 인수 후 곧비로 통합절차를 밟아갈 수 있는 태스크포스task force를 만들어 빠른 시일 내에 두 기업을 통합하는 기업으로도 유명하다. Electrolux는 인수 후에 매우 구체적인 목표를 제시하고, 많은 경우에 인수된 기업의 최고경영층은 교체하나 중간관리층은 보호하는 정책을 편다.

Electrolux의 인수합병의 성공요인은 많은 경우에 재무적인 압박을 받고 있는 기업이나 실패기업을 인수하므로 인수프리미엄을 거의 지불하지 않는다는 점에 기인한다. 예를 들어, 성공적으로 운영되고 있는 기업을 인수하는 경우에는 통상 30%에서 100%의 인수프리미엄을 지불한다. 이는 현재 주식의 시가에 약 30% 내지 100%의 인수프리미엄을 지급하고 그 기업을 인수한다는 것을 의미한다. 이와 같이 비싼 인수프리미엄을 지급하고 인수합병을 추진할 때 그 인수합병을 통해 얻을 수 있는 새로운 가치, 즉 두 기업이 통합됨으로써 창출되는 시너지가 인수프리미엄보다 크지 않으면 그 인수합병은 실패한 전략이 되고 만다. 왜냐하면 인수프리미엄은 두 기업이 통합한 후에 얻을 수 있는 새로운 가치에 대한 선지불금에 해당하기 때문이다. Electrolux는 높은 인수프리미엄의 지불이 다수의 인수합병이 실패하는 근본적인 원인이 되었던 점을 파악하고, 많은 인수합병대상기업들을 미리 조사하고 있다가 그 대상기업이 도산 직전에 몰리거나 재무적으로 많은 어려움을 겪고 있을 때 인수해서 빠르게 정상화하고 통합하는 방법으로 인수합병을 효과적으로 이끌었던 것이다.

Electrolux가 구체적으로 해외인수합병을 수행하는 과정을 1983년 이탈리아의 대표적인 가전기업인 Zanussi를 인수한 사례를 통해서 살펴보기로 하자. 1983년 당시 Electrolux는 북유럽시장에서는 높은 점유율을 갖고 있었으나 프랑스나 이탈리아, 스페인과 같은 남부유럽에서는 상당히 취약한 상태였다. 이에 반해 이탈리아의 Zanussi는 Electrolux가 취약한 프랑스, 스페인, 이탈리아, 그리고 독일에서 높은 시장점유율을 갖고 있었다. 또한 Electrolux가 마이크로웨이브오븐, 전기오븐, 냉장고 등에 강했던 반면에 Zanussi는 Electrolux가 취약한 세탁기부문에서 강한 경쟁우위를 가지

CHAPTER9

그림 9-2 1962년 이후 Electrolux가 인수한 주요 기업들

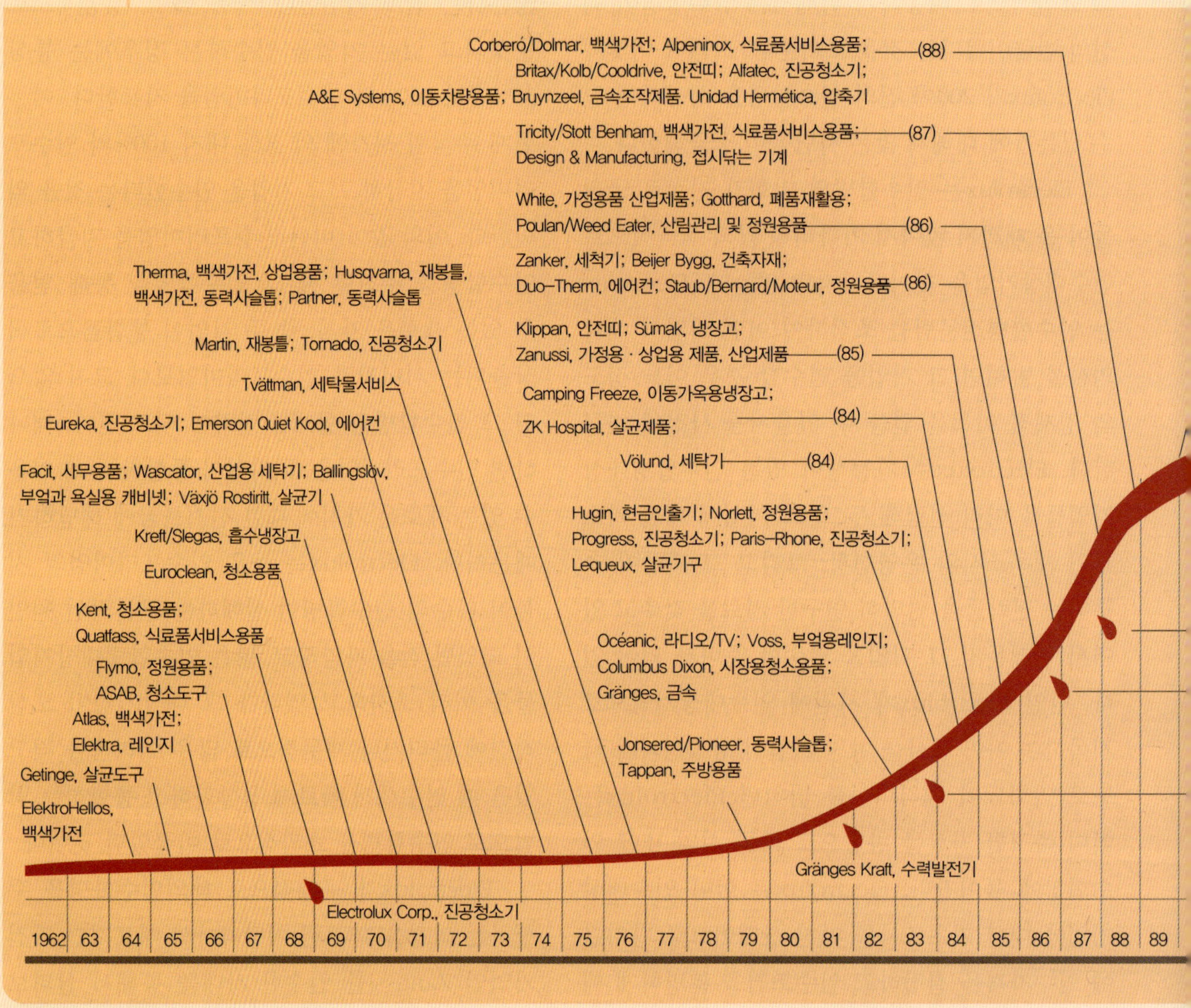

주: 물방울 밑에 나타난 기업은 매각되었음.

고 있었다. Electrolux는 Zanussi가 자신이 취약한 지역과 제품라인에 강한 기업이므로 인수합병을 통한 상호보완효과가 높을 것으로 판단하였다.

Zanussi는 1960년대 중반까지만 해도 Electrolux보다 두 배 이상 큰 기업이었으나, 최고경영층이 비관련다각화전략을 추구하여 문어발식 확장을 한 결과, 기존 주력사업분야였던 가전산업분야에서 경쟁력이 약화된 상황이었다. 가전사업에 적극적인 투자를 하지 않는 동안 산업전체가 급속히 글로벌화되고 미국과 일본의 글로벌기업들의 경쟁압력이 심해지면서 큰 규모의 적자가 계속되었고 결국 Zanussi는 Electrolux에 매각의사를 타진하게 되었던 것이다.

Electrolux는 Zanussi의 주거래은행이었던

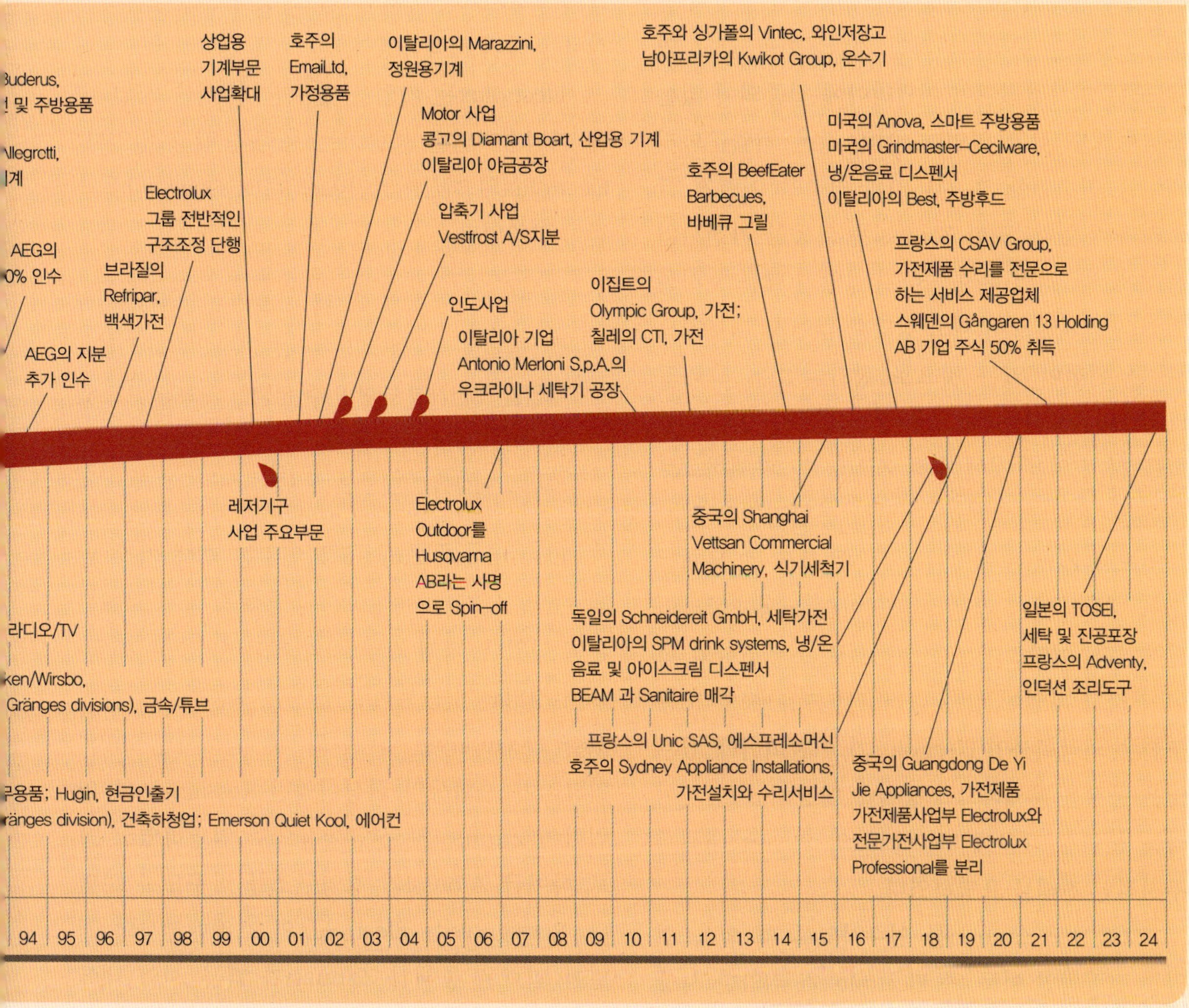

출처: 1988년 이전 자료는 "Electrolux: The Acquisition and Integration of Zanussi," INSEAD case, 1989에서 참조, 1989년부터는 Electrolux Group의 연차보고서에서 정리하였음.

Mediobanca가 Electrolux에 접촉하여 Zanussi의 인수의사를 타진하자마자 즉각적으로 인수합병 전문팀을 가동시켜 인수조건을 검토하기 시작하였다. 앞서 서술한 바와 같이 Electrolux는 남부유럽시장에서 입지를 강화하기 위한 사전작업으로 Zanussi에 대한 기본정보를 수집하여 인수조건을 미리 검토하고 있었던 때였다. Zanussi는 Electrolux가 취약한 이탈리아와 프랑스, 스페인 시상에서 강세를 보이고 있었고 또한 Electrolux가 취약한 세탁기부분에 경쟁우위가 있었기 때문에 Electrolux의 입장에서 Zanussi는 상당히 매력적인 인수대상기업이었다.

그러나 인수대상으로서 매력이 상당했음에도 불구하고 조직체계에서 두 기업은 많은 차이를 보이고 있었다. Electrolux가 소규모의 본사로 분권화되고 자율적인 경영체제를 취하고 있는 것에 반해 Zanussi는 중앙집권적인 기업문화를 갖고 있고 모든 의사결정권이 이탈리아에 집중되어 있는 조직형태를 갖고 있었다. 이와 같은 기업문화의 차이는 인수통합 후 시너지의 창출을 어렵게 할 소지가 있었다. 또한 Zanussi는 그동안 가전사업 분야에 적극적인 투자를 하지 않았기 때문에 시설이 노후화되었고 부채도 상당히 많아서 재무적으로 큰 위험이 있는 것으로 평가되었다. 그리고 Electrolux가 전통적으로 부품산업까지 수직적 통합을 하지 않은 것에 비해 Zanussi는 자체적으로 부품을 생산·조달하는 수직적 통합기업이었다. 무엇보다 Zanussi를 인수하는 데 가장 큰 문제점으로 대두되었던 것은 이탈리아의 노동조합과의 관계였다. 이탈리아는 전통적으로 노동조합의 힘이 강하고 파업이 잦은 나라로서 Zanussi의 노동조합은 외국회사인 Electrolux가 이탈리아에 있는 많은 공장을 폐쇄하고 노동자를 대량해고 할 것이라는 불안감 때문에 Electrolux의 인수에 대해서 부정적인 견해를 표명하였다.

그럼에도 Zanussi를 인수하였을 때 얻을 수 있는 전략적인 이득, 즉 Electrolux가 취약한 시장과 제품을 보완하고 유럽 전반에 생산 및 판매기반을 확충할 수 있다는 기대 때문에 조직문화의 차이와 노동조합과의 관계, 상당한 규모의 부채에도 불구하고 Zanussi의 인수를 결정하게 되었다. Electrolux는 노동조합에 향후 3년간의 투자계획과 인원감축계획을 밝히기로 합의하여 노동조합을 회유하였고, Zanussi가 인수 이전에 약속한 모든 채무이행사항은 Zanussi의 이전소유자가 해결한다는 조건하에서 인수를 결정하였다. 1983년 인수합병논의는 8개월 만에 최종계약에 이르렀고, Electrolux는 Zanussi를 회생시키고 통합하는 절차를 밟기 시작하였다.

Electrolux는 기업을 인수한 후 빠른 시일 내에 피인수기업을 통합하는 능력을 갖고 있었다. Electrolux의 회장이었던 Lief Johansson은 다음과 같이 말하였다.

> "우리는 인수합병을 할 때 처음부터 중앙집권적인 접근방법을 시도합니다. 우리는 언제 인력과 자본을 투입할 것인가에 대한 아주 분명한 계획을 갖고 있습니다. 따라서 무엇을 할 것인가에 대해서 장기간 논의할 필요가 거의 없습니다."

Electrolux가 Zanussi를 인수한 후에 가장 먼저 한 일은 Zanussi의 최고경영층을 대거 교체하는 일이었다. 과거 Zanussi의 최고경영층은 Zanussi의 경영난에 근본적인 원인을 제공한 사람들이었다. Electrolux는 스웨덴의 베어링회사인 SKF의 이탈리아 자회사의 회장이었던 Rossignolo를 영입하여 Zanussi의 신임회장으로 임명하였고 그로 하여금 Zanussi의 경영구조를 바꾸도록 하였다. Rossignolo는 Electrolux의 스웨덴본사와 긴밀한 연락을 통해서 Zanussi가 빠른 시일 내에 경영정상화를 할 수 있는 기반을 닦았다.

최고경영층을 교체하자마자 Electrolux는 실무분야에서 구체적인 통합과정을 추진할 실무전담팀을 구성했다. 각 사업부별 또는 기능별 분야로 조직된 각 전담팀은 구체적인 통합안을 제시하기 위해 정해진 시간 내에 보고서를 제출하도록 되어 있었고, 이들의 조사결과에 따라서 구체적인 통합이 진행되었다. 이런 전담팀의 연구결과는 매우 구체적이었다. 예를 들어, Electrolux의 프랑스

공장의 전방세탁물투입 방식의 세탁기생산라인을 폐쇄하는 대신 Zanussi의 이탈리아 공장으로 생산라인을 통합하고, 상부로부터 세탁물을 투입하는 방식의 세탁기는 Zanussi의 이탈리아공장의 생산라인을 폐쇄하고 Electrolux의 기존 공장으로 이동하는 등 양사 간의 중복된 생산라인을 통폐합하는 구체적인 통합안을 제시하였다. 또한 실무팀은 그전까지 개별적으로 운영했던 판매 및 마케팅 조직을 통합하여 많은 비용을 절감하였다.

이와 같이 단기적인 통합절차를 마친 후 Electrolux는 보다 중장기적인 관점에서 통합을 위한 전략들을 검토하였다. Electrolux는 Zanussi가 기본적으로는 상당히 뛰어난 기술력과 유능한 엔지니어들을 많이 보유하고 있는 기업이라고 판단했다. 따라서 Zanussi가 갖고 있던 기술력과 연구인력을 최대한으로 활용하기 위해서 Zanussi에게 적극적인 투자를 통하여 생산기술을 발전시키고, 신제품개발에 더 많은 투자를 하는 것을 중장기통합과제로 설정하였다. Electrolux는 먼저 Zanussi의 주요 공장의 노후화된 시설을 교체하고 자동화율을 높이기 위해 새로운 설비를 도입하였다. 또한 Electrolux는 Zanussi의 엔지니어들의 창의성을 높이 사서 그들로 하여금 적은 양의 세제를 사지고서도 세탁효과를 높일 수 있는 Jet Stream이라는 신제품을 개발하도록 하였다. 동시에 품질개선프로그램에 착수하여 Zanussi가 만드는 제품의 품질을 크게 향상시켰다.

이렇게 Electrolux가 Zanussi를 통합하는 과정에서 가장 큰 어려움을 느꼈던 부분은 두 조직을 통합하는 일이었다. Zanussi 최고경영층은 인수에 매우 호의적이었고, Electrolux가 시설개선에 많은 투자를 하고 신제품개발을 독려함에 따라 현장노동자의 반응도 상당히 호의적이었다. 그러나 중간관리층은 통합과정에 소외되었을 뿐만 아니라 궁극적으로는 자신들이 감원의 대상이 될 것을 우려하여 사기가 많이 저하된 상황이었다. Electrolux는 중간관리층을 보다 효과적으로 통합하기 위하여 기업이념을 만들어 Electrolux의 가치관과 향후 Zanussi의 사업전개방향을 중간관리층에게 전달하였다. 이와 같은 중간관리층과의 커뮤니케이션의 결과 이들의 동요는 많이 가라앉았고, Electrolux가 제시하는 변화에 동참하지 않는 일부 중간관리자들을 교체함으로써 중간관리층을 Electrolux 쪽으로 흡수하는 데 성공하였다.

이와 같은 Electrolux의 Zanussi의 인수 및 통합과정은 우리에게 많은 시사점을 준다. Electrolux는 먼저 Zanussi를 인수했을 때 얻을 수 있는 전략적 이득과 그에 수반하는 조직문화의 차이, 노동조합의 관계와 같은 문제점을 사전에 파악하여 철저하게 이해득실을 계산한 후, 이러한 문제점이 있음에도 불구하고 Zanussi를 인수하는 것이 효과적이라는 결론을 얻은 다음 Zanussi를 인수하였다. 이는 일반적으로 많은 기업들이 철저한 사전검토 없이 즉흥적으로 인수합병을 하는 것에 비해, Electrolux가 인수대상기업을 평소에 면밀히 물색하고 조사해 왔기 때문에 가능했던 것이다.

또한 우리가 Electrolux로부터 배울 수 있는 교훈은 인수 후 통합절차를 효과적으로 수행했다는 사실이다. Zanussi의 인수과정으로부터 우리는 인수기업에 대한 빠른 속도의 통합이 피인수기업을 빠른 시일 내에 정상화시킬 수 있는 좋은 방법이라는 사실을 배울 수 있었다. Electrolux는 자신의 전략이 Zanussi에 자리잡도록 최고경영층을 교체하였고, 양 회사의 실무진으로 구성된 전담팀을 만들어 구체적인 통합안을 완성했다. 그리고 중장기적으로는 Zanussi가 핵심역량을 가진 사업부분 — 세탁기사업 — 을 중심으로 시설투자를 늘리는 동시에 품질을 향상시키기 위해 지원을 이어갔다. 또한 Zanussi가 갖고 있는 신제품개발능력을 높이 평가하여 Zanussi로 하여금 Jet Stream이라는 신제품 개발을 하도록 격려하였다. 조직구조상의 통합에 있어서도 중간관리층에게 Electrolux의 경영방침을 전달하는 것과 같이 적극적인 커뮤니케이션을 시도하여 중간관리층이 동요하지 않고 Electrolux가 추구하는 전략에 동참할 수 있도록 하여, 모든 구성원을 효과적으로 통합하는 능력을 보여주었다.

최근 Electrolux는 브랜드의 통합화와 고급화를 위해 박차를 가하고 있다. 즉, Electrolux가 그동안 인수합병으로 사들인 Zanussi, AEG, Frigidaire, Tornade 등 50개가 넘는 브랜드를 통합하여, 어떻게 프리미엄시장을 공략할 수 있는가가 중요한 전략적 과제로 대두되었다. 한편 백색가전 산업에서의 글로벌 경쟁은 날로 심화되고 있다. 미국 최대 가전회사인 Whirlpool이 업계 3위의 Maytag을 인수하여 Electrolux를 제치고 세계 최대 가전회사로 부상하였고 삼성전자와 LG전자, 특히 GE의 백색가전 사업부를 인수한 중국의 하이얼을 비롯한 중국기업들도 창의적인 디자인과 기능을 앞세워 강력한 경쟁자로 부상하고 있다.

2025년 새 CEO로 취임한 Jannick Fierling은 현재 중대한 기로에 놓여있다. Covid-19 사태 이후 공급망혼란으로 제품의 생산비용이 올라간 데다 인플레이션으로 소비자들의 소비심리가 둔화되었기 때문이다. Covid-19으로 중단됐던 외부 활동이 재개되면서 가전 교체 수요가 줄어든 것도 영향을 미쳤다. 트럼프 행정부의 보호무역주의 영향으로 전세계 경기침체가 일어날 가능성도 존재한다. Electrolux는 북미와 유럽 시장에서 가전제품 수요의 감소세가 지속될 것으로 보고 원가절감 프로그램을 추진하고 있다. 연구·개발R&D 비용과 마케팅 비용도 대대적인 절감에 들어간다. 나날이 치열해지는 글로벌 경쟁에 대한 Electrolux의 전략은 무엇인가?

Video

Jannick Fierling
CEO Electrolux

Video

2022 Electrolux Keynote:
Sustainability & Innovation.

Electrolux

Electrolux의 홈페이지
http://www.electrollux.com

01 ›› 서 론

앞서 살펴본 Electrolux의 사례는 Electrolux가 인수합병전략을 효과적으로 구사하여, 스웨덴의 조그마한 회사에서 글로벌기업으로 성장하는 과정을 보여준다. 특히 Zanussi의 인수과정을 통해서 Electrolux가 구체적으로 어떻게 인수합병 대상을 물색하였고 인수 후 통합절차를 어떻게 효과적으로 수행할 수 있었는가를 살펴보았다. 본 장에서는 글로벌경쟁하에서 활발하게 일어나고 있는 해외인수합병전략을 살펴보고 이러한 글로벌기업의 해외인수합병전략의 목적과 실제 인수합병과정을 살펴보기로 한다.

해외인수합병을 성공적으로 수행하기 위해서는 인수대상기업을 잘 선택하여야 한다. Electrolux는 기대하지 않았던 매물이 나올 때, 즉흥적으로 인수를 한 것이 아니라, 사전에 치밀한 준비를 마친 상태에서 인수대상기업이 곤경에 처할 때까지 기다려서 싼 값에 구매하였다. 또한, 본 사례는 Electrolux의 Zanussi 인수 사례를 통해서 구체적으로 두 기업을 어떻게 단기적·중장기적으로 통합한 과정을 살펴보았다.

Electrolux는 인수대상의 선정과 협상부터 인수 후 통합과정까지 효과적으로 수행한 덕분에 글로벌 경쟁의 승자로 거듭날 수 있었다. 이와 같은 Electrolux의 효과적인 해외인수합병전략은 현재 적극적으로 국제화를 추구하고 있는 한국기업에 많은 시사점을 제공하여 준다. 국제화를 빠르게 진행해야 하는 상황에서 해외인수합병은 한국 기업에게 매우 매력적인 선택적 대안이 될 수 있다. 외국기업을 인수하게 되면, 빠른 속도로 시장진입이 가능할 뿐 아니라, 피인수기업이 갖고 있는 기술, 브랜드, 유통망 등을 일시에 얻을 수 있기 때문이다.

본 장에서 살펴볼 주제는 다음과 같다.

- 해외인수합병을 추구하는 기업들의 전략적 목적을 살펴본다.
- 해외인수합병을 할 때 기업들이 구체적으로 어떤 과정을 통해서 인수기업을 물색하고 협상하는가를 살펴본다.
- 인수 후 통합과정을 살펴보고 기업들이 효과적으로 피인수기업을 통합할 수 있는 방법을 살펴본다.

- 한국기업이 추구하고 있는 해외인수합병전략의 문제점이 무엇인가를 살펴보고 그 현황을 알아본다.

02 〉〉 해외인수합병의 목적

본 절에서는 기업들이 해외기업을 인수합병하는 동기를 살펴보고자 한다. 합병merger이란 한 기업이 다른 기업을 흡수하여 한 개의 기업이 되는 것을 의미한다. 합병에는 흡수합병과 신설합병이 있다. 흡수합병이란 한 기업이 다른 기업을 완전히 흡수하는 것을 의미하고, 신설합병은 기존의 두 기업은 완전히 소멸되고 제3의 새로운 기업이 탄생하는 것을 의미한다. 이와 같이 합병이 두 회사가 통합되어 하나의 회사가 되는 것에 비해서, 인수acquisition는 피인수기업을 그대로 존속시키면서 경영권을 행사하는 방법이다.

기업들이 해외에서 인수합병을 벌이는 목적은 신속한 해외시장진입과 이를 통하여 자신이 필요로 하는 경영자원을 획득하기 위함이다. 또한 성숙산업에서의 인수합병은 그 산업에서 생산과잉을 초래하지 않고 시장에 진입할 수 있다는 점에서 많이 선호되고 있다. 이와 같은 해외인수합병의 구체적인 목적은 다음과 같다.

신속한 시장진입

Video

What the Amazon Deal Means for Food Delivery Startups

다국적기업들이 해외진출시 인수합병을 선호하는 이유는 신속한 시장진입이 가능하기 때문이다. 기업이 신설투자의 형태로 외국시장에 진출해 독자적으로 사업을 확장하는 데는 많은 시간과 노력이 요구된다. 신설투자를 할 경우 공장부지를 확보하고 생산설비를 갖추며, 종업원들을 신규채용하고 훈련시키는 데에는 많은 시간과 노력이 필요하다. 물론, 신설투자는 기업들이 자신이 필요로 하는 종업원들을 선택하고 원하는 규모의 공장을 세울 수 있다는 이점이 있으나, 모든 것을 처음부터 스스로 해야 한다는 점에서 예상보다 더 많은 시간과 노력이 필요할 수도 있다. 이에 반해서 인수합병의 형태로 해외시장에 진출할 경우 그 기업은 피인수기업이 갖고 있는 공장설비, 부동산, 종업원, 브랜드, 유통망 등을 일순간에 획득할 수 있다. 따라서 인수합병을 통한 시장진출은 인수와 동시에 자동적으로 이루어지는 것이다.

Video

GE enters agreement to sell appliance business to China's Haier

Electrolux가 스웨덴의 작은 기업으로 시작해 빠르게 글로벌기업으로 성장을 하게 된 것도 전세계적으로 200여 건의 인수합병을 통하지 않고서는 불가능한 일이었다. 만일 백색가전산업이 국가별산업에서 글로벌산업으로 급속도로 변하는 과정에서 Electrolux가 신설투자의 형식으로 해외시장진출을 시도했다면 이처럼 빠른 시일 내에 글로벌기업으로 전환하는 것은 불가능하였을 것이다. Electrolux의 성공은 경쟁사보다 일찍 글로벌기업으로 변신할 필요성을 느끼고 인수합병전략을 효과적으로 사용한 덕분에 가능했다고 볼 수 있다.

기업은 이미 그 사업분야에서 활동하고 있는 기업을 인수하므로 그 피인수기업이 갖고 있는 경영자원과 핵심역량을 일거에 습득할 수 있고 시장진입에 소요되는 시간을 줄일 수 있다는 점이 가장 큰 매력이다. 이런 관점에서 볼 때 기업들이 인수합병 시 피인수기업에 지불하는 인수프리미엄은 신속한 시장진입으로 경쟁우위를 창출할 필요가 있을 때 이러한 시간을 단축시키는 대가를 지불하는 시간프리미엄으로 볼 수 있다. 특히 빠른 시장진입이 필요할 때 많은 프리미엄을 지불한다 하더라도 인수합병을 효과적인 전략으로 볼 수 있다.

경영자원의 획득

해외기업의 인수합병은 또한 자신에게 부족한 경영자원의 취득을 목적으로 일어난다. 최근에 한국기업들이 미국과 유럽에서 적극적인 인수합병을 벌이고 있는 주요 목적 중의 하나는 피인수기업이 가진 기술과 브랜드를 인수합병으로 획득하는 것이다. 예를 들어, LG전자가 미국의 Zenith를 인수하였던 원래의 전략적 의도는 Zenith가 갖고 있는 디지털신호처리 및 압축기술을 습득하여 디지털TV와 멀티미디어산업에 응용하고, 미국에서 Zenith가 갖고 있는 브랜드이미지를 획득하기 위한 것이었다. 뿐만 아니라 해외기업의 인수합병은 새로운 사업에 진출하는 용도로도 활발하게 이용되고 있다. Sony는 1989년 미국의 Columbia Pictures와 CBS Records를 인수함으로써 연예·오락산업에 신규 진출하였다.

이와 같이 경영자원의 획득과 신규사업진출을 목적으로 한 인수합병의 경우 인수합병 이후의 통합절차가 그 성패를 결정하는 주요 요인이다. 왜냐하면 기술이나 마케팅능력 등과 같은 경영자원은 많은 경우 피인수기업에서 일하는 직원들에게 체화되어 있는 경우가 많기 때문이다. 만일 인수가 성사되었더라도 무형의 경영자원을 가진 종업원들이 그 기업을 떠난다면, 인수기업은 경영자원의 획득이라는 목표를 달성할 수 없게 된다.

몇몇 기업들은 간혹 해외인수합병을 통해 규모의 경제와 범위의 경제를 실현하고자 한다. 최근 일본과 한국에서 은행들이 합병을 통해 대형화를 시도하는 현상에는 규모의 경제를 활용하려는 의도가 깔려 있다. 또한 초과설비가 존재하는 산업에서의 합병은 유휴설비를 활용하여 생산시설의 효율성을 높이는 방법이다. 본 장의 서두에서 살펴본 Electrolux와 Zanussi는 제품 및 시장 측면에서 대단히 상호보완적인 관계였다. 즉, Electrolux가 취약한 남유럽시장에서는 Zanussi가 강세를 보이고 있었고, Electrolux가 취약한 세탁기 쪽에서 Zanussi가 강한 핵심역량을 보유하고 있었다. 이와 같이 상호보완적인 기업들의 인수합병은 범위의 경제를 실현할 수 있는 중요한 방법이다.

Video

Samsung's Harman acquisition to create synergy effect

한국기업의 해외인수합병은 1980년대 초부터 시작되어 계속 큰 폭으로 증가하고 있다. 한국기업들의 해외인수합병은 미국, 캐나다, 일본, 독일 등 주로 선진국을 중심으로 이루어지고 있었으나, 과거 대우그룹은 우즈베키스탄, 폴란드, 루마니아와 같이 개발도상국가에서도 활발한 인수합병을 벌여 왔었다. 두산인프라코어는 2007년 50억 달러를 지불하고 미국의 Bobcat을 인수하였고, 두산중공업 역시 2005년 AES, 2006년에는 Mitsui Bobcock을 인수하였다. 삼성전자 역시 자동차 전자부품사업에 진출하기 위해 2016년 Harman을 인수하였다.

성숙산업에서의 시장진입

인수합병은 전반적으로 유휴시설이 많은 산업에서 선호되는 시장진입방법이다. 특히 생산시설이 포화상태에 있는 산업에 신규진출하고자 할 때, 공장을 새로 건설하여 과잉생산설비를 만들 필요는 없다. 이와 같은 성숙산업에서는 신규진입자에게 높은 진입장벽이 존재하기 때문에 기존업체를 인수함으로써 산업 내 과잉생산시설을 방지하는 것이 훨씬 더 효과적인 진입방법일 수 있다. 예를 들어, 자본집약적이며 성숙한 시장을 갖고 있는 석유화학산업에서는 해외진출 시 새로 공장을 만들기보다는 기존기업을 인수하는 경향을 보이고 있다.

03 》 해외인수합병의 성과

앞 절에서는 해외인수합병의 동기를 살펴보았다. 그렇다면 과연 지금까지의 해외인수합병의 성과는 어떠하였을까? 해외인수합병 그 자체만의 성과에 대한 체계적 연구는 아직 많지 않다. 그러나 일반적인 인수합병전략의 성과에 대한 연구는 대부분 인수합병의 성과가 그렇게 좋지만은 않다는 사실을 보여준다. Singh과 Montgomery의 연구에 따르면 미국에서 기존 사업과 관련된 사업부분에서의 인수합병 성과는 높으나 비관련사업부분에서의 기업인수합병의 성과는 훨씬 낮게 나타난다.[2]

또한 Porter의 연구결과에 따르면 미국에서 일어난 기업인수합병의 경우 약 70% 정도는 실패하여 약 5년 사이에 다시 매각된다고 한다.[3] 한편 Scherer와 Ravenscraft는 기업인수합병으로 기업을 인수하였다가 다시 매각했던 경우들을 심도있게 연구한 결과, 대부분의 기업들이 인수합병을 통해 새로운 가치를 창출하는 데 실패하였다는 것을 보여주었다.[4]

한국기업보다 일찍 해외인수합병에 나섰던 일본기업의 결과를 보면 대부분 큰 손실을 본 것으로 추산되고 있다. 마츠시타는 1989년 미국의 영화사인 MCA를 인수하였다가 1995년 다시 매각하면서 큰 손실을 보았다. 미츠비시부동산도 미국 뉴욕에 있는 Rockefeller Center 빌딩을 사들였다가 5년 뒤에 손실을 감수하고 다시 매각했다. Sony 역시 Columbia Pictures를 인수했을 때 40억 달러의 적자를 감수하였다. 타이어업체인 Bridgestone 역시 미국의 Firestone을 인수하여 큰 손실을 겪었다.

한국기업의 해외인수합병 역시 많은 경우 큰 어려움을 겪고 있는 실정이다. 예를 들어, 삼성전자가 인수한 AST Research는 1995년부터 1997년 사이에 총 1억 달러 이상의 손실을 본 이후, 결국 정리되었다. LG전자가 인수한 Zenith 역시 인수 후 상당기간 큰 적자를 감수하여 왔으며, 대규모 구조조정을 한 후 Zenith 브랜드와 연구개발시설만 남기고 대부분의 공장설비를 매각하였다. 삼미특수강이 인수한 캐나다의 Astra는 인수 후 적자폭이 가중되어 본사에까지 큰 부담을 주게 되었고, 결국 삼미그룹 전체가 큰 타격을 받을 정도로 그 효과가 컸다.

일본기업과 한국기업들의 해외인수합병이 이와 같이 성과가 나쁜 사실은 해외인수합병의 위험이 그만큼 크다는 것을 보여줌과 동시에, 인수합병에 대한 노하우가 없는 상태에서 무리하게 인수합병을 할 경우 대부분 실패할 수밖에 없다는 사실을 보여준다. 특히 과거 한국기업의 해외기업인수합병이 실패한 이유로는 냉철한 전략에 의해서가 아니라 따라하기 식으로 인수합병을 시도했기 때문이었다. 예를 들어, 경쟁기업이 해외인수를 하니까 나도 한다는 식으로 인수를 추진하면서 인수대상의 선정과 통합절차에 있어서 구체적인 전략 없이 즉흥적 또는 경쟁적으로 인수합병을 추진하였다. 따라서 많은 기업들이 인수 후 막대한 손실을 보게 된 것이었다.

이와 같이 기업들이 인수합병을 통해 새로운 가치를 창조하는 데 실패하는 이유는 크게 인수전략 자체의 실패와 통합과정의 실패 두 가지로 나누어 볼 수 있다. 다음 절에서는 성공적인 인수합병을 위하여 인수대상기업의 선정과 교섭과정, 인수 후 통합절차에 대해 자세히 살펴보기로 한다.

04 〉〉 성공적인 해외인수합병의 추진방법

인수대상기업의 선정과 교섭

많은 기업들의 해외인수합병이 실패로 돌아가는 이유는 인수합병을 통해 새로운 가치를 창조하지 못했기 때문이다. 더구나, 이러한 가치창조의 실패는 기업들이 인수합병 시 많은 프리미엄을 지불했다는 사실 때문에 더욱 심각해진다. 미국의 경우 대규모 기업인수에서 구매기업은 인수대상기업에 평균적으로 약 30~40%에 달하는 인수합병프리미엄을 지불하였다. 만일 구매기업이 매각기업에 평균적으로 30~40%의 인수프리미엄을 지불하는 경우, 인수합병을 한 후 통합된 기업으로부터 지불한 인수프리미엄 이상의 새로운 가치가 창출되지 못한다면 그 인수합병은 실패하게 된다. 예를 들어, LG전자가 미국의 Zenith를 인수하여 두 기업의 기술력, 유통력 및 시너지를 결합하더라도 지불된 인수프리미엄보다 큰 새로운 가치를 창출하지 못하면 그 인수합병은 실패이다. 앞서 살펴본 Electrolux는 재정상태가 악화된 기업을 주로 인수하였으므로 인수프리미엄을 거의 지불하

지 않았다. 따라서 Electrolux는 인수 후에 이들 기업의 성과를 높임으로써 성공할 확률이 더욱 커지게 된다. 그러나 재정상태가 악화된 기업의 인수에는 인수 후 정상화를 위하여 통합과정을 효과적으로 운영할 수 있는 노하우가 절대적으로 필요하다.

인수합병을 통해 창출될 수 있는 새로운 가치에는 두 기업의 통합에 따른 시장지배력의 증가, 범위와 규모의 경제를 통한 비용절감, 그리고 두 기업의 경영자원을 결합한 새로운 경쟁우위 창출이 있다. Electrolux의 사례에서 살펴본 것처럼 제품별로는 Electrolux가 취약한 백색가전부분에 Zanussi가 경쟁우위를 갖고 있었으며, 또한 Electrolux가 전통적으로 취약한 남유럽지역에 Zanussi가 강했던 것처럼 두 기업이 제품 측면과 지역 측면에서 상호보완적인 강점을 갖고 있었기 때문에 Electrolux는 Zanussi를 인수함으로써 경쟁우위를 크게 증가시킬 수 있었다. 또한 Electrolux는 인수합병의 전문가로 구성된 팀을 통하여, 잠재적인 인수대상을 사전에 평가한 후 좋은 인수기회가 왔을 때 빠른 의사결정을 할 수 있는 능력을 갖고 있었다.

Haspeslagh와 Jemison은 해외기업인수합병의 과정을 자세히 연구했다. 이들의 연구에 의하면 기업들이 인수합병에 실패하는 이유는 인수가격, 즉 얼마에 인수할 것인가의 가격협상에 지나치게 집착하여 과연 이 기업을 인수할 필요성이 있는가라는 근본적인 문제에 소홀해진다는 점이다. 따라서 이들은 인수합병 의사결정에 앞서 왜 이 기업을 인수하여야 하는지에 관한 분명한 전략을 가지고 협상에 임해야 한다고 강조한다. 또한 협상과정에서 상대기업이 너무 높은 가격을 요구한다면 중간에 자리를 박차고 나오는 용기도 필요하다고 한다. 왜냐하면 인수합병을 위한 협상이 진행될수록 중도에 포기하기 어려워지는 관성momentum이 존재하기 때문에 자기가 생각한 적정가격 이상의 가격을 지불하게 되는 경우가 많다고 한다. 이를 방지하기 위해 언제든지 협상을 종결할 수 있는 자제력을 가지고 임해야 자기도 모르게 인수협상 자체에 점점 빠져드는 것을 막을 수 있다고 한다.[5]

한편 인수협상 시 기업인수합병을 전담하는 전담팀이 조직되어서 항상 인수대상기업을 물색하고 협상에 임할 전략을 준비하고 있지 않는다면 협상에서 성공을 거두기가 어렵다고 한다. Haspeslagh와 Jemison은 인수합병의 성공 여부는 자신의 경영전략이 무엇이고, 그 전략을 위하여 이 기업의 인수가 필요한가에 대한 의문이 좌우한다고 했다. 현재 그 기업이 수행하는 전략에 비추어 판단할 때 인수대상기업을 인수함으로써 그 지불된 인수프리미엄 이상으로 새로운 가치가 창출

그림 9-3 해외인수합병의 절차

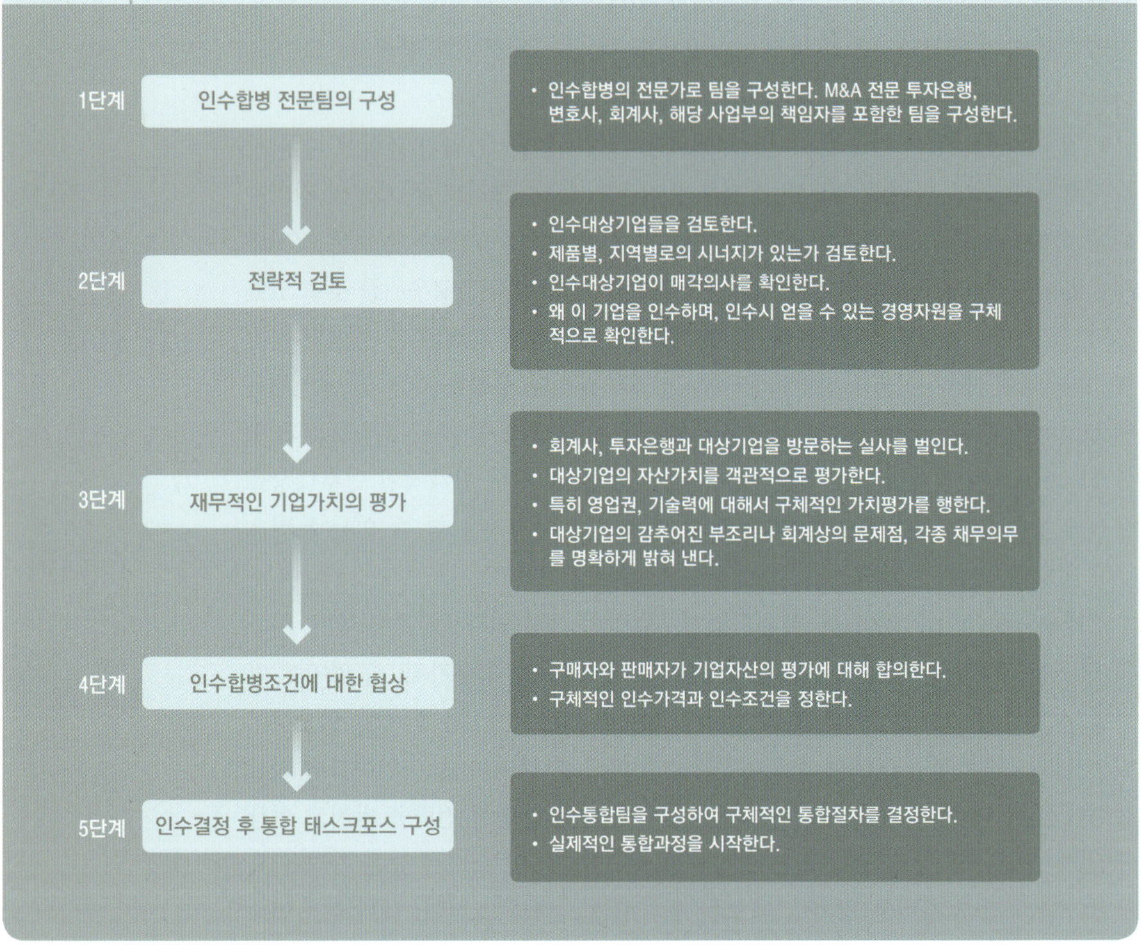

될 수 없는 경우에는 기업인수합병을 추진하지 않는 것이 바람직하다. 따라서 인수합병 전에 자신의 전략을 검토하는 것이 필수적이다. 우리가 왜 이 기업을 인인수해야 하며, 우리 기업의 전략에 비추어 인수된 기업이 보유한 경영자원의 가치가 얼마나 되는지 냉철하게 계산하여야 한다.

앞서 살펴본 것처럼 일본기업들의 해외인수합병에서 큰 손실이 발생한 이유로 먼저, 해외인수합병 시 막대한 인수프리미엄을 지불했다는 점이 지적되고 있다. 즉, 일본기업들이 해외인수합병에 실패한 이유는 인수대상기업으로부터 발생할 수 있는 시너지를 지나치게 낙관적으로 전망하여 막대한 인수프리미엄을 지불했으나, 실제로 인수기업을 운영한 이후에 시너지를 창출할 수 없었거나, 기업문화의 차이로 인해 시너지를 창출하지 못했기 때문이다. 이는 구체적인 전략 없이 시너지가 있으리라는 막연한 기대만으로 해외인수합병을 추진하여 막대한 인수 프리미엄만 낭비하는 결과를 초래한 것이다. 이는 결국 전략의 부재에서 비롯된 실패로도 볼 수 있다.

둘째, 해외인수합병 시 인수대상기업에 대한 면밀한 검토 없이 서둘러 인수한 후, 인수대상기업이 갖고 있는 악성채무관계나 부정행위 등 감춰진 문제점들을 발견하게 되면서 막대한 비용이 발생하는 경우도 상당수 존재한다. 일본의 후지사와약품은 미국의 라이포메드Lyphomed를 인수 후 시간이 지난 뒤 그 회사가 인수 전에 조작된 자료를 사용하여 약품을 승인받은 사실이 밝혀짐으로써 불가피하게 그 제품을 회수해야 했다. 본 장의 서두에서 살펴본 Electrolux는 Zanussi가 스페인정부와 공장신설에 관한 투자를 약속했던 것을 발견하고 이에 대한 손해배상을 매각자인 Zanussi에 부담시켰다. 만일 Electrolux가 이와 같은 사실을 사전에 인지하지 못하고 Zanussi를 인수하였다면 인수 후에 Electrolux가 큰 손실을 봤을 것임은 분명한 사실이다.

따라서 해외인수합병시에는 인수합병전략에 대한 분명한 전략적인 검토와 아울러 인수합병기업에 대한 사전 조사에 입각한 협상이 가장 중요한 과제이다. **그림 9-3**은 해외인수합병이 진행되는 절차를 보여준다. 첫 번째 단계에서는 투자은행, 변호사, 회계사, 해당 사업부 부서장으로 이뤄진 인수합병전문팀을 구성하는 것이 필요하다. 인수합병에는 대상기업의 가치평가, 인수계약, 자본조달 등 다양한 분야의 전문가가 필요하다. 인수합병에 대한 전문가로 구성된 팀은 인수합병절차를 효율적으로 운영할 수 있게 해준다.

두 번째 단계에서는 인수대상기업들을 검토한다. 여러 인수대상기업을 조사하여 제품별, 판매지역별 시너지가 있는지를 평가하고, 또한 이들 기업의 매각의사에 대해서도 검토해야 한다. 대상기업의 의사에 반하여 적대적 기업인수hostile takeover를 하는 경우에는 인수비용도 커지고, 인수 후 통합과정에서도 많은 마찰을 빚게 되므로 가급적이면 인수에 우호적인 기업을 선택하는 것이 바람직하다. 또한 인수 후 사용 가능한 경영자원을 파악하고 과연 그 기업을 인수하는 것이 타당한가에 대한 전략적인 검토가 필요하다.

세 번째 단계에서는 대상기업에 접근하여 인수 가능성을 타진한 후 실무적으로 인수대상기업의 가치를 평가하는 일이다. 이 단계에서는 인수대상기업이 가진 자산을 객관적으로 측정하고, 기술력, 영업권 등을 평가하여 구매가격을 계산한다. 많은 기업들이 회계사와 투자은행의 도움을 받아 실사를 벌인다.

네 번째 단계에서는 구체적인 인수조건에 대한 협상을 전개한다. 인수대상기업의 가치에 대해서 판매자는 가능한 한 높이 평가하려고 노력하고, 구매자는 낮게 평가하려고 하기 때문에, 구체적인 인수가격을 결정하는 데에는 실무자들의 협상능력이 중요하다. 또한 인수조건을 현찰로 할 것인가 또는 주식 등으로 할 것인가의 문제, 부채를 어떻게 부담할 것인가의 재무적인 측면도 중요한 협상의 대상이다.

마지막으로 인수결정이 난 후 통합을 위한 태스크포스를 구성하여 구체적인 통합절차를 결정하게 된다.

McKinsey사의 기업인수합병에 관한 연구에 따르면, 제8장에서 살펴본 **그림 8-9**와 같이 지역시장별, 기술적 중복이 많은 경우 훨씬 더 성공할 확률이 높다. 즉, 서로 지역별, 제품별, 기술별 중첩이 많을수록 이 중첩된 부분을 결합하여 범위와 규모의 경제를 활용할 수 있기 때문에 새로운 가치를 창조할 확률이 높다고 한다. McKinsey사의 또 다른 연구에 의하면 인수기업과 피인수기업 간에 보유한 핵심역량을 서로에게 이전할수록 성과가 더 높아진다고 한다.

인수 후 통합

인수합병시 창출할 수 있는 새로운 가치는 인수 이후 피인수 기업들을 얼마나 잘 통합하고 운용하는가에 따라 결정된다. 아무리 인수합병당사자인 두 기업이 가진 경영자원이 상호보완적이고 좋은 인수합병대상기업으로 판단했더라도 실제로 인수 이후 두 기업의 통합과 운영에서 실패한다면 어떠한 가치도 창출할 수 없게 된다. 특히 두 기업이 상당히 독특한 기업문화를 갖고 있을 경우, 이와 같이 서로 다른 기업문화는 많은 갈등을 일으킬 소지가 있다. 특히 해외인수합병은 단순한 기업 간의 문화의 차이뿐만 아니라 국가간의 문화적 차이도 극복하여야 하므로 인수통합과정에서의 어려움이 더욱 크다고 볼 수 있다. 따라서 해외인수합병시에는 인수대상기업의 기업문화와 인수기업의 기업문화가 서로 상충되지 않는지를 살펴보아야 하고, 문화간의 갈등을 최소화할 수 있는 방법을 모색해야 한다.

실제로 인수 후 통합과정에서 실패하여 큰 손실을 본 기업들은 상당히 많다. 예를 들어, 일본의 미츠비시화학은 1989년 미국의 Seradyne이라는 생화학산업의 중견기업을 인수하였다. 그러나 인수 후 일본식 경영방식을 고집하여, 일본본사가 Seradyne의 연구자들에 대해 통제를 심하게 하고 연구활동에 대해 지나치게 간섭하자, Seradyne의 연구자들은 얼마 지나지 않아 모두 회사를 떠나게 되었다. 그 결과 미츠비시화학은 인수의 목적이었던 생화학연구기술을 전혀 전수받지 못하고 큰 손해를 보게 되었다.

한편, 외국기업 중에는 해외인수합병에서 상당한 노하우를 축적한 기업들도 있다. Electrolux가 성장한 가장 중요한 원인 중의 하나는 인수합병 후 통합과정까지 효과적으로 운영하는 노하우를 가지고 있었다는 점이다. Electrolux가 분권화된 경영체제를 지니는 데에 비해 Zanussi는 중앙집권적인 경영체제를 갖고 있었다. 또한 이탈리아에 강력한 노조가 있는 등의 경영시스템의 차이, 스웨덴과 이탈리아라는 서로 다른 국가 간의 문화적 차이와 기업문화의 차이는 두 기업이 통합하여 시너지를 창출하는 데 장애요인이 될 수도 있었다. 그러나 Electrolux는 이러한 문화적인 차이를 사전에 파악했고, 효과적으로 극복해서 두 기업 간의 시너지를 극대화시킬 수 있는 능력을 가지고 있었다.

Electrolux는 인수합병대상기업을 물색하면서도 자신들의 전략에 인수대상기업들이 잘 부합되는지를 항상 고려하였고, 인수 후 빠른 시일 내에 새로운 실무팀을 조직하여 비용절감프로그램을 시작하였다. 고객들에게는 인수 후 더 나아진 서비스를 제공할 것을 약속하였고, 각종 문화적인 차이에서 비롯되는 갈등을 조속히 해소할 수 있는 방법을 모색하였다. 보다 구체적으로 살펴보면 Electrolux는 단기적으로는 최고경영층을 교체하여 Electrolux와 통일된 전략을 추구하게끔 사전 정비를 하고, 중간관리층을 보호하여 Zanussi의 핵심역량이 인력 이탈로 인해 누출되는 것을 막았다. 동시에 마케팅 기능과 판매망도 신속히 통합하여 통일된 마케팅전략을 추구하였다. 또한 단기적인 생산성향상책으로 Electrolux의 기존공장과 Zanussi의 공장이 경쟁력 있는 제품만을 집중하여 생산하도록 조정하였다. 또한 여러 개의 실무팀을 조직하여 중장기적으로 진행할 구체적인 통합전략을 연구하게끔 하였다.

Electrolux는 중장기적으로 Zanussi의 노후된 생산시설 교체 및 품질개선에 집중투자하였고, 기술개발에 힘써 Zanussi가 Jet stream을 이용한 신제품개발을 할 수 있도록 하였다. 중장기적으로 가장 어려운 통합과정은 중간관리층을 어떻게 통합할 것인가의 문제였다. Electrolux는 자사의 경영방침과 가치관을 명시하여 중간관리층이 Electrolux의 향후 발전에 동참할 수 있도록 통합과정을 거쳤다. 이와 같이 Electrolux의 인수합병의 성공은 인수대상기업의 선정에 신중하였고, 인수 이후 통합조정과정을 효과적으로 수행할 수 있는 노하우를 많이 축적하였다는 점에서 그 비결을 찾아볼 수 있다.

Haspeslagh와 Jemison의 연구는 인수합병에서 더 높은 성과를 얻기 위해서 인수 이후의 통합과정이 가장 중요하다고 밝히고 있다. 이런 인수통합과정에서

예시 9-1 | 인수합병 시 유의사항

1. 인수합병이 기업에 미치는 성과를 이해하기 위해서는 분명한 인수합병전략을 가져야 한다.
2. 인수합병전략을 운용하는 데 필수적인 요소는 그 과정을 이해하는 것이다.
   - 모든 가치창출은 인수합병 이후에 일어난다. 따라서 인수합병 후의 통합과정이 성과에 매우 큰 영향을 미친다.
   - 인수합병에 관한 의사결정과정은 기업이 인수합병으로부터 가치창출잠재력을 파악하고 인수합병 후 성공적인 통합을 하는 데에 중요한 영향을 미친다.
3. 인수합병은 당사자들이 서로의 전략적 핵심역량을 증대시킬 때 가장 높은 가치를 창출한다. 그 결과 인수기업과 피인수기업 모두 경쟁우위를 향상시킬 수 있으며 이는 곧 재무적인 경영성과로 나타난다.
4. 인수합병의 성공은 핵심역량의 이전이 요구되는 두 기업 간의 전략적 상호의존성과 피인수기업의 핵심역량을 유지하는 데 필요한 자율성 간의 균형을 유지할 수 있는 경영자의 능력에 달려 있다.
5. 이러한 두 요인간의 균형을 통해 적절한 통합방법이 결정된다. 그 방법은 크게 3가지가 있다. 두 조직이 하나가 되는 흡수합병, 피인수기업이 자신의 문화적인 주체성을 보존하는 경우, 그리고 쌍방간 적응이 요구되고 조직의 융합이 필요한 협력적인 관계가 있다.
6. 이러한 통합방법을 운용하는 기업의 능력은 기업간 상호관련성을 어떻게 조정할 수 있는가에 달려 있다.
7. 통합방법에 따라서 차이가 있다고 해도, 이러한 상호관련성을 조정하는 데에는 두 단계의 절차가 있다. 첫째는 통합방법을 결정하고 핵심역량이 이전될 수 있게끔 적절한 분위기를 조성하는 것이다. 두 번째 단계는 경쟁우위를 높이며 가치를 창출할 수 있도록 핵심역량을 실제로 경영에 응용하는 것이다.
8. 가치창출이 실현되기 위해서 인수 후 상황을 살펴보며 통합의 속도와 방법을 조정해 나가는 진화과정으로 보아야 한다.
9. 인수합병은 기업들이 새로운 전략을 추구하도록 도와줄 뿐만 아니라 새로운 핵심역량을 배울 수 있는 기회도 제공한다.
10. 통합과정 이후에 기업들은 인수합병의사결정 그 자체에서 벗어나 통합된 경영활동의 네트워크를 어떻게 운영할 것인지로 초점을 바꾸어야 한다.

출처: Haspeslagh and Jemison, *Managing Acquisitions*, The Free Press, 1991, p. 15.

는 다음 두 가지 측면이 균형을 이루어야 한다. 첫째로 인수합병을 통해 규모와 경제성을 창출하기 위해서는 양 기업 간 경영자원의 공유와 핵심역량의 활발한 이전이 필요하다. 이러한 규모와 범위의 경제성을 살리려면, 통합과정이 빠른 시일 내에 종결되어야 한다. 그러나 동시에 인수된 기업의 핵심역량을 보호하려면 어느 정도의 조직 차원의 자율성을 보장해야 한다. 예를 들어, Electrolux는

Zanussi가 기본적으로 기술력이 있는 회사라고 판단하고, Zanussi의 핵심역량을 보존하기 위하여 노력하였다. 따라서 기업인수합병은 인수과정을 살펴보면서 통합의 속도를 조절하는 진화론적인 접근이 필요하다고 한다. **예시 9-1**은 Haspeslagh와 Jemison이 연구한 기업인수합병 시 유의사항을 정리한 것이다.[6]

05 〉〉 결론 및 요약

본 장에서는 현재 한국기업들이 적극적으로 해외에서 벌이고 있는 기업인수합병의 목적을 살펴보고 해외기업인수합병을 성공적으로 수행하기 위한 전략에 대해서 살펴보았다. 기업들이 해외기업인수합병을 하는 주된 이유는 신설투자의 형태로 진입할 경우에는 많은 시간과 노력이 드는 데 반해, 인수합병을 통한 시장진입은 상대적으로 빨리 이루어질 수 있기 때문이다. 외국기업을 인수하면 그 기업이 갖고 있는 영업권이나 브랜드, 유통망, 생산시설을 한꺼번에 습득할 수 있으므로 신속한 시장진입이 가능하게 된다.

또한 해외기업인수합병은 자신에게 없던 경영자원을 획득하기 위해서도 이루어진다. 즉, 한국기업이 현재 절실히 필요로 하는 신기술과 해외시장에서의 유통망을 확보하기 위해서 기업인수합병이 활발하게 일어난다고 볼 수 있다. 그 밖에도 해외인수합병은 성숙한 사업에 진입하거나 산업 자체의 리스트럭처링을 위해서도 활발히 이루어지고 있다.

그러나 해외기업인수합병은 상당히 위험도가 크며 성공하는 기업보다는 실패하는 기업의 수가 더 많은 것이 사실이다. 본 장에서는 성공적인 해외인수합병을 위해서 인수대상의 선정과 협상에서부터 전략적인 안목을 갖고 임해야 한다는 점, 인수통합과정의 실패가 해외인수합병의 성공 여부에 결정적인 역할을 한다는 것을 살펴보았다. 성공적인 해외기업인수합병을 위해서는 전문가로 구성된 해외기업 인수합병팀을 구성하고 인수대상과 자사와의 전략과의 적합성을 면밀하게 비교한 다음 정확한 자산가치를 평가하여 인수가격을 결정해야 한다.

사례

case

LG전자의 Zenith 인수[7]

LG전자는 1958년 설립된 한국 최초의 가전제품 제조회사 금성사를 모태로 하고 있다. 금성사는 진공관 라디오, 선풍기, 전화기, 냉장고 등을 생산하면서 입지를 다졌고, 1966년에는 국내 최초로 흑백TV를 생산하는 데 성공했다. 1968년에는 뉴욕에 최초로 지사를 설립해 해외진출의 거점을 마련하였고, 1978년에는 해외지사가 8개로 늘어났고 뉴욕에 현지판매법인을 설립해 미국 내 독자적인 판매망을 형성하였으며, 금성사는 그 해 수출 1억 달러를 달성할 수 있었다.

그러나 미국이 수출자율규제를 강화하자 수출이 40% 이상 감소하게 되었다. 이에 대해 금성사는 1981년 미국 Alabama주 Huntsville에 공장을 설립하여 현지 생산을 시작하였고, 그 결과 0.8%였던 미국 컬러TV 시장점유율이 1986년에는 2%대로 높아졌다.

Zenith는 1918년에 설립된 미국의 가전회사로 1995년 당시 미국가전시장에서 10%의 점유율을 보유하여, 16%의 RCA와 12%의 Magnavox에 이어 3위를 기록하고 있었다. Zenith는 미국, 멕시코 등지에 연간 4백만 대 규모의 컬러TV를 생산할 수 있는 설비를 갖추고 있었으며, 셋톱박스, 브라운관 등 핵심특허를 다수 보유하고 있었다. 그러나 그 당시 LG전자를 비롯한 아시아 기업들과의 경쟁이 심화되자 Zenith의 경영은 급속도로 악화되어, 수차례 구조조정에도 불구하고 적자를 면하지 못하고 있었다.

LG전자는 금성사 시절이던 1976년, OEM 방식으로 라디오를 생산하면서 Zenith와 관계를 맺었고 그 이후에도 두 회사는 부품공급, 완제품 조립의 분야에서 긴밀한 관계를 유지하여 왔었다. Zenith의 경영이 악화되고 연구개발에 필요한 자금이 부족하게 되자 때마침 선진국 업체와의 기술제휴를 모색하고 있던 금성사는 Zenith의 주식 5%를 1,500만 달러에 매입했고, 이후 두 회사는 HDTV의 공동개발에 착수하게 되었다. 금성사는 10명의 연구진을 Zenith에 파견하여 HDTV 개발에 착수하는 한편, 당시로서는 Zenith만이 보유하고 있던 완전평면 브라운관Flat Tension Mask; FTM기술을 사용하여 TV를 생산하였다.

그러나 Zenith이 경영실적이 좀처럼 회복되지 않자 1995년 5월 Zenith는 구자홍 LG전자 사장에게 인수제의를 하게 되었다. 당시 한국기업들은 적극적인 세계화전략을 추진하고 있었다. 현대전자가 Maxter를 인수하고 삼성전자가 AST Research를 인수하자, LG전자 역시 해외인수합병을 시도해야 한다는 무언의 압박을 느끼고 있었다. 때마침 Zenith가 매각의사를 밝히자, 인수 협상은 속전속결로 진행되어 약 2개월 후인 1995년 7월, LG전자는 3억 5,000만 달러를 투자하여 Zenith의 지분을 57.7%로 늘리고 경영권을 확보하게 되었다. 당시 이헌조 LG전자 회장은 3년 이내에 Zenith의 경영을 정상화 할 수 있을 것이라고 자신했고, 구자홍 LG전자 사장 또한 인수효과를 낙관적으로 전망했다.

Zenith와 LG전자의 시장점유율을 합하면 업계 2위인 Magnavox와 동등한 위치를 점할 수 있게 되며, 생산능력 또한 NAFTA 역내 최대인 연간 6백만 대 규모로 증가한다는 것이 LG전자의 예측이었다. 또한 LG전자는 Zenith의 우수한 기술력과 브랜드 가치, 인적 자원 등이 인수의 시너지 효과를 낼 것이라고 예상했다. 특히 Zenith가 가진 HDTV에 대한 원천특허는 또 다른 매력포인트였다. 일부에서는 4년째 적자를 보는 기업이 3억 5,000만 달러의 가치가 있는가에 대해 회의를 가졌으나, 최고경영진이 주도적으로 추진하는 인수합병에 노골적으로 반대를 할 수 있는 분위기는 아니였다.

하지만 LG전자의 낙관적인 예상은 빗나가게 되었다. 실무자들이 Zenith의 공장을 가보니 낙후된 설비와 품질관리에 실망을 넘어 경악할 지경이었다. 비록 LG전자와 오랜 기간 협력해 온 Zenith였지만, LG전자가 단기간에 Zenith의 경영 실상을 파악하는 것은 불가능했다. 인수 첫해인 1995년 Zenith는 9,000만 달러가 넘는 적자를 기록했는데, 이는 LG전자가 예상한 규모의 두 배였다. 수년째 계속되는 적자의 규모를 줄이기 위해 부실자산을 장부상 재고로 처리하고 있었던 것이 발견

CHAPTER9

되었던 것이다. 또한, Zenith의 생산시설은 LG전자의 예상보다 훨씬 노후화되어 있었고 필요 이상의 인력을 생산에 투입하고 있었다. 이후 LG전자는 1996년 대규모 감원을 시행하여 전체 인력의 25%에 달하는 1,175명을 해고했다.

LG전자는 자사가 채택하고 있던 독립채산방식의 사업부전략을 Zenith에 도입하여 성과주의 경영을 시작하였다. 또한 가전산업에서 멀티미디어 산업으로 사업구조를 바꾸어 미국의 케이블TV 업체인 Americast로부터 10억 달러 규모의 디지털 셋톱박스를 공급하는 계약을 체결하기도 했다. 이러한 노력에도 불구하고 미국 TV시장에서의 공급과잉으로 인해 Zenith는 1996년 1억 7,000만 달러, 1997년 3억 달러의 손실을 기록하며 악화일로를 걸었다. 1997년까지 LG전자가 Zenith에 투자한 자금은 7억 3,000만 달러에 달했고, 시간이 지날수록 손실 액수는 커져만 갔다. 결국 LG전자는 1998년 5월 미 법원에 Zenith에 대한 기업회생계획을 신청하여 기존 주식을 모두 소각하고 2억 달러의 채권을 출자전환하여 새로 발행한 주식을 전량 인수했다. 이후 Zenith는 생산시설을 전부 매각하고 연구개발 및 마케팅만을 전문으로 하는 기업으로 바뀌었으며, 모든 생산은 LG전자에서 전담하게 되었다. 1999년까지의 Zenith에 대한 누적 적자는 10억 달러를 넘어 LG전자의 Zenith 인수는 가장 큰 실패사례로 남게 되었다.

LG전자는 한때 Zenith를 디지털제품 전문 브랜드로 이용해 그동안의 손실을 만회하고자 하였으나 Zenith는 디지털제품에 적합한 브랜드도 아니었고 디지털제품시장의 성장도 너무 더디어 큰 성공을 거두지 못하였다. LG전자는 Zenith의 재무구조 개선을 위해 2001년과 2003년에 각각 2억 달러를 추가로 출자하는 등 총력을 기울였지만, 상황은 좀처럼 나아지지 못했다. 2000년대 중반부터 휴대폰과 백색가전에 사용되어 왔던 LG의 자체브랜드가 점차 인지도를 높여가자 결국 LG전자는 Zenith 브랜드의 사용도 중지하게 되었다.

최근 Zenith는 고강도 구조조정을 통해 연구개발 법인으로 거듭난 이후 북미 R&D 거점 기능을 수행하고 있다. 본래 사업영역과 밀접한 스마트TV 기술부터 시작해 스마트홈, 스마트카까지 본사와의 협업 영역도 넓어지고 있다. 과연 Zenith는 실패한 M&A 꼬리표를 떼고 새롭게 도약할 수 있을까?

LG Life's Good

LG의 홈페이지
http://www.lg.co.kr

토 의 과 제

01 LG전자의 Zenith 인수의사결정과 인수 후 통합과정의 장점과 단점에 대해 토의하시오.

02 LG전자의 Zenith 인수 사례가 다른 한국기업들에게 주는 시사점은 무엇인가?

참고문헌

Reference

1 본 사례는 "Brand Challenge," *Economist*, 2002. 4. 6; "Parential Responsibilities," *Economist*, 1990. 9. 8; "Electrolux: The Acquisition and Integration of Zanussi," INSEAD case에 기초하여 작성되었다.

2 H. Singh and C. Montgomery, "Corporate Acquisition Strategies and Economic Performance," *Strategic Management Journal*, 1987, pp. 377~386.

3 M. Porter, "From Competitive Advantage to Corporate Strategy," *Harvard Business Review*, 1987 참조.

4 F. M. Scherer and D. Ravenscraft, Mergers, *Sell-offs and Economic Efficiency*, Washington, DC, 1987.

5 Phillipe Haspeslagh and David Jemison, *Managing Acquisition: Creating Value through Corporate Renewal*, Free Press, 1991.

6 인수합병전략에 대한 보다 자세한 논의는 저자의 M&A전략(박영사, 2004)를 참고.

7 본 사례는 저자의 한국기업의 글로벌경영사례집(박영사, 1999년)에 게재된 "사례 6 LG전자의 ZENITH 인수" 사례에 기초하여 작성되고 수정 · 보완되었다.

CHAPTER9

03

PART

글로벌기업의 경영관리

Global Business Management

Chapter10

글로벌기업의 조직구조와 인적자원관리

Chapter11

글로벌제품개발과 마케팅활동의 조정

Chapter12

생산 및 연구개발활동의 세계적인 배치와 조정

Chapter13

글로벌경영활동의 재무적 · 회계적 통제

Chapter

10 글로벌기업의 조직구조와 인적자원관리

C/O/N/T/E/N/T/S

ABB는 어느 특정 지역에 본부를 두지 않는다. 우리는 국가별로 존재하는 많은 기업들이 모여 세계적으로 운영되는 기업들의 연합이다. 우리 본사는 스위스 취리히에 있지만 단 100명만이 그 본사에 일하고 있을 뿐이다. 나는 스웨덴인이지만, 우리 본사는 스웨덴에 있지도 않고 8명의 상임이사 중 2명만이 스웨덴인일 뿐이다. 아마도 우리는 미국기업일지도 모른다. 우리는 모든 재무제표를 영어로 작성하고 영어가 ABB의 공식언어이다. 앞서 내가 ABB에 대해 말한 점들은 모두 맞기도 하나 다 틀리기도 하다. 우리는 집이 없는 떠돌이가 아니다. 우리는 세계 방방곡곡에 집이 있는 기업이다.

– Asea Brown Boveri의 전 회장 Percy Barnevik.

사례

case

ABB의 글로벌조직구조[1]

ABBAsea Brown Boveri는 전기·모터·발전기, 자동설비와 같은 산업용전기기계분야에서 선세계적으로 수위를 차지하고 있는 글로벌기업이다. ABB는 선세계적으로 100개 이상의 국가에 진출하면서 10만여 명의 종업원이 근무한다. ABB는 또한 거대한 글로벌기업조직을 가장 효율적으로 운영하는 기업으로 평가받고 있다.

ABB는 1987년 중전기분야의 거대기업인 스웨덴의 Asea와 스위스의 Brown Boveri의 합병으로 탄생하였다. 스웨덴의 Asea와 스위스의 Brown Boveri는 각각 100년 이상의 역사를 지닌 기업으로서, 산업용모터, 발전기와 같은 중전기분야에서 유럽을 주요 시장으로 활동을 벌여 왔던 유서

그림 10-1 ABB의 지역별 매출현황 (단위: 10억 달러, 괄호 안은 %)

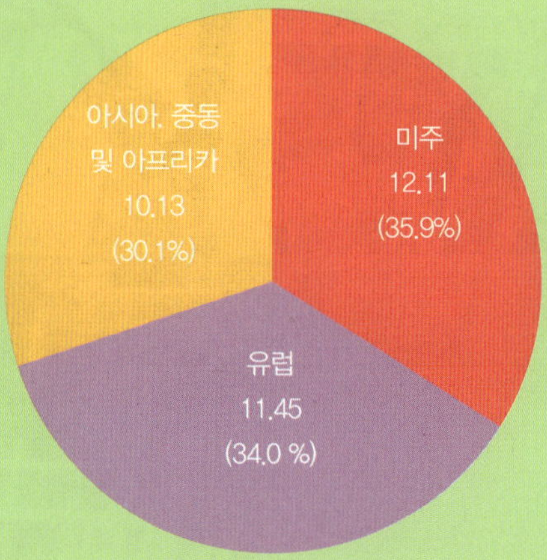

출처: ABB의 연차보고서, 2024년 기준

깊은 기업이었다. 중전기산업은 주요 고객인 정부에게 발전소용 터빈이나 모터, 그리고 발전기를 납품하는 사업이 주를 이뤘다. 그러나 유럽 각국 정부의 산업규제와 기술표준이 상이하기 때문에 유럽의 중전기산업은 국가별 산업multidomestic industry의 대표적인 형태를 띠었다. Asea는 스웨덴을 중심으로 북유럽에서 높은 시장점유율을 보이고 있었고, Brown Boveri는 프랑스와 스위스, 그리고 이탈리아와 같은 남유럽과 미국에서 보다 큰 매출을 보이고 있었다. 이러한 산업의 특징을 바탕으로 이들 두 기업은 1960년대와 1970년대까지만 해도 별다른 어려움 없이 경영해왔다.

그러나 국가별로 존재하였던 중전기산업은 미국기업과 일본기업들이 본격적으로 유럽시장에 진출하면서 구조적인 변화를 보이기 시작하였다. 미국의 GE와 같은 중전기산업의 거대기업들은 미국의 거대한 내수시장을 바탕으로 규모의 경제를 활용하여 유럽시장 진출을 적극적으로 시도하였다. 또한 일본의 Hitachi, Toshiba, Mitsubishi Electric 역시 일본시장과 미국시장을 중심으로 한 규모의 경제를 활용하면서 유럽시장으로 적극적인 진출을 시작하였다. 이와 같이 글로벌기업들과의 경쟁이 가속화되는 동시에 유럽통합에 따른 국가별 규제가 없어지고 산업표준이 통일됨에 따라, 유럽에 있는 중전기산업의 기업들 역시 이러한 환경변화에 적극적으로 대응할 필요성을 절실히 느끼기 시작하였다.

1987년 Asea와 Brown Boveri가 합병에 의하여 ABB로 재탄생한 것은 이와 같은 글로벌 경쟁 압력에 효과적으로 대응하기 위해서였다. ABB는 자신이 갖고 있는 역사적인 배경으로 인하여 독자적으로는 빠른 시일 내에 글로벌화하기 어렵다는 것을 깨닫고 합병을 통해서 과거의 역사와의 단절을 꾀한 것이다. ABB는 새로운 기업문화의 창출과 새로운 기업전략의 추구, 새로운 조직구조를 시도하였다. 합병 당시 6만 5천 명의 종업원을 갖고 있었던 Asea와 8만 5천 명의 종업원을 갖고 있었던 Brown Boveri는 전세계 140여 개국에 850여 개의 자회사를 갖고 있었다. ABB는 1988년 합병을 한 첫해에 178억 달러의 매출액과 5억 3,600만 달러의 순이익을 기록하였다.

합병된 ABB는 그 당시 46세였던 Percy Barnevik을 회장으로 임명하였다. Barnevik은 합병 직후 영어를 공식언어로 채택하였고 모든 회계장부를 미국 달러화로 통일시켰다. 그리고 합병된 후 기업의 본사를 스위스의 Zurich로 이전했으나 스위스기업이라는 인상을 주지 않도록 본사의 직원을 100명 정도의 규모로 제한하였다. Barnevik이 가장 먼저 시도한 정책은 기존의 Asea와 Brown Boveri의 공장을 합리화시켜 규모의 경제를 활용하기 위하여 소규모의 공장을 폐쇄하고 생산시설을 집중하는 것이었다. 이와 같이 Barnevik은 먼저 ABB의 기존의 사업구조를 합리화한 다음 적극적인 해외인수합병과 합작투자를 전개하였다.

Barnevik은 중전기산업이 규모의 경제 효과가 매우 크면서 동시에 기술집약적인 산업임을 인식하고, 동시에 주요 고객인 각국 정부의 수요에 민첩하게 대응해야 할 필요성을 느꼈다. 따라서 Barnevik이 전개한 글로벌전략은 수출을 통해서 전세계시장을 침투하는 것이 아니라 인수합병과 합작투자를 통해 그 국가에 진출하여 현지화하는 것이었다. ABB는 독일의 AEG로부터 증기터빈사업을 인수하였고, 독일의 Siemens와는 발전소부문의 합작투자를 실시하였다. 또한 영국에서는 BRE를 인수하였고, 1989년에는 미국의 Westinghouse의 발전설비와 송전설비사업과 Combustion Engineering을 인수하였다. ABB는 새로운 회사로 출발한 지 만 3년도 되지 않아 100건 이상의 인수합병과 합작투자를 통하여 단지 유럽시장에서만의 거대기업이 아니라 전세계시장에서 활동하는 글로벌기업으로 재탄생하였다.

ABB는 Barnevik이 회장으로 있던 1988년부터 1996년까지 전세계적으로 140여 개 국가에 위치한 1,300여 개의 자회사를 보유한 다국적기업으로 성장하였다. 1996년 당시 총 16만여 명의 종업원을 가졌던 ABB는 이러한 방대한 규모로 성장한 조직을 효과적으로 운영할 수 있는 조직구조를 모색하기 시작하였다. Barnevik은 중전기산업에서 높은 경영성과를 올리기 위해서는 여러 가지 상충되는 요구들을 모두 만족시켜야 한다는 점을 인식하였다. 그는 ABB가 성공적인 기업이 되기 위해서는 먼저 글로벌기업인 동시에 현지화된 기업이어야 하고, 거대기업인 동시에 민첩한 기업이어야 하며, 또한 분권화와 중앙집권적인 통제시스템을 겸비한 기업이 되어야 한다고 생각하였다.

ABB는 규모의 경제 효과가 상당히 큰 중전기산업의 성격상 부품을 집중생산하고, 조립공정에서도 규모의 경제를 가능한 한 최대한으로 활용해야 효과적으로 비용을 낮출 수 있었다. 동시에 중전기산업의 또 다른 특성상 ABB는 가능하면 최대한으로 현지화된 기업이어야만 하였다. 왜냐하면 주요 고객들이 현지국정부였기 때문에 현지상황에 맞는 제품을 제작하여 현지에 가장 적합한 방법으로 판매하고 동시에 뛰어난 인재들을 확보하기 위해서도 현지화를 이루어야 했기 때문이다.

또한 ABB는 거대기업인 동시에 작은 기업이 되려고 노력하였다. 대기업은 대규모 기술과 설

그림 10-2 매트릭스조직의 기본개념

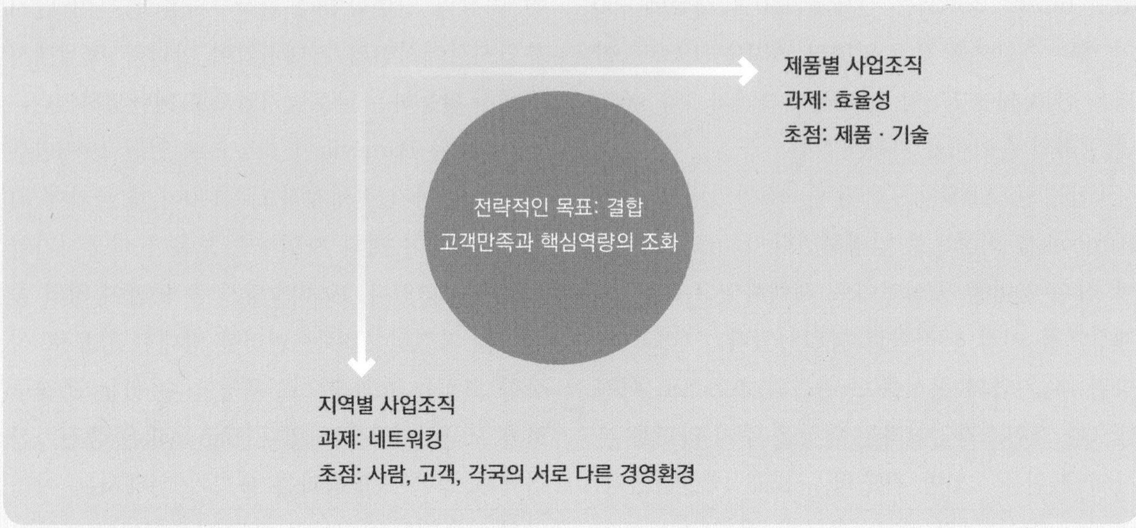

비투자면에서는 소규모기업보다는 유리하지만 의사결정이 늦고 관료화되기 쉽다는 결점이 있다. 그에 반해 소규모기업은 빠른 의사결정이 가능하며 기업가정신을 충분히 발휘할 수 있다는 장점이 있다. ABB는 중전기분야에서 성공적인 기업이 되기 위해서 대기업의 장점과 소기업의 장점을 복합적으로 활용할 수 있는 기업이 되어야 할 필요성을 절실히 느꼈다. 또한 기업활동을 현지화하고 소기업의 장점을 활용하기 위해서는 해외자회사를 중심으로 적극적으로 분권화하여야 하며, 동시에 글로벌화된 대기업의 장점을 갖기 위해서는 중앙집권적인 통제가 필요했다.

이와 같이 ABB는 글로벌화된 기업이면서 동시에 현지화되고, 대기업의 이점을 살리면서 동시에 소규모기업의 신속함을 갖추며, 또 분권화된 동시에 중앙집권적이라는 상충적인 기업특성들을 만족시키기 위해서 기존의 조직을 매트릭스조직으로 재구성하였다. 이를 위해서 ABB는 전세계 140여 개국에 평균적으로 200여 명의 종업원을 가진 1,300여 개의 자회사를 구성하였다. 또한 이들 자회사는 평균적으로 50여 명의 종업원을 가진 4,500여 개의 독립된 사업부로 나누어졌다. 즉, ABB는 한 나라에서도 독립적인 사업분야를 가진 여러 개의 자회사를 가졌다. 실제 한국에서도 ABB는 여러 개의 독립적인 자회사를 운영하고 있다.

매트릭스조직의 한 축은 제품별 사업부로서 ABB의 주요 사업분야를 제품·기술 초점에 따라 65개의 사업본부로 나누었다. 이를테면 ABB가 참여하고 있는 운송장비, 발전소설비, 송전시설, 공해방지시설, 내전설비, 엔지니어링 서비스, 또한 금융서비스와 같은 독립적인 제품별 사업부가 탄생하였다. 또한 다른 한 축은 크게는 아시아, 북미, 유럽과 같은 지역과 그 밑으로 세분된 국가별로 나누어진 지역별 사업부로 조직하였다. 이렇게 두 개의 큰 축으로 조직을 나눈 다음, 두 개의 축이 교차하는 영역에 위치한 1,300여 개의 개별 자회사를 아주 작고 현지화되어 있으며 분권화된 조직의 기본적인 구성단위로 만들었다.

ABB는 이렇게 현지화된 소규모이며 분권화된 자회사들을 효과적으로 통제하는 매트릭스구조를 통해서 글로벌화되고 거대하며 중앙집권적인 통제를 갖고 있는 조직으로 재구성하였다. 조직의 구성단위인 사업부를 철저하게 현지화되고, 소규모이며, 분권화된 사업단위로 쪼갠 다음, 이들 사업단위를 효과적으로 통제할 수 있는 글로벌한 조직구조를 운영함으로써 기업 전체적으로는 글로벌화되어 있고, 대규모이며, 동시에 중앙집권적인 통제를 가능하게 한 것이었다(**그림 10-2** 참고).

이러한 매트릭스조직을 이해하기 위하여 **그림 10-3**에 있는 예를 보기로 하자. 스위스에서 고압전류스위치를 만드는 사업부장인 Joe Dürr는 두 명의 상급자에게 보고를 해야 했다. 먼저 제품별로는 전세계적으로 고압스위치사업을 총괄하는 Anders Larsson에게 보고했다. 동시에 Joe Dürr는 스위스 국내에 있는 모든 송전시설에 관련된 사업들을 담당하고 있는 Wily Roos에게 보고를 했다. 또 Larsson과 Roos는 모두 전세계적으로 모든 송전시설에 대한 책임을 지고 있는 Göran Lindahl의 통제를 받았다. 동시에 Roos는 스위스의 모든 사업을 담당하고 있는 Edwin Somm의 통제를 받고 있었다. 이와 같이 ABB의 매트릭스조직의 가

그림 10-3 ABB의 매트릭스조직의 실례(1992년 당시)

출처: Harvard Business School Case 9-192-139.

장 근본적인 구성단위는 Joe Dürr와 같이 스위스라는 하나의 국가에서, 고압전류스위치라는 하나의 사업을 담당하는 작은 사업단위였다. 이들 작은 사업단위들이 한편에서는 Larsson, Lindahl에 이르는 제품별 사업부의 구성조직을 따라 전세계적으로 제품별로 적합한 전략을 추구하게 되며 또 한편으로는 Roos, Somm에 이르는 지역별 사업부를 통해서 스위스 국내에서의 매출극대화를 위하여 노력을 하게 되었다. 이처럼 매트릭스조직을 구성하면 제품단위와 국가시장을 동시에 효과적으로 통제할 수 있으리라 기대했다.

위의 예에서 알 수 있듯이 매트릭스조직에서 제품별 사업부장과 지역별 사업부장은 각각 서로 다른 역할을 분담하여 수행하고 있었다. Lindahl과 같은 제품별 사업부장은 송전사업설비에 있어서 전세계적인 경영성과에 책임을 지며 동시에 송전사업분야에서 전세계적으로 제품개발전략을 수립하여 연구개발에 얼마나 투자할 것인가를 결정하였다. 즉, 제품별 사업부장은 부품을 통합적으로 구매하며 제품에 대한 가격결정과 조정기능을 수행하였고 생산량을 각 공장에 할당하였다. 또한 기술이전과 개별사업단위의 철수 또는 신규사업진입과 같은 주요 의사결정을 담당하였다. 이와 같이 제품별 사업부는 주로 기술, 연구개발, 생산, 구매와 같은 활동부분을 글로벌하게 통합하고 조정하는 역할을 담당하므로 주로 상명하달식 topdown전략을 구사하였다.

반면, 지역별 조직의 주요 목적은 현지의 경제·사회환경과 네트워킹을 하는 것으로서, 고객의 수요를 충족시키고 현지 인력을 효과적으로 관리하는 등 현지경영에 대한 책임을 지는 것이었다. 지역별 조직은 하의상달bottomup전략을 구사하며, 현지의 기본적인 사업단위를 시작으로 하여 점차 기업의 상층으로 정보가 흘러가도록 하는 역할을 수행하였다.

만일 서로 다른 운영원리에 따라 움직이고 있는 제품별 조직과 지역별 조직 간에 상충되는 의견이 있을 경우에는 기업운영위원회Executive Management Committee라는 ABB의 가장 최상부에 위치한 운영위원회에서 조정을 하였다. 앞서 본 **그림 10-3**에서 Somm와 Lindahl은 기업운영위원회에 참여하는 ABB의 중역이었다. Somm는 스위스의 모든 사업을 관리하는 최고위 지역관리자이며 Lindahl은 전세계적인 송전설비사업을 관장하는 최고위제품별 사업관리자였다. 만일 이들간에 충돌이 생겼을 경우 기업운영위원회에서 조정을 통해 해결하도록 하였다.

ABB가 복잡한 매트릭스로 조직화되어 있으면서도 효과적인 운영이 가능하리라고 생각한 것은 조직 전체를 총괄하는 ABACUS라는 경영정보시스템을 갖추고 있기 때문이었다. ABACUS는 실제 경영성과를 한눈에 알아볼 수 있는 종합적인 정보시스템으로서 4,500개의 개별사업단위의 성과를 매달 수집하여 목표치와 실제달성치 간의 차이를 손쉽게 볼 수 있게 하였다. 또한 이들 개별사업단위의 성과를 좀 더 큰 제품단위, 사업부단위, 제품별 사업부단위 또는 각각의 국가단위나 지역단위로 손쉽게 통계를 낼 수 있는 시스템이었다. 따라서 기업에 있는 최고경영자들이나 중역들은 이러한 ABACUS 시스템을 통해서 어느 국가의 어느 사업부가 성과목표에 미달하고 있으며 왜 그러한 결과를 초래했는지를 한눈에 알아볼 수 있었다. 위에서 살펴본 것처럼 만일 제품별 조직과 지역별 조직 사이에 의견충돌이 있을 경우에 단순히 힘에 기초해서 조정을 하는 것이 아니라 ABACUS가 제시하는 정확한 수치에 근거해서 분쟁을 해결하기 때문에 문제를 신속하게 해결하면서도 불필요한 감정대립을 줄일 수 있었다. ABB가 전세계 140여 개 국가에 4,500개의 사업부로 구성된 1,300여 개의 분권화된 회사를 운영하면서도 동시에 글로벌한 통제가 가능했던 것은 ABACUS와 같은 중앙집권적인 정보시스템이 있었기 때문이었다.

이와 같이 매트릭스조직으로 운영되는 ABB는 특히 상층부에 있는 경영자일수록 전통적인 경영자와는 다른 경영마인드를 요구했다. Barnevik은 효과적인 경영자의 자질을 다음의 세 가지, 리더십을 갖고 있는 사람, 조직 내의 커뮤니케이션이 가능한 사람, 단호한 의사결정을 내릴 수 있는 사람으로 꼽고 있었다. Barnevik은 1년에 200일 이상 해외출장을 다니며 자동차나 비행기에서도 계속해서 전세계에 있는 주요 관리자들과 지속적인 커뮤니케이션을 하고 있다. 그는 농담으로, "나는 항상 여행을 하지만 적어도 일주일에 이틀은 사무실에 있습니다. 그 이틀이 토요일과 일요일이지요"라고 말하곤 하였다.

Barnevik은 중역에게도 자신과 마찬가지로 일할 것을 요구하였다. Barnevik의 말을 빌리면

> "중역이 될 사람은 위험을 적극적으로 부담하고 팀플레이어이며, 또한 지도자로서 다른 사람들에게 동기부여를 할 수 있는 사람이어야 합니다. 우리는 슈퍼스타가 될 사람들을 찾고 있습니다. 슈퍼스타란 발빠르게 움직이며, 기술적 능력을 갖추고, 뛰어난 경영감각을 지닌 사람으로서 다른 사람들을 이끌어 갈 수 있는 리더십을 가진 사람을 말합니다."

Barnevik은 또한 ABB의 중역들이 업무를 관장하며 동시에 빠른 의사결정을 할 것을 강조하였다. Barnevik은 다음과 같이 말하였다.

> "의사결정을 하지 못하고 시간을 낭비하는 것처럼 나쁜 것은 없다. 내가 과거 잘못된 의사결정을 되돌아보건데, 열 번 중에 아홉 번은 내가 의사결정을 늦게 했기 때문에 나타난 잘못된 결과들이다. 천천히 그리고 조심스럽게 의사결정을 하기보다는 완벽하지는 않더라도 빠른 의사결정을 하는 것이 훨씬 더 낫다. 완벽한 해결책을 찾기 위하여 시간을 낭비하기보다는 열 번 빠른 의사결정을 해서 열 번 중에 일곱 번은 성공하고 세 번은 실패하는 것이 훨씬 더 올바른 의사결정이다."

그러나 ABB가 1년에 200일 이상의 출장과 단호한 의사결정과 같은 것들을 16만 명에 달하는 모든 종업원에게 강요하는 것은 아니었다. 오히려 Barnevik은 대부분의 종업원들은 글로벌화된 안목을 갖고 있을 필요조차 없다고 강조하였다. 대부분의 종업원들은 현지화되어 있고 소규모이며, 또한 분권화되어 있는 작은 사업단위에서 일을 하고 있었다. 그들은 그 국가에 있는 개별사업단위의 성과에만 신경쓰면 되고 그 밖에 다른 지역이나 다른 제품에 대해서는 신경을 안 써도 좋다고 판단되었다. 다만 점차 관리자로 승진하여 좀 더 많은 사업단위를 총괄하기 위해서는 글로벌한 안목을 길러야만 했다. 즉, ABB의 인사정책의 기본원리는 글로벌전략을 추구하며 또한 글로벌한 규모의 조직을 통제하고 관리하는 역할을 소수의 중역에게 부담지우며, 대부분의 직원들에게는 현지의 개별사업단위에 집중할 것을 요구하였던 것이었다.

그림 10-4 ABB의 주가변동추이 (단위: 스위스 프랑)

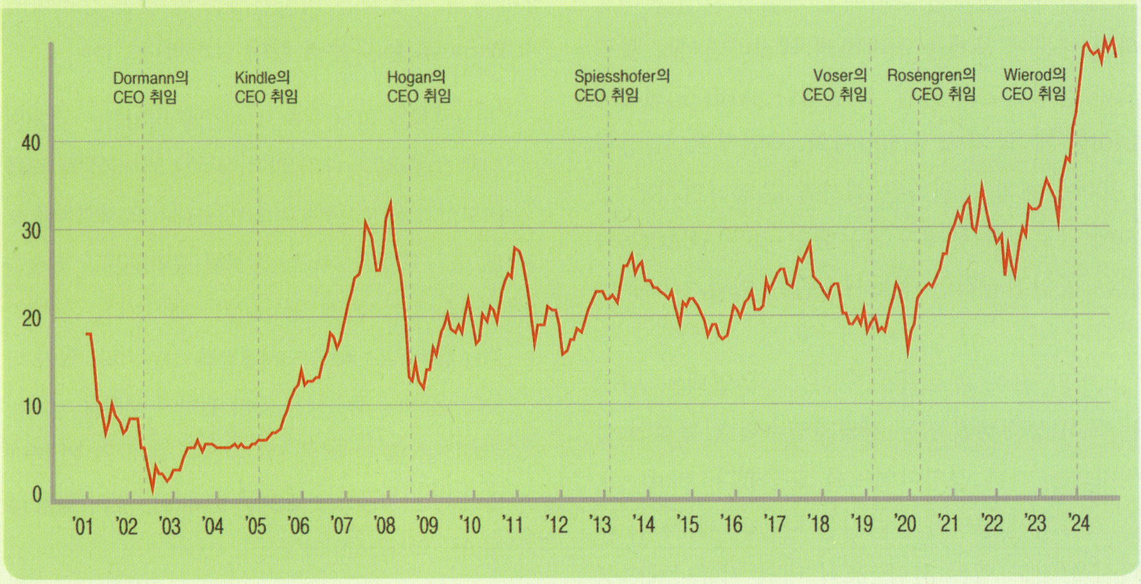

출처: ABB 홈페이지

또한 ABB는 인사관리 측면에서 국적을 상관하지 않는 것으로 유명하였다. ABB는 관리자를 임명할 때 그가 어떤 여권을 가졌는지 상관이 없다고 말했다. 즉, 특정한 업무에 가장 적합한 사람이 있으면 국적을 불문하고 그 사람을 기용하는 정책을 쓰고 있었다. ABB 조직의 상층으로 올라가는 사람들은 국적과는 관계없이 글로벌화된 안목을 갖고 있고 Barnevik처럼 1년에 200일 이상 출장을 다녀도 건강을 유지할 수 있으며, 또한 과감하고 단호한 의사결정을 내릴 수 있는 사람이기 때문에 중역으로 기용된 것이었다.

그러나 ABB는 1996년 Percy Barnevik이 은퇴하고, Goran Lindahl이 회장직을 승계하면서 흔들리기 시작하였다. Lindahl은 취임사에서 그 동안 계속 취해왔던 전략과 조직을 승계하여, 성장의 주안점으로 이미 정체된 미국과 유럽을 벗어나, 빠르게 성장하는 신흥시장으로 진출할 것을 천명하였다. 하지만 이러한 신흥시장 진출전략은 1997년 외환위기로 아시아를 비롯한 신흥시장이 무너지자마자 타격을 입기 시작하였다. 또한, ABB의 고객들이 ABB 제품을 사도록 금융서비스를 제공했던 사업부문에서 현금회수가 제대로 이루어지지 않자, 현금조달 및 운용에 큰 차질이 생겼다. 더욱이 1989년 Barnevik 시절 인수했던 미국의 Combustion Engineering에서 만든 제품에 사용하였던 석면이 인체에 해롭다는 사실이 밝혀지면서, ABB는 제조물책임보상소송product liability suit에 시달리게 되었다. ABB는 소비자보상을 위해 무려 13억 달러를 마련했음에도 불구하고, 십만 명이 넘는 소송자들에게 다 배상을 해줄 수 없었다. 결국 Combustion Engineering은 2003년 2월 법정에 파산신청을 하기에 이르렀다.

이와 같이 ABB가 여러 가지 어려움에 시달리게 되면서, 그동안 ABB를 이끌어 왔던 매트릭스

그림 10-5 ABB의 2003년 조직구조

조직도 와해되기 시작하였다. 매트릭스조직의 장점은 제품별 조직과 지역별 조직의 장점을 함께 취하는 것이다. 그러나 Barnevik의 은퇴 후, Lindahl이 전임자와 같은 카리스마를 갖지 못하고, 계속된 불운과 스캔들에 시달리자 매트릭스조직의 단점이 부각되기 시작하였다. 분권화된 조직에서 발생하는 중복투자가 만연해지고, 각국의 자회사끼리 가격경쟁을 하는 사례가 빈번하게 발생했다. 또한, 예전에는 없었던 제품별조직과 지역별 조직 간의 이해갈등이 자주 발생하게 되었다.

2000년 10월, ABB의 성과가 악화됨에 따라 Lindahl은 사임압력에 굴복하게 되었고, Jurgen Centerman이 약 2년 동안 ABB를 회생시키는 노력을 기울였으나 허사였다. 결국 2002년 9월 무너질 조짐이 보이는 ABB에 독일의 Hoechst의 회장을 역임했던 Jurgen Dormann이 신임회장으로 부임하였다. Dormann은 투자자의 신뢰를 회복하는 일련의 조치와 함께 ABB를 유명하게 만든 매트릭스조직을 포기했고, 전통적인 글로벌 제품별 사업부 조직으로 개편하였다. 새로운 조직구조에서 ABB는 크게 ABB는 전력사업부문과 자동화기술부문의 두 개의 사업부로 나누어졌고, 각각의 사업부문에 6개의 사업부가 있는 단순한 제품별 사업부조직으로 탈바꿈했다(그림 10-5 참조). 그리고 Barnevik 시절 인수합병으로 다각화한 사업부들인 석유, 가스, 화학사업부, 금융사업부, 석면문제를 일으켰던 Combustion Engineering을 매각하기로 결정하였다.

매트릭스조직을 포기했던 것처럼 시대의 변화에 적응하기 위한 ABB의 노력은 현재진행형이다. ABB는 모태사업인 전력망 사업부 대부분을 2018년 일본의 Hitachi에 매각했다. 이는 ABB가

그림 10-6 ABB의 조직구조

출처: ABB 홈페이지, 2025년 기준

향후 디지털 사업에 집중하기 위한 전략적 선택이었다. 2025년 현재 ABB는 전력화, 프로세스 자동화, 전동기, 로봇 및 자동화 총 네 개의 사업부로 나뉘어진 글로벌 제품별 사업부 조직구조를 가지고 있다(**그림 10-6** 참조). 2025년 ABB는 트럼프의 보호무역정책이 가져올 부정적 영향을 우려하여 향후 로봇사업을 분사하겠다고 발표하였다.

Video

ABB CEO와
이사회의장 인터뷰

Video

ABB, 130년의 기술 혁신

Power and productivity
for a better world™ ABB

ABB의 홈페이지
http://www.abb.com

01 〉〉 서 론

본 장의 서두에서 살펴본 ABB의 조직구조 사례는 글로벌기업이 전세계적으로 퍼져 있는 해외사업들을 효과적으로 운영하기 위해서 본사와 전세계에 걸쳐 있는 사업단위를 효율적으로 조직해왔는가를 보여준다. ABB는 전세계에 퍼져있는 거대한 사업을 크게 지역별 조직과 사업부별 조직이라는 두 개의 축으로 구성된 매트릭스조직으로 만들었다. 이 매트릭스조직은 기업 내부관리자로 하여금 각 지역별 특성에 초점을 맞추면서 동시에 글로벌한 기술의 활용에도 관심을 갖게 하는 구조였다. 그러나 ABB의 조직구조 개편은 제품과 지역을 동시에 관리하는 매트릭스조직 실제 운영에는 많은 어려움이 있다는 사실을 보여준다.

본 장에서는 글로벌기업이 취할 수 있는 조직구조의 여러 유형을 살펴본다. 매트릭스조직은 글로벌기업이 선택할 수 있는 여러 조직구조 중 하나에 불과하며 그 밖에도 많은 형태의 조직구조가 있다. 본 장에서는 이러한 조직구조 안에서 본사와 자회사 간에 어떠한 통제와 조정메커니즘을 갖고 있는가를 살펴본다. 한국과 일본을 비롯한 아시아권의 글로벌기업들은 전통적으로 본사의 권한이 강하고 자회사의 권한이 상대적으로 미약하였다. 그러나 해외자회사가 효과적으로 운영되기 위해서는 각 자회사의 성격에 따라서 서로 다른 권한과 책임이 부여되는 것이 필요하다. 본 장에서는 이와 같이 자회사와 본사 간의 근본적인 갈등을 살펴보고 어떻게 하면 본사와 자회사간의 효과적인 통제와 조정관계가 정립될 수 있는가를 살펴본다.

본 장은 또한 글로벌기업이 인적자원을 어떻게 효율적으로 관리할 것인 가를 살펴본다. ABB는 국적과 상관없이 그 직책에 가장 알맞은 사람을 기용하는 정책을 쓰고 있다. 특히 최고경영자를 비롯한 중역들이 장시간 출장을 통해서 조직내부외 커뮤니케이션을 활발히 하고 동시에 빠른 의사결정을 하고 있다. 본 장에서는 이와 같은 글로벌기업에서 효과적인 인적자원관리에 필요한 여러 가지 정책을 살펴보기로 한다. 본 장에서 살펴볼 주제를 요약하면 다음과 같다.

- 글로벌기업의 조직구조의 여러 유형 및 변천과정을 살펴보기로 한다.
- 글로벌기업 안에서 본사와 자회사 간의 효과적인 통제와 조정메커니즘을 살펴

본다.

- 효과적인 글로벌 인적자원관리 정책을 살펴보기로 한다.

02 〉〉 글로벌기업의 조직구조

국제기업의 조직구조

기능별 조직구조

기업의 가장 기본적인 조직구조는 생산, 영업, 총무와 같이 기능별로 분화된 조직구조이다. 이러한 기능별 조직구조에서는 종업원들이 각 기능별로 특화하여 전문화되어 있으며 관리자가 하급직원을 통솔하는 체제로 운영되고 있다. 일찍부터 군대는 현재의 대기업과 비슷하게 조직되었다. 로마시대에는 한 명의 장교가 백 명의 군사를 거느리는 백인장centurion과 같은 제도가 있었다. 즉, 백 명의 군사가 백인장이라는 한 명의 장교에 의해서 효과적으로 통제되는 시스템인 것이다. 군대가 일찍부터 계급에 입각한 위계질서를 갖추게 된 것은 그만큼 군사작전에서의 통제의 필요성을 빨리 느꼈기 때문이다. 전쟁에서 승리하기 위해서는 모든 군사들이 동일한 목표를 향해 함께 공격해야 한다. 병사들이 각자의 판단에 근거하여 움직이는 군대는 오합지졸일 수밖에 없을 것이다.

그러나 체계적인 경제조직이 등장한 것은 근세 이후였다. 과거 봉건시대만 하더라도 모든 생산활동은 기술을 가지고 있는 소수의 수공업자 및 도제제도에 의한 기술의 전수에 의하여 이루어졌다. 과거의 수공업자들에게는 오늘날 기업들처럼 복잡한 조직구조가 필요하지 않았던 것이다. 소수의 수공업자가 얼마 안 되는 도제와 함께 작업을 하는 것만으로도 수요를 감당하기에 충분했기 때문이었다.

그러나 산업혁명의 원동력이 된 증기기관과 통신의 발달로 인하여 대량생산기술이 도입됨에 따라 대량생산시스템을 활용할 수 있는 대규모 기업이 출현하게 되었다. 즉, 산업혁명 이후 철도와 증기기관의 도입에 의해 생산측면에서의 규모의 경제가 더 커지고 대량생산의 이점이 커짐에 따라 기업들은 한 공장에서 많은 종업원을 고용하여 생산을 하고 전국적으로, 더 나아가서는 전세계시장에서 제품을 판매하는 체제가 대두되었다. 이와 같이 기업의 규모가 커지기 시작하고 많은 사람들이 한 조직 내에서 함께 일을 해야 될 필요성이 제기되면서 나타나게 된 조직구조상의 혁신이 위계질서 구조이다. 기계를 움직이려면 많은 사람들이 필요하고 따라서 이러한 많은 종사자들을 효과적으로 운용하기 위한 공장관리자들이 나타나게 되었다. 또한 기업들이 경쟁기업과 효과적으로 경쟁하기 위해서 그전까지 독립적인 상인들을 통해 판매하던 형태를 떠나 자체적인 마케팅조직을 만들었다. 원자재 역시 상인들로부터 공급받던 체제에서 자체적인 구매부서를 통해 직접 구매하기 시작하였다.

이와 같이 산업혁명 이후 통신 및 운송수단의 발달과 증기기관의 발명에 의한 대량생산시스템이 발전하게 됨에 따라 기업들은 각 기능별로 분화를 하게 되었고 그 각각의 기능을 책임지는 책임자 역할이 나타나게 되었다. 구매부, 생산부, 마케팅부, 금융관리부와 같은 전문기능부서들이 나타났고 이러한 기능부서들을 최고경영자가 총괄하는 체제로 바뀌었다. 이와 같이 기업규모가 커짐에 따라서 그 기업조직에서 일하는 사람들이 기능별로 전문화되는 현상이 일어난 것은 다음의 두 가지 큰 이점 때문이다.

첫째, 조직원들을 각 기능별로 전문화시킴으로써 전문화specialization의 이점을 가질 수 있다. Herbert Simon은 인간의 정보처리능력의 한계 때문에 이 같은 위계질서적 구조hierarchical structure가 나타난다고 설명하였다. 사람의 정보처리능력과 기억력은 한계가 있을 뿐만 아니라 여러 가지 작업을 동시에 수행하기에도 부족하다. 따라서 기업규모가 커짐에 따라 종업원들을 영업, 생산, 재무관리와 같은 각각의 기능별로 전문화시킴으로써 작업의 효율성을 한층 더 높일 수 있게 되었다.

Video

How Apple Is Organized for Innovation

둘째, 조직구조의 효율성은 이러한 전문화된 개인을 서로 연결하고 조정coordination하는 관리기능이 있기 때문에 나타난다. 만일 대규모기업에 속한 종업원들이 전문화된 직업만 수행한다면, 이런 전문화된 업무를 수행하는 사람들에게 적절한 작업을 할당하고 이들 전문화된 부서의 작업을 다른 기능별 부서와 연결하여 주고, 나아가 기능별 부서 간의 정보전달과 조정과정을 수행하는 역할이 필요하게 된다. 이러한 기능은 최고경영자를 비롯한 관리자들에 의해 수행된다. 즉, 최고경영자는 각각의 기능별 부서를 담당하는 기능별 부서관리자를 임명하고, 각 기능별 부서 관리자는 최고경영자의 의사결정에 따라서 다른 부서의 관리자와 정

그림 10-7 기능별 조직구조

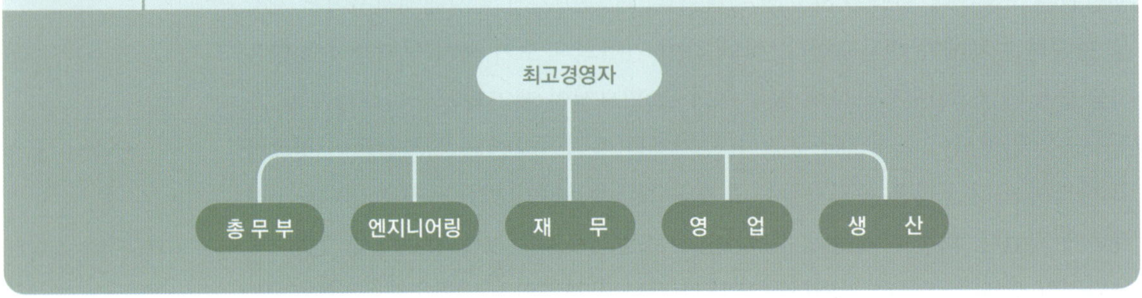

보를 교환한다. 이를 통해 생산과 판매의 기능이 분화되어 있음에도 불구하고 기업 전체의 이윤극대화를 위해서 원활하게 기업의 생산활동이 수행될 수 있도록 도와주는 것이다. **그림 10-7**은 이와 같이 기능별로 분화된 조직구조를 보여준다.

사업부제 조직구조

기능별 조직구조는 기업에서 생산하는 제품의 종류가 많지 않거나 기업의 판매시장이 넓지 않을 때 효과적인 조직구조라고 볼 수 있다. 그러나 1930년대부터 미국과 유럽의 기업들이 제품별 다각화나 지역별 다각화를 추구함에 따라서 이런 대규모 기업들이 사용하는 조직구조는 점차 기능별 조직구조에서 사업부제 조직구조로 변화하게 되었다.

Chandler는 1960년에 저서 Strategy and Structure를 통하여 미국의 다각화된 기업들이 점차 기능별 조직구조에서 사업부제 조직구조로 바뀌는 과정을 자세하게 묘사하였다.[2] Chandler에 따르면 미국의 DuPont과 GM과 같은 회사들은 점차 제품별·지역별 다각화를 하면서 기능별 조직으로부터 각각의 제품별로 독립적인 사업부를 운영하는 체제로 변화하였다. 예를 들어, GM은 소형차를 담당하는 Chevoret, Pontiac과 중형차를 담당하는 Oldsmobile과 Buick, 그리고 대형고급차를 생산하는 Cadillac를 담당하는 개별사업부를 신설하여 자신이 담당하는 제품의 생산, 영업, 연구개발, 인사관리와 같은 모든 기능별 분야를 독립적으로 수행할 수 있게 조직하였다. 한편, Sears는 지역별로 점차 다각화를 하면서 각 지역 내의 모든 영업활동은 그 지역을 담당하는 사업부에서 모두 수행하는 지역별로 조직화된 구조를 갖추었다. 이와 같은 사업부제 조직구조에서는 마치 하나의 사업부가 기능별 조직구조를 갖는 하나의 작은 기업과 유사한 체제를 갖고 있다. 사업부제 조직의 개별사업부는 각각의 사업부 내에 생산, 마케팅, 관리부서 등을 갖추고 하나의 작은 기업처럼 독립적인 운영을 한다.

그림 10-8 | 사업부제 조직구조

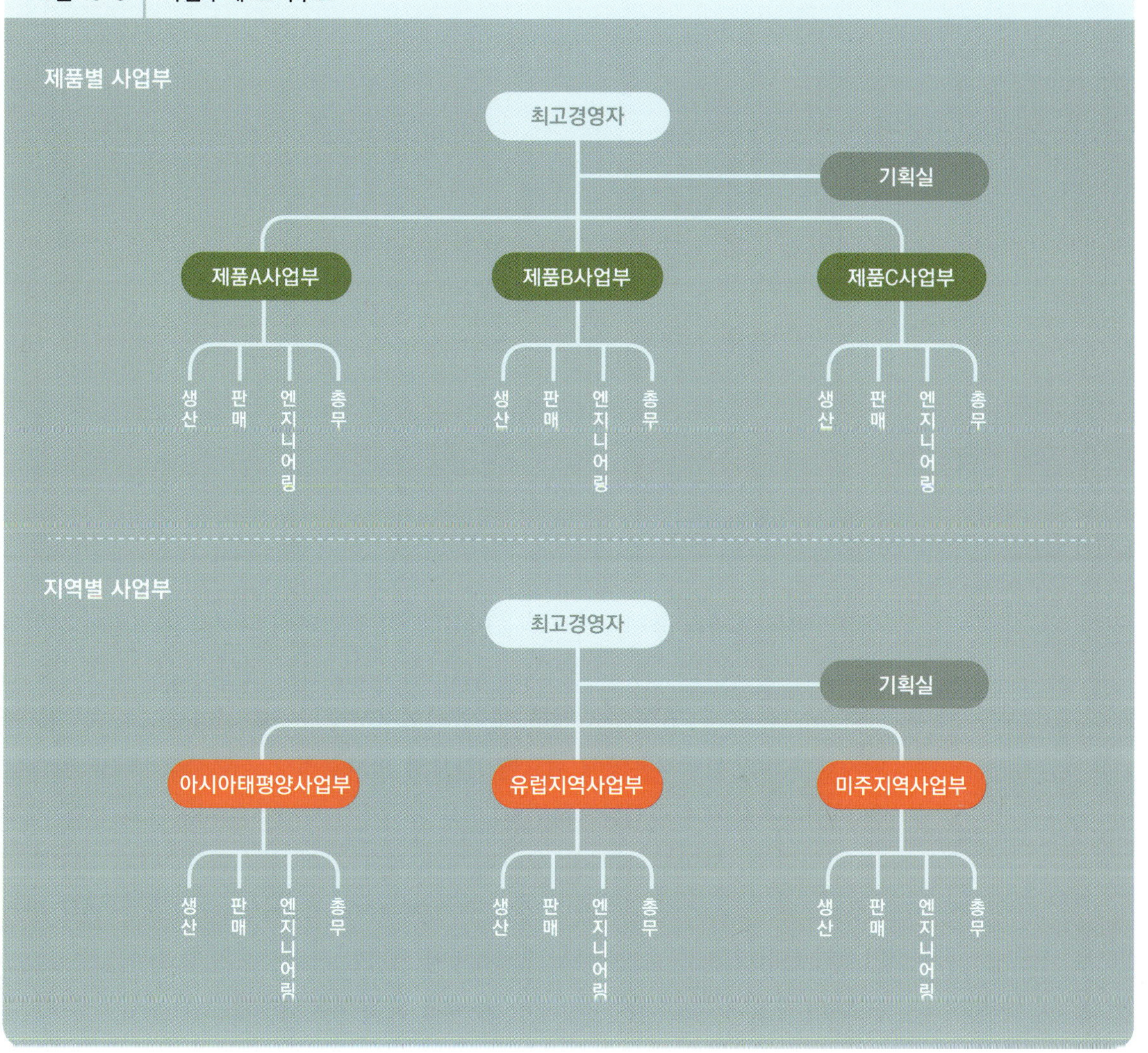

다각화된 거대기업이 기능별 조직구조를 버리고 사업부제 조직구조로 변화하는 것은 다각화 정도가 높아지면서 발생하는 내부조직에서 나오는 비효율성을 줄이기 위해서이다.[3] 만일 기능별 조직을 고수하면서 다각화된 여러 종류의 제품과 넓은 지역을 관리할 때, 영업부서는 단독으로 수많은 다각화된 제품들을 동시에 판매하여야 하고 또한 생산부서 역시 특성이 다른 여러 생산활동을 동시에 수행하여야 하기 때문에 오히려 조직의 비효율성이 높아질 수 있다.

또한 한 명의 최고경영자가 수많은 제품의 생산, 판매, 연구개발을 동시에 관리하여야 하므로, 최고경영자 역시 정보처리능력에 한계가 있는 사람으로서 개별

그림 10-9 기업구조의 변천과정

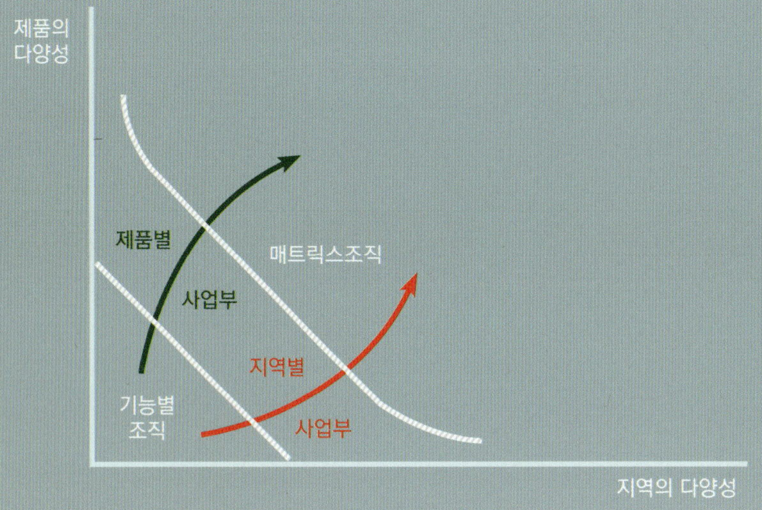

사업단위를 효과적 통제하기가 힘들어졌다. 이에 반하여 다각화된 기업이 사업부제 조직으로 바뀌면 최고경영자는 개별사업부서장에게 개별사업부의 생산과 판매에 이르는 모든 권한을 위임하고, 각 사업부서장들에게 경영성과의 책임을 부담시킨다. 즉, 사업부운영에 필요한 '일상적 의사결정operational decision making'을 사업부서장에게 위임함으로써 최고경영자 자신은 새로운 사업부의 설립, 새로운 지역진출, 사업부 전체의 성과평가와 같은 보다 중요한 '전략적 의사결정strategic decision making'에만 전념할 수 있게 된다. 즉, 사업부제조직은 결국 관리기능의 분화라고 볼 수 있다. Williamson이 제기한 사업부제의 효율성을 주장하는 M-form 가설Multidivisional-form hypothesis은 많은 실증연구를 통해 입증되었다.

그림 10-8은 구체적으로 제품별 사업부와 지역별 사업부가 어떻게 구성되어 있는지를 보여준다. **그림 10-9**는 기업구조가 다각화의 진행에 따라 어떻게 변하는지를 보여준다. 즉, 수직축을 제품의 다양성, 그리고 수평축을 지역의 다양성으로 보았을 때, 제품과 지역이 제한되어 있을 때는 기능별 조직구조로 충분히 기업활동을 수행할 수 있으나, 활동지역이 다양해지면 지역별 사업부조직으로 구조가 바뀌고, 제품의 종류가 많이 추가되면 제품별 사업부조직으로, 제품과 지역 양 측면 모두 다각화되는 경우에는 매트릭스조직으로 변화한다.

국제화된 사업부제 조직구조

우리는 지금까지 주로 내수위주 기업의 조직구조를 살펴보았다. 그러나 기업들이 점차 수출을 확대하고 해외직접투자를 통해 국제화를 진행함에 따라서 이들 기업의 조직구조는 점차 확대되는 국제사업에 적합하게 개편되어야 한다. 국제화 초기의 기업들은 해외영업부 또는 국제사업부를 기존의 내수위주의 사업부조직에 추가함으로써 국제사업의 중요성 증대에 대응하여 왔다. **그림 10-10**과 같이 기존의 제품별 국내사업부 A, B, C가 있을 때 기업은 해외영업부나 국제사업부와 같은 새로운 사업부를 설치함으로써 국제업무를 담당하였다. 그리고 국제사업부 안에는 지역별로 아시아태평양지역, 유럽지역, 미주지역과 같이 더 세분화된 자회사를 두었다. 이는 기존사업부 외에 해외영업을 담당하는 국제사업부를 하나 더 추가함으로써 국제화에서 발생하는 조직상의 문제를 해결하는 방식이다.

그러나 이와 같은 형태의 국제사업부제 조직구조는 조직의 주요 의사결정권이 내수위주의 제품별 사업부에 집중되어 있고, 국제사업부는 해외영업에 국한된 범위에서 제한된 의사결정권만을 행사한다는 점에서 기업의 활동이 내수에 치우칠 가능성이 크다. 또한 제품에 대한 지식과 기술, R&D 조직, 생산시설 등은 내수위주의 제품사업부에 위치하고, 해외시장에 대한 정보는 국제사업부에만 존재하게 되어, 조직 내의 지식과 노하우가 별개의 조직에 이분화되어 있다는 점에서 효

그림 10-10 국제사업부가 추가된 사업부제 조직구조

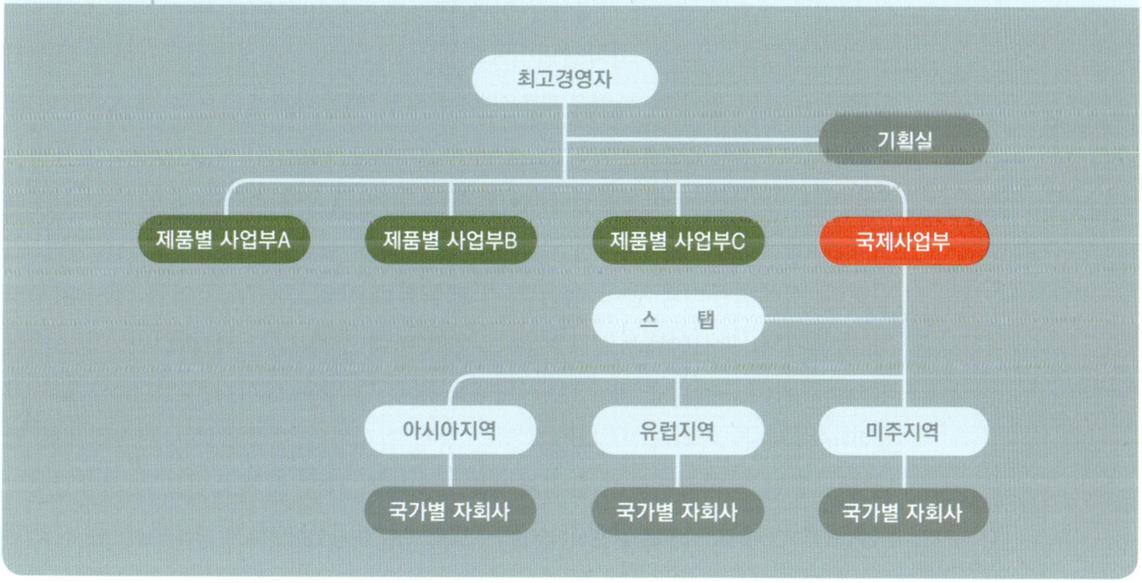

율적인 조직이라고 볼 수 없다.

국제화 초기의 한국기업들은 내수위주의 제품별 사업부에 해외영업부나 국제사업부를 추가하는 형태의 국제사업부 조직구조를 채택하고 있다. 즉, 해외영업을 전문적으로 하는 사람들이 모여서 국제사업부를 구성함으로써 해외영업을 전문적으로 담당하는 부서가 생기는 것이다. 그러나 삼성전자와 같은 글로벌기업은 일찍이 국제사업부 형태로는 글로벌화에 효과적으로 대응할 수 없음을 깨닫고 조직구조를 다음에서 설명할 글로벌 사업부제조직으로 개편하였다.

매트릭스조직과 글로벌 사업부제조직

매트릭스조직

앞 절에서 살펴본 국제사업부가 추가된 사업부제조직은 점차 글로벌화가 심화되는 경영환경에 대한 효과적인 대응방안이 되지 못하였다. 제품별로 조직된 사업부는 내수생산과 판매에만 주된 관심을 둔 한편, 모든 해외시장은 국제사업부가 관장했기 때문에 개별 제품사업부가 갖고 있는 기술을 해외의 생산기지로 이전하는 데 많은 어려움을 경험하게 되었다. 또한 해외에 있는 자회사와 국내의 내수사업부 간의 기술교류와 자원공유, 신제품관련기술의 빠른 상품화에서 상당히 많은 문제를 경험하게 되었다.

이와 같이 기업이 내수부분과 해외부분으로 분리되는 단점을 보완하기 위해서 미국과 유럽의 글로벌기업들은 한때 매트릭스조직matrix structure으로 조직구조를 개편하였다. 미국의 화학산업업체인 Dow Chemical은 한때 과감하게 국제사업부가 추가된 형태의 사업부제조직을 버리고 매트릭스조직으로 개편하였었다. 매트릭스조직은 기업을 크게 두 개의 차원, 제품차원과 지역차원으로 나누어서 조직에 속한 모든 구성원들을 제품과 지역 양쪽 조직에 소속하게 만든 조직형태이다. 예를 들어, **그림 10-11**에 있는 과거의 ABB와 같은 기업은 먼저 전송장비, 전기모터, 소형컴퓨터와 같이 여러 가지 제품별로 사업을 나누고 이를 다시 미주지역, 유럽지역, 아시아태평양지역 등과 같이 여러 지역으로 구분하였다. 이런 매트릭스조직의 종사자들은 제품별, 지역별로 각기 한 명의 상사가 있었다. 즉 앞서 **그림 10-3**에서 본 바와 같이 ABB에 있는 특정 관리자가 제품별로는 전송장비를 담당하는 한편 지역적으로는 유럽지역을 담당하기 때문에 제품별로는 전송장비와 지역별로는 유럽지역을 담당하는 각기 다른 두 명의 상사에게 보고를 하는 시스템

그림 10-11 | 매트릭스조직

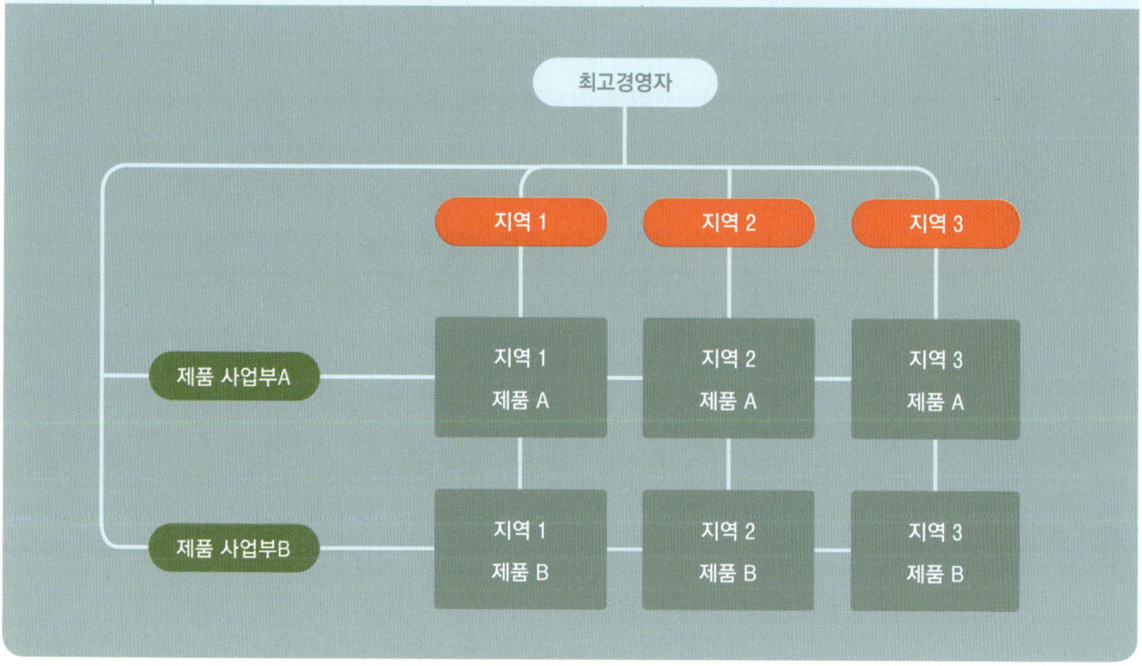

인 것이다. 그렇게 함으로써 매트릭스조직은 한 사람이 지역적인 측면과 제품측면을 동시에 같은 비중으로 관리하는 조직구조이다.

그러나 매트릭스조직을 선택했던 기업 중 일부는 곧 매트릭스구조를 포기하고 다시 지역별 또는 제품별 사업부조직으로 회귀하였다. 앞서 살펴본 ABB와 Dow Chemical 역시 매트릭스 조직을 운용하다가 포기한 기업 중 하나이다. 이 기업들의 매트릭스조직이 실패한 가장 큰 이유는 매트릭스조직 자체가 상당히 복잡한 조직구조이기 때문이다. 특히 두 명의 상급관리자의 지시를 받아야 하는 중간관리층에게 만일 제품별 상급관리자와 지역별 상급관리자의 상충되는 의견이 전달될 경우 어느 의견을 따라야 하는지의 큰 혼란이 발생한다. 기업 구성원들의 사고가 국제화되어 있지 않은 상태에서 조직구조만 매트릭스조직으로 변화시킴으로써 제품과 지역을 동시에 추구하려는 시도 역시 대다수 실패로 돌아갔다.

Bartlett과 Ghoshal은 매트릭스조직이 성공적으로 운영되기 위해서는 조직구성원의 마음가짐이 먼저 매트릭스적으로 되어 있어야지, 단순히 조직구조만 매트릭스로 바꿀 경우 실패할 확률이 높다고 지적하고 있다. 조직구성원들이 자신의 역할을 제품 또는 지역 중 하나에만 고정하는 상황에서 조직구조만 매트릭스로 바뀌면 지역별 조직과 제품별 조직 간의 갈등이 계속될 수밖에 없다.[4] 반면, 조직

CHAPTER10

의 하층부보다 상층부에서 제품과 지역 간에 균형 있는 사고를 하는 관리자가 많을수록 매트릭스조직은 성공적으로 운영될 수 있다.

본 장의 서두에서 살펴본 ABB의 매트릭스조직이 과거 어느 정도 성공적으로 운영되었던 이유는 ABB의 최고경영자들이 1년에 200일 이상 전세계를 여행하면서 ABB의 지역별, 제품별 조직을 통합하고 조정하였기 때문이다. ABB는 조직의 모든 구성원들을 한꺼번에 글로벌화시키려고 노력하기보다는 대부분의 사람들은 현지 업무에만 주력하게 하고, 글로벌한 업무는 소수의 중역에게만 부과하였다. ABB가 매트릭스조직을 성공적으로 운영할 수 있었던 또 다른 이유는 ABACUS와 같은 경영정보시스템을 이용해 제품별, 지역별 조직의 갈등을 합리적으로 해소할 수 있다고 생각했기 때문이다. 그러나 Barnevik이 은퇴한 후, 급속도로 ABB의 성과가 악화된 것은, 과거 매트릭스조직이 Barnevik과 같은 카리스마를 지닌 최고경영자에 의존하고 있었다는 사실을 보여준다. 이와 같이 소수의 관리자에게 의존한 조직구조는 이들 소수의 핵심인력이 떠나면 붕괴되기 마련이다.

글로벌 사업부제조직

한편 글로벌 사업부제조직global structure은 **그림 10-12**와 같다. 종전에 국제사업부가 별도로 존재하였던 국제사업부조직은 내수부문은 제품사업부로, 해외부문은 국제사업부로 나누어 내수시장과 해외시장이 분리된 사업부제 형태를 취했

그림10-12 | 글로벌제품별 사업부제조직

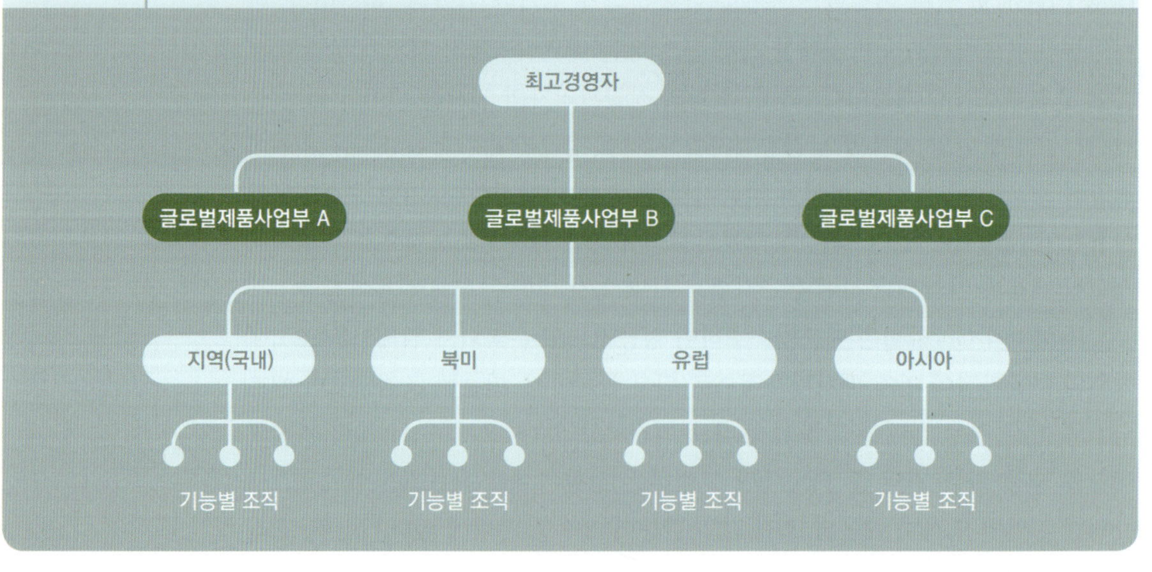

었다. 그러나 글로벌 사업부제조직은 개별 제품별 사업부가 내수사업과 해외사업을 모두 관장하는 형태의 조직구조이다.

그림 10-13에는 우리가 지금까지 살펴본 조직구조의 변천과정이 요약되어 있다. 기업들은 초기에 내수위주의 기업구조에 수출전담부서를 추가함으로써 국제화에 대응하기 시작했다. 그러나 점차 수출규모가 커지자 기업들은 내수위주의 기업구조에 해외자회사를 추가하는 형태로 조직을 바꾸기 시작했고, 해외부문이 더 커짐에 따라서 내수위주의 사업부제구조에 해외사업부나 해외영업부와 같은 국제사업부를 추가해 조직적으로 국제화에 대응했다. 그러나 점차 제품이 다양해지고, 지역이 넓어짐에 따라서 제품과 지역의 특성에 따라 제품별 사업부나 지역별 사업부제조직으로 기업의 조직은 더욱 변화했고, 어떤 기업은 매트릭스조직으로 변화하였다. 그러나 본 장의 ABB 사례에서와 같이 매트릭스조직으로 옮겨갔던 일부 기업은 다시 제품별 사업부제조직으로 회귀하였다.

현재 글로벌경쟁을 하고 있는 서구의 대규모기업들의 조직구조를 살펴보면 대부분 글로벌 제품별 사업부제조직을 채택한 기업들이 많다. 제품별 사업부가 내수사업뿐만 아니라 해외영업, 전세계시장의 모든 생산과 판매활동을 함으로써 규모의 경제를 살리고, 다양한 제품을 동시다발적으로 많은 시장에 판매하는 등 효율적인 생산체제를 갖출 수 있다는 점에서 글로벌 사업부조직의 장점이 있다고 하겠다.

그림 10-13 | 국제화된 조직구조의 변천과정

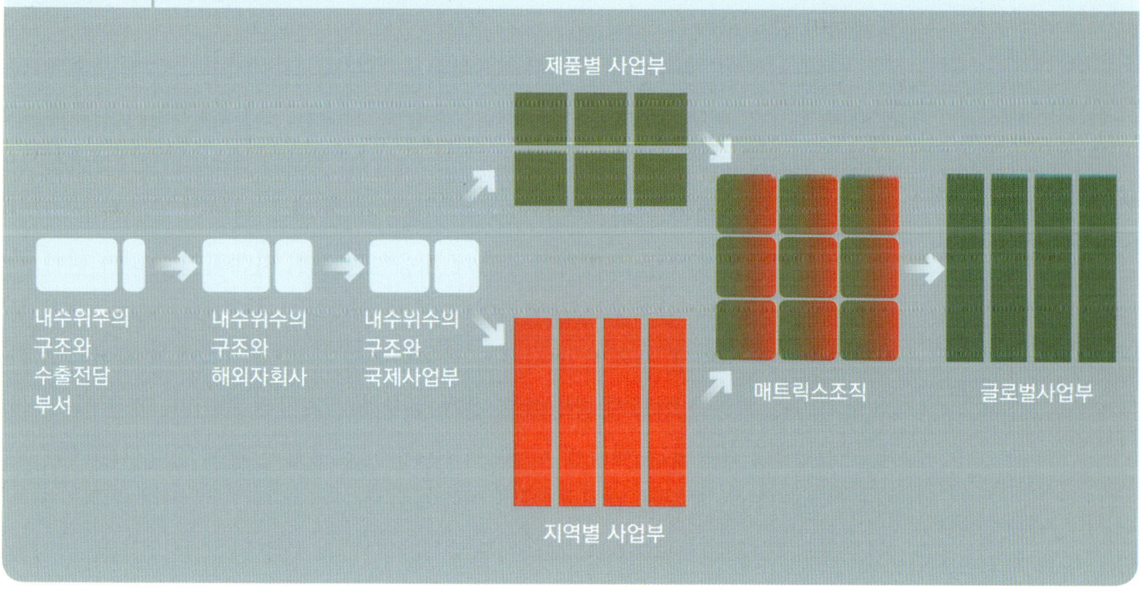

03 〉〉 본사와 자회사 간의 통합과 조정메커니즘

글로벌화와 현지화와의 갈등

우리는 앞서 글로벌기업의 조직구조의 여러 유형과 변천과정을 살펴보았다. 다국적기업의 조직구조는 근본적으로 제품별 사업부에 있는 제품에 대한 기술과 지식을 효과적으로 활용함과 동시에 각국의 시장에 대한 노하우를 효과적으로 활용할 수 있는 방법을 조직구조를 통해서 풀어 가려는 시도로 파악할 수 있다.

예를 들어, 제품별 사업부제조직은 각 제품에 대한 기술과 생산시설을 가장 효과적으로 활용할 수 있는 조직구조이다. 제품별 사업부제조직에는 서로 다른 특성을 갖고 있는 제품별로 하나의 독립적인 사업단위를 이루고, 해당 제품의 생산, 판매, 그리고 연구개발과 같은 모든 활동이 집중되어 있다. 이와 같이 제품별 사업부는 각각의 제품에 적용된 기술을 효율적으로 활용하고, 생산에 있어서의 규모의 경제를 최대한 활용하고자 하는 동기에서 조직되었다. 즉 제품별 사업부제조직의 근본적인 구성원리는 산업의 특성과 규모의 경제를 활용한 경쟁우위의 창출에 있다. 따라서 제품별 사업부에서는 개별 시장의 소비자의 서로 다른 수요특성을 반영하기보다는, 표준화된 제품을 대량생산하여 비용을 낮추는 것과 같은 효율성이 강조된다.

한편 지역별 사업부제조직의 근본원리는 각국의 서로 다른 수요특성을 반영해 개별제품을 변형하여 각국 소비자의 수요에 최대한 적응하는 것이다. 따라서 지역별 조직에서는 생산, 판매, 그리고 연구개발에 있어서 규모의 경제효과는 상대적으로 우선순위가 낮다. 반면 각국의 소비자의 특성을 면밀히 연구하고, 시장마다 생산시설을 갖추어 소비자의 수요에 대응하는 것이 지배적인 논리가 된다.

우리가 앞에서 살펴본 글로벌기업의 여러 유형의 조직구조는 이 두 가지 상반된 논리, 즉 제품별 조직이 중시하는 글로벌화의 논리와 지역별 조직이 중시하는 현지화의 논리를 어떻게 반영할 것인가에 따라서 고안된 것이다. 예를 들어, 국제 사업부제조직에서는 제품별 사업부의 논리가 크게 반영되어 있다. 내수위주의 제품별 사업부는 본국에 모든 생산과 연구시설을 집중해 놓고 해외시장에는 단순한 수출의 형태로서 참여하여 해외사업부에게 수출과 관련된 모든 업무를 위임한다. 따라서 해외에 있는 소비자의 특성에 맞도록 제품을 개발하거나 외국의 소비자의 수요변화에 빠르게 대응해야 할 필요성은 상대적으로 덜 민감하게 느낀다.

이에 반해 매트릭스조직은 이 상반된 조직의 구성원리, 즉 제품별 조직이 요구하는 제품 및 생산기술의 글로벌화의 논리와 지역별 조직이 강조하는 현지화의 논리를 동시에 추구하는 조직이라고 볼 수 있다. 다시 말해, 제품별 조직과 지역별 조직을 중첩함으로써 한 조직에 있는 개인들이 서로 상반된 요구에 동시에 관심을 가질 수 있도록 조직을 체계화한 것이 매트릭스조직이라고 볼 수 있다.

이상과 같이 글로벌기업의 운영에서 필연적으로 나타나는 글로벌화와 현지화의 갈등은 단순히 조직구조뿐만 아니라 앞으로 살펴볼 기능별 경영관리의 측면에서도 두드러지게 나타난다. 예를 들어, 제11장에서 살펴볼 마케팅활동의 조정은 현지화의 요구가 글로벌화의 필요성보다 훨씬 더 강조되지만, 제12장에서 살펴볼 생산과 연구개발은 현지화보다 글로벌한 특성이 강조되고 있다. 제13장의 회계와 재무에 대한 통제는 모든 기능분야 중에서 가장 글로벌한 성격을 갖고 있다.

통합과 조정메커니즘

글로벌기업은 여러 가지 다각화된 제품별 사업부를 갖고 있으며 또한 여러 나라에 흩어진 수많은 해외자회사를 갖고 있다. 이와 같이 여러 단위로 분화된 개별 구성단위를 효과적으로 통합하고 조정해야 글로벌기업이 하나의 기업으로서 효과적인 기업활동을 수행할 수 있다.

통합integration이란 **그림 10-14**와 같이 본사와 자회사 간의 효과적인 정보교환과 의사결정을 의미한다. 조정coordination은 자회사 간에 일치된 행동을 하도록 만드는 것을 의미한다. 특히 ABB와 같이 글로벌화와 현지화를 동시에 추구해야 할 때에는 본사와 자회사의 통합과 자회사들 간의 조정 메커니즘이 필수불가결한 요소가 된다.

통합과 조정메커니즘은 **그림 10-15**와 같이 직접적이며 개인적인 접촉에서부터 연락자liaison, 팀, 매트릭스조직에 이르기까지 다양한 수준에서 나타난다. 각각이 사업단위의 관리자들끼리 직접 만나서 의사결정을 하는 것은 가장 단순한 형태의 통합과 조정메커니즘이다. 그러나 관리자들이 서로 다른 문화적 환경과 상충된 목적을 갖고 있을 때 단순히 대면하여 문제를 해결하기에는 많은 어려움이 따른다.

이에 비해 연락자liaison를 두는 것은 더 복잡한 통합·조정메커니즘이다. 이는

그림 10-14 본사와 자회사간의 통합과 조정

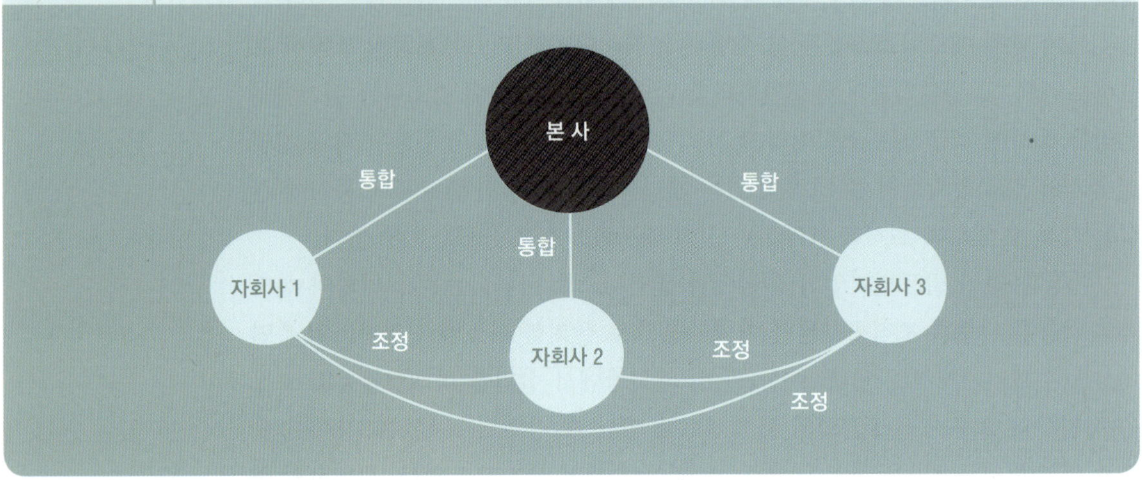

그림 10-15 공식적인 통합과 조정메커니즘

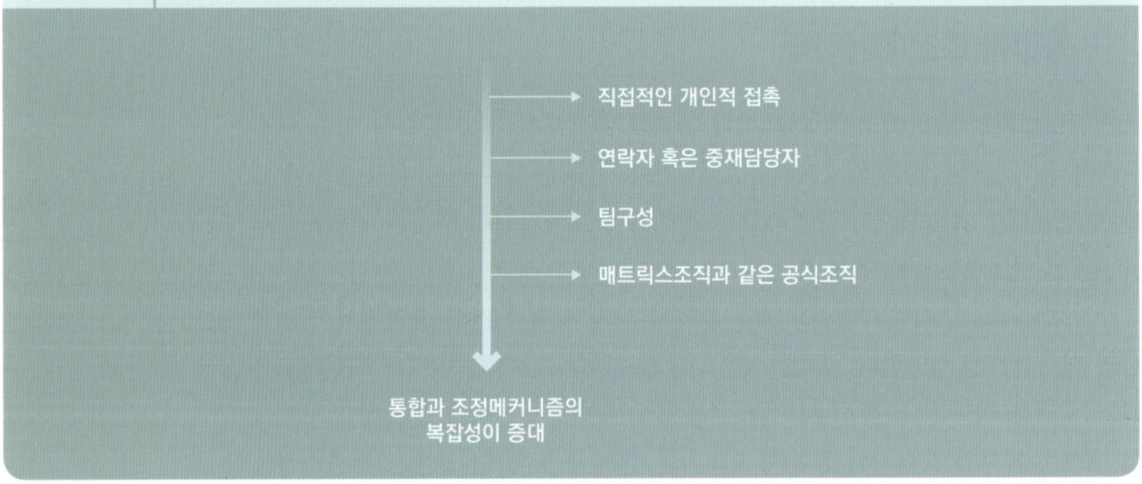

어떤 한 사람을 다른 조직에 정규직으로 머물게 하여 그 사람으로 하여금 조직 내의 구성단위 간에 정보교환과 통합된 의사결정을 가능하도록 하는 것이다. 예를 들어, 한국본사에서 미국에 있는 현지법인에 한국인직원을 파견하여 그로 하여금 본사와 자회사 간에 효과적인 의사소통을 가능하게 하고 본사와 자회사 간의 일치된 전략을 추구하도록 하는 업무를 맡기는 것은 연락자를 통한 통합과정이다.

또한 통합과 조정은 서로 다른 조직의 일원으로 팀을 구성해 운영함으로써 더욱 강화시킬 수 있다. 예를 들어, 개별사업부 간의 협력을 통해 신제품을 개발하거나, 생산시설의 합리적인 활용을 위하여 여러 국가에 퍼져 있는 생산시설들을 통합적으로 관리·운영하는 팀을 조직하여 상시 운영한다면 통합과 조정의 강도를 훨씬 더 높일 수 있다.

마지막으로 통합과 조정의 필요성이 가장 클 경우에는 앞서 살펴보았던 매트릭스조직과 같은 공식적인 조직구조를 이용할 수 있다. 공식적인 조직구조는 의사결정권을 명확히 규정하고 정보전달과 보고체계, 그리고 명령체계를 명확하게 규정함으로써 통합과 조정을 전사적으로 담당할 수 있게끔 도와준다. 매트릭스조직은 특히 제품별 조직과 지역별 조직 간에 강력한 통합과 조정이 필요할 경우, 양대 조직축 간의 보고 및 의사결정체계를 공식화함으로써 훨씬 긴밀한 통합과 조정을 가능하게 한다. 이상에서 살펴본 것처럼 공식적인 통합과 조정메커니즘 이외에도 글로벌기업 조직은 관리자 간의 개인적인 네트워크를 활용하거나 조직문화를 이용하는 비공식적인 통합과 조정을 할 수 있다. 예를 들어, 한국에 있는 본사의 관리자와 미국에 있는 자회사에 파견되어 있는 관리자가 동문이나 입사동기라면 이들의 개인적인 친분관계를 통해서 훨씬 손쉽게 통합과 조정이 이루어질 수 있을 것이다.

또한 기업문화가 사업단위 간의 협력을 강조하며 상호경쟁적이지 않을 때 통합과 조정이 훨씬 손쉽게 이루어진다. 이를 위해서는 조직구성원들에게 비공식적인 협조와 정보교환을 장려하는 기업문화가 정착되어야 하며, 동시에 구성원들이 그 기업이 갖고 있는 가치체계와 규범을 받아들이도록 교육시켜야 한다. 강력한 기업문화가 있는 기업은 기업문화에 입각한 비공식적인 통제와 조정에 의존하고 다른 공식적인 통제와 조정이 상대적으로 덜 필요하게 된다. 예를 들어, McDonald's는 상당히 강력한 조직문화를 갖고 있다. McDonald's는 프랜차이즈 가맹점과 공급자를 파트너라고 부르며 그들에게 자본과 경영지도를 제공함으로써 가맹점들이 영업활동을 개선하도록 도와준다. 그 결과 McDonald's의 가맹점과 공급자들은 McDonald's라는 기업의 기업문화에 통합되어 McDonald's 전체의 성공에 크게 기여하고 있다.

그러나 기업문화에 입각한 비공식적인 통합과 조정 메커니즘을 의도적으로 창출하기는 어렵다. 기업전체를 통괄하는 기업문화와 가치체계를 새롭게 구축하기 위해서 기업은 상당한 노력과 시간 투입을 필요로 한다. 이를 위해서 기업은 조직의 목적이나 비전을 명확히 제시하고 교육프로그램을 통해서 기업이 지향하는 가치체계를 조직 전체에 정착시켜야 한다.

본사와 자회사 간의 관계정립

우리는 앞서 글로벌기업조직에서 가장 근본적인 갈등요인이 글로벌화와 현지화간의 서로 상충된 요구라는 것을 알았다. 본 절에서는 본사와 자회사간의 보다 구체적인 관계정립에 대한 논의를 살펴보기로 한다.

본사의 자회사에 대한 통제메커니즘

많은 경우에 자회사는 인적자원, 투자자금, 기술, 경영자원 등을 본사에 의존하고 있으므로 본사와 자회사간의 통합integration은 본사가 이러한 경영자원을 이용해서 자회사를 일방적으로 통제control하는 방식으로 나타난다. 그러나 글로벌기업의 자회사는 멀리 떨어진 국가에 독립적인 형태로 존재하고 또한 경영자원을 자체 보유하고 있으므로 본사가 자회사에 행사할 수 있는 통제력은 많은 경우에 약화되기도 한다.

본 절에서는 본사가 자회사에 대해서 통제권을 확보하기 위해 사용할 수 있는 방법을 검토해 보기로 한다. Doz와 Prahalad는 본사가 자회사에 취할 수 있는 전략적인 통제메커니즘을 정보관리data management 메커니즘, 인적자원관리 human resource management 메커니즘, 그리고 갈등해소conflict management 메커니즘의 세 가지로 나누어서 살펴보았다(표 10-1 참조).

먼저 정보관리메커니즘이란 그 회사의 전반적인 성과를 알아볼 수 있는 자료를 체계적으로 수집하고 제공하는 메커니즘이다. 구체적인 정보를 제공해 주는 정보시스템은 본사가 객관적인 자료를 통해서 빠른 시간 내에 자회사에 대하여 효율적인 통제를 가할 수 있게 해준다. 정보관리 메커니즘을 이용할 때는 개별자회사의 성과를 측정할 수 있는 성과측정시스템이 필요하다. 그리고 경영자원, 특히 투자자원을 합리적으로 배분하고 전략수립과 자회사의 성과목표를 정하는 메커니즘을 통하여 본사는 자회사에 대한 통제를 강화시킬 수가 있다.

한편 인적자원관리 메커니즘은 자회사의 주요 경영관리자를 본사가 추구하는 전략을 이해하고 이에 동참할 수 있는 관리자로 임명하는 것이다. 또한 이 관리자들의 승진과정, 공정하고 객관적인 보상과 처벌제도, 각종 교육을 통한 관리자의 능력양성제도, 그리고 본사와 자회사간의 돈독한 친분관계 및 공동의 가치관을 갖게 하는 사회화 패턴 등이 중요한 통제역할을 하고 있다.

갈등해소메커니즘은 본사와 자회사가 의견대립으로 인하여 갈등이 생겼을 때 이를 원만하게 수습할 수 있도록 관계를 유지하는 방법이다. 이러한 갈등해소

표 10-1 본사의 자회사에 대한 통제메커니즘

Ⅰ. 데이터관리메커니즘
1. 정보통신시스템
2. 성과측정시스템
3. 자원할당과정
4. 전략수립시스템
5. 성과목표예산할당
Ⅱ. 인적자원관리메커니즘
1. 주요 관리자의 임명
2. 승진 및 경력개발
3. 성과에 대한 보상과 처벌
4. 경영자질개발
5. 사회화패턴
Ⅲ. 갈등해소메커니즘
1. 의사결정권의 분배
2. 통합 및 조정기능을 수행하는 사람
3. 팀
4. 조정위원회
5. 태스크 포스
6. 현안에 대한 공식적인 해결절차

출처: Y. Doz and C. K. Prahalad, "Headquarter Influences and Strategic Control," *Sloan Management Review*, 1981.

메커니즘은 먼저 본사와 자회사 간에 적절한 역할분담과 의사결정의 분권화가 이루어져야 하며, 우리가 앞에서 살펴본 연락자liaison와 같이 통합 및 조정 기능을 수행할 수 있는 사람이나 업무제휴팀, 본사와 자회사 간의 의견을 조정할 수 있는 위원회제도, 각종 팀조직, 또는 이러한 개별현안을 조정, 해소할 수 있는 공식적인 절차를 갖추는 것이 중요하다.

자회사의 역할에 맞는 통제시스템

그러나 앞에서 살펴본 본사의 자회사에 대한 통제메커니즘이 모든 자회사에 동일하게 적용되어서는 안 된다. 왜냐하면 우리가 제5장에서 살펴본 바와 같이 글로벌기업의 자회사들이 맡은 서로 다른 역할은 고려하지 않은 채 모든 자회사에 단일한 통제메커니즘을 적용하는 꼴이기 때문이다. Bartlett과 Ghoshal은 다국적기업은 획일적인 통제시스템을 가진 조직이 아니라 각 시장의 특성과 개별자회사의 능력에 따라서 차별화된 네트워크조직differentiated network이라고 설명하고, 자회사의 유형을 현지시장의 중요성과 자회사의 핵심역량에 따라 **그림 10-16**과 같이 전략적 리더, 기여자, 실행자, 블랙홀의 네 가지로 규정하였다.[5]

먼저 전략적 리더strategic leader란 전략적으로 중요한 시장에 위치하고 있는 자회사가 높은 수준의 핵심역량을 가지고 있는 경우를 지칭한다. 이 경우 그 자회사는 본사에 종속되어 있는 자회사라기보다는 본사와 동등한 위치의 파트너로서 글로벌기업의 전사적인 전략을 수립하고 실행하는 데 중요한 역할을 한다. 전략적 리더 역할을 하는 자회사는 시장상황의 변화를 일찍 포착하며 동시에 기회와 위험을 분석하고 이에 적절히 대응하는 데 큰 기여를 한다. 예를 들어, Sony의 해외자회사는 일본 Sony 본사에 종속된 자회사가 아니라 본사와 동등한 수준의 핵심역량을 갖춘 파트너로서 인식되고 있다. 특히 Sony의 음악, 영화사업부는 해외자회사가 해당 사업부의 본사역할을 수행할 정도로 상당히 높은 수준의 핵심역량을 갖고 있다. 특히 이들 산업이 미국과 유럽을 중심으로 급속히 발전하고 있으므로, Sony의 해외자회사는 이 산업에서 신기술을 습득하고 시장상황을 빨리 포착하여 Sony의 다른 해외자회사들을 이끄는 전략적 리더의 역할을 하고 있다.

둘째, 기여자contributor란 시장규모가 작거나 전략적으로 중요하지 않은 시장에 위치하고 있으나 그 자회사가 상당히 높은 수준의 핵심역량을 갖고 있는 경우이다. 예를 들어, Ericsson의 호주자회사는 아날로그교환기를 디지털로 바꾸는 기술개발에 큰 기여를 하였고, 새로운 AXE 디지털교환기시스템의 주요 부품들을

그림 10-16 자회사의 유형

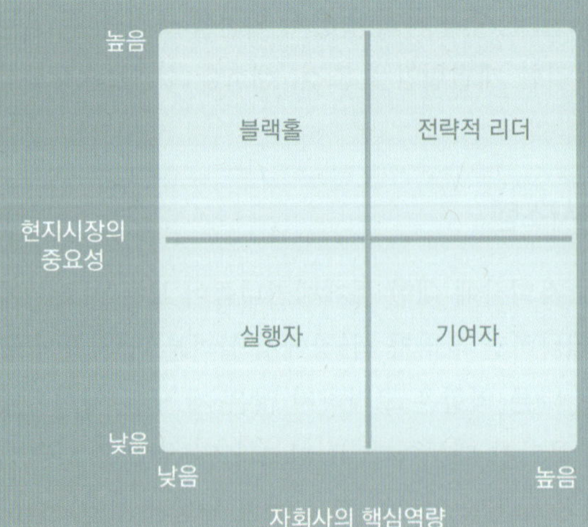

개발하는 데 큰 공헌을 하였다. 이 호주자회사는 상당한 수준의 기술력을 갖고 있어서, 호주시장에서도 시장점유율이 높을 뿐만 아니라 인접해 있는 다른 자회사에 기술을 이전하고 제품을 개발하는 중요한 역할을 맡고 있다. 비록 Ericsson의 호주자회사는 호주시장의 규모가 작기 때문에 Ericsson의 전세계 매출에서 차지하는 비중이 미약할지 모르나, 디지털교환기를 연구개발하는 능력이 많이 집중되어 있으며, 기술적으로 다른 국가에 있는 자회사에 많은 기여를 하고 있다. 따라서 기여자 역할을 하는 자회사에 단순히 현지시장이 작다는 이유만으로 경영자원을 적게 투입한다면, 그 자회사는 갖고 있는 역량을 충분히 발휘하지 못하게 된다. 따라서 이러한 자회사에 대해서는 본사가 글로벌기업의 네트워크에 속한 기여자로서의 지위를 인정하고 그에 상응하는 자율권과 경영자원을 할당하여야 한다.

세 번째 유형은 실행자implementer로서 이들은 전략적으로 중요하지 않은 시장에 위치하고 있으며, 단순한 현지업무를 수행할 수 있는 정도의 핵심역량을 갖고 있는 경우에 해당한다. 시장의 잠재력이 제한되어 있으므로 글로벌기업은 이들 자회사에 대해서는 주로 판매활동을 중심으로 현지시장을 개척하고, 현지에서 매출을 증가시키는 것을 목표로 경영자원을 배분하고 있다. 사실상 글로벌기업의 자회사 대부분이 이러한 실행자의 역할을 하고 있다. 특히 연구개발과 같이 규모의 경제효과가 큰 기능은 이를 가장 잘 수행할 수 있는 소수의 자회사에 집중하면서 나머지 자회사에서는 글로벌기업의 본사나 다른 자회사에서 개발하고 생산한 제품을 판매하거나, 글로벌기업의 네트워크를 통하여 부품을 조달하여 제품을 조립 및 생산하는 제한된 기능을 수행하는 경우가 많다. 실행자 유형의 자회사는 특정 분야에 핵심역량을 갖고 있지 못하므로 전략적 의사결정에 참여하지 못하고, 경영자원 역시 풍부하게 배분되지 않음으로써 글로벌기업이 전략을 수립하는 데 크게 기여하는 것은 아니다. 그러나 이들은 글로벌기업이 갖고 있는 핵심역량을 전달받아 해당 시장에서 제품을 만들어 판매함으로써 글로벌기업의 수익을 증가시키는 데 중요한 역할을 한다. 따라서 우리는 자회사가 단순히 실행자의 역할을 한다고 해서 그 중요성을 무시해서는 안 된다. 사실 대부분의 글로벌기업의 주요한 매출은 이들 실행자의 역할을 하는 자회사에서 발생하기 때문이다. 실행자의 역할을 하는 자회사는 글로벌기업이 갖고 있는 기술이나 규모의 경제와 범위의 경제를 최대한으로 활용할 수 있게끔 도와준다.

마지막으로 블랙홀black hole은 말 그대로 끊임없이 경영자원을 투입해도 핵심역량을 개발하지 못하는 자회사를 의미한다. 특히 현지시장의 중요성이 높은 시장에 있으나 핵심역량이 개발되지 않는 자회사를 블랙홀이라고 할 수 있다. 예를 들어, 과거 Ericsson의 미국자회사는 통신산업에서 미국시장이 차지하는 중요성이 상당히 큰데도 불구하고 Ericsson의 다른 글로벌조직에 기여할 수 있는 제품을 개발하거나 생산하는 역할을 수행하지 못하였다.

이와 같은 자회사는 블랙홀처럼 기업의 경영자원을 빨아들이기만 할 뿐 제품이나 기술을 개발하여 다른 자회사에 제공하지 못한다. 따라서 글로벌기업은 이러한 블랙홀과 같은 유형의 자회사를 전략적 리더의 역할을 할 수 있도록 변화시키기 위해서 많은 노력을 기울이고 있다. 블랙홀 역할을 하는 자회사를 만들지 않기 위해서 글로벌기업들은 중요한 시장에 대규모로 진출하기보다는 소규모로 진출하여 기술개발수준과 시장의 동향, 그리고 경쟁자의 활동을 감시하는 역할에 집중하도록 한다.

Video

글로벌기업의 일본 내 R&D

세계의 많은 글로벌기업들이 일본에 많은 연구개발조직을 만들어 놓은 것도 일본의 경쟁업체를 주시하면서 시장상황을 파악하기 위해서이다. 그러나 단순히 감시자 또는 정보수집 역할을 하는 것만으로는 충분하지 않고 결국 이들 시장에 적극적으로 접근하여 생산과 판매를 해야 더 많은 핵심역량을 얻을 수 있고, 글로벌기업의 다른 자회사에 제공할 수 있는 기술개발이나 노하우의 전수가 가능해진다. 이러한 블랙홀에서 탈출하는 한 가지 방법은 전략적 제휴이다. 앞서 언급한 Ericsson의 미국자회사는 오랜 기간 동안 블랙홀의 역할을 하였으나 Honeywell과의 합작투자를 통해 Honeywell이 갖고 있던 핵심역량을 전수받음으로써 블랙홀에서 벗어나 전략적 리더의 역할을 하는 자회사로 성장할 수 있었다.

Bartlett과 Ghoshal은 이와 같이 자회사가 지닌 핵심역량과 자회사가 위치한 현지시장의 중요성에 따라 서로 다른 역할을 부여하고 또한 이에 따라 각기 다른 정도의 권한이양을 해야 한다고 주장하고 있다. 글로벌기업은 먼저 이들 자회사가 추구할 명확한 전략적 목표를 정해 주는 것이 중요하다. 일본의 NEC는 통신과 컴퓨터의 융합을 의미하는 C&CComputer & Communication라는 기업이념을 만들어 컴퓨터와 통신기술을 융합하는 기업의 발전방향을 제시하였고, 개별자회사들이 추구해야 하는 역할과 목표 등의 전략적 방향 역시 이러한 이념하에 제시하였다. 이와 같은 방향성이 제시된 후에야 NEC의 자회사들은 자신이 수행해야 하는 기능을 인식하고 다른 자회사가 필요한 자원이 있을 때에는 이에 대해서 협조하고 동일한 전략을 추구할 수 있게 된 것이다.

둘째, 글로벌기업의 본사는 개별자회사에 적절한 권한과 책임을 부여함으로써 주어진 역할을 충실하게 수행할 수 있는 경영환경을 제공하는 것이 필요하다. 예를 들어, 기여자의 역할을 하는 자회사에는 현지시장의 규모가 작더라도 그 핵심역량을 활용할 수 있도록 충분한 경영자원을 할당하고 많은 책임과 권한을 부여하는 것이 필요하다. 또 실행자의 입장에서는 단순히 본사에서 제시한 전략을 따라 제품판매를 하는 수동적인 역할이 아니라 핵심역량을 발휘할 때 기여자로 발전할 수 있다는 사실을 주지시킴으로써 이들에게 동기를 부여할 필요가 있다. 그리고 전략적 리더에게는 핵심역량과 현지시장의 중요성에 걸맞은 권한을 부여하고 경영자원 지원을 게을리하지 말아야 한다. Ericsson은 차세대 디지털 교환기를 개발하기 위하여 미국자회사에게 전권을 위임하고 이들 자회사에 필요한 모든 경영자원을 투입하여 빠른 속도로 신제품개발을 할 수 있도록 도와주었다.

셋째, 글로벌기업의 본사에 있는 관리자들이 자회사들에 서로 다른 역할과 권한을 부여한 이후에는 이들을 효과적으로 통제하고 조정이 이루어지도록 도와주어야 한다. 이는 결국 전략적 리더, 기여자, 실행자, 블랙홀 등의 자회사 각각에 서로 다른 통제와 조정을 해야 할 필요성이 있다는 것을 의미한다. 예를 들어, 본사는 기여자에게 현지의 경영자원을 활용하여 다른 자회사에 기술을 이전하고 도와줄 수 있는 인센티브를 제공해야 한다. 또한 실행자의 역할을 하는 자회사에게는 보다 강력한 통제를 통해서 이들 자회사들이 규모와 범위의 경제성을 충분히 활용하여 경쟁우위를 창출할 수 있도록 인센티브를 제공하는 것이 중요하다. 그리고 블랙홀에게는 이들이 핵심역량을 개발하여 현지시장에 보다 민첩하게 대응하는 능력을 키워 주는 것이 필요하다. 이와 같이 글로벌기업의 본사와 자회사 간의 관계는 현지시장의 중요성과 자회사의 핵심역량에 따라서 각각 다른 역할을 부여하고, 권한을 이양한 후에 이를 효율적으로 통합하고 조정함으로써 높은 경영성과를 거둘 수 있다.

국가관리자의 역할

국가관리자country manager란 현지자회사의 대표로서 실질적으로 그 나라에 위치한 현지법인의 운영을 총괄책임지고 있는 관리자이다. **그림 10-17**과 같이 국가관리자는 현지법인의 법률적 대표자로서 현지법인을 총괄지휘하며 본국의 본사와 긴밀한 연락하에 통일된 전략을 추구하게 한다. 만일 한 기업이 외국에 하나의 현지법인만 두고 있다면, 그 현지법인장이 국가관리자의 역할을 수행한다. 그러나 한국의 삼성그룹이나 현대그룹처럼 미국에 다수의 자회사가 있는 경우에는 이들 개별현지법인을 총괄하는 별도의 국가관리자가 필요하게 된다. 삼성전자만 하더라도 북미지역에 많은 TV 관련 판매법인이 존재한다. 뿐만 아니라 삼성전자와는 별도로 그룹 내 다른 계열사도 역시 미국에 현지법인을 갖고 있다. 이처럼 같은 그룹 내의 계열사들이 독자적으로 해외시장에 진출한 이후, 같은 나라에 있는 현지법인들을 총괄하는 국가관리자의 필요성은 다각화된 대기업들이 공통으로 인식하고 있다. 국가관리자가 수행하는 주요 역할은 다음과 같다.

첫째, 국가관리자는 그 휘하에 있는 여러 개의 자회사에게 적용할 인사관리, 전사적 차원의 이미지광고, 세금, 회계기준, 환경오염방지 등의 공통기준을 마련하고 이를 실행한다. 만일, 삼성그룹 내의 여러 자회사들이 서로 다른 회계기준을 사용하거나 인사정책을 실시한다면 그 자체로도 많은 혼란과 비효율성이 발생하므로, 이를 일관되게 실시하면서 각 자회사들의 통일성을 유지한다. 특히 임금기준과 연금정책과 같은 인사정책이 여러 현지법인에 동일하게 적용되면, 현지에서 고용한 현지인들을 다른 계열사 내 자회사로 이직을 시키거나 인력을 활용하는 것이 쉬워진다. 더욱이 환경문제에 대해 여러 자회사 중 한 곳이라도 문제가 있으면, 같은 그룹 내 다른 자회사에게도 악영향을 끼칠 수 있으므로, 이와 같은 통일된 정책의 필요성이 더욱 강해진다.

둘째, 국가관리자는 현지국 특유의 규제에 일관되게 대응함으로써 현지국 정부와의 관계를 원만히 유지할 수 있게 된다. 국가관리자는 그 나라에서 다국적기업의 대표로서 정부와 교섭에 나설 수 있으며, 은행거래관계, 주요 고객과 공급자에게 그 다국적기업의 대표로서 교섭할 권한과 책임이 주어진다. 특히, 반덤핑규제나 무역마찰에 있어서 변호사를 선임하거나 의회에 로비를 하는 등 자회사가 개별적으로 대응할 때보다 국가관리자가 총괄하여 대응하는 것이 보다 효과적이다. 일례로 Jeff Immelt가 GE의 회장이 된 이후, GE는 GE China회장, GE India회장이란 직책을 새로 만들어, 이들로 하여금 GE의 다양한 사업부를 대표하여, 중국과 인도의 최고위관리들을 상대하게 하였다. 이는 개별 사업부장들이 정부를 상대로 개별적으로 교섭하기보다 국가관리자가 로비 및 교섭의 채널을 단일화해

그림 10-17 | 국가관리자의 역할

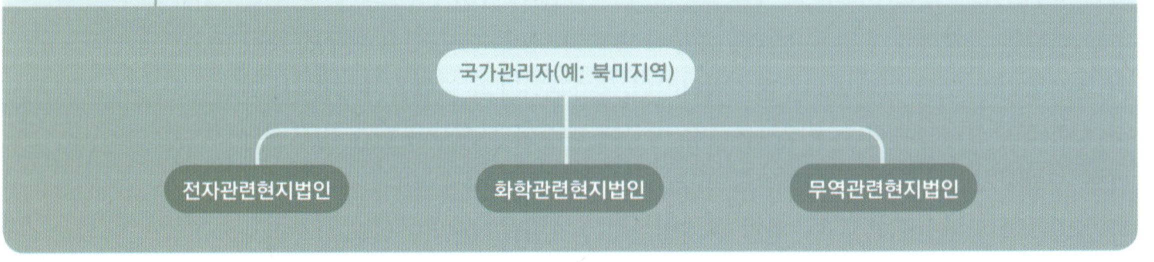

서 관리하는 것이 효과적이기 때문이었다.

셋째, 국가관리자는 그 국가에 있는 현지법인들을 대표하여 본국의 모기업을 상대로 협상하여 더 많은 자율권과 투자자금과 경영자원을 확보할 수 있다. 많은 경우, 본국의 본사와 현지법인 사이에서는 얼마나 현지법인에 자율권을 부여할 것인가 또는 경영자원을 얼마나 배분할 것인가를 두고 첨예한 갈등이 발생할 수 있다. 국가관리자는 현지법인을 도와서 본사를 상대로 더 많은 권한이양과 경영자원의 할당을 요구하는 역할을 한다.

넷째, 국가관리자는 그 나라의 현지법인들을 대표하여 다른 국가에 있는 자회사들과 기술이전 및 경영관리기법을 공유하는 상호협력관계를 구축한다. 즉, 각 해외자회사가 개발한 신기술을 공유함으로써 다국적기업 전체의 성과를 높일 수 있다.

04 ›› 글로벌기업의 인적자원관리

앞 절에서는 글로벌기업의 조직구조와 본사와 자회사간의 통합 및 조정메커니즘을 살펴보았다. 원활한 글로벌기업의 운영과 통합 및 조정메커니즘은 결국 세계 여러 지역에 위치한 자회사에 인력을 어떻게 배치할 것인가의 문제로 귀결된다. 본 절에서는 해외파견인력의 관리, 국제인력개발, 국제적인 노사관계와 같은 글로벌기업의 구체적인 인적자원관리방법을 모색해 보기로 한다.

Video

Running a Global HR Team | Talent on Tap

글로벌기업의 인적자원관리전략

글로벌기업이 갖고 있는 인적자원을 효과적으로 관리하기 위한 방법은 그 글로벌기업이 추구하는 전략과 밀접한 관계가 있다. 우리는 앞서 제5장에서 글로벌기업을 그들이 추구하는 전략유형에 따라 본국중심주의, 현지중심주의, 그리고 세계중심주의로 나눌 수 있었다. 본 절에서는 이상과 같은 세 가지 글로벌기업의 유형에 따라서 인적자원관리전략이 어떻게 다른가를 살펴보기로 한다.

Video

Expatriate Management

본국중심주의적 인사정책

본국중심주의ethnocentrism적인 기업의 인사정책은 본사 및 해외자회사의 주요 책임자를 본국 출신의 관리자로 채우는 방법이다. 이러한 접근방법은 한국과 일본처럼 본국중심주의적인 성향이 강한 기업이 흔히 채택하는 방식이다. 기업들이 본국중심주의적인 인사정책을 사용하는 이유는 다음과 같다.

첫째, 이들 기업은 현지자회사에서 중요한 관리자의 직책을 수행할 수 있는 적절한 인력을 현지에서 발견하기 힘들기 때문에 본국에서 관리자를 파견하곤 한다. 이는 특히 글로벌기업이 저개발국에 진출할 때에 흔히 겪는 어려움이다. 저개발국가에서는 충분한 교육을 받은 현지관리자를 구하기 어렵고, 본국과의 의사소통에 어려움이 따르므로, 본국에서 관리자를 파견할 필요성을 많이 느낀다. 둘째, 글로벌기업들은 일사분란한 조직문화를 유지하기 위해서 본국중심적인 인사정책을 쓰기도 한다. 특히 한국과 일본의 기업들은 본국과 일치된 전략을 추구하기 위해서 본국에서 파견된 관리자를 선호하는 경향이 있다. P&G와 같은 일부 미국기업들도 자신의 독특한 기업문화를 갖고 있어서 본사의 독특한 기업문화를 현지에 적용할 수 있는 사람들만을 선발하여 해외에 파견한다. 셋째, 글로벌기업들이 자신이 갖고 있는 핵심역량을 해외자회사로 이전하는 가장 효과적인 방법은 기술이나 마케팅노하우와 같은 핵심역량을 갖고 있는 본국의 직원을 해외사업장으로 파견하는 방법이다. 예를 들어, 자동차산업에서 Just-in-Time 방식으로 부품을 구매하는 노하우나 소비재산업에서의 마케팅기술은 매뉴얼 등을 이용해서 해외에 있는 자회사에 효과적으로 이전하기 어렵다. 이러한 경우에는 그 노하우를 갖고 있는 사람이 해외사업장에 파견되어 직접 그 노하우를 전달하는 것이 가장 효과적이다.

그러나 이와 같은 본국중심적인 인사정책은 여러 가지 단점을 갖고 있으며, 전반적으로 글로벌기업에서 그 활용도가 점차 줄어들고 있는 추세이다. 본국중심적인 인사정책이 갖고 있는 문제점으로는 첫째, 현지국 출신 직원들의 승진가능성이 제한됨으로써 직원들의 사기를 낮추며 더 나아가서는 유능한 현지인력이 이러한 글로벌기업에 취업하지 않으려 한다는 점이다. 왜냐하면 본국에서 파견된 직원이 현지에서 채용된 직원보다 더 많은 보수를 받기 마련이고, 승진에 있어서도 훨씬 유리하며, 주요한 의사결정권이 본국파견직원에 집중되는 경향이 있기 때문이다. 본국중심주의적인 인사정책의 또 다른 큰 문제점은 지나치게 본국의 기업문화와 경영방식에 치우쳐서 현지환경에 대한 이해 없이 전략을 펼치게 된다

표 10-2 인사관리정책의 비교

	장 점	단 점
본국중심주의	• 현지의 유능한 인력의 부재를 극복할 수 있다. • 통일된 기업문화의 정착이 가능하다. • 본국의 핵심역량의 이전이 용이하다.	• 현지인 관리자의 불만이 커진다. • 본국위주의 사고방식이 지배한다.
현지중심주의	• 본국위주의 사고방식의 강요에서 나오는 문제를 완화시킨다. • 비용이 적게 든다.	• 직원을 이동시키는 데 제약이 있다. • 본사와 자회사 간에 괴리가 존재한다.
세계중심주의	• 인적자원을 가장 효율적으로 활용할 수 있다. • 강력한 기업문화와 비공식적인 관리네트워크 구축이 가능하다.	• 비용이 많이 든다. • 국가간에 인력을 이동하는 데 장애요인이 있다.

는 점이다. 또한 본국에서 파견된 관리자가 현지문화를 이해하고 적응하는 데 상당히 많은 시간이 걸리며 중간에 많은 시행착오를 겪기도 한다. 다음 장에서 살펴볼 P&G의 일본진출사례는 P&G가 일본시장의 특성을 이해하지 못하고 미국에서 하던 방식으로 마케팅활동을 수행한 결과 크게 실패했던 사례를 보여준다.

현지중심주의적 인사정책

현지중심주의polycentrism적인 인사정책은 현지에서 채용한 인력으로 하여금 현지자회사를 운영하도록 하는 정책이다. 현지중심주의적인 인사정책은 많은 경우 앞서 살펴본 본국중심주의적인 인사정책에서 나오는 문제점을 줄이기 위해서 사용된다. 현지중심주의적인 인사정책의 장점으로는 본국의 문화에 치우치지 않고 현지환경과 문화에 적절한 내용을 할 수 있다는 점이다. 또한 본국중심주의적인 인사정책에서 해외파견인력을 유지하는 데는 상당히 많은 비용이 드는 데 비해 현지중심주의적인 정책은 훨씬 적은 비용이 든다.

그러나 현지중심적인 정책에도 몇 가지 문제점이 있다. 첫째, 현지에서 채용한 직원들은 자신의 나라 외에는 경험을 쌓지 못하는 경우가 많으므로 자신의 자회사 이외의 다른 국가에서 일어나는 기업활동에 관심이 없을 수 있고, 자신이 근무하고 있는 자회사중심의 편협한 사고방식을 갖기 쉽다. 그 결과 현지에서 채용한 관리자는 현지의 최고직위 이상으로 성장할 가능성이 제한되어 있다. 현지중심적인 인사정책의 또 한 가지 단점으로는 본국에 있는 관리자와 현지에 있는 관리자간에 많은 갈등이 일어날 수 있다는 점이다. 언어장벽과 문화적인 차이로 인해 본사에 있는 관리자와 해외자회사의 현지관리자 간에는 전략의 수립과 실행 그리고 의사결정방법에서 많은 차이가 있다. 만일 현지중심적인 인사정책이 지나치게 적용되어 둘 사이의 인적교류가 긴밀하지 않게 되면 본사와 자회사 간의 통합 및 조정기능이 약화될 가능성이 존재한다. 극단적인 경우에는 본사와 자회사가 완전히 별개의 조직형태로 운영되는 국가별multidomestic 다국적기업이 나타날 수 있다.

세계중심주의적 인사정책

세계중심주의geocentrism적인 인사정책은 전세계에 퍼져 있는 글로벌 기업조직에 국적과 상관없이 가장 유능한 인력을 파견하는 정책이다. 이와 같은 세계중심주의적인 인사정책은 여러 가지 장점이 있다. 먼저 이는 글로벌기업으로 하여금 자신이 보유한 인적자원을 가장 효과적으로 활용할 수 있게끔 도와준다. 둘째, 세계중심주의적인 인사정책은 상이한 문화를 갖고 있는 여러 나라에 파견되더라도 효과적으로 업무를 수행할 수 있는 국제화된 중역들을 양성할 수 있는 가능성을 갖고 있다. 우리가 본 장의 서두에서 살펴본 ABB가 글로벌기업으로서 효과적으로 운영될 수 있었던 가장 근본적인 이유는 Barnevik과 같은 뛰어난 경영능력을 가진 국제화된 중역들이 있었기 때문이다.

그러나 세계중심주의적인 인사정책을 활용하는 데 있어서 가장 문제가 되는 점은 국제경영인력의 양성에 많은 시간과 비용이 필요하다는 사실이다. 세계중심주의에 걸맞은 국제적인 관리자를 양성하기 데에는 많은 비용이 들며 이들 관리자를 세계 여러 나라에 파견하는 데도 역시 많은 비용이 든다. 또한 세계 여러 나라의 국적을 가진 사람들이 다른 나라로 파견될 때 각국 정부가 갖고 있는 노동법과 해외인력의 고용에 대한 규제는 국적을 불문하고 인력을 활용한다는 세계중심주의적인 인사정책에 제약요인으로 작용한다.

이러한 어려움에도 불구하고 세계중심주의적인 접근방법은 우리가 추구하는 이상적인 글로벌기업에 가장 근접하는 인사정책이다. 본국중심적인 접근방법과 현지중심적인 접근방법은 각기 서로의 장점과 단점이 있으나 세계중심주의적인 인사정책은 ABB의 사례에서와 같이 현지환경에 적합하게 대응하는 동시에 글로벌통합을 강조한다는 점에서 큰 장점을 갖고 있다. 특히 한국기업과 같이 본국중심주의적인 성향이 강한 기업들이 빠른 시일 내에 글로벌화하기 위해서는 구체적으로 본국에서 선발한 인력뿐만 아니라 현지에서 채용한 직원에게도 국제적인 경영인으로 거듭나기 위한 훈련과 교육프로그램을 제공하여야 할 것이다.

해외파견인력의 관리

우리가 앞서 살펴본 여러 가지 유형의 글로벌기업의 인사정책 중에 본국중심주의적 인사정책과 세계중심주의적인 인사정책은 해외파견인력을 많이 활용한다. 본국중심주의적인 글로벌기업의 해외파견인력은 대부분 글로벌 기업의 본사가 위치한 국가의 직원이 해외에 파견되는 것이나, 세계중심적인 글로벌기업에서는 해외파견인력이 반드시 본사가 있는 국가 출신 인력이 아니라, 세계 어떤 국가에 위치한 자회사의 직원이라도 그 해외업무를 가장 잘 수행할 수 있는 사람이 파견된다. 이와 같이 해외파견인력을 활용하는 과정에서는 선발과 훈련 및 평가, 그리고 본국 또는 제3국으로 귀환했을 때의 재적응과 같은 문제가 발생한다. 실제로 해외파견인력들이 기대했던 것에 못 미치는 성과를 보이는 경우가 많다. 본 절에서는 효과적으로 해외파견인력을 활용하기 위한 파견대상 인력의 선정과 훈련, 성과에 대한 보수지급, 그리고 귀환에 대한 여러 가지 정책을 살펴보기로 한다.

해외파견인력의 선정

글로벌기업이 해외에 인력을 파견할 때 원래 기대했던 소정의 성과를 얻지 못하는 경우가 흔히 발생한다. 만일 파견한 인력이 기대하는 성과를 거두지 못하면 기업은 상당히 높은 비용을 부담하게 된다. 왜냐하면 해외파견인력은 본국에서 지급하는 봉급 이외에 파견에 필요한 여러 가지 부대비용을 필요로 하기 때문이다. 또한 이들이 파견된 후에 자회사를 효과적으로 관리하지 못했을 경우에 그 기업이 입는 손해가 막대할 수 있다. Tung의 연구결과에 따르면 미국, 유럽, 일본의 글로벌기업들 중에 약 76% 정도의 기업들은 해외인력 파견의 실패율이 10%나 된다고 보고했다. 특히 미국의 글로벌기업들의 약 7% 정도는 해외인력 파견시 실패율이 20%를 상회할 정도로 높다고 한다.[6]

Video

International Expatriate Management

Tung은 미국기업들의 실패요인을 크게 다섯 가지로 밝히고 있다. 가장 높은 실패원인은 파견되는 현지국환경에 배우자가 적응하지 못하는 것, 두 번째로 파견관리자가 현지에 적응하지 못한다는 것, 세 번째로 가족에 관련된 문제, 네 번째로 파견관리자의 감정적인 미숙함, 다섯 번째로 해외파견에 필요한 업무를 효율적으로 수행할 수 있는 능력의 결여라고 밝히고 있다. 반면에 일본기업들이 해외파견에 실패하는 이유로는 첫 번째로 업무수행능력의 결여, 두 번째로 새로운 환경에 적응하지 못하는 것, 세 번째로 개인적·감정적인 문제, 네 번째로 기술적인 능력의 결여, 다섯 번째로 배우자가 적응하지 못하는 점을 꼽고 있다. 이와 같이 미국과 일본의 글로벌기업들의 해외파견인력의 실패에서 공통적으로 나타나는 실패요인은 해외파견관리자나 배우자, 가족이 현지에 적응하지 못하거나, 해외파견관리자가 새로운 문화에 적응할 수 있는 능력이 결여되어 있거나 해외사업을 운영할 수 있는 기술적인 능력이 결여되었을 경우로 집약할 수 있다.

Tung은 기업들이 해외로 파견되는 인력을 선발할 때 기술적인 능력만을 갖고 평가하는 데 가장 큰 문제점이 있다고 지적한다. 예를 들어, 어느 한국기업이 미국에 TV생산공장을 운영하고자 할 때 단순히 공장운영능력이나 기술적 능력만을 보고 해외파견인력을 선정한다면, 그 사람이 현지국에 적응하지 못할 경우에는 큰 실패를 경험할 수 있다. 이와 같이 기술적인 능력만을 중시하고 다른 요인들, 즉 가족의 적응문제나 그 파견대상인력이 문화적인 차이에 적응하는 능력을 고려하지 않고 해외파견인력을 선정하게 되면 많은 경우 실패하기 쉽다. 따라서 해외파견인력의 실패가능성을 줄이기 위해서는 기술적 능력뿐만 아니라 배우자를 비롯한 가족의 문제나 기타 파견대상직원의 감정적 성숙도 등을 고려하여 가장 적절한 파견대상을 선정하는 것이 중요하다.

Meldenhall과 Oddou는 해외파견인력이 갖추어야 할 자질로서 다음 네 가지를 들고 있다.[7]

첫째, 해외파견인력의 자신감self-orientation과 정신적 건강이 중요하다. 자신감이 있고 정신적으로 건강한 사람들은 해외에서 업무를 성공적으로 수행할 확률이 매우 높다. 이러한 사람들은 해외에 나가서도 새로운 음식, 운동, 음악 등에 흥미를 보여 업무 이외에 추구할 수 있는 취미들도 새롭게 개발할 수 있으므로 현지적응이 빠르다고 한다.

둘째, 다른 사람에 대한 이해능력others-orientation이 중요하다. 이는 해외파견인력이 현지에 있는 직원들과 효과적으로 교류할 수 있는 능력을 의미한다. 해외파견인력이 현지에 있는 직원들과 효과적으로 교류할 수 있다면 상대적으로 자신의 업무에서 성공할 확률이 높아진다. 이러한 경우에는 사교능력과 커뮤니케이션능력이 중요한 요소이다. 사교능력은 현지국에 있는 주민과 친분을 쌓는 능력을 의미하고, 커뮤니케이션능력은 해외파견인력이 현지국언어를 사용하여 훨씬 자유로운 의사소통이 가능하게 되는 것을 의미한다. 특히 커뮤니케이션능력은 단순히 현지국언어를 구사하는 능력뿐만 아니라 그 사람이 의사소통을 할 마음자세가 되어 있는가를 포함한다.

셋째, 감지력perceptual ability 역시 해외파견인력이 갖추어야 할 자질 중의 하나이다. 이는 다른 국가에 있는 사람들이 '왜 이러한 행동을 하는가'를 이해할 수 있는 문화적인 민감성을 의미하며, 특히 현지직원을 효과적으로 관리하는 데 있어서 중요한 요소이다. 이러한 능력이 결여된 관리자는 현지국직원들을 마치 본국에 있는 직원들처럼 대하려는 태도를 가지고 있어서 많은 문제를 발생시키기도 한다.

마지막으로 문화적 능력cultural ability은 해외파견인력이 파견된 국가의 업무에 얼마나 쉽게 적응할 수 있는가를 의미한다. 일부 국가는 다른 나라보다 훨씬 문화적인 차이가 크기 때문에 자신의 업무에 적응하는 데 많은 시간이 걸리기도 한다. 예를 들어, 한국인 파견근로자는 일본이나 아시아권에 파견될 때는 쉽게 적응할 수 있을지도 모르나 미국이나 유럽과 같이 문화적 환경이 다른 나라에 파견되거나, 중동과 같이 기후조건이 상이한 곳에 파견되었을 때에는 큰 어려움을 겪을 수가 있다.

지금까지 살펴본 현지파견자가 갖추어야 할 기본적인 능력을 측정하기 위해서 글로벌기업들은 심리검사나 인터뷰를 실시하기도 한다. 그러나 아직도 상당수의 기업들이 현지에 효과적으로 적응할 수 있는 능력보다는 업무능력, 즉 기술적인 능력에 의존해서 해외파견자를 선정하는 것이 현재의 실정이다.

해외파견인력의 훈련

앞서 살펴본 바와 같이 해외파견인력이 자신의 업무를 효과적으로 수행하지 못하고 실패하는 가장 대표적인 원인은 파견자와 그 배우자가 현지국문화와 환경에 쉽게 적응하지 못했기 때문이다. 따라서 이들 파견자와 그 배우자에 대해서 파견 전에 상당한 기간 동안 문화적응훈련 등을 제공한다면 업무수행능력과 현지적 능력을 상당 부분 향상시킬 수 있다.

해외파견인력을 위한 훈련은 문화적응훈련, 언어적응훈련 그리고 실제 업무수행에 관한 훈련으로 나누어진다. 먼저 문화적응훈련이란 현지국문화에 대한 충분한 교육을 통해서 그 문화를 이해하는 능력을 키우는 것이다. 현지국문화를 이해하게 되면, 파견 관리자들이 현지국직원을 효과적으로 다룰 수 있고 현지 상황에 적합한 의사결정이 가능하다. 따라서 현지국의 문화, 역사, 정치, 경제, 종교, 사회 및 경영 관행에 대해서 충분한 교육을 받는 것이 좋다. 또한 정식으로 파견되기 전에 문화충격을 줄일 수 있도록 미리 파견국을 여행하는 것도 필요하다. 단순히 파견관리자뿐만 아니라 배우자와 가족이 이러한 문화적응훈련을 받는 것이 해외파견자가 효과적으로 업무를 수행하는 데에 도움이 된다.

언어적응 훈련은 세계 비즈니스의 공식언어인 영어구사능력에 대한 훈련을 말한다. 또한 영어 이외에도 관리자가 현지국에 있는 주민과 효과적으로 의사소통하기 위해서 약간의 현지국언어능력을 갖추는 것이 필요하다. 해외파견관리자가 현지국언어에 능숙할 필요는 없지만 현지국에 있는 직원과 좋은 관계를 유지하고 효과적으로 이들을 통제하기 위해서는 일정 수준 이상의 현지언어능력을 갖추는 것이 필요하기 때문이다. 또한 업무수행에 대한 추가적인 훈련 역시 해외파견근로자가 수행할 업무에 대한 사전 정보를 갖고 가는 것이 훨씬 효과적이기 때문에 필요하다.

해외파견인력의 성과측정과 보수체계

글로벌기업경영에서 가장 어려운 업무 중 하나는 해외파견자의 성과를 측정하는 일이다.[8] 해외파견관리자의 성과를 객관적으로 측정하는 것은 상당히 어렵다. 많은 경우 해외파견관리자의 성과는 현지의 관리책임자와 본국에 있는 관리책임자들이 동시에 평가한다. 이와 같은 평가시스템은 두 평가자가 서로 독자적이고 때로는 모순된 평가기준을 가질 때 갈등이 발생한다. 현지국관리자는 해외파견관리자가 얼마나 효과적으로 현지국의 경영환경에 적응하여 문화적 차이를 극복하고 현지업무를 잘 관리하는가에 초점을 두는 반면, 본사에서는 현지관리자의 활동이 본사가 추구하는 전략과 얼마나 일치하는가에 초점을 두기 쉽다. 이와 같이 양측이 서로 다른 기준을 가지고 평가하기 때문에 해외파견관리자들은 자신의 성과에 대해서 공정한 평가를 받지 못한다고 느끼게 될 수 있다.

이와 같이 현지파견관리자의 성과를 측정하는 문제 이외에도 이들 해외파견근로자에게 어떠한 수준의 급여를 지불할 것인가 역시 글로벌기업의 인사정책에서 고려할 중요한 사항 중의 하나이다. 해외주재원들이 파견되어 있는 국가들의 생활수준, 소득수준과 기후조건 등은 큰 차이가 있기 마련이다. 예를 들어, 물가가 비싼 나라에 파견되는 관리자에게 어느 정도 수준의 임금을 지불할 것인가는 상당히 어려운 문제이다. 왜냐하면 임금을 지나치게 낮게 지급하면 아무도 일본 자회사에 파견근무를 자원하지 않을 것이고, 반대로 지나치게 높은 임금을 지급하면 본사에 있는 직원과 위화감이 생길 수 있기 때문이다. 이와 같이 글로벌기업은 해외파견인력의 임금수준을 결정할 때 많은 고민을 하게 된다. 특히 각국의 물가수준에 맞출 것인가 아니면 글로벌하게 통일된 임금수준을 정할 것인가는 어려운 의사결정 중의 하나이다.

특히 세계중심주의geocentrism적인 인사정책을 취하는 글로벌기업에서는 이와 같은 급료수준의 결정이 굉장히 중요한 문제로 대두된다. 왜냐하면 현지국중심적인 글로벌기업에서는 현지수준에 맞는 임금을 지불하는 것만으로 충분할 것이고, 본국중심적인 글로벌기업에서는 본국에서 파견된 인력의 급료를 얼마로 설정할 것인가 하는 단순한 문제로 귀결된다. 그러나 세계중심적인 기업처럼 국적과 관계 없이 인력을 세계 각국의 자회사에서 활용하는 경우에는 해외파견인력에 대해 어느 정도의 급료를 지불해야 할 것인가는 상당히 복잡한 문제로 대두된다.

이와 같은 임금수준 결정에서 가장 보편적으로 쓰이는 방법은 각국의 물가수준과 생활환경에 따라서 동일한 수준의 구매력을 갖도록 임금수준을 결정하는 방법이다. 또한 각 지역별로 다른 환경에 맞추어 그에 걸맞은 고정 인센티브를 지급하는 것도 필요하다. 예를 들어, 한국에서 일본에 있는 현지법인에 직원을 파견할 경우 일본의 높은 주거비용과 물가수준을 고려하여 본국에서 지불하는 수준보다 훨씬 높은 수준의 임금을 지불할 필요가 있다. 반대로 물가수준이 낮은 인도네시아나 인도에 파견되는 관리자는 일본보다는 상대적으로 낮은 주거 비용과 물가수준을 고려하여 일본보다는 낮은 수준의 임금을 지불하는 것이다. 또한 이라크같이 혹독한 환경에 파견되는 근로자는 그러한 악조건에서 활동하는 데 대해서 금전적인 보상도 필요하다. 따라서 해외파견인력에게 급료를 지급할 때에는 본국에서의 급료수준뿐만 아니라 해외근무에 대한 고충의 대가로 지불하는 수당, 그리고 각국의 주거환경에 맞춘 수당, 생활비보조, 또한 자녀들의 교육에 대한 교육비보조와 같은 수당 등을 지급해야 하고, 또한 국가마다 서로 다른 소득세율을 고려한 세금문제와 관련된 조정, 그리고 의료보험이나 연금과 같은 부분에서 본국과 동일한 대우를 받을 수 있도록 조정을 해 주어야만 해외파견근로자가 임금수준에 대한 불만 없이 효과적인 업무를 행할 수 있다. 예를 들어, 미국의 소비재산업기업인 Colgate-Palmolive는 본사가 위치한 미국 뉴욕의 물가수준과 봉급수준을 기준으로 하여, 각 파견국가의 물가수준, 주거임대료, 소득세 등의 차이를 고려하여 임금을 책정하며, 미국 본사에 있을 때와 해외에 파견되었을 때의 봉급과 생활수준의 차이가 전혀 없도록 조정하는 정책을 실시하고 있다.

귀환 후 재적응

글로벌기업은 해외파견인력을 선정하고 훈련시키는 것뿐만 아니라 이들이 다시 본국으로 돌아올 때 본국에 효과적으로 적응할 수 있도록 하는 재적응프로그램을 갖추는 것도 중요하다. 해외파견인력들은 오랜 기간 동안 본국을 떠나 현지국의 환경에 적응하면서 살아 왔다. 이들이 다시 본국으로 돌아올 경우에는 또

다른 문화적인 충격과 재적응과정을 거치게 된다.[9]

해외파견관리자들은 해외파견자회사에 있을 때에 본국에서보다 훨씬 자율적으로 행동하고, 비교적 높은 수준의 봉급을 받으며, 독자적으로 의사결정권을 행사한다. 이들이 다시 본국의 경영관리체제에 돌아오면 해외파견 때 못지 않은 많은 어려움을 겪게 된다. 또한 본국에 있는 기업조직이 이들 해외파견관리자들이 새롭게 습득한 기술이나 지식을 활용할 준비가 되어 있지 않거나, 귀환자들을 위한 보직이 없는 경우도 있다. 또한 자녀의 교육문제로 많은 어려움을 겪기도 하며, 해외파견기간 동안 본국에서 일어난 많은 변화에 적응하는 데 상당한 시간이 소요되기도 한다.

따라서 글로벌기업들은 이들 해외파견자들의 귀환시에도 파견당시와 마찬가지로 본국의 조직에 재적응하도록 도와주는 훈련프로그램을 갖추어 이들이 쉽게 재적응할 수 있도록 하는 것이 필요하다.

국제인력개발

위에서 살펴본 해외파견인력의 관리는 주로 본국중심적인 기업에서 본국의 직원을 해외자회사로 파견하는 경우 또는 세계중심적인 기업에서 제3의 국적을 가진 사람들을 외국에 파견하는 경우에 발생하는 문제점을 해결하기 위한 방법들이다. 그러나 글로벌기업들은 점차 해외파견인력을 선발하고 이를 훈련시키는 것보다 애초에 이러한 능력을 갖고 있는 인재를 개발하는 데 더욱 주력하는 경향을 보이고 있다. 해외파견인력에 대한 훈련은 해외에서 업무를 수행하는 능력을 충분히 갖고 있지 못한 사람들을 교육을 통해 해외파견에 대해 준비시키는 것에 불과하나, 그러한 자질을 갖고 있는 사람들을 미리 개발해 놓으면 이들을 언제든지 필요에 따라 효과적으로 활용할 수 있기 때문이다.

글로벌기업들이 운영하는 인력개발프로그램들은 지속적인 경영교육과 순환보직을 통해서 평소에 국제적인 감각을 가진 인력들을 양성하는 것을 목적으로 한다. 또 이러한 프로그램들은 특별하게 선발된 인원들을 해외파견자로 규정하고 이들을 대상으로 훈련을 실시하는 것이 아니라 조직 전반의 생산성과 국제경영능력을 향상시키는 것을 목적으로 하고 있다. 특히 초국적기업을 지향하는 기업들에게는 조직전반에 국제적인 감각을 갖춘 유능한 인력을 개발하는 것이 중요한 업무로 대두되고 있다.

예를 들어, 경영개발프로그램은 새롭게 충원된 관리자들에 대해서 그 기업이 갖고 있는 규범이나 가치체계를 주입시킴으로써 기업문화에 융합시키는 역할을 한다. 다시 말하면 그 기업이 운영하는 각종 교육프로그램을 통해서 회사에 대한 유대감을 갖게 되고 그 회사의 가치체계, 즉 기업문화에 익숙해지며 많은 사람들과 친분을 쌓게 되어, 비공식적인 네트워크를 구성하는 것이 향후 효과적인 사업 운영에 필수적인 요소가 된다. 또한 일정기간 동안의 교육프로그램뿐만 아니라 평소에 순환보직제도를 시행하면, 본사와 자회사를 이동함으로써 해외자회사의 실정에 대해 보다 많은 정보를 갖게 됨과 동시에, 각국에 있는 자회사와 개인적인 친분관계를 통한 비공식적인 네트워크를 형성함으로써 비공식적인 통제와 조정이 가능해진다는 점에서 이러한 국제인력개발프로그램은 장기적으로 글로벌기업의 성과를 높일 수 있는 주요한 수단이 된다.

국제적인 노사관리정책

글로벌기업이 외국에 진출하여 생산공장을 가동하거나 판매조직을 운영할 때 다수의 현지생산 및 판매요원들을 고용하고 이들을 관리하여야 한다. 그러나 현지 노사관리는 문화와 제도적인 환경의 차이로 인해 국가마다 큰 차이를 나타낸다. 예를 들어, 독일에서는 노동자들이 기업의 전반적인 정책과 주요 의사결정에 공동으로 참여하는 제도를 갖고 있으며, 미국에는 산업별 노동조합의 힘이 다른 나라보다 상대적으로 강하다.

이와 같이 서로 다른 노동조합과 법적 규제, 그리고 제도적 환경에서 조업을 하는 경우에는 현지국의 노동관행이나 노동조합과의 관계 등을 잘 이해하고 갈등을 피하는 것이 좋다. 그러나 현지국 노동조합이 지나친 요구를 하거나 잦은 노사분규로 생산을 방해할 경우에 글로벌기업은 그 나라에서 철수하겠다는 위협으로 어느 정도의 교섭력을 가질 수 있다. 예를 들어, 미국의 Ford는 영국의 노동조합이 임금인상을 요구하면서 장기간 파업을 하였을 때 영국공장을 폐쇄하고 다른 유럽의 국가로 이전한다고 협박을 하여 조기에 파업을 해산시킨 경험이 있다.

한편 글로벌기업은 본국의 성공적인 노사관행을 현지국에 이전하여 보다 효과적인 생산활동을 할 수 있다. 예를 들어, 일본의 자동차기업들이 현지생산공장의 형태로 미국에 진출하였을 때 이들은 일본식 노사관행을 도입하여 종업원들의 의견을 수렴하고 종업원들과 관리자와의 거리를 좁히는 데 성공하였다. 이처럼 글로벌기업들이 반드시 현지국의 노사관행에 적응할 필요는 없으며 자신이 더 좋은 정책을 갖고 있을 경우에는 자신의 경쟁우위를 활용하기 위해 본국에서의 노

Video

The Global Trainee Program (ABB)

사관행을 일부 도입하는 것도 효율성을 높이는 긴요한 방법이 된다.

05 〉〉 결론 및 요약

본 장에서는 ABB의 조직구조에 대한 사례를 통해서 글로벌기업의 조직구조의 여러 유형을 살펴보았고 본사와 자회사 간의 효과적인 통합 및 조정메커니즘을 살펴보았다. 글로벌기업은 각각 국제화의 경험, 현지화의 필요성, 그리고 글로벌화의 필요성에 따라서 서로 다른 조직구조를 갖고 있다. 또한 본사와 자회사 간의 관계에도 효과적인 통합과 조정을 위한 여러 가지 조정메커니즘이 존재한다.

글로벌기업은 개인적인 친분관계, 연락자, 팀, 조정위원회, 공식적인 조직구조 그리고 기업문화와 같은 여러 가지 메커니즘을 통해서 본사와 자회사 간의 효과적인 통합과 조정이 가능하도록 노력하고 있다. 그러나 이러한 본사와 자회사 간의 통합 및 조정메커니즘은 모든 자회사에 동일하게 적용되어서는 안 된다. 자회사의 능력과 현지시장의 중요성에 따라서 서로 다른 통제와 조정메커니즘을 적용하는 것이 필요하다.

또한 본 장에서는 글로벌기업의 인적자원관리정책에 대해서 살펴보았다. 글로벌기업은 크게 본국중심주의, 현지중심주의 또는 세계중심주의 유형으로 나누어지며 이들 글로벌기업의 전략에 따라서 서로 다른 인적자원관리전략을 취하기도 한다. 구체적으로 이러한 인적자원관리정책은 해외파견인력을 효과적으로 선정하고 훈련시키며, 이들에 대한 공정한 성과평가와 보수체계를 정립하고, 이들의 귀환 후 재적응을 위해 공식적인 제도와 절차를 갖추는 것을 포함한다. 또한 해외파견인력의 선정과 훈련뿐만 아니라 장기적인 관점에서 국제화된 인력을 양성하는 것이 해외사업운영의 중요한 성공요인이 된다. 또 본 장에서는 국제적인 노사관리를 효과적으로 수행할 수 있는 방법을 모색해 보았다.

사례

case

삼성전자의 글로벌조직구조[10]

1969년 자본금 3억 3,000만 원으로 시작한 삼성전자는 1971년 흑백TV를 파나마에 수출한 것을 시작으로 1978년에 수출 1억 달러 돌파의 성과를 이루며 꾸준히 해외사업을 확대해 왔다. 2024년 삼성전자의 해외매출액은 총 매출액 300조 원 중 약 86%를 차지하고 있다.

삼성은 창립 지후인 1971년에는 영업부 산하에 있는 수출과를 통해서, 1972년에는 본사 직속 수출부를 통해서 해외사업을 운영하였다. 1975년부터 삼성그룹은 모든 계열사가 각 업종의 특수성을 살리고 사장의 권한과 책임을 분명히 하는 사업부제를 실시하였다. 이 제도의 중추적 역할을 담당했던 그룹 비서실은 집권화된 의사결정을 하는 중앙사무소의 형태로 만들어졌으며, 그룹의 시너지효과를 증대하고 감사를 통한 내부통제와 조직 내외의 정보를 수집하고 분석하는 등의 기획조정실 임무를 수행하였다.

그러나 삼성그룹의 조직구조는 1993년 '삼성 신경영'과 함께 크게 바뀌게 되었다. 삼성그룹 이건희 회장은 독일 프랑크푸르트에서 21세기 초일류기업이 되기 위한 경쟁력제고 전략으로 '품질위주의 경영', '국제화', '복합화'를 제시하였다. 이러한 배경 아래 1994년 10월 그룹 수준의 대대적인 조직개편이 이루어져서 40개 계열사를 크게 전자, 금융보험, 화학, 기계, 독립회사 등 다섯 가지 사업군으로 묶고 각 사업군마다 소회장을 임명하였다. 이 소그룹들은 각 사업군별로 급여와 인사정책을 독자적으로 운영하고, 회장을 비롯한 운영위원회는 그룹 전체의 방향과 각 사업부문의 중장기비전 설정, 사회사업, 국제화 및 감시기능을 수행하도록 하였다. 이러한 소그룹에 소속된 각 계열사는 나름대로 산하에 사업부제 조직을 갖추고 있었다. 구체적으로 삼성전자 내 사업본부는 그 산하의 제품별 사업부들의 전체적 관리 및 본사와의 중계역할을 수행하였으며, 사업본부 아래 각 제품별 사업부는 제품 생산에서 마케팅에 이르는 전반적인 의사결정을 담당했다(그림 10-18 참

그림 10-18 1994년 삼성전자 조직구조도

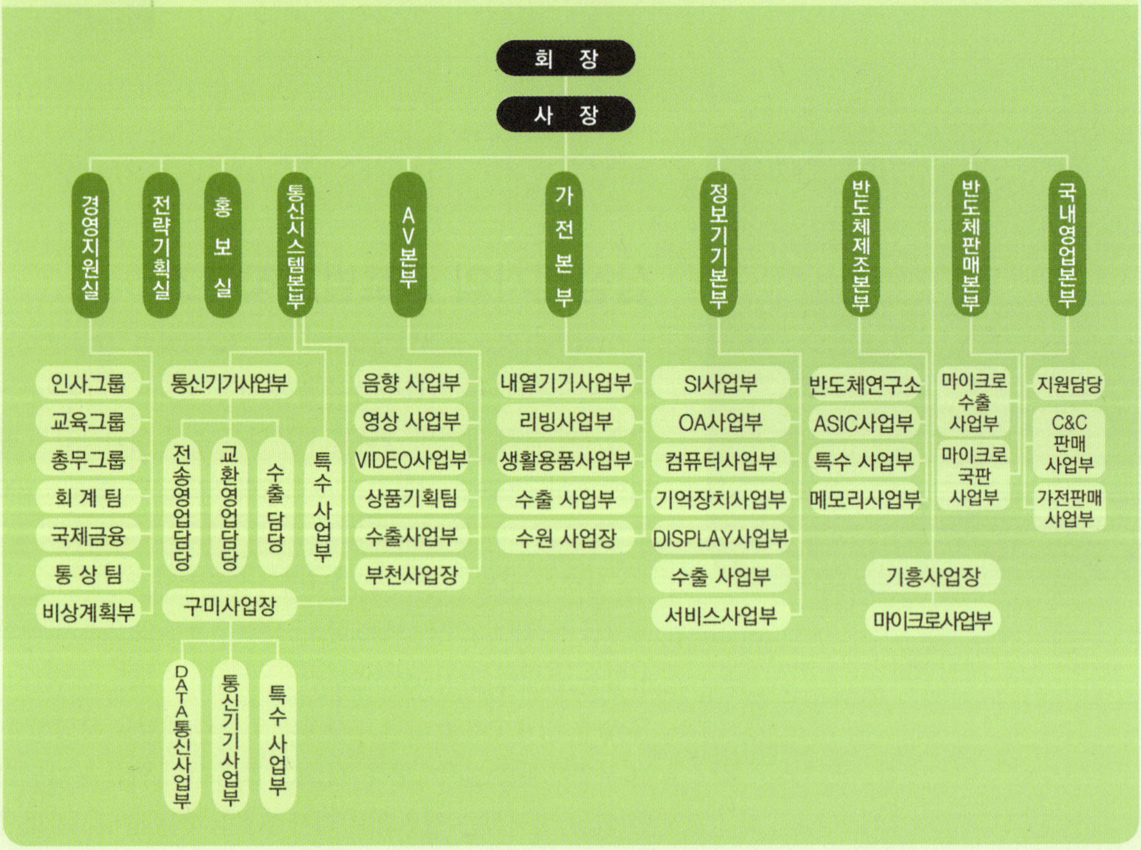

고). 이 당시 삼성전자는 내수위주의 제품별 사업부에 수출을 전담하는 사업부를 추가하는 식의 전형적인 국제사업부제 조직을 운영하고 있었다. 이러한 조직 하에 각 사업부는 자신의 성과에 따라 철저한 평가와 이에 따른 보상을 받았으며, 독자적인 이익책임을 갖게 되었다. 그러나 삼성전자의 해외 생산 및 판매법인은 한국본사의 의사결정에 의하여 운영되었기 때문에 자율적인 의사결정권은 미미하였다.

한편 신경영의 일환으로 복합화를 추구하기 위해, 삼성그룹은 전자부문 소그룹의 해외현지법인들이 동시에 입주하여 시너지를 창출할 수 있도록 현지 복합단지를 구상하였다. 복합단지는 총 5개로 미주소속의 멕시코 티후아나 복합단지, 동남아소속의 말레이시아 셀렘반 복합단지, 유럽소속의 영국 윈야드 복합단지, 중국의 톈진 복합단지, 그리고 브라질의 마나우스 복합단지가 이에 속했다. 이러한 복합단지 내에 삼성전자, 삼성전기, 삼성전관 등의 계열사가 함께 입주하여 시너지를 창출하게 하는 것이 복합단지 건설의 의도였다. 삼성전자는 글로벌마인드를 갖춘 지역전문가를 양성하기 위해 '코스모폴리탄 제도'를 시행하여 4개월간의 국제경영연구소 교육과 2개월간의 현지 OJT교육을 실시하였다.

이와 같이 신경영체제 아래 해외진출이 가속화됨에 따라, 삼성전자는 복합단지의 효율적 운영

그림 10-19 1996년 삼성전자 지역별 본사제도

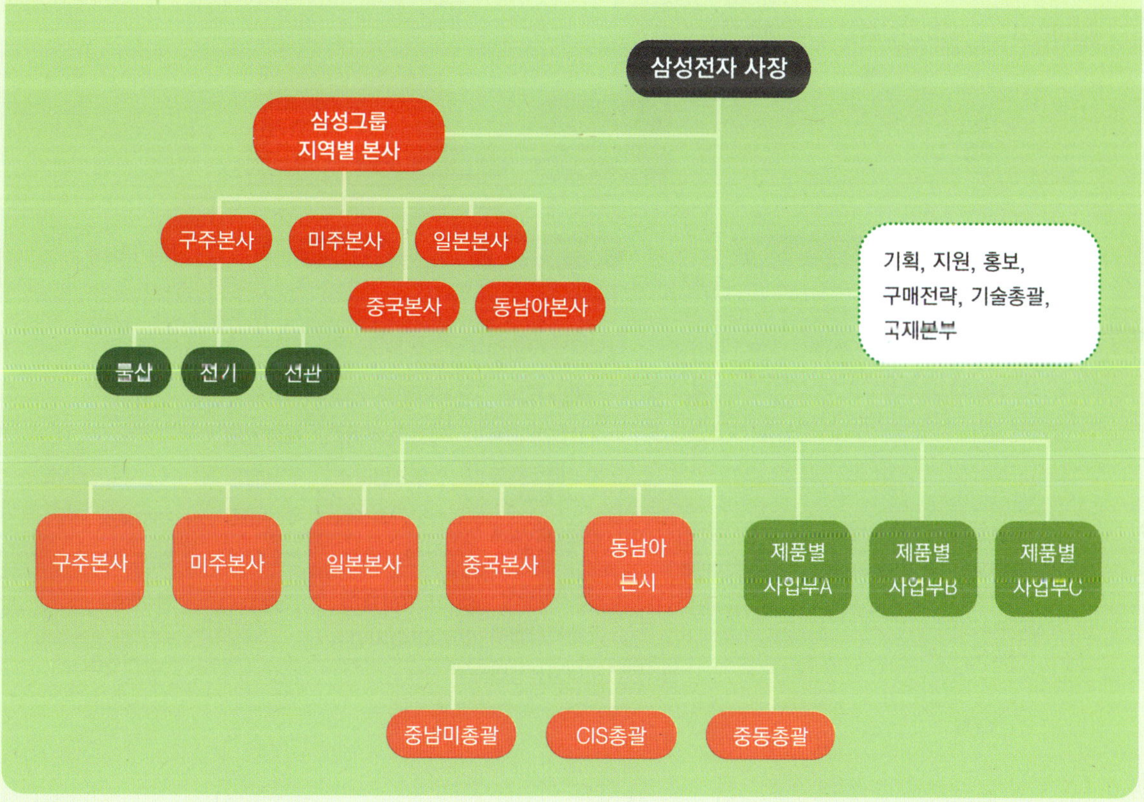

과 해외자회사로의 권한위임을 목적으로 1996년부터는 지역별 해외본사제도를 실시하였다. 이는 5본사 3총괄로 구성되었는데 5본사로는 일본, 중국, 유럽, 미주, 동남아 5지역에 본사를 두고, 본사보다 하위의 개념으로 중남미총괄, CIS총괄, 중동총괄을 두었다. 지역본사제도는 한국의 본사개념을 현지로 이동시킨 개념이다. 한국 본사에 제품별 사업 단위들이 포함되어 있듯이 해외 현지에 진출해 있는 각 사업단위들이 지역본사에 포함되는 것이다. 이 제도가 실시됨에 따라 해외시장에 대한 모든 의사결정과 손익책임은 모두 지역본사에서 담당하게 되었다. 이와 같은 지역본사제도는 삼성그룹 전체조직 중심축의 변화를 의미하는데, 과거 산업의 특성만을 강조하던 소그룹제도와 각 계열사별로 존재했던 제품별 사업부제 조직으로부터 지역총괄로 대변되는 지역별 사업부제 조직으로 중심축이 크게 이동하는 것을 의미하였다(그림 10-19 참조).

그러나 실제로 운영해본 결과 이러한 복합단지와 지역본사제도의 부작용이 크게 나타났다. 각 계열사의 산업의 특성이 서로 달라 실제로 계열사간의 시너지를 창출하기 어려웠기 때문이다. 같은 복합단지에 입주한 계열사들이 서로 같은 임금을 적용하다 보니 삼성전기와 같은 부품전문 계열사는 복합화의 결과 오히려 인건비가 증가하기도 했다. 지역본사제도 또한 사업의 성격이 서로 다른 계열사들이 동일한 지역본사의 통제 하에 들어가 간접비용만 증가시키고 조직에 위계만 심화시켰

그림 10-20 1998년 삼성전자 GPM조직도

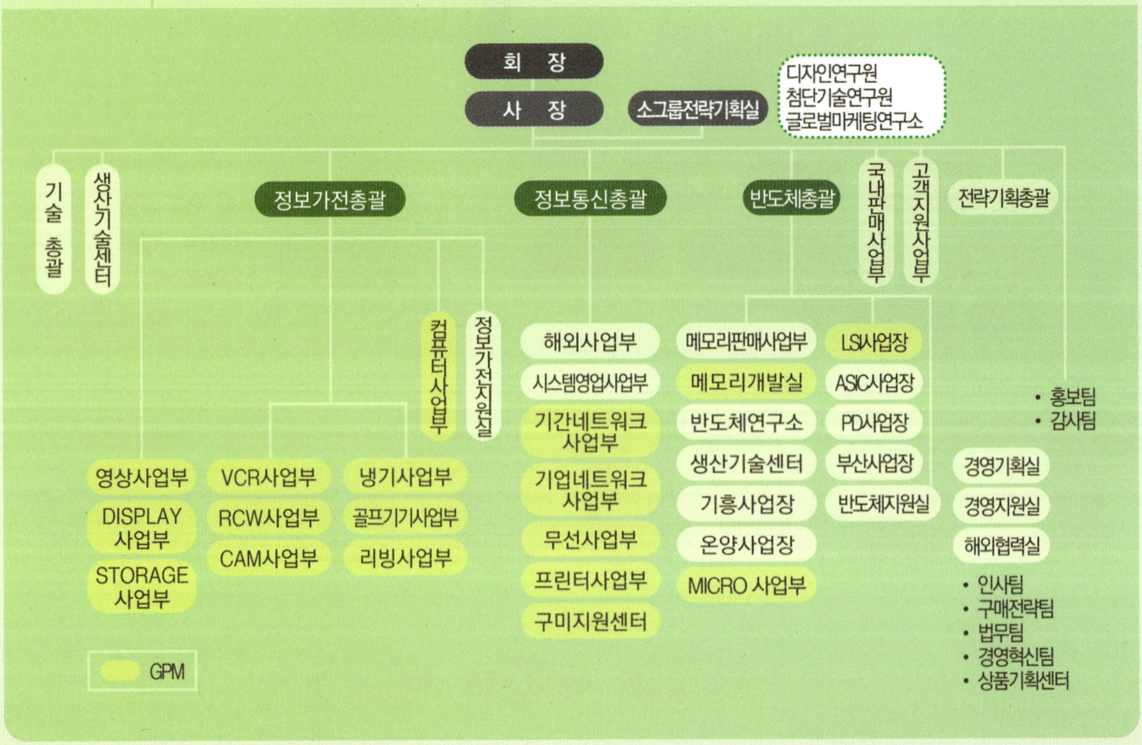

다는 비판을 받았다.

이와 같이 지역본사제도로부터 많은 부작용이 발생하자, 삼성전자는 1998년 HP, GE와 같은 다국적기업을 벤치마킹하여 GPMGlobal Product Manager제도를 실시하였다(그림 10-20 참조). GPM 제도란 기존의 내수위주의 제품별 사업부제 조직에 전 세계적인 관리기능을 추가시킨 것으로 글로벌 제품별 사업부로 볼 수 있다. 각 제품의 글로벌화에 초점을 맞추어 크게 정보가전, 정보통신, 반도체로 나누어진 세 개의 그룹을 두고 그 밑에 총 18개의 GPM장이 존재하는 형태였다. 이들 GPM장은 특정제품에 대하여 전 세계적인 생산과 판매에 대한 의사결정을 담당했다. 즉, 이들 GPM장은 손익의 최종책임자로서 전략, 기술지원, 제품가격, 이전가격, 생산량 등의 중요한 의사결정을 수행하며, 각 현지법인들은 GPM장의 지휘 하

그림 10-21 2003년 삼성전자 GBM 조직도

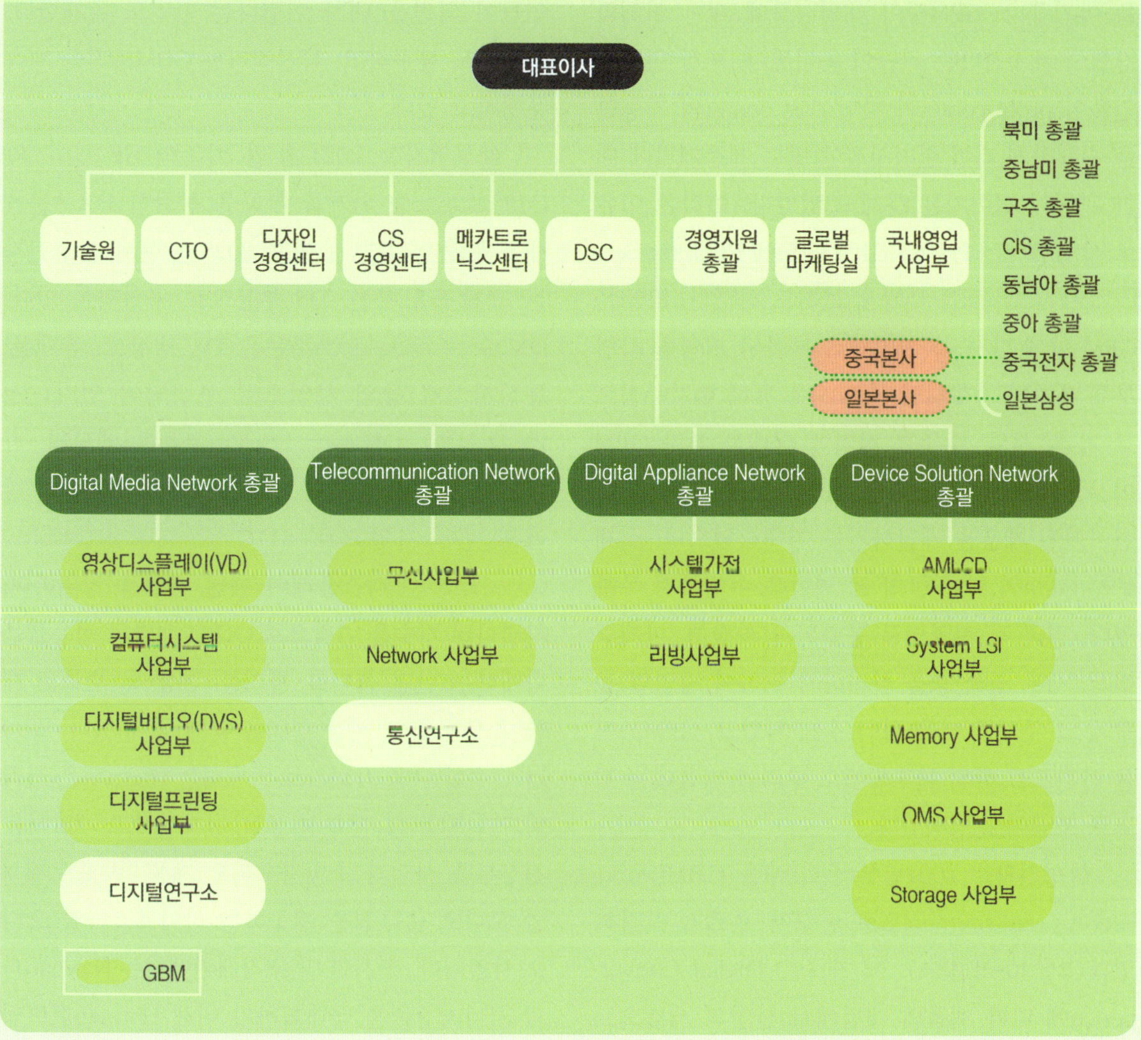

에 현지실정에 맞게끔 업무를 담당하게 되었다. 반면 과거 지역단위의 손익을 책임지던 지역본사는 일본과 중국본사를 제외하고는 모두 철수했다. 이렇게 글로벌 사업부제를 도입한 이유는 삼성전자의 제품들이 대체로 글로벌 제품의 성격이 강해 현지화의 필요성이 비교적 적다고 판단했기 때문이었다.

그러나 새로 도입한 GPM 제도 역시 나름대로의 문제가 있었다. 중앙집권적 구조의 성향이 강한 GPM 제도는 본사와 해외법인 간의 많은 갈등을 야기했다. GPM장이 해외시장에 대한 이해와 경험이 부족하다는 비판이 쏟아졌다. 또한 현지법인들이 profit center가 아닌 cost center의 기능만을 수행하게 되어 현지시장에 맞는 제품개발에 대한 관심이 떨어지는 문제도 있었다. 이러한 이유로 삼성전자는 1999년 GPM 제도에 RPM Regional Product Manager을 추가해 보기도 하였다. RPM은 GPM 안에 다시 각 지역별로 분화된 지역별 사업부를 추가하는 형태였다. RPM을 통해 현지중심으로 가격, 물량, 수주를 적기에 끝내고 본사 GPM이 독점하던 상품기획을 RPM으로 이전하여 더 현지화된 제품을 개발하기를 기대하였으나, 실제로는 GPM의 힘에 눌려 제 역할을 수행하지 못하였다. 결국 각 지역별로 통합된 인사정책, 마케팅 정책, 재무 정책 등을 실시하기 위하여 지역별 총괄에 그 무게를 더욱 심어 주게 되었고, GPM조직을 근간으로 하되 현지화에도 주의를 기울이는 정도로 조직이 운영되었다.

삼성전자는 2001년부터 GPM을 GBM Global Business Management으로 바꾸어 부르기 시작하였다(**그림 10-21** 참조). 이 제도는 Digital Convergence에 따라 제품의 개념에서 산업의 개념으로 시각을 넓혀 사업부가 생산/판매하는 제품의 범위를 확대하였다. 비슷한 성격의 제품을 묶어 GBM으로 만들었고, GBM장은 자신이 맡은 사업단위에 대해 신제품기획에서 구매, 생산, 판매, 재무, 인사는 물론 해외판매나 광고, 홍보까지 관할하게 되었다. 이 GBM 조직은 손실에 대한 책임과 이익에 대한 공로를 모두 GBM장이 가져가는 조직으로, 책임경영이 가능하지만 개별제품이 아닌 제품군 전체의 매출과 손익으로 평가받기 때문에 단기성과주의에 치우칠 가능성이 있으며, 현지법인들이 의견을 내기 어렵다는 단점도 존재한다. 그럼에도 불구하고, 삼성전자는 GBM조직을 계속 운영하고 있다.

삼성전자는 2021년 말 기존의 CE생활가전와 IMIT · 모바일 등 완제품 부문을 통합한 DX부문을 새롭게 출범시켰다. 이후 2025년 현재 삼성전자는 크게 DX 부문, DS 부문으로 구성되어 있다. DX Device eXperience부문은 TV, 냉장고, 휴대폰, 통신시스템 등의 사업으로 구성되어 있다(**그림 10-22** 참조). DS Device Solutions부문은 메모리, 파운드리, System LSI 등으로 구성되어 있다. 그 밖에도 종속기업으로 SDC Samsung Display Corporation는 디스플레이 패널 사업을 영위하며, 차별화된 기술을 바탕으로 OLED 패널의 점유율을 확대하는 한편 폴더블·롤러블·전장 등 새로운 제품 출시를 통해 시장 영역을 확대 중에 있다. 2016년 인수한 다음 자회사로 존재하는 Harman은 커넥티드카 제품 및 솔루션 등을 디자인하고 개발하는 전장부품 사업과 소비자오디오 제품 및 프로페셔널 오디오 솔루션을 제공하는 라이프스타일 오디오 사업이다. 2024년 말 조직개편에서는 Harman과의 시너지창출을 극대화하기 위해 Harman협력팀

그림 10-22 2024년 삼성전자 GBM 조직도

을 만들었다.

지역별로는 한국 본사를 거점으로 DX 부문 산하 해외 9개 지역 총괄과, DS 부문 산하 해외 5개 지역 총괄의 생산과 판매법인들로 구성되어 미주, 유럽, 아시아, 아프리카 등지에서 글로벌 경영을 수행하고 있다.

2024년 말 삼성전자는 조직개편을 통해 DS부문 내에 AI센터를 신설하여 AI 관련 조직을 통합하였다. 또한 DS부문 내 제조 및 기술조직을 메모리와 파운드리 전담조직으로 분화하였다. 이는 AI와 파운드리 사업의 중요성이 부각됨에 따라 조직을 개편한 것이다. 아울러 글로벌 공급망 위기에 대응해 경영지원실 내 '공급망 인사이트TF'도 새롭게 꾸렸다. 과연 삼성전자가 개편된 조직구조와 함께 부상하는 AI기술과 강화되는 보호무역주의에 대응하면서 새로운 성장동력을 만들어낼 수 있을까?

Video

삼성전자 손영 전략기획부분 담당 CSO·사장 인터뷰

Video

Samsung Electronics Press Conference 2024 Highlights

SAMSUNG

삼성전자의 홈페이지
www.samsung.com/sec

토의과제

01 1994년부터 현재까지 삼성전자가 취한 글로벌 조직구조의 장점과 단점은 무엇인가?

02 현재 삼성전자의 글로벌 사업부제 운영 방식 외에 더 나은 조직적 대안이 있는가?

참고문헌

Reference

1 본 사례는 "Working his magic," *Business Week*, 2003. 2. 10; "ABB in crisis," *Economist*, 2002. 10. 26; "ABB in trouble," *Economist*, 2002. 3. 30; "The ABB of Management," *Economist*, 1996. 1. 6; "Percy Barnevik Passes the Baton," *Business Week*, 1996. 10. 28; "A Tough Swede Invades the US," *Fortune*, 1992. 6. 29; "Asea Brown Boveri," Harvard Business School Case 9-192-139에 기초하여 작성되었다.

2 Alfred D. Chandler, *Strategy and Structure*, Cambridge: MIT Press, 1962; A. D. Chandler, *The Visible Hand: The Managerial Revolution in American Business*, Cambridge: Harvard University Press and Belknap Press, 1977.

3 Oliver Williamson, *Markets and Hierarchies : Analysis and Antitrust Implications*, New York: Free Press, 1975.

4 Christopher Bartlett and Sumantra Ghoshal, "Matrix, Not a Structure but a Frame of Mind," *Harvard Business Review*, July~August 1990.

5 C. Bartlett and S. Ghoshal, *Managing Across Borders*, Harvard Business School Press, 1989.

6 R. Tung, "Selection and Training Procedures of U.S., European, and Japanese Multinationals," *California Management Review*, 25, 1982, pp. 57~71.

7 M. Meldenhall and G. Oddou, "The Dimensions of Expatriate Acculturation," *Academy of Management Review*, 10, 1985, pp. 39~47.

8 G. Oddou and M. Mendenhall, "Expatriate Performance Appraisal: Problems and Solutions," in *International Human Resource Management*, ed. by Mendenhall and Oddou, Boston, PWS-Kent, 1991.

9 J. Black and M. Mendenhall, *Global Assignments: Successful Expatriating and Repatriating International Manager*, San Francisco: Jossey-Bass, 1992.

10 본 사례는 저자의 한국기업의 글로벌경영사례집 II(박영사, 2003년)에 게재된 "삼성전자의 해외사업조직"에 기초하여 작성되어 수정·보완 및 최신자료까지 업데이트되었다.

CHAPTER10

Chapter

11 글로벌제품 개발과 마케팅 활동의 조정

C/O/N/T/E/N/T/S

일본은 전세계에서 두 번째로 큰 시장이고, 기술적으로는 가장 선도적인 시장이며, 동시에 가장 경쟁이 치열한 시장이기도 하다. 일본은 P&G가 다른 아시아시장에 진출하기 위한 교두보이다. 우리가 일본기업과 전세계적으로 경쟁하기 위해서는 이 일본시장에서 성공해야 한다.

– P&G의 일본법인장과 회장을 역임한 D. J. Jager.

사례

case

P&G의 일본진출[1]

1837년에 설립되어 170여 년이 넘는 역사를 가진 P&G는 Gillette 면도기, Febreze 섬유탈취제, Cheers 세탁비누, Pampers 일회용 기저귀 등으로 우리에게 잘 알려진 일상용 소비재 생산기업이다. P&G는 또한 브랜드 매니지먼트 시스템brand management system으로도 유명하다. 브랜드 매니지먼트 시스템이란 P&G가 생산하는 여러 가지 종류의 제품을 각각 다른 브랜드 매니저에게 맡겨 브랜드 매니저가 담당 제품의 생산, 판매 및 마케팅활동을 모두 책임지는 것이다. 이는 P&G가 생산하는 여러 브랜드를 소비자가 혼동하지 않게 도와주고, 한 브랜드가 성공하고 다른 브랜드가 실패하더라도 P&G그룹 전체에 크게 영향을 주지 않는 체제이다. 이

그림 11-1 P&G의 일본에서의 사업활동

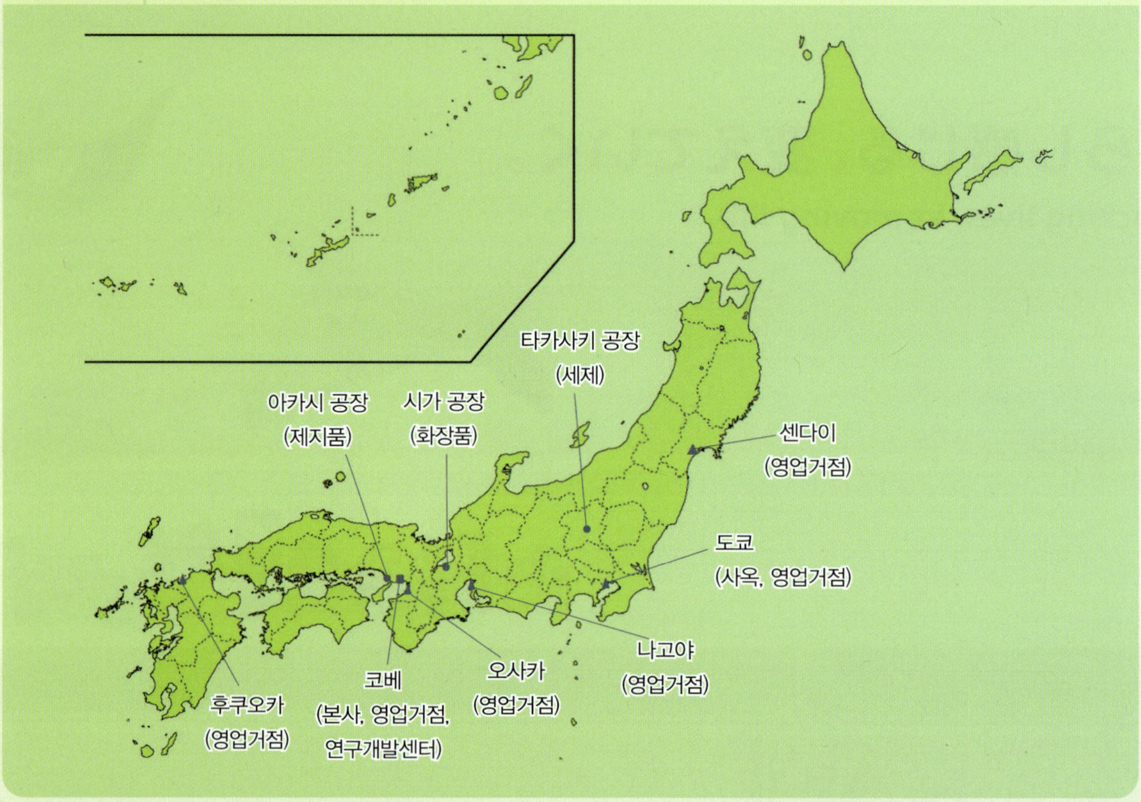

출처 : P&G Sustainability Report, 2024년 기준

와 같은 P&G의 뛰어난 품질개발능력과 소비자의 선호를 면밀하게 추적해 가는 마케팅활동, 그리고 브랜드 매니지먼트 시스템은 P&G의 제품이 오랜 수명을 유지하는 데 크게 도움을 주었다. 예를 들어, P&G가 생산·판매하는 Ivory비누는 100년이 넘은 제품이고 Tide세탁세제 역시 50년 이상 지속되고 있는 브랜드로 각 제품시장에서 선두를 차지하고 있다. 그 결과 P&G는 미국시장 내에서는 경쟁자 매출액의 네 배가 넘을 정도로 높은 시장점유율을 갖고 있는 기업이 되었다.

P&G는 제2차 세계대전 후 미국에서만의 독보적인 지위에 만족하지 않고 적극적인 국제화전략을 전개하기 시작하였다. P&G는 유럽에서 전통적으로 시장을 선도하던 Unilever의 다음으로 시장점유율 2위를 차지하고 있었다. P&G의 해외사업운영은 미국에서 P&G가 운영하는 것과 똑같은 방식으로 이루어졌다. P&G는 해외자회사에서도 브랜드 매니지먼트 시스템을 도입하였고 본사의 기본적인 정책에 입각하여 제품을 시장에 출시하였고, 해외자회사가 출시하는 제품의 선정과 출시시기를 본사가 직접 결정하는 등 전형적인 본사위주의 자회사 관리가 이루어졌다.

P&G의 아시아진출은 일본시장부터 시작되었다. P&G는 일본시장에 진출하기 위해 1972년

그림 11-2 일본의 유통구조

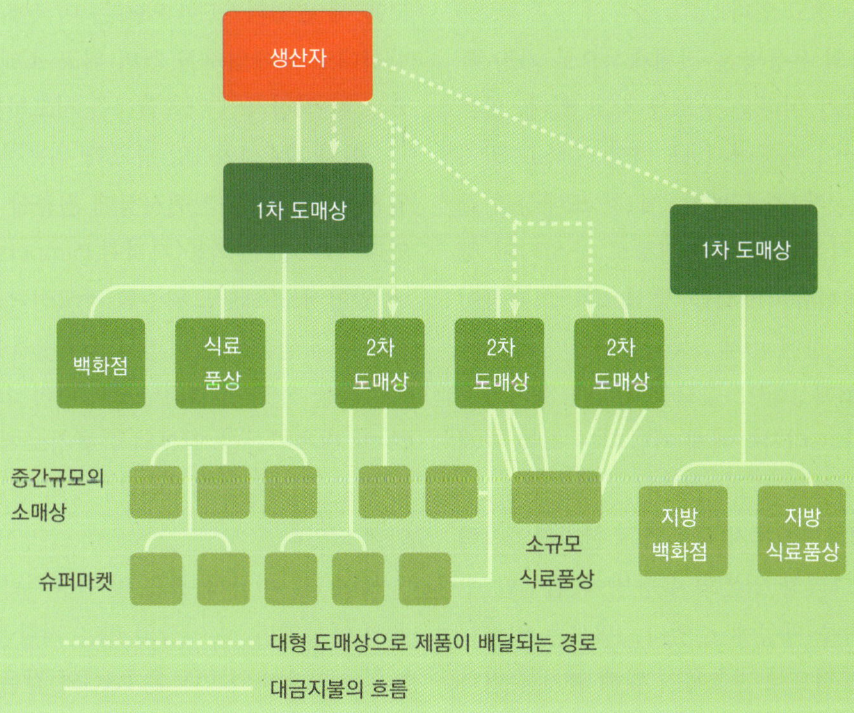

출처: Gene A. German, "Food Distribution, Japanese Style," *Progressive Grocery*, July 1985.

Nippon Sunhome라는 일본회사와 합작투자를 실시하였다. 일본시장은 전통적으로 Kao와 Lion이라는 두 기업이 큰 시장점유율을 갖고 있었다. Kao는 P&G에 못지 않은 100년 이상의 역사를 가진 기업으로서 화장지, 비누, 세탁비누, 화장품과 같은 일상용소비재에서 강력한 경쟁우위를 갖고 있다. Kao는 특히 연구개발에 뛰어난 능력을 갖고 있어서 우수한 품질의 세탁비누, 화장품, 긴강보조식품을 생산하였고, 일본의 소매상조직 전체의 65%를 차지할 정도로 강력한 유통망을 구축하고 있었다. Kao는 이러한 유통망을 정보통신네트워크에 연결하여 효과적인 물류시스템을 갖추고 소비자의 수요를 즉시 파악할 수 있었다. 한편 시장점유율 2위인 Lion 역시 1891년에 탄생한 기업으로서 비누와 치약, 세탁비누 등에서 높은 시장점유율을 갖고 있었다. 반면 Nippon Sunhome는 Kao와 Lion에 밀려 거의 파산직전에 몰린 기업이었다.

일본시장은 전세계적으로 가장 까다로운 수요패턴을 가진 소비자와 가장 복잡한 유통구조를 가진 시장으로 이름나 있다. 일본의 소비자들은 완벽한 제품을 요구하나 저품질의 저가제품보다는 고가지만 높은 품질과 서비스를 제공해 주는 제품을 선호한다. 또 일본의 소비자들은 좁은 주거공간에 살기 때문에 제품을 대량으로 구매하여 보관하기보다는 수시로 동네슈퍼마켓을 이용해서 조금씩 구매한다. 여기에 위생관념 역시 철저하여 불결한 것을 절대로 참지 못하는 등 까다로운 수요패턴을 갖고 있다.

한편 일본의 유통망은 전세계적으로 가장 복잡하고 이해하기 어려운 구조를 갖고 있다. 일본에서는 도매상이 유통에서 큰 역할을 하고 있지만 이들 도매는 제1차 도매상, 제2차 도매상과 같은 여러 단계의 복잡한 유통경로로 구성되어 있다. 미국이 대형슈퍼마켓을 중심으로 소매상이 조직되어 있는 것에 비해 일본은 구멍가게와 유사한 소규모소매상들이 길모퉁이마다 자리잡고 있어서 제품이 소비자들에게 전달되는 최종 단계에서 중요한 역할을 하고 있다.

P&G의 일본합작투자 파트너는 현지경영인력과 생산시설 그리고 일본의 유통망에 침투할 수 있는 판매조직을 제공해 주었다. P&G는 일본시장에 빨리 성공적으로 진출하기 위해 과거 유럽과 남미시장에 진출시 가장 성공적인 제품이었던 Cheers 가루비누와 Bonus 액체비누, 그리고 Camay 비누를 먼저 일본에 판매하기로 결정하였다. 제품들은 과거 유럽과 남미시장에 진출했을 때 성공을 거둔 제품이었기 때문에 P&G는 일본에서도 성공할 것을 믿어 의심치 않았다.

P&G는 미국에서 거래하던 광고회사의 일본지사를 통해서 Cheers의 일본광고를 대대적으로 실시하였다. 이 광고는 Cheers가 뜨거운 물과 찬물에서 모두 세탁이 잘 되는 제품이라는 것을 강조하는 내용으로서 미국시장을 겨냥해서 만든 광고였다. 그러나 이 광고는 소비자에게 P&G라는 기업명보다는 미국에서와 같이 Bonus, Cheers와 같은 제품 자체의 브랜드명을 강조하는 방향으로 흘러갔다. 브랜드를 강조하는 P&G의 광고전략과 대조적으로 Lion과 Kao는 일본에서 제품을 광고할 때 브랜드보다 자신의 회사이름을 강조하는 광고를 해 왔었다. 또한 P&G는 미국에서 하던 유통방식대로 도매업자를 건너 뛰고 소매업자를 대상으로 한 직접적인 판촉활동을 시도하였다.

이와 같은 P&G의 광고와 유통전략은 P&G가 일본의 일회용 기저귀시장에 진출할 때도 반복되었다. P&G는 일회용 기저귀 Pampers를 출시하는 데 있어서도 브랜드위주의 광고전략을 고수했고, 집집마다 샘플을 돌리면서 소비자들에게 직접 판촉활동을 하였다. 그러나 소비자와 소매상을 목표로 한 판촉활동은 일본의 유통경로에서 중추역할을 하는 도매상들이 P&G에 대해 반감을 갖는 원인이 되었다.

P&G의 미국식 광고 및 유통전략은 일본시장에서 예상했던 것 이상의 많은 저항을 받았다. 일본의 경쟁회사와 언론은 P&G와 같은 다국적기업이 일본시장을 융단폭격하고 있다고 비난하였고, P&G가 적극적인 가격인하정책을 써서 대규모 할인판매를 하자 P&G가 일본의 상도덕을 무시하고 제멋대로 구는 야만적인 기업이라는 혹평까지 하였다.

그러나 공격적인 시장진출을 계속한 결과 P&G는 일본시장 진출 6년 만에 Cheers와 Pampers의 시장점유율을 크게 높이는 데 성공하였다. 가루세탁비누 Cheers의 시장점유율은 시장진출 초기단계에 약 1.9%에 불과하던 것이 6년이 지난 1977년에는 22%로 크게 상승하였다. 일회용 기저귀시장에서는 다른 경쟁자가 없었으므로 시장진출 초기부터 88% 이상의 시장점유율을 유지하고 있었다.

곧 Kao와 Lion은 P&G를 향해 적극적인 반격

을 개시하였다. Kao는 1977년 P&G의 제품과 유사한 Wonderful이라는 제품을 출시하였고, P&G의 가격인하에 대응하는 맞불작전을 펼치기 시작하였다. Lion 역시 Top이란 브랜드를 만들어서 P&G의 시장점유율을 잠식하기 시작하였다.

특히 Kao와 Lion이 만든 신제품은 P&G의 Cheers보다 훨씬 뛰어난 성능을 가진 제품이었다. P&G의 Cheers가 인을 포함한 세탁비누인 반면, Kao와 Lion이 만든 제품은 인을 사용하지 않고 새로운 세제인 엔자임enzyme을 사용한 비누였다. 그 당시 세계적으로 인을 사용한 세탁비누가 건강에 해로울 수 있다는 연구결과가 점차 대두됨에 따라 새로운 성분인 엔자임을 사용한 경쟁사의 제품은 P&G의 품질에 대한 우수성을 한순간에 희석시키고 뛰어난 기술을 지닌 기업이라는 이미지에 결정적인 타격을 주기 시작하였다. 또한 P&G가 독점적인 지위에 있던 일회용 기저귀시장에서도 Unilever의 자회사인 Unicharm이 Pampers보다 품질은 뛰어나면서도 가격은 훨씬 싼 Moony라는 제품을 출시하기 시작하면서 P&G의 아성은 급격하게 흔들리기 시작하였다.

이와 같은 경쟁회사의 적극적인 대응은 P&G가 전혀 예상하지 못했던 것이었다. 인을 사용하는 세제가 건강에 미치는 영향에 대한 우려는 미국에서도 지난 20년 동안 꾸준히 제기되어 온 문제였지만 이를 뒷받침할 만한 뚜렷한 증거가 없었기 때문에 미국소비자들은 이에 대해서 그게 관심을 두지 않고 있었다. 따라서 P&G는 엔자임을 사용한 새로운 세제를 만들 능력이 있었음에도 불구하고, 일본시장에서 이를 이용한 신제품의 출시를 서두르기보다는 더 완벽한 자료를 수집하기 위해 철저한 시장조사를 하고 있는 중이었다. 이처럼 P&G가 신제품을 개발하고 시장에 출시하는 데 오랜 시일이 걸린 데 비해 일본의 경쟁기업들은 빠른 시일 내에 신제품을 출시하여 P&G의 허를 찌른 것이다. 제품품질에 예민하게 반응하는 특성을 가진 일본의 소비자들은 인을 사용한 Cheers의 품질에 의구심을 갖게 되면서 Kao나 Lion이 만드는 신제품으로 급속하게 발길을 돌리기 시작하였다. 이와 같이 세탁세제시장에서의 점유율이 급속히 하락하자 P&G는 제품가격을 인하함으로써 이에 대응하고자 하였다. 그러나 P&G의 가격인하정책은 마치 P&G가 저가제품을 생산하는 기업이라는 인상만을 소비자에게 더욱 강하게 심어주었다.

결국 P&G의 일본현지법인의 경영성과는 극도로 악화되었다. 1983년에는 P&G의 세탁비누시장의 점유율이 5년 전에 비해 절반 정도로 하락하였고, Kao와 Lion의 시장점유율은 각각 41%와 34%로 증대되었다. 한편 P&G의 기저귀시장에서의 점유율 역시 1981년 88%에서 2년 사이에 절반으로 떨어졌고, 1984년에는 22%정도로 급속히 하락하였다. P&G의 재무성과 역시 급속히 악화되어 1984년에는 총 1억 5천만 달러의 매출에 7천 5백만 달러의 손실을 기록하였다.

수치상으로 나타나는 시장점유율의 하락과 엄청난 손실은 P&G 역사상 처음 경험한 처참한 실패였다. 전세계적으로 소비재산업에서 1위의 위치인 P&G가 이렇게 일본시장에서 처참한 실패를 한 것은 무엇보다도 P&G가 일본시장에 대한 지식이 부족한데도 과거의 해외시장진출의 성공으로부터 자만심을 갖고 있었기 때문이다.

P&G는 일본시장에 진출하면서 몇 가지 커다란 실수를 범했다. 첫째, P&G는 일본의 소비자를

전혀 이해하지 못했다. P&G는 일본의 소비자들이 지금까지 진출했던 유럽 또는 남미의 소비자들과 근본적으로 큰 차이가 없다고 생각했다. Cheers 광고를 시작할 때는 지금껏 다른 나라에서 해왔던 것처럼 뜨거운 물과 찬물 모두에서 사용할 수 있다는 점을 강조하였다. 그러나 대부분의 일본소비자들은 찬 수돗물로 세탁을 하고 있었기 때문에 이러한 광고는 별다른 도움을 주지 못하였다.

둘째, P&G는 일본의 경쟁상황에 맞춰 제품을 출시하는 데 실패하였다. Pampers의 몰락은 경쟁자가 훨씬 고품질의 신제품으로 시장에 진입한 것에 대해 빠른 대응을 하지 못하였기 때문이다. 즉 일본의 소비자들은 P&G가 미국에서 20년 동안 축적한 일회용 기저귀에 대한 노하우를 능가하는 품질을 요구했지만 P&G는 이를 전혀 감지하지 못하였다.

셋째, 일본시장에서 P&G의 광고는 미국식으로 브랜드만 강조했지, P&G가 세계적인 다국적 기업이라는 회사이미지에 대한 광고는 소홀히 했다. 하지만 일본에서는 누가 제품을 생산하느냐에 따라 소비자들의 제품에 대한 신뢰도가 달라지므로 이와 같은 P&G의 광고방향은 일본 소비자들의 제품구매 요인을 비켜간 것이다.

넷째, P&G는 일본의 유통망에 파고들지 못하였다. Kao가 대부분의 소매상에 직접 접근할 수 있었던 것에 비해 P&G는 도매상과 좋은 관계를 유지하지도 못했고, 일부 소매상에 집중하여 판촉활동을 벌임으로써 대다수의 소매상과 도매상들이 P&G로부터 등을 돌리게 하였다.

P&G는 1985년부터 일본시장진출에서의 실수를 반성하고 처음부터 다시 시작한다는 각오로 일본에서의 활동을 전반적으로 개혁하기 시작하였다. P&G는 먼저 일본에 연구개발센터를 설립하였다. P&G는 연구개발활동을 일본에 집중함으로써 경쟁자인 Kao나 Lion과 유사한 시기에 신제품을 출시할 수 있었다. P&G는 과거 미국에서 신제품을 개발하고 점차 외국으로 그 신제품을 출시하던 관례를 깨고 일본에 최신제품을 먼저 도입하여 실험을 한 뒤, 미국이나 다른 시장으로 확장하는 방식으로 신제품도입전략을 완전히 수정하였다. 특히, 일본의 소비자들이 높은 가격을 지불하더라도 고품질의 제품을 구입하려는 성향을 갖고 있기 때문에 일본에서 연구개발활동을 수행하여 첨단제품을 일본에서 가장 먼저 출시하는 것이 훨씬 효과적이기 때문이었다. 또, P&G의 미국본사에 위치한 기존의 연구개발센터는 P&G가 Kao와 Lion보다 더 빨리 신제품을 출시할 수 있도록 도움을 주었다. 이렇게 연구개발활동을 일본에서 수행한 결과 P&G는 Kao와 Unilever보다 훨씬 얇고 흡수력이 강한 기저귀를 개발하여 일본시장에 제일 먼저 출시하였다.

동시에 마케팅활동 역시 대폭 수정하여 일본의 소비자들이 근본적으로 원하는 바를 이해하기 위해 소비자행태조사를 실시하였다. 그리고 조사결과를 일본에 위치한 연구개발센터에 전달하여 일본의 소비자들이 원하는 제품을 더 효과적으로 개발할 수 있었다. 또한 광고 역시 미국에서 하듯이 제품의 성능에 대한 직접적인 비교하던 광고는 자제하고 일본소비자들이 자사제품을 신뢰할 수 있도록 회사이미지를 간접적으로 전달하는 방법의 광고를 개발하고 이를 적극적으로 활용하기 시작하였다.

또한 유통망에 대한 과거의 접근방법을 전면 수정하여 과거 500여 개의 중소도매상과 거래하던 관행을 정리하고 독점적인 판매권을 갖는 50개의 대형도매상과 집중적으로 거래하고, 2,400여 개의 2차도매상을 1,000여 개의 정예 2차도매상으로 재조직하였다. 새로 개편된 유통조직에게는 P&G제품의 독점적인 판매권을 부여하여 이들에게 많은 권한을 부여함과 동시에 충성심을 요구하였다. 유통채널 전부를 교체한 덕분에 P&G는 도매상에 대한 통제력을 현저히 높일 수 있었다. 이러한 새로운 연구개발조직과 마케팅활동을 위하여 P&G는 일본의 생산시설을 현대화하고 새로운 생산시설을 추가하였다. 그 결과 P&G는 신제품의 개발에서 출시에 이르는 시간을 큰 폭으로 줄일 수 있었다. 또한 P&G는 소식을 개편하여 과거 일본식 연공서열은 지양하고 능력에 따른 승진과 성과에 대한 금전적인 보상을 제공하는 미국식 조직으로 바꾸었다. 마케팅, 생산 그리고 연구개발에 있어서는 일본실정에 맞게 현지화를 진행했으나 조직관리시스템은 P&G방식으로 글로벌화하였다는 것이 특이한 점이라고 할 수 있다.

이 시기 P&G의 3년에 걸친 구조조정 결과 일본에서의 총판매액은 1986년에 1억 3,200만 달러에서 1988년에는 5억 5,600만 달러로 크게 성장했다. 또한 P&G는 연구개발활동을 일본에 집중함으로써 현지 경쟁사들보다 훨씬 더 빨리 신제품을 출시할 수 있었다. P&G가 최신형 Pampers를 출시하자 과거 8%까지 하락했던 시장점유율이 1989년에는 다시 28% 정도로 증가하였고, 세탁세제시장에서도 Cheers브랜드를 표기하고 새로운 강력세탁세제를 도입하여 시장점유율을 다시 높이는 데 성공하였다.

한편, P&G의 이와 같은 노력은 P&G가 그릇세척용 비누인 Joy를 출시할 때도 큰 도움이 되었다. 일본 소비자들이 설거지할 때, 세제를 많이 넣는 이유를 조사한 결과, 일본인들이 튀김음식을 많이 먹기 때문에 기름기를 잘 제거할 수 있는 세제를 원하고 있다는 사실을 알았다. 이에 따라 P&G의 일본연구소 연구원들은 유럽의 과학자들이 발명한 새로운 세제를 활용하여 초강력·초농축 식기세제를 개발하고 이를 Joy라 이름붙였다. Joy는 또한 일본소매상에서 진열대의 높이를 적게 차지하기 위하여 용기를 작은 원통형으로 새로 디자인하여 출시되어 큰 성공을 가져왔다.

Kao의 회장인 사가와는 이와 같은 P&G의 일본시장에서의 실패와 회생에 대하여 다음과 같이 논평하였다.

> "P&G는 어떻게 일본에서 소비자들이 원하는 제품을 만들 수 있는가를 배웠다. 우리는 P&G가 일본시장에 맞는 제품을 만들 수 있는 능력에 깊은 감동을 받았다. 우리는 이러한 새로운 경쟁을 환영한다. 새로이 등장한 P&G는 우리 제품을 개선하는 데 도움을 줄 수 있기 때문이다."

일본에서의 뼈저린 실패와 희생으로 얻은 교훈을 바탕으로 P&G는 이후 한국과 중국시장에 진출할 때 큰 성공을 얻었다. P&G는 중국의 소비자들이 새로운 제품보다는 신뢰성이 높은 제품을 선호한다는 점에 착안하여, 새로운 브랜드를 도입하기보다, 기존의 브랜드인 Olay를 사용하여 제품라인을 확장하고 있다. 또한 중국 소비자들이 관영 CCTV에 대한 신뢰도가 높다는 점에 착안하여, 중국에서 대대적인 TV광고를 하였다.

이와 같은 P&G의 중국에서의 성공은 일본에서의 뼈저린 실패에서 얻은 교훈을 적극 활용한 결과이다. P&G는 일본, 한국, 중국 등 아시아시장은 P&G의 기존 제품을 판매하는 전략이 아니라 그 결과에 따라 독특한 소비자의 취향을 분석하고 각국의 특유의 제품, 유통 및 판촉전략이 필요하다는 교훈을 일본진출의 경험으로부터 얻었다. P&G는 더 나아가 일본시장을 새로운 제품과 사업의 테스트베드로 활용하였다. 일본은 전세계적으로 가장 까다롭기로 소문난 시장이며 하루가 멀다하고 신제품이 출시되는 시장이다. P&G는 Max Factor라는 화장품회사를 인수한 뒤, Max Factor의 일본자회사로 하여금 새로운 고가 화장품을 개발하도록 하였다. P&G는 이렇게 일본에서 개발된 SK-II 화장품을 아시아를 중심으로 한 글로벌 제품으로 출시할 것을 결정하였다. SK-II는 피부 노화를 막는 특수한 성분을 함유하고, 피부를 희게 유지하는 데 뛰어난 성능을 가진 화장품이었다. P&G는 SK-II를 먼저 일본과 중국에서 출시하고, 이후 한국, 대만, 싱가포르, 영국 등 전세계시장에 진출하고 있다.

2000년 P&G의 회장으로 취임하였던 Alan Lafley는 1990년 초, P&G의 일본 시장에서의 회생을 주도하였고, 중국시장에 대한 초기 진출전략을 수립하였던 인물이었다. Alan Lafley는 회장으로 취임하기 직전까지 P&G 일본이 개발한 SK-II 화장품을 전세계에 출시한 화장품사업부를 담당하기도 하였다. 그의 재직기간 동안 중국시장에서 P&G의 매출은 큰 폭으로 증가하였다. Lafley가 P&G의 회장으로 승진하게 되었던 것은 그가 일본, 한국, 중국 등 아시아시장에서의 P&G의 입지를 굳건히 한 공로를 인정받았기 때문이었다.

2015년 Taylor가 새로운 CEO로 취임하여 2018년에는 독일의 제약회사 Merck로부터 비타민 브랜드 Seven Seas를 포함한 소비자 헬스케어 사업부를 인수해 제품 포트폴리오를 강화했다. 한편 코로나19로 개인 위생에 대한 관심이 높아지자 소독용 제품, 청소 및 세탁세제 등의 매출은 큰 폭으로 상승하였다. 이후 P&G는 섬유 및 홈케어 제품을 중심으로 화장품, 헬스케어, 유아 및 여성용품 등 다양한 제품을 출시하며 꾸준한 매출 상승을 기록하고 있다.

P&G 일본 현지화 광고

Video

P&G일본의 홈페이지
http://jp.pg.com

01 〉〉 서 론

본 장의 서두에서 살펴본 사례는 전세계적으로 마케팅능력이 가장 우수하다고 알려진 P&G가 일본시장과 소비자들에게 적합하지 않은 광고와 유통전략, 그리고 가격정책을 추구해 일본시장에서 실패했던 실례를 보여준다. 당시 P&G는 일본의 경쟁자들이 뛰어난 신제품개발능력을 보유하고 있다는 것을 인식하지 못하였고, 신제품의 출시속도에 좌우되는 일본시장의 경쟁환경에 대한 이해가 부족하였다.

본 장에서는 다국적기업이 해외진출을 할 때 어떤 제품을 선택할 것인가와 이들 제품을 전세계적으로 표준화할 것인지, 현지적응할 것인지에 대한 선택의 문제를 살펴보기로 한다. 제품의 표준화와 현지적응간의 선택은 우리가 앞서 살펴본 것과 같은 다국적기업에 내재한 근본적인 갈등요인, 즉 글로벌화와 현지화의 갈등과 유사하다. 규모의 경제를 활용하기 위해서는 제품의 표준화와 함께 이를 뒷받침하는 글로벌전략이 필요하면서도 국가마다 서로 다른 문화적 환경에 적응하기 위해서는 제품을 현지화해야 할 필요성을 느낀다. 본 장에서는 글로벌화와 현지화 사이의 갈등을 제품과 서비스의 설계측면에서 살펴보고 어떻게 글로벌제품을 개발할 것인가에 대해서 살펴보기로 한다. 또 본 장에서는 해외시장에 진출하였을 때 마케팅믹스를 어떻게 활용할 것인가의 문제, 구체적으로는 제품의 포지셔닝, 가격정책, 광고 및 유통전략을 알아본다.

본 장에서 살펴볼 주제는 다음과 같다.

- 해외진출을 하는 제품과 서비스를 어떻게 선택할 것인가에 대한 문제를 살펴본다. 이를 위해서 제품을 선택할 때 나타날 수 있는 글로벌화와 현지화간의 갈등요인에 대해서 살펴본다.
- 글로벌제품과 서비스를 개발하는 과정과 전략에 대해서 살펴보기로 한다.
- 각각의 해외시장에서 마케팅믹스를 어떻게 활용할 것인가, 즉 제품, 가격, 광고 및 유통측면에서 글로벌화와 현지화간에 어떻게 균형을 이룰 것인가를 살펴보기로 한다.

02 〉〉 글로벌제품과 서비스의 설계

글로벌화와 현지화간의 갈등

글로벌화의 필요성

글로벌한 제품과 서비스를 개발함으로써 얻을 수 있는 장점으로는 비용절감, 품질향상, 고객의 만족도 증가, 경쟁수단의 강화가 대표적이다. 글로벌제품을 생산함으로써 얻을 수 있는 가장 큰 장점은 비용을 절감할 수 있다는 것이다. 이러한 비용절감의 양상은 연구개발, 구매, 생산, 재고비용의 하락 등의 형태로 나타날 수 있다. 전세계적으로 표준화된 제품을 개발하면 연구개발 측면에서 큰 규모의 경제를 이룰 수 있다. 더욱이 최근에 연구개발비용이 기하급수적으로 증가함에 따라 연구개발 단계에서의 표준화가 중요한 비용절감 요인으로 대두되고 있다. 예를 들어, 자동차산업에서는 신차 개발에 수십억 달러의 연구개발비용이 들어간다. 제약산업에서도 신약의 연구개발에 자신의 매출액의 15~30% 정도를 투자한다. 한 제품을 만드는 데 막대한 연구개발비용이 소요되므로 기업들은 국가간에 차이가 없는 글로벌하게 표준화된 제품을 개발하려고 노력하고 있다. 만일 이 두 산업에서 국가별 특성을 고려한다는 이유로 국가별로 다른 제품을 개발하면 막대한 개발비용이 소요되므로, 경쟁우위를 유지하기 힘들어진다.

반면 제품을 표준화하면 부품의 구매, 생산, 그리고 재고보유에 있어서 높은 수준의 규모의 경제를 유지할 수가 있다. 규모의 경제의 크기는 각 산업의 특성에 따라 상이하다. 자본집약도가 높은 산업에서는 생산, 구매, 재고에 있어서의 규모의 경제효과가 훨씬 크게 나타나며, 자본집약도가 낮은 산업에서의 규모의 경제효과는 훨씬 적다. 예를 들어, 자동차, 항공기, 그리고 기계류와 같은 제품은 많은 기계설비가 필요한 자본집약적인 산업이다. 이러한 산업에서는 표준화된 제품을 생산함으로써 구매, 생산, 재고보유단계 등에서 높은 수준의 규모의 경제효과를 누릴 수가 있다. 이에 비해 음식물, 의류, 샴푸, 비누와 같은 소비재산업에서는 생산측면에서의 규모의 경제효과가 상대적으로 작다. 그러나 이러한 소비재산업에서도 광고의 규모의 경제효과는 높게 나타난다.

둘째, 글로벌제품을 생산함으로써 제품품질을 향상할 수 있다. 표준화된 제품을 전세계적으로 판매할 때에는 다루는 제품의 종류를 줄일 수 있기 때문에 그 기업은 자신의 경영자원들을 소수의 제품에 집중할 수 있다. 만일 다국적기업이 여러 종류의 제품을 생산한다고 하면 각 제품마다 서로 다른 부품을 구매하여야 하며, 이러한 부품을 공급하는 많은 하청업체가 생기면서 불량이 발생할 가능성이나 생산라인에서 실수를 할 가능성이 높아진다. 그러나 소수의 제품에 집중하여 생산을 하면 보다 효과적으로 부품공급업자를 관리할 수 있을 뿐만 아니라 생산라인을 단순화할 수 있기 때문에 제품품질을 전반적으로 향상시킬 수 있는 장점이 있다. 이와 같이 제품종류를 제한함으로써 기업은 비용을 절감할 뿐만 아니라 그 제품의 품질도 향상시킬 수 있다.

셋째, 글로벌제품은 소비자의 욕구에 더 잘 부응할 수 있다. 일반적으로 제품을 표준화하면 현지 소비자들의 다양한 욕구를 만족시키지 못한다는 비판이 있을 수 있으나 때로는 오히려 소비자의 만족도를 증가시킬 가능성도 존재한다. 예를 들어, Coca-Cola, McDonald's, Nestlé, Philip Morris가 생산하는 제품은 한국뿐만 아니라 세계 여러 나라에서 공통적으로 판매되고 있다. 즉 McDonald's의 햄버거는 세계 어느 나라에서나 똑같이 표준화된 제품이므로 해외를 여행하는 외지인 입장에서는 사전에 품질에 대한 신뢰를 갖고서 그 제품을 소비할 수 있다. 또한 항공운수업이나 자동차대여업, 신용카드와 같은 서비스제품은 글로벌한 서비스를 제공함으로써 소비자에게 더 큰 만족을 줄 수 있다. 예를 들어, 국가별로 사용하는 신용카드가 다르다면 여행자들은 해외여행에서 많은 불편을 겪을 것이다. VISA나 Master Card와 같은 신용카드나 Hertz, Avis와 같은 자동차대여업 또는 대한항공이나 아시아나와 같은 항공서비스산업에서는 글로벌한 서비스를 제공함으로써 소비자의 만족도를 더욱 높일 수 있다.

넷째, 글로벌한 제품은 경쟁우위를 강화하는 효과가 있다. 글로벌하게 표준화된 제품은 생산 및 재고비용을 낮춤으로써 기업의 해외시장침투에 있어서 비용측면에서의 경쟁우위를 강화할 수 있다. 이와 같이 제품표준화에 따른 비용상의 경쟁우위는 일찍부터 글로벌전략의 중요성을 깨달았던 일본기업들이 적극적으로 활용해왔다. 과거 유럽이나 미국계 기업들이 현지적응적인 제품을 만들어서 국가별로 다른 제품을 만드는 국가별전략multi-domestic strategy을 취했던 것에 비해, 일본기업들은 소수의 표준화된 제품을 값싸게 생산하여 이를 전세계시장에 판매함으로써 낮은 비용에 입각한 경쟁우위를 가질 수 있었다.

현지화의 필요성

앞서 살펴본 제품과 서비스의 글로벌화의 필요성과 상반되게 현실에서는 현지화에 대한 필요성도 크다. 글로벌하게 표준화된 제품이 갖는 가장 큰 취약점은 현지소비자의 다양한 욕구를 충족시킬 수 없다는 점이다. 따라서 현지시장에 적응하지 못한 제품은 일부 국가에서 소비자의 선호나 만족도를 감소시킬 수가 있다. 일찍이 Levitt는 기술적인 요인에 의해서 소비자의 수요가 빠른 속도로 동질화되어 가며, 통신 및 교통수단의 발전은 이러한 동질화를 점점 더 가속화시키고 있다고 주장했었다.[2] 더욱이 소셜미디어가 소비자수요의 동질화를 점점 더 가속화시키고 있다. 그러나 P&G의 일본진출사례에서 살펴본 바와 같이 아직도 각국마다 문화적·정치적 차이가 크게 존재하며 이러한 문화적·정치적 차이는 소비자의 수요가 글로벌화하는 경향에 큰 장애요인으로 작용하고 있다. 따라서 이질적인 소비자의 수요를 충족시키기 위해서는 제품을 현지 시장에 맞게끔 개발하거나 적응시키는 것이 필요하다.

글로벌제품과 서비스의 개발

이상에서 살펴본 상충되는 글로벌화와 현지화의 필요성은 제품의 설계단계에서부터 글로벌화와 현지화간에 적절한 균형을 이룰 것을 요구하고 있다. 즉 제품과 서비스를 개발하는 데에는 우리가 앞서 살펴본 바와 같이 제품의 글로벌화를 촉진시키는 요인과 제품의 현지화를 요구하는 현지상황을 적절히 반영해서 균형을 이루어야 한다.

글로벌제품을 설계한다고 하면 마치 한 제품을 만들어 똑같은 제품을 전세계 모든 시장에 동일하게 공급하는 것으로 생각하기 쉽다. 그러나 완벽하게 동일한 제품을 전세계시장에서 판매하기는 매우 어렵다. 따라서 제품의 글로벌화는 일반적으로 글로벌제품을 현지시장에 맞게 변형하는 과정까지 포함한다. 따라서 글로벌제품을 만들 것인가, 또는 현지에 적응한 제품을 만들 것인가 하는 것은 결국 정도의 차이에 불과하다. 그러나 일부 산업에서는 글로벌하게 표준화된 제품을 생산하기가 비교적 쉬우며 또 다른 산업에서는 현지적응된 제품을 생산하기가 비교적 더 쉬운 경우가 있다.

그러나 최근 들어 기술이 급격히 발전함에 따라 글로벌화와 현지화를 동시에 추구하는 다양한 방법이 개발되고 있다. 과거 GM과 Ford는 월드카라는 개념 아래 전세계 모든 시장에 공통적으로 판매하기 위한 목적의 신차를 개발하였다. 그러나 각국의 소비자의 수요가 많이 달랐기 때문에 세계 모든 시장에 동일한 차를 판다는 월드카전략은 당시 크게 실패하였다. 이러한 실패를 교훈삼아 자동차산업의 글로벌기업들은 자동차의 외형부분인 Upperbody는 각 시장의 특성에 맞게끔 현지화하고, 자동차의 생산비용의 약 70%를 차지하는 엔진, 트랜스미션, 샤시를 포함한 Underbody는 표준화하는 전략을 통해 현지화와 글로벌화를 동시에 추구하였다. 예를 들어, 현대자동차의 소나타, 그랜저, 기아자동차의 K5는 사실상 동일한 Underbody를 사용하고 있다. Toyota의 Camry 역시 미국에서 판매되는 차와 유럽에서 판매되는 차의 외형에 큰 차이가 있지만 차량 내부의 엔진, 트랜스미션, 샤시는 동일한 부품을 사용하고 있다. 이와 같이 생산비용의 70%에 해당하는 주요 핵심부품들은 글로벌하게 표준화하고 소비자의 수요가 이질적인 외형만을 차별화함으로써 자동차기업들은 글로벌화와 현지화를 동시에 추구하고 있다. 패스트푸드산업에서도 McDonald's는 레스토랑의 디자인, 서비스방식, 그리고 주요 메뉴 등과 같은 핵심적인 부분은 세계 어느 나라나 동일하게 표준화시켰지만, 한국에서는 불고기 햄버거, 그리고 프랑스에서는 포도주를 판매하는 등 부분적인 현지화도 동시에 추구하고 있다.

Video

McDonalds'의 현지화

한편, 활발히 성장하는 IT산업에서도 이와 같이 글로벌화와 현지화를 동시에 추구하는 경향이 나타나고 있다. 예를 들어, 구글Google은 각국에서 현지언어로 서비스를 제공하고 있다. 그러나 현지언어로 된 구글의 로컬사이트도 페이지 구성과 전반적인 분위기는 동일하게 설계되어 있다. IT기업들은 전반적인 구성은 통일하면서 현지언어로 서비스하고 콘텐츠를 현지화하는 방법으로 글로벌화와 현지화를 동시에 추구하고 있다.

즉, 기업은 글로벌화와 현지화를 동시에 추구할 수 있으며 이 둘간의 균형은 향후 기술개발에 의해서 얼마든지 변할 수 있다. 글로벌한 제품과 서비스를 개발하는 데는 크게 다음 두 가지 방법이 있다.

첫 번째 방법은 기업들이 처음부터 글로벌시장을 염두에 두고 제품과 서비스를 개발하는 것이다. 예를 들어, Canon이 복사기를 처음 개발할 때에는 일본 시장 또는 미국시장만을 목표로 한 것이 아니라 전세계시장을 대상으로 판매할 수 있는 표준화된 제품개발을 목표했다. 이와 같은 목적을 달성하기 위해서는 경영자들이 글로벌한 관점에서 시장을 파악함과 동시에 현지시장의 요구도 이해해야 할 필요가 있다. 이 과정에서는 경영자들이 서로 다른 시장의 차이점에 주력하기보다는 각국 시장의 공통적인 요소가 무엇인가를 찾아 내는 것이 중요하다. 각국 시장의 공통점을 찾아 내고 가능한 한 많은 핵심부품을 표준화하여 디자인한다면 현지적응의 필요성을 최소화할 수가 있다.

두 번째 방법은 보다 일반적인 접근방법으로서 이미 표준화된 제품 또는 서비스를 다른 국가의 시장환경에 일부 적응시키는 것이다. 이러한 방법은 전세계 시장을 대상으로 만든 표준화된 제품을 해외시장에 도입함에 있어서 국가간의 수요의 차이를 이해하여 필요한 만큼 현지수요에 맞게 적응하는 방법이다. 이러한 접근방법은 각국의 시장상황에 맞춰 제품을 적응시키는 과정이 추가되다 보니 지나치게 현지적응에 주력하여 비용측면에서 불리해진다는 문제가 있다. 따라서 진정한 글로벌제품은 현지사정에 맞게끔 수정하고 적응시키기보다 처음부터 글로벌한 관점에서 가능한 한 전세계 소비자들의 공통적인 수요를 찾아서 표준화된 제품을 설계해야 글로벌제품의 장점을 최대한으로 활용할 수 있다. 글로벌한 제품과 서비스의 설계는 공통적인 핵심부품의 사용을 극대화하고 이들 핵심부품을 중심으로 일부를 현지에 맞게 적응시킬 때 성공할 수 있다.

03 〉〉 해외시장에서의 마케팅믹스전략

본 절에서는 글로벌제품을 생산하는 기업이 해외시장에서 제품을 판매하기 위한 구체적인 마케팅활동을 어떻게 수행할 것인가에 대해서 살펴보기로 한다. 해외시장에서의 마케팅전략은 구체적으로 제품가격, 광고, 유통측면에서의 마케팅믹스를 선택하여 글로벌화와 현지화의 균형을 이루는 문제로 귀결된다. 즉, 글로벌마케팅전략의 핵심은 범세계적인 표준화와 각국의 시장상황에 맞는 현지적응 사이에서 균형을 유지하는 데 있다. 이는 표준화의 이익만을 위해 모든 마케팅믹스요소들을 맹목적으로 표준화시키는 것이 아니라 통일성과 융통성을 발휘하여 효과적인 마케팅전략과 마케팅프로그램을 개발하는 글로벌한 접근방식을 말한다.

마케팅활동은 생산이나 연구개발 또는 재무관리나 회계처리에 비해서 가장 현지화의 필요성을 많이 느끼는 기업의 생산활동이다. 앞으로 제12장과 제13장에서 다룰 생산과 연구개발, 회계 및 재무관리는 글로벌화의 필요성이 훨씬 강한 것에 비해서 본 장에서 살펴보고 있는 소비자들을 직접 상대하는 마케팅활동에서는 현지화의 필요성이 더욱 강조된다. 마케팅활동에서 글로벌한 표준화와 현지적응간의 선택은 구체적으로 마케팅믹스를 어떻게 선택하는가에 달려 있다. 각각의 마케팅믹스에서 글로벌한 표준화와 현지적응간의 선택은 서로 다르게 나타난다. 예를 들어, 제품포지셔닝은 훨씬 쉽게 표준화될 수 있는 데 비해서 유통과 판촉은 현지화된 요소를 더 많이 가미하곤 한다. 다음 **그림 11-3**은 식음료산업의 대표적인 기업이라고 할 수 있는 Coca-Cola와 Nestlé의 표준화와 현지화의 정도를 살펴본 것이다. 제품의 디자인과 브랜드명은 Coca-Cola와 Nestlé, 모두 표준화되어 있는 데 비해 제품포지셔닝, 광고, 가격정책에 있어서는 Coca-Cola는 표준화에 훨씬 가깝고, Nestlé는 상대적으로 현지적응에 더 가깝다. 그 반면 광고카피, 유통, 판촉활동 그리고 소비자에 대한 서비스는 두 기업 모두 현지적응을 하고 있다.

Video

Coca Cola 글로벌 one-brand 광고

이와 같이 각 마케팅믹스마다 표준화와 현지적응에 대한 압력의 정도는 서로 다르다. **그림 11-3**에서 Coca-Cola가 Nestlé에 비해서 훨씬 더 표준화의 성격이 강한 것은 청량음료시장이 Nestlé가 주로 생산하는 과자시장보다 훨씬 더 글로벌 표준화의 압력이 높기 때문이다. 또한 Nestlé와 Coca-Cola의 접근방식 간의 차이는 현지시장에 진출하는 방식에서도 나타난다. Coca-Cola는 전세계 모든 국가에서 비슷한 수준의 표준화를 이루고 있는 반면에 Nestlé는 국가별로 상황에 따라 표준화와 현지화의 정도를 달리 하는 신축적인 운영을 하고 있다. 이와 같이 국가에 따라 표준화와 현지화 간의 선택은 먼저 제품의 성격에 의하여 좌우되며 또한 기업문화와 추구하는 전략에 따라서 달라진다. Coca-Cola가 전세계적으로 표준화 접근방식을 선택하는 것은 청량음료시장이 그만큼 제품을 표준화하기 쉽기 때문에 가능하였고, 동시에 Coca-Cola의 기업문화가 글로벌한 측면이 있기 때문에 나타나는 현상이기도 하다. 다음 절에서는 제품이 포지셔닝, 가격정책, 광고, 유통 측면에서 각각의 마케팅믹스 선택에 대해 살펴보기로 한다(**표 11-1** 참조).

그림 11-3 | Coca-Cola와 Nestlé의 마케팅믹스전략비교

		현지화		표준화	
		전반적	부분적	부분적	전반적
주요 기능	연구개발			Nestlé	Coca-Cola
	재무와 회계			Nestlé	Coca-Cola
	생산		Nestlé	Coca-Cola	
제 품	구매	Nestlé		Coca-Cola	
	마케팅		Nestlé		Coca-Cola
	문화적 차이에 대한 고려가 낮다. 효율성을 크게 강조				Coca-Cola
	문화적 차이에 대한 고려가 낮다. 효율성을 강조하지 않음				
	문화적 차이에 대한 고려가 높다. 효율성을 크게 강조		Nestlé		
마케팅믹스 요소	문화적 차이에 대한 고려가 높다. 효율성을 강조하지 않음				
	제품의 디자인			Nestlé	Coca-Cola
	브랜드명			Nestlé	Coca-Cola
	제품포지셔닝		Nestlé		Coca-Cola
	포장			Nestlé Coca-Cola	
	광고		Nestlé		
	가격정책		Nestlé	Coca-Cola	
	광고카피	Nestlé			Coca-Cola
국 가	유통	Nestlé	Coca-Cola		
	판촉활동	Nestlé	Coca-Cola		
	소비자에 대한 서비스	Nestlé	Coca-Cola		
	국가 A			Nestlé	Coca-Cola
	국가 B			Nestlé	Coca-Cola
	국가 C		Nestlé		Coca-Cola
	국가 D		Nestlé		Coca-Cola
	국가 E	Nestlé			Coca-Cola

출처: J. Quelch and E. Hoff, "Customizing Global Marketing," *Harvard Business Review*, May~June 1986.

표 11-1 글로벌마케팅믹스 선택에 있어서 고려사항

마케팅 요소	글로벌화에 있어서의 주요 고려사항
제 품	고객의 요구, 사용방법, 국가 제정 기술표준의 동일성
포지셔닝	기업의 경쟁적 위치, 구매동기, 사용/소비 패턴의 유사성
상 표	출신국가의 인지도; 상표명이 갖는 의미의 중요성; 발음의 용이성
포장디자인	전달되어야 할 정보의 양; 유통조건의 유사성(제품진열의 중요성 등); 현지 경쟁자와의 차별화의 필요성; 사용패턴과 도량형의 유사성; 복수 언어 라벨의 수용가능성
절대가격	시장가격수준, 법률, 가격의 역할, 원가수준의 유사성
상대가격	기업의 경쟁적 위치, 원가수준, 시장목표의 유사성
광고전략	기업의 경쟁적 위치와 시장목표, 제품수명주기단계, 구매동기의 유사성
광고제작	이미지, 상황, 인물의 보편성; 광고 등장인물의 진 세계적 인지도, 지역 경쟁자에 대한 차별화의 필요성
광고매체	선택한 매체의 이용가능성; 이용의 제한 유무
판매촉진	법적 · 관행적 제한의 유무; 유인효과의 유사성
판매방법	유통구조, 고객의 구매방법과 구매행태의 유사성
판매요원	기술적 전문지식의 중요성; 외국인에 대한 태도
유 통	유통구조 및 유통기관과의 관계의 유사성
고객서비스	고객의 요구와 지원하부구조(무료전화서비스의 제공가능성 등)의 유사성

출처: G. Yip, *Total Global Strategy*, Prentice-Hall, 1992, 국제경영연구회 역, 김영사, p. 231.

제품의 포지셔닝

제품포지셔닝이란 특정기업의 제품과 서비스가 경쟁제품과 뚜렷하게 차별화되어 고객의 마음속에 확실히 자리잡도록 제품과 마케팅믹스를 설계하는 것이다. 즉, 글로벌한 제품포지셔닝으로 세계 각국에서 동일한 이미지를 주는 제품을 자리잡게 하는 것이다.

예를 들어, BMW, Mercedes-Benz와 같은 고급승용차는 세계 어느 시장에서도 고급차라는 이미지를 소비자에게 확실하게 전달하고 있다. Volvo 역시 안정성이 뛰어난 차임을 강조함으로써 전세계 어디에서나 같은 이미지를 주는 글로벌포지셔닝을 하고 있다. 우리가 본 장의 서두에서 살펴본 P&G의 일본진출사례는

P&G가 Cheers를 모든 온도에서 사용할 수 있는 세탁세제라고 광고하여 글로벌포지셔닝을 일본에서도 적용하려 하였으나, 일본의 현지상황에 적합하지 않았기 때문에 실패한 것을 보여준다. 따라서 글로벌포지셔닝은 제품의 특성, 소비자의 구입패턴, 소비자의 구매동기, 기업의 경쟁적인 위치에 맞게 달라져야 한다.

한편 글로벌한 제품포지셔닝을 위해서는 제품에 동일한 상표를 붙여 전세계 시장에서 판매할 필요성이 있다. 예를 들어, Coca-Cola는 전세계적으로 동일하게 붉은색의 포장을 하고 있다. 그러나 만일 본국에서 시작한 상품의 상표명이 전세계의 소비자에게 호응을 받지 못한다고 판단될 경우에는 과감하게 상표명을 바꿔야 한다. 예를 들어, Sony는 창립초기부터 전세계 소비자에게 제품을 판매할 전략을 수립하였고 그에 따라 서구권 소비자들도 쉽게 발음할 수 있는 Sony라는 이름을 선택하여 자신의 상표를 글로벌한 상표로 만들었다. 또한 일본의 자동차생산업체인 Datsun은 미국시장으로의 수출이 증가함에 따라 미국 소비자들이 훨씬 발음하기 쉽고 일본차라는 점을 더욱 강조하기 위하여 Nissan이라는 상표로 바꾸었다.

이와 같이 글로벌한 제품을 판매하기 위해서 상표를 바꾸는 경향이 있는 반면에 현지시장에 보다 잘 적응하기 위해서 상표를 현지화하는 경향도 나타난다. Volkswagen은 소형승용차인 Golf를 생산하여 판매하였으나 미국시장 진출 초기에 미국의 젊은이들을 겨냥하여 상표를 Golf에서 Rabbit이라는 이름으로 바꾼 바 있다. 또한 Volkswagen은 Santana라는 모델명을 미국시장진출을 위해 Quantum으로 바꾸었다. 이는 Santana라는 이름이 과거 Alamo요새에서 포로가 되었던 장군의 이름을 연상시키는 것을 피하기 위한 것이었다.

한편 제품의 패키징 역시 제품의 글로벌화와 현지화 여부에 큰 영향을 줄 수 있다. 예를 들어, Kodak은 전세계적으로 동일하게 밝은 노란색의 필름상자를 만들었고 일본의 Fuji필름 역시 독특한 녹색상자로써 Kodak에 대응했었다. 이와 같이 포장을 전세계적으로 동일하게 하는 것은 소비자들로 하여금 이 제품이 글로벌한 제품이라는 것을 보다 효과적으로 알리는 방법이다. 한편 현지국 소비자의 수요에 따라서 제품의 포장을 달리해야 할 필요성도 많이 존재한다. P&G는 일본진출에 있어서 소규모단위로 제품을 포장함으로써 소비자에게 더 잘 접근할 수 있었다. 미국의 소비자들에 비해 일본의 소비자들은 좁은 주거공간에 살고 있으므로 소비자수요에 맞게 포장단위를 바꾼 것은 적절한 조치였다. 또한 현재 P&G는 미국에서는 제품겉면에 P&G의 회사이름을 아주 작게 명기하고 브랜드를 강조하고 있으나, 일본에서는 회사이름을 브랜드이름보다 더 크게 부각시키는 방법으로 현지상황에 맞게끔 포장을 달리하여 보다 효과적인 마케팅활동을 수행하고 있다.

광고

마케팅믹스에서 가장 중요한 요소 중의 하나는 제품의 특성을 소비자들에게 전달하는 것이다. 기업이 소비자와 커뮤니케이션하는 방법은 여러 가지가 있다. 일부 기업들은 직접적인 판촉활동에 주력하기도 하고 또 다른 기업들은 광고에 의존하기도 한다. 이와 같이 기업이 소비자에게 의사전달하는 방법은 크게 푸시 push전략과 풀pull전략으로 나눌 수 있는데, 푸시전략은 광고보다는 직접적인 판촉활동을 강조하는 것이고, 풀전략은 소비자들에게 광고를 통해서 마케팅메시지를 전달하는 것이다.

Video

Push and Pull strategies in marketing

특히 불특정다수의 대중에게 제품을 판매하는 소비재산업의 기업들이 주로 광고를 사용한다. 그에 비해서 푸시전략은 산업재나 보다 복잡한 제품을 판매하는 기업들이 선호한다. 직접적인 판촉활동의 가장 큰 장점은 기업이 소비자들에게 그 제품의 특성을 직접 홍보할 기회를 갖는다는 것이다. 즉, 푸시전략과 풀전략 간의 선택은 판매하는 제품의 특성, 소비자들이 갖고 있는 지식의 양이나 수준 그리고 유통채널의 복잡성과 광고수단의 존재 여부에 따라 좌우된다. 예를 들어, 직접적인 판촉활동은 산업용제품이거나, 유통경로가 단순한 경우 그리고 광고매체가 부족한 경우에 선호되는 방법이다. 이에 반해서 풀전략은 특히 소비재산업과 같이 유통경로가 길고 광고매체가 충분히 존재할 때 더 효과적으로 이용될 수 있다.

또한 전세계적으로 표준화된 광고를 할 것인가 또는 국가별로 다른 광고를 할 것인가는 글로벌마케팅에 있어서 중요한 의사결정이다. 글로벌한 광고를 해야 하는 이유는 다음 세 가지로 요약된다. 첫째, 글로벌광고를 하게 되면 많은 비용상의 이점을 누릴 수가 있다. 예를 들어, 각국마다 서로 다른 스포츠스타나 연예인을 동원하여 광고한다면 광고제작비가 상당히 많이 소요될 것이다. 이에 비해 Tiger Woods와 같이 세계적으로 유명한 스타를 기용하면 이들에게 엄청난 광고비를 지불한다고 하더라도 그 광고를 전세계적으로 사용함으로써 결국에는 많은 비용상의 이점을 누릴 수 있고 또한 광고효과 역시 높일 수 있다. 둘째, 좋은 광고카피를 개발하는 데 필요한 창조적인 능력을 가진 사람은 제한되어 있으므로 광고를 국가별로 다른 광고제작사에게 맡기는 것보다는 전세계적으로 유명한 제작사에게 일임하는 쪽이 훨씬 유리하다. 또한 최근 들어 소비자들이 해외여행을 많

Video

삼성전자 미국 현지화 광고

이 하게 되고 인터넷을 통해 해외 방송이나 광고를 접하게 되면서 동일한 광고를 내보내는 것이 글로벌한 소비자들에게 접근하는 훨씬 더 효과적인 방법이 되고 있다.

이에 비해 국가별로 다른 광고를 해야 하는 이유는 각국의 서로 다른 문화적인 차이 때문이다. 이질적인 문화를 가진 국가에서 표준화된 광고를 하는 것은 그 소기의 목적을 달성할 수 없고 오히려 광고를 통해 잘못된 메시지가 전달될 수도 있다. 한때 Benetton은 흑인이 백인아이에게 젖을 먹이거나 같이 수갑을 찬 백인과 흑인의 손을 보여주는 광고를 함으로써 일부국가에서는 오히려 인종차별을 강조하는 듯한 인상을 주기도 했다. Benetton매장에서 색색의 콘돔을 나눠 주는 판촉활동 역시 성에 대해서 개방적이지 않은 국가에서는 상당히 부정적인 효과를 일으키기도 하였다. 또한 국가마다 광고를 규제하는 정책도 서로 다르다. 예를 들어, 프랑스에서는 어린이를 상업광고에 내보낼 수 없게 되어 있다.

결국 광고에 있어서 글로벌화와 현지화 간의 선택은 비용상의 이점 및 글로벌광고효과와 각국의 문화적인 차이를 반영하는 현지화의 이점 사이에서 적절한 균형을 이루어야 한다. 우리가 앞서 살펴본 P&G는 일본시장에 진출할 때 적절한 광고를 하지 못하였다. P&G는 회사 이름보다는 브랜드를 강조하는 미국에서 이용하던 표준화된 광고방식을 사용하여 일본소비자에게 좋은 반응을 얻지 못하였다. 이를 깨닫고 나서는 P&G가 세계적인 다국적기업이라는 것을 강조하고 회사 이름을 전면에 부각함으로써 광고효과를 높일 수 있었다.

유통전략

유통전략이란 제품이 소비자에게 전달되는 방법을 선택하는 것이다. 제품이 생산자로부터 소비자에게 전달되는 과정에는 대체로 도매상과 소매상을 거치는데, 국가별로 도매상과 소매상의 유통구조에 큰 차이가 있다. 각국간의 유통시스템의 차이는 크게 소매상의 집중도, 유통경로의 길이 그리고 유통경로가 얼마나 배타적인가에 의해 구별할 수 있다. 첫 번째 요소로서 유통경로가 얼마나 소수의 대규모기업에게 집중되어 있는가는 다국적기업이 해외시장에 진출시 마케팅전략을 추구하는 데 큰 영향을 준다. 예를 들어, 독일에서는 네 개의 큰 유통체인이 식료품 시장의 60~70%를 점유하고 있다. 그러나 이탈리아에서는 유통경로가 소규모 영세업자로 세분화되어 있어서 어떠한 기업도 2% 이상의 시장점유율을 갖고 있지 않다. 유통단계에서 얼마나 소매상이 집중되어 있는가는 각국의 역사와 전통에 따라서 다르게 나타난다. 몇몇 국가의 법률은 영세유통업자들을 보호하는 방향으로 제정되어 있기 때문에 외국기업이 이러한 유통업자를 무시하고 직접 유통경로를 개척하는 것을 법적으로 금지하고 있는 경우도 많다.

두 번째 요소로서 유통경로의 길이는 생산자로부터 소비자에게 가는 단계의 수와 복잡도를 결정한다. 일본시장은 한국시장처럼 여러 단계의 도매업자와 소매업자가 존재한다. 이와 같이 제품이 생산자로부터 소비자까지 전달되는 과정이 복잡하고 길수록 유통업체를 어떻게 관리하는지가 시장진출의 성공 여부에 큰 영향을 미치기도 한다. 또한 유통경로가 복잡하고 길수록 외국기업들이 유통경로를 개척하기가 힘들어진다. 일본시장이 서방국가로부터 폐쇄적이라는 비판을 받는 것은 일본의 유통경로가 복잡하고 길어서 외국기업들이 쉽게 일본의 유통경로에 침투할 수 없는 구조적인 문제점 때문이다. 일본처럼 유통경로가 길고 복잡한 경우에는 외국기업의 제품이 아무리 뛰어나다고 할지라도 이를 효과적으로 소비자에게 전달하기가 무척 어렵다.

셋째로 유통경로가 폐쇄적인가 개방적인가 하는 것 역시 외국기업들이 얼마나 쉽게 시장에 접근할 수 있는가를 결정한다. 예를 들어, 일본의 유통구조는 배타적인 경우가 많아서 어느 도매업자가 Kao의 제품을 전문적으로 취급하면 그 도매업자는 경쟁사인 P&G의 제품을 취급할 수 없게 되어 있다. 설령 P&G계열의 도매업자가 이들 소매업자에게 납품을 한다 하더라도 P&G의 제품은 항상 구석에 진열되어 먼지를 뒤집어 쓰기 마련이었다. 이와 같은 유통과 판촉활동, 소비자 서비스분야는 많은 경우에 현지적응이 필요할 가능성이 높다. P&G는 미국시장에서 하던 것처럼 일본에서 소매상들에게 직접 판촉활동을 하였으나 오히려 소매상과 도매상들의 반발을 일으키기도 하였다.

가격정책

다국적기업이 해외시장에 진출해서 가격을 어느 정도로 책정할 것인가 역시 중요한 마케팅믹스의 요소이다. 몇몇 다국적기업들은 동일한 제품에 대해서 개별국가시장마다 가격을 다르게 책정하는 경우가 있다. 경제학의 이론에 따르면 기업은 특정 시장에서 소비자의 수요함수하에서 이윤을 극대화하는 수준으로 제품의 가격과 공급량을 결정한다. 소비자수요함수는 국가마다 다르기 때문에 다국적기업이 이윤극대화를 위해서 국가별로 다른 가격을 책정하는 것이 더욱 효율적이다.

또한 각국의 소득수준의 차이에 따라서 책정하는 가격수준 역시 달라져야만 한다. 예를 들어, 의약품의 경우에는 전체 비용 중에서 생산비가 차지하는 비중은 아주 적고 대부분이 연구개발과 판촉비용이다. 따라서 제약기업들은 후진국에서는 의약품의 가격을 낮게 책정하고 선진국에서는 높은 가격을 책정하는 방법으로 가격차별을 시도하고 있다. 그러나 현실에서 이와 같은 가격차별정책은 많은 제한요소를 갖고 있다. 특히 가격차별은 국제적인 재정거래arbitrage에 의해서 그 효과가 사라진다는 문제점을 갖고 있다. 예를 들어, 후진국에서 값싸게 판매되는 제품을 수입하여 선진국에 재판매하는 수입업자는 국가 간 제품가격의 차이를 이용해 많은 이윤을 얻을 수 있다. 따라서 국가간의 제품의 이동이 자유로울 경우에는 가격차별정책을 유지하기가 힘들며 그 효과는 금방 사라지게 된다. 예를 들어, 유럽의 자동차시장과 같이 국경을 넘기가 쉬운 경우에는 국가별로 다른 가격을 책정하려는 시도는 손쉽게 무력화되기 쉽다. 그럼에도 불구하고 가격차별이 이루어지는 경우도 있다. Ford의 자동차는 벨기에보다 영국에서 3,000달러 이상 높은 가격에 판매되고 있다. 이러한 가격차이가 유지되는 것은 영국에는 운전대가 오른쪽에 있고 벨기에를 비롯한 다른 대륙의 국가에서는 운전대가 왼쪽에 있으므로 국경을 이동하여 재정거래가 발생할 가능성이 없기 때문이다.

이와 같은 수요, 소득수준의 차이 외에도 다른 전략적인 목적에 의해서 가격차별을 실시하는 경우도 있다. 예를 들어, 덤핑은 외국기업들이 해외시장을 공략하기 위해서 고의적으로 가격을 차별화하는 방법이다. 덤핑은 가격경쟁력이 약한 현지기업을 몰아내고 시장을 독점하는 수단으로 이용되기도 한다. 그러나 최근에는 이와 같은 약탈적 가격설정predatory pricing이 WTO와 각국 정부의 반덤핑규제로 점점 더 불가능해지고 있다.

한편 가격인하는 각국의 소비자의 선호에 따라 긍정적인 영향을 미칠 수도 있으나, 때로는 제품의 판매에 부정적인 영향을 미치기도 한다. 본 장의 사례에서 살펴본 P&G는 일본에서 가격을 인하함으로써 오히려 부정적인 성과를 경험하였다. 일본에서 소비자들이 높은 가격을 지불하고서라도 좋은 품질의 제품을 선호하는데도 불구하고 P&G는 경쟁자가 새로운 제품을 출시하였을 때 기존제품의 가격을 인하함으로써 대응하였다. 이는 자사의 품질이 떨어지는 것을 인정하는 것으로 인식되어 오히려 소비자들에게 좋지 못한 반응을 얻었다. 일본시장에서는 가격으로 경쟁하기보다는 높은 품질의 신제품을 출시함으로써 경쟁하는 것이 더 효과적이었다.[3]

한편 글로벌하게 동일한 가격을 설정하는 것은 시장에서 일관적인 포지셔닝

전략을 추구하는 데 도움이 된다. 예를 들어, BMW와 Benz는 후진국에서도 선진국과 동일하게 높은 가격을 책정함으로써 고급차에 대한 이미지를 보호하고 브랜드의 가치를 유지하고 있다. 이와 같이 글로벌하게 동일한 가격을 책정할 것인가 또는 국가별로 다른 가격을 책정할 것인가의 선택에 있어 가격책정의 일관성을 유지하는 경우는 일반적으로 고가의 사치품인 경우가 많다.

04 〉〉 결론 및 요약

본 장에서는 P&G의 일본진출 실패사례를 중심으로 다국적기업이 해외시장에 진출하여 효과적인 마케팅활동을 수행하는 구체적인 방법을 모색해 보았다. 해외시장진출에 있어 제품과 서비스의 선택에는 우리가 앞서 살펴본 글로벌화와 현지화간의 깊은 갈등이 항상 존재한다. 비용절감을 위해서는 글로벌화의 필요성이 훨씬 더 많이 대두되는 반면에 국가별로 다른 수요패턴과 정부규제 등은 현지화를 추구해야 할 필요성을 더욱 증가시킨다. 이와 같이 글로벌제품을 설계하는 데는 크게 두 가지 방법이 있을 수 있다. 가장 좋은 방법은 제품의 설계단계에서부터 글로벌제품을 개발하는 것이다. 이는 국가 간의 수요의 공통점에 주력하여 가능한 한 표준화된 제품을 만들고, 이를 핵심부품화하여, 제품의 일부만 현지적응함으로써 글로벌화와 현지화를 동시에 추구할 수 있다는 장점이 있다. 또한 본 장에서는 해외시장진출시 마케팅믹스를 선택하는 방법을 살펴보았다. 마케팅믹스는 제품의 포지셔닝, 가격, 광고, 유통과 같은 여러 가지 구성요소로 이루어져 있으며 각 구성요소마다 글로벌화와 현지적응 각각의 필요성에 차이가 있다. 따라서 효과적인 해외마케팅활동을 위해서는 각각의 마케팅믹스를 구성하는 요소들의 현지화와 글로벌화의 균형을 이루는 것이 중요하다.

사례

case

라인의 일본진출[4]

라인Line은 일본의 메신저앱 시장에서 마치 한국의 카카오톡 같은 독보적인 지위를 차지하고 있다. 그러나 대부분의 일본인들은 자신이 이용하는 라인이 한국기업인지 모른다. 라인은 네이버의 일본법인에 모태를 두고 엔터테인먼트, 쇼핑, 핀테크, 게임 등 다양한 서비스를 제공하고 있으며 대만, 인도네시아, 태국을 비롯한 동아시아지역과 스페인, 멕시코를 비롯한 유럽과 남미까지 전세계 230개국에서 이용되고 있다.

많은 다국적기업들이 설립 초기에는 본국에서 제품이나 서비스를 출시한 다음 해외로 진출하는 것에 비해 라인은 한국의 메신저앱 시장에서 이미 독점적 지위를 가진 카카오

톡을 넘볼 수 없다고 판단하여 일찍이 한국시장을 포기하고 2011년에 일본에 진출했다. 2013년에는 사업확장을 위해 사명을 NHN Japan에서 LINE Corporation으로 변경했고 메신저 기능에 게임과 전자상거래를 포함하였다. 2014년에 라인은 한 달도 빠지지 않고 1억 7천만 명 이상의 월간 활성 자수Monthly Active User; MAU를 기록했다.

라인이 단기간에 많은 사용자를 확보할 수 있었던 것은 현지시장에 적합한 홍보활동과 현지파트너와의 협업이 있었기에 가능했다. 예를 들어, 라인의 홍보채널에 있는 컨텐츠에서는 한국어를 찾아볼 수 없고 한국을 타깃으로 한 광고영상이 드물다. 광고모델도 현지인이며 항상 해당 국가를 배경으로 광고를 제작한다. 라인이 금융서비스업 진출을 준비하며 발족한 Mobile Payment Cross-Border Alliance에는 태국의 Rabbit LINE Pay, 일본의 LINE Pay Japan, 한국의 네이버페이, 대만의 iPASS가 협력하고 있다. 이처럼 글로벌하게 표준화된 금융서비스보다 국가별로 현지화된 결제서비스를 제공하면서, 현지에서 외식, 쇼핑, 교통 등 결제서비스를 통합하고 있다.

라인 출시 이전 네이버는 2000년에 해외법인인 네이버재팬을 설립해 일본의 검색서비스시장에 진출하기도 했었다. 지리적으로도 가깝고 문화적으로 유사하며, 한국어와 일본어의 어순이 비슷하고, 두 국가 모두 경제수준이 높기 때문에 네이버는 일본진출에 적극적이었다. 그러나 일본의 검색시장은 한국과 많은 차이가 있었다. 당시 야후! 재팬은 세계 최대의 검색엔진을 자랑하는 Google과 온라인 광고 및 검색 부문에서 제휴를 맺고, 자사의 사이트에 방문한 네티즌이 원하는 서비스로 이어주는 포털의 역할을 자처했다. 현지기업인 소프트뱅크가 대주주였으므로, 야후!재팬은 야후의 다른 해외지사와 달리 일본에서 독자적으로 운영하는 체제였고, 일본시장에 적합하게 페이지를 구성했다. 이는 한국에서 네이버가 이용자들이 오랜

그림 11-4 라인의 사업부별 매출비중 (단위: 10억 엔)

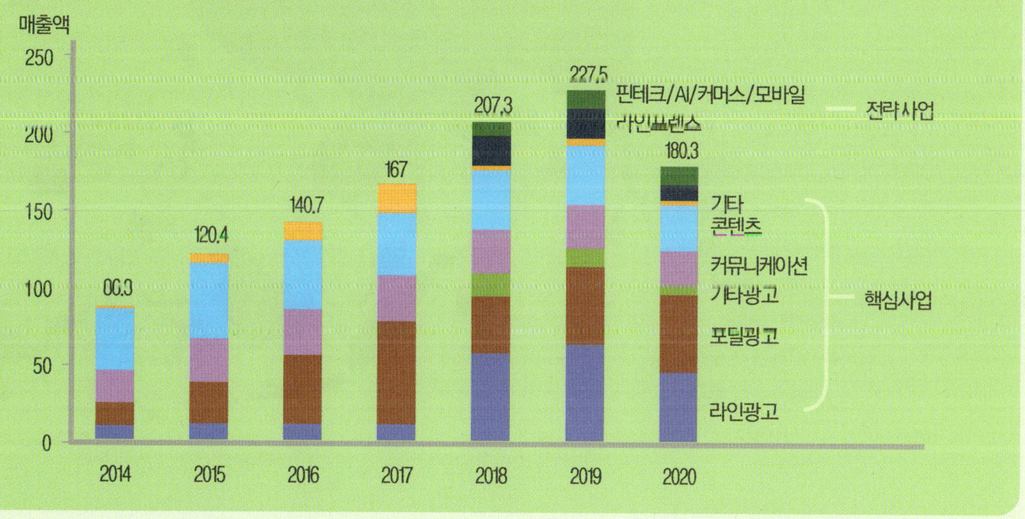

출처: LINE 분기별보고서. 2020년은 3분기 매출까지만 반영되어 있음. 야후! 재팬과 합병 이후 재무정보를 공개하지 않음.

시간 동안 자사 사이트에 머물러 있도록 지식iN, 네이버 카페같은 서비스를 자체적으로 개발하여 제공하여 온 것과 대조되는 것이었다. 결국, 일본 시장에 진출하고 얼마 지나지 않아 네이버재팬은 야후!재팬과 구글의 압도적인 시장점유율에 밀려 2005년에 서비스를 종료하게 되었다.

일본 현지에 남아있던 네이버의 직원들은 일본시장 재도전을 포기하지 않았다. 라인은 일본에서 성공하려면 서비스 및 제품 개발부터 서비스 출시, 광고까지 모두 일본시장 맞춤형이 되어야 한다는 점을 깨달았다. 그전부터 일본의 통신환경은 열악했는데, 지진까지 발생하자 기지국이 붕괴되고 몇 시간이나 정전이 지속되면서 전화와 문자는 먹통이 되기 일쑤였다. 이것을 본 라인 개발자들은 일본소비자들에게 가장 필요한 것은 소중한 사람과의 관계를 돈독하게 하는 소통의 수단임을 깨달았다. 이를 계기로 이용자 간의 소통, 온·오프라인을 넘나드는 서비스를 제공하는 메신저앱 개발에 착수했고, 불과 3개월여 만에 라인을 출시할 수 있었다. 라인은 일본시장의 재진출을 위해 시장조사보다는 직접 일본사람들의 일상을 관찰하는 데 집중했다. 전철에서 승객이 스마트폰으로

그림 11-5 | 라인이 제공하는 서비스별 진출국가

서비스 분야	서비스명
엔터테인먼트	라인망가
	라인뮤직
	라인TV
	라인라이브
뉴스	라인뉴스
핀테크	라인 페이
	라인 보험
	라인 증권
비즈니스	라인광고
AI	라인클로바
O2O	라인뱅크
	라인맨
	Gojek
건강	라인닥터
라이프스타일	라인 와우
	라인 헬스케어
쇼핑	라인프렌즈 스토어
	라인 쇼핑
택시	라인택시

출처: LINE Corporation 홈페이지, 2025년 기준.

무엇을 보는지, 어떤 상황에서 전화나 문자를 이용하는지, 어떤 물건을 사는지 등을 관찰한 결과 현지시장의 선호나 취향에 맞게 기존의 제품을 약간 바꾸는 정도의 현지화전략은 통하지 않을 것이라고 판단했다. 따라서 강력한 현지화전략을 추구해야 한다는 굳은 철학을 세웠다. 일본 사람들은 전화번호를 쉽게 알려주지 않고, 친하지 않은 상대에게 연락처를 꼭 알려줘야 할 때는 이메일주소를 알려주는 경우가 많았다. 지금도 가까운 사이일지라도 전화할 일이 생기면 미리 통화가 가능한지 문자나 이메일로 확인하는 것이 당연하게 여긴다. 반면 라인은 ID만 알면 누구에게나 메시지를 보낼 수 있었고, 스마트폰 주소록에 저장한 사람을 애플리케이션에 추가해 대화를 할 수도 있었다. 또한 가족이나 친구들에게 자신의 위치를 전송하는 기능을 탑재해 재난 발생 시 핫라인 역할을 하는 것도 잊지 않았다.

한편 디지털로의 전환이 느린 일본에서 TV광고로 메신저앱을 홍보한 것도 IT기업 중 라인이 최초였다. 이 새로운 홍보전략으로 사용자 수 2,000만 명을 돌파하기까지 8개월이 걸렸는데, 이는 카카오톡이 14개월 걸린 것에 비해 매우 빨랐다. 1억 명의 사용자를 확보하기까지 트위터가 4년, 페이스북이 5년 이상 걸렸던 것에 비해서 라인은 2년도 걸리지 않았다. 이러한 흐름을 반영하듯 일본 정부와 공공기관도 점차 라인을 애용하고, 젊은층에서는 한국어로 '라인해'라는 뜻의 '라인시대ラインして'가 유행어로 부상했다. 현지화의 일환으로 일본인들이 일상에서 이미지로 메시지를 주고받는 데 익숙한 것을 보고 라인은 메신저앱에서 사용할 수 있는 라인스티커를 출시했다. 라인스티커는 이모티콘의 일종이지만, 캐릭터가 차지하는 비중이 높고 만화적인 표현이 주를 이룬다는 점에서 차별화된다. 애니메이션과 만화에 익숙한 일본의 라인 이용자들은 스티커 서비스에 열광했고, 사용자가 직접 스티커를 디자인해서 판매하는 플랫폼인 라인 크리에이터스 마켓이 탄생했다. 스티커는 판매뿐만 아니라 기업들의 새로운 홍보수단, 그리고 파생된 캐릭터의 상품화까지 라인의 다양한 수익원천으로 자리잡았다. 또, 라인의 웹툰 플랫폼인 라인망가LINEマンガ는 경쟁자들을 제치고 시장의 1/3 이상을 점유했다. 더 향후 더 이상 종이만화책을 읽지 않고 디지털만화를 선택하는 사람들이 늘어나면서 앞으로도 높은 수익을 창출할 것으로 기대된다.

라인은 까다로운 일본시장에서 아주 큰 성공을 거뒀지만, 이후에 진출하는 국가들에 일본에서의 성공방정식을 적용하지 않았다. 국가별로 현지 광고모델을 기용하고, 현지상황과 소비자들의 필요에 따라 각 시장을 공략할 서비스를 선택했다. 태국이나 인도네시아에서도 라인 메신저앱은 이미 오래전 독보적인 시장점유율 1위를 기록하며 국민 메신저로 등극했고 일본에서와 달리 새로운 부가 서비스사업에 집중했다. 태국에서는 음식 뿐만 아니라 생필품, 택배배송까지 서비스하는 일종의 심부름센터와 같은 라인맨 서비스를 시작했는데, 출시 1년 만인 2017년 태국 배달서비스업체 1위를 차지했다. 인도네시아에서는 현지 최대의 모빌리티 서비스업체인 Gojek과 제휴를 맺고 최초로 비즈니스 커넥트Business connect서비스를 시작했다. 이를 이용하면 승객이 라인을 통해 Gojek의 공식계정으로 오토바이택시 호출메시지를 보내서 쉽게 이용할 수 있게 하였다. 또, 2021년 대만에서는 새로운 서비스로 인터넷전문은행 라인뱅크LINE Bank를 설립하였다. 이후 2022년 1분기 라인뱅크의 디지털 예금 계좌가 50% 가까이 증가하며 폭발적인 성장세를 보이기도 했다.

2021년 라인은 글로벌시장에서의 도약을 위해 손정의 회장이 운영하는 소프트뱅크와 합작법인을 세웠다. 과거 라인 메신저앱 출시 전 네이버재팬은 야후!재팬과는 어깨도 견주지 못하고 경쟁에 실패한 기업이었다. 그랬던 라인이 야후!재팬과 합병을 통해 메신저 서비스와 포털 서비스를 통합하기로 한 것이다. 두 기업은 경영통합을 완료한 후 각자의 핵심사업이었던 검색, 광고, 메신저 서비스와 더불어 커머스, 핀테크, 공공비즈니스를 핵심사업으로 규정했다.

그러나, 이와 같은 야후!재팬과의 합병은 이미 국민메신저 서비스가 되어 버린 라인이 한국기업이라는 일본 정부의 우려를 불식시키기 위한 목적도 있었다. 2024년 일본 총무성은 두 차례의 행정지도를 통해 라인야후에 네이버와의 지분관계 재검토와 시스템 분리를 공식적으로 요구하였다. 당장은 현행유지를 결정했으나 장기적으로는 네이버가 라인의 경영에서 배재될 가능성도 존재한다. 네이버가 13년 동안 애써 키운 라인에서 손을 떼는 위기에 처한 것이다. 과연 라인은 한국 IT기업의 글로벌화의 선두주자로서 그 지위를 유지할 수 있을 것인가?

Video
라인 10주년 기념영상, "To The Next"

Video
라인의 글로벌캐릭터사업, "LINE FRIENDS / 2020. KOR Ver."

Video
라인야후 사태

토의과제

01 라인은 광고를 비롯한 마케팅활동에 있어 현지화 전략을 추구하고 있다. 라인이 글로벌하게 추구할 마케팅활동에는 무엇이 있는가?

02 향후 라인의 진출이 유망한 국가를 생각해 보고, 어떤 제품 또는 서비스로 해당 시장을 공략하는 것이 좋을지 토의하시오.

LINE

LINE의 홈페이지
https://linecorp.com/

참고문헌

Reference

1 본 사례는 "The Rise of the Superbrands," *Economist*, 2005. 2. 3; "A.G. Lafley, a Postmodern Proctoid," *Economist*, 2006. 4. 12; "P&G's Joy Makes an Unlikely Splash in Japan," *Wall Street Journal*, 1999. 12. 10; "After Early Stumbles P&G Is Making Inroads Overseas," *Wall Street Journal*, 1989. 2. 6; C. Bartlett and S. Ghoshal, *Managing Across Borders*, Harvard Business School Press, 1989; "Procter and Gamble Japan (A)," Harvard Business School Case #9-391-003에 기초하여 작성되었다.

2 T. Levitt, "The Globalization of Markets," *Harvard Business Review*, May~June 1983.

3 글로벌 마케팅에 대한 보다 자세한 논의는 S. Douglas and S. Craig, *Global Marketing Strategy*, McGraw-Hill, 1995를 참조하라.

4 본 사례는 저자의 지도 하에 카이스트 경영대학원 이로울이 작성하였다.

Chapter

12 생산 및 연구개발 활동의 세계적인 배치와 조정

C/O/N/T/E/N/T/S

싱가포르정부는 안정적이고 신뢰할 수 있으며 정직합니다. 싱가포르 종업원은 열심히 노력하고, 좋은 교육을 받았으며, 창의력이 높습니다. 더구나 그들은 영어를 잘 하기 때문에 공동연구개발팀을 운영하기에 가장 적합합니다.

– Hewlett Packard의 연구개발팀 John Doyle.

사례

case

Hewlett Packard의 싱가포르자회사[1]

Hewlett Packard는 1939년 미국의 William Hewlett과 David Packard가 전자계측제어장치를 생산하면서 시작한 기업이다. Hewlett Packard는 현재 컴퓨터와 프린터 등 전자제품을 생산하는 세계 유수의 기업으로 성장하였다. Hewlett Packard는 일찍부터 해외에서 생산 및 마케팅활동을 수행한 다국적기업이다. 해외진출 초기에 Hewlett Packard는 아시아의 여러 나라에 진출하여 이들을 저비용생산기지로 활용하였고 최근에는 단순한 조립생산뿐만 아니라 주요 부품의 생산 및 구매, 그리고 연구개발활동을 적극적으로 추진하고 있다. Hewlett Packard의 싱가포르현지법인은 아시아에서의 생산 및 연구개발 네트워크의 중심지 역할을 수행하고 있고, 동남아시아 지역총괄본부로서의 기능도 수행하고 있다.

Hewlett Packard는 1960년대 말 아시아에서의 주요 생산거점을 확보하기 위하여 싱가포르에 처음 진출하였다. 아시아의 여러 국가를 순방한 William Hewlett은 싱가포르에 생산기지를 설치할 것을 적극적으로 검토하였다. 그가 싱가포르를 선택한 이유는 무엇보다도 안정적이고 정직하며 신뢰할 수 있는 정부 때문이었다. 또한 싱가포르의 종업원들은 높은 수준의 교육을 받았고 정직하고 창의적이며, 거기에 더해 창의적으로 사용한다는 점이 더욱 큰 매력으로 작용하였다.

Hewlett Packard는 초기에 싱가포르를 저렴한 노동력에 기초한 생산기지로서 노동집약적인 컴퓨터주변기기를 생산하기에 적합한 곳이라 판단하였다. 따라서 싱가포르자회사는 진출초기에는 컴퓨터주변기기의 부품만을 생산하였다. 그러나 싱가포르정부가 첨단산업의 외국기업에 대한 조세감면혜택을 제공해 싱가포르에서 부가가치가 높은 제품을 생산하도록 유인함에 따라 점차 많은 기능을 싱가포르현지법인으로 이전하기 시작하였다. 1973년에는 전자계산기의 조립생산시설을 싱가포르로 이전하였고, 싱가포르자회사는 이때부터 단순한 부품생산이 아닌 최종제품의 생산을 시작하게 되었다. 이렇게 계산기 생산경험이 축적되면서 싱가포르자회사는 제품품질을 높이고 비용절감을 꾀하는 프로그램을 추진하는 데 있어 많은 노하우를 축적하였다.

싱가포르의 생산개발팀이 여러 가지 비용절감프로그램을 추진한 결과 전자계산기의 생산비용을 현저히 낮추는 데 성공하였지만, 일부 디자인기능이 싱가포르자회사로 이전되지 않으면 더 이상의 비용절감이 어렵다는 사실을 절실히 느끼게 되었다. 특히 계산기생산에 있어서 비용을 절감할 수 있는 가장 좋은 방법은 집적회로Integrated Circuit: IC를 사용하는 계산기를 디자인함으로써 필요한 부품수를 줄이는 방법이었다. 그러나 싱가포르에 있는 엔지니어들은 집적회로설계에 필요한 경험이 전무하였다. 따라서 싱가포르자회사는 계산기용 IC를 디자인하는 기술을 획득하기 위하여 약 20명 정도의 기술자를 미국에 1년 정도 파견하였다. 미국본사의 엔지니어들이 집적회로의 기능디자인에 주력한 것에 비해서 싱가포르에서 파견된 엔지니어들은 집적회로의 구체적인 설계기술획득에 주력하여 미국과 싱가포르의 연구소간에 분업이 이루어졌다. 그 결과 1983년에는 싱가포르의 현지법인에서 디자인한 집적회로를 사용한 계산기가 생산되면서 비용을 50%나 절감하는 효과를 거두었다.

이와 같이 싱가포르현지법인 엔지니어들이 일부분이나마 집적회로의 독자적인 디자인능력을 축적하고 구체적인 성과를 달성하게 됨에 따라 Hewlett Packard 본사는 싱가포르자회사에 공식적인 연구개발조직을 창설할 것을 결정하였다. Hewlett Packard 본사는 컴퓨터주변기기의 연구개발과 생산부문에서 10년 이상의 경험을 쌓은 베테랑인 Larry Brown을 파견하여 싱가포르의 연구개발조직을 창설하도록 하였다. Brown이 조직한 연구개발팀이 수행한 최초의 연구개발활동은 컴퓨터용 키보드를 개발하는 일이었다. Brown은 가장 유능한 15명의 엔지니어를 확보하여 연구개발팀을 조직하였다. 이 연구개발팀은 워크스테이션을 비롯한 주요 장비들을 확보하여 사용하기 시작하였고 본사에서 제공해 주는 여러 가지 기술정

그림 12-1 Hewlett Packard 싱가포르자회사의 사업활동 현황

보들을 열심히 습득하여 연구개발에 필요한 기술을 축적하기 시작하였다. 또한 본사에 위치한 연구개발조직과 긴밀한 관계를 맺어 미국출장 시에는 반드시 미국에 있는 연구개발조직을 방문하여 시간을 보내며 동시에 본사 인력들과 개인적인 친분관계를 쌓도록 노력하였다.

싱가포르의 연구개발조직은 차세대 키보드를 개발하기 위하여 싱가포르에 위치한 생산공장의 긴밀한 협조하에 제품을 디자인했고, 동시에 미국본사의 연구개발조직으로부터 필요한 기술을 이전받으면서 새로운 방법으로 차세대 키보드를 개발하는 활동을 전개하였다. 이들 싱가포르자회사의 연구개발조직은 생산효율을 높이기 위하여 과거 각국의 언어로 표시된 키보드를 개별적으로 생산하는 것을 지양하고, 한 생산라인에서 동시에 여러 나라의 문자를 키캡에 새기는 방식을 개발하였다. 또한 키보드가 정확하게 문자를 인식할 수 있도록 혁신적인 기술을 개발하였다. 이처럼 Hewlett Packard의 싱가포르 연구개발조직이 차세대키보드를 개발하고 생산의 효율을 급격하게 높인 결과, Hewlett Packard는 1986년 키보드부문에서의 연구개발과 생산을 전담하는 권한을 싱가포르자회사로 모두 이전하였다.

싱가포르자회사의 연구개발조직이 차세대 키보드의 개발에 큰 성과를 보이고 난 후 다음으로 맡은 프로젝트는 미국에서 개발된 잉크젯프린터를 아시아시장에 맞게끔 개조하는 임무였다. 싱가포르의 연구개발조직은 우선 잉크젯프린터가 미국에서 개발되었기 때문에 80% 이상의 부품이 미국과 유럽의 부품공급업체로부터 공급받아 생산

하던 것을 아시아에 있는 하청업체로부터 조달할 수 있도록 구매경로를 변경하였다. 그 결과 잉크젯프린터의 생산비용을 30% 이상 절감할 수 있었다. 또한 싱가포르의 연구개발팀은 필요한 부품수를 줄이면서 품질과 안정성을 높이는 성과를 보였다. 그 결과 Hewlett Packard는 향후 아시아시장을 타깃으로 한 저비용 잉크젯프린터 개발을 싱가포르 연구개발조직에 전적으로 위임하였다. 그러나 아시아시장용 프린터의 개발은 싱가포르 연구개발조직에게는 큰 도전이었다. 한자, 한글, 일본어와 같은 문자들을 효과적으로 출력할 수 있어야 했으며, 일본고객을 만족시키기 위해서 프린터의 크기를 혁신적으로 줄여야 했기 때문이었다. 흔히 Hewlett Packard의 프린터는 성능은 좋으나 박스형의 외형에 부피가 큰 것이 단점으로 지적되고 있었다. 싱가포르 연구개발조직은 일본을 비롯한 아시아의 소비자에게 접근하기 위해서는 좁은 사무공간을 감안하여 제품의 부피가 작아야 하며 또한 미려한 디자인이 필요하다는 사실을 인식하였다.

싱가포르자회사는 이러한 아시아시장의 요구에 부응하여 컬러 잉크젯프린터인 Deskjet 505J를 개발하고 1992년에는 포터블프린터를 개발하여 일본시장에 진출하였다. 과거 Hewlett Packard의 잉크젯 프린터는 미국시장에 먼저 출시하고 아시아시장에서는 미국에서 출시한 모델을 적합하게 변형한 것에 불과하였다. 그러나 이 포터블프린터는 싱가포르자회사의 연구개발조직에서 개발한 프린터를 일본에서 처음 출시하고 그 이후에 미국을 비롯한 다른 시장에서 판매함으로써 과거의 제품개발형태와는 큰 차이가 있었다. 이와 같이 계속된 성공에 힘입어 Hewlett Packard 본사는 싱가포르자회사의 능력을 인정하여 싱가포르자회사를 포터블프린터의 연구개발과 생산 및 마케팅 활동의 전세계적인 총괄본부로 승격시켰다. 더 나아가 1994년에는 휴대용 단말기와 PDA를 전세계적으로 개발하고 생산하는 업무를 맡기게 되었으며, 1997년에는 싱가포르자회사에서 Windows CE를 장착한 Palmtop을 개발하였으며, HP의 그리드 컴퓨팅Grid computing 기술개발의 전세계 허브역할을 수행하는 등 싱가포르자회사가 수행하는 업무가 고도화되고, 생산 및 판매하는 제품의 종류도 점차 확대되었다.

하지만 Hewlett Packard의 싱가포르자회사의 발전과정이 순탄하였던 것만은 아니었다. 싱가포르의 연구개발조직은 과거 계산기나 키보드와 같이 비교적 단순한 제품을 생산하다가 프린터처럼 복잡한 제품을 개발하는 초기 과정에서 많은 어려움을 겪었다. 특히 싱가포르의 연구개발조직과 미국의 연구개발조직 사이에 기술이전과 공동개발활동에서 두 국가의 문화적인 차이로 인해 많은 갈등이 발생하였다. 아시아문화권에 속한 싱가포르는 독자적인 의사결정보다는 그룹 차원의 의사결정을 선호하며 위계질서가 강한 문화적인 특성을 갖고 있었다.

이에 비해 미국의 엔지니어들은 훨씬 독자적인 의사결정을 선호했다. 또한 싱가포르와 미국의 교육시스템의 차이 역시 연구개발활동에서 두 나라의 엔지니어들 간의 차이를 키우는 원인이 되었다. 싱가포르의 교육시스템은 지식의 습득을 강조하는 것에 비해서 미국인 엔지니어들은 창의적인 아이디어를 중시하는 연구풍토를 갖고 있었다. 결국 싱가포르의 엔지니어들이 미국엔지니어들의 주장에 대해 상반된 주장을 하기를 꺼려 했던 경

그림 12-2 싱가포르자회사의 생산 및 연구활동의 전개과정

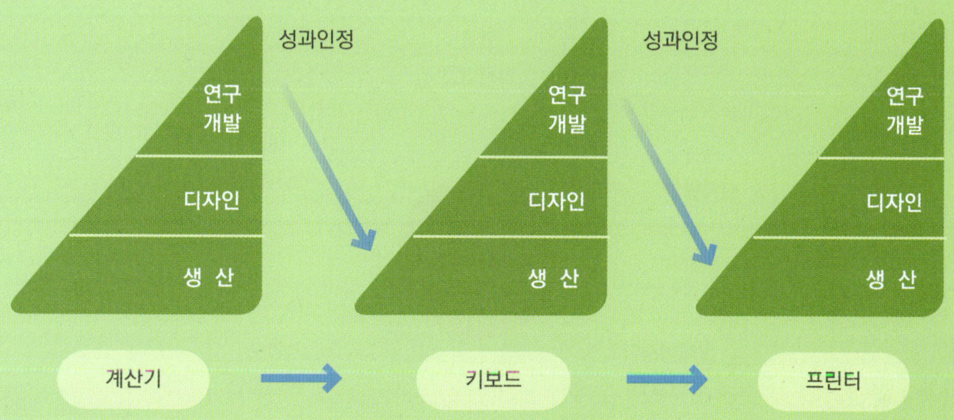

향은 효과적인 공동개발을 방해하는 요인으로 작용하기도 하였다. 이와 같은 어려움에도 불구하고 싱가포르자회사가 열심히 연구개발활동을 수행한 결과, 위에서 살펴본 것처럼 뛰어난 연구성과를 올릴 수 있었다.

그림 12-2는 Hewlett Packard의 싱가포르자회사의 생산 및 연구활동의 전개과정을 도식화하고 있다. 싱가포르자회사는 처음에 계산기와 같은 단순한 제품의 생산에서 시작하여 점차 디자인과 연구개발조직을 확충하였으며 이러한 계산기분야에서 뛰어난 성과를 보임에 따라 훨씬 복잡한 제품인 키보드와 잉크젯프린터의 생산과 연구를 수행하는 능력을 갖추게 되었다. 이와 같은 발전과정은 단순한 제품에서부터 점점 복잡한 제품으로 발전하고, 동시에 생산에서부터 디자인, 연구개발까지 자회사의 기능이 점차 심화되는 패턴을 보여준다. 그 결과 Hewlett Packard의 싱가포르자회사는 단순한 생산기지의 역할뿐만 아니라 연구개발 중심지의 역할을 하고, 동시에 아시아지역본부의 역할을 맡아 인도, 말레이시아, 태국, 한국, 대만의 현지 법인까지 총괄하게 되었다(**그림 12-3** 참조). 이와 같은 Hewlett Packard의 싱가포르자회사의 발전과정은 다국적기업이 초기에 직접투자를 한 후 그 자회사가 어떠한 과정을 거쳐 생산 및 연구개발활동의 중심지로 성장하고, 더 나아가서 지역본부의 역할을 추가하게 되는가의 발전과정을 보여주고 있다.

한편, 싱가포르정부도 다국적기업들이 싱가포르에 지역본부를 설립하고 연구개발활동에 투자하는 것을 적극적으로 권장하고 이들을 유치하려고 노력하고 있다. 또한 싱가포르의 뛰어난 사회간접자본과 청렴하고 효율적인 정부관료들의 협조는 싱가포르에 대한 투자를 더욱더 매력적으로 만들고 있다. 싱가포르는 다국적기업들을 유치하기 위해 다국적기업전용공단을 미리 조성한 다음 분양하는 등 각종 정부보조금을 지급하고 있다. 한국에서는 기업들이 정부관리를 찾아다니면서 결재를 부탁하는 것과 다르게 싱가포르공무원

그림 12-3 | Hewlett Packard의 아시아지역경영

들은 먼저 기업들을 찾아다니면서 해외기업의 유치와 투자확대를 독려하고 있는 실정이다. 이와 같은 이유로 싱가포르는 여전히 다국적기업이 아시아지역본부를 위치하기 위한 최적지로서 손꼽히고 있다.

Video
HP의 역사

Video
HP CEO 인터뷰

Hewlett Packard의 홈페이지
http://www.hp.com

01 〉〉 서 론

본 장의 서두에 소개된 Hewlett Packard의 싱가포르자회사는 초기에 낮은 임금을 바탕으로 한 생산기지의 역할을 수행하다가 점차 기술적으로 복잡한 제품의 생산을 담당하고, 더 나아가서는 연구개발활동도 자체적으로 조직하여 잉크젯 프린터의 연구개발본부의 역할을 수행한 현지자회사의 진화발전과정을 구체적으로 보여주고 있다.

본 장에서는 Hewlett Packard의 싱가포르자회사의 사례를 중심으로 해외생산과 연구개발활동의 세계적인 배치 및 조성에 대해 살펴보기로 한다. 우리는 생산과 연구개발활동의 세계적인 배치와 관련하여 국가적 요인, 기술적 요인, 그리고 환율 및 무역장벽 등 다국적기업이 해외생산 및 연구개발기지의 입지를 선택할 때 고려해야 할 점을 살펴보기로 한다.

또한 본 장에서는 생산 및 연구개발활동의 글로벌네트워크의 조정기능을 살펴보기로 한다. 각국에 위치한 다양한 생산 및 연구개발활동을 효과적으로 조정하는 것은 다국적기업의 경영성과를 높이는 데 중요한 역할을 한다. 글로벌네트워크란 각국에 위치한 부품 및 제품생산기지를 연결하는 네트워크를 구축하여 규모의 경제를 바탕으로 부품을 생산하고 이를 적재적소에 운반할 수 있는 물류시스템을 갖추는 것을 의미한다. 이와 같은 효율적인 네트워크의 구성 없이는 다국적기업이 전세계 각국에 흩어진 다양한 활동을 효과적으로 조정하여 기업 전체의 성과를 높일 수는 없다. 또한 연구개발시설 역시 각각의 목적에 따라 최적입지에 위치하고 이들을 효과적으로 연결하여 연구개발의 중복투자를 피하고, 지역특성을 최대한으로 살리는 연구개발 네트워크를 마련하는 것이 필요하다. 본 장에서 살펴볼 주제는 다음과 같다.

- 생산활동의 글로벌 입지선정요인을 살펴본다.
- 연구개발활동을 전세계적으로 어떻게 배치할 것인가에 관해서 고려해야 할 사항을 살펴보기로 한다.
- 각국에 위치한 생산 및 연구개발활동 네트워크를 다국적기업이 효과적으로 통제하고 운영하는 경영기법에 대해서 살펴보기로 한다.

02 〉〉 생산 및 연구개발활동의 입지선정요인

기업이 수행하는 다양한 활동을 어느 국가에 위치시키고 또한 이들을 어떻게 조정하는가 하는 것은 글로벌전략을 수행하는 데 있어서 매우 중요한 선택이다. 제5장에서 살펴본 바와 같이, 전통적으로 본국중심주의 성향이 강한 기업들은 모든 생산 및 연구개발활동들을 본국에 위치시키고 해외에는 판매조직만을 운영하는 형태로 글로벌조직을 운영하였다. 이에 반해서 현지중심주의 성향이 강해서 국가별전략multidomestic strategy을 실행하는 기업들은 가능한 한 많은 국가에서 생산활동을 수행해 왔다. 그러나 균형잡힌 글로벌전략은 본국에 지나치게 의존하여 환율과 보호무역장벽의 위험에 쉽게 노출되지 않으면서, 동시에 지나치게 많은 국가에 생산을 위치하여 규모의 경제효과를 상실하지 않는 것이다. 본 절에서는 생산 및 연구개발활동의 입지선정요인으로서 국가적 요인, 기술상의 요인, 환율 및 보호무역장벽을 살펴보고자 한다.

국가적 요인

Video

Apple's Manufacturing Plant in India

기업활동의 입지선정에 있어서 전통적으로 가장 강조했던 요인은 국가의 역할이다. 특히 전통적인 국제무역이론에서는 기업활동의 입지선정에 있어서 그 국가가 갖고 있는 비교우위의 중요성을 강조하여 왔다. 무역이론에서 강조하여 왔던 비교우위는 흔히 원재료, 노동, 자본, 기술과 같은 생산요소의 구입비용이 가장 낮은 곳에 입지함으로써 얻을 수 있다. 제2장에서 살펴본 Heckscher-Ohlin 이론에서도 국제무역의 이익을 얻기 위해서는 각각의 부존자원이 많은 국가에 위치하여 생산을 해야 한다고 지적했다. 그러나 이와 같이 낮은 생산비용 이외에도 정부의 서비스, 물류의 효율성, 정치적 위험도, 사회간접자본의 여부 등이 진출국가를 비교하는 데 중요한 고려요인이 되고 있다.

특히 한 나라가 전략적으로 중요한 생산입지가 되기 위해서는 다음과 같이 비교우위와 경쟁우위를 살릴 수 있는 여건이 확보되어야 한다. 첫째, 진출국가에 유리한 부존생산요소가 있어야 한다. 저렴한 가격의 천연원료나 숙련된 노동력과 같은 생산요소는 한 나라를 다른 나라에 비해서 비교우위를 갖게 하는 전통적인 우위요인이다. 예를 들어, 값싼 물의 공급 또는 화학산업의 원재료, 석탄 및 철광석과 같은 천연자원의 부존량이 많은 국가는 다른 나라에 비해 비교우위를 갖는다. 또한 단순한 원료뿐만 아니라 중간재를 효과적으로 생산하는 것 역시 관련산업에서 비교우위를 높일 수 있는 가능성을 제공해 준다. 예를 들어, 한국의 포스코는 저렴한 가격으로 국내의 자동차업체에 철판을 공급하고 있다. 국내의 자동차업체들이 국제적으로 가격경쟁력을 갖기 위해서는 이와 같이 값싼 원자재의 조달이 중요하며 싼 가격에 중간재를 공급해주는 능력은 한국에서의 자동차생산이 비교우위를 갖는 원천이 된다.

둘째, 주요 시장과의 인접성 역시 비교우위와 경쟁우위를 살릴 수 있는 여건이 된다. 주요 시장과 가깝게 위치하는 것은 수송비를 낮출 뿐만 아니라 시장의 요구에 신속한 반응을 가능하게 함으로써 비교우위를 가져다 주는 요인이 될 수 있다. 예를 들어, 미국시장에 접근하기 위해서 멕시코에 진출하는 것은 멕시코의 싼 임금을 활용할 수 있기도 하지만, 비슷한 수준의 값싼 노동력을 제공해 주는 동남아시아보다 미국시장에 지리적으로 가깝기 때문에 수송비를 낮출 수 있을 뿐만 아니라 시장의 요구에 보다 민감하게 반응할 수 있는 여건을 제공해 준다.

Video

기아자동차의 멕시코 공장 신설 및 시장 진출

셋째, 다른 주요 글로벌경쟁자의 생산활동이 위치한 지역에 위치하는 것 역시 제조활동의 입지에서 중요한 조건이다. 한 나라에 이미 다른 글로벌경쟁자가 입지해 있을 때 자신도 그 나라에 위치하게 되면, 서로간의 경쟁과 모방을 통해서 그 나라 안에 있는 모든 경쟁자의 생산능력이 높아지는 것이 일반적인 현상이다. 예를 들어, 유럽의 자동차업체들은 현재 많은 기업들이 동유럽을 최선의 입지로 선택하고 있다. Volkswagen, BMW, Mercedes-Benz로 대표되는 독일의 자동차기업들이 일찍이 동유럽에 진출하여 현지 부품조달을 통해 완제품을 생산하고 있기 때문이다. 따라서 동유럽에 진출하면 이미 Volkswagen이 개척해 놓은 부품조달기업을 쉽게 활용할 수 있고, 또한 이들 독일계기업에서 근무하는 현지경영인들을 스카웃할 수 있는 가능성이 높아진다. 이 때문에 한국의 현대자동차와 기아자동차도 체코와 슬로바키아에 대규모 진출하여 현지에 공장을 세워 생산하고 있다.

한편 연구개발센터 역시 전략적으로 중요한 나라에 위치할 필요가 있다. 연구개발에 있어 중요한 나라는 다음과 같은 특성을 갖는다. 첫째, 해당 산업에 있어서 기술혁신이 많이 일어나는 나라, 둘째, 우수한 기술자나 저렴한 연구개발인력이 풍부한 국가, 마지막으로 고객의 취향이 까다로운 국가이다. 먼저 각 산업마다 기술혁신이 많이 일어나는지 여부는 국가별로 많은 차이가 있다. 예를 들어, 컴퓨터분야에서는 IBM, Apple, HP, Dell, Intel, Microsoft와 같은 기업들이 기술혁신을 주도하고 있으며 산업표준도 이끌어가고 있다. 한편 통신분야에서도 AT&T, Qualcomm과 같은 미국회사들이 업계를 주도하고 있다. 이와 같이 컴퓨터와 통신산업은 미국기업들을 중심으로 시장이 전개되고 있으므로 연구개발활동을 미국에 위치하는 것이 경쟁기업들의 활동을 주시하면서 제품관련 기술정보를 확보할 수 있는 좋은 방법이다. 또한 이들 기업에서 일하는 인력들을 스카웃함으로써 한국 기업들이 새로운 기술을 도입할 수 있는 가능성도 갖고 있다. 한편 화학산업은 프랑스와 독일기업들이 세계적인 리더십을 갖고 있으므로 연구활동을 유럽에 배치하는 것이 이들의 기술을 습득하는 데 중요한 입지상의 요인이 된다.

또한 연구개발센터의 위치를 고려할 때 고도의 기술력을 갖고 있거나 저렴한 연구개발인력이 풍부한 나라에 입지하는 것이 좋다. 최근 들어 세계적인 다국적 기업들은 소프트웨어 제작에 최적의 입지조건을 갖춘 나라로서 인도를 꼽고 있다. 인도는 교육을 잘 받은 값싼 연구개발인력이 풍부한 나라이다. 컴퓨터프로그램을 개발하는 단계에서는 인도에 입지하는 것이 다른 나라에 위치하는 것보다 훨씬 비용을 낮출 수 있다. 러시아에서 잘 훈련된 기술자와 과학자를 스카웃하고 이들이 가진 기술을 얻을 수 있다는 점에서 러시아 역시 연구개발활동의 유리한 입지조건을 갖추고 있다. 앞서 Hewlett Packard의 사례에서 1980년대 중반에 싱가포르를 연구개발기지로 선정했던 이유는 양질의 연구개발인력이 풍부하였을 뿐만 아니라 이들이 열심히 연구개발을 수행하는 동기부여가 되어 있었기 때문이었다.

Video

The Road ahead for India to be the manufacturing hub

셋째로 고객의 취향이 까다로운 국가에 입지하는 것이 좋다. 우리가 제11장에서 살펴본 P&G의 사례에서와 같이 일본의 일상 소비재시장은 소비자들이 높은 품질을 요구하기 때문에 기업들은 빠른 속도로 신제품을 개발함으로써 경쟁하고 있다. P&G가 일본에서 초기에 큰 실패를 겪었음에도 불구하고 연구개발을 중심으로 투자를 계속하는 이유는 일본에 위치하여 신제품개발을 함으로써 연구개발의 효율성을 훨씬 더 증가시킬 수 있기 때문이다. 이는 P&G가 SK-II와 같은 화장품사업을 확대하면서 일본을 연구개발 및 신제품개발의 중심기지로 활용했던 이유이기도 하다.

기술상의 요인

기술상의 요인이란 생산 및 연구개발활동에 있어서 규모의 경제나 유연생산방식flexible manufacturing system과 같은 기술상의 요인을 의미한다. 먼저 생산과 연구개발에 있어서의 규모의 경제 효과가 큰 산업에서는 여러 국가에 분산되어 위치하는 것보다 소수의 국가에 입지를 집중함으로써 보다 높은 효율을 얻을 수 있다. 규모의 경제란 공장의 생산량 또는 연구개발시설의 규모가 커짐에 따라 평균비용이 감소하는 현상을 의미한다. 규모의 경제 효과는 산업마다 큰 차이가 존재한다. 예를 들어, 자동차산업은 생산 및 연구개발에 있어서 규모의 경제가 큰 산업으로 손꼽히고 있다. 자동차조립공장은 수십만 대 이상의 생산량을 확보해야 시설투자비를 회수할 수 있다. 따라서 공장 하나의 규모가 10만 대 미만의 작은 규모의 자동차공장을 설립하는 것보다 최소효율규모를 초과한 큰 공장을 운영함으로써 훨씬 비용을 줄일 수가 있다.

한편 자동차산업에서는 연구개발의 투자액도 기하급수적으로 증가하고 있다. 최근 전세계적으로 자동차산업이 전기차로 전환되는 상황에서 새로운 전기차와 배터리를 개발하는 데 있어서 연구개발비용이 지속적으로 증가하는 추세이다. 따라서 연구개발투자를 소규모로 여러 국가에 분산시키는 것보다 한 국가에 집중하여 많은 투자를 하는 것이 더 효과적이다. 자동차산업뿐만 아니라 반도체산업 역시 생산과 연구개발에 있어서의 규모의 경제 효과가 큰 산업이다. 이와 같이 생산 및 연구개발활동을 얼마나 많은 국가에 분산하여 배치하고 어느 국가에 입지를 집중해야 할 것인가에 대한 선택의 문제는 규모의 경제와 같은 기술적 요인이 크게 좌우한다.

환율, 보호무역장벽, 문화적 차이

다국적기업이 생산 및 연구개발조직을 위치할 때 추가로 고려해야 할 요인들은 우리가 제2장, 제3장, 그리고 제4장에서 살펴보았던 환율 및 보호무역장벽, 그리고 각국의 문화적 차이이다. 또한 제5장의 Caterpillar와 Komatsu의 사례에서 살펴본 바와 같이 환율의 급속한 변동은 글로벌기업의 경쟁력에 큰 불확실성을 가져온다. 1980년대 초반 미국의 달러화가 고평가됨에 따라 당시에 주요 부품의 생산이 미국에 집중되어 있던 Caterpillar는 경쟁사인 Komatsu에 대해서 가격에서의 불리함을 감수하여야 했다. 그 이후 엔화가 고평가됨에 따라 이번에는 일본에 모든 생산시설이 집중되어 있던 Komatsu가 환율변동에 의해서 큰 손실을 보았다.

이와 같이 앞서 살펴본 기술상의 규모의 경제 효과로 인해서 한 곳에 집중하여 생산을 하는 기업들은 환율변동에 가장 취약하다. 환율변동에 대처하기 위해서는 기업들이 한 국가에 모든 생산시설을 집중하기보다는 많은 국가에 생산활동을 분산시키는 것이 바람직하다. 그러나 많은 국가에 생산시설을 분산시킴으로써 환율변동에는 유연하게 대응할 수 있지만, 기술상의 규모의 경제 효과를 충분히 살리지 못하기 때문에 발생하는 비용상의 불리함을 감수해야 한다.

보호무역장벽은 일부국가에 생산활동을 집중하여 다른 나라로 수출하는 기업들에게 커다란 위협으로 작용한다. 과거 일본과 한국의 기업들은 자국에서 생산하여 수출하는 형식으로 해외시장에 진출하였다. 이와 같은 단순한 수출지향적인 글로벌전략은 미국의 슈퍼 301조와 유럽연합의 대응과 같은 보호무역장벽을 활용함에 따라 반덤핑제재의 위험에 노출되기 쉽다. 이와 같은 보호무역장벽에 대처하는 방법은 그 현지국에 생산거점을 마련하여 현지화하는 방법이다. 그러나 보호무역장벽을 회피하기 위해 현지화를 선택하여 치르는 대가는 역시 소규모 공장을 여러 곳에 분산함으로써 규모의 경제효과를 충분히 살리지 못한다는 점이다.

Video

Trump vs. Huawei

한편 최근에 부각되고 있는 보호무역장벽 중의 하나는 국제무역과 글로벌공급망을 정치적인 목적으로 제한하려는 시도이다. 예를 들어, 미국의 트럼프 행정부는 2019년 무역전쟁의 일환으로 중국의 화웨이에게 핵심부품을 공급하지 못하도록 제재를 가하였다. 일본의 아베 내각은 2019년 역시 다분히 정치적인 목적으로 한국기업들의 반도체 생산에 필수적인 소재들의 공급을 제한하는 조치를 시도한 바 있다. 2장에서 살펴본 바와 같이 제2기 트럼프행정부가 전세계 무역상대국을 대상으로 상호관세를 부과하려는 시도는 오랜 기간 동안 발전해 온 글로벌공급망을 와해시키고 자국에서의 인플레이션만 높일 가능성이 크게 존재한다. 또한 그 결과 전세계적으로 경기침체를 경험할 수도 있다. 이와 같이 국제무역이 정치적인 목적으로 제한될 가능성이 높아짐에 따라, 다국적기업들은 자체 생산 뿐만 아니라 외부에서 구매하는 핵심부품의 조달 역시 다변화하고 미국에서의 현지생산을 높일 필요성을 느끼게 되었다.

또한 우리가 제4장에서 살펴본 바와 같은 각국의 문화적인 차이는 현지의 수요에 민감하게 대응하기 위해서 그 국가에 생산시설을 유치해야 될 필요성을 증가시킨다. 제11장에서 살펴본 것처럼 일본의 소비자들은 신제품을 선호하며 저가제품보다는 고가일지라도 높은 품질의 제품을 선호하고 있다. 이와 같은 일본 소비자들의 수요를 충족시키기 위해서는 일본에 생산 및 연구개발조직을 배치하여 소비자들의 수요를 충족하는 제품을 개발하여 판매하는 것이 중요하다. 또한 각국 소비자들의 수요에 큰 차이가 있는 산업에서는 이와 같이 서로 다른 수요를 충족시키기 위해서 해당 국가에 위치하여 현지생산할 필요가 있다. 최근에 발전하고 있는 유연생산방식은 소비자들의 다양한 수요를 충족시키는 동시에 규모의 경제를 활용하는 방법으로 널리 채택되고 있다.

이상에서 살펴본 바와 같이 생산 및 연구개발활동을 각국에 적절히 배치하기 위해서는 국가적 요인과 기술상의 요인, 그리고 환율, 보호무역장벽, 문화적 차이 등을 고려해야 한다. 여기서 중요한 점은 이 요인들이 때로는 상호모순적이라는 사실이다. 기술상의 규모의 경제 효과를 최대한으로 활용하기 위해서는 소수의 국가에 생산 및 연구개발시설을 집중해야 하지만, 환율과 보호무역장벽, 그리고 각국의 서로 다른 문화적인 환경에서 비롯된 수요의 차이는 가능한 한 많은 국가에 생산과 연구개발시설을 분산시킬 것을 요구하고 있다. 또한 각 국가의 임금수준, 기술인력의 풍부함, 원재료 및 중간재의 구매가능성 등은 각국의 생산시설의 위치의 매력도를 결정하는 요인이다. 다국적기업은 이와 같은 여러 가지 요인을 종합적으로 평가하여 최적의 장소에 생산 및 연구개발조직을 배치하여야 한다.

이와 같은 입지선정요인은 시기에 따라서도 크게 달라진다. 앞서 살펴본 Hewlett Packard의 싱가포르자회사의 사례에서 살펴본 바와 같이 싱가포르는 초기에는 낮은 임금을 바탕으로 한 생산기지에 불과하였다. 그러나 점차 양질의 엔지니어를 확보하고 아시아시장을 대상으로 한 연구개발의 전초기지 역할을 충실히 수행하는 자질을 갖추게 됨에 따라, Hewlett Packard는 싱가포르에 연구개발조직을 창설하였고 이들로 하여금 아시아시장에 적합한 프린터를 개발하고 생산하도록 하였다. 이와 같이 국가적, 기술상의 요인 또는 환율 및 보호무역장벽, 문화적인 차이는 시간이 지남에 따라 변화할 수 있으므로 다국적기업은 어느 국가에 생산, 연구개발조직을 배치하는 것이 효율적인가에 대해서 지속적인 검토를 해야 한다.

03 〉〉 글로벌생산 및 연구개발네트워크의 조정

글로벌생산 및 물류네트워크

우리는 앞서 해외생산 및 연구개발 조직을 위치하는 데 있어서 국가적 요인과 기술상의 요인 그리고 환율, 보호무역장벽, 문화적 차이 등을 고려하여야 한다는 점을 살펴보았다. 결국 다국적기업이 해외생산기지를 설립하는 데 있어서 소수의 국가에 입지를 집중시키는 요인이 있으며 동시에 여러 나라에 입지를 분산시키는 요인이 공존한다. 해외생산기지를 집중시키는 요인들은 특정 국가에 저임금이나 양질의 노동력에 입각한 비교우위가 있을 경우, 보호무역장벽이 낮은 경우, 환율이 비교적 안정적이라고 기대되는 경우, 규모의 경제가 큰 산업, 그리고 소비자의 수요가 표준화된 경우이다. 반대로 보호무역장벽이 높으며 환율변동이 클 것으로 우려될 경우, 생산의 고정비용이 낮고, 각국의 수요가 다른 경우에는 여러 나라에 생산기지를 분산시키는 것이 유리하다. 이와 같은 종합적인 고려하에 다국적기업이 세계 여러 나라에 생산 및 연구개발시설을 유치한 후 이들을 효과적으로 통합·조정하여 운영하여야 한다.

다국적기업이 각국의 상황과 기술특성 등을 고려하여 여러 나라에 생산 및 연구개발기지를 배치한 후에는 각국의 생산활동을 조정하고 생산된 부품과 제품을 서로 다른 시장으로 옮기는 물류네트워크를 구축해야 한다. 예를 들어, Ford는 유럽시장에서 규모의 경제를 최대한으로 활용하기 위해 카뷰레이터는 북아일랜드에서 생산하고 있으며, 변속기는 프랑스에서, 영국에서는 라디에이터를 생산하고 있다. 그리고 최종조립은 영국과 독일 그리고 스페인에서 이루어지고 있다. 따라서 각종 부품들을 세 곳의 최종조립공장으로 운반하기 위해 물류시스템을 효과적으로 구축해야 한다.

이상에서 살펴본 바와 같이 효과적인 글로벌생산 및 물류네트워크의 구성은 JITJust-in-Time시스템과 유연생산체제가 효과적인 산업에서 특히 중요하다. JIT시스템이란 부품의 이동흐름을 조정하여 그 부품이 필요한 시점에 정확히 조립공장에 도착하도록 하는 물류시스템이다. 다국적기업들은 최근 JIT시스템을 글로벌생산활동에 적용하기 위해서 인터넷을 사용한 정보네트워크를 구축하고 있다. 소비자들이 주문을 하면 그 주문에 대한 정보가 자동으로 조립공장에 전달되고 이 조립공장은 주문을 받는 동시에 부품공급주문을 하는 형태로 정보네트워크를 활용함으로써 보다 효과적으로 물류시스템을 관리할 수 있게 되었다.

이와 같은 정보통신네트워크를 의류산업에서 효과적으로 활용하는 기업인 Zara는 세계 각국에 있는 점포로부터 주문을 받는 동시에 전세계의 독립적인 소매점으로 제품을 전달하고, 재고가 없을 경우 전세계에 흩어져 있는 하청생산업체에 자동으로 주문을 하는 정보통신네트워크를 운영하고 있다. 또한 이러한 정보통신네트워크를 활용함으로써 Zara는 소비자들의 선호를 보다 빨리 파악하고 소비자들이 원하는 제품을 신속하게 개발하여 공급하는 능력을 갖추게 되었다.

글로벌 연구개발센터의 운용

우리는 앞서 글로벌 연구개발조직의 입지선정요인으로서 양질의 엔지니어들이 존재하는 국가, 특정산업에서 경쟁우위가 있는 국가, 글로벌한 경쟁자가 위치하고 있는 국가에 대해 살펴보았다. 보다 구체적으로 글로벌 연구개발조직을 구축하기 위해서는 연구개발센터의 특성을 살펴보아야 한다. 글로벌 연구개발조직은 크게 두 가지 종류가 있다. 첫 번째 유형은 본사지원형 연구소home-base augmenting laboratory site이다. 이러한 유형의 해외연구소는 다국적기업의 중앙연구개발조직에 필요한 추가 지식을 현지연구개발을 통해 습득하는 형태로서 본국의 연구소가 수행할 수 없는 연구활동을 보조하는 데 목적이 있다. 예를 들어, 삼성전자가 컴퓨터와 통신에 관련된 최신기술을 개발하기 위해서 미국의 실리콘밸리에 연구소를 설립한 것은 삼성전자의 한국에 위치한 중앙연구소가 수행할 수 없는 연구영역을 보완하기 위한 목적에서였다.

Video

삼성전자
실리콘밸리 연구소

두 번째 연구소의 유형은 현지적응형 연구소home-base exploiting laboratory site로서 본국연구소의 연구결과를 해외에서 활용하기 위한 연구소이다. 이러한 연구소는 본국에서 개발한 기술을 현지의 수요패턴을 감안해서 제품을 현지에 적응하게 하는 역할을 한다. 전자산업과 제약산업의 대표적인 다국적기업의 연구개발조직들을 연구한 결과에 따르면 이들 연구개발조직의 약 45%가 본국연구에 추가적인 역할을 수행하고 있는 본사지원형 연구소이며, 약 55%가 본국의 기술을 해외에 적응하기 위한 현지적응형 연구소라고 한다.[2] 이와 같은 해외연구개발조직을 설립하는 과정을 살펴보면 **표 12-1**과 같다.

이러한 연구개발조직의 설립과정에서 각 연구개발조직의 기능이 본사지원형인지 또는 현지적응형인지에 따라 각 단계에서 고려해야 할 점이 다르다. 먼저 본국이 갖고 있지 못한 기술을 추가적으로 확보하기 위한 본사지원형 연구소인 경우에는 1단계의 입지선정과정에서 가장 기술수준이 높은 지역을 선택하는 것이 중요하다. 예를 들어, 컴퓨터와 통신 그리고 인터넷분야에서는 실리콘밸리에 위치하는 것이 최적의 입지조건이다. 이렇게 입지를 선정한 후 기업의 연구개발스태프와 관리자 간에 긴밀한 협조관계를 맺는 것이 중요하다. 두 번째 단계는 확장단계로서 입지를 선정하고 연구소를 설립한 후 해외현지에서 연구개발활동을 수행할 수 있는 우수한 현지연구개발인력을 확보해야 한다. 특히 유명한 현지과학자를 확보하여 수준 높은 연구개발을 할 수 있는 연구인력을 추가로 확보하는 것이 중요하다. 세 번째 단계에서는 이러한 연구소의 활동성과를 극대화하기 위해

표 12-1 해외연구개발조직의 설립과정

연구소유형	1단계 입지결정	2단계 확장	3단계 성과극대화
본사지원형 연구소 설립목적: 현지의 기술을 습득하여 새로운 기술을 개발하고 이를 본국의 중앙연구개발조직에 이전	• 기술수준이 높은 지역을 선택 • 연구개발책임자와 경영책임자간의 긴밀한 협조관계 구축	• 해당산업에서 기술진보의 역동성을 이해하고 있고 해외경험이 많은 저명한 현지 과학자를 책임자로 선정	• 현지의 과학관련기관 및 조직에 적극 참여하는 분위기를 조성 • 현지의 기업연구소 및 대학연구소와 연구원 교환
현지적응형 연구소 설립목적: 본국의 중앙연구개발조직으로부터 기술을 전수받아 제품을 현지화하고 현지의 생산과 마케팅을 연결	• 기존의 생산 및 마케팅활동이 이루어지던 곳에 근접한 지역 선택 • 다른 기능부서의 중간관리자를 초기의사결정 단계에서부터 포함시킴	• 해외경험, 생산 및 마케팅 지식 그리고 기업 전체에서 명성있는 유능한 엔지니어를 책임자로 선정	• 본국중앙연구개발 조직과 원만한 관계를 강조 • 연구원에게 생산 및 마케팅 부서 이외의 다른 부서와도 상호교류를 하도록 장려

출처: Walter Kuemmerle, "Building Effective R&D Capabilities Abroad," *Harvard Business Review*, March~April 1997.

서 이 연구소가 현지의 과학자들 사회에서 자리잡을 수 있도록 이끄는 것이 중요하다. 또 본국에 있는 연구소 및 현지 대학의 연구소들과 연구인력을 교환하거나 공동연구체제를 갖추는 것이 보다 효과적인 운영방법이 된다.

이와 달리 본국에 있는 기술을 현지에 적응하기 위한 현지적응형 연구소는 먼저 입지선정과정부터 기존의 생산 및 마케팅조직이 위치한 지역에 자리잡는 것이 필요하다. 본 장의 서두에서 살펴본 Hewlett Packard의 싱가포르자회사는 이미 Hewlett Packard가 개발해 놓은 잉크젯프린터를 아시아시장에 맞게끔 조정하는 목적으로 연구소를 설립하였다. 다시 말해 생산시설과 판매망을 이미 확보해 놓았던 싱가포르자회사가 아시아시장에 적합한 프린터를 개발하는 책임을 부여받은 것이다. 이와 같은 유형의 연구개발에서는 다른 기능분야, 특히 마케팅이나 생산분야에서의 중간관리자를 포함하는 것이 중요하다. 두 번째 단계로 확장과정에서는 이 연구소의 책임인력으로 해외근무경험이 있고 회사에서 좋은 평판을 갖고 있으며 마케팅과 생산에 관한 지식도 겸비하고 있는 제품개발 엔지니어를 선택한다. Hewlett Packard는 Larry Brown을 선발하여 싱가포르자회사에서 연구개발조직을 창설하도록 하였다. Larry Brown은 Hewlett Packard에서 10년 이상의

그림 12-4 | 본국의 중앙연구소와 해외연구소 간의 정보흐름

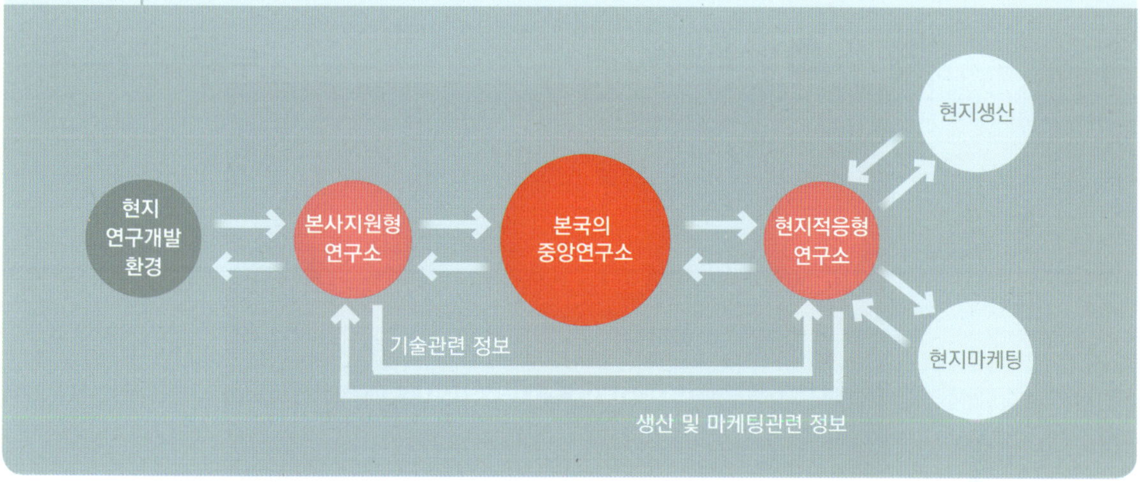

출처: Walter Kuemmerle, *op. cit.*, p. 64.

경험을 가진 고참엔지니어로 연구개발뿐만 아니라 생산에 이르기까지 폭넓은 지식을 갖고 있는 유능한 인력이었다. 세 번째 단계에서는 현지에 있는 연구소를 본국에 있는 중앙연구소와 긴밀한 관계를 갖도록 하는 것이 중요하다. Hewlett Packard의 싱가포르자회사는 싱가포르에 있는 연구개발인력을 미국에 있는 중앙연구소의 조직과 밀접한 연관관계를 갖게 하여, 양자간에 기술이전과 공동개발프로젝트를 보다 효율적으로 수행하도록 분위기를 조성하여 주었다. 또한 본국에 있는 연구소뿐만 아니라 현지에 있는 마케팅 및 생산조직과 긴밀한 교류를 지속하도록 하는 것이 중요하다.

이와 같이 설립목적이 다른 두 가지 유형의 해외연구개발센터의 운영은 각기 서로 다른 접근방법을 요한다. 다국적기업은 이들을 연결하여 글로벌연구개발 네트워크를 구성한다. **그림 12-4**는 본국에 있는 중앙연구소와 해외연구소 간의 관계를 종합적으로 묘사하고 있다. 본국에 있는 중앙연구소는 새로운 기술개발에 있어서 중요한 역할을 맡고 있으며, 특히 본국의 연구를 고도화하는 기능을 가진 해외의 주요 연구개발조직으로부터 기술을 습득하여 역량을 강화하는 것이 필요하다. 또한 해외에서 본국기술을 현지적응하는 연구소는 해외의 마케팅과 생산조직과의 긴밀한 관계에 따라 본사가 갖고 있는 기술을 현지적응하는 활동을 전개한다.

최근 들어 다국적기업들은 연구개발을 독자적인 연구개발조직에만 전임하지 않고 외부의 파트너와의 협업을 강조한다. P&G의 회장이었던 Alan Lafley는 이른바 C+DConnect+Develop라는 개념의 오픈이노베이션Open Innovation을 도입하

그림 12-5 P&G의 CONNECT + DEVELOP

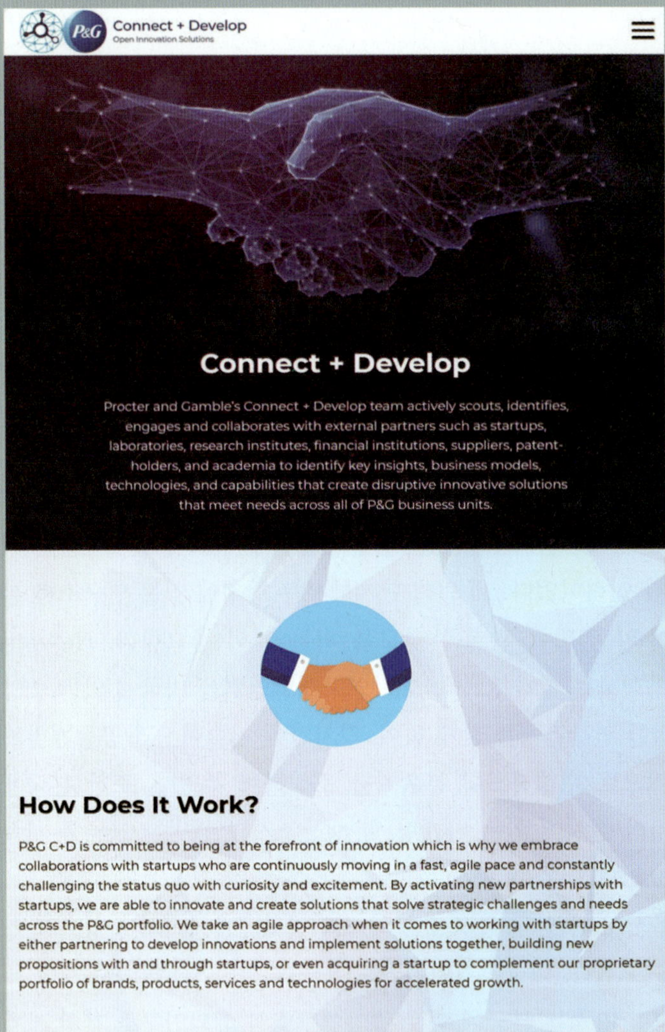

출처: P&G 홈페이지.

Video

P&G Open Innovation

였다. 이 개념은 P&G가 자사의 R&D조직에만 의존하지 않고, 외부의 창업자나 협력기업들과 합동으로 연구를 하는 방식이다. 이 논리는 창의적인 아이디어는 P&G 연구자 이외에도 누구나 가질 수 있으므로 외부의 창의적인 아이디어를 내부의 경영자원과 결합하면 신제품개발에 있어 우위를 점할 수 있다는 것이다. P&G는 홈페이지에 자신들이 필요한 연구개발프로젝트를 제시하고, 협력자는 누구든 해당 사업부나 연구개발조직에 연락해서 협업을 할 수 있게 안내하고 있다

(**그림 12-5** 참조).[3]

해외자회사의 역할의 진화발전방향

앞서 제10장에서는 해외자회사의 역할이 시장의 전략적인 중요성과 그 해외자회사가 갖고 있는 핵심역량에 따라 크게 네 가지 유형, 즉 기여자, 전략적 리더, 실행자, 그리고 블랙홀로 나눌 수 있다는 것을 살펴보았다. 그러나 이러한 해외자회사의 역할은 고정되어 있지 않고 그 해외자회사가 핵심역량을 얼마나 축적하느냐에 따라, 그리고 현지국시장의 중요성이 시간이 지나면서 변함에 따라 달라질 수 있다.

또한 Hewlett Packard의 사례에서 싱가포르자회사가 초기에는 저비용생산기지의 역할을 수행하다가 점차 연구개발 기능도 이전받고, 더 나아가서는 아시아 지역의 지역본부의 역할을 수행하는 것과 같은 전략적 리더의 역할을 수행하게 된 과정을 살펴보았다. **그림 12-6**은 이러한 Hewlett Packard 싱가포르자회사의 역할이 진화발전한 과정을 보여주고 있다. 그림에서와 같이 싱가포르자회사의 초기의 역할은 실행자로서 Hewlett Packard가 만든 기존제품을 보다 싸게 생산하여, 판매하는 제한된 기능만을 수행하였다. 그러나 점차 싱가포르자회사가 생산효율성을 높이고 부품의 현지화를 극대화하는 등의 성과를 거둠에 따라 계산기의 집

그림 12-6 | Hewlett Packard 싱가포르자회사의 역할의 진화발전방향

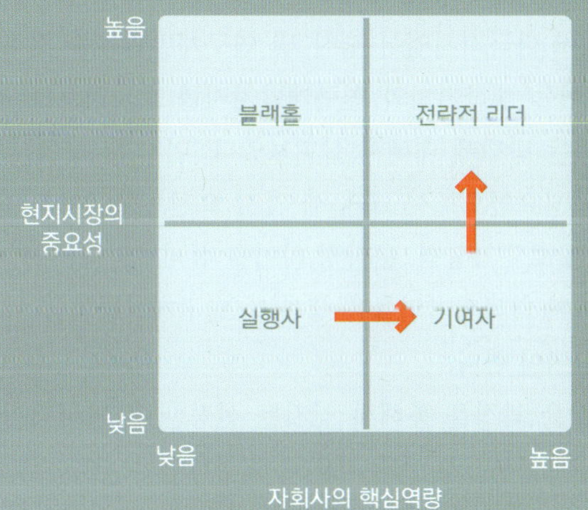

적회로의 생산을 싱가포르로 이전하였고, 또한 키보드의 생산에 있어서도 주도적인 역할을 맡기게 되었다. 싱가포르자회사가 계산기와 키보드생산에서 뚜렷한 성과를 보일 뿐만 아니라 아시아시장에서의 중요성이 점차 증대되고 특히 일본시장을 겨냥한 잉크젯프린터 개발의 필요성이 대두되면서, 싱가포르자회사는 보다 중요한 역할인 전략적 리더로서 연구개발기능과 더 나아가서 아시아의 지역본부의 역할까지 수행하게 된 것이다.

한편 제11장에서 살펴본 P&G의 사례에서도 일본자회사가 단순한 제품판매에서 신제품개발의 첨단기지가 되는 과정을 살펴보았다. 이와 같이 해외자회사가 수행하는 역할은 그 자회사의 핵심역량의 발전과 현지시장의 중요성이 시기별로 달라짐에 따라 변화하고, 이에 따라 과거와 다른 관리시스템을 요구하게 된다. 특히 전략적 리더에게는 자신에게 부여된 임무에 최선을 다할 수 있는 분위기와 환경을 조성해 주고 이에 수반하는 권한을 이양하는 것이 해외자회사가 갖고 있는 핵심역량을 충분히 활용할 수 있는 효과적인 경영기법이다.

04 ›› 결론 및 요약

본 장에서는 Hewlett Packard의 싱가포르자회사의 기능이 발전하는 과정을 살펴봄으로써 다국적기업이 생산 및 연구개발활동을 전세계적으로 어떻게 배치하고 또한 이들 생산기지와 연구개발기지를 효과적으로 운영하는 글로벌네트워크를 형성하는 방법에 대해서 살펴보았다. 먼저 본 장에서는 생산 및 연구개발센터의 입지선정요인으로서 크게 세 가지 요인, 즉 국가적 요인, 기술상의 요인 그리고 환율, 보호무역장벽, 문화적 차이를 살펴보았다. 이와 같은 요인들을 종합적으로 고려하여 다국적기업들은 생산 및 연구개발활동을 어느 국가에 위치할 것인가를 결정하여야 한다.

이와 같은 과정을 통해서 입지를 선정한 후 다국적기업은 이들 글로벌생산 및 연구개발네트워크를 효율적으로 조정하여야 한다. 글로벌생산네트워크란 세계 각국에 퍼져 있는 부품생산기지와 조립기지를 연결하는 네트워크를 구성하여, 규모의 경제를 최대한으로 활용하여 부품을 생산하고 재고 및 품질관리에 대한 부담 없이 적재적소에 운반할 수 있는 물류시스템을 갖추는 것이다. 특히 최근 각광을 받고 있는 IT기술을 활용한 생산 및 물류네트워크조직은 글로벌 생산네트워크를 효율적으로 구성하는 데 중요한 역할을 하고 있다. 한편 연구개발센터는 본국의 연구개발조직을 보조하는 기능을 갖고 있는가 또는 본국기술을 현지에 적응시키는 기능을 하는가에 따라 다른 접근방법이 필요하다. 본 장에서는 해외연구개발센터를 설립하여 이를 발전시키는 과정을 살펴보았다. 또한 해외자회사의 역할이 고정되어 있지 않고 그 해외자회사의 핵심역량이 개발됨에 따라 진화발전하는 과정을 살펴보았다.

사례

case

하나은행 싱가포르[4]

한국의 은행들은 손실이 나도 문제이나, 수익이 너무 많이 나더라도 문제가 된다. 하나, KB, 신한, 우리 등 네 개의 거대은행들로 과점화된 상황에서 은행들은 별다른 노력이 없더라도 예금금리와 대출금리 간의 마진으로 수익이 나는 구조이기 때문이다. 은행들이 과도한 수익을 올릴 경우, 금리 인상 시에는 대출금리를 예금금리보다 더 빠르게 올리고, 금리 인하 시에는 대출금리를 더 천천히 내리는 방식으로 이익을 챙긴다는 지적이 제기되어 왔다. 이로 인해 은행권에 대한 비판적 여론이 형성되곤 했다.

따라서 은행들은 일찍이 이미 포화된 한국시장을 떠나 해외진출을 시도하면서, 금리 마진 외 다른 수익원 창출을 위해 많은 노력을 기울여 왔다. 하나은행 역시 동남아 시장과 중국시장을 우선적으로 적극적으로 해외진출을 추진해 왔다. 하나은행은 2007년 인도네시아에서 소규모은행을 인수해 PT Bank Hana Indonesia를 운영해 왔다. 하나은행과 외환은행의 합병 이후 KEB Indonesia를 합병해서 현재의 PT Bank KEB Hana Indonesia가 되었다. 지점확대를 통해 성장하는 것은 시간과 투자금이 많이 소요되므로 인도네시아에서는 모바일 플랫폼 중심의 리테일 전략에 집중하고 있다. 현지 고객의 스마트폰 활용률이 높다는 점에 착안하여, 비대면 채널을 통한 금융서비스 제공을 확대해 왔다. 이를 위해 2021년 네이버의 일본자회사인 라인과 합작으로 라인뱅크 바이 하나은행을 출범해서 인도네시아에서 서비스범위를 확장해 왔다. 그 결과 2022년에는 오히려 점포를 48곳에서 42곳으로 줄이고 출범 1년 만에 가입자 50만명을 넘어서는 성과를 보였다.

한편 하나은행은 2007년 중국에 진출하여 법인을 설립하고 지점을 열었다. 한국계 고객뿐만 아니라, 중국 현지화에 대한 영업전략을 추구하며 외국환과 무역결제서비스를 제공, 한국계 은행 중 자산 규모가 가장 큰 은행으로 성장해 왔다. 성장전략의 한 축인 디지털전략을 실행하며, 모바일뱅킹서비스와 너불어 2019년 알리바바와 세휴해 비내면 소액 모바일 대출서비스를 출시했고, 2021년에는 중국 최대 포털인 바이두와도 제휴를 맺었다. 코로나 이후 중국 경기 침체로 2022년 일시적으로 적자를 보였으나, 2023년에 다시 흑자 전환에 성공하며, 현지화 전략을 이어나가고 있다. 베트남에서는 중국과 인도네시아와는 달리 2019년 베트남 투자개발은행Bank for Investment and Development of Vietnam, BIDV의 지분 15%를 1조원에 인수해 진출하였다. BIDV는 베트남 자산 규모 1위의 은행이자 4대 국영상업은행 중 하나이다. 따라서 하나은행 현재 베트남에 별도의 법인을 설립하지 않고 기존 운영 중인 2개 지점을 통해 기업금융 중심의 서비스를 제공하고 있다.

하나은행은 1973년 싱가포르에 국내 금융사 중 최초로 점포를 열고 선원과 현지 교민들을 대상으로 환전 서비스를 제공하기 시작했다. 싱가포르는 동남아시아 기업 금융의 중심지로서 많은 글로벌 투자기관과 자산운용사들이 각축전을 벌이고 있다. 싱가포르의 금융산업은 2023년 기준 국내총생산GDP의 18%를 차지하는 핵심 산업이다. 싱가포르는 런던·뉴욕·홍콩과 어깨를 나란히 하는 세계 4대 금융허브로 꼽힌다. 대부분의 주요 금융기관은 싱가포르에 진출해서 영업을 하고 있고, 구글과 AWS, 오라클, 마이크로소프트 등 글로벌 빅테크 기업들도 싱가포르에 데이터센터를 운영하고 있다. 싱가포르 정부는 규제를 완화하여 새로운 기술에 입각한 신종 금융서비스 도입을 촉진하고 있다. 따라서, 수많은 핀테크 기업들과 밴처캐피탈들이 싱가포르에 진출하고 있다.

최근 싱가포르는 중국정부의 깊숙한 개입으로 급속히 중국화되어 가는 홍콩을 떠나는 글로벌 기업들과 중국계 사본을 적극 유치하면서 상기적으로 홍콩을 대체하는 세계금융허브로 부상하고 있다. 물론 중국관련 일은 홍콩에서 수행하는 것이 유리하나, 중국 이외의 지역에 관한 업무는 싱가포르로 옮기는 추세이다. 안정적인 정치·경제 환경과 예측가능한 감독당국 규제, 낮은 법인세 등 싱가포르의 기업친화적인 환경은 수많은 다국적 기업의 아시아 지역본부와 페밀리 오피스가 싱가포

그림 12-7 하나은행의 아시아지역 지점 및 법인 현황

국가	법인 수 (개)	지점 수 (개)
중국	1	23
홍콩	1	2
대만	0	1
베트남	0	2
일본	0	3
싱가포르	0	1
인도네시아	1	39
필리핀	0	1
미얀마	0	1
인도	0	2
호주	0	1

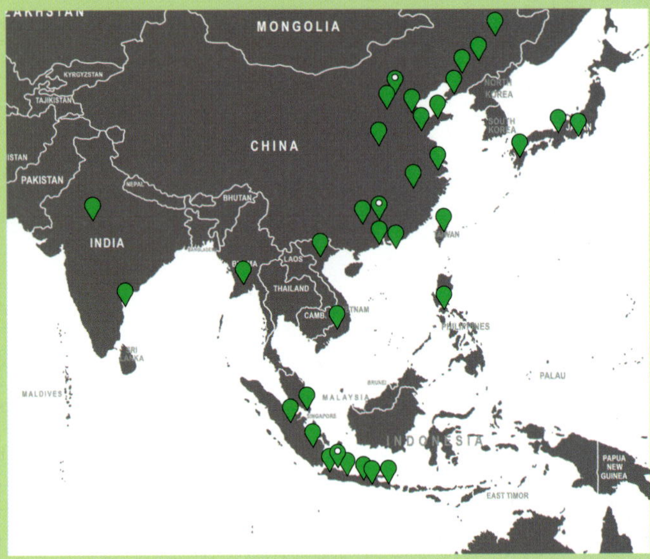

출처: 하나금융그룹 홈페이지 (2024년 12월 기준)

르에 설립되도록 유도하고 있다.

하나은행 싱가포르 지점은 2022년부터 단순히 싱가포르 한 국가 시장에 한정되어 영업하기보다 홍콩, 일본, 호주, 베트남, 필리핀, 대만을 아우르는 아시아 지역본부의 역할을 수행하고 있다. 별도의 법인이 설립되어 있는 중국과 인도네시아는 별도로 법인 중심으로 관리하나, 필요에 따라서 하나은행 싱가포르가 협업을 하는 구조이다. 하나은행 싱가포르가 아시아 지역본부 역할을 수행하려면 자본시장Capital Market, 기업금융Corporate Banking, 투자금융Investment Banking 등 전통적인 금융서비스 뿐만 아니라 아시아심사센터 등 주요 기능을 추가로 갖추어야 한다. 또한 아시아 지역본부로서 다른 아시아 지역에 포진된 지점들의 성과를 관리하는 책임도 있다.

특히 하나은행 싱가포르 지점은 한국계 은행들 가운데 유일하게 현지 싱가포르달러 결제망에 유일하게 가입되어 있어 예수금을 통한 싱가포르달러 조달이 가능한 곳이다. 싱가포르의 경우 금융인프라가 잘 구축되어 있고, 자연스럽게 싱가포르에서 자금을 운용하려는 수요가 많아 아시아 국가들 가운데 은행의 자금조달 측면에서 매우 유리하다. 따라서 싱가포르에서 자금을 조달하여 필요한 곳에 공급함으로써 지역본부로서의 역할을 수행한다. 예를 들어, 하나은행 필리핀지점이 달러로 자금을 조달하려고 할 때, 싱가포르에서 조달하는 것을 도와준다. 자금 공급뿐 아니라, 지역 내 지점의 잉여자금이 발생하는 경우 이를 운용하는 등 지역본부로서 지역 내 지점들과 자금거래를 활성화하고 있다. 이를 위해 하나은행은 채권데스크, 외환데스크, 아시아 심사본부 역할을 하는 기능들을 싱가포르에서 수행하고 있다.

그림 12-8 하나은행의 지역별 순이익

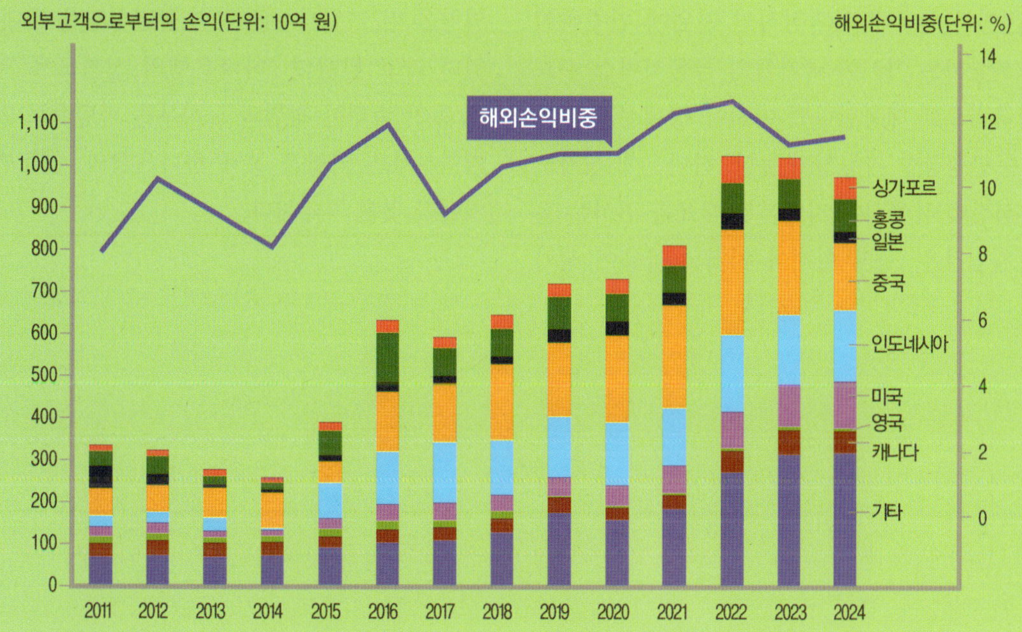

출처: 하나은행 연차보고서

또한 기업금융과 투자금융 측면에서도 수출입 업무 수수료, 송금 수수료, 투자프로젝트 주선 및 참여 수수료 등 다양한 비이자수익 창출에 주력하고 있다. 과거 투자금융의 영업 방식은 글로벌 대형은행으로부터 신디케이티드론 초대를 받아 참여하는 것에 한정되었다. 하나은행 싱가포르 지점은 자산운용사·사모펀드 등과 네트워크 확대를 지속 추진하고 하나대체투자자산운용 등 계열사와 협업해 글로벌 스폰서들이 참여하는 딜에 직접 참여하는 영업방식으로 전환하고 있다. 예를 들어, 하나은행 싱가포르 지점은 2022년 SK에코플랜트가 싱가포르 폐기업체 TES를 인수할 당시 6억 7,500만 달러의 브릿지론을 주선했다. 또한 하나은행은 싱가포르를 거점으로 베트남, 인도네시아, 인도 등에 투자하는 글로벌 스폰서들이 참여하는 딜 소싱에 주력하고 있다. 특히 하나은행이 지분을 보유한 베트남투자개발은행BIDV과의 협업으로 베트남에 투자하는 글로벌 스폰서에 다양한 금융상품을 제공하기 위해 노력하고 있다.

이와 같이 하나은행이 적극적으로 해외진출을 하고 있으나 아직 해외부문이 전체 수익에 차지하는 비중은 2024년 기준으로 11% 정도이다. 이는 한국의 은행들에 비해 일찍 해외진출을 한 일본계 은행에 비해 낮은 수준이다. 예를 들어 Mitsubishi UFG은행이 2024년 해외에서 벌어들인 수익은 은행 전체 수입의 49%에 달하고 있다. 반면 이런 일본계 은행들은 지역본부들에 전결권을 주어 보다 적극적인 현지화를 추구하고 있다.

아시아지역은 금융산업이 성숙한 미주나 유럽 시장과 달리 아직 금융산업의 성장잠재력이 높다. 하나은행이 한국내 독과점적인 지위에 안주하지 않고 부상하는 아시아 국가들의 금융서비스 수요에 적극적으로 대응한다면 아시아 경제성장과 아울러 동반성장할 가능성이 높다. 하나은행 싱가포르 지점장이자 아시아 지역본부 대표를 겸하는 윤태선 지점장은 "향후 아시아 지역의 금융이 싱가포르를 중심으로 성장을 할 것으로 기대되므로, 하나은행이 기업금융이나 투자금융을 중심에 핵심역량을 더 키워서 대응하면 동반성장을 기대할 수 있다"라고 말한다. 하나은행의 싱가포르 지점이 그 동안 축적한 경험과 노하우를 바탕으로 아시아 지역본부의 역할을 통해 하나은행의 글로벌화에 기여할 것을 기대한다.

토의과제

01 하나은행의 국제화 과정을 살펴보고 향후 글로벌사업을 보다 적극적으로 추진하기 위해 필요한 전략을 모색해 보자.

02 하나은행 싱가포르이 향후 아시아 지역본부로서의 기능을 보다 잘 수행하기 위해 필요한 인력, 자금 등 경영자원을 조달하고 의사결정권을 본부로부터 이양 받을 수 있을 것인가에 대해 토의해 보자.

참고문헌

Reference

1 본 사례는 HP Singapore의 홈페이지 회사정보 ; Dorothy Leonard-Barton, *Knowledge-based Competition, Ch. 7*, Harvard Business School Press, 1995 ; "Singapore : An Island's Struggle to Keep Making Something," *Business Week*, 1996. 12. 30 ; "Hewlett Packard : Singapore (A),(B),(C),"Harvard Business School Case 9-694-035에 기초하여 작성되었다.

2 Walter Kuemmerle, "Building Effective R&D Capabilities Abroad," *Harvard Business Review*, March~April 1997.

3 Alan Lafley and Ram Charan, *The Game-Changer: How You Can Drive Revenue and Profit Growth with Innovation*, Harvard Business School Press, 2008.

4 본 사례 작성을 위해 자료와 인터뷰를 제공한 하나은행 관계자님께 감사의 말씀을 드린다.

Chapter

13 글로벌경영활동의 재무적 · 회계적 통제

C/O/N/T/E/N/T/S

브라질국민은 세계에서 가장 낙천적인 국민이다. 브라질국민의 2/3는 올해가 작년보다 좋아질 것으로 기대한다.

– Gallop 조사기관, 2009년

사례

case

브라질현지법인의 경영성과측정[1]

브라질은 남미에서 부상하는 신흥시장으로 세계투자가들의 주목을 끌고 있다. 브라질은 1985년까지 오랜 기간 군사독재하에 있었고, 이들 군사독재정권은 자신의 권력의 합리성을 강화하기 위하여 자국산업을 보호하고 외국으로부터의 수입을 억제하는 수입대체형 경제성장정책을 추구하여 왔다. 수입대체형 경제성장전략이란 수입을 높은 관세 또는 비관세장벽으로 철저히 차단하고 자국산업에 보조금을 지급하여 국내산업을 육성하는 전략을 의미한다. 그러나 국제경쟁에 노출되지 않고 무역장벽의 보호를 받던 브라질의 산업은 많은 경우 비효율적인 기업들의 집단으로 변질되어 브라질경제의 역동성을 저해하는 요인으로 작용하였다.

그림 13-1 MERCOSUR의 회원국

회원국 현황

	국가명	인구 (백만)	GDP (10억 달러)	1인당 GDP (달러)	총수출 (10억 달러)	총수입 (10억 달러)
정회원국	아르헨티나	45.5	646.1	14,187.5	82.4	89.7
	볼리비아	12.2	45.1	3,686.3	11.5	14.0
	브라질	211.1	2,173.7	10,294.9	393.7	342.2
	파라과이	6.8	43.0	6,276.4	18.3	17.4
	우루과이	3.4	77.2	22,797.8	21.2	18.7
	베네수엘라	28.3	482.4	15,975.7	80.5	151.4
준회원국	칠레	19.7	335.5	17,067.8	104.5	100.1
	콜롬비아	52.3	363.5	6,947.4	64.8	82.4
	에콰도르	18.0	118.8	6,609.8	34.5	34.2
	가이아나	0.8	17.2	20,765.4	0.7	0.9
	파나마	4.5	83.3	18,686.4	38.7	35.9
	페루	33.8	267.6	7,906.6	72.5	63.7
	수리남	0.6	3.5	5,494.1	2.3	1.7

출처: World Bank, 2023년 기준. 베네수엘라는 2017년 8월부터 회원국지위가 무기한 정지됨. 베네수엘라의 GDP, 총수출, 총수입 자료는 2014년 현재임. 수리남의 총수출과 총수입 역시 2010년 현재 자료임.

그림 13-2 브라질과 아르헨티나에 대한 해외직접투자 (단위: 10억 달러)

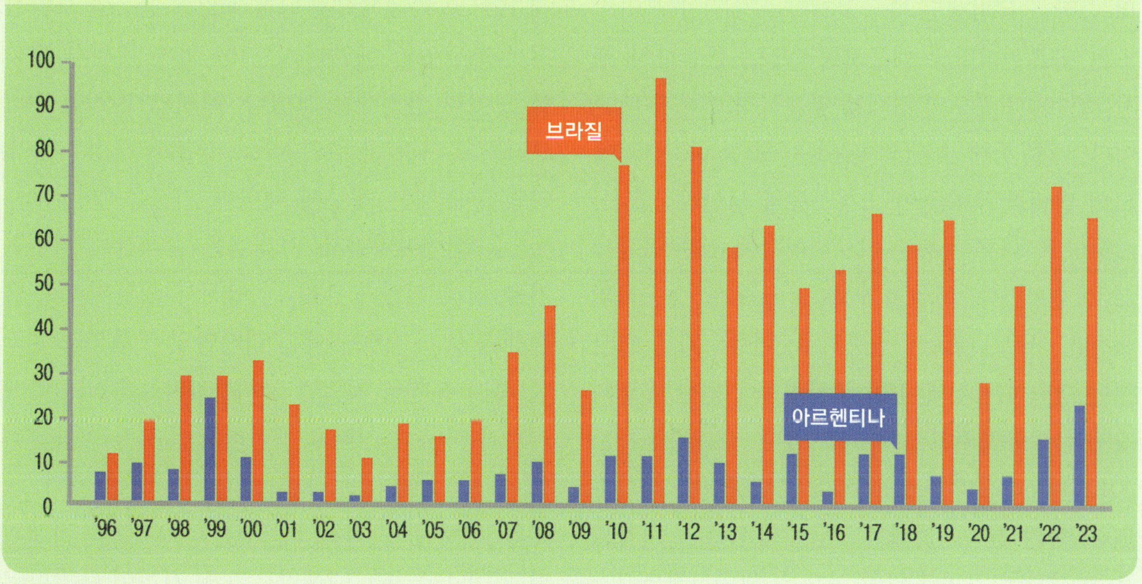

출처: UNCTAD

그러나 1991년 브라질, 아르헨티나, 파라과이, 우루과이 등 남미 4개국간에 자유무역지역인 MERCOSUR가 발효된 이후 브라질은 과거의 보호무역정책을 폐지하고 자유무역을 중심으로 한 시장개방을 시도하고 있다(그림 13-1 참고). 그 결과 브라질, 아르헨티나, 파라과이, 우루과이 4개국의 평균관세율은 14%로 낮아졌다. 이 관세율은 WTO체제하의 평균관세율인 3.5%보다 월등히 높은 수준이지만 과거 수입품에 대해서 100%가 넘는 관세와 각종 쿼터가 남발하였던 시기와 비교해 보면 자유무역체제로 크게 진보한 것을 알 수 있다. 이어 2000년 브라질과 아르헨티나는 MERCOSUR를 단순한 자유무역지대에서 EU와 같은 경제통합으로 발전시킬 것을 합의하였다. 먼저 자동차산업에 있어서 양국간의 각종 무역장벽을 완전히 없애기로 하고, EU가 경제연합으로 성장하는 데 크게 기여한 Maastricht 조약과 유사한 구체적인 목표와 시한을 정하기로 합의하였다. 이들은 재정적자와 인플레, 국제수지 등에 대한 목표를 정해 달성하고, 그 이후 Euro와 같은 공동통화를 사용하기 위해 노력중이다. 2006년에는 베네수엘라가 가입했으나 2017년부터 회원국 자격이 정지되었고 2024년 볼리비아가 비준을 받아 추가적으로 가입하였다.

이와 같이 새롭게 부흥하는 남미경제의 중추역할을 하는 국가가 브라질이다. 브라질은 세계에서 15번째 안에 드는 큰 경제규모를 자랑하고 있으며, 우수한 교육을 받은 기술자들을 비교적 손쉽게 구할 수 있다. 과거 군사독재시절에는 외국기업의 진입이 금지되어 있었던 만큼 브라질의 기업들이 생산하는 저품질제품에 대한 국민들의 불만이 상당히 누적되어 있었으나, 최근의 경제개방은 브라질에 대한 해외직접투자를 크게 증대시키고 있다. 자유무역협정에 의해 참여국가들이 상호간에 관세를 철폐함에 따라 과거 국가마다 소규모의 공장을 유지했던 다국적기업들은 점차 브라질 또는 아르헨티나의 대규모공장으로 통합하여 생산 측면에서 규모의 경제를 활용하려고 하기 때문이다. 예를 들어, 미국의 Ford는 São Paulo 근교에 11억 달러를 투자하여 소형자동차 생산공장을 신설하였고, 다른 차종은 아르헨티나에 있는 공장으로 집중시켰다. 독일의 Volkswagen도 승용차의 생산은 아르헨티나에 집중하고, 대형트럭은 브라질에 생산하는 것과 같이 생산집중에 의한 규모의 경제를 활용하려고 노력하고 있다. 현대자동차도 2012년 브라질의 Piracicaba에 조립공장을 신설하였다. 한편 전자산업에서도 남미의 많은 소비자들을 의식하여 브라질을 중심으로 해외직접투자가 적극적으로 이어지고 있다. 한국의 삼성전자와 LG전자는 브라질의 Manaus에 조립공장을 신설하여 브라질시장에 판매함과 동시에 북미시장을 겨냥한 수출전진기지 역할을 추가했다.

이와 같이 남미에 직접투자를 하는 다국적기업이 가진 가장 큰 고민거리는 남미국가들의 높은 인플레이션과 환율의 불안정성이다. **그림 13-3**에서와 같이 브라질은 과거 높은 수준의 인플레이션에 시달려 왔었다. 1993년만 해도 브라질의 인플레이션율은 2,489%로 1년 사이에 물가가 스물네 배 정도 상승하는 하이퍼인플레이션을 경험하였다. 이러한 하이퍼인플레이션은 과거 독재정권의 정당성을 갖지 못한 군사정부가 국민들의 여론을 무마시키기 위해 여러 가지 국책사업을 벌이고 무분별하게 화폐를 발행했던 것에서 기인한다. 그러나 브라질에 민주정권이 들어선 후 긴축통화정책을 편 결과 상상을 초월하던 인플레이션은 점차 진정되었다.

브라질은 하이퍼인플레이션에서 벗어나기 위해 1995년 화폐개혁을 단행하였고, 한동안 브라질의 통화단위인 헤알Real은 10~20% 내외의 변동을 보이며 안정세를 보였다. 하지만 1999년 1월, 브라질의 가장 큰 주인 Minas Gerais 주정부가 중앙정부에 대한 채무에 대하여 지불유예moratorium를 선언하자마자, 브라질은 순식간에 외환위기를 겪게 되었다. 1997년 아시아 외환위기로 큰 손해를 보고, 1998년에는 러시아의 국채부도로 또 한 차례 홍역을 치렀던 국제투자자들은 라틴아메리카가 다음 차례라고 생각하고 투자자금을 달러로 바꾸고 서둘러 브라질을 떠나기 시작하였다. 그 결과, 1998년 말까지 1달러당 1.16헤알로 거래되던 것이 1달러당 2.2헤알로 50% 가까이 폭락하였다. 결국 IMF가 415억 달러에 달하는 막대한 구제금융을 지원한 덕분에 헤알화는 다소간 안정세를 되찾기도 했다(**그림 13-4**).

이와 같이 브라질에 외환위기가 온 것은 **그림 13-3**에서 볼 수 있는 바와 같이 1995~1998년 동안 브라질의 경상수지적자폭이 계속 증가하였기 때문이었다. 이러한 브라질의 경상수지적자의 증가는 MERCOSUR의 출범 이후 수입품에 대한 관세가 인하되고 각종 비관세장벽이 없어지면서 일시적으로 브라질 국민들이 외국제품에 대한 수요를 급격히 늘렸기 때문이었다. 또한 브라질은 다른 남미국가와 마찬가지로 정부재정적자가 컸었다. 외환위기 직전 1998년 브라질의 공적부문의 재정적자는 GDP의 8%에 달할 정도로 불어났었다. 이와 같은 평가절하 압력은 결국 봇물 터지듯 분출되어 외환위기를 불러왔다. IMF는 구제금융의 대가로 헤알을 자유변동환율제로 만들었고, 이자율을 높였으며, 정부부채를 감축하기 위해 세율

그림 13-3 브라질의 주요 경제지표

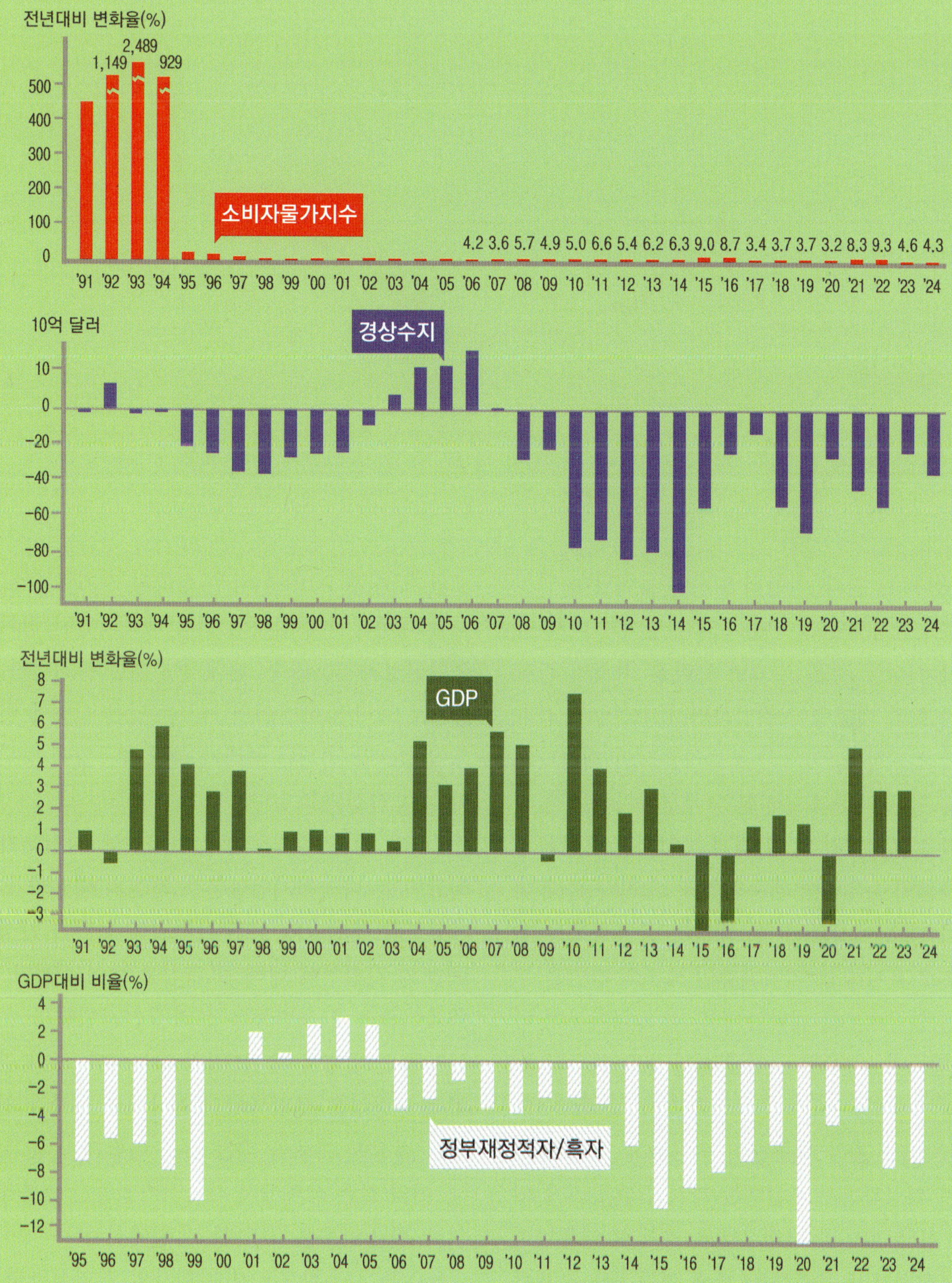

출처: IMF

그림 13-4 브라질 헤알화의 변동추이 (Real/US$)

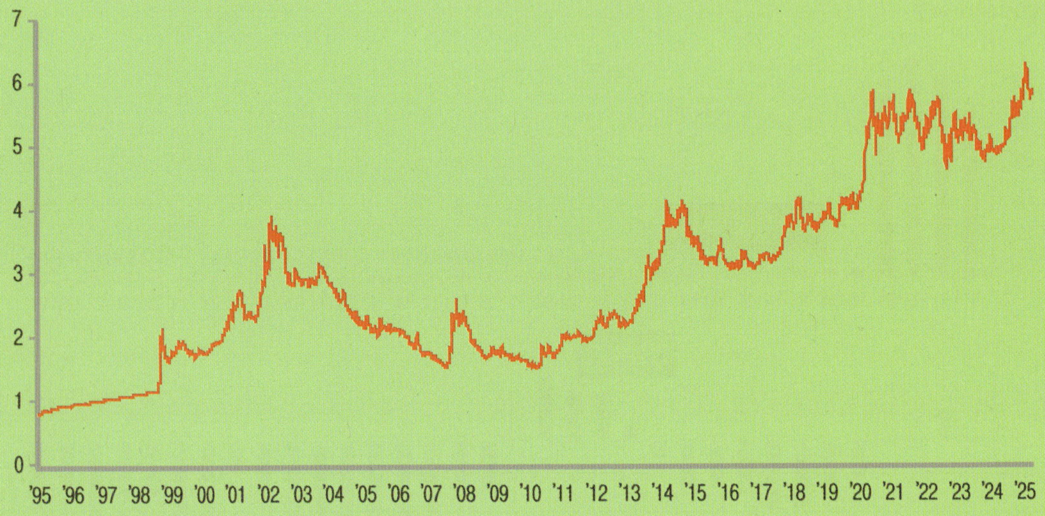

출처: 한국은행

을 올렸다. 그 결과, 기업의 도산이 늘어났다.

잠시 안정세를 보이던 브라질 경제가 다시 악화되기 시작한 것은 2002년 브라질 최초의 좌파 정권인 룰라 대통령이 취임하면서부터이다. 좌파 정권이 입각하자, 과거의 포퓰리즘적인 재정확대를 기도할 것이라고 우려한 외국투자자는 서둘러 브라질을 빠져나갔고, 그 결과 헤알화는 폭락하고 외국자본의 순유출이 계속되었다. 그러나 룰라 대통령이 당초 예상과 달리, 재정과 금융정책을 긴축적으로 유지하고, 지지계층인 노조의 반발을 무릅쓰며 연금제도를 개혁함에 따라, 외국자본이 다시 유입되기 시작했다. 이에 따라 2004년부터 브라질의 헤알화는 다소 안정세를 찾는 듯 했다. 하지만 2010년 룰라 대통령이 퇴임하고 호세프 대통령이 취임하면서 헤알화는 다시금 흔들리게 되었다. 결국 2016년 부정부패로 호세프 대통령이 탄핵당하기까지 헤알화는 계속 평가절하 추세를 보였다. 이후 2019년 극우 성향의 자이르 보르소나우 대통령이 취임하였으나, 계속되었던 정치적 불확실성과 Covid-19 팬데믹에 대한 부적절한 대응으로 브라질 헤알화의 가치는 낮은 상태에 머물고 있었으나 2023년 룰라가 다시 대통령에 당선되어 다소 안정되고 있다.

이와 같은 환경하에서 브라질에 직접투자를 하고 있는 다국적기업들은 브라질의 헤알화가 평가절하될 것인가와 향후 브라질의 물가가 안정세를 보일 것인가에 대해 큰 관심을 보이고 있다. 인플레이션과 환율변동은 브라질현지법인의 운영실적에 큰 영향을 줄 수 있기 때문이다. 또한 환율의 불안정성은 자회사의 경영상태를 본사가 평가하여 적절한 대응을 하는 것을 어렵게 만들고 있다. 이와 같은 상황에서 다국적기업들은 인플레이션과 환율변동을 감안한 실행예산contingency budget을 사용함으로써 자회사의 경영성과를 효

표 13-1 자회사별 사업계획 (단위: 백만 Real)

		의류자회사	자동차자회사	전자자회사
매 출				
	(수 출)	—	20	110
	(현 지)	120	90	—
판매비용				
	(현지조달부품)	80	20	30
	(수입부품)	—	60	30
현지운영비용		30	20	40
영업이익		10	10	10

표 13-2 실제사업결과 (단위: 백만 Real)

		의류자회사	자동차자회사	전자자회사
매 출				
	(수 출)	—	25	121
	(현 지)	120	90	—
판매비용				
	(현지조달부품)	80	20	34
	(수입부품)	—	66	33
현지운영비용		30	20	42
영업이익		10	9	12

과적으로 파악할 수 있으며 보다 효과적인 해외투자활동을 벌일 수가 있다.

예를 들어, 브라질에 의류, 자동차, 전자부품 등의 세 개의 현지법인을 설립하여 운영하는 한국의 다국적기업을 가정해 보자. 먼저 이 기업의 의류자회사는 원·부자재를 현지에서 전부 조달하여 현지에 판매하는 현지법인이다. 이 현지법인은 올해 1억 2,000만 헤알의 매출에 1,000만 헤알의 영업이익을 올린다는 영업계획을 세웠다. 한편 자동차자회사는 수출과 현지판매매출로 각각 2,000만 헤알과 9,000만 헤알의 실적을 올려 총 1억 1,000만 헤알의 사업계획을 세웠다. 이 자동차자회사는 일부 부품은 현지조달을 하고 있지만 수입부품에도 많이 의존하며, 역시 1,000만 헤알의 영업이익을 목표로 하고 있다. 전자자회사는 브라질에서 현지생산한 제품의 100%를 수출하고 있으며, 부품 일부를 현지에서 조달하기도 하지만 같은 액수만큼을 해외수입에 의존하고 있다. 이들 세 현지법인은 올해 사업계획을 **표 13-1**과 같이 세워 각각 1,000만 헤알의 영업이익을 목표로 사업계획

표 13-3 실행예산과 실제경영성과를 비교한 결과 (단위: 백만 Real)

		의류자회사		자동차자회사		전자자회사	
		예산	실제	예산	실제	예산	실제
매 출							
	(수 출)	—	—	24	25	121	121
	(현 지)	120	120	90	90	—	—
판매비용							
	(현지조달부품)	80	80	20	20	30	34
	(수입부품)	—	—	66	66	33	33
현지운영비용		30	30	20	20	40	42
영업이익		10	10	8	9	18	12

을 본사에 제출하였다.

표 13-1의 사업계획은 어디까지나 현재 통용되는 환율하에 세워진 것이다. 그러나 이번 한해 동안 브라질의 헤알화는 추가적으로 약 10%의 평가절하가 이루어진다고 가정해 보자. 이와 같이 환율이 10%만큼 평가절하된 상황에서 세 개의 현지법인들은 **표 13-2**와 같이 한국 본사에 한 해의 경영성과를 보고하였다. **표 13-2**의 실제영업성과에 따르면 전자자회사는 연초의 기본사업계획보다 더 많은 1,200만 헤알의 이익을 본 것으로 기록되었고, 자동차자회사는 원래 기대했던 1,000만 헤알에 못 미치는 900만 헤알의 영업이익을 기록하는 데 그쳤다. 한편 원·부자재 전량을 현지에서 조달하고 판매하는 의류자회사는 당초 계획과 동일한 1,000만 헤알의 영업이익을 달성했다.

이와 같은 **표 13-2**에 따르면 자동차자회사는 연초의 목표에 미달한 것에 비해 전자자회사는 목표치를 초과한 것처럼 보인다. 그러나 이 다국적 기업의 본사가 환율변동에 대비한 실행예산을 가지고 **표 13-3**과 같이 이들 3개 자회사의 경영성과를 비교한 결과, 오히려 자동차자회사가 목표치보다 높은 성과를 보였고 전자자회사는 영업실적이 부진하다는 사실을 발견하게 되었다.

연초 한해 동안의 사업계획서를 제출할 때 자동차자회사는 헤알화가 실질적으로 평가절하되는 것에 대비하여 1%의 평가절하가 일어나면 2%만큼의 수출을 늘리기로 한국 본사의 해외사업관련담당자와 약속하였다. 헤알화가 평가절하되면 그만큼 수출단가가 낮아지므로 수출매출이 늘어날 것으로 기대하였기 때문이다. 따라서 10%만큼의 평가절하가 일어났으므로 자동차자회사가 추구해야 할 경영목표는 수출목표인 2,000만 헤알에서 20%만큼 증가한 2,400만 헤알로 상향조정되는 것이었다. 그러나 헤알화의 평가절하는 수입부품에 대한 구매비용을 증가시켜 당초 6,000만 헤알로 예상되었던 수입부품비용은 6,600만 헤알로 600만 헤알만큼 상승하게 되었다. 따라서 이와 같이 환율변동에 대비한 실행예산과 실제경영 성과를 비교해 본 결과, 자동차자회사는 수출을 목표 이상 증가시킴에 따라 명목상으로는 영업이익 목표치에 못 미치는 900만 헤알의 영업이익을 남겼지만, 환율변동을 고려한 실행예산의 영업이익 목표치인 800만 헤알을 초과하는 우수한 경영성과를 보였던 것이다.

한편 전자자회사는 생산량 전부를 미국에 있는 같은 다국적기업의 판매법인으로 수출하는 조건으로 영업계획을 세웠기 때문에 헤알화가 10%만큼 평가절하되었음에도 불구하고 달러화로 표시된 매출이나 실제 수출물량은 증가하지 않았다. 당초 경영목표로 잡았던 1억 1,000만 헤알에서 단순히 헤알화로 표기한 금액만 10%만큼 증가한 1억 2,100만 헤알의 매출이 실현된 것이다. 이는 달러화로 표시한 매출은 실제적으로 증가하지 않았으나 단순히 헤알화가 평가절하되었기 때문에 헤알화로 표기한 매출액이 증가한 것에 불과하다. 헤알화의 평가절하로 인해 수입부품 구매가격도 10% 상승하여 당초 예상했던 3,000만 헤알에서 10% 상승한 3,300만 헤알을 기록하였다. 그러나 환율변동과 관계 없는 현지조달비용과 현지운용비용이 당초 예상보다 높게 발생하였다. 즉, 현지구매부품의 구매비용이 당초 3,000만 헤알로 예상되었으나 실제로는 3,400만 헤알을 지출하였고, 현지운영비용도 당초 예상치인 4,000만 헤알보다 높은 4,200만 헤알이 소요되었다. 전자자회사의 경우 1,200만 헤알의 영업이익을 달성하여 명목상으로 원래 목표보다 높은 영업이익을 실현하였지만, 환율이 평가절하되었을 때를 대비한 실행예산과 비교해 보면 목표치인 1,800만 헤알에 훨씬 못 미치는 열악한 영업성과를 거둔 것으로 평가되었다. 즉, 전자자회사는 현지부품조달과 현지운용비용이 당초 예상보다 비효율적으로 운영되었기 때문에 실행예산에 훨씬 못 미치는 경영활동을 벌인 것이다.

본 사례에서 살펴본 바와 같이 자회사가 위치한 지역의 환율변동이 심할 경우, 단순한 명목상의 경영지표만으로 영업실적을 평가한다면 전자자회사와 같이 내부적으로 비효율성이 발생하더라도 쉽게 포착할 수가 없다. 이 다국적기업은 연초에 환율변동을 고려한 실행예산을 각 자회사에 제시함으로써 자회사의 경영성과를 보다 정확하게 측정할 수 있게 되어 자회사에 대한 효과적인 통제가 가능했던 것이다.

Video

The EU-MERCOSUR Trade Deal

Video

MERCOSUR Explained

브라질 재무성 홈페이지
https://www.gov.br/fazenda/

MERCOSUR 홈페이지
http://www.mercosur.int/en/

01 ›› 서 론

글로벌기업을 경영하는 데 있어서 국경을 넘는 자금의 흐름을 효율적으로 관리하여 다국적기업 전체적으로 자금의 활용도를 증대시키는 것은 중요한 과제이다. 본 장의 서두에서 살펴본 사례에서는 인플레이션 압력과 환율의 평가절하 가능성이 있는 브라질자회사의 경영성과를 효과적으로 측정하는 방법을 살펴보았다. 이 사례에 제시된 실행예산방법은 브라질 현지법인의 경영성과를 정확히 평가하는 측면에서 중요할 뿐만 아니라 향후 브라질에 투자를 계속 해야 할 것인가를 결정하는 데에도 중요한 정보를 제공해 준다.

재무관리는 전통적으로 투자investment, 자금조달financing, 그리고 자금관리 money management의 세 가지 기능이 근간을 이룬다. 본 장에서는 먼저 글로벌기업이 처해 있는 환율변동의 위험을 정확히 측정하고 이에 대한 대비를 하는 방법을 살펴보고, 전통적으로 재무관리에서 다루는 투자, 자금조달, 그리고 자금관리가 글로벌한 규모에서는 어떻게 이루어지는가를 알아본다. 본 장에서 살펴볼 주제는 다음과 같다.

- 환율변동으로 인해 글로벌기업이 직면하는 위험을 살펴보고, 이를 정확히 측정하고 대처하는 방안을 모색해 본다.
- 글로벌기업이 투자를 하고 효과적으로 자본을 조달하기 위한 자본예산기법과 투자자금조달방법, 그리고 자회사의 경영성과를 정확히 측정하는 방법에 대해서 살펴보기로 한다.
- 글로벌기업이 효과적으로 여유운전자금을 관리하기 위한 중앙자금관리 및 네팅 등의 기법을 살펴보고, 로얄티, 조세회피국의 이용, 이전가격의 사용 등과 같은 자금의 국제간 이동을 살펴본다.

02 〉〉 환위험관리

우리는 제3장에서 이미 환위험foreign exchange risk관리의 중요성에 대해서 살펴보았다. 환율의 변동은 국제무역의 성과를 크게 바꿀 수 있으며, 선물환, 스왑, 그리고 옵션 등은 환위험에 대해서 대처를 가능하게 해준다. 본 절에서는 선물환을 이용하는 방법 이외에 다국적기업들이 이러한 환위험에 어떻게 효과적으로 대응할 수 있는가에 대해 구체적으로 살펴본다. **그림 13-5**는 이와 같은 거래적 환노출, 회계적 환노출, 그리고 경제적 환노출의 개념을 요약·정리한 것이다.

환위험의 유형

환위험이란 다국적기업이 환율변동에 따라 기대하지 않은 불확실성에 직면하는 위험을 의미한다. 환위험은 다국적기업이 환율위험에 노출foreign exchange exposure되는 유형에 따라 거래적 환노출transaction exposure, 회계적 환노출translation exposure, 그리고 경제적 환노출economic exposure의 세 가지 유형으로 나타난다.

Video
Foreign Currency Risk

거래적 환노출

거래적 환노출transaction exposure은 미리 결정된 가격으로 재화나 서비스를 해외에서 구매하는 계약을 체결하거나, 외국환으로 자금을 빌려 주거나 빌리는 계약을 할 때 발생한다. 즉, 현재시점에서 서로 다른 통화사용국 사이에 실물거래

그림 13-5 환위험의 유형

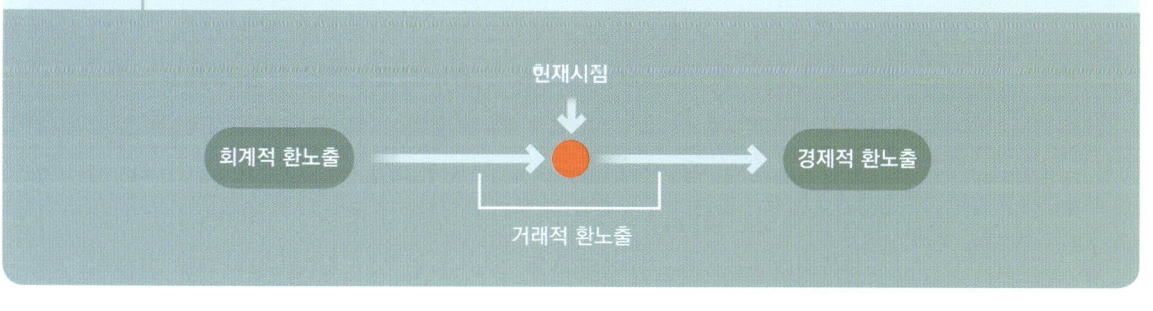

가 발생하였으나 거래대금은 아직 지불되지 않았을 때, 그 기업은 환율변동에 따라 수익이 달라질 수 있다. 예를 들어, 한 기업이 미국으로 수출할 때 수출대금을 미국달러화로 받는 계약을 체결했다고 하자. 30일 후에 대금을 받기로 하였을 때 원화가 평가절상된다면 30일 이후에 받을 수 있는 원화로 표시된 판매대금은 원화의 평가절상으로 인해 줄어들게 된다. 이에 반해 원화가 평가절하될 경우 원화로 표시된 판매대금은 늘어나게 된다. 이와 같이 거래적 환노출이란 다국적기업 간에 일어나는 여러 가지 국제거래내용이 환위험에 노출됨으로써 수익 또는 지출의 규모가 변화할 수 있다는 것을 의미한다.

회계적 환노출translation exposure이란 개별거래상의 환위험과는 달리, 이미 발생한 다국적기업의 여러 자회사의 경영성과를 수합하여 연결재무제표를 작성할 때 환율변동으로 인해서 재무제표상의 경영성과가 달라지는 것을 의미한다. 이와 같은 회계적 환노출은 과거에 일어난 경영활동을 현재 시점에서 측정하기 때문에 발생한다. 회계상으로 발생하는 환차손이나 환차익은 실질적인 이익 또는 손실이 아니라 장부상에서만 발생하는 이익과 손실이지만 다국적기업의 경영성과를 평가하는 데는 상당히 큰 영향을 미친다. 예를 들어, 한국의 어느 회사가 외화로 표시된 부채를 100만 달러만큼 가지고 있을 때, 이를 원화로 표시하여 장부에 기록할 경우, 급작스런 원화가치의 하락은 원화로 표시한 외화부채액을 크게 증가시킨다. 이러한 환율변동은 그 기업의 부채비중을 높이므로 그 기업이 은행으로부터 자금을 대출받는 데 부정적인 영향을 미칠 수 있다. 또한 우리가 본 장의 서두에서 살펴본 브라질현지법인의 경영성과를 평가하는 데 있어서도, 브라질의 헤알화의 변동은 브라질에 위치한 여러 자회사의 경영성과를 과대평가하거나 과소평가할 위험을 가져온다.

경제적 환노출

경제적 환노출economic exposure이란 다국적기업이 미래의 해외사업으로부터 얻을 수 있는 이익이 환율변동에 따라 달라지는 것을 의미한다. 이는 환율변동이 미래의 가격, 비용, 매출에 미치는 장기적인 효과를 의미한다. 이러한 경제적 환노출은 거래적 환노출과 다르다. 거래적 노출은 환율변동이 개별거래에 영향을 미치고 짧으면 몇 주 또는 몇 달 내에 해소될 수 있는 단기적인 문제인 데 비하여, 경제적 환노출은 제5장의 Caterpillar와 Komatsu 사례와 같이 Caterpillar가 1980년대 초반에 달러화의 고평가로 어려움을 겪었던 경우나, 1980년대 말에 엔화가 평가절상되어 Komatsu가 어려움을 겪었던 경우와 같이, 장기적인 환율의 변동이 다국적기업의 실제적인 경영성과에 큰 영향을 미치는 것을 의미한다.

환위험에 대한 대책

이상에서 살펴본 세 가지 환노출을 감소시키는 데에는 여러 가지 방법이 있다. 거래적 환노출과 회계적 환노출을 감소시키는 방법은 단기적으로 환율변동에 따라 악영향을 받을 수 있는 단기적인 자금흐름을 보호하는 방법이다. 우리가 제3장에서 살펴본 바와 같이 선물환이나 스왑을 사용하면 단기적으로 발생하는 거래적 환노출과 회계적 환노출을 어느 정도 감소시킬 수 있다. 제3장에서 살펴본 바와 같이 선물환을 이용하면, 미래의 환율을 현재의 선물환율로 고정시켜 위험을 줄일 수가 있고, 현재의 외환의 구입과 미래시점에서의 외환의 매각을 동시에 진행하는 스왑을 통해 어느 정도 환위험을 감소시킬 수가 있다. 또한 옵션을 통해 미래의 불확실한 환율에 대해 보험을 드는 효과를 얻을 수 있다는 사실도 살펴보았다.

환율변동에 의한 위험을 감소시킬 수 있는 또 다른 방법은 거래의 평가시점을 변경하는 방법이다. 대표적으로 리드전략lead strategy은 외국화폐의 환율이 평가절하된다고 기대될 때 외환으로 표시된 수입금을 받을 시기를 앞당기는 전략이다. 이와 반대로 래그전략lag strategy은 외화로 표시된 받을 금액의 지급시기를 자기가 유리한 쪽으로 미루는 전략이다. 다시 말해서 리드는 외환을 지출하는 시기를 통화가 약세인 국가에서 통화가 강세인 국가로 앞당기는 것을 의미하고, 래그란 외환을 받을 시기를 통화가 약세인 국가로부터 강세인 국가로 연기함으로써, 다국적기업이 얻을 수 있는 총이익을 증가시키는 전략이다.

이와 같은 리드와 래그전략은 실제적으로 다국적기업의 대금지급과 수입의 시기를 조절할 수 있는 경우에만 가능하다. 즉, 다국적기업이 상당한 협상력이 있어서 거래당사자들에게 강력한 영향력을 행사할 수 있을 때에만 가능한 방법이다. 많은 정부들은 다국적기업이 이와 같은 리드와 래그전략을 사용하는 것을 막기 위하여 리드와 래그를 할 수 있는 기간을 제한하기도 한다. 실제로 많은 국가에서 수출대금을 회수하거나 수입대금을 지불하는 기간을 180일 내로 제한하여 다국적기업이 지나치게 리드와 래그를 활용하여 환위험에 대응하는 것을 규제하고 있다.

한편 이전가격transfer price은 본사와 자회사, 또는 자회사들 간의 거래에서 적용되는 가격으로서, 다국적기업은 이전가격을 조절함으로써 마치 리드와 래그전략을 사용하는 것처럼 여러 국가에 위치한 자회사 간의 거래시 거래금액을 조절함으로써 환위험을 감소시킬 수 있다. 또한 다국적기업은 환율이 평가절하되리라고 예상되는 국가의 자회사로부터 초기에 배당을 많이 받음으로써 이러한 환위험에 대처할 수 있고, 환위험에 대하여 보다 적극적으로 대응하여 현지에서의 차입금을 늘리는 것도 좋은 정책이 될 수 있다.

한편 경제적 환노출을 줄이는 데는 우리가 앞서 살펴본 선물환거래나 스왑, 리드 또는 래그전략으로는 불충분하다. 왜냐하면 경제적 환노출은 장기적인 환율의 변동으로 인하여 기업의 미래의 현금흐름이 달라지는 것이므로 단기적인 재무전략만으로는 효과적으로 대처할 수 없기 때문이다. 경제적 환노출을 감소시킬 수 있는 가장 좋은 방법은 제5장에서 살펴본 바와 같이, 기업의 경영자원을 전세계에 배치하여 다국적기업화함으로써 자동적으로 환율위험으로부터 보호를 받는 전략이다. Caterpillar와 Komatsu는 환율변동으로 큰 피해를 본 이후 글로벌화에 주력하여 해외 주요 지역에서 생산 및 연구개발, 부품조달을 확대하여 적극적으로 환노출을 감소시켰다. 이와 같이 전세계적인 생산활동의 배치는 장기적으로 환위험에 대처할 수 있는 효과적인 방법이 된다.

그러나 많은 기업들은 거래적 환노출 또는 회계적 환노출과 경제적 환노출의 차이점을 구별하지 못하고 있다. 많은 경우 기업들이 환위험을 줄인다고 할 때는 선물환, 스왑, 옵션 등의 재무기법을 이용해 거래적 위험과 회계적 위험을 줄이는 데에만 급급할 뿐, 장기적으로 기업의 성과에 가장 큰 영향을 미칠 수 있는 경제적 환노출에 대한 대처는 상당히 미흡한 편이다. 글로벌경쟁을 하는 기업에게 경제적 환노출에 대비하는 가장 궁극적인 방법은 자회사를 전세계적으로 주요 지역에 골고루 분산하여 배치시키는 것임을 유념해야 할 것이다.

03 〉〉 글로벌투자 및 자본조달

자본예산

자본예산capital budgeting은 투자에 따른 기대이익, 비용, 위험 등을 계량화하여 합리적인 투자결정을 가능하게 하는 기법이다. 자본예산기법은 관리자로 하여금 여러 나라에 퍼져 있는 투자기회를 객관적으로 평가하게 하여 희소한 경영자원을 효율적으로 배분하도록 돕는다.

해외투자결정에 있어서도 본질적으로는 국내투자와 동일한 자본예산기법을 사용한다. 먼저 자본예산기법을 활용하기 위해서 기업은 장기간에 걸친 투자계획에서 발생하는 현금흐름을 추정하고, 이 현금흐름을 순현재가치net present value로 할인하여 비교평가하여야 한다. 실무적으로 투자의 현재가치를 측정하는 데는 많은 가정을 수반하며, 모든 사람이 동의할 수 있는 완벽한 방법은 없다. 더욱이 해외투자에 관한 자본예산기법은 국내투자에 비해 훨씬 더 복잡하고 많은 요인을 고려하여야 한다.

해외투자에 자본예산기법을 적용하기 위해서는 현금흐름을 모회사의 입장에서 분석해야겠지만 자회사의 입장에서도 살펴보아야 한다. 모회사의 입장에서는 특정 자회사에서 발생하는 이익을 다른 국가에 위치한 자회사로 이전하여 투자하고 싶겠지만 현지국정부가 과실송금을 제한하는 경우에는 과실송금으로부터 발생하는 비용이 상당히 커질 가능성이 존재한다. 또한 해외자회사가 현지기업과 합작투자의 형태로 설립되어 있는 경우 현지파트너의 입장에서도 현금흐름을 분석할 필요가 있다. 현지 파트너가 있는 합작투자에서는 다국적기업이 다른 국가에 위치한 현지법인으로 자본을 이전하는 것이 어렵기 때문이다.

둘째, 해외투자결정 시에는 각종 정치적 위험과 경제적 위험을 평가하여야 한다. 정치적 위험이란 제4장에서 살펴본 바와 같이 현지국의 경영환경이 급변할 경우 이러한 경영환경의 변화가 기업의 수익에 미치는 영향을 고려하는 것이다. 정치적 위험이 높은 경우에는 그 기업이 현지자회사로부터 얻을 수 있는 수입이 큰 위협을 받게 되므로 그러한 위험을 감안했을 때의 이익이 충분히 크지 않으면 직접투자를 삼가는 것이 합리적인 의사결정이다. 본 장의 사례에서와 같이 과거 브라질의 하이퍼인플레이션 상황에서는 환위험이 기업의 수익에 큰 영향을 줄 수가 있다. 특히 환율의 변동은 거래적 환노출이나 회계적 환노출에도 영향을 주지만 장기적으로 자회사의 경쟁력에 큰 영향을 미치는 경제적 환노출이 더욱 중요하다. 따라서 투자결정시에는 환율변동의 가능성을 면밀하게 검토하여야 한다.

본 장의 서두에서 살펴본 사례에서와 같이 브라질의 높은 인플레이션과 환율변동은 현지법인들의 경영성과를 측정하기 어렵게 만든다. 자회사의 경영성과를 보다 효과적이고 정확하게 측정하기 위해서 많은 다국적기업들이 우리가 본 장의 서두의 사례에서 살펴본 바와 같은 실행예산contingency budget을 사용한다.[2] 실

CHAPTER13

행예산이란 각종 불확실한 상황마다의 현지자회사의 사업계획을 수립하고 실제로 발생한 현지법인의 경영성과를 이 실행예산과 비교하여 현지자회사의 경영성과를 평가하는 방법이다. 본 장의 서두에서 살펴본 다국적기업의 세 개의 현지법인의 연초목표와 실행성과를 단순히 비교하면 전자자회사의 경영성과가 높은 것처럼 보이나, 환율변동을 고려하는 실행예산과 비교하면 실제로는 자동차자회사가 더 높은 경영성과를 보였고 전자자회사는 성과가 예상보다 떨어졌다는 것을 알 수 있었다. 이상과 같이 환율변동의 불확실성을 고려하였을 때의 실행예산기법은 다국적기업의 본사가 현지자회사의 경영성과를 객관적으로 평가할 수 있게 해주고, 향후 개별현지법인에 투자를 지속할 것인지의 여부, 또는 브라질에 투자할 것인가 아니면 아르헨티나에 투자할 것인가와 같은 주요한 의사결정의 객관적인 근거가 된다.[3]

국제자본조달

다국적기업이 해외직접투자를 목적으로 자금을 조달할 때는 크게 두 가지 의사결정을 하여야 한다. 첫 번째 결정은 해외투자에 필요한 자금을 어떻게 조달할 것인가의 문제이다. 즉, 외부로부터의 자금조달이 필요할 때 현지국에서 자금을 조달할 것인가 또는 제3국에서 자금을 조달할 것인가를 결정하여야 한다. 두 번째 결정은 해외현지법인의 자본구조를 어떻게 결정할 것인가의 문제이다.

먼저 그 기업이 외부로부터 자금조달을 할 때는 전세계적으로 가장 싸게 자금조달을 할 수 있는 국가로부터 자금을 차입하는 것이 유리하다. 제3장에서는 기업들이 글로벌자본시장으로부터의 자본조달을 하는 방법을 살펴보았다. 만일 한국기업이 폴란드에 직접투자를 결정할 경우, 폴란드에 있는 은행으로부터 자금을 조달하기보다는 유럽의 금융시장의 중심지라고 할 수 있는 런던의 유로달러시장이나 유로본드시장을 이용하는 것이 훨씬 값싸게 자금을 조달하는 방법이다.

예를 들어, 외환위기 이전 인도네시아에 진출했던 대상구: 미원은 현지의 외국계은행으로부터 직접 달러화로 자금을 조달하여 투자를 하여 왔다. Citi Bank와 같은 외국은행은 런던이나 뉴욕에 위치한 자신의 본점 또는 지점에서 5% 정도의 이자율로 자금을 조달할 수 있었다. 외환위기 전 인도네시아에서의 실제금리가 10%를 상회했기 때문에 이와 같이 해외에서 조달한 자금을 운용하는 것이 상대적으로 낮은 금리로 자본을 조달할 수 있는 방법이었다. 그러나 이렇게 해외에서 자금을 조달하였을 때 겪는 주요한 위험은 환율이 평가절하되면서 차입금을 갚을

그림 13-6 단계별 현지재무전략

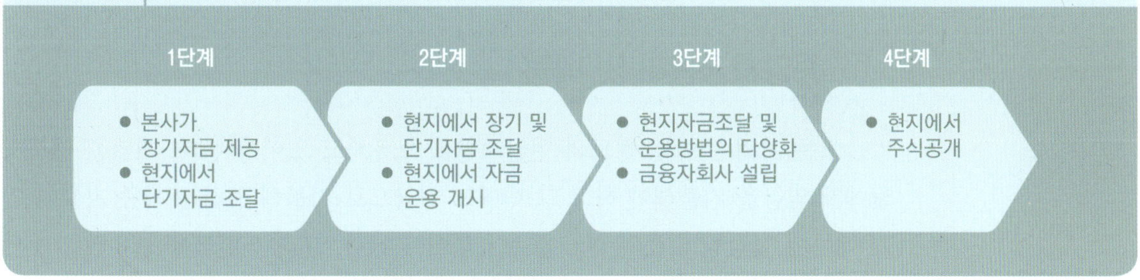

때의 비용이 상승할 수 있다는 사실이다. 실제로 달러화로 자금을 조달했던 대상은 외환위기 후 인도네시아의 환율이 큰 폭으로 평가절하되자 외화자금차입에 대해 큰 환차손을 경험한 바 있다.

이와 같은 현지자회사의 재무전략을 단계적으로 살펴보면 **그림 13-6**과 같다. 최초의 투사난계에서는 본사가 상기투자자금을 제공하고 현지에서는 단기운영자금을 조달한다. 그러나 2단계에 가서는 현지법인이 현지에 있는 외국계은행을 통해서 장기 및 단기운영자금을 조달하고 현지에서 독자적으로 자금을 운용한다. 보다 더 발전된 3단계에서는 현지자금의 조달 및 운용방법을 다양화하고 때로는 금융자회사를 설립하기도 한다. 가장 고도화된 4단계에서는 현지에 있는 자회사가 주식을 공개하여 직접 자금을 조달하는 기업도 나타나고 있다. 이와 같이 자본조달 초기에는 해외자회사가 본사에 많이 의존하는 경향을 보이나 현지화가 진행될수록 현지법인의 독자적인 활동에 의한 자금조달과 운용이 활발히 이루어지는 현상을 보여준다.

04 ›› 글로벌자금관리

자금관리money management란 기업이 보유하고 있는 현금을 효과적으로 관리하는 방법을 말한다. 이와 같은 글로벌자금관리에는 중앙집권적으로 자금을 관리하여 국제간의 거래비용을 줄이는 방법, 특히 네팅netting을 이용한 방법이 많이 활용되고 있다. 또한 자금을 국가 간에 이동시키는 수단으로 로얄티, 이전가격,

그리고 조세회피국의 이용방법에 대해서 살펴보기로 한다.

중앙자금관리 및 네팅

모든 기업은 어느 정도의 현금자산을 보유하고 있어야 한다. 기업은 종사자들에게 임금을 지불해야 하고 그 밖에도 현금으로 지불해야 하는 각종 지출이 있기 때문에 일정한 수준의 현금을 보유하여야 한다. 그러나 현금을 보유하는 것은 상당히 많은 기회비용이 소요된다. 현금을 보유하지 않고 다른 투자에 사용되었을 때 얻을 수 있는 수익이 기회비용으로 작용하기 때문이다.

다국적기업은 중앙집권적인 현금운용을 통해서 개별자회사가 독자적으로 현금을 보유하는 것보다 현금을 더 적게 보유하면서도 효과적으로 자금을 관리할 수 있다. 다국적기업 내의 여러 해외자회사가 독자적으로 현금을 보유할 경우, 개별자회사는 자신의 현금에 대한 수요를 계산하고 예상치 못한 현금의 지출에 대비하여 어느 정도의 현금을 추가로 보유하여야 한다. 이와 같이 기업이 예비로 현금을 갖고 있는 것은 예상치 못한 현금의 수요에 대비하기 위해서이다. 그러나 만일 다국적기업이 중앙금융센터에서 현금을 관리한다면 다국적기업 전사적으로 훨씬 적은 양의 현금을 보유해도 예상치 못한 현금의 수요에 대처하는 것이 가능하다. 예를 들어, 세계적으로 다섯 개의 자회사가 있다고 할 때 다섯 개 모든 자회사가 동시에 추가적인 현금을 요구할 가능성은 극히 희박하기 때문이다. 따라서 다섯 개의 자회사가 예상치 못한 지출에 대비하여 각자 현금을 보유하는 것보다 다국적기업의 중앙금융센터가 예비현금을 관리하면 훨씬 적은 규모의 예비현금을 보유하더라도, 개별자회사가 요구하는 자금의 수요에 대응할 수 있게 된다.

또한 이렇게 본사에 위치한 중앙금융센터에서 현금을 운용하게 되면 개별자회사가 현금을 운용하는 것보다 훨씬 더 효과적으로 현금을 운용할 수 있다. 다국적기업의 중앙현금관리센터는 뉴욕, 홍콩, 싱가포르, 런던과 같은 세계적으로 주요한 금융센터에 위치하고 있으므로 개별자회사가 잘 알 수 없는 많은 단기적인 투자기회에 대한 정보를 갖고 있기 때문이다. 따라서 중앙집권적인 금융센터는 앞서 살펴본 바와 같이 전사적으로 추가적인 현금에 대한 수요를 줄일 뿐만 아니라, 보유하고 있는 현금도 효과적으로 운용할 수 있는 능력을 갖게 되는 것이다.

이와 같은 이유 때문에 많은 다국적기업들이 세계의 뉴욕, 런던, 홍콩 등 주요 금융센터에 위치 중앙자금관리센터centralized depository를 운영한다. 이들 중앙자금관리센터는 개별자회사에서 발생하는 단기적인 현금흐름을 중앙에서 관리하며 필요한 경우에 이를 다른 자회사에 조달함으로써 다국적기업 전사차원의 자본운용의 효율성을 증가시킨다. 그러나 이와 같은 중앙자금관리센터가 있다고 해서 개별자회사가 전혀 현금을 보유하지 않는 것은 아니다. 개별자회사는 그날그날 필요한 만큼은 보유하나 필요한 양의 현금을 제외한 예비현금의 보유를 중앙자금관리센터에서 대신하는 것이다.

네팅

중앙자금관리센터에서 수행하는 중요한 기능 중의 하나는 각 자회사 간의 현금흐름을 최소한으로 줄이는 일이다. 다국적기업의 여러 자회사는 상호간에 부품과 서비스의 이동, 그리고 판매대금 등을 주고받는 기업내무역intrafirm trade에 참여하고 있다.

예를 들어, **그림 13-7**과 같이 미국자회사와 영국자회사가 각각 400만 달러와 300만 달러의 현금을 주고받는 거래가 있다고 하자. 그리고 인도네시아자회사와 중국자회사 역시 미국자회사와 영국자회사와 많은 금액을 주고받는 채무·채권관계에 있다. 이와 같이 다국적기업이 부품과 완제품을 개별자회사로 이동하게 됨에 따라서 다국적기업에 있는 여러 자회사들은 판매대금을 현금으로 지불할 필요가 생긴다. 그러나 개별자회사들이 독립적으로 자금이동을 한다면 외환거래 시 많은 거래비용이 발생하는 동시에 환위험에 크게 노출된다. 따라서 개별자회사 간에 거래대금을 지불하는 것보다 중앙에 있는 자금관리센터에서 각각의 거래관계를 상계하고 순수하게 이동이 필요한 자금만을 주고받도록 하는 것이 더욱 효과적이다. 이와 같이 자금관리센터에서는 자회사 간의 채권·채무관계를 정리하여 순수하게 그 차액만을 지불하는 방법을 사용하는데 이를 네팅netting이라고 한다.

예를 들어, Motorola는 1990년대 초부터 Motorola의 해외자회사뿐만 아니라 수요 부품공급업체와 글로벌한 현금관리cash management시스템을 구축하여 활용하고 있다. 이와 같은 시스템에서는 1주일에 한 번씩 Motorola와 관계사 간의 모든 외화거래를 런던에 위치한 중앙금융센터에서 네팅한 후, 각 자회사와 협력사의 채권·채무 관계를 정리한 순수한 자금만 이동하게 된다. Motorola가 시스템을 도입하지 않았을 때 각 자회사 간의 외환거래액은 약 43억 달러에 이르렀으나 1991년 이러한 새로운 시스템을 도입한 결과 자회사간의 외환거래는 13억 달러 수준으로 줄어들었다. 즉, 네팅을 사용한 결과 약 2/3 정도의 현금흐름이 불필요하게 되었던 것이다.

그림 13-7 | 네팅과정의 예시

A: 네팅 이전의 현금흐름

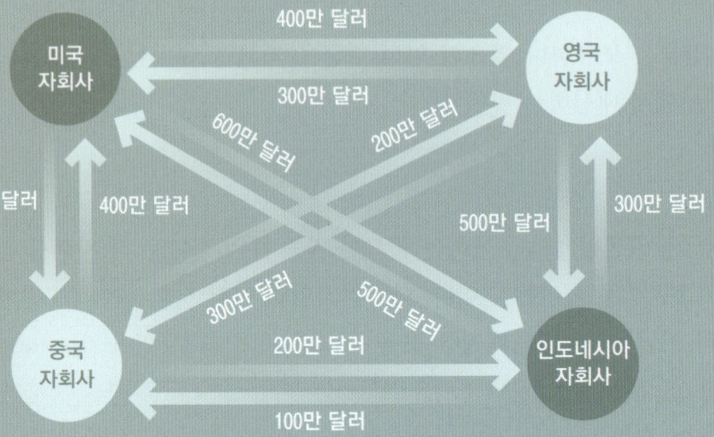

B: 네팅과정

		채무를 진 자회사				(단위: 백만 달러)	
		미국	영국	중국	인도네시아	총채권액	차액
채권을 가진 자회사	미 국	–	3	4	5	12	(3)
	영 국	4	–	2	3	9	(2)
	중 국	5	3	–	1	9	1
	인도네시아	6	5	2	–	13	4
	총채무액	15	11	8	9	–	–

C: 네팅 이후의 현금흐름

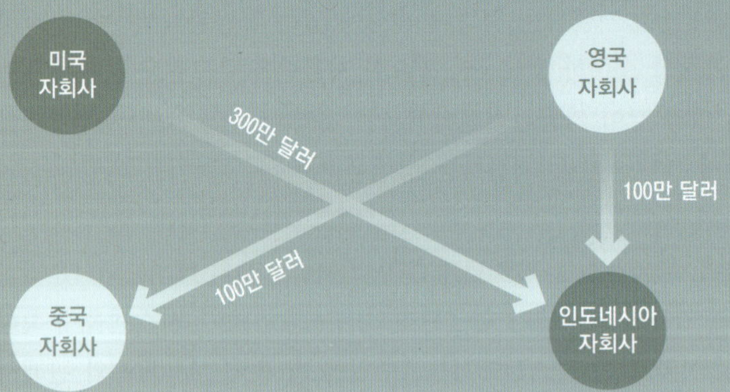

네팅의 도입 덕분에 Motorola는 각 자회사가 외환을 바꾸는 데 드는 환전비용만 해도 연간 약 650만 달러를 절감할 수 있었다고 한다. 게다가 네팅의 도입으로 인해 환위험이 감소했다는 것까지 포함하면 단순한 거래비용 이상의 비용을 추가적으로 절감할 수 있었다는 것을 알 수 있다.[4]

자금의 국가간 이동

다국적기업이 본사와 자회사 사이에, 또는 자회사끼리 자금을 이동할 때 현금 이외에 다른 여러 가지 방법으로도 자금흐름을 조절할 수 있다. 본 절에서는 다국적기업 내에서 자금을 이전하는 구체적인 방법으로 이전가격의 활용, 로얄티지급 그리고 조세회피국의 이용 등을 살펴보기로 한다.

이전가격

이전가격transfer price이란 본사와 자회사, 또는 자회사끼리 실질적인 거래관계가 있을 때 그 거래관계에 사용하는 가격을 말하는 것으로 이를 조정함으로써 다국적기업 내부의 자금흐름을 조정할 수 있다.[5] 이러한 이전가격은 다음과 같은 여러 가지 목적을 위해서 사용될 수 있다.

다국적기업이 이전가격을 이용하는 것은 무엇보다도 세금을 절약하기 위해서이다. **그림 13-8**과 같이 법인세는 국가마다 다르기 때문에 법인세의 세율이 높은 국가보다 낮은 국가에서 이익을 내는 것이 다국적기업의 전체적인 세금 부담을 줄이는 방법이다. 예를 들어, 한국의 어느 다국적기업이 독일과 미국에 자회사를 가지고 있으며 미국의 법인세율이 독일의 법인세율보다 더 낮다고 할 때, 독일에 있는 현지법인이 이익을 많이 내서 세금을 더 많이 납부하는 것보다는 미국에서 이익을 많이 내도록 조정하는 것이 전사적으로 세금을 줄이는 방법이 된다. 따라서 미국에서 이익을 많이 내기 위해 미국에서 독일로 공급하는 제품의 가격을 높여서 독일현지법인으로 하여금 되도록 이윤을 적게 내도록 조정하게 된다. 또한 다국적기업은 현재 손실을 보고 있는 해외자회사에 낮은 가격으로 중간제품을 공급하고, 큰 이익을 기록하여 세금을 많이 낼 것으로 기대되는 현지법인에는 높은 이전가격을 받음으로써 그 자회사가 보고하는 이익을 줄이고 결과적으로는 세금을 줄일 수 있게 된다.

이와 같이 절세를 목적으로 하는 이전가격은 다국적기업과 현지정부 간에 많은 갈등을 발생시키는 요인으로 작용한다. 최근 들어 세계 각국의 정부들은 다국적기업이 이전가격을 활용하여 세금을 포탈하는 것을 강력하게 규제하고 있다. 미국은 Internal Revenue Service로 하여금 다국적기업 간의 거래와 이전가격의 사용에 대해서 보다 철저히 감시하도록 하는 법안을 통과시켰다. 그럼에도 불구하고 다국적기업들은 아직도 상당부분 이전가격을 조정하여 다국적기업 내에서의 현금흐름과 납세액을 조절하고 있다. 예를 들어 미국의 Starbucks는 영국에서

Video

Starbucks, Google and Amazon Grilled Over UK tax Avoidance BBC News Coverage

그림 13-8 국가들의 세율비교 (단위: %)

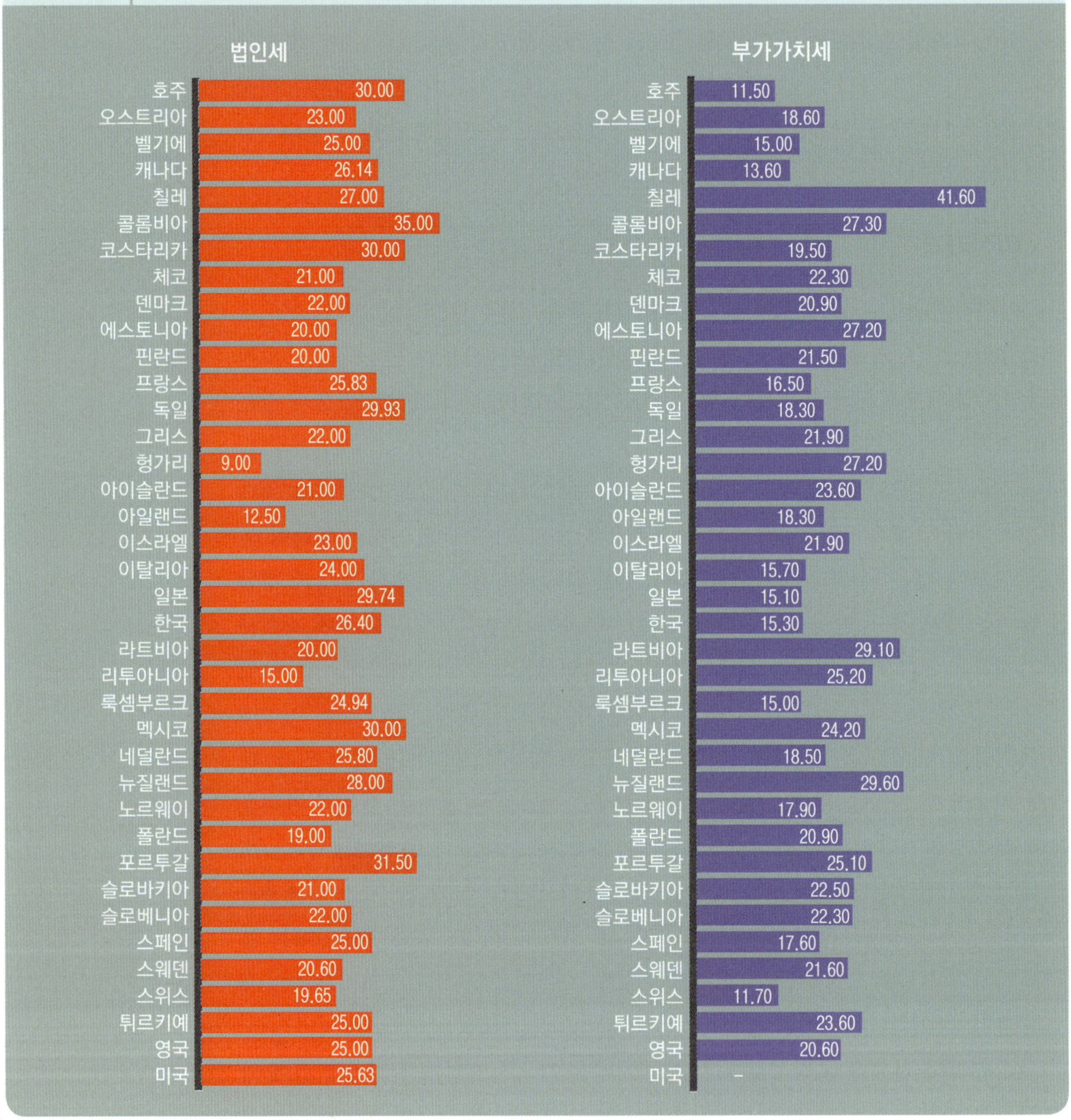

출처: OECD Tax Database, Tax Foundation, 2024년 기준. 미국은 부가가치세가 없으므로 각 주의 판매세율의 평균으로 계산하였음.

매년 4억 파운드에 달하는 매출에도 불구하고 1998년부터 2012년까지 14년 동안 납세액이 단 8백 6십만 파운드로 세금을 거의 안 낸 것이 알려져서 영국 정부 및 소비자의 공분을 산 바 있다. Starbucks가 이렇게 영국에서 이익을 내지 않은 이유는 당시 영국의 높은 법인세를 피하기 위해 스위스에 위치한 무역회사를 통해 원두를 비싸게 구매하고, 네덜란드에서 원두를 볶아서 공급받았기 때문이었다. Starbucks 뿐만 아니라 Apple과 Microsoft 역시 이전가격을 통해 법인세를 거의 내지 않아 조세회피 혐의를 받고 있다.[6]

또한 다국적기업은 인플레이션의 위험과 환위험을 줄이기 위하여 이전가격을 사용하기도 한다. 예를 들어, 브라질에서 높은 인플레이션이 예상된다고 할 때 이전가격을 통해서 브라질자회사로부터 본사로 자금을 미리 송금하는 것은 환위험을 줄이는 좋은 방법이 된다. 더욱이 외국정부가 다국적기업의 과실송금에 대한 규제를 하고 있을 경우에는 이전가격을 조작함으로써 실질적인 과실송금을 하는 방법으로 이용할 수 있다.

로얄티, 배당 및 이자

로얄티는 우리가 특정 기술, 브랜드, 특허 등 무형자산을 사용할 때 그 사용대가로 지불하는 비용이다. 로얄티는 단순히 기술이전뿐만 아니라 경영기법의 전수에도 활용이 된다. 다국적기업은 해외에 기술을 이전하거나 제품을 판매할 때 흔히 자회사와도 라이센스 계약을 체결하고 기술에 대한 로얄티의 명목으로 대가를 받고 있다. 이와 같이 로얄티를 통해서 자금을 자회사로부터 본사로 이전시키는 이유는 로얄티에 대한 지급이 비용으로 계산되기 때문에 현지법인이 현지국정부에 지불해야 되는 납세액을 줄일 수 있으며, 동시에 현지국정부의 과실송금을 제한하는 규제를 피할 수 있기 때문이다. 또한 로얄티의 지급은 환위험을 줄이는 용도로 널리 활용되고 있다. 따라서 환율이 평가절하되리라고 예상되는 국가에 대해서는 로얄티의 지급을 통해서 미리 자금을 유출하는 것이 환위험을 줄이는 방법이 된다.

조세회피국의 이용

조세회피국tax haven이란 외국자본을 유치하기 위해서 법인소득세를 면세하거나 극히 낮은 세율을 적용하는 국가를 말한다. 이와 같은 조세회피국으로는 Bahamas, Bermuda, Cayman Islands, British Virgin Islands 등이 있다. 다국적기업은 이와 같은 조세회피국에 서류상의 현지법인을 만들어 놓고 이전가격의 조작이나 로얄티지급 등을 통하여, 다른 해외현지법인으로부터의 이익금을 이전하여 조세회피국에 위치한 서류상의 현지법인으로부터 가능한 한 많은 이익이 나도록 조작하고 있다. 그 결과 조세회피국을 이용하는 다국적기업은 전체적으로 세금을 적게 낼 수 있다는 장점을 갖고 있다.

그러나 이와 같은 조세회피국의 이용이 널리 확산됨에 따라 많은 국가의 정부들은 이들 조세회피국을 이용하는 것을 철저히 규제하려는 시도를 하고 있다. 미국 정부는 세법을 개정하여 미국에 있는 본사가 해외자회사로부터 이익을 송금 받았는지의 여부와 상관없이 개별해외자회사에서 얻은 이익을 모두 통합하여 과세하는 정책을 취하고 있다. 그 결과 미국기업들이 조세회피국에 있는 자회사를 통해서 세금을 포탈할 가능성이 상당히 줄어들었다. 그럼에도 불구하고 이와 같은 조세회피국을 적절히 이용함으로써 세금을 조절할 수 있는 방법은 아직도 많이 존재한다고 한다. 예를 들어, 2012년 상장에 성공하여 1조 달러의 회사가 된 Facebook은 특허와 지적재산권에 대한 로열티에 대한 세금이 거의 없는 네덜란드에 자회사를 설립하여 모든 로열티수입을 그 자회사로 귀속시키고, 유럽에서의 광고수입을 법인세율이 12.5%로 낮은 아일랜드로 귀속하고 있다. Apple 역시 각종 조세회피국을 이용하여 절세를 하는 것으로 나타났다.[7] 예를 들어 iTunes를 사용하여 음악이나 앱을 다운받아 본 소비자는 신용카드에 룩셈부르크에 있는 Apple의 현지자회사에서 판매가 일어난 것을 확인할 수 있다. 룩셈부르크는 법인세가 낮은 대표적인 조세회피국이다.

Video

Apple vs. European Commission

Video

G7: Rich nations back deal to tax multinationals

05 〉〉 결론 및 요약

본 장에서는 글로벌기업의 효과적인 투자와 자금조달방법 그리고 자회사의 경영성과에 대한 평가 및 자금운용방법 등을 살펴보았다. 먼저 글로벌기업의 자금관리의 필요성은 세계 전지역에 퍼져 있는 사업이 근본적으로 환율의 위험에 노출되어 있고, 또한 각국에 인플레이션과 법적 규제, 정치적 위험 등에 따라 이를 효과적으로 대응할 수 있는 방안이 필요하다는 점을 살펴보았다.

본 장에서는 환노출의 유형을 세 가지로 정리하고, 회계적 환노출과 거래적 환노출은 단기적으로 선물환이나 옵션, 그리고 스왑 등의 기법을 사용해서 대응할 수 있으나, 경제적 환노출에 대해서는 보다 많은 국가에 생산기지를 배치하는 방법으로만 대처할 수 있다는 사실을 살펴보았다. 이와 같은 환위험에 대한 대처방법을 기초로 본 장에서는 글로벌한 규모의 자본 투자결정과 다양한 자금조달

방법을 살펴보았고, 또한 글로벌기업들이 중앙집권적인 자금관리시스템을 통해서 자금을 효율적으로 운용할 수 있다는 사실을 알아보았다.

이와 같이 재무관리 및 회계통제기능은 많은 경우에 글로벌기업의 여러 활동 중 가장 중앙집권적이고 글로벌한 접근이 필요한 분야이다. 개별소비자를 상대하는 마케팅기능은 현지화가 가장 많이 필요한 기능이고, 생산과 연구개발은 마케팅보다 훨씬 더 글로벌한 접근방법이 필요하다. 그러나 재무관리기능은 본 장에서 살펴본 바와 같이 중앙집권적인 통제와 글로벌한 접근을 통하여 가장 효과적으로 운영될 수 있는 기능분야 중의 하나이다.

사례

case

삼성물산의 호주 스프링베일 프로젝트[8]

삼성물산은 1938년 대구에서 설립된 삼성상회를 전신으로 하는 종합상사이다. 한때는 한국 전체 수출액의 10%를 차지할 정도로 우수한 실적을 올렸으나 1980년대 후반부터 삼성물산의 성장세는 점차 둔화되기 시작하였다. 다른 종합상사들과 마찬가지로 과거 삼성물산의 가파른 성장은 계열사들의 수출입업무대행을 통해 이루어졌기 때문에 이들 계열사들이 독자적 수출입역량을 갖추게 되자 자연스레 삼성물산의 역할이 줄어들게 되었던 것이다. 따라서 삼성물산은 새로운 성장동력을 개발하기 위해 무역 외에 다른 영역으로 사업다각화를 추진하게 되었다.

이러한 삼성물산이 신성장동력의 가능성을 찾은 곳은

해외자원개발 사업이었다. 해외자원개발은 막대한 초기 자금을 필요로 하고 위험이 크지만, 그만큼 높은 수익성을 기대할 수 있는 사업이다. 또한 자원이 부족한 한국의 미래 성장을 위해서도 향후 필요한 자원을 안정적으로 공급받는 것이 필수적이었다.

해외자원개발 사업은 기초조사, 탐사 및 경제성 평가, 개발, 생산단계를 거치는데, 이 중 가장 불확실성이 높은 것은 탐사단계로 대부분 이 단계에서 성패가 좌우된다. 또한, 탐사 결과 경제성이 있는 사업으로 판명되더라도 개발을 완료하기까지는 6~10년가량의 긴 기간이 소요되기 때문에 국제자원가격의 변동 등으로 인해 초기의 경제성이 사라질 위험도 항상 존재한다. 그러나 일단 생산단계에 접어들면 추가 비용이 미미하기 때문에 높은 수익률을 기대할 수 있는 것이었다.

호주 스프링베일 탄광개발 사업은 1990년 호주에서 거래관계에 있던 현지의 중견 광산업체 Clutha와 함께 낙찰 받은 탄광개발 프로젝트였다. 이 프로젝트는 삼성물산의 100% 자회사인 Samsung Development Australia Pty. Ltd.와 Clutha의 100% 자회사인 Clutha Springvale Ltd.

그림 13-9 스프링베일 광산 및 Mt. Piper 발전소의 위치

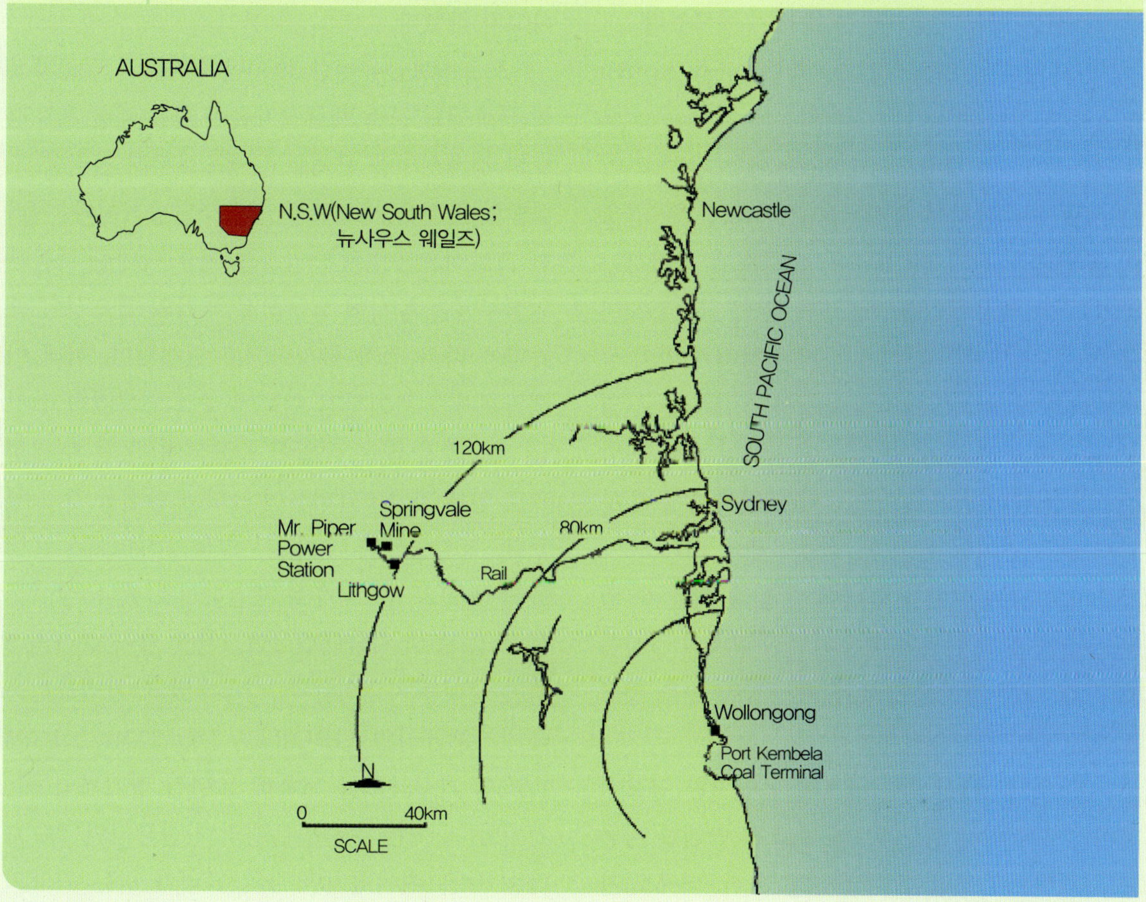

표 13-4 삼성물산의 손익분기 분석 (단위: 오스트레일리아 달러)

	일반 수출용	Mt. Piper 발전소 공급용
판매가	50	39
수송비	(24)	(1)
세탄비	(3)	N/A
세탄시 손실	25%	N/A
톤당 손익분기 원가	17.25	38

출처: 삼성물산

가 각각 50%씩 출자하여, 운영법인인 Springvale Coal Pty. Ltd와 판매법인인 Springvale Coal Sales Pty. Ltd.를 설립하는 방식으로 이루어졌다. 광산 개발과 관련한 업무는 Clutha에서 전담하였으며, 삼성물산은 경영지원 역할을 주로 수행하였다.

스프링베일 프로젝트는 호주 New South Wales 주 전력청Electricity Commission of New South Wales; ELCOM이 광산도시 Lithgow에 보유하고 있는 광구를 개발하여 연간 160만~240만 톤 규모의 유연탄을 현지 Mt. Piper 발전소에 공급하는 것이 주된 내용이었다(그림 13-9 참조). ELCOM이 구매하는 유연탄의 가격은 사전에 정해져 있어 삼성물산은 국제 석탄가격의 변동을 상대적으로 영향을 적게 받을 수 있었고, 스프링베일 광산과 발전소가 컨베이어 벨트로 연결되어 있어 수송비 부담도 낮은 편이었다. 또한, 삼성물산이 ELCOM에 공급하고 남는 석탄을 국내에 수입·판매할 수 있는 옵션을 갖고 있었기 때문에 스프링베일 광산은 호주 내 다른 광산들에 비해 채산성이 높을 것으로 예상되었다(표 13-4 참조).

Clutha는 생산성은 비교적 높았지만 규모가 작아 스프링베일 프로젝트에 소요될 막대한 자금을 자체적으로 조달할 수 없었다. 또한, 대규모 자원개발 사업에 처음 진출한 삼성물산의 입장에서도 높은 위험성을 감안하면 일반적인 방식의 자금조달은 부담스러울 수밖에 없었다. 따라서 삼성물산과 Clutha는 프로젝트금융을 통해 자금을 조달하고자 하였다.

프로젝트금융이란 1930년대 자금과 담보자산이 부족했던 군소 채굴업자들이 석유 채굴 프로젝트의 경제성만을 근거로 은행으로부터 자금을 조달받았던 것을 시초로 한 금융조달방식이다. 이러한 프로젝트금융은 오일쇼크 이후 막대한 자금과 위험부담을 동시에 요구하는 투자의 필요성이 증가함에 따라 점차 활성화되고 있었지만, 여러 이해관계자가 관여하기 때문에 구조가 복잡하고 자금 제공까지 많은 시일이 소요되며, 높은 위험성으로 인해 자금조달비용이 높다는 단점을 갖고 있었다. 삼성물산과 Clutha는 영국의 Barclays 은행을 통해 프로젝트금융을 체결하기로 했다. 삼성물산 측은 총 투자금액인 1억 5천만 달러 중 1억 5백만 달러를 차입하는 데 성공하였고, 차입조건은 국제기준금리인 LIBOR런던 은행 간 금리 3.1%에 1.5%의 가산금리를 적용해 10년간 장기차입하는 것이었다. 이는 수출입은행의 가산금리인 1% 보다는 높은 편이었지만, 1억 달러가 넘는 거액의 자금을 조달하는 것임을 고려했을 때 합리적인 조건으로 판단되었다.

삼성물산은 스프링베일 프로젝트를 추진하기 위해 다음과 같은 리스크 분석을 하였다. 첫째, 공사완공에 대한 리스크로 설비공사 및 석탄생산이 계획대로 진행되어 채무변제에 충분한 현금흐름을 확보할 수 있는가에 대한 것이었다. 삼성물산과 Clutha는 서로의 리스크까지 부담할 수는 없었기에 개별적으로 공사불능 및 지연에 대한 원리금 상환을 보증하였다. 둘째, 원자재나 최종제품인 석탄의 가격이 변동할 경우 발생하는 시장리스크에 대해 삼성물산은 ELCOM 측이 석탄을 필요로 하지 않더라도 대금을 지급하도록 조건을 달았으며, 석탄가격 또한 소비자 물가지수에 연동되어 매년 상승하도록 계약을 맺어 위험을 최소화했다. 셋째, 금리 및 환리스크로 완공 전에 금리가 상승할 경우 사업성이 악화될 가능성이 있었고, 호주달러화의 평가절상 역시 수출이 불리해져 사업성이 낮아질 위험이 있었다. 삼성물산은 공사완공을 전후로 하여 스왑 등의 수단을 사용해 금리리스크를 헷지hedge하였고, 환리스크 역시 래그전략을 통해 헷지하였다. 넷째는 비용초과 리스크로 인플레이션이나 설계 및 공법상의 문제로 인해 시공·운영비용이 예상보다 커지는 경우를 말한다. 이에 대해 광산개발에 대한 경험이 선부했던 삼성물산은 Clutha에게 전적으로 의존할 수밖에 없었다. 마지막으로 매장량 부족에 대한 리스크가 존재했다. 스프링베일 광산의 추정매장량은 1억 3,600만 톤으로 계약기간 동안 공급에 문제가 없을 것으로 확인되었지만, 채탄 불능지역 등으로 인해 생산이 불가능해질 경우 프로젝트 스폰서들이 부족한 매장량을 공급해 주기로 했다.

그러나 이렇게 의욕적으로 출발하였음에도 불구하고 스프링베일 프로젝트는 점점 악화일로를 겪게 되었다. 가장 근본적인 원인은 스프링베일 광산의 취약한 지질구조 때문이었다. 갱도가 붕괴되는 사고가 빈번히 발생했지만 기술이 부족했던 Clutha는 좀처럼 이를 해결하지 못했고, Clutha가 공사지연과 비용초과 리스크를 원만하게 관리할 것이라고 믿었던 삼성물산의 예상은 빗나갔다. 사업이 예정대로 진행되지 않자 1994년에는 Barclays 은행을 비롯한 채권단이 실적 차질을 이유로 자금인출을 중단시키는 사태까지 발생했다.

사후적으로 판단해 보았을 때, 소규모 광산의 경영에 대한 노하우만을 갖고 있던 Clutha에게 스프링베일 같은 대규모 광산의 운영은 기술적으로도 또한 재무적으로도 감당하기 어려운 것이었다. 결국 Clutha는 1995년에 파산하게 되었고 삼성물산은 채권단의 협조 하에 새로운 파트너를 물색하였고, 1996년 당시 세계 최고 수준의 기술력을 갖고 있던 미국의 Cyprus Amax Coal을 새로운 합작파트너로 선정하였다. 그러나 Cyprus Amax Coal이 합류한 이후에도 사태는 개선되지 않았고, 당시 국제석탄가격 또한 지속적으로 하락하고 있었다. 결국 Cyprus Amax Coal도 1999년 스프링베일 광산의 모든 지분을 RAG International Mining에 매각하였고, 2000년에는 Glencore를 거쳐 호주의 광산업체인 Centennial Coal이 이를 인수하였다.

불과 5년 사이에 합작파트너가 4번이나 바뀌자 삼성물산도 스프링베일 프로젝트의 미래를 비관적으로 판단했다. 외환위기를 겪으며 악화된 유동성도 삼성물산이 스프링베일 프로젝트를 포기하게 만드는 데 일조했다. 2001년 삼성물산은 초기 투자금액의 절반에 불과한 8,800만 호주달러에 보유하고 있던 스프링베일 광산의 지분 50%를 SK네트웍스와 한국광물자원공사KORES의 합작법인인 SK-KORES Pty. Ltd.에 매각했다. SK-KORES는 1991년 호주 자원탐사를 위해 설립되어 1994년 Togara North, 1995년 Wyong 광산개발 프로젝트에 참여한 바 있었다. 따라서 스프링베일 광산의 지분은 Centennial Coal이 50%, SK네트웍스와 KORES가 각각 25%씩을 보유하게 되었다.

Centennial Coal은 1989년에 설립된 비교적 젊은 회사였지만, 1994년 호주 증권거래소에 상장될 정도로 빠르게 성장하고 있었다. 또한 Centennial Coal은 적극적인 광산인수를 통해 New South Wales 주 내에 여러 개의 광산을 보유하고 있었기 때문에 스프링베일 광산의 취약한 지반에 대해서도 잘 알고 있었다. 이러한 Centennial Coal의 경험과 기술력을 바탕으로 SK-KORES는 광산운영과 관련한 리스크를 관리해 나갈 수 있었다. SK-KORES와 Centennial Coal은 강철지지대를 갱도 내에 설치해 지반을 지탱하는 Long Wall 채탄기법을 도입하였다. Long Wall 기법은 장비에 대한 추가투자를 필요로 했지만 기존의 굴진을 통한 채탄에 비해 채산성이 높을 뿐만 아니라 안전하고 쾌적한 작업환경을 조성했다. 석탄의 생산량이 증가하자 안정적인 공급처를 보유하고 있던 스프링베일 광산은 막대한 수익을 올리기 시작했다. SK-KORES의 인수 이후, 스프링베일 광산은 연평균 330만 톤의 석탄을 생산하여, ELCOM에 공급해야 하는 200만 톤을 제외한 물량을 한국과 중국으로 수출했고 SK네트웍스는 한국전력과 석탄 공급계약을 체결하여 안정적인 공급처를 확보했다. 또한 2004년부터 국제석탄가격이 다시 상승하기 시작하자 SK-KORES는 단 5년 만에 투자원

그림 13-10 국제 석탄가격 추이

(단위: 달러/톤)

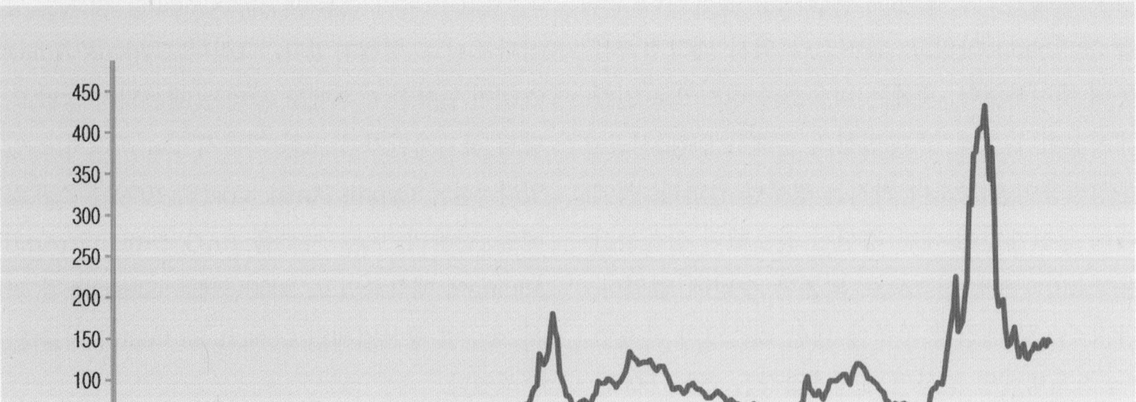

출처: Indexmundi

금을 모두 회수할 수 있었다(그림 13-10 참조).

SK-KORES는 2014년까지 스프링베일 광산에서만 1,090억 원의 수익을 거두었으며. 잔존 매장량을 감안했을 때 2033년까지 안정적으로 수익을 올릴 수 있을 것으로 예상되었다. SK-KORES는 스프링베일에서 얻은 수익과 경험을 이용해 2006년 Taroborah 광산 탐사에 나섰으며, 2007년에는 Centennial Coal이 운영 중인 Angus Place 광산 투자에도 참여했다.

이와 같이 높은 성과를 보였음에도 불구하고, 한국광물자원공사는 2016년 정부가 공기업들의 부채감축을 위해 해외자산을 전부 매각할 것을 지시하자, 2020년에 스프링베일과 Angus Place 광산의 보유지분 전량을 Centennial Coal에 조건없이 모두 양도하게 되었다. 두 광산의 채굴가능기간이 한참 남았음에도 불구하고 전세계적인 탈석탄 기조와 Covid-19로 인해 적절한 매수자가 나타나지 않았던 것으로 알려졌다. SK네트웍스 또한 스프링베일 프로젝트 이후 한국광물자원공사와 함께 브라질, 멕시코, 중국을 비롯한 세계 각지로 석탄, 철광석 등의 자원개발을 확대했지만, 대부분 실패로 끝났다.

스프링베일 광산에 일찍 투자해서 실패한 경험이 있는 삼성물산은 현재 저탄소, 친환경 트렌드에 따라 현재 호주시장에서 미래에너지 사업의 핵심 가운데 하나인 그린수소 사업을 확대하고 있다. 서호주 지역에서 태양광과 풍력 등 신재생 발전단지를 조성하고, 서호주에서 생산한 그린수소를 암모니아로 변환해 한국과 일본 시장 등에 공급할 계획이다. 이외에도 미국 텍사스주에 태양광발전 사업권을 현지 신재생 전문투자사에 일괄 매각하는 Greenfield 계약을 통하여 2023년 총 2천만 달러의 수익을 거둬냈고, 2024년에는 콜로라도와 위스콘신에 투자한 태양광 프로젝트를 매각하여 수익화하였다. 이는 2018년부터 미국에서 태양광 사업권 개발시장에 진출하여 투자한 것을 회수한 것이다. 삼성물산은 과거 뼈아픈 투자 경험을 발판삼아 새로운 친환경 해외자원개발 전략을 적극적으로 펼쳐나가고 있다.

Video

삼성물산, Texas에 태양광발전소 추진

Video

Springvale Mine Extension Blocked

SAMSUNG 삼성물산

삼성물산의 홈페이지
www.samsungcnt.com

토 의 과 제

01 삼성물산이 스프링베일 프로젝트에서 성공을 거두지 못한 이유는 무엇인가? 삼성물산이 투자를 결정하기에 앞서 발생 가능한 위험에 대해 충분히 대비하였는지 토의하시오.

02 SK-KORES가 삼성물산과 달리 접근한 점은 무엇인가?

03 삼성물산의 새로운 해외자원개발이 향후 겪을 위험에는 어떠한 것들이 있는지 토의하고 이를 대비하기 위한 방안을 제안해 보시오.

참고문헌

Reference

1 본 사례는 "A Survey of Brazil," *Economist*, 2003. 2. 222003. 2.22과 같은 제목의 1999. 3.27; "Mercosur's trial by adversity," *Economist*, 2000. 5. 27; "Brazil: Deepening Crisis,"*Business Week*, 1999. 3. 22; "A Survey of Mercosur," *Economist*, 1996. 10. 12; "Reforming Brazil," *Economist*, 1997. 5. 17에 기초하여 작성되었다. 본 사례에 제시된 기업에 대한 자료는 가상기업의 경영성과이다.

2 D. Lessard and D. Sharp, "Measuring the performance of Operations Subject to Fluctuacting Exchange Rate," *Midland Corporate Finance Journal*, Fall 1984, pp. 18~30.

3 J. Collins and W. Sekely, "The Relationship of Headquarters, Country, and Industry Classification to Financial Structure," *Financial Structure*, Autumn 1983; J. Rutterford, "An International Perspective on the Capital Structure Puzzle," *Midland Corporate Finance Journal*, Fall 1985.

4 B. Ettorre, "How Motorola Closes its Book in Two Days," *Management Review*, March 1995, pp. 84~89.

5 S. Crow and E. Sauls, "Setting the Right Transfer Price," *Management Accounting*, December 1994, pp. 41~47; M. Al-Eryani, P. Alam, and A. Akhter, "Transfer Pricing Determinants of US Multinationals," *Journal of International Business Studies*, 1990, pp. 407~425.

6 BBC News, "Starbucks Paid Just 8.6 Million Pounds US Tax in 14 Years," October 16, 2012; CNN, "How Apple Paid Just 0.005% Tax on its Global Profit," August 30, 2016.

7 Facebook에 대해서는 다음을 참조하라. http://www.rnw.nl/africa/bulletin/amsterdam-and-dublin-tax-havens-facebook. Apple의 조세회피에 대해서는 "How Apple Sidesteps Billions in Taxes", *New York Times*, April 28, 2012를 참조.

8 본 사례는 저자의 한국기업의 글로벌경영사례집 II(박영사, 2003년)에 게재된 "삼성물산의 호주탄광투자"에 기초하여 작성되어 수정 · 보완 최근 자료까지 업데이트 되었다.

메모

Memo

04

PART

미래의 글로벌기업

Global Business Management

Chapter14

다국적기업에서 초국적기업으로

Chapter

14 다국적기업에서 초국적기업으로

C/O/N/T/E/N/T/S

세상은 넓다. 끝없이 넓다. 그래서 재미있다.

– 소프트뱅크의 손정의 회장.

사례

case

소프트뱅크[1]

소프트뱅크는 일본에 본사를 두고 있는 글로벌 IT기업이다. 1981년 소프트웨어 유통업으로 출발한 소프트뱅크는 2024년 현재 1,254개의 자회사를 보유한 거대한 기업으로 성장하였다. 소프트뱅크의 주요 자회사로는 일본의 이동통신사인 소프트뱅크 주식회사전 소프트뱅크 모바일, 영국의 반도체 설계회사 ARM, 일본의 포털사이트 야후 재팬 등이 있다(표 14-1 참조).

소프트뱅크의 창립자는 재일교포 3세인 손정의일본명: 손 마사요시이다. 어려서부터 한국계 일본인들에 대한 차별을 목도한 그는 일본의 제도권에서 성장하기를 포기하고 고등학교를 중퇴한 후 미국으로 유학을 떠났다. UC버클리 경제학

표 14-1 소프트뱅크의 주요 자회사 및 투자회사

자회사			
회사명	사업 분야	지분율	편입연도
Softbank Corp.	무선통신	40.7%	2006
LY Corporation	인터넷 (Yahoo Japan, LINE)	64.4%	2019
ZOZO, Inc.	인터넷 쇼핑	51.5%	2017
ARM	반도체	88.7%	2016
지분법상 투자 회사			
회사명	사업 분야	지분율	투자연도
Alibaba Group Holding Ltd.	alibaba.com 운영	29.0%	2000
Geniee, Inc.	광고 기술	31.3%	2014
T-Mobile	무선통신	24.0%	2020

출처: 소프트뱅크 연차보고서, 2024년 기준

과에서 수학하던 중 우연히 접한 마이크로프로세서에 매료된 후, 컴퓨터공학에 관심을 갖기 시작하여 유니손월드라는 벤처기업을 설립하고 다중어 번역기를 개발해 큰 돈을 벌기도 했다.

유학을 마치고 귀국한 후 손정의는 24세의 나이로 1981년 도쿄에서 소프트웨어 유통회사인 소프트뱅크를 설립하였다. 소프트웨어 유통은 당시로서는 생소한 사업영역이었기 때문에 그는 전자전시회에 참가하고 IT 전문지를 창간하는 등 적극적인 판촉활동을 벌였다. 그 결과 1983년에는 당시 일본 최대의 소프트웨어 업체였던 허드슨과 독점판매계약을 맺었으며, 1992년에는 일본 내 마이크로소프트의 독점판매권을 따내어 1,000억 엔에 이르는 매출을 올리기도 하였다. 1994년에는 기업공개에 성공하여 2,000억 엔의 투자자금을 확보하였고, 이를 이용해 1995년과 1996년 세계 최대의 컴퓨터 박람회인 Comdex와 PC Week 잡지의 출판사인 Ziff-Davis를 인수해 소프트웨어 유통사업을 더욱 확장해 나갔다. 1996년 소프트뱅크는 당시 갓 창업한 벤처기업이었던 야후에 1억 달러를 투자하면서 최대주주가 되었고, 일본에 야후재팬을 설립하며 검색서비스 사업에 진출하였다. 야후본사와 야후재팬은 빠르게 성장하여 1996년과 1997년 차례로 상장되었으며, 이를 바탕으로 소프트뱅크는 미디어, 금융서비스, 하드웨어 등 다양한 분야로 적극적인 투자확대에 나섰다.

그러나 2000년 닷컴버블 붕괴로 인해 주가가 곤두박질치자 소프트뱅크는 큰 시련을 겪게 되었다. 이에 맞서 소프트뱅크는 2001년에 일본에서 초고속인터넷 사업에 뛰어드는 승부수를 띄웠다. 소프트뱅크는 단기간에 가입자 수를 늘리고자 NTT보다 빠른 인터넷 서비스를 훨씬 저렴한 요금으로 제공하였으며 무료로 설치도 해주었다. 하지만 초기에 소요된 막대한 투자자금이 소프트뱅크의 재무상태를 심각하게 악화시켰다. 그러나 2004년 거대한 유선네트워크 망을 보유한 일본텔

그림 14-1 소프트뱅크의 매출액 및 영업이익 · 투자관련손익 추이 (단위: 백만 엔)

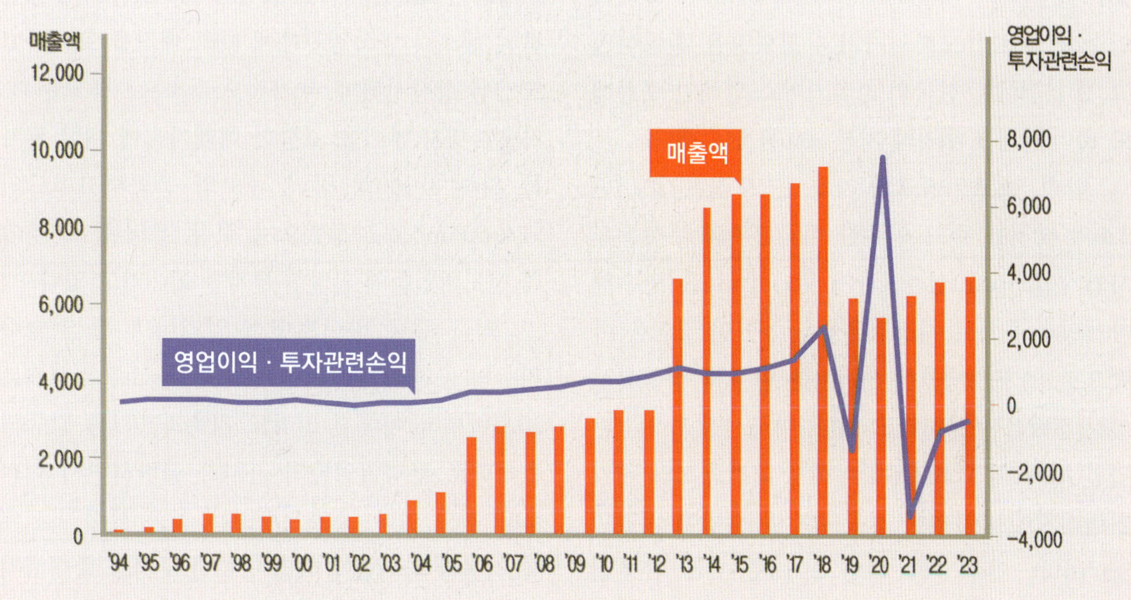

출처: 소프트뱅크 연차보고서. 2019년도부터는 Softbank그룹사는 투자를 전문으로 하는 지주회사의 성격에 맞게 영업이익 대신 투자관련손익을 공시하고 있음.

레콤을 인수하여 독자적인 회선을 구축할 수 있었고, 그 결과 2005년부터 소프트뱅크는 흑자로 전환되었다(**그림 14-1** 참조).

초고속인터넷 사업이 안정을 찾자 2006년 소프트뱅크는 독일 Vodafone의 일본 법인을 1조 7,500억 엔에 인수하여 소프트뱅크 모바일을 설립하고 무선통신사업에 진출하였다. 당시 Vodafone은 일본 무선통신시장에서 1, 2위 업체인 NTT Docomo와 KDDI에 밀려 고전을 면치 못하고 있었다. 소프트뱅크 모바일은 파격적인 요금제로 가입자 수를 급격히 늘렸고, 2008년에는 경쟁사보다 한 발 앞서 일본 최초로 아이폰을 출시하여 시장 점유율을 높여갔다.

이와 같이 소프트뱅크는 소프트웨어 유통과 유·무선 통신사업을 중심으로 일본시장에서 성장해 왔다. 야후재팬은 여전히 일본 최대의 검색서비스업체로 자리잡고 있으며, 이제는 소프트뱅크 주식회사로 이름을 바꾼 소프트뱅크 모바일 역시 꾸준히 성장하고 있다. 더 나아가 소프트뱅크는 글로벌 인터넷 및 모바일 시장을 제패하고자 적극적인 해외투자를 실시해 왔다. 2000년 중국에서 창업한 알리바바의 CEO 마윈에게서 전자상거래의 장래성을 보고 2,000만 달러를 투자하여 지분 32%를 확보하였으며, 2014년 알리바바가 뉴욕증시에 상장되어 시가총액이 2,310억 달러에 이르자 최대수혜자가 되었다. 또한 모바일 콘텐츠 사업을 전세계로 확장하기 위해 2008년 중국 최대의 SNS 사이트인 Renren에 4억 3,000만 달러를 투자했으며, 2013년에는 자회사인 겅호온라인엔터테인먼트와 함께 핀란드의 모바일 게임회사 Supercell을

15억 달러에 인수했다. 그 외에도 소프트뱅크는 2013년 미국의 Brightstar를 12억 6,000만 달러에 인수해 글로벌 모바일기기 유통역량을 획득하였고, 2015년에는 한국의 소셜커머스 업체인 쿠팡에도 10억 달러를 투자해 지분 20%를 인수했다.

한편, 소프트뱅크의 가장 큰 도전은 2013년 220억 달러를 주고 인수한 미국 3위의 무선통신 사업자인 Sprint였다. 과거 Vodafone을 인수해 마케팅과 투자로 시장점유율을 높였던 경험을 바탕으로, 소프트뱅크는 Sprint를 인수해 정상화시키는 전략을 구사하려고 했다. 미국시장 1, 2위 기업인 AT&T와 Verizon에 비해서 고객규모와 지역 커버리지에서 불리한 점을 감수할 수밖에 없었던 Sprint는 인수 다음해인 2014년 4위 업체인 T-mobile을 인수해 규모를 키우고자 하였으나, 미국 연방통신위원회가 반독점행위를 근거로 반대하여 인수에 실패하였다. 결국 소프트뱅크는 2019년 Sprint를 과거 자신이 인수하려고 했던 T-mobile에게 매각하기로 결정했다.

소프트뱅크는 또한 2016년 영국에 본사를 둔 세계 2위 반도체 설계회사인 ARM를 234억 파운드에 전격 인수하였다. 손정의는 향후 사물인터넷에 대한 수요가 폭발적으로 증가할 것이라고 예상했다. Sprint의 적자가 계속되고 있음에도 불구하고 다시 한번 과감한 투자를 결정한 것이다. 소프트뱅크는 ARM을 NVIDIA에게 400억 달러에 매각하려 했으나 반독점규제에 따라 매각을 포기하고 2023년 상장시켰다. 추가적으로 소프트뱅크는 IT, 자율주행차 분야를 포함한 미래기술에 대한 투자를 위해 1,000억 달러 규모의 공공투자펀드인 Vision Fund를 조성했으며, 쿠팡, 우버 등 IT 분야의 선도기업들에 활발한 투자를 이어가고 있다.

최근 중국 바이트댄스·알리바바 등 기술주 위주의 공격적인 투자를 단행해 온 소프트뱅크는 2022년부터 이어진 고강도 긴축과 미·중 갈등의 충격파로 투자기업들의 가치가 급락하면서 어려움을 겪고 있다. 소프트뱅크는 최근 실적 발표에서 지정학적 위험에 따라 당분간 투자를 확대하지 않는다고 밝혔다.

1999년 손정의가 한국을 방문하여 첫 기자간담회를 가졌을 때 어느 한국 기자가 "손 회장님은 일본에서 성공한 기업인이지만 재일교포 3세로서의 정체성에 대한 고민도 있었으리라 생각됩니다. 과연 손 회장님의 마음의 고향은 어디입니까?"[2] 라는 질문을 던졌다. 다소 원하는 답을 염두에 두고 유도하는 질문이었다. 손정의는 잠시 동안의 정적을 뚫고 다음과 같이 답했다. "저의 마음의 고향은 인터넷입니다."

Video
SoftBank Group Corp. Earnings Results Briefing for FY2024

Video
A Conversation with Masayoshi Son

SoftBank
소프트뱅크의 홈페이지
www.softbank.jp/en/

01 〉〉 서 론

본 장의 서두에서는 활발한 글로벌경영활동을 벌이고 있는 소프트뱅크의 사례를 통해서 앞으로 추구해야 할 글로벌기업의 발전방향을 모색해 보았다. 앞서 살펴본 바와 같이 소프트뱅크는 일본에서 소프트웨어 유통업으로 출발하였으나, 곧이어 초고속통신망, 무선통신 등으로 사업을 확장하였고, Yahoo, Alibaba, Gungho, Sprint, 쿠팡 등에 투자하여 전세계적으로 사업을 확대하고 있다. 소프트뱅크의 설립자인 손정의 회장은 재일교포 3세로 국적을 떠나 전세계를 대상으로 사업을 펼치는 글로벌경영자의 대표적인 인물이다. 그는 자신의 마음의 고향이 어딘가에 대한 질문에 일본도 한국도 아닌 인터넷이라고 답했다.

본 장에서는 앞에서 살펴본 소프트뱅크의 글로벌경영사례를 중심으로 미래의 다국적기업으로 볼 수 있는 초국적기업의 개념과 한국기업이 초국적기업화되어 갈 때 극복해야 할 과제를 살펴보기로 한다. 이와 같은 한국기업의 초국적기업화의 필수 요소인 글로벌경영자란 무엇이며 어떠한 자질을 갖추어야 하는가를 살펴보기로 한다. 본 장에서 살펴볼 주제는 다음과 같다.

- 초국적기업의 정의를 알아보고 초국적기업이 어떻게 운영되는가를 살펴보기로 한다.
- 한국기업이 초국적기업화하는 데 있어서 여러 가지 극복해야 할 과제를 살펴보고 어떻게 하면 이러한 문제들을 극복할 수 있을지를 검토해 보기로 한다.
- 초국적기업에 필요한 글로벌경영자가 갖추어야 할 자질에 대해서 살펴보기로 한다.

02 〉〉 초국적기업

초국적기업의 정의

초국적기업transnational corporation이란 말 그대로 국경을 벗어나 전세계를 하나의 시장으로 파악하여 활동하는 기업을 의미한다. 다국적기업multinational corporation이 국경을 넘어 단순히 여러 국가에서 기업활동을 벌이는 것을 의미하는 것에 비해, 초국적기업은 국가 간의 경계를 초월하여 활동하는 기업이다. 우리가 제5장에서 살펴본 바와 같이 Perlmutter는 다국적기업을 그 기업의 지배적인 사고방식에 따라 본국중심주의, 현지국중심주의, 세계중심주의로 나누었다. 본국중심주의적인 기업은 일본이나 한국의 다국적기업에서 흔히 나타나는 것처럼 본국에 있는 본사에 모든 권한이 집중되어 있고 자회사는 일방적인 지시와 명령에 따르는 다국적기업의 유형이다. 이에 비해 현지국중심주의는 과거 유럽이나 미국의 다국적기업과 같이 본사의 권한이 적고 자회사가 현지환경에 최대한 적응한 형태이다. 세계중심주의적인 다국적기업은 본사와 자회사 상호간의 정보교환과 협력적인 의사결정이 빈번하게 일어나고 상호의존적인 구조를 갖는다. 즉, 세계중심주의의 다국적기업이야말로 국경과 본사의 개념이 없는 초국적인 기업인 것이다.

이러한 초국적기업에서는 본사와 자회사의 경계가 약하고 해외의 자회사가 특정 사업분야에서 주도적인 역할을 할 수 있고, 특정 업무를 가장 잘 수행할 수 있는 사람은 국적을 불문하고 채용된다. 이러한 초국적기업은 전세계를 하나로 파악하여 수립된 전략을 각 국가에서 수행하기 위해서 각각의 경영환경에 알맞은 현지화전략을 수립한다.

글로벌네트워크경영

앞서 살펴본 바와 같이 초국적기업의 조직은 과거 본사에 모든 권한이 집중되어 있던 체제에서 각각의 자회사가 독립적인 활동을 벌이는 체제로 변화해 가고 있다. 또한 전세계 여러 국가에서 현지법인을 설립하고, 합작투자나 전략적 제휴를 통해서 본사와 자회사의 관계가 점차 수평적이고 다양한 관계로 전개됨에

그림 14-2 네트워크형 다국적기업조직

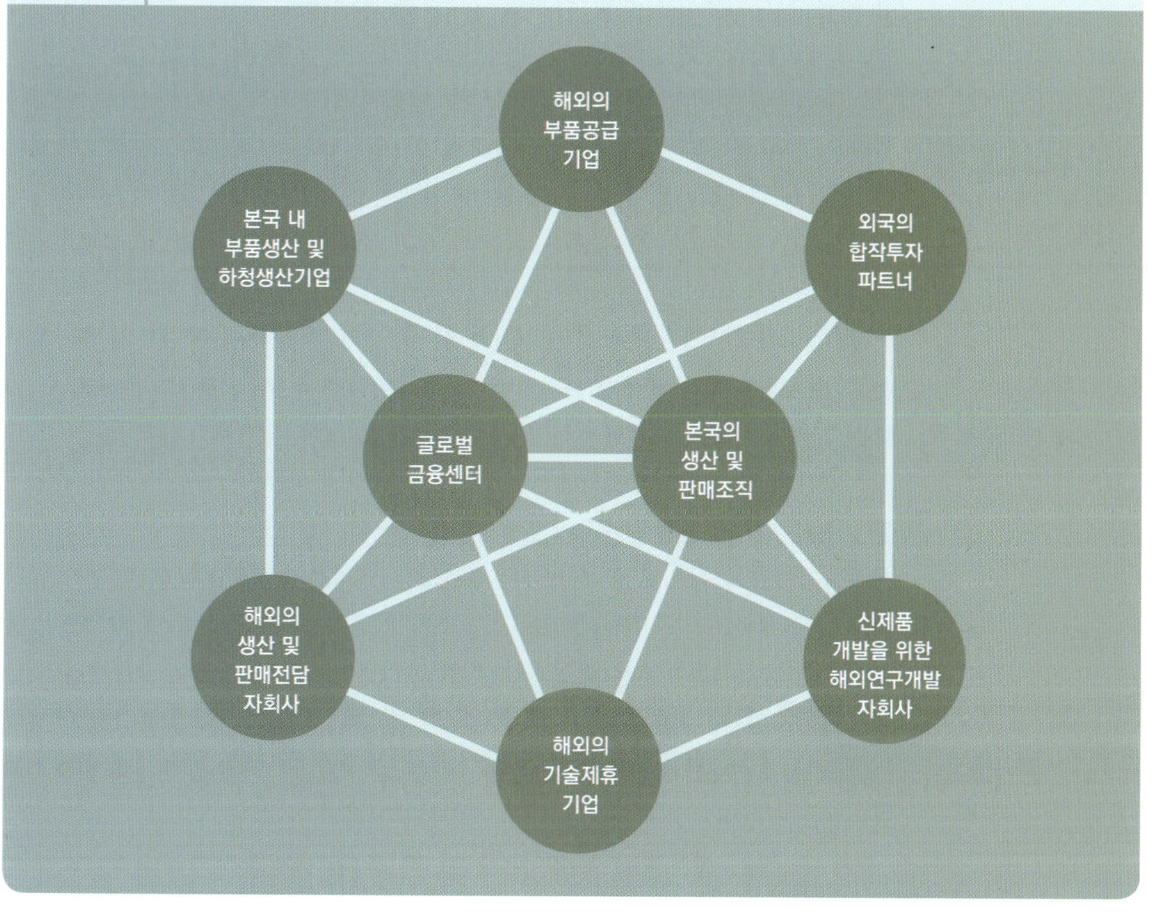

따라 초국적기업의 조직구조는 네트워크형 조직구조network structure로 변하고 있다.[9] 네트워크형 조직구조란 **그림 14-2**와 같이 경쟁기업, 공급업체, 고객들이 서로 긴밀하게 연결되어 기업이 마치 복잡한 형태의 전략적 제휴를 하는 것처럼 보이는 조직을 말한다. 본 장의 서두에서 살펴본 바와 같이 소프트뱅크는 세계 여러 나라의 하이테크 기업에 대한 지분투자로 느슨하게 연결된 네트워크 조직을 구축하고 있다.

이와 같은 네트워크형 기업조직에 참여하는 세계 각국의 자회사들은 그 자회사가 핵심역량을 가진 활동에만 주력하고 다른 나라에 위치한 자회사와 수평적인 형태로 연결되어 있다. 이와 같은 네트워크 형태의 조직에서는 수평적인 의사전달이 중요하며 이런 네트워크형 조직을 효과적으로 운영하기 위해서는 각국에 있는 자회사들의 능력을 파악하고 핵심역량에 따라서 적합한 권한을 부여하는 것이 중요하다. 그러나 이러한 분권화에만 의존하지 않고 전체적으로 하나의 기업으로서 활동하기 위해서는 기업 전체를 총괄하는 조직문화, 비공식 커뮤니케이션채널, 그리고 해외자회사에 대한 효과적인 조정기능이 필요하다.[4]

Hedlund는 이와 같은 초국적기업을 이질적 위계조직heterarchy으로 설명하였다.[5] 구체적으로 이러한 다국적 글로벌네트워크에는 여러 개의 본부가 존재한다. 이질적 위계질서는 기존 본사위주의 위계질서에 반대되는 말로서 단 한 개의 위계질서만 존재하는 것이 아니라 여러 개의 위계질서가 공존한다는 의미이다. 이질적 위계조직하에서는 HP나 P&G의 사례에서와 같이 해외에 위치한 자회사들이 각각의 사업부에서 주도적인 역할을 할 수 있다. 과거 모든 사업부의 총괄본부는 그 다국적기업의 모국에 위치하였던 것에 비해 여러 지역본사로 분산될 수 있다는 점에서 이질적 위계질서적인 특성을 갖고 있다.

또한 이질적 위계조직하에서는 개별자회사의 특성에 따라서 한 자회사가 특정 기능분야에서 총괄본부의 역할을 하기도 한다. 예를 들어, 싱가포르자회사는 아시아지역을 중심으로 한 생산부문에서의 전세계적인 총괄본부의 역할을 담당하고, 연구개발조직은 미국에 있는 연구소가 연구기능의 총괄본부의 역할을 담당할 수 있으며, 금융부분은 런던과 뉴욕의 현지법인이 주요한 국제금융센터의 역할을 할 수 있다. 개별기능분야에서 각국의 특성에 맞게끔 기능별 본사를 배치하는 것도 글로벌네트워크의 특성 중 하나라고 볼 수 있다. 이와 같은 글로벌네트워크는 초국적기업이 지향하는 미래의 경영방식이라고 할 수 있다.

03 〉〉 한국기업의 글로벌화의 과제

한국기업이 앞으로 외진출을 강화하여 초국적기업이 되기 위해서는 앞으로 많은 어려움을 극복해야 한다. 한국기업이 글로벌화과정에서 극복해야 할 이슈는 크게 본국중심주의의 타파, 정부의 규제완화 그리고 기업윤리와 사회적 책임으로 나눌 수 있다.

본국중심주의의 타파

한국기업이 해외에 진출하여 흔히 저지르는 잘못은 본국중심적인 사고방식을 현지자회사에 강요하는 것이다. 한국기업은 일본기업과 마찬가지로 본국중심주의적인 사고방식이 강한 편이다. 때문에 한국식 사고, 한국의 경영관리시스템 등을 해외에 있는 현지법인에 그대로 적용하려는 데서 많은 문제가 발생한다. 과거 어느 일본기업은 미국에 있는 현지생산법인에서 본국의 일본인직원들이 매일 아침마다 하던 체조를 현지종업원에게 강요했었다. 이는 현지종업원들의 많은 반발을 유발했고 종업원들의 사기저하의 원인이 되었다. 만일 그 기업의 종업원에게 아침 체조가 근무효율을 높이고 건강에도 유익하다는 것을 주지시키고, 자발적으로 참여하는 사람들부터 시작하여 점차 그 시행범위를 넓혔더라면 더 좋은 성과를 거두었을 것이다. 이러한 본국중심적인 사고방식의 강요는 한국사람들이 김치를 좋아한다는 이유로 외국인에게 김치를 먹으라고 강요하는 것과 마찬가지이다. 입장을 바꾸어 만일 미국기업이 한국에 진출하여 한국의 종업원들에게 매일 아침 에어로빅이나 조깅을 강요한다면 한국의 현지종업원들이 반발하는 것은 당연하다.

이와 같은 본국중심적인 사고방식은 현지경영을 하는 데 많은 어려움으로 대두된다. 가끔 뉴스에서 해외현지법인에 파견된 한국인 관리자가 현지법인의 종업원들이 정해진 시간 이상 잔업을 하지 않으려 하며, 병을 핑계로 결근율이 높다는 등 많은 불만을 토로하는 기사를 접하게 된다. 실제로 한국에서는 감기에 걸렸다는 것이 결근의 사유가 되지 못하지만, 영국이나 독일, 미국과 같은 나라에서는 감기에 걸린 것은 자신의 빠른 회복과 다른 사람에게 감염되는 것을 막기 위한 충분한 결근사유가 되며, 노사 간 합의된 노동관행 중의 하나이다. 또한 현지법인에 있는 종업원들이 한국인직원처럼 애사심이 강해서 필요에 따라 자발적인 잔업을 기대하는 것 역시 본국중심주의적인 사고방식이다.

이와 같이 본국중심적인 사고방식으로 현지근로자를 한국근로자와 비교해 보면 그들은 극히 게으르고 회사에 대한 충성심이 결여되어 있으며 신뢰할 수 없는 직원인 것처럼 비춰진다. 따라서 본국에서 파견된 관리자들은 현지인직원들에게 불만을 가지기가 쉽다. 또한 현지근로자의 입장에서도 한국인 관리자들이 지나치게 무리한 요구를 하는 것으로 비추어지기 때문에 이들 역시 한국인관리자에 대해서 많은 불만을 갖게 된다. 이와 같이 본국중심적인 사고방식은 많은 경우 해외사업장에서의 노사분규를 야기하는 근본적인 원인이 된다. 해외에 진출하여 현지노동자와 원만한 관계를 유지하기 위해서는 현지인의 특성과 사회·문화적 환경, 그리고 법적 제도적 환경을 이해하여 그들에게 합리적인 대안을 제시하고 이를 해결해 주는 것이 좋은 방법이다.

또한 본국중심적인 사고방식은 연구개발조직의 성과를 악화시킬 수 있다. 일본 화학산업의 거대기업인 미츠비시화학은 미국 Saradyne라는 생화학관련회사를 인수하여 이들의 연구개발 노하우를 습득하려고 하였다. 그러나 Saradyne의 연구자들을 본사에 있는 연구개발조직이 지나치게 통제함에 따라 Saradyne에 있는 수많은 연구인력이 회사를 그만두고 직장을 옮겼다. 그 결과 미츠비시화학은 Saradyne을 인수한 후 그 피인수기업의 가치의 대부분을 차지하던 유능한 연구인력을 모두 잃는 잘못을 범하였던 것이다.

이와 같이 한국기업들이 앞으로 성공적인 글로벌경영을 하기 위해서는 가능한 한 빨리 본국중심적인 사고방식을 타파하고 Perlmutter가 주장한 진정한 의미의 다국적기업이라고 볼 수 있는 세계중심주의적인 사고방식을 가져야 할 것이다. 이를 위해서는 무엇보다도 한국에 있는 경영인력의 국제화가 가장 시급한 과제이다.

정부규제완화

한국기업이 초국적기업으로 성장하는 데 큰 걸림돌이 되는 요소 중의 하나는 한국의 정부이다. 제1장에서 살펴본 바와 같이 스위스의 IMD가 조사한 국제경쟁력의 요소 중에서 정부부문과 정부의 규제가 가장 강하게 이루어지고 있는 금융부문은 매우 낮은 평가를 받고 있다. 뿐만 아니라 한국정부의 지나친 규제는 창의적인 기업활동을 저해하는 요소로 작용하고 있다. 이와 같은 정부의 규제는 한국기업이 보다 다국적기업조직으로 변화하는 것을 저해하며 외국의 다국적기업들이 한국에 현지법인을 만들어 진출하는 것을 막기도 한다.

한때 한국정부는 한국기업이 해외투자를 할 때 자기자본조달비율을 20% 이상으로 유지하도록 규제한 적이 있었다. 이는 투자에 소요되는 자금 중 적어도 20% 이상을 한국에서 조달해야 한다는 의미이다. 그러나 과거 한국의 이자율이 10%를 훨씬 상회하고, 미국, 유럽, 그리고 일본에서의 이자율은 약 4~5% 정도에 불과하던 당시의 상황을 고려해 볼 때 이와 같은 정부의 규제는 기업들로 하여금 높은 금융비용을 부담하게 하는 악영향을 미치고 있었다. 이는 가장 효율적으로 자본을 조달할 수 있는 다국적기업으로서의 장점을 활용 못하게 하는 것이다.

물론 이러한 정부규제는 한국에서의 산업공동화를 막는다는 명분하에 이루어졌다. 한국기업들이 해외에 생산기지를 설립하면 한국에서의 고용이 그만큼 줄기 때문이었고, 특히 제조업분야가 한국으로부터 임금이 낮은 저개발국으로 이전하는 것을 억제하기 위해서 실시한 것이었다. 그러나 이와 같은 정부의 근시안적 정책은 궁극적으로 한국기업의 국제경쟁력을 저해하는 요인으로 작용하였다.

과거 일본의 다국적기업들이 해외진출을 할 때에도 일본 내에서는 산업 공동화에 대한 우려가 제기되었다. 그러나 일본에서 산업공동화가 실제로 일어나지 않았던 이유는 일본기업이 해외에 진출한 것만큼 외국기업이 일본에 진출하여 일본에서의 고용을 창출했기 때문이다. 그러나 한국정부는 외국의 다국적기업들이 한국에 투자하는 것을 유도하지 못하고 있다. 특히 한국정부의 여러 가지 복잡한 규제와 높은 임대료, 경직된 노동시장이 외국의 다국적기업으로 하여금 한국으로의 직접투자를 그만큼 덜 매력적인 것으로 만들고 있다. 만일 실제로 한국에서 산업공동화가 일어난다면 그것은 외국의 다국적기업이 한국에서 직접투자를 하는데 걸림돌이 되고 있는 한국정부의 규제와 노동조합 탓이지, 이러한 규제나 노사분규를 피하거나 경쟁력강화를 위해서 해외로 진출하는 한국기업의 탓으로 돌려서는 안 될 것이다. 따라서 한국의 정부는 이러한 불합리한 규제를 완화하기 위해서 향후 더욱더 많은 노력을 해야 할 것이다.

기업윤리와 사회적 책임

Video

Starbucks: Caring for Our Planet & Our People

과거 다국적기업들은 진출한 현지국정부와 국민들로부터 노동과 자원을 착취하고 수탈하는 제국주의적인 침략자라는 오명을 갖고 있었다. 실제로 과거 석유산업을 지배했던 Exxon, Shell과 같은 미국과 유럽의 다국적기업들은 중동과 남미를 비롯한 제3세계국가에서 정치에 깊숙이 관여하여 관리들에게 뇌물을 제공하고, 독재정부를 옹호하며, 심지어는 쿠데타를 배후에서 조정하는 등 많은 사회적 물의를 일으켰던 역사가 있다. 이와 같이 과거에는 다국적기업들이 국가의 주권을 위협하는 존재로 인식되었다.[6]

그러나 점차 제3세계 국가들의 소득수준이 향상되고, 정치체제도 민주화가 이루어짐에 따라 다국적기업들의 이러한 약탈적인 행동은 더 이상 가능하지 않다. 이제 미래의 다국적기업은 그 기업이 진출한 국가의 현지기업으로서 사회적인 책임을 다하는 동시에 높은 수준의 기업윤리를 가져야만 한다. 다국적기업은 여러 가지 측면에서 현지국 지역사회에 공헌할 수 있다. 첫째, 다국적기업은 자본과 기술, 그리고 경영자원과 같은 희소한 자원을 그 국가에 이전함으로써 현지국의 지역경제에 긍정적인 영향을 미칠 수 있다. 특히 투자자금이 부족한 개발도상국에 외국으로부터 자본을 들여와 생산설비를 구축하고 현지에서 사업을 벌이는 것은 자본이 부족한 나라에 경제적으로 큰 공헌을 하는 것이다. 다국적기업은 자본뿐만 아니라 기술과 경영자원도 그 국가로 이전한다. 기술이전은 생산공정이나 제품의 형태로 나타나며, 이러한 기술이전 역시 제3세계에서는 희소한 경영자원이다. 예를 들어, 과거 사회주의 정부하에 있었던 국가들에게는 효과적으로 기업을 운영할 수 있는 경영능력이 대단히 희소한 자원이었다. 다국적기업은 이와 같이 현지국에 꼭 필요한 경영자원을 공급함으로써 현지국 경제성장에 크게 기여할 수 있다. 둘째, 다국적기업은 해외직접투자를 통해서 현지국에서 고용을 증대시킨다. 예를 들어, 영국은 과거 15%가 넘는 높은 실업률을 기록했었다. 그러나 일본과 한국의 다국적기업이 영국에 진출함에 따라 영국의 실업률은 현재 현저하게 낮아졌고, 이로 인해서 지역경제가 활성화되는 등 긍정적인 효과를 가져왔다.

한편, 다국적기업은 현지법률을 준수하고 현지기업으로서 그 국가에 충실한 기업시민corporate citizen이 되어야 한다. 그러나 다국적기업의 윤리에 대해서 과연 현지국정부의 규제에 충족하는 것만으로 충분한가는 아직도 많은 논란의 대상이 되고 있다. 예를 들어, 선진국에는 환경오염에 대한 기준이 무척 강화되고 있으므로 공해유발산업은 공해를 최소화하기 위해서 각종 정화시설과 공해방지시설에 투자하고 있다. 이와 같은 선진국에 비해서 개발도상국가의 환경오염기준은 극히 미비한 실정이다. 따라서 다국적기업들은 공해산업을 선진국으로부터 후진국으로 이전하는 경향을 보여왔다. 그러나 공해는 후진국에서 발생하더라도 선진국에 있는 사람들 역시 장기적으로 피해를 보게 되는 국제적인 문제이다. 따라서 최근에는 다국적기업이 단순히 현지국의 규제를 충족시키는 것만으로는 불충분하다고 인식되며, 전세계 어디에서나 공통적인 환경오염기준을 설정하여 전반적으로 환경오염을 억제하려는 경향이 강화되고 있다.

또한 미성년자를 고용하는 것과 노동자들에게 최저생계비를 보장하는 수준 이상의 임금을 지급하는 것 역시 점차 현지국의 기준뿐만 아니라 세계적으로 통일된 기준을 갖도록 노력하고 있다. 예를 들어, 제6장에서 살펴본 바와 같이 Nike는 동남아시아에 많은 하청공장을 가동하고 있다. 이와 같은 Nike의 현지공장은 과거 단순히 현지국에서 지정한 최저임금을 지불하는 것 이상으로 종업원의 처우를 개선할 인센티브가 전혀 없었다. 그러나 자신의 하청업체의 노동여건이 자국 언론에 자주 보도되어 여론의 비난을 받게 되자, Nike는 1주일에 40시간 노동을 권장하고, 가능한 한 잔업을 피하도록 하청업체에 권장하고 있으며, 미성년자 고용을 명시적으로 금지하고 있다. 이와 같이 다국적기업들은 단순히 현지국의 기준이나 규제만 충족시키는 것이 아니라 그 사회의 복지수준도 향상시키기 위해서 과거에 비해서 보다 많은 노력을 기울이고 있다. 이와 같은 다국적기업의 노력과 더불어 향후 전세계적인 환경기준을 마련하고자 하는 그린라운드와 노동자의 권익을 보호하는 블루라운드와 같은 논의가 WTO체제하에서 진행되면서 전세계적인 기준이 보다 강조될 전망이다.

기업윤리와 관련하여 또 다른 중요한 문제는 현지국에서 사업을 할 때 뇌물을 제공할 것인가의 문제이다. 한국의 기업들은 과거 정부에 로비자금을 제공하고 각종 특혜를 부여받는 것과 같은 비정상적인 관행에 의하여 사업을 운영하여 왔다. 그러나 많은 국가에서는 이와 같은 뇌물수수에 의한 특혜를 강력하게 규제하고 있으며, 이와 같은 부정부패나 정부와의 긴밀한 관계는 그 기업의 정치적 위험을 크게 증가시킬 수 있다. 미국을 비롯한 선진국은 외국에서 다국적기업이 뇌물수수를 하는 것을 국내에서의 뇌물수수와 동일한 범죄행위로 간주하여 처벌하는 경향을 보이고 있다.

이상에서 살펴본 바와 같이 기업윤리를 강화하고 사회적 책임을 다하는 것을 단순히 윤리적인 이유 또는 사회봉사의 성격으로만 이해해서는 안 된다. 한국기업이 해외진출 후 윤리적으로 사업을 운영하고 현지지역사회에 긍정적인 기여를 하는 것이 인정되면 결국 장기적으로 그 나라에서 현지기업으로서 성공할 수 있는 필수전제조건이 되는 것이다. 과거 제3세계에서 갖은 부정부패와 착취를 일삼았던 다국적기업들이 결국 쫓겨나다시피 철수했던 역사가 우리에게 기업윤리와 사회적 책임의 중요성을 다시 한번 일깨워 주고 있다.

04 〉〉 미래의 글로벌경영자

만일 네트워크형 기업조직이 미래의 다국적기업조직이 된다면 네트워크형 조직을 운영하게 될 관리자나 경영자들은 어떠한 자질을 갖추어야 하는가? 네트워크형 기업조직이 미래의 중요한 기업조직이 될 것으로 예측하는 사람들은 그러한 네트워크형 기업조직에서 일하는 사람들 역시 과거의 관료주의적인 조직에서 일하던 사람들과는 현격히 다른 경영능력을 갖춘 사람들로 구성될 것이라고 예측한다. 네트워크형 다국적기업은 본사와 해외자회사가 수평적으로 연결된 조직이며, 각 자회사들은 자신이 능력을 가장 잘 발휘할 수 있는 분야, 즉 핵심분야에 집중하게 되고 본사는 더 이상 모든 의사결정을 독점하지 못하게 된다. 미래의 네트워크형 다국적기업조직에서의 경영자들은 해외에 있는 자회사와 전략적 제휴관계에 있는 기업 간 네트워크를 효과적으로 관리하는 것이 주요한 업무가 될 것이다.

이와 같은 미래의 다국적기업조직에서 성공할 수 있는 경영자들에게는 특별히 다음의 세 가지 자질이 요구된다.

첫째, 미래의 글로벌경영자들에게는 전략적인 사고가 특히 중요하다. 전략적 제휴와 합작투자를 통한 다국적기업들 간의 장기 및 단기적 협력관계가 늘어나고, 빠른 속도의 시장진입이 요구되는 동시에 해외기업의 인수합병이 점점 더 활발해지고 있다. 이때 우리가 왜 이러한 제휴를 하며 제휴는 어떠한 목표를 달성하기 위한 것인가에 대한 전략적 목표를 명확히 파악하지 않고서는 혼란에 빠지기 쉽다. 따라서 이러한 네트워크형 다국적기업조직을 효과적으로 관리하기 위해서는 경영자들이 전략적 사고를 갖는 것이 무엇보다도 중요하다.

둘째, 미래의 글로벌경영자들에게 더욱 중요한 경영자적 자질은 국제적인 사고방식이다. 앞으로의 기업활동은 내수시장에만 의존할 수 없으며 또한 산업이 더욱 글로벌한 성격을 띠게 됨에 따라서 외국기업들과의 경쟁뿐만 아니라 국제합작투자, 해외인수합병이 필수불가결한 경영활동으로 자리잡을 것이다. 이러한 글로벌한 경영환경에서 효과적으로 기업을 운영하려면 경영자는 무엇보다도 국제적인 마인드를 갖추는 것이 필요하다. 더욱이 자신이 제휴하는 외국기업들과 자신의 기업을 위해서 일하는 외국인종업원들의 사고체계 및 가치체계를 충분히 이해하지 않으면 이러한 복잡한 다국적기업조직을 효과적으로 운영할 수 없다. 따라서 국제적인 마인드는 미래의 글로벌경영자들이 갖추어야 할 가장 중요한 자질 중의 하나로 손꼽을 수 있다.

셋째, 미래의 글로벌경영자들에게 필요한 자질은 교섭능력이다. 미래의 다국적기업조직이 네트워크형 기업조직의 형태를 띠게 되면 이러한 기업에는 내부적으로 또는 외부적으로 끊임없는 교섭bargaining과 협상negotiation이 필요해진다. 왜냐하면 네트워크조직에서는 더 이상 본국의 본사가 일방적으로 자회사에게 의사결정을 강요할 수 없고, 외국기업과의 합작투자와 전략적 제휴가 활발히 일어나게 됨에 따라 수평적인 관계에서 의사결정이 이루어지기 때문이다. 이러한 수

많은 다국적네트워크관계에서 보다 더 유리한 조건으로 네트워크조직을 운영하려면 뛰어난 협상능력이 필수불가결하다. 협상능력을 갖춘 글로벌경영자들만이 네트워크형 기업조직을 효과적으로 운영할 수 있게 되는 것이다.

이상에서 우리는 미래의 글로벌경영자들에게 필요한 자질을 전략적 사고, 국제적인 마인드, 교섭능력의 세 가지로 살펴보았다. 그러나 이러한 세 가지 능력이 중요하다고 하여 지금까지 우리가 경영학에서 배운 마케팅관리나 생산관리, 재무관리, 회계학 또는 인사관리 등 기능별 학문분야가 중요하지 않다는 말은 아니다.

이러한 경영학의 제반 지식은 유능한 글로벌경영자가 되기 위해 필수적이며 앞으로도 경영자들은 이러한 관리기법들을 잘 활용하는 훌륭한 경영자가 되어야 한다. 또한 이들은 앞으로도 계속 글로벌기업을 효과적으로 운영할 수 있는 여러 가지 도구를 제공할 것이다. 그러나 전략적인 사고나 국제적인 마인드, 교섭능력과 같은 자질은 단순히 교과서를 읽고 배우고 강의를 들음으로써 얻는 것은 아니다. 이러한 능력을 갖춘 글로벌경영자가 되기 위해서는 평소 생활 속에서 전략적으로, 국제적으로 생각하는 습관을 기르도록 꾸준히 노력해야 되겠다.

05 〉〉 결론 및 요약

본 장에서는 소프트뱅크의 세계경영 사례를 중심으로 하여 글로벌기업이 앞으로 풀어나가야 할 과제를 살펴보았다. 이와 같이 다국적기업에서 더 나아가 초국적기업이 되기 위해서는 해외자회사 간에 수평적 관계가 보편화되는 글로벌 네트워크조직으로 변화해야 하고, 전략적 사고, 글로벌한 안목과 사고방식, 그리고 협상능력을 가진 경영자가 더욱더 절실하게 필요해질 것이다.

또한, 본 장에서는 한국기업이 다국적기업화되면서 풀어나가야 할 여러 가지 과제를 살펴보았다. 한국기업이 향후 진정한 의미의 초국적기업으로 성장하기 위해서는 본국중심주의적인 사고방식을 타파하고, 정부는 각종 규제를 완화해야 하며, 기업의 입장에서는 기업윤리를 확립하고 사회적인 책임을 보다 절실하게 느끼고 이에 따른 역할을 충실히 수행하여야 한다.

사례

case

하이브[7]

하이브HYBE는 음반·음원의 제작 및 배급, 아티스트 육성 및 매니지먼트, 온·오프라인 콘텐츠 사업, 플랫폼 사업 등을 영위하는 종합엔터테인먼트기업이다. 하이브는 2005년 주식회사 '빅히트엔터테인먼트이하 빅히트'라는 사명으로 설립되었다. 설립자 방시혁은 1997년부터 JYP엔터테인먼트의 작곡가로 활동하며 GOD, 박지윤, 2AM 등의 히트곡을 제작하여 가요계에서 명성을 쌓아왔다. 빅히트를 설립하며 독립을 선언한 방시혁은 2007년 혼성그룹 에이트8eight를 데뷔시켰다. 2013년에는 '총알을 막는 보이스카웃'이라는 뜻을 담은 첫 남성그룹 방탄소년단이하 BTS을 선보이기에 이르렀다.

데뷔 초 크게 주목을 받지 못했던 BTS는 2015년 앨범

'화양연화'를 통해 대중의 관심을 받았다. 위태로운 청춘의 아름다움을 주제로 한 2부작의 앨범이 청년 세대의 고민과 생각을 담은 메시지를 전달하여 대중의 눈길을 끈 것이다. 화양연화 pt.1과 pt.2는 도합 14만 장 이상의 초동 판매량을 달성하며 2015년 연간 음반 판매량 차트에서 2위를 기록하였다. 이후 BTS의 2017년 앨범 'LOVE YOURSELF'의 성공에 힘입어 빅히트는 2017년도 매출액 417억 원, 영업이익 32억 원을 기록하며 전년도에 비하여 약 3배 이상 높은 성과를 거두었다(**그림 14-3**).

BTS는 데뷔 초부터 기존의 K-POP 댄스곡과는 달리 힙합과 Electronic Dance MusicEDM을 결합한 음악 위주의 퍼포먼스를 보여주었다. 이는 댄스 위주의 K-POP 시장에서 돌파구를 찾고 멤버들이 직접 제작에 참여하여 다른 아이돌과의 차별점을 두고자 하는 전략이었다. 이는 기존의 K-POP 장르에 익숙한 국내 대중들에게는 긍정적인 평가를 받지 못하였으나 오히려 해외 팬들에게는 익숙한 비트로 다가왔다.

이와 같은 긍정적 평가에 힘입어 빅히트는 글로벌 아티스트로서 해외의 팬들에게 적극적으로 다가서기 위한 전략을 수립하였다. 그 당시 국내 음원시장은 SM, JYP, YG의 '3대 기획사'로 대표되는 대형기획사가 음원차트순위와 대중의 관심 대부분을 독식하며 응집력 높은 팬덤fandom 문화를 형성하고 있었다. 팬덤의 규모는 아이돌 그룹의 인기와 직결되기에 기획사들은 자사의 그룹이 데뷔하기 전부터 SNS 채널에서 견고한 팬덤을 구축하기 위해 노력하였다. 반면 데뷔 초부터 대중의 이목을 끌 수 있는 대형기획사 출신의 신인들에 비해 중소기획사의 신인 아이돌 그룹은 상대적

그림 14-3 하이브의 매출액 및 영업이익 추이 (단위: 10억 원)

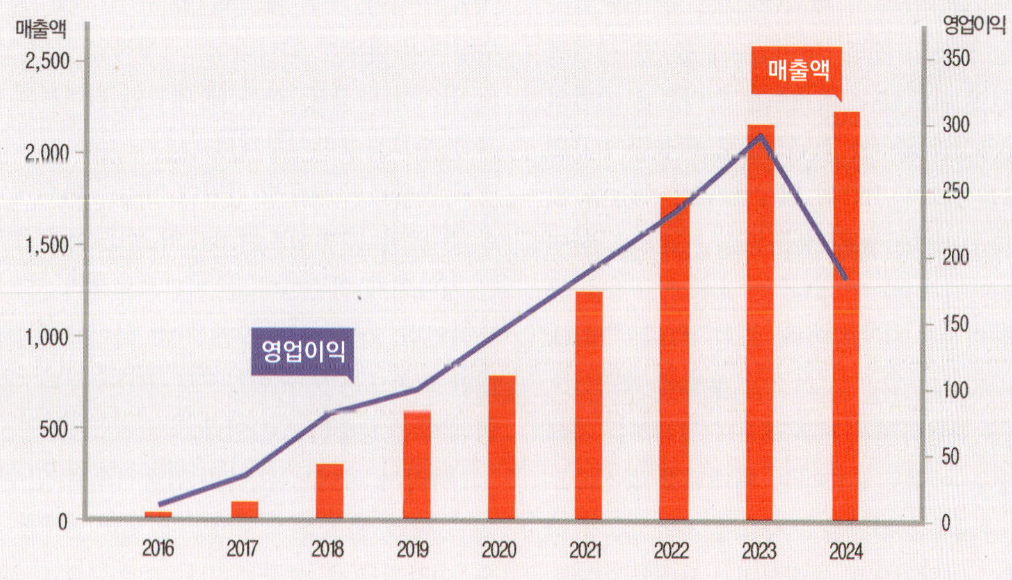

출처: 하이브 사업보고서

그림 14-4 2024년 음반시장 점유율

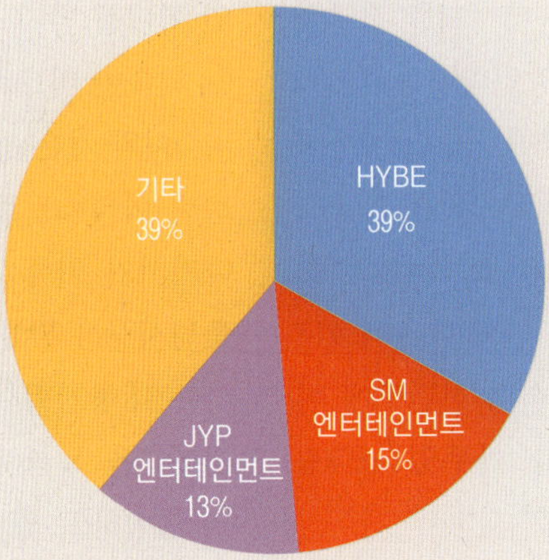

출처: 써클차트, 대신증권 Research Center

으로 성공가능성이 낮았다. 빅히트는 이러한 한국 음악시장의 특징을 분석하여 자사의 아이돌 그룹이 해외에서 성공을 거둘 가능성이 더 크다는 판단을 내렸고, 이후 해외에서의 긍정적인 반응을 통해 성과를 얻고 국내로 역수입되는 방식을 택했다.

먼저 '화양연화'가 해외에서 큰 인기를 끌자 빅히트는 BTS의 팬덤 '아미A.R.M.Y'를 전 세계로 확대하기에 이르렀다. 빅히트는 스마트폰 기반의 유튜브 영상과 SNS를 적극적으로 활용하여 BTS의 음악을 알리고 BTS의 일상을 담은 예능을 중계하였다. 이러한 높은 접근성을 기반으로 하여 "누구나 아미가 될 수 있다"는 정체성 규정을 통한 팬덤 형성을 유도하였다. 또한 BTS는 "Black Lives Matter"와 같은 사회적인 문제에 적극적으로 의견을 표명하면서 젊은 팬들과 공감하는 자세를 보였다. 이렇듯 BTS라는 매개체를 중심으로 사회적 메시지를 전달하고 차별에 저항하고자 하는 팬들이 자발적으로 연대하면서 BTS와 아미는 하나의 거대한 사회현상으로 자리잡았다. 아미는 BTS와 관련된 콘텐츠를 끊임없이 재생산하여 소셜미디어에 게시하며 지속적으로 팬덤의 규모를 키웠다.

그 결과 BTS는 '2019년 빌보드 뮤직 어워드'에서 아시아 가수 최초로 '톱 듀오/그룹' 부문을 수상하며 한국뿐 아니라 전 세계적인 아티스트로서 입지를 다졌다. 같은 해 데뷔한 빅히트의 신인 그룹 투모로우바이투게더TOMORROW X TOGETHER 역시 빅히트의 글로벌 전략에 힘입어 빠르게 성장할 수 있었다. 빅히트는 BTS의 성공 이후 "BTS에만 지나치게 의존한다"는 비판으로부터 자유롭지 못하였다. 실제로 2019년 기준 하이브의 BTS에 대한 의존도는 97% 이상으로, BTS로부터 대부분의 수익을 창출하고 있었다.

따라서 하이브는 이후 적극적으로 인수합병을 통해 콘텐츠를 확대하였다. 2019년에는 걸그룹 '여자친구'로 성공을 거둔 쏘스뮤직을 인수하였고, 2020년에는 '애프터스쿨', '세븐틴' 등의 기획사로 알려진 플레디스 엔터테인먼트를 자회사로 편입하였다. 이후 2021년 SM엔터테인먼트의 크리에이티브 디렉터였던 민희진을 영입하여 어도어ADOR를 설립하였다. 그 결과 2019년 빌리프랩의 엔하이픈ENHYPEN을 시작으로, 2022년 쏘스뮤직의 르세라핌LE SSERAFIM과 어도어의 뉴진스NewJeans를 선보여 음악시장에서 큰 성공을 거두었다. 2019년 6월 글로벌 팬덤 커뮤니티 플랫폼인 위버스Weverse를 출시하였다. 2021년 위버스는 네이버의 실시간 스트리밍 서비스인 V LIVE를 인수함과 동시에 네이버로부터 4,100억 원의 투자를 유치하여 네이버를 2대 주주로 하는 새로운 지배구조를 확립하였다.

이러한 성공에 힘입어 2020년 10월 코스피에 '하이브'로 상장한 빅히트는 2021년 3월 사명을

표 14-2 하이브의 기업 구조

회사명	사업부문	회사명	사업개요
하이브 (HYBE)	레이블	㈜빅히트뮤직	아티스트 매니지먼트 및 음악 제작
		㈜빌리프랩	아티스트 매니지먼트 및 음악 제작
		㈜플레디스엔터테인먼트	아티스트 매니지먼트 및 음악 제작
		㈜쏘스뮤직	아티스트 매니지먼트 및 음악 제작
		㈜케이오지엔터테인먼트	아티스트 매니지먼트 및 음악 제작
		㈜어도어	아티스트 매니지먼트 및 음악 제작
	솔루션	㈜하이브아이엠	신규 게임 런칭, 게임 퍼블리싱 및 AI 기반 기술 개발
		㈜바이너리코리아	시장 환경 및 산업 트렌드에 부합하기 위한 선행 연구 개발 수행
		㈜수퍼톤	오디오와 음악을 위한 최첨단 AI 솔루션 개발
	플랫폼	㈜위버스컴퍼니	팬 커뮤니티 및 커머스 플랫폼 개발 및 운영
하이브 재팬 (HYBE Japan)	레이블	HYBE Labels JAPAN Inc.	아티스트 육성 및 음악 제작
		NAECO Inc.	아티스트 매니지먼트
		HYBE JAPAN Inc.	일본 지역 내 음반/음원, 콘텐츠, MD, 공연, 팬클럽 등 사업 총괄
	플랫폼	Weverse Japan Inc.	일본 지역 내 팬 커뮤니티 및 팬 커머스 플랫폼 운영
하이브 아메리카 (HYBE America)	레이블	HYBE America Inc.	북미 지역 내 음반/음원, 콘텐츠, MD, 공연, 팬클럽 등 사업 총괄
		Scooter Braun Projects LLC	아티스트 매니지먼트
		Big Machine Label Group LLC	음악 제작
		QC Media Holdings Inc.	아티스트 매니지먼트 및 음악 제작
		HYBE UMG LLC	아티스트 육성 및 음악 제작
		HYBE Latin America SA de CV	아티스트 육성 및 음악 제작
	플랫폼	Weverse America, Inc.	북미 지역 내 팬 커뮤니티 및 팬 커머스 플랫폼 운영

출처: 하이브 사업보고서, 2024년 기준

그림 14-5 하이브의 사업별 매출액 비중

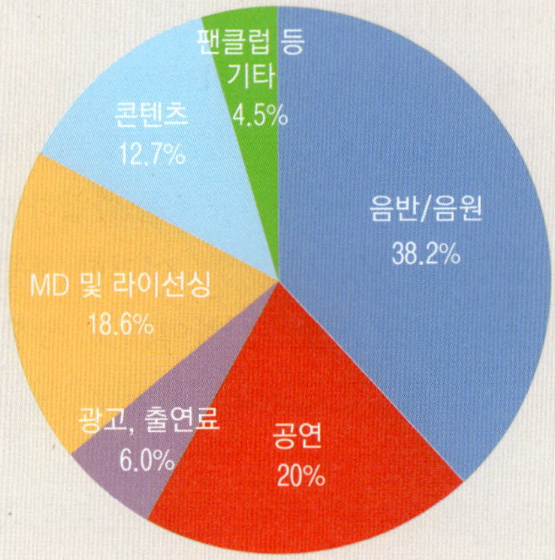

출처: 하이브 사업보고서, 2024년 기준

'하이브'로 변경하였으며, 동시에 글로벌 레이블로 도약하기 위하여 하이브 본사와 북미 지사인 하이브 아메리카HYBE America로 나누고, 이후 일본 시장에 특화된 하이브 재팬을 설립하였다. 이 과정에서 하이브는 10억 달러를 지불하고 이타카 홀딩스Ithaca Holdings를 인수하여 하이브 아메리카 레이블에 편입하였다. 이타카 홀딩스는 유명 프로듀서 스쿠터 브라운Scooter Braun 대표를 필두로 저스틴 비버Justin Bieber, 아리아나 그란데Ariana Grande, 제이 발빈J Balvin 등 세계적인 팝스타를 다수 배출한 미국의 대형레이블이다. 이타카 홀딩스를 인수함으로써 하이브는 미국 현지 매니지먼트사와 레코드 레이블, 콘텐츠 제작사 등의 자회사들도 흡수하여 하이브 소속 아티스트의 미국 진출과 활동을 위한 기반을 마련할 수 있었다. 또한, 위버스에 이타카 홀딩스 소속 팝스타를 합류시키는 계획을 세우는 등 IP를 통합하여 운영하며 기존 자회사의 글로벌 시장진출의 가능성을 열었으며, 이타카 홀딩스를 통해 미국 현지에서 잠재력이 있는 현지 아티스트를 발굴하는 작업을 시작하였다.

이어 하이브는 사업부문을 레이블, 솔루션, 플랫폼의 3개 부문으로 구분하였다(**표 14-2**). 레이블HYBE Labels은 빅히트뮤직, 빌리프랩, 소스뮤직, 플레디스 등 빅히트의 기존 음원 사업부와 인수합병된 기획사로 구성되어, 각각 소속 아티스트를 프로듀싱하며, 솔루션HYBE Solutions은 각 레이블의 결과물을 바탕으로 게임, 영상, IP 등의 2, 3차 창작물을 제작하고, 마지막으로 플랫폼HYBE Platforms은 위버스를 중심으로 자사의 컨텐츠와 서비스를 연결하고 확장한다는 전략이다. 2021년 하이브는 연결 기준 매출액 1조 2천억 원을 달성하여 연예기획사 최초로 연 매출 1조 원 이상을 기록하였으며, 2024년에는 연 매출 2조 2천억원을 달성하였다(**그림 14-5**).

그러나 급속한 성장은 부작용을 낳기도 했다.

2023년 하이브는 SM엔터테인먼트의 경영권분쟁에 참여했으나 적대적 M&A를 통해 무분별한 회사 확장만을 추구한다는 비판을 받고 철회했다. 또한 이미 하이브 산하에 편입된 회사들에서도 문제가 발생하였다. 하이브의 레이블 체제는 각 자회사들 간 프로듀싱의 독립성을 보장하고 각자의 고유의 색을 살릴 수 있는 환경을 조성하기 위한 것이었다. 반면, 자회사 간 지나친 독립성을 추구하게 되면서 하이브 본사와 자회사인 어도어 간 경영권 분쟁이 발생하였다. 또한, 북미시장 공략을 위해 설립했던 하이브 아메리카는 매출액 자체는 증가하였으나 높은 초기 투자비용으로 인해 수익성이 악화되어, 2024년 기준 약 500억의 손실을 초래하였다. 다른 자회사인 위버스컴퍼니, 하이브 아이엠, 수퍼톤 역시 큰 규모의 적자를 기록하며 하이브의 영업이익을 잠식하는 결과를 낳았다.

하이브의 성공은 BTS를 글로벌 콘텐츠로 한국보다 먼저 글로벌시장에서 성공시키면서, 기존 K-POP산업의 여러가지 성공요인들을 글로벌시장에 적용한 것에 기인한다. 향후 하이브가 BTS의 성공을 넘어 글로벌 엔터테인먼트 산업에서 초국적기업으로 성장하기 위해서는 미국과 일본에서 인수한 레이블과 하이브의 솔루션 및 플랫폼 간의 유기적인 협업이 필요하다. 또 한 번의 큰 변신이 필요한 것이다.

Video

HYBE: New Brand Presentation

토 의 과 제

01 하이브의 세계화 과정을 살펴보고 하이브가 글로벌 레이블로 성장하기 위해 필요한 전략에 대해 논의해 보자.

02 하이브가 사업의 다양화를 추진하면서 자회사 관리의 문제를 해결할 수 있는 방안에 대해 토의해 보자.

하이브의 홈페이지
https://hybecorp.com/kor/main

참고문헌 Reference

1 본 사례는 미키 타케노부의 손정의 경영을 말하다(소프트뱅크커머스코리아, 2011년)과 기타 신문기사 등에 기초하여 작성되었다.

2 Wall Street Journal, 2014년 11월 26일.

3 다국적기업의 네트워크구조에 대한 최근 연구는 다음을 참조하라. S. Ghoshal and C. Bartlett, "The Multinational Corporation as an Interorganizational Network," *Academy of Management Review*, 1990, pp. 603~625; S. Ghoshal and N. Nohria, "Internal Differentiation Within Multinational Corporation," *Strategic Management Journal*, 1989. 10, pp. 323~337.

4 다국적기업 네트워크에 대한 효과적인 통제와 조정능력이 결여되면 오히려 방만한 자회사운영과 시너지창출이 어려워지는 부작용이 발생한다. Sony의 실적부진도 통제와 조정능력이상으로 자회사에게 지나친 권한이양이 된 것에도 기인한다. 저자의 소니 대 삼성(Wiley, 2008년) 참조.

5 G. Hedlund, "The Hypermodern MNC, A Heterarchy?" *Human Resource Management*, 1986, pp. 9~35.

6 Raymond Vernon, *Sovereignity at Bay, Basic Books*, 1971.

7 본 사례는 장세진 교수의 지도하에 카이스트 경영대학 이연재가 작성하였다.

메모

Memo

Global Business Management Index

색 인

[n]

[o]

[p]

[r]

[s]

[t]

[u]

[v]

[w]

[y]

[z]

[ㄱ]

[ㄴ]

[ㄷ]

[ㄹ]

[ㅁ]

[ㅂ]

저자소개

장세진은 현재 싱가포르 국립대학 림킴산 석좌교수로 재직하고 있다. 서울대학교 경제학과를 졸업하고, 미국의 펜실베이니아대학교 와튼경영대학(Wharton School)에서 경영전략과 다국적기업경영을 전공하여 경영학박사학위를 취득하였다. 미국 뉴욕대학교(NYU) 스턴경영대학의 교수로서 경영전략분야의 MBA 강의를 담당하였다. 1994년부터 2008년까지 고려대학교 경영대학 교수를 역임하였고, 2006년에는 금호아시아나 석좌교수로 임명되었다. 2013년부터 2023년까지 싱가포르 국립대에 재직하면서 KAIST 경영대학원 테크노 SK 석좌교수를 겸직하였다. 또한 저자는 일본의 후지츠아시아장학생으로 선발되어 일본의 후지츠사에서 근무한 경험이 있고, 미국의 스탠포드경영대학원, 구주경영대학원(INSEAD), 런던경영대학원, 와튼경영대학, 일본 히도츠바시대학의 교환교수를 역임하였다. 2007년에는 학술진흥재단과 교육인적자원부의 인문사회부문 국가석학으로 선정되었다.

저자는 경영전략과 국제경영을 주로 강의하고 있다. 사례위주의 강의방식을 채택하여 서구 및 한국의 기업사례를 중심으로 경쟁전략, 기업전략, 글로벌전략 등을 심도있게 토론위주의 강의를 열고 있다. 저자의 주연구분야는 기업수준의 전략으로서 다각화, 리스트럭처링, 전략적 제휴, 다국적기업경영에 대한 연구를 하여 왔다. 저자의 연구논문은 경영전략분야의 전문학술지인 *Strategic Management Journal, Academy of Management Journal, Organization Science, Journal of Management Studies, Journal of Business Venturing, Journal of Industrial Economics, Review of Economics and Statistics* 등에 게재되었고, 현재 다수의 논문이 심사중에 있다. 한국재벌의 내부운영과 경영성과에 대한 연구에 기초한 *Financial Crisis and Transformation of Korean Business Groups: The Rise and Fall of Chaebols*은 Cambridge University Press에서 2003년 출간하였고, *Business Groups in East Asia*를 Oxford University Press에서 2006년 출간하였다. 2008년에는 *Sony vs. Samsung: The Inside Story of the Electronics Giants' Battle for Global Supremacy*를 Wiley에서 영문으로 출간하였고, 이는 한국어, 일어, 중국어 등으로 번역되어 동시 출간되었다. 또한, 2013년 *Multinational Firms in Asia*를 Oxford University Press에서 출간하였다. *Journal of International Business Studies*와 *Strategic Management Journal*의 부편집장을 역임했고 *Industrial and Corporate Change*의 부편집장으로 활동중이며 *Strategic Management Society, Academy of International Business*에서 Fellow로 선정되었다.

제12판
글로벌경영

초판발행	1998년 1월 10일
제2판발행	2000년 8월 30일
제3판발행	2003년 8월 30일
제4판발행	2006년 9월 5일
제5판발행	2009년 8월 30일
제6판발행	2012년 8월 30일
제7판발행	2015년 8월 30일
제8판발행	2017년 8월 10일
제9판발행	2019년 8월 25일
제10판발행	2021년 8월 30일
제11판발행	2023년 8월 30일
제12판발행	2025년 8월 30일
지은이	장세진
펴낸이	안종만 · 안상준
편 집	전채린
표지디자인	이수빈
기획/마케팅	박부하
제 작	고철민 · 김원표
펴낸곳	(주) 박영사
	서울특별시 금천구 가산디지털2로 53, 210호
	(가산동, 한라시그마밸리)
	등록 1959. 3. 11. 제300-1959-1호(倫)
전 화	02)733-6771
f a x	02)736-4818
e-mail	pys@pybook.co.kr
homepage	www.pybook.co.kr
ISBN	979-11-303-2350-3 93320

정 가 38,000원